L'art français

le XXe siècle

2011

Pour Pierre et Camille, ces histoires du siècle de leur naissance.

*Que trouvent ici l'expression de ma reconnaissance celles et ceux qui,
par leurs conversations, leurs avis et leur amitié ont favorisé l'écriture de ce livre :
Mesdames Laurence Bertrand-Dorléac, Stéphanie Laudicina, Catherine Ormen ;
Messieurs Jean-Michel Alberola, Vincent Bioulès, Éric de Chassey, Vincent Corpet,
Pierre Daix, Hubert Damisch, Marc Desgrandchamps, Jean-Michel Frodon,
Michel Guerrin, Marwan Hoss, Gérard Monnier, Martial Raysse, Gérard Rondeau,
Pascal Rousseau, Emmanuel de Roux, Camille Saint-Jacques, Pierre Soulages,
Djamel Tatah, Hervé Télémaque, Pierre Wat.*

*Jean-François Barrielle et Anne Sefrioui m'ont soutenu et secondé sans cesse.
Pour la liberté entière qu'ils m'ont accordée, la confiance qu'ils m'ont
témoignée et l'aide qu'ils m'ont apportée, ma gratitude est immense.
De cent façons, Janine, Nadeije et Jean ont permis que l'entreprise
vienne à son terme. Sans eux, elle aurait été impossible.*

Ph. D.

HISTOIRE **TOUT L'ART**

Philippe Dagen

L'art français

le XXᵉ siècle

Flammarion 2011

Sommaire

Avant-propos 7

1 L'idée moderne   27

Avant-gardes   29
Distances 31 | Signaux 34 | Lieux d'élection 37 | L'esprit de corps : écrivains et artistes 42 | Violences : expositions et manifestes 48 | La révolution partout ? 52 | L'expérience de l'inconnu 54

Méthodes, séries, spéculations   59
Les discours de la raison artistique 60 | Enseignements 65 | Dialectiques sérielles I : explorations, inventaires 66 | Dialectiques sérielles II : l'expérience de la peinture 69

Les entrelacs du temps   77
La prolifération des lieux 79 | Décalages 86 | Médiatisations, accélérations 92 | Modes, reconnaissances, recyclages 95

2 Le futur   101

« Bergère ô tour Eiffel »   103
La ville fauve 103 | La tour, le pont 105

Vitesses   112
Sports 112 | Mécaniques 116 | Aviation 119

L'art-science : abstractions et géométries   125
La structure de la matière 125 | Les formes de l'ordre 131 | Le géométrique universel 135 | Le monochrome métaphysique 140

Ordres futurs   143
Le métal et le verre 144 | Le béton 147 | L'ordre urbain 151 | L'architecture industrie 155 | Le modernisme 159

L'art total   166
Les pavillons de la modernité 166 | Le monumental, le collectif 169 | Un « art plus complet » 172 | L'âge du cinéma 178 | Fin de partie : la peinture désuète 182

3 Le passé   189

L'envers du moderne   191
La guerre moderne 192 | L'insoutenable absurdité de l'art 197 | Planification de la barbarie 201

Retraites et réactions   208
La Grèce, Rome 208 | Le classicisme IIIe République 211 | Le bon vieux temps 219 | La doctrine officielle 224

Peintures françaises 228
> L'équivoque Derain 230 | Du cubisme vers le classicisme français 234 |
> « L'affaire de 1919 » 238 | Retrouver la simplicité ? 241

La haine de la modernité 244
> L'antimodernisme de collaboration 244 | Proscriptions 247 |
> Les équivoques de la tradition 250 | Le médiéval et l'éternel 253

Indifférences, réminiscences 255
> Réalisme et socialisme 255 | Réticences, retard 259 | La tentation
> postmoderne 262

4 Le présent 269

Le présent hétéroclite 271
> Nouvelles 271 | Papiers collés 273 | Prélèvements, échantillons 275 |
> Anthologies, reproductions 280 | Le fatras des images 282

Économies : la société des objets 286
> Affiches, publicités 287 | Ready-made 290 | Le destin de l'objet 292 |
> Destructions 297

Images mouvantes 302
> Projections 302 | La déception cinématographique ? 304 |
> Mythologies cinématographiques 309 | L'âge critique du cinéma 315

Le monde tel quel 319
> Peinture d'histoire ? 319 | Scènes de genre ? 325 | L'image décisive 330

Le corps de l'autre 337
> Le corps de l'autre 337 | Sexes 346 | Têtes 357 |

L'artiste lui-même 364
> Autoportraits 365 | Le modèle intérieur 369 | Autographies 374 |
> Révoltes en acte 381

Épilogue 385

Notes 388
Bibliographie 391
Index 394
Crédits photographiques 400

Maquette : Thierry Renard
Recherche iconographique : Nathalie Chapuis

© Succession Picasso 2011, pour les œuvres de P. Picasso
© Ministère de la Culture-France/A.A.J.H.L. pour les photographies
  de J.-H. Lartigue, R. Jacques, M. Bovis, A. Kertész
© Man Ray Trust/Adagp, Paris, 2011, pour les œuvres de Man Ray
© FLC/Adagp, Paris, 2011, pour les œuvres de Le Corbusier
© Licensing and Management, Amsterdam, pour les œuvres
  de R. et S. Delaunay
© Succession Giacometti/Adagp, Paris, 2011, pour les oeuvres de
  A. Giacometti
© Succession Marcel Duchamp/Adagp, Paris, 2011, pour les œuvres
  de M. Duchamp
© Succession H. Matisse, 2011
© Adagp, Paris, 2011 pour les œuvres de J.-M. Alberola, Arman,
  J.H. Arp, A. Artaud, Balthus, M. Barré, J. Bazaine, Ben, V. Bioulès,
  R. Bissière, C. Boltanski, P. Bonnard, A. Bourdelle, B. Boutet de
  Monvel, C. Brancusi, G. Braque, Brassaï, V. Brauner, P. Buraglio,
  D. Buren, S. Calle, C. Camoin, L. Cane, A. Cassandre, César,
  M. Chagall, R. Combas, O. Debré, J. Degottex, M. Denis, A. Derain,
  C. Despiau, N. De Staël, A. Deux, D. Dezeuze, J. Dubuffet, R. Dufy,
  J. Dunand, M. Ernst, Érro, Étienne-Martin, J. Fautrier, J.-L. Forain,
  A. Fougeron, P. Gargallo, G. Garouste, P.-A. Gette, G. Gonzáles,
  J. Gris, R. Hains, S. Hantaï, H. Hartung, J. Hélion, A. Herbin,
  C. Jaccard, A. Jacquet, Y. Klein, F. Kupka, H. Laurens, B. Lavier,
  A. Leccia, F. Léger, A. Lhote, D. Maar, A. Maillol, R. Mallet-Stevens,
  A. Manessier, A. Masson, A. Messager, H. Michaux, J. Miró,
  C. Monet, J. Monory, F. Morellet, F. Picabia, J.-P. Pincemin,
  B. Rancillac, J.-P. Raynaud, M. Raysse, P. Rebeyrolle, G. Rouault,
  N. de Saint-Phalle, P. Soulages, C. Soutine, D. Spoerri, L. Survage,
  Tal Coat, Y. Tanguy, H. Télémaque, J. Tinguely, K. Van Dongen,
  B. Van Velde, V. Vasarely, F. Vergier, C. Viallat, J. Villeglé, J. Villon,
  M. Vlaminck, Wols, O. Zadkine.

© Flammarion, Paris, 2011
ISBN : 9782081244689
Numéro d'édition : L.01EBUN000303
Dépôt légal : octobre 2011

Avant-propos

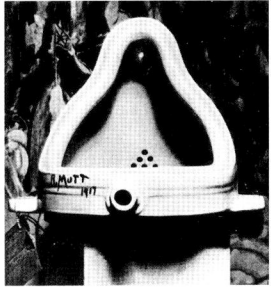

ÉCRIRE UNE HISTOIRE DE L'ART FRANÇAIS AU XXᵉ SIÈCLE :
l'entreprise ne va pas de soi. Une telle histoire peut-elle s'envisager seule
ou demeure-t-elle prise dans une histoire plus générale ? Qu'entend-on
par art au XXᵉ siècle ? Qu'entend-on par français ? Autant d'interrogations
dont il est impossible de faire l'économie.

Elles procèdent d'un constat : les instruments, les notions qui servent à
l'analyse des époques antérieures, au moins jusqu'à la Révolution française,
ne peuvent plus servir tels quels. Ils ne le peuvent parce que la société et les
arts subissent des métamorphoses de toutes sortes, des plus évidentes aux plus
dissimulées. Elles ne le peuvent parce que les deux premières décennies du
siècle sont en France une époque révolutionnaire. D'une nation encore rurale
à un pays industrialisé dans l'urgence, un changement forcé, sous le signe de
la menace et du désastre guerrier. Sa brutalité est extrême, aussi brutale que
la juxtaposition d'une *Meule* de Monet et d'un Picabia, *Udnie*. Or c'est à peine
si deux décennies séparent ces œuvres, qui n'ont d'autre point commun que
leur matérialité de peintures à l'huile sur toile. Un délai plus bref encore
sépare un bronze de Rodin de la *Fontaine* de Duchamp – qui n'ont plus rien
en commun, si ce n'est d'être des objets dans l'espace. Il ne serait que trop
facile d'ajouter des exemples, d'énumérer toutes les nouveautés qui font
du XXᵉ siècle celui des métamorphoses incessantes. Inventions, expansions,
catastrophes : telle est sa substance.

P. 8.
Francis Picabia,
Udnie, 1913.
Huile sur toile,
300 × 300 cm.
Paris, Musée national
d'art moderne-Centre
Georges Pompidou.

Marcel Duchamp,
Fontaine, 1917.
Ready-made, urinoir
en porcelaine,
23,5 × 18,8 × 60 cm.
Photographie
d'Alfred Stieglitz.

Inventions : celles nées des découvertes scientifiques de la physique, de la chimie, du nucléaire, de l'informatique ; et leurs conséquences, produites industriellement, cette dernière caractéristique étant elle-même le produit de la mécanisation, de l'automatisation, de l'exploitation intensive des ressources naturelles. Il suffit d'une comparaison : du mode de vie qui était celui du plus grand nombre au début du siècle au mode de vie contemporain ; autrement dit, du paysage d'une France des villages à celui d'une France des cités et des banlieues. Dans le champ de la création artistique, les effets de ce bouleversement ne sont ni moins décisifs ni moins précipités. Pour s'en tenir au plus visible, s'il ne fait guère de doute, vers 1900, qu'architecture, peinture, sculpture et gravure sont l'essentiel des beaux-arts, il ne fait guère de doute non plus que, désormais, cette liste ne suffit pas. Il faut ajouter photographie, cinéma et leurs développements récents.

Expansions : c'est un autre truisme que d'affirmer le progrès des moyens de multiplication et de diffusion, qui a pour corollaire le raccourcissement des distances, quand ce n'est pas leur effacement. Les produits de consommation, fabriqués en quantités infinies, circulent partout, comme les informations, les actualités qui font de la planète le spectateur d'elle-même. L'Occident se flatte de vivre « en temps réel » les événements les plus éloignés, les plus étrangers les uns aux autres, rapprochés le temps d'un journal télévisé. Expansion encore : démographique, elle suscite des déplacements, des émigrations. Elle rend obsolète l'idée de nation telle qu'elle était comprise au siècle précédent et met en cause l'hypothèse d'un art national. Que serait l'artiste français en ces temps de migrations, d'exils, de voyages, d'influences à distance et de diffusion des œuvres de toutes les civilisations ? Que serait l'art français du musée universel et des communications immédiates ?

Catastrophes : la capacité d'invention s'exerce avec une vigueur particulière dans le perfectionnement des moyens de destruction de l'espèce humaine par elle-même. Génocides, apocalypses nucléaires : ces abominations supposent connaissances techniques et méthode rationnelle appliquées à l'élimination de l'autre. La méthode est celle de la progression de la mort jusqu'aux limites imposées par les moyens. Elle obtient la progression géométrique de l'horreur, comparable à la progression géométrique de la consommation – toutes deux filles de l'industrialisation. De la production à la chaîne au meurtre de masse, il n'est de différence que morale – trop faible interdit quand tout, véritablement tout, devient possible. Les arts, les artistes du XXe siècle n'ont cessé d'affronter ces désastres, ces horreurs. Il serait étrange que leurs œuvres n'en portent aucune trace puisque telle est l'histoire commune, le présent commun du monde, dont la France porte « la forme entière » autant que tout autre pays.

De ces observations, il faut mesurer les conséquences artistiques. S'il est une spécificité de l'art au XXe siècle, elle tient au siècle lui-même et aux formes de sa création, lesquelles sont partiellement déterminées par les conditions politiques, économiques ou techniques. C'est là commencer par l'évidence, en refusant de supposer qu'une coupure séparerait l'art de son temps. Comment imaginer l'activité artistique étrangère à ce qui l'entoure ?

Hypothèse d'autant plus incongrue que, si une notion domine l'activité artistique au XXᵉ siècle, c'est assurément la modernité. Sous des formes variables, sous des mots tels qu'« avant-garde », elle apparaît sans cesse. Or l'idée de modernité ne se comprend pas sans une réflexion sur l'histoire et ses conséquences esthétiques. Si nombreuses soient les considérations sur la modernité depuis le milieu du siècle dernier, il n'en est aucune, à commencer par celles de Baudelaire, qui ne pose comme principe que les arts du présent ne peuvent se faire selon les méthodes et les canons du passé. Il n'en est aucune qui n'appelle à une rupture, aucune qui ne tienne pour périmées les manières et les idées des prédécesseurs, quelles qu'elles soient, quels qu'ils aient été. Elles se réclament d'un relativisme esthétique, fondé sur la vision d'une histoire fluide et changeante. Ses métamorphoses et ses accidents suscitent adaptation et renouvellement des conceptions et des instruments de l'art. Les penseurs de la modernité substituent aux systèmes fixes où beauté et idéal sont les autres noms de l'éternité une causalité temporelle. Évolution des mœurs et évolution des arts vont de pair. À cela se borne le développement théorique de leur critique d'art : se borne, parce que cette affirmation a, entre autres effets, celui de frapper de suspicion toute élaboration théorique qui prétendrait s'émanciper de la limitation que lui impose l'histoire, le fait qu'elle s'énonce ici et maintenant. Si elle l'oubliait, elle s'érigerait à son tour en règle intemporelle et céderait à la tentation de l'invariable. La modernité artistique n'est telle qu'au prix du reniement, de l'infidélité – parce que ruptures, révolutions, renversements sont la

Robert Combas, *Bacchanale*, 1985. Huile sur toile, 200 × 320 cm. Collection particulière.

substance de l'histoire. C'est, dans la seconde moitié du XIXe siècle,
la conviction maintes fois rappelée de Baudelaire, de Zola et de Huysmans.
C'est, après eux, celle d'Apollinaire comme celle de Breton.

Baudelaire écrit : « Il est beaucoup plus commode de déclarer que tout est absolument laid dans l'habit d'une époque, que de s'appliquer à en extraire la beauté mystérieuse qui y peut être contenue, si minime ou si légère qu'elle soit. [...] Il y a eu une modernité pour chaque peintre ancien ; la plupart des beaux portraits qui nous restent des temps antérieurs sont revêtus des costumes de leur époque. Ils sont parfaitement harmonieux, parce que le costume, la coiffure et même le geste, le regard, le sourire (chaque époque a son port, son regard et son sourire) forment un tout d'une complète vitalité. Cet élément transitoire fugitif, dont les métamorphoses sont si fréquentes, vous n'avez pas le droit de le mépriser ou de vous en passer. En le supprimant, vous tombez forcément dans le vide d'une beauté abstraite et indéfinissable, comme celle de l'unique femme avant le premier péché[1]. »

Apollinaire reprend l'idée : « Les grands poètes et les grands artistes ont pour fonction sociale de renouveler sans cesse l'apparence que revêt la nature aux yeux des hommes. [...] Ainsi, ceux qui se moquent des nouveaux peintres se moquent de leur propre figure, car l'humanité de l'avenir se représentera l'humanité d'aujourd'hui d'après les représentations que les artistes de l'art le plus vivant, c'est-à-dire le plus nouveau, en auront laissées. Ne me dites pas qu'il y a aujourd'hui d'autres peintres qui peignent de telle façon que l'humanité puisse s'y reconnaître peinte à son image. Toutes les œuvres d'art d'une époque finissent par ressembler aux œuvres de l'art le plus énergique, le plus expressif, le plus typique[2]. »

Breton l'admet : « Les arts plastiques, à commencer par la peinture qui témoigne plus que tous autres, au cours du XIXe siècle, d'un effort cohérent et soutenu, en harmonie parfaite avec l'esprit directeur et, j'oserai dire, générateur de cette période, les arts plastiques subissent depuis quelques années une crise dont les caractères demandent à être définis[3]. » Suit l'analyse des effets de la Grande Guerre et de la civilisation industrielle sur la création.

Après 1933, après 1945, la relation de l'art et de l'histoire contemporains n'est pas moins serrée, lien de la tragédie et du deuil. Obsessionnelle, revient la phrase d'Adorno : « La critique de la culture se voit confrontée au dernier degré de la dialectique entre culture et barbarie : écrire un poème après Auschwitz est barbare, et ce fait affecte même la connaissance qui explique pourquoi il est devenu impossible d'écrire aujourd'hui des poèmes[4]. » L'état de la société serait devenu tel qu'il interdirait à l'art d'exister encore : ce serait le stade ultime de la relation de l'historique et de l'esthétique, quand le premier nie que le second puisse survivre à la catastrophe d'une modernité inhumaine. Il ne serait pas moins juste de citer Benjamin, dont les considérations sur *L'Œuvre d'art à l'âge de la reproductibilité technique* dominent l'époque et rendent manifeste combien l'œuvre ne peut s'interpréter hors de son temps.

Notre propos sera, suivant ces éléments, de prendre la mesure de l'époque dans ses caractéristiques matérielles et historiques ; de reconnaître les traces et les effets de ces caractères quand ils affectent la création, ses processus de fabrication, ses instruments, la diffusion, la réception immédiate ou différée ;

de reconnaître aussi les signes du politique, du religieux, du moral. S'il est vrai que le XXe siècle est celui des inventions, des expansions et des catastrophes, ces analyses sont nécessaires.

Commencer de la sorte, c'est s'écarter de la tradition qui affirme l'autonomie de son objet et se présente comme une histoire de l'art pure de toute considération extérieure. Suite de noms, collection d'œuvres phares, une telle chronique a la beauté d'une ligne droite. Elle dit suivre une logique, qui se tendrait de Cézanne à l'abstraction. Cette simplification héroïque procède à trop de suppressions, prononce trop de condamnations à l'indifférence, néglige trop de contradictions. Elle présuppose trop de définitions *a priori*, dont celles du mot « art » et de l'adjectif « français ». Or ces termes ne s'entendent pas au XXe siècle comme auparavant.

Que faut-il entendre par « art » au XXe siècle ? Matisse ou Godard, Braque ou Brassaï, Duchamp ou Laurens ? Faut-il y inclure les « naïfs », les « fous », les statues « nègres » et les « poupées » hopi ? L'histoire de l'art, quand elle écrit le mot au singulier, le prend pour l'abréviation de « beaux-arts », au sens que la tradition académique assigne à la formule. Or il faut l'écrire au pluriel, car il est prudent de ne pas prétendre savoir ce qui est « de » l'art au XXe siècle, ce qui n'en est pas, ou plus, ou pas encore.

Il faut se garder de toute discrimination énoncée au nom de canons stylistiques, au nom d'une tradition ou d'un système esthétique. Il ne saurait être question d'attribuer ou de refuser la qualité d'œuvre d'art au nom de critères de goût ; encore moins de dicter une norme, d'établir une préférence, qui seraient tenues pour parti-pris. Non que l'on accorde foi au projet d'une histoire objective, neutre, exhaustive : celle qui peut s'écrire aujourd'hui à propos du siècle qui s'achève ne peut ignorer qu'elle est, justement, d'aujourd'hui et tend à privilégier, fût-ce à son insu, ce qui dans ce passé

Michel Andrault et Pierre Parat, le quartier des Pyramides, Évry, 1971.

si récent intéresse le présent parce que celui-ci croit s'y reconnaître ou y découvrir ses origines. Mais de ces curiosités, de ces connivences avouées à l'énoncé d'un dogme, la distance est grande.

Il faut non moins sévèrement se garder des catégories et du confort intellectuel qu'elles assurent. Ironiquement, Beckett a raconté la formation des certitudes artistiques en matière de peinture. Elle est rebelle aux définitions. « Mais, écrit-il, en affirmant, un beau jour, avec fermeté, et puis encore le lendemain, et le surlendemain, et tous les jours de la peinture moderne qu'elle est ceci, et ceci seulement, alors dans l'espace de dix ou douze ans on saura ce que c'est que la peinture moderne, peut-être même assez bien pour pouvoir en faire profiter ses amis, et sans avoir eu à passer le meilleur de ses loisirs dans des soi-disant galeries, étroites, encombrées et mal éclairées, à l'interroger des yeux. C'est-à-dire que l'on saura tout ce qu'il y a à savoir sur la formule adoptée, ce qui constitue la fin de toute science. [...] Jusqu'à ce que finalement, aux colles classiques sur l'expressionnisme, l'abstraction, le constructivisme, le néo-plasticisme et leurs antonymes, les réponses se fassent tout de suite, complètes, définitives et pour ainsi dire machinales[5]. » Voici la tentation dont il faut se défier : répéter des définitions machinales légitimées, si l'on peut dire, par l'usage.

Seule une méthode vaut, celle du doute. Pas plus que l'on ne sait d'où vient « l'art », on ne sait ce qu'il est, ce que c'est que « l'art en soi », ni ce qu'il devrait être. C'est, au siècle de Duchamp, la moindre des prudences. Aussi a-t-on décidé d'examiner sans classification, sans hiérarchie, les objets et les activités qui, au cours du siècle, se sont réclamés de l'art, que ce soit pour le faire prospérer ou le nier, que ce soit au nom de l'art ou de l'anti-art. Par « arts » au XXe siècle il est entendu ici l'ensemble des activités humaines par lesquelles idées, sentiments, répulsions, affections, jugements et sensations suscités par ou dans l'époque – au sens le plus large du terme – prennent forme visible. La définition est minimale, mais du moins proscrit-elle toute certitude qui ne serait que subjective. Elle prend en compte une diversité dont chacun soupçonne la complexité. Elle repose sur la conviction qu'il serait vain de prétendre comprendre les arts d'une époque si différente de celles qui l'ont précédée selon les notions, les classements, les usages qui ont prévalu auparavant. Autrement dit : la spécificité du XXe siècle est telle qu'elle fait un devoir de se dégager de tout préalable.

Pluriel de rigueur, donc. La multiplicité des techniques et des pratiques tout au long du siècle l'exige. Une brève énumération dans le désordre suffit. Beaux-arts manuels : peinture, dessin, gravure, sculpture – ces deux dernières en partie mécaniques cependant, et susceptibles de répétition comme d'une élaboration collective. Arts mécaniques dans les procédés de réalisation et de diffusion : photographie, cinéma, vidéo – arts, mais soumis au cadrage, au montage, donc à l'œil, à la main, à une construction mentale. De quelle autre catégorie relèveraient l'architecture ou la mode ? Art, industrie, art démultiplié par l'industrie, industrie gouvernée par des préoccupations économiques ? Le vocabulaire inquiète par son indécision et les controverses généralement sans effet qu'il suscite.

L'atelier et l'artiste, ce peut être partout et n'importe qui, un autodidacte, un savant, un « original », un « indigène », un artiste « professionnel » : dans ce cas, le plus fréquent, ce peut être un peintre, un graveur, un photographe, un cinéaste, un architecte, un designer, un styliste. Où placer des limites alors que le siècle s'ouvre sur la révélation des art dits « primitifs », ceux des contrées africaines et océaniennes, révélés au temps du cubisme, célébrés plus tard ? De même qu'il porte son regard sur des photographes jusqu'alors tenus pour simples artisans – Atget au premier chef – le surréalisme prend en considération les productions de ceux que la société tient pour « fous » et « aliénés » et leur accorde la qualité d'œuvres d'art, comme Apollinaire, Picasso et Delaunay à propos du Douanier Rousseau, comme Dubuffet à propos de l'« art brut » et de Chaissac. Il serait vain d'épiloguer sur la pertinence des termes, primitif, fou, sauvage ou brut. Chaque fois, il s'agit d'opposer à une pratique savante, fondée sur une culture et des règles, une création irréfléchie ou réputée inconsciente ; ou une technique « pauvre », subalterne, reléguée aux confins de l'utilitaire et du populaire. Chaque fois, il s'agit de régénérer la première par la seconde.

De « l'art », il y en a donc loin en dehors des ateliers et des musées des Beaux-Arts, jusque dans les asiles et les collections d'ethnographie – absurde serait de circonscrire son territoire puisque ce dernier, tout au long du siècle, ne cesse de s'étendre et ne se connaît aucune limite. « Est-ce de l'art ? N'en est-ce pas ? » Une telle interrogation se répète tout au long du siècle, polémique après polémique. Le fauvisme, le cubisme ont été accusés de trahir les préceptes premiers de la peinture. Dadaïsme et surréalisme ont été rejetés par leurs détracteurs du côté de la blague, de l'abus de confiance ou de la tricherie commerciale. La dernière décennie du siècle a vu la querelle reprendre, arguments et rhétoriques inchangés. Le métier des maîtres aurait disparu. Les peintres ignoreraient les rudiments de la technique, pour ne rien dire de ceux qui, hors le champ pictural, se seraient compromis dans la manipulation des objets et des images trouvés.

Man Ray, *Noire et blanche*, 1926.

Mais quel crédit accorder aux considérations de « métier », alors qu'il suppose une référence unique – la peinture à l'huile sur toile – et le respect de ses règles telles qu'elles étaient enseignées à la fin du XIXᵉ siècle ? Les peintres eux-mêmes en ont fait bon marché. Juger d'après elles contraindrait à exclure les peintures au Ripolin de Picasso et celles où cendre et plâtre ont été mêlés aux pigments, les matériologies de Dubuffet et les compositions de Soulages, qui n'emploie ni brosse ni palette, mais des instruments de sa conception, les « perlages » de Saint-Jacques et les « récupérations » de Buraglio. Les « papiers collés » cubistes et surréalistes et, plus généralement, les techniques dites « mixtes » ont proliféré avec la multiplication des supports, des images imprimées, des sources de toute sorte. Ils ne sont pas de la peinture – ils n'en sont pas moins décisifs. Les ignorer ? Position intenable. Position intenable encore celle qui tiendrait pour négligeables ceux qui préfèrent à la toile et l'huile – ou l'acrylique – le papier, plus léger, plus commun : parmi ceux-ci, autodidactes du dessin de surcroît, sont Artaud, Michaux et Deux, trois écrivains. Il serait aberrant de les exclure de l'étude.

Appliqué à l'architecture, le raisonnement par le métier produirait des résultats singuliers. Il faudrait affirmer, par exemple, que tel bâtiment n'en relève pas parce qu'il a été édifié avec des matériaux et selon une méthode qui ne ressemblent en rien à ceux et à celle que mettaient en œuvre les constructeurs auparavant. Où placer la limite ? Avant ou après le béton, avant ou après l'usage des métaux, avant ou après les modules et l'industrialisation rationalisée ? En sculpture, ce classement selon les critères du passé privilégierait la terre, le bronze et le marbre – Maillol, Despiau. Il tiendrait à l'écart les fers découpés et soudés, les constructions d'objets naturels ou manufacturés et de débris trouvés, les assemblages hétéroclites et ce que l'on entend par installation : Picasso, Dubuffet, Duchamp, Laurens, González, Arman, Filliou, Boltanski, Lavier. Il n'est pas certain que la compréhension gagnerait à de telles décisions.

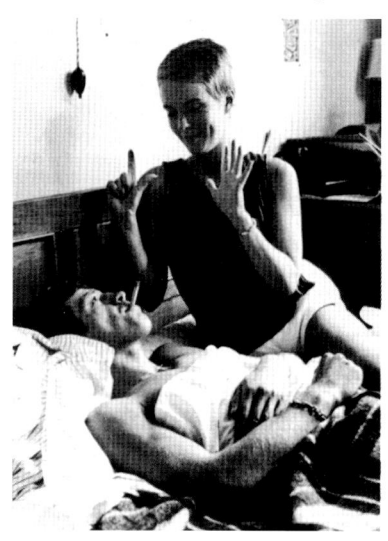

Jean-Luc Godard, *À bout de souffle*, 1960 (Jean Seberg et Jean-Paul Berlmondo).

Il ne serait pas plus pertinent de se demander si une photographie ou un film doivent être tenus pour des œuvres d'art – un Man Ray ou un Cartier-Bresson, un Jean Renoir ou un Godard. Or de telles querelles de légitimité et de hiérarchie ont duré longtemps, si longtemps que leur longévité et leurs complications appellent l'examen.

Évidence : les inventions et les progrès techniques accomplis au cours du siècle ont bouleversé la situation qui prévalait vers 1900. Alors, la photographie n'apparaissait aux yeux du plus grand nombre que comme la pourvoyeuse prompte et économique des portraits familiaux, des souvenirs heureux et des curiosités exotiques. Son usage devenait général, sans que l'on songe à lui reconnaître la dignité d'art – sa vulgarisation allait à l'inverse. Ceux-là mêmes qui inventaient un nouveau regard –

Atget comme Lartigue – ne réclamaient pas une telle reconnaissance. Leurs images photographiques n'ont été considérées comme des œuvres d'art que dans l'entre-deux-guerres. Eugène Atget, qui a commencé à photographier Paris dans la décennie 1880, a été «découvert» grâce à Man Ray et Berenice Abbott, laquelle acquit une collection de ses négatifs. *La Révolution surréaliste* publie l'*Éclipse de soleil, 1912, place de la Bastille* et *Marchand de corsets, boulevard de Strasbourg*. En Allemagne, il est admis dans l'exposition *Film und Photo* qui se tient à Stuttgart en 1929 – deux ans après sa mort. Jacques-Henri Lartigue, initié à la technique dès 1902, à l'âge de huit ans, s'il se veut artiste attend ce titre de ses études à l'académie Julian et de ses travaux picturaux et décoratifs. Son œuvre photographique n'est exposée pour la première fois qu'en 1955 à Paris et en 1963 à New York, un demi-siècle après son accomplissement.

Ces dates ne sont pas fortuites. Elles désignent le délai durant lequel la photographie s'est trouvée, en France plus qu'aux États-Unis ou en Allemagne, dans l'équivoque, technique de production d'images à laquelle la qualité artistique est refusée, ou concédée avec peine. Cette lutte pour la reconnaissance a pris d'ordinaire la forme schématique d'un affrontement entre peintres et photographes, les premiers soupçonnant les seconds de prétendre les chasser de leur royauté. En 1862, Ingres, Flandrin, Isabey et Puvis de Chavannes condamnent la prétention de la photographie à rivaliser avec leur art, «considérant que la photographie se résume en une série d'opérations toutes manuelles, qui nécessite sans doute quelque habitude des manipulations qu'elle comporte, mais que les épreuves qui en résultent ne peuvent, en aucune circonstance, être assimilées aux œuvres fruit de l'intelligence et de l'étude de l'art ». Soixante ans plus tard, en 1921, préfaçant la première exposition parisienne de Max Ernst, André Breton commence ainsi : « L'invention de la photographie a porté un coup mortel aux vieux modes d'expression, tant en peinture qu'en poésie où l'écriture automatique apparue à la fin du XIXe siècle est une véritable photographie de la pensée[6]. » Renversement de perspective. Ce que pressentaient les plus perspicaces des pétitionnaires de 1862 semble accompli et la peinture contrainte de partager son empire – ou de l'abandonner.

Au cours du dernier tiers du siècle, la lutte perd de son intensité, objections et réticences perdent de leur automatisme et la photographie apparaît pour ce qu'elle est, l'un des instruments de l'observation et de la réflexion. Messager, Boltanski, Gette, Filliou, Fleischer, Tosani, Jouve, mais aussi Viallat, Alberola, Bioulès, Corpet : elle sert de référence à ceux qui se veulent peintres, d'instrument à ceux qui ont recours à elle et l'associent à d'autres objets, à d'autres modes de représentation ou de désignation.

Encore convient-il de refuser le singulier, qui maintient la fiction d'une unité. C'est d'usages photographiques divers qu'il s'agit, de la représentation de la réalité extérieure – représentation qu'il serait naïf de supposer neutre et véridique – à des élaborations où l'image noue des rapports avec l'écrit et l'installation. La typologie usuelle, qu'emploient des photographes et des critiques pris dans des querelles territoriales, veut distinguer entre une photographie qui serait de reportage et une qui serait de création. Cartier-Bresson, tout en admettant que son jugement «ne peut être que d'ordre psychologique ou sociologique », oppose « ceux qui font des photographies arrangées à l'avance, qui les inventent », et « ceux qui vont à la découverte de l'image et la saisissent[7]. » Fabricants d'une part, guetteurs de l'autre.

La distinction semble efficace. Elle s'applique au photojournalisme quand il se borne à l'illustration d'un événement ou cherche la plus-value du scandale. Elle s'applique symétriquement aux recherches d'effets visuels qui exaltent le grain de la roche, les remous de l'onde, les reflets du métal. Elle perd de son acuité entre ces extrêmes. Or il peut arriver que les « guetteurs » soient tentés de parfaire le motif comme il peut arriver que les « fabricants » se laissent déborder par ce dont ils jouent, le modèle vivant par exemple. La variété des élaborations se résout dans l'exigence commune d'une image qui rende visible un ou plusieurs sens. Une photographie de Gilles Peress en Iran, en Bosnie, au Rwanda, révèle les événements qui s'accomplissent alors, mais la révélation procède par élection de figures-symboles et composition d'allégories – une femme voilée dans une rue iranienne, un triangle de lumière tombant sur son œil, ou un cadavre à moitié momifié devant une église à Kigali. Elle amplifie l'affrontement des contrastes lumineux. Autant de procédés qui sont aussi à l'œuvre dans les rayogrammes de Man Ray ou son *Éteignez tout*, quoique l'artiste, dans ce cas, ait décidé seul des objets, de leur emplacement, de ses éclairages.

Une étude qui se veut synthétique ne peut faire sienne la typologie du reportage et de la création, ni en déduire qu'elle devrait ne regarder que ce qui serait « plastique » ou « créatif ». Elle s'intéresse autant à Lartigue qu'à Man Ray. Elle se souvient que Kertész n'a pas borné son travail aux anamorphoses corporelles, pas plus que Brassaï le sien aux graffitis. Dans l'époque contemporaine, elle considère Ristelhueber et Calle, Depardon et Gette – voisinages délibérément absurdes. Les uns et les autres usent d'appareils et de procédés photographiques – plus petit dénominateur commun. Afin d'éviter des restrictions qui seraient autant de mutilations, il faut examiner ces pratiques photographiques en elles-mêmes, pour ce qu'elles signifient et non parce qu'elles usent de tel ou tel instrument.

La question du cinéma n'a pas été résolue plus vite. Pas plus que la photographie le cinéma n'est tenu à ses débuts pour une activité artistique. Il passe pour une curiosité et un divertissement, entre café-concert et cirque. Son apparition est suivie d'une diffusion large et rapide, de sorte que des séances de cinéma ont lieu dès le début des années 1910 jusque dans des bourgs et des villages, jusqu'à Sorgues – où Braque se saisit d'une affichette et l'introduit dans l'un de ses « papiers collés ». Néanmoins, en dépit de la faveur dont il bénéficie auprès de la plupart des cubistes – peintres et poètes, Picasso et Apollinaire, Léger et Cendrars, Braque et Reverdy –, le cinéma n'apparaît avant 1914 que comme une forme ingénieuse de distraction populaire dont il serait déraisonnable d'attendre plus que des tours de magie visuelle, quelques images d'actualité – douteuses –, et des aventures sentimentales ou policières – *Fantômas* de Feuillade à partir de 1913, *Les Mystères de New York* de Louis Gasnier en 1915 –, lesquels font de Pearl White la première des stars.

Qu'on lise les récits des séances de cinéma que Jacques-Émile Blanche rapporte dans son *Journal* pour en juger : le cinéma ne satisfait à aucun des

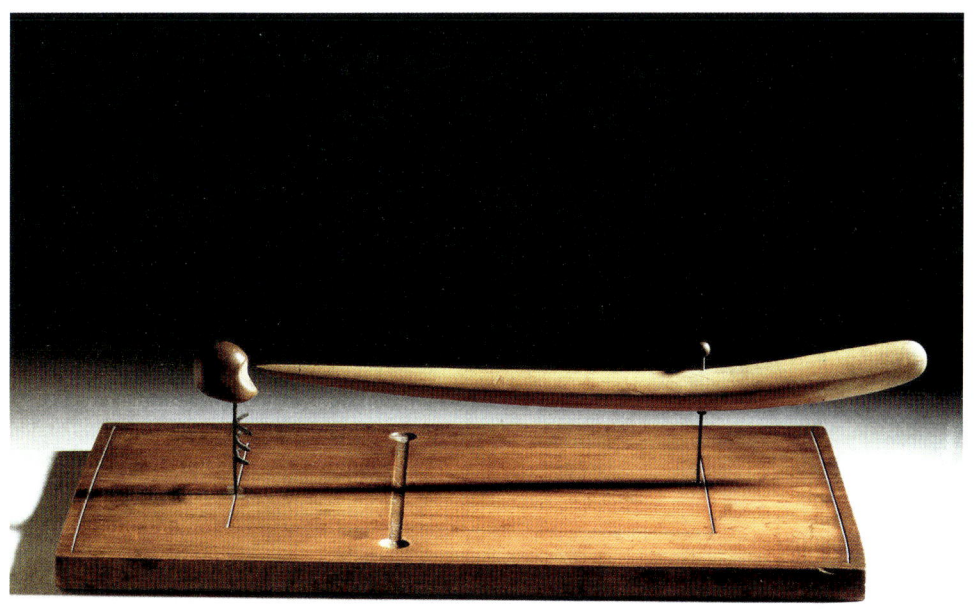

Alberto Giacometti, *Pointe à l'œil*, 1932. Bois et fer, 12,5 × 58 × 29,5 cm. Paris, Musée national d'art moderne-Centre Georges Pompidou.

critères qui distinguent l'œuvre d'art dans la conception jusque-là en usage. Qu'on se réfère aux analyses de Walter Benjamin pour mesurer quel ébranlement secoue la pensée esthétique quand elle prend pour objets ces images, bientôt sonores, que l'on regarde ensemble, que l'on n'a pas le temps de contempler, qui choquent plus souvent qu'elles ne séduisent. En 1915, le premier, peintre selon les conventions réalistes reprises à Manet et au premier impressionnisme, observe avec stupeur la fascination qu'obtient cette technique sur un public qui, craint-il, ne s'attacherait avec autant d'attention à la vue d'une peinture. Le 1er juin, il se rend au Gaumont Palace. « Des guichets du Gaumont Palace, à trois heures, une file double s'étend jusque sur le trottoir. » Alternent films et numéros de cirque. Le jugement est lapidaire : « *Panem et circenses*. Colisées, Hippodrome, aujourd'hui Cinémas[8]. »

Vingt ans après, le second, philosophe critique de la modernité, cite Duhamel : « C'est un divertissement d'ilotes, un passe-temps d'illettrés, de créatures misérables, ahuries par leur besogne et leurs soucis […], un spectacle qui ne demande aucun effort, qui ne suppose aucune suite dans les idées, ne soulève aucune question, n'aborde sérieusement aucun problème, n'allume aucune passion, n'éveille au fond des cœurs aucune lumière, n'excite aucune espérance, sinon celle, ridicule, d'être un jour "star" à Los Angeles[9]. » Benjamin lui-même voit dans le cinéma une distraction qui agit par accoutumance et n'exige « aucun effort d'attention ». Il a partie liée avec les « grands cortèges de fête », « monstrueux meetings » et « manifestations sportives » – et avec la guerre telle qu'elle se fait désormais. « Les mouvements

Jacques-Henri Lartigue, *Avenue du bois de Boulogne*, janvier 1911.

de masse, y compris la guerre, représentent une forme de comportement humain qui correspond tout particulièrement à la technique des appareils[10]. »

Spectacle pénétrant par habitude et n'exigeant ni contemplation ni réflexion, spectacle populaire et industrie qui assure sa publicité en déclarant des investissements et des gains très élevés : le cinéma ne peut en aucun cas satisfaire les critères issus de la peinture, que Benjamin définit comme un art de délectation solitaire – « les tableaux, affirme-t-il, n'ont jamais prétendu à être contemplés que par un seul spectateur ou par un petit nombre ». Conclusion : les productions cinématographiques ne mériteraient pas le statut d'œuvre artistique, tout au plus celui de divertissement rudimentaire.

On ne peut s'en tenir à une exclusion si brutale ; ni se contenter d'évoquer « le » cinéma, pas plus que « la » photographie, ou « la » peinture. Ces généralités se prêtent aux maximes péremptoires, trop péremptoires. « Il n'y a pas de peinture », écrit Samuel Beckett à propos des frères Van Velde. « Il n'y a que des tableaux. […] Tout ce qu'on peut en dire, c'est qu'ils traduisent, avec plus ou moins de pertes, d'absurdes et mystérieuses poussées vers l'image, qu'ils sont plus ou moins adéquats vis-à-vis d'obscures tensions internes[11]. » Paraphrase : il n'y a pas le cinéma, il y a des films. S'il ne fait guère de doute qu'une fraction considérable de leur totalité ne relève que d'une chronique économique et d'une sociologie des loisirs, il reste des œuvres dont les commentaires n'épuisent pas la compréhension. Il en est qui vont à rebours de ce que recommande la logique du profit et du grand public, remettent en cause les usages du récit filmique, renversent les conventions héroïques, mettent à mal les poncifs sentimentaux, refusent les banalités de l'exotisme et de l'aventure. Ces ruptures ne se conçoivent pas sans celles qui fragmentent la linéarité de la narration, inventent d'autres façons de construire les images, jouent de la multiplicité des références musicales ou picturales.

Il serait singulier de tenter une analyse de la création en France après 1945 sans qu'y trouvent place les films de la Nouvelle Vague – ne serait-ce qu'en raison de leur retentissement – et non moins singulier de passer sous silence les connivences qui ont lié aux avant-gardes issues du cubisme Abel Gance et Marcel L'Herbier. En 1923, *L'Inhumaine* réunit L'Herbier, Mallet-Stevens, Milhaud et Léger. Ce dernier conçoit son *Ballet mécanique* en 1924, un an après *Le Retour à la raison* de Man Ray, auteur encore de *Emak Bakia* (1927) et de *L'Étoile de mer* (1928). *Entr'acte* de René Clair (1924) et *La Coquille et le clergyman* de Germaine Dulac et Antonin Artaud (1928) appartiennent à la même histoire, non moins que Buñuel, *Un chien andalou* (1928) et *L'Âge d'or* (1930).

Dans la seconde moitié du siècle, le glissement d'une technique à l'autre devient une nécessité. Tracer des lignes de démarcation entre ce qui serait peinture, installation et cinéma perd tout sens. L'artiste s'approprie les moyens d'expression contemporains à mesure qu'ils apparaissent, à l'instar de Boltanski et de Leccia. De telles réalisations intéressent l'histoire des arts visuels, comme l'intéressent les développements de la vidéo, qui se montre le plus souvent dans des lieux – musées, expositions – où elle côtoie les autres disciplines de la création.

Ces œuvres ne se confondent pas plus avec le « tout-venant » du cinéma-loisir que les photos de vacances ne se confondent avec la réflexion visuelle qui se fait jour chez les photographes majeurs ; et pas plus que ne peuvent se confondre les tableaux des « amateurs du dimanche » avec ceux des peintres sur le nom desquels, en dépit de différends subalternes, l'accord s'est d'ores et déjà fait. Toutes ensemble, sans considération des modes de production et du « métier », elles sont « les arts » du siècle – mélange des genres, interaction des techniques, flux des images, mouvement des idées.

Si l'on refuse les restrictions que supposent le singulier d'« art » et le sous-entendu « beaux-arts » parce qu'elles mutilent la réalité, « art français » ne rencontre pas moins d'objections. Ce qualificatif a-t-il quelque efficacité en un temps de déplacements, de circulation, de diffusion sans cesse plus large et plus prompte ? Comment l'employer alors que, jusqu'en 1939, Paris concentre l'essentiel de l'activité artistique internationale, hors de toute considération de nationalité, et que, de 1933 à 1939, la situation politique internationale et nationale fait de la République française l'un des rares pays européens où peuvent demeurer en sécurité Allemands antinazis tels Ernst, Hartung et Wols, et juifs promis à la persécution et l'extermination tels Soutine, Chagall et Brauner.

Du début du siècle à la Seconde Guerre mondiale, on serait en peine de distinguer ce qui serait art irréfutablement français de ce qui ne le serait pas, ou pas encore. Le cubisme ? Il a été tenu par Lhote et Bissière – et par des critiques et des historiens après eux – pour la quintessence du classicisme français, rigueur et clarté. Mais quel cubisme ? Celui de Picasso et Gris, nés sujets espagnols ? Celui du Polonais Marcoussis ou celui du Russe Chagall ? Faut-il introduire une différence, au sein du groupe dit de Puteaux, entre ceux qui étaient nés sur le territoire national et Kupka, né à Prague, venu à Paris à vingt-quatre ans pour demeurer en France jusqu'à sa mort ? Exclure de la chronique du fauvisme Van Dongen, qui, venu de Rotterdam, s'établit à Paris à vingt ans ? Le cas du dadaïsme et du surréalisme est plus confus encore : Tzara, roumain, Ernst, allemand, Miró, espagnol,

Eugène Atget, *Vitrine avenue des Gobelins*, 1925. New York, The Museum of Modern Art, Abbott-Levy Collection.

n'y tiennent pas moins de place que Breton, Masson et Tanguy. Symbole de ce refus des frontières, de ce désir de les nier : Ernst entre en France grâce au passeport d'Éluard. La chronique de la sculpture doit-elle se priver de Brancusi et de Giacometti, l'un d'origine roumaine, l'autre suisse, alors qu'ils ont accompli l'essentiel de leurs travaux dans des ateliers du XIVe arrondissement ? Doit-elle ignorer González et Gargallo au nom de leur origine hispanique ? Doit-on se décider selon les titres de naturalisation qu'ont obtenus Vallotton et Hartung ? De tels critères n'ont que peu de rapport avec l'histoire des œuvres et des idées esthétiques. Ils introduisent distinction et distance là où aucune n'était ressentie. Ils fragmentent, ils éparpillent ce qu'unissait la communauté des désirs, des recherches et des refus.

C'est oublier que Delaunay et Apollinaire ont correspondu de 1912 à 1914 avec Marc et Walden, et que les œuvres des cubistes et de Matisse s'exposent alors à Berlin, à Cologne, à Munich. C'est nier que c'est délibérément, en dépit des différences que la plupart de leurs concitoyens, après la Grande Guerre, voulaient irréductibles, que les surréalistes se sont voulus cosmopolites, contre l'hostilité franco-allemande, contre les nationalismes. Paris, capitale du cosmopolitisme, était la ville libre par excellence, plus que Berlin, Londres ou New York. Dresser l'inventaire de ceux qui y ont vécu, y sont passés ou s'y sont réfugiés durant l'entre-deux-guerres, revient à énumérer l'essentiel de l'art moderne.

Nationalisme, a-t-on écrit : d'une manière qui ne semble paradoxale que superficiellement, le siècle des voyages et des transferts a vu le nationalisme artistique s'afficher avec violence, nationalisme le plus souvent hostile à toute nouveauté par respect des ancêtres, par culte d'une tradition – tradition évidemment nationale. L'Italie fasciste et l'Allemagne nazie ont célébré romanité et germanité par des expositions, des défilés, des fêtes et des monuments. En France, de telles manifestations ont eu moins d'ampleur. Durant la Grande Guerre, après le bombardement de Reims, il a paru patriotique de démontrer que le gothique ne devait rien aux pays allemands, et tout à la Picardie et l'Île-de-France. Pendant l'Occupation, il s'est trouvé des pamphlétaires pour réclamer que l'art français soit « libéré » de la tyrannie qu'aurait exercé l'esprit juif, « délétère » et « apatride » selon la phraséologie du temps. Mais, hors ces moments, la revendication d'une essence artistique française a eu peu d'écho.

La raison de cet insuccès se trouve dans les conclusions auxquelles parvient André Chastel. « La France filtre, écrit-il. Elle reçoit et elle tamise. De tous côtés, elle est pénétrable. Ses ouvriers, sûrs d'eux-mêmes, se servent à droite et à gauche comme si tout leur appartenait de droit. En art, il n'y a jamais lieu d'établir des factures et de s'inquiéter de ses dûs. On va de l'avant outil en main. Cette démarche est constante dans le pays composite et riche de contraires qu'est la France. Si on la néglige, si on ne saisit pas l'importance de ces appropriations, si on cherche une définition de l'art français en dehors de ces mouvements d'acquisition et de filtrage, on n'arrive qu'à une notion pauvre et plutôt décevante, qui s'épuise vite dans la célébration de la finesse et de la clarté[12]. »

Ces remarques se vérifient au XXᵉ siècle. Tradition de perméabilité, de libre circulation des hommes et des idées, tradition d'anti-nationalisme autrement dit : il en est ainsi – d'autant plus, d'autant mieux que les facteurs matériels contribuent à accélérer et faciliter pénétrations et alliances. Temps de la diffusion instantanée, temps du « musée imaginaire », temps des exils et des émigrations, temps aussi des invasions subies ou acceptées, ce siècle est en France celui de l'ouverture, des appropriations, des filtrages, du composite, de l'hétérogène. Il serait singulier que les artistes ne puisent pas dans cette inépuisable diversité, qu'ils la célèbrent, la déplorent ou la moquent. Il serait surprenant qu'ayant sous les yeux et en mémoire tant de références, tant d'allusions possibles, ils ne pratiquent pas l'interférence, l'association libre, la rencontre des contraires. S'il est vrai que, depuis la Renaissance, la France n'a cessé de prendre autour d'elle, en Italie, en Flandre, elle reçoit désormais de toutes parts images et modes et les accepte avec, peut-être, plus de facilité qu'ailleurs, moins de défenses et de réticences, moins de sérieux et de constance aussi, parce que douée d'une capacité de métamorphose accentuée. L'image qui s'impose serait désormais moins celle d'un « grand atelier » que celle d'un « laboratoire central », à l'image de celui que Léger avait conçu pour *L'Inhumaine*.

Que tenir pour « art français » dans ce cas ? Les œuvres d'art qui ont été créées en France par des artistes et des mouvements qui y ont séjourné durablement et participé à la vie intellectuelle et artistique du pays – ceci sans considération de lieu de naissance, de nationalité d'origine. Vers 1930, Ernst et Miró importent essentiellement à la définition du surréalisme parisien : ils entrent donc dans le champ de l'étude. Tout au long de son œuvre, Picasso est le démiurge par rapport auquel tous prennent position, qu'elle soit d'adversaire ou de disciple : il ne saurait donc être question de le tenir à l'écart, pas plus qu'une leçon d'anatomie ne saurait négliger la colonne vertébrale d'un corps. La cohérence exige tout autant que ni Kupka ni Gris ni Chagall ne soient exclus de l'analyse de l'âge cubiste. Elle exige de faire mention de Man Ray et de Kertész, quoique Paris n'ait été qu'une de leurs étapes. La chronique de l'après-guerre nomme Wols, les frères Van Velde, De Staël, Hantaï. Ils font partie de ce « pays composite et riche de contraires qu'est la France », pour citer à nouveau Chastel. Cette conception paraîtra extensive. Elle heurtera ceux qui aiment à se dire issus d'une généalogie enracinée en un endroit précis. Mais elle est imposée par les faits.

La notion d'« art français » ne se comprend donc au XXᵉ siècle qu'à condition d'admettre que l'histoire enlève à ces mots le sens qui était le leur auparavant, impose le pluriel à « art » et l'imprécision à « français » – sauf à accepter des restrictions et des pétitions de principe qui relèveraient du goût, d'une doctrine, d'un système de valeurs préétablis.

Le mot « histoire » lui-même doit s'écrire au pluriel, parce que la complexité des situations, la concomittance d'œuvres et d'événements contradictoires interdisent de croire encore aux vertus d'un récit qui aurait l'ordre chronologique pour seul principe organisateur. Trop de chevauchements, d'incongruités chronologiques, trop de mélanges s'y opposent.

Or la narration a été l'exercice préféré de la plupart des historiens et théoriciens des arts du XXe siècle. Ainsi s'est constitué un récit type, linéaire, progressif. De Cézanne au cubisme : déclin de l'idée d'imitation. Du cubisme à l'abstraction : abandon de l'impératif de représentation du réel, jusqu'à l'émancipation des couleurs et des lignes. De l'abstraction à ses formes ultimes : épuration qui réduit l'œuvre à ses composantes matérielles et visuelles premières. Dans ce récit s'intercalent des épisodes intermédiaires qui, s'ils ne marquent l'aboutissement de l'une de ces opérations de dépouillement et de libération, valent par l'intensité de leur désir de rupture. Le modèle est celui-là même dont Duchamp décrète la mort au début du siècle, le modèle de l'avant-gardisme, conquête après conquête, pionnier après pionnier.

Cette épopée de la modernité a ses grands moments : Picasso et Braque expérimentant en 1911 une peinture qui, à force de l'émietter et de le disperser, supprime tout motif identifiable ; en 1913, Mondrian tirant ce qui aurait été la conséquence logique de cette élimination ; en 1914, Duchamp ôtant toute légitimité à la notion d'œuvre d'art ; en 1916, Dada faisant de même, plus violemment. L'entre-deux-guerres, époque moins fertile en coups d'audace, aurait été celle d'une pause – encore la rhétorique politique –, celle d'une sorte de NEP de la révolution artistique. L'après-45 serait une époque plus trouble encore, en France du moins : l'idée d'art moderne aurait été «volée» par New York et la France n'en aurait recouvré l'usage, à défaut de la propriété unique, que tardivement, dans les années soixante, avec l'introduction des exemples américains qui avaient été ignorés ou méprisés jusque-là, Pollock, Rothko, Newman.

Ce récit abuse de la simplification. Quand bien même il ne serait pas inquiétant qu'il se déroule hors de toute considération politique, sociale, économique ou morale, il paie son unité et sa rectitude de trop de schématismes et de trop d'exclusions. L'histoire des révolutions artistiques, considérée en elle-même, n'est ni si simple ni si cohérente. Les idées de modernité et d'avant-garde, auxquelles sont consacrés les premiers chapitres afin d'en déterminer les modes de formation et d'exercice, y contraignent, à l'inverse de ce qu'il semble d'abord : loin de se succéder régulièrement, il est des avant-gardes qui se forment quand d'autres se prolongent d'une manière qui finit par paraître anachronique. Il en est qui dépérissent lentement jusqu'à tomber dans l'académique – certaines formes d'abstraction par exemple – et d'autres brèves, d'autant plus foudroyantes – le dadaïsme. Leur espérance de durée varie considérablement selon que sont considérées la peinture et l'architecture. Cette dernière demeure ainsi fidèle à la géométrie longtemps après que le cubisme qui l'a le premier exaltée a disparu des ateliers des peintres, si longtemps qu'elle n'a pas disparu à la fin du siècle. De tels cas – les plus nombreux – ne se réduisent pas à une chronique, qui risque de tourner à la légende ou à l'épopée. Évolution et rupture, ces notions ne suffisent ni à décrire ni à comprendre la complexité d'une situation qui apparaît comme l'agrégat sans ordre d'œuvres, de références et de doctrines hétéroclites. La réalité oppose son chaos au désir de la réduire à un modèle stable.

Aussi a-t-il fallu construire autrement l'analyse. Si elle ne peut suivre le fil du temps, celui-ci n'en demeure pas moins la notion clé. Il a donc paru juste de supposer que les œuvres et les réflexions qui les sous-tendent se distinguent selon leur rapport au temps, selon la temporalité dans laquelle elles se développent, celle qu'elles se donnent à elles-mêmes. Ce temps peut être le présent difficile de l'actuel, de l'immédiat, de l'énigmatique ; le futur d'une civilisation à venir dont l'art serait l'avant-coureur et la plus précoce manifestation ; le passé d'un autrefois que l'on aime à raconter au passé simple des certitudes et de l'achèvement.

Ces trois temporalités, comme autant de dominantes, caractérisent des attitudes distinctes. L'art au futur acquiesce à la modernité, veut anticiper sur le progrès, lui donner forme avant le moment de son accomplissement. L'art au présent affronte le désordre de l'actuel, la difficulté de le penser et de le vivre. L'art au passé a plaisir à faire retraite dans l'histoire, dont on ne peut ignorer qu'elle tient de la fiction et de la commémoration, qu'elle se romance et qu'elle se rêve de façon sans cesse différente, chaque présent inventant un passé qui le rassure, qui le console, qui le distrait de sa misère. Projection dans un à-venir qui se rêve idéal et se révèle utopique, retraite dans un autrefois qu'il n'est que trop tentant d'aménager à sa guise, décryptage d'une contemporanéité rétive à l'interprétation : la diversité des arts se déploie dans ces directions.

Georges Braque, *Violon et Pipe* (« Le Quotidien »), 1913. Fusain, craie et papier collé, 74 × 106 cm. Paris, Musée national d'art moderne-Centre Georges Pompidou.

Ce sont autant d'histoires, parce qu'autant de rapports à l'histoire. Elles seront étudiées séparément, non sans savoir ce que cette division peut avoir de trop contraignant, non sans savoir qu'il est, entre elles, des passages, des glissements, des influences.

Une observation encore : l'exhaustivité n'est pas le but de cet ouvrage qui ne se veut ni encyclopédie ni répertoire. L'avertissement vaut particulièrement pour ce qui touche au dernier quart du siècle. Sans doute les décennies soixante et soixante-dix commencent-elles à apparaître plus nettement. Mais la proximité, qui réduit la distance critique, peut tromper. La vigilance qui défend contre les engouements peut être mise en défaut. La pratique des livres qui, au cours du siècle, ont tenté une histoire immédiate incite à la défiance et à l'humilité. Aussi s'est-on gardé de prétendre distinguer des directions ou annoncer des révolutions pour les années prochaines.

Quiconque se serait livré voici un siècle au même exercice exactement aurait sans doute reconnu l'importance de l'impressionnisme, mais celui de Monet plus que celui de Cézanne. Gauguin, disparu en Océanie, aurait couru le risque de ne pas figurer dans sa chronique, ou subrepticement. Le cinéma n'y aurait pas été mentionné, la photographie à peine. Quant à pronostiquer le fauvisme, le plus perspicace des connaisseurs en aurait été incapable. Il se peut que ce livre, plus tard, mérite des reproches analogues. Du moins peut-on espérer qu'à défaut d'annoncer ce qui sera dans les décennies à venir, il aura suffisamment analysé les conditions qui auront rendu cet inconnu possible.

I L'idée moderne

Avant-gardes | Méthodes, séries, spéculations | Les entrelacs du temps

Avant-gardes

L'idée de modernité domine le siècle et ses arts. Être moderne sonne comme un impératif. Le présent, au XXe siècle, aime à se regarder comme la préfiguration d'un futur qu'il rêve idéal – avenir radieux, avenir en tout cas préférable à un passé qui ne serait plus tenu que pour archaïsme et vieilleries.

Au premier rang des spectacles inventés et développés par ce siècle figure la science-fiction. Le mot est composé, d'origine américaine. Il associe deux notions que l'on aurait pu penser incompatibles. Par fiction, il faut entendre conte, imagination, rêverie ; par science, que ces contes n'ont d'autre dessein que de tirer les conséquences possibles ou probables du progrès. C'est sous-entendre, comme un truisme sur lequel il n'y aurait pas à s'expliquer, que l'histoire des sociétés humaines se trouve déterminée par l'histoire des sciences et de leurs applications. Les découvertes, les inventions, les nouveautés, tel serait le moteur de l'évolution – moteur étant la métaphore appropriée pour des récits qui supposent des déplacements si lointains, si rapides qu'ils projettent l'homme dans l'espace, peut-être même dans le temps. Supposer des mondes futurs, leur organisation, leurs prodiges a été l'une des activités préférées du siècle, essentiellement en Occident, là où les révolutions techniques et industrielles produisent leurs effets les plus prompts et les plus visibles.

Sans doute convient-il de ne pas prendre trop au sérieux des fictions qui, techniques aidant, s'affranchissent de toute vraisemblance. Mais l'engouement est incontestable : romans, bandes dessinées, films, les successeurs de Verne et de Wells sont innombrables depuis que Méliès a mis en images *Le Voyage dans la lune*. Que décrivent-ils ? Des mondes doués de capacités jusque-là inaccessibles, des voyages au plus loin des galaxies, des cités sur des planètes inconnues, des civilisations suspendues dans le vide grâce à

Pablo Picasso, « Ma Jolie » (*Femme à la cithare ou à la guitare*), 1911-1912. Huile sur toile, 100 × 65,4 cm. New York, The Museum of Modern Art, legs Lillie P. Bliss.

des sources d'énergie infinies, des savoirs dont l'humanité, auparavant, ne se savait pas capable. À moins que ces progrès n'aient été exécutés par d'autres, d'autres créatures, d'autres sociétés dont le degré de connaissance serait de beaucoup plus avancé que celui qu'ont atteint les Terriens. Là encore, jusque dans les figures du cauchemar, la supériorité doit être scientifique.

Pourquoi ces observations, qui semblent sans rapport avec la création artistique ? Parce que les productions de la science-fiction, qu'elles soient françaises, allemandes ou américaines – celles-ci de loin les plus nombreuses – trahissent la passion du devenir. Leur ampleur et leur succès suggèrent combien obsédante a été la pensée de la transformation, qu'elle s'avoue à travers la fable de la conquête ou celle du laboratoire. Il n'y est question que de nouveautés et de ruptures, de prodiges et de révélations.

Dans le champ artistique, la foi dans la science, la volonté de rompre et de découvrir ne sont pas moins fortes. En 1917, dans L'Esprit nouveau et les poètes, Apollinaire l'affirme de plusieurs façons. Péremptoire : « Les poètes modernes sont donc des créateurs, des inventeurs et des prophètes[1]. » Plus théorique : « Il [l'esprit nouveau] lutte pour le rétablissement de l'esprit d'initiative, pour la claire compréhension de son temps et pour ouvrir des vues nouvelles sur l'univers extérieur et intérieur qui ne soient point inférieures à celles que les savants de toutes catégories découvrent chaque jour et dont ils tirent des merveilles. » En 1912, les premiers vers de Zone proclament : « À la fin tu es las de ce monde ancien. »

Dans L'Esprit nouveau et les poètes, dont le titre a valeur de manifeste, le parallèle du poète et du savant scande le propos. Émulation, course : il serait absurde que les poètes, les artistes, demeurent en retrait, en retard. Dans un temps de découvertes, ils s'isoleraient, inutiles puisque obsolètes, mais obsolètes de leur fait, par leur faute, faute d'avoir compris la leçon de la science, faute de s'être voulus à leur tour explorateurs, ingénieurs, aviateurs, Icares délivrés de la peur du soleil. De l'esthétique du neuf, d'une modernité artistique digne du plus moderne des siècles, Apollinaire se déclare, selon son mot, le prophète.

Ainsi se développe l'idée d'avant-garde, qui devient au fil du siècle idéologie et mythologie. Elle organise la réflexion esthétique. Elle suscite un système de valeurs. Elle provoque des oppositions violentes. Aussi apparaît-elle comme la notion phare du siècle, la plus puissante et la plus contestée, celle qui unifie et celle qui déchire. Il s'agit d'en étudier la structure et les fondements. Les avant-gardes artistiques du XXe siècle seront, dans les pages qui suivent, considérées ensemble, de manière à les comparer. Pour autant, il convient de ne pas perdre de vue que toute avant-garde se développe dans le temps et qu'elle encourt le risque de la répétition qui l'immobilise et la vide bientôt de sa substance. Elle est, par définition, dynamisme et théorie de ce dynamisme, quoique son destin se nomme diffusion, négation, épuisement. De l'avant-gardisme, de son fonctionnement, de ses références et arguments, l'analyse est nécessaire, et nécessaire l'étude des comportements qui manifestent la volonté de rompre avec le « monde ancien ».

Comportements – tactiques et stratégies. Ce vocabulaire plus guerrier s'accorderait à ce que sous-entend le mot « avant-garde » dont l'usage initial est militaire, désignant ceux qui marchent à la pointe d'une armée. Pour décrire ces mœurs, il faut superposer, comparer, afin de voir des groupes se constituer selon les principes de la rupture, de l'affrontement et de l'esprit de corps. Une logique apparaît, et des habitudes. L'avant-gardisme a sa structure, qui se modifie peu d'une décennie à l'autre. Il produit et respecte un modèle qui peut être décrit par l'inventaire de ses caractéristiques.

Distances

Les allusions guerrières suggèrent une aventure risquée, celle d'un petit groupe, d'une équipe. Elle s'accomplit sans le soutien de la majorité mais avec la conviction partagée par quelques-uns qu'il s'agit du « bon combat ». Il s'agit de rompre un front, de réussir une percée, de conquérir une position exposée – les images abondent.

Les données premières sont sociales et biographiques. Une définition élémentaire de l'avant-garde la tiendrait pour la réunion d'artistes jeunes en rupture avec le milieu artistique dominant. Une telle position va de pair avec des modes de vie quelquefois misérables. Elle suppose le refus d'un système de valeur, qui peut se confondre avec le système d'éducation alors en usage. Dans la France de 1900, cet enseignement suppose la fréquentation d'ateliers dans des écoles des beaux-arts, dont la principale est à Paris, quai Malaquais. Il a pour but d'apprendre des procédés et des références. Il prépare les élèves les plus habiles au concours du prix de Rome et à un séjour à l'Académie de France à Rome. Cette dernière a dû son lustre, dans les siècles précédents, à la prééminence de Rome dans la géographie artistique européenne – prééminence qui se fonde elle-même sur le culte de l'Antiquité et de la Renaissance, de la Rome d'Auguste et de la Rome de Michel-Ange. Elle doit encore sa gloire au souvenir des séjours romains de Poussin, de Claude Lorrain, à ceux de Fragonard et d'Hubert Robert. Un artiste, académicien, en est le directeur, tel Ingres de 1834 à 1841, succédant à Horace Vernet.

Au tournant du siècle, ce mode de recrutement par concours sur un sujet imposé demeure intact, quoiqu'il soit déjà permis de se demander si un séjour romain peut aider au développement d'un jeune artiste. Aux Beaux-Arts de Paris, un seul atelier se distingue par le libéralisme de son « patron », Gustave Moreau, qui favorise les premières années de Matisse et de Rouault. À l'inverse, Léger ne demeure que brièvement chez Gérôme et Ferrier. Dufy, grâce à une bourse, se rend à Paris en 1900, comme Friesz trois ans auparavant. Comme lui, il s'inscrit dans l'atelier de Bonnat et le délaisse bientôt pour découvrir impressionnisme et post-impressionnisme dans les galeries et au Salon des Indépendants.

Ce ne sont pas là des accidents : l'enseignement artistique ne cesse d'être en crise tout au long du siècle, crise longtemps étouffée qui éclate au jour quand, nommé en 1959 ministre de la Culture, André Malraux veut réformer le concours du prix de Rome, nomme des jurés étrangers au système académique et échoue à imposer une modification substantielle qui n'est obtenue, pour finir, qu'après la révolte de mai 1968. Longue serait l'énumération des artistes passés brièvement quai Malaquais au cours du siècle pour y découvrir un enseignement désuet. Les « fauves » n'y font que de brefs passages, les cubistes l'ignorent – à l'instar de Braque – et non moins les surréalistes, à l'image de Tanguy qui est piloton dans la marine marchande avant de se mettre à peindre pour avoir découvert Ernst et De Chirico. En 1937, Pierre Soulages vient à Paris et passe avec succès le concours d'entrée aux Beaux-Arts. « Mais ma grande surprise et ma déception, dit-il plus tard, ont été de voir ce qui se faisait à l'École. Je sus que cet enseignement ne m'apporterait rien, ce n'était pas ce que je cherchais, et je suis reparti dans ma province[2]. » De cette période jusqu'aux années soixante-dix, la situation a peu évolué, suscitant des ruptures et de pareils refus.

Dès la fin du siècle précédent, la déficience de ce système qui ignore les mouvements artistiques récents et préserve les dogmes d'un académisme inébranlable a provoqué l'apparition d'académies privées et d'ateliers placés sous la responsabilité d'artistes modernes. Le cas La Fresnaye est exemplaire : en 1903, il s'inscrit à l'académie Julian, où il rencontre Dunoyer de Segonzac et Luc-Albert Moreau. En 1904, il est admis aux Beaux-Arts dans la classe de Lefebvre. Après deux ans d'interruption en 1905 et 1906 pour cause de service militaire puis de maladie, il y revient, y passe 1907 et la quitte en 1908 pour l'académie Ranson, fondée par le peintre nabi, et où professent et corrigent Maurice Denis et Paul Sérusier. Un peu plus tard, en 1910, il s'initie à la sculpture dans l'atelier de la Grande Chaumière, sous la conduite de Maillol. Ainsi noue-t-il des liens avec l'histoire récente, celle que l'enseignement officiel dédaigne. Ainsi rompt-il avec celui-ci. Ces académies en marge des Beaux-Arts font office, jusque dans l'entre-deux-guerres, de substitut. À l'académie Julian travaillent Marcel Duchamp et son frère Raymond Duchamp-Villon en 1904 et 1905. En 1918, Jean Dubuffet y demeure six mois. Leur principal mérite tient à l'absence de contraintes et de directives. Ceux qui s'y inscrivent n'y sont astreints à aucune notation, aucun concours et échappent à l'anachronique obsession du prix de Rome. Ils y trouvent des modèles, de quoi dessiner et peindre, rien d'autre.

Georges Braque, *L'Estaque*, octobre 1906. Huile sur toile, 60 × 73,5 cm. Paris, Musée national d'art moderne-Centre Georges Pompidou.

L'opposition peut être plus radicale : les avant-gardes rassemblent des élèves en rupture d'école et des autodidactes. Derain fréquente en 1899 l'académie Carrière et s'associe bientôt à Vlaminck, qui a été coureur cycliste, musicien et journaliste anarchisant avant de découvrir la peinture. Braque doit sa formation technique à la profession de ses père et grand-père, peintres décorateurs, et son apprentissage de l'impressionnisme à lui-même. Metzinger entreprend des études de médecine avant de les quitter pour la peinture. Gleizes s'en tient à ce récit : « Formation picturale : étude de la nature dans ses effets, base impressionniste et, en même temps, comme mon père était dessinateur industriel (c'est-à-dire qu'il faisait des dessins pour l'ameublement, soieries, papiers peints, rideaux, etc.) il m'obligea à apprendre son métier : ainsi je fis un apprentissage[3]. »

Au fil du siècle, de tels cas deviennent de plus en plus nombreux. En 1920, à Lille, Jean Hélion étudie la chimie, puis trouve à s'employer l'année suivante chez un architecte parisien. Il se rend alors au Louvre et commence à peindre des paysages urbains et des portraits. Sa formation se fait dans les galeries, hors de tout enseignement. À preuve encore ceux qui se regroupent en 1960 sous le signe du Nouveau Réalisme. Raymond Hains a eu une formation pratique d'apprenti photographe. Arman a fréquenté l'École du Louvre pour y étudier l'archéologie. Daniel Spoerri a été danseur à Berne, puis metteur en scène et chorégraphe à Darmstadt. Martial Raysse a brièvement suivi les cours de l'université de Nice. Yves Klein a étudié à l'École nationale de la marine marchande, a été pianiste de jazz dans l'orchestre de Claude Luter et directeur technique de la fédération espagnole de judo. Seule exception : César, massier des sculpteurs aux Beaux-Arts de Paris en 1943.

Robert Delaunay, *Portrait de Tristan Tzara*, 1923. Huile sur carton, 105,3 × 75 cm. Collection particulière.

Même observation à propos des artistes de Supports/Surfaces. Si Viallat et Bioulès ont été condisciples aux Beaux-Arts de Montpellier, si Cane est passé par les Beaux-Arts de Paris, l'itinéraire de Devade est celui d'un étudiant en philosophie qui se destinait à la littérature et Pincemin a d'abord travaillé en usine. Parmi leurs contemporains, Jean-Pierre Raynaud, diplômé d'une école d'horticulture, Christian Boltanski, qui se définit lui-même comme un autodidacte, et Jean-Pierre Bertrand, qui a reçu une formation d'assistant réalisateur.

Dans le dernier quart du siècle, la situation semble s'inverser. L'enseignement artistique français ayant renoncé à la plupart de ses archaïsmes, le recrutement des professeurs s'accomplissant parmi ceux qui avaient, en leur temps, refusé le système ancien et fait acte de rupture, la transmission du savoir et de l'expérience s'accomplit à nouveau essentiellement dans le cadre des écoles. Cause ou conséquence, la notion d'avant-garde a perdu l'essentiel de sa vigueur durant cette même période – évolution que rien ne permet de supposer définitive.

Signaux

Rupture dans la formation donc ; elle s'accompagne d'une rupture sociale qui se signale de plusieurs façons, du vêtement à l'habitat et aux mœurs. Sur ce dernier point, les témoignages sont d'autant plus nombreux que les extravagances sont plus prononcées et visibles. Fauves et cubistes s'habillent tantôt en ouvriers parisiens – bleu et casquette –, tantôt « à l'américaine » – chemise de couleur, chaussures robustes –, manière pour eux de se distinguer du costume bourgeois et du chic symboliste qui exigeait une élégance apprêtée, manière aussi d'afficher un anarchisme plus verbal qu'idéologique. Non sans complaisance, des mémorialistes tel André Salmon ont décrit leur apparence. Ils ont été précédés par Apollinaire qui, rendant compte du Salon d'Automne de 1907, y présente Vlaminck « vêtu d'un complet en caoutchouc » et portant des cravates « entièrement construites en bois et vernissées de couleurs crues[4] ». « Bleue avec des pois jaunes », a précisé Kahnweiler, selon qui Derain et Vlaminck s'habillaient « dans des magasins qui avaient des noms anglais et qu'ils prononçaient à la française. Ainsi Hight Life Taylor était leur fournisseur[5] ». Ils y ajoutaient « des chaussures jaunes à grosses semelles, tout à fait ce que l'on croyait être américain à cette époque ». Détail, mais que Kahnweiler interprète aussitôt : « Personne n'en avait à ce moment-là. Il y avait des chaussures excessivement pointues à cette époque. »

Par la suite, la différence vestimentaire fait partie de la panoplie avant-gardiste. Les futuristes italiens posent pour les photographes parés de gilets multicolores et Sonia Delaunay convertit le simultanéisme en élégance moderne dès 1913. En 1922, au 19, boulevard Malesherbes, elle ouvre une boutique de robes, manteaux, écharpes et tissus « simultanés ». En 1923, elle crée ses premières soieries lyonnaises et, l'année suivante, elle édite ses créations, pour lesquelles elle exécute des séries d'études, costumes masculins et féminins pour la ville, pour la scène, pour l'intérieur. Les modèles des portraits de Robert Delaunay les portent, qu'ils se nomment Tristan Tzara (1923) ou Madame Heim (1926-1927). Tout au long de l'entre-deux-guerres, c'est l'activité principale de Sonia que de décliner ainsi les couleurs de l'abstraction en motifs pour écharpes ou pyjamas.

À l'exception de Tzara, dadaïstes et surréalistes se montrent assez indifférents à leur mise, qu'ils ne cherchent guère à rendre extravagante. Tout au plus mettent-ils, pour certains – Aragon, Dalí –, quelque insistance dans les apprêts d'une élégance de dandy. Il n'en est pas de même de leurs compagnes et égéries, à en juger par le portrait photographique de Nancy Cunard par Man Ray, qui fait de la maîtresse fortunée d'Aragon une femme fatale aux longs bras chargés d'innombrables bracelets. Vernissages et fêtes sont l'occasion de démonstrations d'originalité et d'indécence calculée. Dans *Aurélien*, le récit du vernissage de Zamora – *alter ego* de Picabia – énumère ces tenues, une « femme très Montparnasse, turban de soie turquoise, une robe de capucin, et un petit chien indescriptible, jaune, entre ses bras maigres », et Mrs Goodman – compagne de Zamora – « bleu pâle, grand décolleté, un dos je ne vous dis que ça ».

Dès cette époque, la nudité publique apparaît au reste comme l'une des provocations les plus sûres. Nudité masculine : Picasso le premier la pratique, se laissant photographier torse et jambes nus dans ses ateliers ou sur la plage de Golfe-Juan. Picabia, Ernst, Van Dongen suivent son exemple, ce dernier peignant son autoportrait nu ou travesti en Neptune – et les Nouveaux Réalistes, quand, en 1962, Yves Klein moule les corps nus d'Arman et de Raysse. Nudité féminine : si celle des modèles professionnels n'est qu'anodine, il n'en est pas de même de celle dont témoignent les photographies que Man Ray fait et montre de Lee Miller et Meret Oppenheim, ou celles que Lee Miller rapporte d'un pique-nique où sont réunis Paul et Nush Éluard, Man Ray et Ady. En la circonstance, le nu annonce le refus de toute contrainte morale. Celle-ci ayant perdu de son autorité dans la seconde moitié du siècle, le nu a, simultanément, perdu de son pouvoir de provocation. Devenu banal, il ne signale plus rien ; pas plus que n'a de valeur emblématique le vêtement quand il devient commun que chacun s'habille à sa guise.

La liberté des mœurs est de plus de sens et de plus de conséquences. Liberté des rencontres et des ruptures, dédain de toute moralité publique : la vie privée – si peu privée – de Picasso a valeur d'exemple. Elle ne saurait être assujettie aux usages communs et, quand elle affecte de les respecter, elle échoue. Les mariages durent peu et Olga n'a plus que le rôle de l'épouse délaissée quand paraissent Marie-Thérèse Walter, Dora Maar, Françoise Gilot. Il serait vain de tenter un inventaire des « scandales » dont les avant-gardes artistiques parsèment leur chronique. Preuve *a contrario* : quand Matisse entend rassurer ses admirateurs et se démarquer des extravagances des avant-gardes, il insiste auprès de la journaliste américaine Clara MacChesney – c'est en 1913 : « Oh ! Dites bien aux Américains que je suis un homme normal ; que je suis un père et un mari dévoués, que j'ai trois beaux enfants, que je vais au théâtre, pratique l'équitation, que j'ai une maison confortable, un beau jardin que j'adore, des fleurs, etc., exactement comme tout le monde[6]. »

Pas question pour lui de liaisons affichées, telles celles de Nancy Cunard avec Aragon et de Kiki de Montparnasse avec Man Ray. De Picabia, de Derain, les aventures n'ont pas été moins nombreuses que celles de Georges Bataille. Picabia, à la fin des années vingt, vit alternativement avec Germaine Everling au Château de Mai à Mougins et avec Olga Mohler sur un bateau dans le port de Cannes. Derain défraie la chronique par ses aventures avec ses modèles. L'observation se vérifie jusque dans les périodes les plus récentes. Moins fréquents sont les cas de ménages à plus de deux, dont celui que forment un moment Gala et Paul Éluard avec Max Ernst.

Les aventures amoureuses ne sont au demeurant que la part la plus visible d'un mode de vie fondé sur la connivence, sur la conviction d'appartenir à une société minoritaire et menacée. Aucune sociologie ne semble susceptible d'expliquer la formation de tels réseaux et l'histoire des théories esthétiques n'y réussit pas mieux, parce que ces réseaux ne se développent pas sur fond de doctrine commune, transcendent les oppositions, oublient ce qui passerait pour d'insurmontables incompatibilités. Pour suggérer ce phénomène, il ne reste qu'exemples et anecdotes qui montrent des solidarités imprévisibles.

Après s'être évadé d'un stalag de Poméranie, Hélion parvient en février 1942 à Paris. L'un de ses amis l'invite à dîner au Catalan, rue des Grands-Augustins. Il y retrouve Gabrielle Picabia, qui n'est plus alors l'épouse de

Francis, César Domela et sa femme Ruth, Picasso, « très à l'aise comme toujours, petit et fort et centre de tous les regards[7] ». Il est hébergé par une Américaine, Mary Reynolds, amie proche de Duchamp qui le met en rapport avec des membres des services de renseignement britanniques. Peu après, il rencontre Roger Blin, Jean-Paul Sartre, Jean-Louis Barrault. Gabrielle Picabia lui trouve une chambre parce qu'il est trop dangereux d'habiter chez Mary Reynolds et il se rend chez Georges Bataille afin de lui emprunter un pantalon. Un peu plus tard, après avoir franchi la ligne de démarcation, il est à Marseille, où il côtoie Breton, Brauner, Duchamp et Tzara au café Le Brûleur de loup. De là il rejoint l'Espagne, le Portugal, New York. En quoi ces histoires sont-elles instructives ? Parce qu'il y apparaît qu'un ex-abstrait en rupture d'orthodoxie, évadé et clandestin, est aidé par l'ex-épouse d'un dadaïste, une amie de Duchamp, l'abstrait Domela, le philosophe Bataille. Points communs ? Aucun, si ce n'est la certitude que, quel que soit l'art d'Hélion, il appartient à cette frange que l'on appelle l'avant-garde artistique.

Des femmes – artistes, épouses, maîtresses et modèles – qui tiennent ces rôles alternativement ou simultanément, en sont les agents de liaison. Il arrive que le réseau s'organise à partir d'un noyau familial. Kahnweiler a pour gendre Michel Leiris. Le cas des sœurs Maklès, d'origine roumaine et au nombre de quatre, est plus remarquable encore : Bianca épouse Théodore Fraenkel, ami de Breton et de Vaché ; Sylvia, Georges Bataille – avec Leiris pour témoin –, puis Jacques Lacan ; Simone, Jean Piel, philosophe ami de Bataille ; Rose, André Masson.

Parmi ces femmes des avant-gardes, il en est qui tiennent salon et constituent une collection comme la romancière américaine Gertrude Stein, rue de Fleurus. D'autres posent et aiment, telle la Britannique Isabel Rawsthorne : d'abord assistante et maîtresse de Jacob Epstein, elle vient à Paris dans les années trente, pose pour Picasso, Derain et Giacometti et a, semble-t-il, une aventure avec Bataille. Après 1945, de retour à Londres, elle est l'amie et le modèle de Francis Bacon. D'autres sont tout ensemble muses et créatrices, à l'instar de l'Américaine Lee Miller, photographe, compagne de Man Ray, amie des surréalistes et épouse plus tard de Roland Penrose. Marie-Berthe Aurenche a été la compagne de Max Ernst, avant d'être celle de Soutine dans les derniers mois de sa vie. Là encore, la question esthétique est subalterne comparée au sentiment de former un milieu fragile dans une société qui n'en a cure. Il serait aisé d'ajouter des exemples pris dans les dernières décennies du siècle.

Quant aux amitiés incongrues, elles abondent. Picasso, qui n'a que peu de sympathie pour l'abstraction, fournit à Hartung, durant l'Occupation, l'argent dont il a besoin pour payer le passeur qui le conduirait en Espagne. Durant la même période, il vient en aide à Brauner. Balthus reçoit des conseils de Bonnard et de Derain, avant d'entreprendre le portrait de ce dernier, mais aussi celui de Miró. Parmi les premiers peintres à l'avoir pris en considération, Soulages nomme Picabia. Breton, de retour des États-Unis, reprend son rôle de chef d'orchestre de l'art et les réunions surréalistes attirent alors aussi bien Hantaï que Lebel, Degottex que Télémaque.

Lieux d'élection

Autre distance : celle que crée la géographie parisienne. Manet et la plupart des impressionnistes ont pris appartements et ateliers dans les quartiers nouveau-nés de l'urbanisme haussmannien, entre pont de l'Europe et boulevards de Clichy et des Batignolles. Manet peint *Le Chemin de fer* rue de Saint-Pétersbourg. Degas habite rue Blanche, rue Victor-Massé et enfin boulevard de Clichy. Gustave Moreau a son hôtel rue de La Rochefoucauld. Seul Renoir a choisi Montmartre, s'établissant en 1890 au Château des Brouillards alors que son atelier se situe rue Hélène, près de l'avenue de Clichy. Bonnard et Vuillard demeurent fidèles au secteur impressionniste des Batignolles et de Saint-Lazare – Bonnard jusqu'à ce qu'il s'établisse en Normandie, puis au Cannet, Vuillard boulevard Malesherbes et rue de Vintimille jusqu'à sa mort.

À ces quartiers bourgeois, la génération fauve et cubiste préfère l'autre côté du boulevard de Clichy, qui tient lieu de frontière entre deux zones et deux générations. Cette préférence a des raisons financières. Sur les pentes de la Butte, à la fin du XIXe siècle, sont construits en nombre des immeubles d'ateliers, à l'emplacement d'anciennes manufactures ou d'entrepôts qui se trouvent rejetés dans la proche banlieue. Par comparaison avec le quartier de l'Europe, les loyers sont moins chers à Montmartre, sur la Butte, au Bateau-Lavoir où voisinent Picasso et Van Dongen, ou à la villa Les Fusains, 22, rue Tourlaque, où Derain s'établit en 1906. Le XVIIIe arrondissement est alors un secteur populaire où la mémoire de la Commune demeure intense et qui passe pour celui des mauvais garçons et des filles publiques – celui des cafés-concerts, du cirque Médrano, à l'angle de la rue des Martyrs et du boulevard de Rochechouart, et des séances de cinéma. Montmartre apparaît comme un quartier à l'écart, libéré des conventions.

Pierre Bonnard, *Grand Intérieur blanc*, 1932. Huile sur toile, 109,5 × 155,8 cm. Musée de Grenoble.

Le cubisme demeure essentiellement montmartrois malgré le déménagement de Picasso à l'automne 1909 rue Frochot, avant qu'il ne reprenne un atelier au Bateau-Lavoir à l'automne 1911 tout en s'installant avec Éva boulevard Raspail. Gris y vit dans l'atelier laissé libre par le départ de Van Dongen. Les ateliers de Braque se situent rue d'Orsel de 1904 à 1910, puis rue Caulaincourt, où Jacques Villon eut son atelier jusqu'en 1907. Impasse de Guelma, près de la place Pigalle, des ateliers sont construits et proposés en location. Severini y loge à son arrivée à Paris. Un autre atelier fut loué par Dufy et, à l'étage au-dessus, les deux ateliers furent pris par Braque. Ce dernier ne quitte Montmartre pour le voisinage du parc Montsouris qu'en 1922. Kahnweiler a dépeint ce temps, celui d'entre 1907 et 1914 : « Picasso et Braque, bien sûr, ils étaient encore à Montmartre. Braque logeait en face de ce qui s'appelait le théâtre Montmartre […]. Ils travaillaient ; ensuite ils se retrouvaient à cinq heures et descendaient chez moi rue Vignon, et on parlait. […] Gris habitait au Bateau-Lavoir lui aussi. Il habitait l'atelier à gauche de l'entrée. Ses deux fenêtres donnaient sur la place et je le voyais travailler quand j'allais chez Picasso[8]. »

Ce phénomène de concentration se répète symétriquement rive gauche, mais là encore loin de la Seine, à la périphérie du XVe arrondissement. En 1909, Léger, de retour de Corse, s'installe à la Ruche, passage de Dantzig, près des abattoirs de Vaugirard, dans un ancien pavillon de l'Exposition universelle de 1900 transformé en immeuble locatif. Il y a là Soutine, Chagall et Modigliani. En 1912, Léger est domicilié avenue du Maine, et en 1913 au 86, rue Notre-Dame-des-Champs – rue de peintres depuis qu'y avaient eu leur atelier Whistler, Carolus-Duran, Bouguereau et Laurens. L'année suivante, suggérant une géographie esthétique, Apollinaire affirme dans *Paris-Journal* que « la figure de Fernand Léger est presque populaire dans le quartier du Montparnasse où il a son atelier. Il appartient à la race des grands Normands, blond, un peu lourd, fin et prudent. C'est un des cubistes les plus intéressants parce qu'au lieu d'imiter Picasso, Braque ou Derain, il a suivi à leur côté un chemin qu'il s'était tracé lui-même[9]. » On croirait que deux tendances du cubisme se font face, rive droite et rive gauche, Montmartre et Montparnasse. En 1913 encore, Kisling s'installe non loin de là, au 3 de la rue Joseph-Bara. Dans la rue habitent déjà André Salmon, Jules Pascin, le marchand Léopold Sborowski et, de temps en temps, Modigliani.

Fidèle à l'habitude d'habiter loin du centre et des beaux quartiers, le surréalisme se répartit entre trois lieux, l'un au nord, à proximité de Montmartre, les deux autres dans le sud de la métropole, au-delà de Montparnasse, rue du Château, rue Fontaine et rue Blomet. Au 52, rue Fontaine, près du boulevard de Clichy, s'installent Breton et sa femme en janvier 1922. Le poète en fait un point de ralliement en même temps qu'un cabinet de travail et un musée personnel. Il l'annonce dans « Lâchez tout », paru dans *Littérature* : « J'habite depuis deux mois place Blanche. L'hiver est des plus doux et, à la terrasse du café voué au commerce des stupéfiants, les femmes font des apparitions courtes et charmantes. […] Je ne me souviens pas d'avoir vécu ailleurs[10]. » Loin de là, rue du Château, au 54, Georges Duhamel loue en 1924 un pavillon en compagnie de Prévert et de Tanguy, et les

Georges Braque, *Broc et violon*, 1910. Huile sur toile, 117 × 73,5 cm.
Bâle, Œffentliche Kunstsammlung, Kunstmuseum, don de Raoul La Roche.

Fernand Léger, *La Femme en bleu*, 1912. Huile sur toile, 193 × 130 cm.
Bâle, Œffentliche Kunstsammlung, Kunstmuseum.

rencontres et les visites se multiplient. En 1928, le bail est repris par Aragon, qui s'y établit avec Elsa Triolet, Sadoul et Thirion. L'année suivante, c'est dans un café proche que se règlent les rapports entre surréalisme et groupe du Grand Jeu. Le décor a été l'œuvre de Tanguy, qui s'inspire des films noirs américains et des films expressionnistes, *Nosferatu le vampire* et *Le Golem*. Troisième lieu d'échange : au 45 de la rue Blomet se trouvent depuis 1922 les ateliers de Miró et de Masson. Les fréquentent Dubuffet, Limbour, Leiris, Tual, Artaud. Ces endroits ont en commun d'appartenir à un Paris désuet, éloigné de toute modernisation, ceux qu'a photographiés Atget, ceux qu'évoque Aragon dans *Le Paysan de Paris*.

La géographie parisienne des avant-gardes compte d'autres lieux où l'on se réunit. Ce peut être au domicile d'un amateur quand Matisse et Picasso se rencontrent rue de Fleurus, chez Gertrude Stein, en 1906 et 1907. Le plus souvent, c'est au café, à la Closerie des lilas, dont la vogue date du symbolisme et où se rendent Apollinaire et Cendrars. Les dadaïstes établissent leurs quartiers au Certa, passage de l'Opéra. À en croire Aragon, il aurait été choisi « par haine de Montmartre et de Montparnasse, par goût aussi de l'équivoque des passages ». Aragon et Breton y tiennent le bureau de *Littérature* jusqu'à ce que l'aménagement du boulevard Haussmann condamne le passage de l'Opéra à la destruction et le Certa à l'exil. Ils choisissent alors le Cyrano, boulevard de Clichy, à proximité de la rue Fontaine. Après la Libération, les Deux Magots et le Flore font à leur tour office de points de ralliement et inscrivent leur nom dans la chronique sociale, sinon mondaine, de la vie intellectuelle et artistique.

Le déplacement peut conduire hors de Paris. Plusieurs fois, dans la seconde moitié du siècle, la revendication avant-gardiste se formule au sud en prenant soin de jouer de la province contre la capitale, quand bien même le propos est de conquérir cette dernière. Le centralisme français, la concentration parfois caricaturale des instances de décision et des lieux d'exposition dans une zone réduite aux deux rives de la Seine suscitent des réactions virulentes après 1945 – d'autant plus vives que Paris cesse d'être la capitale internationale incontestée des arts. Arman et Raysse ne renient pas leur origine niçoise. Bioulès, Cane, Dezeuze, Dolla, Grand, Pagès, Viallat se réclament de la Méditerranée, de la Côte d'Azur et du Languedoc. Ils y accomplissent leurs premières expositions, dans des villages, dans la campagne, sur le causse du Larzac alors l'enjeu d'un combat politique. Dans les années quatre-vingt, Sète fait figure brièvement de pôle pour un mouvement contestataire de Figuration libre, autour d'Hervé Di Rosa et de Robert Combas. Un peu plus tard, Marseille apparaît comme le lieu d'élection d'une nouvelle génération de peintres et de photographes où se côtoient un temps Valérie Jouve, Vincent Corpet, Gérard Traquandi, Djamel Tatah.

Joan Miró, *Musique, Seine, Michel, Bataille et moi*, 1927. Huile sur toile, 79,5 × 100,5 cm. Winterthur, Kunstmuseum.

L'esprit de corps : écrivains et artistes

Plus que ces lieux importe cependant, pour caractériser l'avant-gardisme, la notion de groupe, qui veut des réunions, des adhésions et des exclusions. Elle veut encore des manifestes et des revues. Deux exemples : si Braque et Picasso ne publient aucune profession de foi cubiste, s'ils demeurent extérieurs aux manifestations de ceux qui se réclament d'un cubisme dont Gleizes et Metzinger seraient les théoriciens, ils ont en Apollinaire et Salmon des défenseurs constants dans la presse et les revues, telle *Les Soirées de Paris*. Salmon publie en 1912 une *Jeune Peinture française* qui est un panégyrique de Picasso, au détriment de Braque, avant d'organiser en 1916 au Salon d'Antin une exposition dénommée « L'art moderne en France » qui est la première où ait été exposé le tableau connu depuis lors comme *Les Demoiselles d'Avignon*.

Structure et comportement identiques : le groupe Supports/Surfaces fonde en 1971 la revue *Peinture. Cahiers théoriques*, à laquelle travaillent ensemble des peintres – Louis Cane, Marc Devade – et des écrivains – Philippe Sollers, Marcelin Pleynet. De la sorte, le mouvement se dote d'un instrument qui lui permet de diffuser ses prises de position idéologiques et esthétiques et de répandre plus largement ses œuvres. L'année suivante, la création du mensuel *Art Press*, sous la direction de Catherine Millet, complète le dispositif et accroît son pouvoir de pénétration.

Tout parallèle serait hors de propos. Il s'agit seulement de suggérer que, des années dix aux années soixante-dix, le modèle avant-gardiste varie peu. Entre-temps, son autorité a été renforcée, jusqu'au mythique, par le dadaïsme barcelonais rassemblé par Picabia dans *391*, par le dadaïsme parisien réuni autour de *Littérature* et des expositions organisées à la galerie Au sans pareil, et par le surréalisme, ses éditions, ses publications, ses pétitions et ses procès. Du premier *Manifeste du surréalisme* (1924) au second et aux textes qu'il publie dans *La Révolution surréaliste* et les revues qui lui succèdent, Breton détermine un modèle d'organisation.

Elle repose sur un principe si nécessaire qu'il n'est justifié par aucun de ceux qui l'appliquent : l'entente des écrivains et des artistes. Le cubisme, c'est Picasso, Braque, Gris et Apollinaire, Salmon, Jacob ; c'est encore Delaunay, Léger et Cendrars. Le surréalisme, c'est Ernst, Masson, Miró, Man Ray, Tanguy et Breton, Aragon, Soupault, Bataille, Leiris. L'abstraction après guerre, c'est Wols, Hartung, Soulages, Bryen et Estienne, Tapié de Celeyran. Le nouveau réalisme en 1960, c'est Klein, Arman, Raysse, Spoerri et Restany. Autrement dit, des artistes et ceux – poètes, romanciers, essayistes – qui les accompagnent, mettent leurs idées en textes, se font critiques et journalistes pour vaincre le silence.

Très peu nombreux sont les poètes et romanciers français de premier plan qui ne soient engagés dans les querelles esthétiques de leur temps. S'il est inutile d'évoquer à nouveau les figures exemplaires d'Apollinaire et de Breton, continuateurs de Baudelaire et de Mallarmé, il l'est moins sans doute de rappeler que Georges Bataille, avant d'étudier les peintures de Lascaux et l'œuvre de Manet, a écrit dans *Documents* des textes décisifs sur Miró et Picasso. Michel Leiris a été le commentateur et l'ami de Miró, de Giacometti, de Picasso et de Bacon. À Jean Genet, on doit *L'Atelier de Giacometti* (1958) et

Henri Gaudier-Brzeska,
La Danseuse en pierre rouge, 1913-1914.
Grès rouge
poli à la cire,
43,2 × 22,9 × 22,6 cm.
Londres,
Tate Gallery.

Le Secret de Rembrandt (1957), texte qui, à travers le peintre hollandais, traite de la situation contemporaine – comme la dénonce en 1948 Artaud dans *Van Gogh le suicidé de la société*. Jean-Paul Sartre, par ailleurs analyste de Tintoret, a défendu Wols, Rebeyrolle, Lapoujade – et posé pour Giacometti. À l'art de son siècle, André Malraux a consacré plusieurs de ses textes, dont *La Tête d'obsidienne* (1974), hommage à Picasso. Il a été auparavant, en 1945, le préfacier de l'exposition des *Otages* de Fautrier, galerie Drouin. Poète, Marcelin Pleynet a livré des analyses sur Matisse (*L'Enseignement de la peinture*, 1971), Motherwell et l'expressionnisme abstrait (*Les États-Unis de la peinture*, 1986). Jusqu'à des auteurs plus conventionnels qui manifestent leurs préférences : le Salon d'Automne de 1905, dit de « la cage aux fauves », a été visité par André Gide et Paul-Jean Toulet, qui en ont rendu compte dans la presse.

Ce principe n'est pas spécifiquement français : le vorticisme repose autant sur Ezra Pound que sur Gaudier-Brzeska, le futurisme sur Marinetti que sur Boccioni, l'expressionnisme abstrait sur Rosenberg que sur Pollock et De Kooning. Il arrive qu'un peintre cumule théorie et pratique, tels Kandinsky, Malevitch, Klee. Dans les mouvements avant-gardistes, écrivains, théoriciens et critiques accomplissent ce qui relève de la défense et illustration publique face à la société. Ils font office de passeurs, ne serait-ce qu'en exprimant sous la forme simplifiée du manifeste et de la pétition des convictions dont l'énoncé peut éclairer les œuvres et prémunir contre les refus de l'indifférence et de l'incompréhension.

Cette structure prend forme au milieu du XIXe siècle quand l'influence de la presse en matière artistique s'exerce par le biais des comptes rendus des Salons, influence à laquelle n'échappent ni amateurs ni officiels ni jurés. Elle prend forme dans l'adversité quand Baudelaire, pour Delacroix et Guys, et Zola pour Manet, s'efforcent d'user de la presse en faveur de ces artistes que l'opinion publique méconnaît. Mallarmé s'improvise pamphlétaire, ulcéré par les refus dont le jury du Salon accable Manet en 1874 et 1876. Huysmans tient ce rôle pour Degas et, à ses débuts, pour Gauguin. Apollinaire en use de même pour Matisse et Derain en 1907, puis pour Picasso et Braque l'année suivante. Chaque fois, il s'agit de réparer une injustice, d'éclairer sur un aveuglement, d'opposer au « bon goût » ou au « bon sens » des arguments et une colère, parce que « bon goût » dominant et « bon sens » universel ont pour eux le poids des moyens de communication, le pouvoir d'ignorer et de censurer. À s'en tenir à une analyse tactique, il s'agit d'employer les instruments de l'opinion publique pour la convertir. Il faut donc que les écrivains se fassent journalistes afin d'avoir accès à des quotidiens. Apollinaire écrit dans *L'Intransigeant* et *Paris-Journal*, où publie aussi Salmon : ils peuvent de la sorte répliquer à Louis Vauxcelles, critique du *Gil Blas*. Il importe autant qu'ils se fassent les intercesseurs des artistes à l'occasion des expositions : ce à quoi servent les préfaces. Apollinaire signe celle de Braque chez Kahnweiler en 1908, inaugurant une pratique à laquelle Breton, Aragon, Soupault sacrifient régulièrement, que ce soit à l'occasion d'expositions personnelles ou d'expositions collectives – attitude très imitée par la suite.

La revue fait néanmoins figure de mode d'expression essentiel. De durée souvent brève, rédigée par une équipe d'artistes et d'écrivains, elle donne forme visible à un mouvement esthétique, tout en lui attirant des partisans – du moins est-ce son dessein. Le cubisme inspire *Les Soirées de Paris*, qui paraissent de février 1912 à 1914 à l'initiative d'Apollinaire, et *Montjoie!* que dirige Ricciotto Canudo de février 1913 à juin 1914. La guerre interrompt brièvement les parutions : *L'Élan* d'Ozenfant a son premier numéro en avril 1915 et subsiste jusqu'en 1916. *SIC*, sous-titré *Sons Idées Couleurs Formes*, est l'œuvre de Pierre Albert-Birot de janvier 1916 à décembre 1919 et il y publie un entretien avec Apollinaire qui place la revue sous le signe de l'aventure moderne. En 1917 et 1918, Pierre Reverdy fait de *Nord-Sud* l'organe de défense d'un cubisme d'autant plus menacé qu'il semble abandonné de Picasso.

Dans l'entre-deux-guerres, il est autant de revues que d'avant-gardes. Le purisme et le modernisme rationnel ont pour porte-voix *L'Esprit nouveau* d'Ozenfant et Le Corbusier, qui paraît de 1920 à 1925. À l'occasion, ils s'appuient sur le *Bulletin de l'Effort moderne* que la galerie de Léonce Rosenberg finance de janvier 1924 à décembre 1927. Les dadaïstes se distinguent par la prolifération de feuilles éphémères, à la périodicité incertaine. Picabia fait paraître *391* de 1917 à 1924, à Barcelone puis à Paris. Avec Ribemont-Dessaignes, il se trouve encore à l'origine de *Cannibale* qui ne dure que d'avril à mai 1920. Tzara est l'un des directeurs successifs de la revue *Dada* de 1919 à 1921, après Janco et Arp, et aussi celui de la feuille dénommée *Le Cœur à barbe* en 1922. D'une longévité très supérieure, *Littérature*, sous l'autorité de Breton, a deux séries, de mars 1919 à août 1920 et de mars 1922 à juin 1924.

Le surréalisme a trois revues majeures, *La Révolution surréaliste* de décembre 1924 à décembre 1929, Breton étant directeur à partir du numéro 4 ; *Le Surréalisme au service de la révolution*, de juillet 1930 à mai 1933, Breton directeur, Éluard gérant ; *Minotaure*, de 1933 à 1939, dont le comité de rédaction comprend Breton, Mabille, Éluard et, passagèrement, Duchamp. Encore faut-il en rapprocher, si hostile à Breton qu'aient été Bataille et Leiris, *Documents*, dont les livraisons, en 1929 et 1930, réunissent l'art – Miró, Picasso, Masson, Boiffard –, la littérature – Bataille, Leiris – et l'ethnologie – Einstein, Griaule.

Le mouvement abstrait affirme ses positions plus difficilement, en deux tentatives également éphémères : émanation du groupe du même nom, *Cercle et Carré* paraît de mars à avril 1930 grâce à Michel Seuphor et, autre titre emblématique, la revue *Art concret* a un numéro en avril 1930, avec Hélion pour gérant. D'un œcuménisme plus large se veulent les *Cahiers d'art* de Christian Zervos, fondés en 1926, avec pour sous-titre « Revue de l'avant-garde artistique dans tous les pays » : ils se situent à mi-chemin entre la revue de combat et la revue d'information, genre représenté tout au long de cette période par des périodiques, *L'Amour de l'art* et *Formes*. À partir de 1937, Tériade assure à *Verve* la collaboration des contemporains les plus renommés.

Après 1945, le débat se déplace dans des publications telles que *Critique* ou *Les Lettres françaises*, qui sont loin de consacrer l'essentiel de leurs pages aux mouvements plastiques. Il en est de même de *Tel quel*, fondé en 1960. La création d'*Opus* en 1967, celle des *Chroniques de l'art vivant* en 1968 ouvrent

Henri Matisse, *Jazz*, « Le Cheval et l'écuyère », 1947. Lithographie, 42,5 × 65,5 cm. Paris, Musée national d'art moderne-Centre Georges Pompidou.

une période plus riche : *VH 101* a son premier numéro en 1970, *Peinture Cahiers théoriques* en 1971, *Art Press* en 1972, *Macula* en 1976 et *Canal* en 1977. La plupart, hors *Art Press*, ont peu duré, mais ont accompagné l'apparition de formes artistiques nouvelles, BMPT et Supports/Surfaces. Jusqu'au *Journal des expositions* fondé par Camille Saint-Jacques, elles prolongent la tradition inaugurée avant 1914 qui a connu dans l'entre-deux-guerres son âge d'or.

Les œuvres se présentent d'ordinaire sous forme de reproductions photographiques, mais il arrive que l'intervention des artistes se manifeste, de la conception d'une couverture à l'édition de lithographies. En 1936, les *Cahiers d'art* ont ainsi une couverture et une eau-forte de Matisse alors que Picasso conçoit la couverture de *Minotaure* et Masson celle d'*Acéphale*. Ainsi l'alliance des arts se manifeste-t-elle.

Elle se manifeste encore dans le développement des éditions enrichies de frontispices, de portraits de l'auteur, de planches, de culs-de-lampe. Si le siècle précédent a été celui de la collaboration de Manet et Mallarmé pour une traduction du *Corbeau* de Poe, de telles ententes se multiplient. Les exemples abondent. Grâce à Kahnweiler, Derain grave en 1909 les planches pour *L'Enchanteur pourrissant* d'Apollinaire et Picasso en 1910 les eaux-fortes pour le *Saint Matorel* de Max Jacob. Derain exécute plus tard les bois des *Œuvres*

Max Ernst,
La Parole ou
Femme-oiseau, 1921.
Collage et gouache
sur papier,
18,5 × 10,6 cm.
Berne, collection
E. W. Kornfeld.

André Masson,
couverture de
la revue *Acéphale*,
24 juin 1936.
18,5 × 26,7 cm.

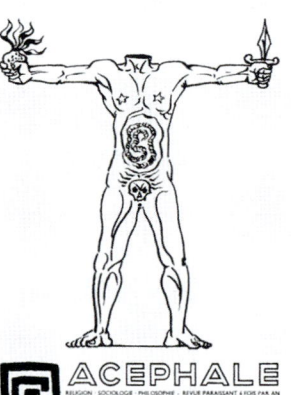

burlesques et mystiques de saint Matorel, mort au couvent (1912), toujours pour Max Jacob et Kahnweiler, puis donne des dessins pour *Mont-de-piété*, premier recueil poétique de Breton (1919), pour *Le Calumet de Salmon* (1920) et *Étoiles peintes* de Reverdy (1921). Picasso s'associe à la parution de *Peindre*, de Salmon (1921), de *La Jeune Parque* de Valéry (1921), des *Cravates de chanvre* de Reverdy (1922), de *Clair de terre* de Breton (1923), du *Secret professionnel* de Cocteau (1924). En 1922, Ernst illustre *Répétitions* d'Éluard et, en 1929, la seconde édition du *Manifeste du surréalisme*. En 1931, il s'associe à Man Ray pour l'édition de *Mister Fork Miss Knife* de Crevel. Miró enrichit de lithographies *L'Arbre des voyageurs* de Tzara (1930), d'aquatintes *L'Antitête* du même (1949) et *Bagatelles végétales* de Leiris (1956) et en xylographies *À toute épreuve* d'Éluard (1958). Matisse lui-même, si éloigné du dadaïsme, s'y trouve associé par deux volumes, *Les Jockeys camouflés* de Reverdy paru en 1918 et, de Tzara, *Midis gagnés* en 1936.

Ce ne sont là qu'exemples. Des écrivains tels que Breton ou Char ont souhaité de manière systématique lier leurs poèmes à des œuvres plastiques. Dans le cas de Breton, à Derain et à Picasso, il convient d'ajouter Dalí pour *L'Immaculée Conception* (1930), Giacometti pour *L'Air de l'eau* (1934), Lam pour *Arcane 17* (1944) et Miró, en raison de la publication en 1959 des *Constellations* avec vingt-deux proses du poète. Philippe Soupault procède de la même façon. Son premier recueil poétique, *Rose des vents*, paraît aux éditions du Sans pareil en 1919 avec quatre dessins de Chagall. Pour *Les Champs magnétiques* (1920), composés avec Breton, Picabia dessine les portraits des auteurs.

Le cas de Bataille n'est pas moins remarquable, d'autant qu'il s'agit d'ouvrages réputés obscènes. *Histoire de l'œil* a paru en 1928 sous pseudonyme – Lord Auch – avec huit lithographies de Masson, puis en 1944 avec six eaux-fortes de Bellmer. *Madame Edwarda*, signé Pierre Angélique, a été illustré en 1942 par Fautrier, sous le pseudonyme de Jean Perdu et réédité en 1966 avec douze planches de Bellmer. Fautrier est l'auteur des lettrines et lithographies de *L'Alléluiah, catéchisme de Dianus*, en 1947, et Giacometti celui des trois eaux-fortes pour *Histoire de rats* la même année. Chaque

Sonia Delaunay et Blaise Cendrars, *La Prose du Transsibérien et de la petite Jehanne de France*, 1913. Gouache (pochoir), 200 cm de long. Paris, Musée national d'art moderne-Centre Georges Pompidou.

fois, une cohérence intellectuelle réunit l'écrivain et «ses» peintres. Il n'est que de placer en parallèle Breton et Bataille pour le vérifier. Seul Giacometti s'est trouvé associé à l'un et à l'autre. Mais, à l'inverse, il semblerait incongru de supposer une édition de Bataille avec des planches de Miró ou de Chagall. De telles associations ne sont pas de pure convenance, mais annoncent une connivence. «On vivait mélangés avec probablement les mêmes soucis», dit Cendrars, qui a publié *La Prose du Transsibérien* avec Sonia Delaunay.

Violences : expositions et manifestes

Ces dispositifs, ces mots de passe, tout cela suppose un adversaire. Il a de nombreux noms, inertie, conventions, conservatisme, traditions. Si l'avant-gardisme est apologie de la nouveauté, il sait les réticences pesantes, les résistances têtues. Il le sait d'autant mieux qu'il ne cesse d'en faire l'expérience.

Le siècle commence par un scandale éclatant à l'improviste, un scandale qui réunit la plupart des éléments caractéristiques de l'affrontement tel qu'il se répète ensuite. Le 18 octobre 1905 s'ouvre au Grand Palais le troisième Salon d'Automne. Ni les morts célébrés par une rétrospective – Ingres et Manet –, ni les vivants reconnus des amateurs – Bonnard et Maillol – n'en sont les héros, mais de jeunes artistes dont les œuvres ont été regroupées dans la salle VII. À cause d'elle, Émile Loubet, président de la République, refuse d'inaugurer le Salon. Elle contient cinq Camoin, neuf Derain, cinq Manguin, cinq Marquet, dix Matisse et cinq Vlaminck. Vauxcelles, en dépit de sa méfiance, l'observe : il y a là «un groupe qui se tient aussi fraternellement serré que, dans la précédente génération, Vuillard et ses amis[II]». Fraternité fondée sur l'amitié : Marquet, Manguin, Camoin et Matisse se connaissent de longue date. Fondée sur le travail en commun : Derain et Vlaminck peignent de concert depuis plusieurs années à Chatou et au Pecq, et Derain et Matisse reviennent de Collioure, où ils ont œuvré côte à côte en juillet et en août.

André Derain, *Route tournante à l'Estaque*, 1906. Huile sur toile, 129,5 × 195 cm. Houston, Museum of Fine Arts, collection John A. et Audrey Jones Beck.

La nouveauté est éclatante. Elle tient à l'abandon de ce qui demeurait dans le postimpressionnisme de ton local et d'analyse atmosphérique. Si intense soit le chromatisme de Bonnard et de Vuillard en 1890, si crues soient les dissonances de Vallotton, leurs couleurs étaient déterminées par l'observation d'un ton local qu'ils exaspéraient. Les feuillages, les cieux, les robes au soleil légitimaient les verts, les bleus, les roses et rouges. Matisse et Derain renoncent à ce lien : leur chromatisme est non imitatif. À l'intensification succède la transposition, le dessin assurant seul le maintien d'une cohérence figurative. De l'imitation, il ne reste qu'un graphisme qui se simplifie en stylisations à l'intérieur desquelles les harmonies colorées s'organisent.

La rupture se manifeste dans les envois des invités de la salle VII à des degrés inégaux, inversement proportionnels aux éloges qu'ils reçoivent. Camoin, Manguin, Marquet trouvent grâce aux yeux de Vauxcelles, mais Matisse « préfère s'enfoncer », Derain pratique un « art volontiers puéril » et Vlaminck « épinalise ». Encore conserve-t-il des nuances dans la réprobation. Camille Mauclair explique les « fauves » par « le désir d'étonner et le dogme de l'improvisation[12] ». Dans *La Liberté*, Étienne Charles se demande : « Est-ce de l'art cela ? Ou bien est-ce une mystification et le Salon d'Automne a-t-il à sa galerie d'attraction voulu ajouter la surprise d'une grosse farce[13] ? » Pour *Le Petit Caporal*, « on a groupé là les abracadabrantes productions des brosses en délire[14] ». Pour *Le journal de Rouen*, « ce qui nous est présenté [n]'a – à part les matériaux employés – aucun rapport avec la peinture ; des bariolages informes ; du bleu, du jaune, du vert, des taches de coloration crue juxtaposées au petit bonheur ; les jeux barbares et naïfs d'un enfant qui s'exerce avec la boîte à couleurs dont on lui fit don pour ses étrennes[15] ». Gide avoue ses doutes et Toulet conclut qu'« on dirait que la peinture exposée y est obtenue par un mélange de cires à bouteilles et de plumes de perroquet[16] ». La nouveauté se trouve donc assimilée à deux références péjoratives : les sauvages et les enfants. Son erreur : l'ignorance du métier, du savoir-faire, de la raison. Ces accusations, ce vocabulaire demeurent en usage jusqu'à la fin du siècle.

Un groupe uni, une pratique nouvelle, la réprobation, le libelle de contre-attaque : le dispositif est en place. Le scandale du fauvisme reproduit le scandale de l'impressionnisme et préfigure ceux que suscitent cubisme, dadaïsme, surréalisme, abstraction. C'est ici moins le refus public qui intéresse que la manière de s'exposer, plus particulièrement l'exposition collective, et de se défendre, par le manifeste et, s'il le faut, par le pamphlet.

Ainsi du cubisme quand il devient affaire publique. La première déclaration de cubisme a pour théâtre, au Salon des Indépendants de 1911, la salle 41 où sont rassemblés Delaunay, Le Fauconnier, Metzinger, Léger, Gleizes. Elle est répétée dans la Maison cubiste au Salon d'Automne de 1912,

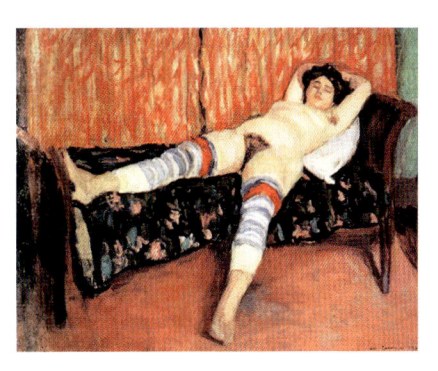

Charles Camoin, *Nu allongé*, 1905. Pastel sur papier, 27,6 × 43,3 cm. Paris, musée d'Art moderne de la Ville de Paris.

Maurice de Vlaminck, *Portrait d'André Derain*, 1906. Huile sur toile, 27 × 22 cm. New York, Metropolitan Museum of Art, collection Gelman.

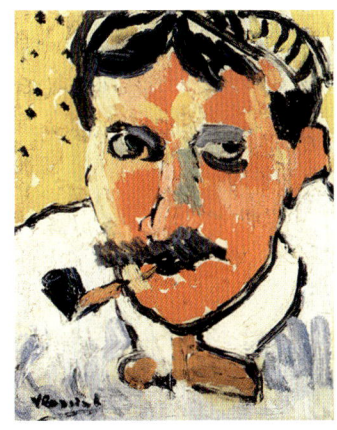

au Salon de la Section d'or qui se tient simultanément et orchestrée par la publication concomitante du volume écrit par Gleizes et Metzinger, *Du cubisme*. Au Palais-Bourbon, en octobre 1912, un député du Cher s'emporte contre « des manifestations d'un caractère aussi nettement antiartistique et antinational ». Apollinaire réplique dans le *Bulletin de la Section d'or* : « Les cubistes ne vous intéressent-ils point ? Ne vous y intéressez donc point. Mais voilà des cris, des grincements de dents, des appels au gouvernement. Tant de fiel entre-t-il au cœur des critiques d'art, cette violence, ces lamentations prouvent la vitalité de la nouvelle peinture et les œuvres qu'elle produit feront l'admiration des siècles tandis que les pauvres détracteurs de l'art français contemporain seront vite oubliés[17]. »

Même faisceau d'événements dans le cas du surréalisme dont le premier manifeste paraît en octobre 1924 et la revue *La Révolution surréaliste* à partir de décembre. Suivent deux expositions, l'une à l'été 1925, Salle des antiquaires, réunissant Masson, Miró et Ernst, l'autre galerie Pierre en novembre, plus officielle, plus fournie, avec Arp, De Chirico, Ernst, Klee, Masson, Miró, Picasso, Man Ray et Pierre Roy. Le 10 mars 1926 s'ouvre la Galerie surréaliste. Les manifestations collectives se multiplient, malgré scissions et querelles. Parmi les plus importantes, l'exposition de collages galerie Goemans, en novembre 1929, pour laquelle Aragon écrit *La Peinture au défi* ; en 1933, chez Pierre Colle, un rassemblement abondant, préfacé par Ernst et Tzara, *Il faut visiter l'exposition surréaliste* ; les expositions internationales à Londres en 1935 et à Paris en 1938, galerie des Beaux-Arts. Celle-ci marque l'apothéose du mouvement. Sa direction est assurée par Duchamp, qui en fait une mise en scène d'objets, de tableaux, de mannequins.

La violence est, là encore, de mise. Breton publie par livraisons successives de *La Révolution surréaliste* son essai *Le Surréalisme et la peinture*. Il contient, parmi plusieurs déclarations de guerre ou de mépris, celle-ci : « En présence de la faillite complète de la critique d'art, faillite tout à fait réjouissante d'ailleurs, il n'est pas pour nous déplaire que les articles d'un Raynal, d'un Vauxcelles ou d'un Fels passent les bornes de l'imbécillité. Le scandale continu du cézannisme, du néo-académisme ou du machinisme est incapable de compromettre la partie à l'issue de laquelle nous sommes vraiment intéressés. Qu'Utrillo "se vende" encore ou déjà, que Chagall arrive ou non à se faire passer pour surréaliste, c'est l'affaire de ces messieurs les employés de l'Épicerie. […] Ceux qui s'appelèrent les « Fauves » avec un sens prophétique si particulier, ne font plus qu'exécuter derrière les barreaux du temps des tours dérisoires et de leurs derniers bonds, si peu à craindre, le moindre marchand ou dompteur se garde avec une chaise. Matisse et Derain sont de ces vieux lions décourageants et découragés. […] Un *Nu* de Derain, une nouvelle *Fenêtre* de Matisse, quels plus sûrs témoignages à l'appui de cette vérité que "toute l'eau de la mer ne suffirait pas à laver une tache de sang intellectuelle[18]". »

Jean Arp, *Constellation de formes blanches sur fond gris*, 1929. Bois peint, 72 × 87 cm. Duisburg, Kunstmuseum.

Il est des exemples plus récents. L'exposition collective dénommée « Les Nouveaux Réalistes » que Pierre Restany organise en mai 1960 à Milan précède, le 27 octobre suivant, la rédaction et la signature de la déclaration constitutive du nouveau réalisme par neuf artistes. Elle est brève : « Les nouveaux réalistes ont pris conscience de leur singularité collective. Nouveau Réalisme = nouvelles approches perceptives du réel. » Quelques jours plus tard, le Deuxième Festival d'Avant-Garde les accueille. En mai 1961, Restany les réunit à nouveau pour *À 40° au-dessus de Dada*, galerie J, et, dans son introduction, formule en l'épurant la réflexion avant-gardiste : « Nous assistons aujourd'hui, écrit-il, à un phénomène généralisé d'épuisement et de sclérose de tous les vocabulaires établis : pour quelques exceptions de plus en plus rares, que de redites stylistiques et d'académismes rédhibitoires ! À la carence vitale des procédés classiques s'affrontent – heureusement – certaines démarches individuelles tendant, quelle que soit l'envergure de leur champ d'investigation, à définir les bases normatives d'une nouvelle expressivité[19]. » Plus crûment, il dénonce « le flot bourbeux des recettes et des styles, de l'informel au nuagisme ». En 1961, d'autres manifestations collectives ont lieu à Stockholm et l'inauguration de l'exposition de Niki de Saint-Phalle « Feu à volonté » est l'occasion d'exercices de tir en commun, auxquels participent Jean Fautrier, Jasper Johns et Robert Rauschenberg.

Après des manifestations collectives à Nice, à Coaraze, à Montpellier à partir de 1968, le groupe Supports/Surfaces expose en septembre 1970 au musée d'Art moderne de la Ville de Paris et des tracts sont distribués. En 1971, outre la fondation de *Peinture. Cahiers théoriques* a lieu une exposition collective au théâtre de la Cité universitaire, puis une seconde au Théâtre municipal de Nice, une participation délibérément provocante à la VIIe Biennale de Paris – les noms des membres du groupe en majuscules sur un mur –, des publications dans *VH 101* et les *Chroniques de l'art vivant*. La revendication collective apparaît d'autant plus forte que le groupe entend se justifier au nom de la dialectique du matérialisme historique et se présente comme une avant-garde tout à la fois artistique, idéologique et politique – application du léninisme à l'esthétique. À l'occasion de l'exposition de la Cité universitaire en avril 1971, paraît un texte signé du groupe. Il affirme : « Le travail présenté à l'occasion de cette seconde exposition SUPPORTS/SURFACES est le fait d'une recherche théorique et d'un travail collectif. Il constitue par là même une prise de position contre une conception individualiste de l'Art, la fétichisation de l'œuvre d'un créateur omnipotent dont les "créations" ne sont en fait que des marchandises. » En mai, dans la première livraison de *Peinture. Cahiers théoriques*, le comité de rédaction se donne pour dessein « de produire un certain nombre de concepts constituant la science de la peinture, une nouvelle pratique de la peinture, de produire les armes de la lutte contre l'idéalisme et ses corollaires : le capitalisme monopolistique d'État et l'impérialisme ».

Vue de l'exposition surréaliste chez Charles Ratton, Paris, mai 1936.

La révolution partout ?

Alors, avant-gardisme esthétique et avant-gardisme politique se confondent, dans les attitudes comme dans le vocabulaire. Supports/Surfaces apparaît comme l'un des prolongements de la révolte de Mai 68 – et encore comme l'ultime rapprochement des arts et de la révolution prolétarienne, l'ultime épisode d'une liaison ancienne, mais fragile, coupée de crises et de ruptures.

Au XIXe siècle, si Courbet associe réalisme et républicanisme, l'impressionnisme, révolutionnaire sur la toile, ne se déclare pas tel en politique – à preuve l'antidreyfusisme de Degas et Renoir ou la mollesse des convictions de Monet. Si le post-impressionnisme eut son extrême-gauche anarchisante – Signac, Luce, Vallotton, Van Dongen à ses débuts, tous proches de Félix Fénéon –, il eut aussi ses catholiques conservateurs – Denis – et ses apolitiques – Vuillard, Roussel. Parmi les fauves, nulle position idéologique commune affirmée.

L'anarchisme de Vlaminck demeure verbal et celui de Van Dongen s'apaise bientôt. Derain, soldat, participe sans s'en indigner à la répression des grèves des mineurs et Matisse tient à ce que chacun sache quel respect il voue aux valeurs de la bourgeoisie. Picasso a sans doute des fréquentations qui peuvent inquiéter la Sûreté parmi les émigrés catalans, mais il se tient à l'écart du militantisme. S'il est vrai qu'il a pleuré en apprenant l'exécution de Francisco Ferrer en 1909, son chagrin est demeuré privé. Si Gris et Villon collaborent à *L'Assiette au beurre*, c'est pour des raisons plus économiques que politiques, en quoi ils se distinguent de Kupka, dont l'engagement politique ne fait aucun doute, accentué par la fréquentation de la littérature et des idées des frères Reclus. Le cubisme n'a pas de parti, si ce n'est qu'il ne peut que s'opposer au nationalisme qui le fait passer pour « boche ». Jusqu'en 1914, idées esthétiques avant-gardistes et convictions politiques « avancées » ne vont pas de pair.

Après 1919, il n'en va plus de même : débats et idéologies politiques interviennent dans le champ des controverses esthétiques. Pourquoi après la guerre ? Au premier chef parce que le mouvement dada refuse de demeurer cantonné dans le territoire du « beau », refuse de s'occuper plus longtemps de questions d'art qui ont avoué leur futilité. S'il vomit l'art, c'est moins au nom d'un jugement esthétique que parce que la société entière s'est compromise – euphémisme – dans un carnage de cinq ans et que plus rien d'elle ne saurait passer pour acceptable, pas même ses artistes – ou ses artistes moins qu'aucun ? La Grande Guerre, guerre démocratique, guerre de tous contre tous, n'a épargné aucune classe, n'a rien laissé intact. Il serait surprenant que les « beaux-arts » échappent à son atteinte et plus surprenant encore que le « beau » reste la valeur suprême dans une civilisation qui a rationalisé l'industrialisation du massacre.

Dans ce cas, une pratique ou une théorie artistique qui prétendrait ne devoir qu'à elle-même sa nécessité encourt le reproche d'aveuglement ou de complicité. À l'inverse, une position adossée à une doctrine qui se donne la société pour sujet et sa réforme pour dessein peut espérer démontrer par là même sa légitimité. Dada s'affirme un nihilisme antibelliciste, auquel l'horreur des combats donne raison. Le surréalisme de Breton et d'Aragon se place « au service de la Révolution », qu'elle se reconnaisse en Trotsky ou croie s'incarner en Staline. Des liens serrés attachent André Masson au Collège de sociologie et à la revue *Acéphale*. À la Libération, le Parti communiste français reçoit et publie les adhésions de Picasso et Léger. L'inventaire, n'oubliant ni lettrisme ni situationnisme, s'étire jusqu'au maoïsme de Supports/Surfaces. Il démontre combien dure la liaison de l'artistique et du politique.

Il démontre tout autant combien cette intimité se révèle difficile. Dada ne peut maintenir longtemps intact le principe de la négation absolue et, dès qu'apparaissent poètes et artistes qui se disent dadaïstes, la révolte perd de sa pureté. Elle prend forme visible, ce qui revient à admettre qu'elle se fait esthétique malgré elle et se place dans l'équivoque, théorie de l'absurdité de toute théorie, art de la négation de tout art. L'histoire du surréalisme, entre manifestes et exclusions, n'est pas moins heurtée. En 1924, Breton s'interroge : « Ne conviendrait-il pas de mener, parallèlement à l'action surréaliste, une action révolutionnaire non équivoque ? » Parallèle, c'est trop peu dire. À l'occasion de la guerre du Rif et des protestations anti-colonialistes qu'elle provoque, Breton adresse sa *Lettre à Paul Claudel* à l'ambassadeur d'un régime condamné pour impérialisme et capitalisme. Un projet de fusion entreprend de réunir le groupe surréaliste à ceux de Clarté et de Philosophies, auxquels appartiennent Bernier, Politzer et Lefebvre. En janvier 1927, Breton, suivi d'Aragon et de Sadoul, mais après Éluard, adhère au Parti communiste. Commence une période de soupçons, de scissions, de libelles. En 1929, Miró et Arp se refusent à suivre des directives que disent accepter Duchamp, Ernst, Magritte et Tanguy. L'année suivante, la nouvelle revue de Breton porte un titre suggéré par Aragon, *Le Surréalisme au service de la révolution* : alliance difficile, intenable même. Breton dénonce bientôt le stalinisme – appuyé en cela par Ernst, Tanguy, Man Ray ou Éluard, qui signent avec lui *Du temps que les surréalistes avaient raison*. Il se déclare ensuite pour Trotsky et la rupture avec Aragon s'envenime. Il n'est pas alors, parmi les surréalistes, de réunion, de revue, de manifeste où exigences esthétiques et exigences politiques ne veuillent aller de pair, tant est difficile à réduire la distance qui sépare une avant-garde artistique de « l'avant-garde du prolétariat ».

Après la Libération, les adhésions de Picasso et Léger au PCF ne les mettent pas à l'abri des critiques, parce que l'orthodoxie du réalisme socialiste ne supporte pas leurs audaces plastiques, qui déconcertent les militants au lieu de les encourager par des images simples et des slogans sans équivoque. Le succès de *La Colombe*, lithographie devenue symbole du Mouvement pour la paix, n'empêche pas la crise née du *Portrait de Staline* (1953). S'il est alors un art communiste, défendu par le PCF, il a Fougeron et Taslitsky pour champions, plus que Picasso.

Non moins périlleux sont, dans les années soixante-dix, les engagements politiques de Supports/Surfaces et ceux de la Coopérative des Malassis. Là encore, en dépit des efforts d'explication et des glissements sémantiques, révolution sociale et révolution picturale ne s'accordent que sur les fins et échouent à s'entendre sur les moyens et sur ce que devrait être un art véritablement révolutionnaire accessible aux masses.

L'expérience de l'inconnu

Voilà non pour la forme, mais pour les manifestations verbales et physiques de la volonté de rompre et de trouver du nouveau, un nouveau qui ne peut que sembler intolérable au plus grand nombre. Voilà pour l'avant-gardisme comme attitude. Ces caractéristiques, si elles montrent comment il se manifeste, ne permettent pas cependant de définir « l'esprit nouveau ».

Avant d'en venir à ce point, il importe de s'attacher à une notion – à peine une notion – : la surprise, l'inconnu. Les hommes de science ont la conviction qu'il reste des découvertes à accomplir, de l'inexplicable à expliquer, de l'ignoré à observer – faute de quoi leur tâche serait achevée. Les artistes des avant-gardes, quels que soient leurs instruments, ont la conviction qu'il reste de l'inconnu à créer. Qu'il serait sans intérêt de s'en tenir à l'état actuel, à plus forte raison d'obéir à des règles qui doivent leur autorité à leur ancienneté. Ce principe pourrait être dit de non-limitation : il faut aller de l'avant vers des découvertes, vers des créations imprévisibles.

À l'analyse de ce facteur, l'histoire des avant-gardes fait obstacle à son insu, dans la mesure où elle suscite l'accoutumance et décrit filiations et enchaînements. L'imprévisibilité lui échappe : *Les Demoiselles d'Avignon* ne sont pas seulement le produit d'un processus pictural et réflexif. Il faut le pari, l'aventure, tels que Picasso les ose. Même remarque à propos du *Portrait de Kahnweiler* ou d'une nature morte de Braque contemporaine : ils sont sans précédent, sans exemple. Ils apparaissent dans un espace sans repère. L'isolement est leur sort, durant un laps de temps dont la durée ne peut se calculer *a priori*. Ces œuvres, désormais, s'inscrivent dans une chronique, dans le récit d'une évolution, qui atténuent la stupeur, qui menacent de l'effacer. Cette stupeur, l'audace qui la suscite, ce sont les premiers traits de la rupture. Gauguin a proclamé « l'audace de tout oser ». C'est de cette audace qu'il faudrait restituer l'intensité, dont les scandales et l'incompréhension publics ne donnent qu'une faible idée.

Soit le cas des *Demoiselles d'Avignon*. La toile est exposée pour la première fois en 1916, à l'initiative d'André Salmon au Salon d'Antin. Elle n'intéresse pas la critique, mais, après deux ans d'efforts, Breton réussit à convaincre le couturier Jacques Doucet de l'acquérir en 1923. En septembre 1937, la toile est achetée par Jacques Seligmann qui la vend aussitôt au Museum of Modern Art de New York sans que personne, en France, s'émeuve de ce départ. Il n'y a donc pas eu de scandale des *Demoiselles*, mais l'indifférence des collectionneurs et des conservateurs français.

Peu d'œuvres ont été plus souvent reproduites et plus attentivement étudiées. Il est apparu qu'elle est une scène de bordel, chargée d'allusions morbides. Dans les premières esquisses et jusque vers mars 1907, un marin est attablé et un étudiant en médecine entre dans la pièce – symbole sans doute de la maladie et de la menace. Puis, ces idées ne sont plus cryptées par le truchement d'allusions allégoriques mais transcrites dans la peinture, dans les déformations de plus en plus brutales infligées aux corps nus des filles et aux visages de trois d'entre elles, jusqu'aux stries colorées que Picasso applique sur les faces géométrisées des deux « demoiselles » dans la partie droite de la toile. Ces déformations ne s'expliquent pas par l'imitation de telle référence, ibérique ou africaine. Leur primitivisme n'obéit à aucun modèle, aucun exemple que Picasso aurait découvert au musée du Trocadéro. Il naît dans la succession des dessins et des études, de simplification en simplification, exagération du nez, ablation du menton, diminution de la bouche et des yeux, introduction de couleurs non imitatives – cela jusqu'au moment où les visages se révèlent conformes à ce que Picasso veut – la représentation obsédante de la douleur dans le plaisir, de la mort dans le sexe. L'œuvre s'inscrit dans une suite de scènes érotiques marquées par l'inquiétude et la dérision, parmi lesquelles *L'Entrevue* (1902) et *Le Harem* (1906). Picasso s'y oppose à l'idéalisme teinté de symbolisme et de classicisme qu'exaltent les grandes compositions

Pablo Picasso, *Les Demoiselles d'Avignon*, 1907. Huile sur toile, 243,9 × 233,7 cm. New York, The Museum of Modern Art.

André Derain, *Baigneuses*, 1907. Huile sur toile, 132,1 × 194,8 cm. New York, The Museum of Modern Art, Fonds William S. Paley et Abby Aldrich Rockefeller.

de Matisse, *Luxe, calme et volupté* (1904) et *La Joie de vivre* (1906) et se trouve plus proche de *L'Âge d'or* (1905) de Derain, ainsi intitulé par antiphrase, comme les *Demoiselles*, dont l'un des titres a été *Le bordel philosophique*. Les données biographiques ne sont pas absentes : la toile est achevée alors que Picasso et Fernande Olivier traversent une période de mésentente, qui finit en séparation provisoire, désaccord aggravé par l'épisode de l'adoption éphémère d'une enfant, Raymonde, que Fernande introduit au Bateau-Lavoir puis renvoie à l'orphelinat.

Ces données sont nécessaires à l'interprétation de la toile et de sa genèse. Mais il importe autant de mettre en évidence deux points : l'œuvre se forme au cours d'un processus dont le terme et le produit ne sont pas connus *a priori* ; elle demeure hermétique aux yeux de ceux qui seraient susceptibles de la comprendre. *Les Demoiselles* atteignent l'état que Picasso juge final après des modifications substantielles, dont l'œuvre exhibe les indices. La disparité des manières picturales, de la plus sereine et matissienne à la plus violente et picassienne demeure visible – disparité qui accroît l'intensité expressive ainsi que le malaise. La peinture, l'une des premières dans l'histoire de l'art occidental, laisse à nu l'histoire de sa fabrication, de sorte que la marche vers l'extrême qui crée l'œuvre se montre clairement. Or c'est cette marche qui est décisive. Par elle s'accomplit la rupture et s'inaugure un processus dynamique qui n'a, à proprement parler, pas de fin puisqu'il ne la connaît pas, puisqu'il ne la suppose pas. Picasso l'a suggéré plus tard : « J'avais fait la moitié du tableau. Je sentais : "Ce n'est pas cela !" J'ai fait l'autre. Je me suis demandé si je devais refaire le tout. Puis je me suis dit : "Non, on comprendra ce que je voulais faire[20]". » En 1908, dans les *Trois Nus*, il répète l'expérience et se refuse à rétablir l'homogénéité du tableau. La provocation frappe d'autant plus qu'elle affecte le visage et l'anatomie de la femme, dont la représentation a été, depuis la Renaissance, dominée par les efforts de l'idéalisme et les canons de la beauté. L'art est ce mouvement, ces passages d'une formulation à la suivante dans le cours du travail, sans prévision, sans programme.

Seconde observation : la dynamique de la rupture et de la métamorphose, quand elle se montre aussi crûment, suscite la réprobation. Le témoignage de Kahnweiler est éloquent. À Benjamin Crémieux, il dit dans leurs entretiens : « Ce que je voudrais vous faire sentir immédiatement, c'est l'héroïsme incroyable d'un homme comme Picasso dont la solitude morale était quelque chose d'effrayant, car aucun de ses amis peintres ne l'avait suivi. Le tableau qu'il avait peint là paraissait à tous quelque chose de fou ou de monstrueux. Braque, qui avait fait la connaissance de Picasso par Apollinaire, avait déclaré qu'il lui semblait que c'était comme si quelqu'un buvait du pétrole pour cracher du feu et Derain m'a dit, à moi-même, qu'on trouverait un jour Picasso pendu derrière son grand tableau tellement cette entreprise paraissait désespérée[21]. » Si emphatiques que paraissent « héroïsme incroyable » et « solitude morale », ce sont là des notions clés pour analyser le mouvement de rupture à l'instant où il brise avec des habitudes, des traditions. Pour dire la chose autrement : le risque est immense – ce risque que le discours de l'histoire rend de moins en moins sensible, au point que l'on finirait par penser que Picasso ne pouvait que peindre *Les Demoiselles d'Avignon*, s'abandonnant à la logique d'un processus créateur.

Il serait aisé de reprendre l'analyse pour d'autres œuvres, d'autres artistes. Ce serait faire la chronique de l'esprit d'expérience de 1905 – le séjour de Matisse et Derain à Collioure – jusqu'aux plus récentes tentatives à

Henri Matisse, *La Joie de vivre*, 1906. Huile sur toile, 175 × 241 cm. Merion, Barnes Foundation.

contre-courant. Avant tout scandale, avant toute théorie, avant toute histoire, il y a le coup de force dans l'atelier, l'objet ou l'image non conformes, au moment de leur apparition incongrue.

Ces extravagances rythment le cubisme : émiettement et effacement de la figure humaine et de l'objet, puis introduction de lettres sur la toile, où elles n'avaient pas droit de cité jusque-là, puis introduction de matériaux qui ne proviennent pas des commerces en fournitures pour artistes. L'œuvre de Picasso en est scandée, comme d'autant de remises en cause, d'inversions, de contradictions. Dans la structure apparemment fixée d'un style – de ce qui est en train de devenir style – il jette un élément perturbateur, de quoi dérégler le système en formation et interrompre son durcissement. Autant de risques et autant de malentendus : dans le cubisme, en 1914, à Avignon, jeter du dessin naturaliste et lui inoculer ce « poison » avec l'aide de Derain ; ou, alors que le « retour à l'ordre » croit avoir en Picasso un partisan, montrer des toiles ultra-cubistes d'une géométrie si tranchante, si elliptique que la figure humaine y est réduite à des signaux ; ou, beaucoup plus tard, compromettre l'élégance des portraits de Jacqueline par l'obscénité et la fausse maladresse des *Mousquetaires* (1967), des *Couples* et des *Baisers* (1969-1970). Chaque fois, l'artiste fait un écart, désoriente, en pâtit.

Autre écart : en 1913 et 1914, les trois frères Duchamp travaillent à des œuvres d'inspiration mécanique, ce qui n'est, de leur part, que participer à une curiosité générale. Jacques Villon dessine, peint et grave des œuvres dénommées *Le Petit Atelier de mécanique* (1913) et *L'Atelier de mécanique* (1914) après un passage dans un tel atelier à Asnières. Il en tire des représentations cubisantes, conçues selon des axes obliques entrecroisés. Raymond Duchamp-Villon travaille à une sculpture à forme mécanique, *Le Grand Cheval*, où il veut cristalliser en plans et volumes le « dynamisme supérieur » de l'époque contemporaine. Marcel Duchamp exécute *La Broyeuse de chocolat* (1914), trois meules sur un axe, peintes avec un souci du détail tel que l'artiste s'efface derrière l'ingénieur et s'inspire des procédés du dessinateur industriel. Villon peint et grave, Duchamp-Villon s'en remet au plâtre et au bronze, Duchamp inaugure une pratique non artistique, donc d'autant plus mécanique, plus conforme au sujet que l'huile sur toile et le bronze patiné. Radicalisation : avec *La Broyeuse de chocolat* et les ready-made mécaniques, Duchamp s'engage dans une tentative sans exemples.

L'inconnu, la transgression, c'est Miró, c'est Masson, hasardant des images sans références objectives, oniriques, énigmatiques, menacées de passer pour aberrantes. C'est encore l'abstraction en 1912 et 1913. Quels points de comparaison, quels appuis se présentent à Delaunay, à Léger, à Kupka ? Fort peu. Kandinsky et Marc en Allemagne, osent comme eux ne pas respecter l'impératif de représentation qui, jusqu'alors, n'a pas été remis en cause. L'anecdote, peut-être fausse, qui voudrait que Kandinsky se soit risqué parce qu'il a vu, par hasard, l'une de ses œuvres à l'envers, témoigne de l'incertitude de la situation : il faudrait un accident pour que le pas soit accompli, l'interdit dédaigné. L'explication, insuffisante et pernicieuse, travestit en accident le plongeon « au fond de l'Inconnu pour trouver du *nouveau* ».

Méthodes, séries, spéculations

L'idée du moderne repose sur une observation et une conviction. Observation : la civilisation connaît une mutation dont l'amplitude excède tout ce que la société française avait connu auparavant en la matière. Conviction : l'art qui se tiendrait à l'écart de la mutation, l'art qui demeurerait attaché à des styles et des impératifs antérieurs à la métamorphose se condamnerait à l'anachronisme et au malentendu. Sur cette conviction, forte d'une réflexion historique sur le relativisme des théories et des pratiques artistiques qui a en Baudelaire son philosophe, il n'y a pas lieu de revenir. Sur l'observation, il reste à s'interroger.

La mutation industrielle a sa logique, la rationalité. Elle a ses fondateurs et ses praticiens, savants et ingénieurs. À eux la recherche et l'exposé des lois de la physique et de la chimie, sciences réputées exactes. On ne peut ici faire l'économie d'un truisme : le XXe siècle, considéré selon l'angle de l'histoire de l'esprit, est celui de la scientificité. Il vit sous l'empire de la rationalité – rationalité des moyens du moins, car pour la rationalité des fins, l'hypothèse n'en résiste pas au premier examen, au premier souvenir de ce qui s'est passé, de ce qui a eu lieu et ne peut passer que pour sauvagerie, aveuglement, crimes.

Depuis le XVIIIe siècle, le découvreur a les traits de l'homme de spéculation et de démonstration logique. Il est l'inventeur par excellence, celui qui éclaire ce qui demeurait obscur. Ses mérites se reconnaissent au recul de l'inconnu et à la mise en œuvre de moyens et de projets auparavant hors de portée. Figure capitale de l'imaginaire commun, il œuvre dans ses laboratoires, dans des cabinets retirés. Il publie des traités hermétiques. À ses travaux succèdent leurs applications. Ce savant procède par hypothèses et vérifications, expériences et énoncés. Il s'efforce du désordre de l'accidentel vers l'ordre de la structure. Il alterne pratique et théorie.

Ainsi procède également l'artiste avant-gardiste, avec méthode. Claude Monet décide de séries : les *Meules*, les *Cathédrales*, les *Peupliers*. Chacune se compose d'une constante – le motif – et d'une variable – l'atmosphère lumineuse –, de sorte que la série ne saurait prendre fin que quand la variable a pris toutes les valeurs possibles, de la lumière froide et bleue d'une matinée de neige à la lumière ocre jaune d'un coucher de soleil estival. L'impératif d'un réalisme analytique veut une telle déclinaison. S'il manquait un cas, il resterait une hypothèse non étudiée et la démonstration en serait affectée. Démonstration de quoi ? Du pouvoir de la peinture considérée comme analyse et représentation d'un phénomène naturel ; démonstration encore de la rigueur de la démarche. Faute d'exhaustivité, elle ne serait qu'insuffisamment scientifique. Au nom de la science, l'impressionnisme se voit du reste bientôt critiqué par les néo-impressionnistes, adeptes d'une décomposition des couleurs fondée sur les travaux de Chevreul et de Rood. La peinture passerait désormais par des théorèmes et par l'algèbre des proportions qui règlent les contrastes simultanés. De ces précédents, les avant-gardes du XXe siècle tirent les conséquences.

Entre celles-ci, il faut distinguer : le modèle scientifique influe sur le mode de développement des esthétiques en incitant à la formation et l'application d'une méthode de travail ; il peut déterminer pour partie ces esthétiques elles-mêmes en les engageant dans une analyse de la matière aussi dégagée de l'imitation des apparences que la physique nucléaire l'est de la description des choses ou la biologie de la description de corps ; il faut alors isoler des formes essentielles, abstraites d'une réalité dont la compréhension ne peut plus se satisfaire de la contemplation des apparences.

Les discours de la raison artistique

« Il faut que les signes divers que j'emploie soient équilibrés de telle sorte qu'ils ne se détruisent pas les uns les autres. Pour cela, je dois mettre de l'ordre dans mes idées : la relation entre les tons s'établira de telle sorte qu'elle les soutiendra au lieu de les abattre. Une nouvelle combinaison de couleurs succédera à la première et donnera la totalité de ma représentation[22]. » Ainsi s'explique Matisse dans ses *Notes d'un peintre*, en 1908. Le vocabulaire est celui de l'analyse des moyens, le principe d'une justification des tableaux par la logique du chromatisme, qui est aussi la logique de l'harmonie – d'« une harmonie analogue à celle d'une composition musicale ».

Le cas matissien est d'autant plus remarquable que la volonté de se montrer logique et méthodique se lit à tous les stades, dans le tableau, dans la suite des tableaux, dans la méditation des prédécesseurs. Dans le tableau : dans ses déclarations, Matisse ne cesse de décrire le processus créateur comme la transcription raisonnée d'une sensation qu'il sait subjective et dont il faut conduire l'expression à l'harmonie. La « puissance d'un artiste », affirme-t-il en 1908 est prouvée « lorsque impressionné directement par le spectacle de la nature il est capable d'organiser ses sensations et même de revenir à plusieurs fois et à des jours différents dans un même état d'esprit, de les continuer : un tel pouvoir implique un homme assez maître de lui pour s'imposer une discipline[23] ». En 1929, l'exigence est la même : « Le peintre se décharge de son émotion en peignant ; mais non sans que sa conception ait traversé certain état analytique. L'analyse se fait chez le peintre. Quand la synthèse est immédiate, elle est schématique, sans densité et l'expression s'appauvrit[24]. » À ses élèves, il déclare en 1908 : « En matière de couleur, de l'ordre avant tout[25]. »

De l'ordre : dans *Le Rifain assis* (1912-1913), l'éclat de la surface rouge répond à l'intensité des verts alors que les ocres stabilisent la composition. Dans le visage, Matisse réunit les trois tons, comme si la tête était la matrice chromatique de l'œuvre, le lieu essentiel où elle concentre ses effets et expose sa règle. Le fond se divise en bandes, le ciel est un rectangle bleu et le siège un rectangle bistre. Leurs lignes et leurs angles assurent à l'ensemble sa stabilité.

Cette remarque, les toiles d'entre 1905 et 1917 la vérifient. Quand il peint *L'Atelier rouge* (1911), Matisse modifie les couleurs du *Luxe* qui est au mur de l'atelier, afin que la toile ne jette pas la discorde et que l'homogénéité du rouge sombre ne soit pas brisée. Dans *L'Intérieur aux aubergines* (1911) il organise des échos de motifs floraux entre les murs et le sol, et des rimes de rose et de vert entre le paysage vu par la fenêtre et la nature morte sur la table. Pour *Le Rideau jaune* (1915), il pousse la suppression des détails au point où rien ne trouble plus le rapport d'un vert, d'un bleu et du jaune, alors que le rideau rouge, noir et jaune se trouve réduit à d'étroites bandes le long du bord gauche. La simplification est plus rigoureuse encore dans *La Porte-fenêtre à Collioure* (1914), rapport de quatre bandes parallèles,

Henri Matisse,
Grand Intérieur rouge,
1911. Huile sur toile,
219 × 181 cm.
New York,
The Museum
of Modern Art.

de largeur inégale, proportionnée à l'intensité du ton. La même rigueur gouverne les toiles de la dernière période, *Intérieur rouge de Venise* (1946), *Intérieur jaune et bleu* (1946), *Grand Intérieur rouge* (1948), *Intérieur au rideau égyptien* (1948) – celui-ci fondé sur un accord en noir, rouge et vert. Les gouaches découpées reposent sur le même principe. Le découpage aux ciseaux ne permet pas d'obtenir plus que des contours simples, allusifs, nullement descriptifs. Ainsi des planches de *Jazz* (1947) telles que *L'Avaleur de sabres* ou *La Nageuse dans l'aquarium*.

Ainsi de *Jérusalem céleste* (1948), architecture de carrés et de rectangles superposés, et de *L'Escargot* (1953), polygones disposés le long d'une spirale peu régulière. Dans ces œuvres, l'arrangement des couleurs domine, au point d'apparaître comme l'enjeu unique de Matisse.

Il faut une intelligence précise des corrélations et des contrastes, car « la diminution, dans un accord de plusieurs couleurs, d'un seul de ses éléments au profit d'un autre, change l'expression de l'accord, en supposant toutefois qu'il soit établi par le peintre ayant la possibilité de donner un caractère expressif à la réunion de plusieurs surfaces de couleurs. Aussi la couleur pure avec son intensité, ses réactions sur les quantités voisines, est-elle un moyen difficile[26] ». La langue de Matisse dit l'intensité de la réflexion méthodique.

Méthode encore dans le passage de l'expérimentation à la généralisation. Au cours du séjour à Collioure, Matisse et Derain accomplissent une démarche de type expérimental. Derain, dans ses lettres à Vlaminck, use autant que Matisse d'un vocabulaire théorique – « déductions », « nouvelle conception » – et se donne un but, « extirper tout ce que la division du ton avait dans la peau[27] ». Conclusion, où chaque mot importe : « J'ai turbiné avec Matisse et je crois qu'il ne me croyait pas en possession d'une science de la couleur comme celle contenue dans mon manuscrit que je t'ai lu. Il subit une crise, en ce moment, à propos de peinture. Mais d'un autre côté, c'est un type beaucoup plus extraordinaire que je ne l'aurais cru, au point de vue logique et spéculations psychologiques[28]. » Durant l'été 1905, ce travail s'accomplit dans les genres de la marine, du paysage et, pour Matisse, de la vue d'intérieur. C'est alors que les deux peintres découvrent qu'il est possible de s'affranchir de l'imitation chromatique et d'inventer des harmonies, dans la mesure où un dessin simple par signes et contours indique les formes et sépare les plans.

La conclusion pourrait n'être que provisoire, l'innovation ne convenir qu'aux paysages, qui supporteraient mieux graphisme schématique et chromatisme transposé. Or, à Paris, Matisse en tente l'application au portrait, au nu et à la nature morte. Visages : *La Femme au chapeau*, *L'Idole*, le *Portrait de femme à la raie verte*, ceux de sa fille Marguerite. Nus : *La Gitane*, *La Joie de vivre*, le *Nu au tub*, le *Nu debout* et le *Nu bleu, souvenir de Biskra*. Natures mortes : *Vaisselle et fruits sur un tapis rouge et noir*, *Les Tapis rouges*, *Les Oignons roses*. Autant de toiles de l'année 1906 et du début de 1907.

Dans cette période, à l'inverse, les paysages se raréfient. Plus de vue du port, plus de plage de la Moulade alors que Matisse séjourne longuement à Collioure. La question s'est déplacée. Il ne s'agit plus de trouver comment « pousser » les couleurs mais de vérifier que la méthode vaut pour tous les genres, jusqu'à l'allégorie. *La Joie de vivre* (1906), la *Pastorale* et, en 1907, les deux versions de *Luxe* et *La Musique* ont valeur de preuve. Le fauvisme, en élargissant son champ, établit sa validité. Les œuvres des années suivantes sont autant de démonstrations d'une « science de la couleur » – la formule est de Derain – impeccable.

Logique chromatique, logique de sa généralisation – tout cela, qui s'accomplit à partir du séjour à Collioure, a été précédé par une phase qui mérite l'attention. De 1895 à 1905, Matisse se livre à un examen et une mise à l'épreuve systématique des langages picturaux impressionnistes et post-impressionnistes. À Belle-Île en 1896, il se met à l'école de Carrière. Interviennent ensuite, pastichés pour être compris et dépassés, Manet, Monet, Cézanne, Gauguin, Signac. À Manet renvoient *La Guitariste* (1903) et *Carmelina* (1903-1904) ; à Cézanne, *L'Homme nu dit Le Serf* (1900), le *Nu aux souliers roses* (1900), la *Nature morte à la serviette aux carreaux rouges* (1903) ; à Monet et à Van Gogh plusieurs paysages de Corse ; à Gauguin, les paysages dans le jardin du Luxembourg en 1901 ; à Signac, au divisionnisme, des vues de Notre-Dame, les natures mortes aux tulipes, perroquet et au purro et *Luxe, calme et volupté* (1904), toile commencée chez Signac à Saint-Tropez et qu'il acquit lors de sa présentation au Salon des Indépendants en 1905. Simultanément, en dépit de ses maigres moyens, Matisse achète un Cézanne, *Trois Baigneuses*, un Gauguin, *Tête de garçon*, un dessin de Van Gogh et un plâtre de Rodin.

Il peut dès lors étudier directement leurs manières. Il cherche moins des chefs-d'œuvre que des prototypes qui fassent office de références. Il se livre à une analyse raisonnée de la modernité, dont son œuvre tire les conclusions. Il la condense en une formule, qui est une généalogie : « De Delacroix à Van Gogh et principalement à Gauguin en passant par les impressionnistes qui font du déblaiement et par Cézanne qui donne l'impulsion définitive et introduit les volumes colorés, on peut suivre cette réhabilitation du rôle de la couleur, la restitution de son pouvoir émotif[29]. »

Création d'une toile, construction de l'œuvre complet, situation historique : Matisse entend procéder de manière raisonnée. Une logique se forme, exprimée et argumentée autant de fois que nécessaire afin de se défendre et de convaincre. Les innovations fauves s'inscrivent dans le mouvement d'une évolution cohérente, qu'elles poussent à son terme parce qu'elles suppriment le dernier obstacle qui s'opposait à l'expansion de la couleur, l'imitation. L'art nouveau se pense et se fait selon ce schéma.

Matisse n'en doute pas : « Créer, c'est le propre de l'artiste ; – où il n'y a pas création, l'art n'existe pas. Mais on se tromperait si l'on attribuait ce pouvoir créateur à un don inné. En matière d'art, le créateur authentique n'est pas seulement un être doué, c'est un homme qui a su ordonner en vue de leur fin tout un faisceau d'activités, dont l'œuvre d'art est le résultat[30]. »

De cette maxime, que Matisse exprime à la fin de sa vie, il serait tentant de faire la devise de bien des avant-gardes artistiques au cours du siècle, dans la mesure où elles formulent et accomplissent une méthode. « Ordonner en vue [d'une] fin » : Léger, en 1912, le doit quand il éprouve la contradiction qui oppose la volumétrie géométrique cubisante de ses *Nus dans la forêt* (1909-1910) à sa volonté de réintroduire la couleur, volonté d'autant plus ferme qu'il constate chez Kahnweiler que Picasso et Braque la tiennent à l'écart et peignent « avec des toiles d'araignée », du blanc, des bistres, des gris. Après les tentatives de conciliation que sont *Les Fumeurs*, *La Noce* et *La Femme en bleu*, toiles de 1911 et 1912, Léger se convainc de la nécessité de traiter du problème de façon spécifique et isolée.

Fernand Léger, *Nus dans la forêt*, 1909-1910. Huile sur toile, 120 × 170 cm. Otterlo, Rijksmuseum Kröller-Müller.

Il s'engage alors dans la série des *Contrastes de formes*. Les figures de la représentation y disparaissent, remplacées par des agrégats de volumes géométriques et de plans – ou elles se réduisent à des mannequins sommaires, inexpressifs. Le peintre s'aventure dans une direction dont il ne sait rien, hors la nouveauté. Aucun précédent ne peut le guider, aucun exemple n'atténue le risque. Quand il expose *La Femme en bleu* au Salon d'Automne de 1912, *L'Éclair* la soumet à l'examen de quelques « autorités » et seul Blanche se dispense des railleries convenues. Il préfère observer que « la peinture est devenue un exercice de l'intelligence, auquel se livrent bien des êtres dont l'esprit est plutôt philosophique ou scientifique ».

Dans l'épuration, Léger avance l'hypothèse d'une réunion de la couleur et du volume grâce à un modelé en facettes où le blanc, systématiquement, alterne avec la couleur. Il obtient des formes rayées aux galbes courbes et des enchaînements de plans en gradins. Les grands dessins à l'encre et à la gouache de 1913 sont une première phase de l'expérimentation, en noir et blanc. Ayant établi que ce langage est efficace, Léger, sur la toile, substitue des rouges ou des verts au noir du dessin, qui apparaît comme une étude préparatoire.

Fernand Léger, *La Sortie des ballets russes*, 1914. Huile sur toile, 136,5 × 100,3 cm. New York, The Museum of Modern Art, donation de M. et Mme Peter A. Rübel.

Les *Contrastes de formes* de 1913, la *Femme en rouge et vert* (1914), les versions successives de *L'Escalier* (1913-1914) et *La Sortie des ballets russes* (1914) se succèdent dans une suite de plus en plus assurée de ses moyens et de ses fins. À son terme, que précipite la Grande Guerre, la question de la couleur et du volume se résout.

Léger peut énoncer sa méthode – dans une langue de mathématicien. Dans *Les Soirées de Paris*, il établit donc que « le contraste de tons peut se résumer par le rapport 1 et 2, 1 et 2 répété à l'infini. L'idéal dans cette formule serait de l'appliquer intégralement et cela nous conduirait à une toile divisée en une quantité de plans égaux dans lesquels on oppose des tons de valeur égale et complémentaire […]. La composition par contraste multiplicatif, en employant tous les moyens picturaux, permet en plus d'une plus grande expérience réaliste, une certitude de variété […]. Cette théorie n'est pas une abstraction, mais elle est formulée à la suite d'observations d'effets naturels que l'on constatera journellement[31]. »

Enseignements

Réduits à des formules, ces discours de la méthode se changent en principes. Il n'est pas indifférent que Matisse et Léger soient, des peintres du XXe siècle, ceux qui ont fondé des écoles. En janvier 1908, Matisse ouvre son académie au couvent des Oiseaux et la transfère ensuite dans le jardin du couvent du Sacré-Cœur, où elle demeure jusqu'à l'été 1911, date à laquelle Matisse renonce à ses fonctions de professeur. Plus durable est l'enseignement de Léger qui regroupe des élèves après la Première Guerre mondiale, les organise en académie et désigne Otto Carlsund comme massier. Il y accueille des disciples venus de Scandinavie, des États-Unis et d'anciens élèves du Bauhaus. Après l'Occupation et son retour des États-Unis, il la ressuscite et y fait donner des conférences. Que ces ateliers aient existé, que celui de Léger ait exercé une influence internationale et durable ne s'explique que par la formation d'une doctrine, qu'il suffit de transmettre et d'appliquer. Tel qu'il apparaît dans les notes prises par Sarah Stein, l'enseignement de Matisse se révèle assez directif. Il s'énonce en devoirs et maximes – « commencez par dessiner vos grandes masses », « donnez aux éléments l'arrondi de leur forme », « il ne faut jamais oublier les lignes de construction, axes des épaules et du bassin[32] ».

Quant à l'enseignement de Léger, ses notions transparaissent dans les textes qu'il publie dans les années vingt. « Le rapport des volumes, des lignes et des couleurs demande une orchestration et un ordre absolus », décide-t-il. « L'art est subjectif, c'est entendu, mais une subjectivité contrôlée et qui s'appuie sur une matière première "objective", c'est mon opinion absolue[33]. » « Objective » parce que mise en forme selon « la loi des contrastes plastiques » : « je groupe des valeurs contraires, surfaces plates opposées à des surfaces modelées, personnages en volumes opposés à des façades plates de maison, fumées en volumes modelées, opposées à des surfaces vives d'architecture, tons purs plats opposés à des tons gris modelés ou inversement[34]. »

Une remarque découle de ces considérations : l'art, au XXe siècle – en France, aux États-Unis, en Allemagne, en Russie – ne se conçoit pas sans l'énoncé d'une doctrine, de convictions à tout le moins, dont les artistes se font les théoriciens et, à l'occasion, les prophètes. Malevitch, Kandinsky, Klee, Beckmann, De Kooning, Stella, Judd : autant d'artistes, si différents soient-ils, qui développent des « causeries sur l'art » – selon la formule ironique de Cézanne qui les disait « presque inutiles ». L'art en France ne fait pas exception à ce processus. Si Picasso ou Bonnard se distinguent par leur laconisme, Braque publie des aphorismes. Sous le titre de *Théories* et de *Nouvelles Théories*, Denis rassemble et édite ses articles depuis 1890, dont plusieurs se veulent les tables d'un classicisme renouvelé et chrétien. Blanche fait de même en trois volumes, auxquels s'ajoutent ceux de son *Journal d'un peintre*. Delaunay laisse des notes et Kupka un essai complet. L'œuvre littéraire d'Hélion compte un journal intime, des articles, des réflexions rétrospectives. Dans la seconde moitié du siècle, Hantaï ou Raysse répugnent à s'expliquer, mais Bazaine, Mathieu ou Dubuffet font paraître des exposés de leur pensée et l'œuvre théorique de Buren compte plusieurs volumes. L'intention peut être didactique, historique ou spéculative, le ton tranchant ou narratif, mais la nécessité d'affirmer les principes et les raisons d'une esthétique s'impose.

Exemple extrême : un degré se franchit quand la doctrine se veut définitive et universelle, quand elle se présente comme une théorie de toute peinture, ainsi qu'il arrive avec André Lhote. En 1922, celui-ci fonde son académie rue d'Odessa et inaugure une carrière de conférencier tout en étant le critique d'art de la *NRF*. Son succès est tel que son atelier ne cesse de s'agrandir et suscite jusqu'à une filiale, que Lhote ouvre en 1952 à Rio de Janeiro. Dès 1919, il vante « la nécessité des théories » et se donne pour dessein de « trouver une formule régulatrice ». De l'avenir de la peinture, il écarte ceux qui se fieraient à l'instinct, à l'improvisation, aux mystères, « tristes et piètres moyens ». À l'inverse, « le salut est promis à ceux qui dégageront, par des méditations cristallisées en théories, leur intelligence submergée par l'instinct[35] ». Deux ans plus tôt, en décembre 1917, *Nord-Sud* a publié les *Pensées et réflexions sur la peinture* de Braque, où on lit : « les sens déforment, l'esprit forme. […] Il n'y a de certitude que dans ce que l'esprit conçoit ». Autre aphorisme de Braque, que Derain juge « d'une sécheresse et d'une insensibilité effrayantes » : « J'aime la règle qui corrige l'émotion. »

Mais Braque ne se veut ni professeur ni théoricien. Ce n'est pas le cas de Lhote qui compose et publie, outre des recueils de ses chroniques de la *NRF*, un *Traité du paysage* en 1939 et un *Traité de la figure* en 1950. En 1945, dans une série de conférences, il part à la recherche des « invariants plastiques » et se propose de les déduire de l'observation comparée des formes d'art du Moyen Âge au XXe siècle. « Nous obtiendrons ainsi ce qu'il faut bien appeler des *invariants plastiques*, promet-il en introduction. Ces valeurs absolues, et qui sont en petit nombre, ne se rencontrent à l'état pur que dans de rares œuvres austères et dépouillées ; dans ce cas elles sont aveuglantes[36]. » Il énumère les éléments fondamentaux :

« 1. le dessin, ou signe expressif, ou ornement qui préexiste à toute couleur et à tout modelé ;
2. la couleur, ou opposition de tons chauds et froids ;
3. la valeur, ou opposition des tons sombres et clairs. Ces trois éléments essentiels : signes plastiques, couleurs et valeurs, se disposent selon les nécessités du rythme. »

Il y ajoute le caractère décoratif, le renversement sur le plan et la monumentalité avant de conclure : « D'autres facteurs, certes, sont entrés, au cours des âges, dans la constitution des tableaux, mais ils n'ont pas le même caractère impérieux et sacré[37]. » Sur ces certitudes, fortifiées par des exemples empruntés à l'histoire des civilisations, Lhote édifie une théorie de la composition et de l'exécution qui, touchant à l'éternel, serait incontestable.

Dialectiques sérielles I : explorations, inventaires

Du souci d'expérimentation et de vérification témoigne la prolifération des travaux sériels dans la seconde moitié du siècle – répétitifs par dialectique. Le phénomène affecte tant d'œuvres diverses qu'il peut passer pour caractéristique de l'influence du modèle scientifique. La musique et la littérature en portent la marque autant que les arts plastiques.

Plusieurs usages sont possibles. L'un en fait le mode d'exploration d'un motif, dont la complexité ne s'épuiserait pas en une seule, ni même quelques œuvres. Les *Baigneuses* et les *Sainte-Victoire* de Cézanne, les femmes à la toilette et les danseuses de Degas relèvent d'une telle étude démultipliée.

La fin ultime de la série serait dans ce cas « la vérité en peinture » que promet Cézanne. Une conception différente se donne un motif invariable, moins pour l'épuiser que pour expérimenter plusieurs manières, pour observer le « comportement » de la couleur et de la ligne, par exemple. Le premier aspire à l'intelligence du sujet, le second à l'intelligence de l'art pictural.

La série picassienne est recherche de l'expression juste d'un motif. Elle peut être liée à une circonstance biographique, à une référence spécifique ou à une expérimentation plastique. Elle se caractérise par son intensité et sa brièveté. Détail biographique : les séjours à Dinard de l'été 1928 et 1929 suscitent des études de baigneuses – conséquence immédiate et peu durable. Biographie encore : les morphologies des modèles et maîtresses de l'artiste suscitent des ajustements stylistiques, parce que Marie-Thérèse Walter est toute de courbes et Dora Maar plus anguleuse. Référence et citation : en septembre et octobre 1932, Picasso dessine à partir de la *Crucifixion de Grünewald* et ses encres vont d'une interprétation à l'autre jusqu'aux décompositions anatomiques qui ne laissent du crucifié que des formes organiques et osseuses séparées, décomposition du cadavre sur la croix.

Expérimentation plastique : les cas abondent. C'est la série des visages peu à peu géométrisés qui, au printemps 1907, détermine l'évolution des *Demoiselles d'Avignon*. C'est en Avignon, à l'été 1914, la suite de buveurs accoudés, du cubisme le plus elliptique à un réalisme archaïsant ; en 1932 et 1933, les dessins, gravures et sculptures qui cherchent une représentation de tête féminine par des volumes courbes ; en mars 1933, la suite des dessins anatomiques qui procède par addition d'objets simplifiés et de volumes géométriques réguliers. Dans les carnets de dessin de Picasso, ces séquences abondent, l'artiste précisant de page en page une déformation, un signe, une abréviation anatomique. Il ne servirait à rien de tenter l'inventaire de ces séries expérimentales dont les conclusions graphiques sont transposées à la gouache, puis à l'huile, à moins qu'elles ne servent à la sculpture. À partir du 9 juin 1940, Picasso transforme une tête de femme en étirant le nez et en évidant la moitié inférieure du visage. Il obtient le 12 juin des hybrides, mâchoires décharnées de tête de mort que surmontent deux yeux vivants et une chevelure. Ceux-ci disparaissent dans les croquis funèbres du 17 juin avant qu'une nouvelle idée un visage divisé en moitiés – n'apparaisse à la fin du mois. La variation sur un thème est le mode d'invention et de vérification ordinaire

Pablo Picasso, *Buste de femme (Marie-Thérèse)*, 1931. Bronze, 68 × 42 × 43 cm. Paris, musée Picasso.

Pablo Picasso, *Femme assise dans un fauteuil rouge*, 1932. Huile sur toile, 130 × 97,5 cm. Paris, musée Picasso.

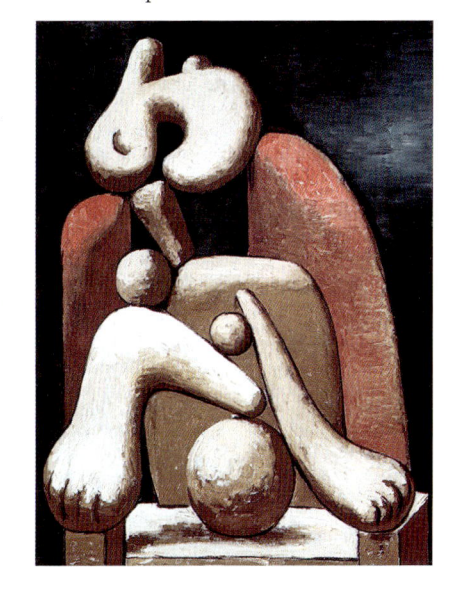

de la nouveauté plastique, autrement dit le mode habituel du renouvellement stylistique. Il s'agit de séries courtes, portant sur des points précis – le visage, l'anatomie, le cheval du picador –, études successives ou simultanées dont la peinture ne révèle que les conclusions et les amplifications.

Après 1945, cette conception demeure intacte, comme le montrent, de décembre 1945 à janvier 1946, les onze états successifs pour la lithographie d'un taureau qui font passer l'animal par les états les plus divers et n'en conservent pour finir qu'un signe et, en novembre 1952, les Balzac lithographiés pour Michel Leiris. Mais il est aussi des séries picturales autonomes, d'après des tableaux illustres, les *Femmes d'Alger* de Delacroix en 1955, *Les Ménines* de Velásquez en 1957, *Le Déjeuner sur l'herbe* de Manet en 1960 et 1961. Le principe est celui de la variation sur un thème du passé, méthode dont la liberté des interprétations ne masque pas la rigueur. Il s'agit de faire passer aux aveux le tableau cité et d'en tirer des enseignements. Dans le cas des *Femmes d'Alger*, la lecture s'opère à la lumière de Matisse, mort peu auparavant, et les Algériennes se changent en odalisques parmi les rayures et les plans colorés. Pour Velásquez, les reprises aggravent ce que l'œuvre sous-entend d'inquiétude, d'immobilité anormale, de silence contraint. Pour Manet, elles exaltent l'érotisme qu'il suggérait grâce à la juxtaposition des hommes en noir et de la femme nue. Chaque fois, quand le travail d'éclaircissement est accompli, quand Picasso a mis à nu ce que ses prédécesseurs avaient chiffré et nuancé, il s'interrompt. Son office s'achève quand il a tiré de la toile ce qu'il tire d'un modèle, par le nu et le portrait – sa vérité particulière – de sorte que, si le thème change, l'ambition est identique et la série confirme qu'elle est, pour Picasso, un moyen d'interrogation. Interrogatoire conviendrait mieux, en raison de l'obstination de l'enquêteur, résolu à parvenir au terme de son instruction. Il en va de même des *Mousquetaires*, que Picasso peint en série à partir de réminiscences mêlées de Rembrandt, de Velásquez et de Shakespeare. Plusieurs séquences, en avril 1967, à l'automne 1968 et tout au long de 1969 font de ces personnages de fantaisie des allégories de la violence, de la mort ou du désir. Là encore, la variation fonctionne sur le schéma de la prolifération à partir d'une matrice, prolifération qui se développe sans perdre son unité et sa valeur démonstrative. Elle révèle un sens, une obsession ou un fantasme et, simultanément, comment la peinture, le dessin et la gravure permettent cette première révélation et grâce à quelles libertés.

De telles séries, où exploration et inventaire s'accomplissent ensemble, sont nombreuses dans l'art du XXe siècle, comme dans la période impressionniste et postimpressionniste. Elles se focalisent sur des motifs choisis pour leur difficulté et s'organisent en démonstrations dialectiques. Entre 1949 et 1956, Braque exécute la série des *Ateliers*. Elle est précédée par deux toiles de 1938, *L'Atelier au vase noir* et *L'Atelier au crâne*, qui exposent les données picturales. Il s'agit de confronter plusieurs modes de figuration, du sommaire au naturaliste, du schéma cubiste épuré au trompe-l'œil d'un cadre ou d'un marbre. La variété des manières se livre dans une composition compartimentée, divisée par des verticales qui séparent moins des objets et des plans que des secteurs stylistiques différents, caractérisés par des textures et des dominantes distinctes.

Dans les *Ateliers*, la recherche de l'unité l'emporte sur l'énumération des possibles. Si l'*Atelier I* cite explicitement le Braque des années vingt, les autres renoncent au rétrospectif. Le chevalet, les pots, les brosses, la palette, les plâtres et la toile à l'oiseau s'y accumulent en édifices à peu près géométriques, réduits à leurs lignes essentielles, harmonisés par les ocres, le gris et les noirs – hors l'exception de l'*Atelier VIII* où la mémoire du fauvisme revient brièvement au peintre. Les plus complexes, le troisième et le sixième, se donnent pour des leçons de composition et d'équilibre d'autant plus abouties qu'elles triomphent de l'abondance et du désordre des choses. Ils tiennent de la démonstration, et, plus que l'ordre chronologique de leur exécution – incertain – importe l'homogénéité du résultat. Comme pour apporter une précision complémentaire, Braque peint au même moment *L'Oiseau quadrillé* (1952-1953), qui expose le procédé de la composition et de l'agrandissement au carreau.

Georges Braque, *Atelier IX*, 1952-1956. Huile sur toile, 146 × 146 cm. Paris, Musée national d'art moderne-Centre Georges Pompidou.

Dialectiques sérielles II : l'expérience de la peinture

Il est une deuxième pratique de la série, plus esthétique et technique. Si la première s'efforce d'épuiser son motif, non sans savoir que cette exigence ne peut être satisfaite, la deuxième se donne un motif et, dans ce cadre déterminé, varie chromatisme et facture afin d'étudier la mécanique picturale, ses constantes, ses règles, ses exceptions.

Comme Léger peint la suite expérimentale des *Contrastes de formes* et Delaunay celles des *Fenêtres* et des *Contrastes simultanés*, Dufy peint des séries, de manière si systématique que son œuvre se décompose en une série de séries.

La Grande Baigneuse, en maillot, les jambes croisées, les mains sur les cuisses ou les genoux, naît en 1914 et, dessinée et peinte, alterne apparitions et disparitions jusque vers 1950 sans que changent pose et morphologie. Il est des suites moins durables, bords de Marne entre 1922 et 1925, baies de Nice entre 1926 et 1929, *Dépiquages* de 1945 à 1953 et série du cargo noir. Le navire est à l'horizon d'une vue de la plage à Sainte-Adresse, puis au centre d'études exécutées à partir de 1946 jusqu'à la mort de l'artiste. La question picturale posée est celle de l'organisation de l'espace par la couleur autour d'un volume noir, tantôt dense, tantôt réduit à ses contours, tantôt opaque, tantôt transparent. Sa noirceur peut envahir la toile comme elle peut se rétracter et se dissiper, brume à peine visible. La répétition paraît moins répondre à une obsession psychologique qu'à la volonté d'essayer toutes les hypothèses. Dufy s'en explique en des termes exclusivement techniques, dialectique de la couleur et de la ligne. « Le noir du bateau à l'intérieur du contour qui le délimite, observe-t-il, apparaît à l'œil beaucoup plus intense que celui qui l'entoure et qui est pourtant [...] un noir exactement de la même force. [...] D'autres couleurs réagissent au-delà, qui modifient le noir autour du bateau. Mais je crois aussi que nos yeux voient une autre couleur du fait de la forme centrale délimitée par le trait qui l'isole ; ils en accusent encore la concentration[38]. »

De la même recherche d'une solution plastique relève la suite des mers, où, autour de 1925, Dufy pose après bien d'autres le problème de la vague, de son mouvement, de l'écume et de la transparence. Par des ondulations, des triangles, des effets de matière étirée ou écrasée, des blancs et des noirs, il s'efforce de trouver un mode de figuration elliptique et efficace à la fois et il lui arrive d'ôter à l'œuvre tout élément accessoire, baigneuse, coquillage ou voile, et de n'y laisser que les vagues traitées par bandes et graphismes superposés à la gouache et à l'encre. Chaque œuvre est un moment du processus pictural. Pour le connaître dans sa totalité, il faut réunir ces essais successifs.

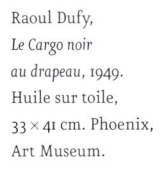

Raoul Dufy,
Le Cargo noir au drapeau, 1949.
Huile sur toile,
33 × 41 cm. Phoenix,
Art Museum.

Après 1945, il n'est guère de recherche picturale qui ne se détermine et se formule par la série, qu'elle soit avouée ou implicite. Avoués sont les cycles de Dubuffet, qui organise sa création au rythme de suites cohérentes dont l'intitulé annonce la singularité et l'homogénéité. Aux *Corps de dames* (1950) succèdent les *Sols et terrains* (1952), les *Pâtes battues* (1953), puis, dans les années soixante, le cycle de *L'Hourloupe*, avant les *Théâtres de mémoire* (1975-1978) et les *Psycho-sites* (1981-1982). Implicites, se reconnaissent des suites dans le développement de l'abstraction selon Hartung et selon Soulages. Dans l'œuvre de ce dernier, il est possible d'isoler des phases et, quelquefois, des modes récurrents de construction de la toile, une structure architecturale qui réapparaît à intervalles irréguliers, comme réapparaissent les bleus et les bruns-rouges, à tout le moins tant que Soulages n'a pas renoncé à toute autre couleur que le noir travaillé de manière différentielle. L'expérience, sa vérification et son amplification s'enchaînent de manière logique, la raison tirant les conséquences et les conclusions des événements qui se révèlent sur la toile dans les périodes de rupture et de remise en cause.

Le propos analytique et critique trouve dans la série la structure qui lui convient. S'il s'agit de rendre manifestes les composantes et les contraintes matérielles qui déterminent la pratique du peintre, la répétition d'une forme ou l'application méthodique d'une règle intangible ôte à la toile ce qu'elle aurait conservé jusque-là de subjectif, ce qui relèverait de l'expression individuelle.

Pierre Soulages, *Peinture 324 x 362 cm – 1985 (Polyptyque C)*. Huile sur toile, 324 × 362 cm. Paris, Musée national d'art moderne-Centre Georges Pompidou.

Quand les membres de Supports/Surfaces s'assignent pour fonction de rendre l'activité artistique à son prosaïsme de travail manuel et de réduire le tableau à ses composantes premières, la répétition sérielle tourne à la leçon. De la peinture, Viallat décide en 1966 de ne conserver qu'une forme simple et inexpressive, dont la multiplication par lignes et colonnes recouvre le support. Les intervalles sont réguliers, le geste qui trace la forme oblongue dirigé par un modèle découpé, toute interprétation psychologique ou symbolique exclue. Apparaissent alors à nu les rapports de ton, les contrastes, les assonances. Ils apparaissent d'autant mieux que Viallat les inscrit sur des étoffes sans

Simon Hantaï, *Tabula*, 1980. Huile sur toile, 285,6 × 454,5 cm. Paris, Musée national d'art moderne-Centre Georges Pompidou.

passé artistique, bâches, parasols, draps et nappes. Chacune modifie les conditions de l'expérience par sa texture, sa capacité d'absorption, sa couleur propre. Un deuxième paramètre est déterminé par la nature des substances colorantes que Viallat applique, pigments et gélatine, colorant mordant, acrylique. L'œuvre se déploie dès lors comme une suite d'essais dans lesquels l'annulation du sujet et de l'expression laissent le chromatisme maître du jeu. Le système contraignant fixe les conditions de ce qui, chaque fois, apparaît au peintre comme un accident imprévisible et la substance même de la peinture. En 1982, Viallat décrit ce processus « matérialiste » : « Quand on est sur une peinture, c'est le travail lui-même qui produit sa propre fermentation. La manière dont la couleur se déplace, dont les tons se placent les uns par rapport aux autres, dont la couleur coule dans la couleur, les effets qu'elle fait. [...] Ce moment est à la fois celui de l'euphorie et de la noyade, celui où l'on s'ensevelit dans la peinture et où la peinture est là[39]. » Dans l'euphorie, le devenir de la toile peut échapper au peintre. La séduction et la subjectivité reprennent ainsi, clandestinement, pied dans l'œuvre, mais sans que soit abandonné le principe régulateur de la série. Si ce n'est grâce à elle : Viallat s'abandonne à l'aventure colorée d'autant plus librement qu'il respecte les contraintes qu'il s'est données à l'origine.

Supports/Surfaces fait de la sérialité un usage constant. En 1967, Louis Cane recouvre des draps de l'empreinte répétée d'un tampon « Louis Cane Artiste Peintre » ou d'un timbre qui laisse une trace monochrome régulière, avant de réaliser la série des toiles découpées, dites *Sol-Mur*, systématisation d'un procédé dont l'invention appartient à Matisse et que Cane réinterprète en lui enlevant toute fonction figurative ou allusive. Matisse est aussi à la source de Marc Devade, pour le découpage de la couleur, mais la géométrie obéit à une algèbre des proportions et à une méthode qui se veut intangible. La toile est divisée, puis, décrit Devade, « je délimite la surface à peindre avec une règle

Claude Viallat, *Fenêtre à Tahiti*, 1976. Colorants et acrylique sur store à franges, 207 × 170 cm. Paris, Musée national d'art moderne-Centre Georges Pompidou.

Jean-Pierre Pincemin, *Sans titre*, 1970. Acrylique sur toile découpée et collée, 310 × 265 cm. Collection de l'artiste.

Louis Cane, *Sol/Mur*, 1972. Huile sur toile, 182 × 105 cm sol et 240 × 240 cm mur. Collection FRAC Limousin.

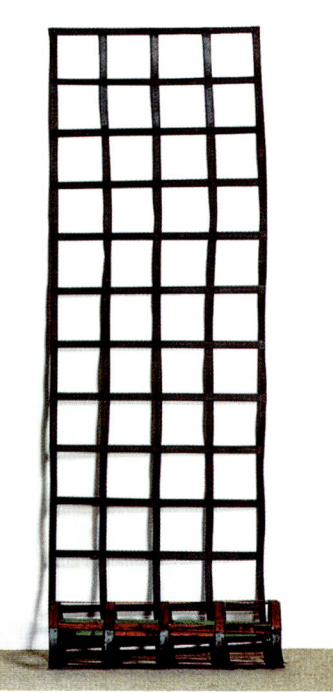

Daniel Dezeuze, *Sans titre*, 1975. Rouleau de bois teinté, 107,5 × 440 cm, diamètre 35 cm. Paris, Musée national d'art moderne-Centre Georges Pompidou.

posée à un centimètre au-dessus de la toile, puis je verse directement la couleur en flaques sur la toile tendue sur châssis et posée à plat sur le sol, puis j'étends la couleur au pinceau sur toute la surface délimitée […] ». Suivent des renversements, d'autres épanchements qui doivent préserver une réserve blanche. « Dissolution productive de la peinture dans sa peinture[40] », conclut Devade en 1974. De l'exécution – autrefois moment de la virtuosité et du geste de la main – demeure une procédure mécanique, celle de la peinture, activité strictement matérielle.

Série et géométrie s'associent, de sorte que la rigueur méthodique de l'opération paraisse irréprochable. Les *Carrés collés* (1969) de Jean-Pierre Pincemin se répartissent dans les mailles d'un quadrillage orthogonal, et à chaque nouvelle version correspond un dispositif différent, oscillant entre la dispersion aux quatre coins de la toile et le regroupement en angles accolés. Plus tard, le nom commun *Peinture* désigne uniformément des abstractions composées de bandes horizontales ou verticales juxtaposées, abstractions en trois tons le plus souvent, parmi lesquels dominent les ocres, les bistres, les verts sourds, les bruns. Tout en changeant de format, de la feuille de papier à la toile monumentale, Pincemin répète ce dispositif jusqu'à ce qu'il lui apparaisse que, de ces variations de faible amplitude, il n'a plus rien à apprendre. Daniel Dezeuze découpe des *Échelles* (1975-1976) de bois souple, quadrillages réguliers qu'il présente appliqués contre un mur ou roulés au sol et ne montre pas isolées, mais « en groupe, pour mieux faire exploser la notion d'unité de l'œuvre d'art (unicité) et aboutir à un espace disséminé ». Christian Jaccard procède à une déconstruction peu éloignée, qui, pièce après pièce, divise les éléments constitutifs de l'œuvre pour les présenter côte à côte.

C'est préciser l'un des effets de la série : non seulement elle ôte toute sentimentalité, toute singularité manuelle à l'exécution, mais, par la répétition comme mécanique d'une procédure simple, elle détruit l'idée même d'exécution en ne conservant qu'une recette reproductible, une méthode anonyme – les composantes matérielles de l'objet nommé peinture et leurs interactions.

Quoiqu'ils n'aient ni rallié ni même côtoyé le groupe Supports/Surfaces, Jean Degottex, Simon Hantaï et Martin Barré se livrent à une décomposition de la peinture non moins ordonnée. L'œuvre de Degottex se décompose en phases séparées. Les plus anciennes se rassemblent autour de notions – les *Vides* en 1959 – ou de dominantes – les suites *Rouges*, *Rose-Noir* ou *Obscures*. La décomposition du geste et de l'exécution opère plus tard en sériant les procédés. La *Suite Media* (1972-1974) traite du blanc et du noir, du géométrique et de la tache, de l'encre de Chine et de l'acrylique, étudiant les ressorts de ces oppositions. Les *Papiers pleins* (1975-1976) privilégient le grattage et le décollage de pellicules de papier, rythmant la surface de reliefs légers. Les *Lignes-reports* (1977-1978) et les *Lignes-bois* (1984-1985) portent le dessin à la limite de l'imperceptible. Chaque fois, une étape est franchie dans l'amenuisement, la restriction, l'effacement qui se risque aux limites d'un monochrome blanc où s'abolirait tout geste.

Martin Barré, *80-81-102 x 96*, 1980-1981. Huile sur toile, 102 × 96 cm. Collection particulière.

Simon Hantaï peint d'abord sous le signe du surréalisme et expose à L'Étoile scellée en 1953 avant de suivre la leçon de Pollock et de pratiquer un expressionnisme abstrait de signes enchevêtrés et de traces. Au début des années soixante, la série des *Mariales* déclare close cette période. Au geste, à l'inscription physique et dynamique Hantaï oppose une technique fondée sur le pliage de la toile, des bains de couleurs et le dépliage ensuite, qui révèle des éclats colorés répartis dans le blanc des parties qui n'ont pas été touchées par les pigments. Sur ce principe, des développements s'accomplissent jusqu'aux *Tabula*, dont les premières datent de 1974. Elles se composent de carrés, de moins en moins nombreux, obtenus là encore par le pliage, sans autre intervention visible de la main que la mise en œuvre d'une mécanique répétitive. Les formats s'agrandissent, jusqu'aux toiles monumentales montrées à la Biennale de Venise en 1982.

Entre 1963 et 1966, Barré substitue la bombe à la brosse et au tube pour tracer sur un fond immuablement blanc quelques lignes parallèles, une flèche, un rond, quelques points. Au début des années soixante-dix, après une période où il ne montre que des installations conceptuelles, il entreprend des séries sur le principe d'une trame divisant le rectangle blanc en carrés ou en losanges. Ceux-ci sont recouverts de traînées de couleurs parallèles, ou laissés vierges. Chaque suite se développe en modifiant la répartition des zones peintes et des zones vierges et en variant les couleurs employées. Chaque tableau est lié à la totalité de la série, dont il porte la forme mais ne réalise que l'un des possibles. Barré module à l'intérieur d'une grille dont les lignes ne sont pas masquées par la peinture, de sorte que le caractère systématique se trouve accentué, si ce n'est exhibé. Les titres répondent à la même volonté, cessant d'être des mots pour se réduire à des matricules descriptifs : *74-75 – A – 171/159* pour une œuvre de 1974-1975 d'un format de 171 sur 159 centimètres. Ce système, tout en gagnant en complexité, demeure en vigueur jusqu'en 1977, date à laquelle Barré formule d'autres règles du jeu, d'autres modes de division de la surface et de distribution des couleurs, sans que soit remise en cause l'idée de la répétition sérielle à partir d'une matrice. « La sérialité, s'explique-t-il en 1985, n'a pas pour but de produire des toiles presque semblables mais de produire des tableaux qui sont le plus possible différents les uns des autres et ce qui compte c'est le *tableau*. La sérialité est le *moyen* pour les produire. Ce n'est pas tant les tableaux qui font la série que la série qui produit les tableaux[41]. »

Les entrelacs du temps

L'avant-gardisme suppose un temps successif, scandé par des ruptures, rythmé par la dialectique de la négation et de son dépassement. Le désir de théorie aspire à l'arrêt du temps, à la fixité d'un système dont la cohérence garantit la durée, une durée qui pourrait être éternelle – telle celle de la série. Deux conceptions de la temporalité s'entrechoquent. L'avant-garde, quand elle se veut méthodique, en vient à ériger un système, à rebours de ce qu'elle a été d'abord. L'expérience cesse d'être expérience quand elle se réduit à l'application d'une règle, à la déclinaison de quelques principes. Dans ce cas, la contradiction s'accentue à mesure que le temps passe, contradiction consubstantielle à l'avant-gardisme.

Jean Degottex, *Furyu*, 1961. Huile sur toile, 233,6 × 189,2 cm. Paris, Musée national d'art moderne-Centre Georges Pompidou.

Le siècle ne se présente donc pas comme une suite de mouvements et de révolutions. Non qu'il n'y ait ni mouvements ni révolutions : mais ils inventent des ordres et des logiques qui font obstacle au mouvement. Non qu'ils n'aient une fonction décisive ; mais ils ne sont pas toute l'histoire. Des ruptures, des métamorphoses, il est possible d'en observer ; mais tout autant des ralentissements, des immobilisations, jusqu'à des retours et des contre-révolutions ; et encore des continuités qui durent fort au-delà de ce qui semble leur terme – continuité des systèmes qui durcissent, des théories qui se pétrifient. En 1924, Breton écrit le premier *Manifeste du surréalisme* ; Braque donne au cubisme une suite logique, Matisse cultive un orientalisme impressionnisant, Monet achève la suite monumentale des *Nymphéas*, Miró peint *Maternité*. La même année, Mondrian, dans son atelier de Montparnasse, poursuit le développement du néo-plasticisme, alors que De Chirico se laisse gagner par le vertige des maîtres anciens, alors que Hopper continue son exploration de l'Amérique des bureaux et des cinémas, alors que le Bauhaus a pour professeurs Klee, Kandinsky, Schlemmer. Tous sont contemporains, dans la diversité du présent.

En 1945 Picasso peint *Le Charnier* ; Debré cherche dans l'abstraction des formes le signe de la mort concentrationnaire ; Giacometti modèle des corps filiformes ; Léger revient des États-Unis où Ernst semble vouloir rester ; Dubuffet renonce à toute virtuosité plastique ; et Bonnard peint ses ultimes autoportraits. La même année, De Kooning et Pollock achèvent de s'extraire des références européennes auxquelles ils s'étaient fiés jusque-là, alors que Tàpies, Appel ou Constant exécutent leurs premières œuvres libres de toute influence. Tous sont contemporains. Reste à savoir comment.

À s'en tenir à l'ordre chronologique, la réponse ne fait pas de doute. Elle perd de sa simplicité pour peu que soit posée la question de la cohérence. Il faut, pour suggérer incomplètement la substance de l'époque, avoir recours à des termes tels que décalage, délai, prolongement, conjonction, coïncidence. Loin de l'idée d'un écoulement régulier du temps, loin de l'idée d'une évolution continue selon un axe, il faut admettre une tout autre image, celle d'un présent feuilleté, divers et contradictoire. Si rassurant, si confortable puisse-t-il être, le modèle évolutif est insatisfaisant. Surcroît de difficulté : il ne s'applique pas au XXe siècle alors qu'il y a été, sinon inventé, du moins systématisé et mythifié sous le nom d'avant-gardisme. L'époque a pensé son histoire selon un modèle que l'histoire dément. Le modèle serait celui d'un progrès par étapes et révolutions. L'histoire est celle des révolutions et réactions sans espoir de synthèse, des coexistences paradoxales, des répétitions aussi – ces dernières aidées par la plus large et rapide diffusion des doctrines et des œuvres. Faudrait-il, pour l'année 1924, oublier Monet et Matisse ? Ou, à l'inverse, négliger Breton et Miró ? La première position chercherait à se justifier par le culte du pictural. La seconde se défendrait au nom de la révolution et de la modernité. La première s'aveuglerait, non moins que la seconde. Elles sont également inacceptables. Plutôt que d'oblitérer par commodité ou esprit de parti tel événement qui aurait l'inconvénient de se révéler incongru à sa date – trop tard, trop tôt – il importe d'analyser cette contemporanéité fragmentée, hétéroclite, brisée, ses manifestations et leurs causes. L'entreprise est d'autant plus nécessaire qu'il en va de la manière de décrire le siècle, selon qu'il semble légitime ou insuffisant d'avoir recours à une narration.

La réponse, il est vrai, s'annonce avant même que l'analyse ne commence, dès le mot narration. Dans la langue de la critique et de l'histoire littéraires, il sous-entend l'ordre d'un récit, l'unité de temps et d'action. Or la littérature française contemporaine a renoncé à faire confiance à ces principes. Si déplacées semblent-elles, quelques remarques peuvent s'esquisser à ce propos, suggérées autant par la lecture de Marcel Proust que de Claude Simon. Proust, dans la construction d'*À la recherche du temps perdu*, abolit l'ordre successif, le fil temporel – ce dont avertit le titre lui-même. Du temps, il n'est plus question de croire qu'il ne serait qu'un présent. Retours, suspensions, oublis : le tissu est déchiré et l'instant se compose d'une somme de sensations, de souvenirs, de pensées brèves ou obsédantes, de répétitions et de nouveautés. Même observation à la lecture de *La Route des Flandres*, où l'émiettement l'emporte. Et encore, à la vision des films de Jean-Luc Godard, composés par intercalations et alternances, comme l'on coupe un jeu de cartes. Ne pourrait-on supposer que ces livres, ces films, portent en eux la forme du présent désuni ? Il se pourrait encore que cette réflexion s'applique à Céline, dont les œuvres autobiographiques n'affectent pas de respecter ce que l'on s'obstine à appeler l'ordre chronologique et manifestent le tumulte et l'incohérence d'un moi qui ne peut plus croire à son unité. La transposition est tentante.

Joan Miró, *Maternité*, 1924. Huile sur toile, 91 × 74 cm. Édimbourg, Scottish National Gallery of Modern Art.

La prolifération des lieux

En août 1905, le *Mercure de France* fit paraître une *Enquête sur les tendances actuelles des arts plastiques* conçue par Charles Morice. Il en écrivait la préface, qui commence par un tableau de son temps. Morice écrit : « Les maîtres primitifs et ceux de la décadence se sont rencontrés de nos jours et cheminent côte à côte avec ceux du siècle de Périclès, et ceux de la Renaissance, et ceux des siècles de Louis XIV et de Louis XV. Tous les siècles voisinent dans le nôtre. Et ce n'est pas seulement la singulière intimité de l'ingénuité et de la pourriture, c'est encore qu'il y a de la pourriture dans l'ingénuité, c'est que la même âme soit partagée entre ces directions contraires et vive, douloureusement, et produise périssablement, dans cet instable équilibre.

« Des optimistes affirment que ces conditions furent celles de l'Art en tout temps, qu'il n'y a point à s'en inquiéter, que cet apparent chaos est la part nécessaire du désordre, que le génie et le talent surent toujours trouver leur voie. Ils ne tiennent pas compte de la grande nouveauté qui caractérise l'instant actuel et contre laquelle il n'est pas permis d'invoquer l'autorité de la tradition, car elle la dément : et cette nouveauté considérable est, précisément, que nos contemporains ont cru à la possibilité d'une *nouveauté* en art. »

Plus loin : « Comme dans les arts toutes les écoles, toutes les religions, maintenant, toutes les philosophies, se coudoient et se contredisent avec l'abominable sérénité de l'indifférence, et il y a des impressionnistes, et les officiels, les symbolistes et les réalistes de la Foi, de la science sociale, de la politique, aussi bien que ceux de la plastique. » Texte de quelque portée : il place le siècle sous le signe de la promiscuité et de l'annulation des contraires. Morice les vérifie, ayant interrogé pêle-mêle Sérusier et Van Dongen, Camoin et Le Sidaner, Carrière et Denis, Prinet et Rouault. Il se refuse à choisir, parce que l'époque ne choisit pas, parce qu'elle tolère des œuvres incompatibles, chacune douée d'une légitimité sans doute et d'un public. Le désir du nouveau, loin de résoudre les contradictions, les augmente, puisqu'il n'est de révolution que très partielle et que toutes, vieillissantes, se muent en habitudes. Ce que Morice dépeint avec les couleurs de la déploration ressemble à un empilement absurde.

Est-ce si faux ? En 1905, un inventaire des expositions d'art en France ne peut se prévaloir de donner un fort sentiment d'unité. Le temps où l'actualité tenait pour l'essentiel dans « le » Salon n'est plus. Celui-ci a perdu de son autorité à partir du Second Empire. Salon des Refusés, expositions particulières de Courbet et de Manet, expositions du groupe impressionniste à partir de 1874, premières manifestations dans des galeries privées : les étapes de l'éclatement sont connues. L'apparition de mouvements artistiques nouveaux précipite la dislocation du système de présentation traditionnel et la création d'endroits et d'usages inédits. Tout au long du siècle, les adresses prolifèrent et à l'extrême concentration – un Salon au Louvre – se substitue l'extrême dispersion géographique, conséquence et symptôme de la dispersion des esthétiques.

En 1905, ce processus se lit dans la concurrence à laquelle se livrent quatre salons. Le Salon des Artistes français, qui a été si longtemps le seul, accueille les tenants d'un idéalisme classicisant mâtiné de réalisme, et ceux d'un réalisme appliqué corrigé d'idéalisme. École des beaux-arts de Paris, Académie de France à Rome, commandes officielles, Institut – ce système se clôt sur lui-même alors que l'Exposition universelle de 1900 fait place aux impressionnistes, « le déshonneur de la France ». Le Salon de la Société nationale des beaux-arts, fondée en 1890, forte de la gloire de Rodin et Puvis de Chavannes, se targue de son libéralisme, ne bannit ni peinture claire ni symbolisme, mais les préfère tempérés et de bonne compagnie. Le Salon d'Automne, fondé en 1903, s'oppose à eux parce qu'il se veut, de manière explicite, le champ d'action des esthétiques les plus neuves, post-impressionnisme, néo-impressionnisme, nabisme finissant. En 1905, à en croire la critique qu'en fit André Gide pour la *Gazette des Beaux-Arts*, il avait en Bonnard et Maillol ses héros. Quant au Salon des Indépendants, fondé en 1884, sa vocation est d'accepter qui souhaitait y participer. Il est le seul à faire l'économie d'un jury et de ce qu'un jury suppose d'intrigues et de censures avouées et inavouées. Derain et Vlaminck y exposèrent au printemps 1905 des toiles qui n'étaient pas encore « fauves » parce que le mot n'avait pas encore été popularisé.

Aristide Maillol, *L'Action enchaînée* ou *Monument à Auguste Blanqui*, 1905. Bronze, hauteur 220 cm. Paris, jardin des Tuileries.

Les expositions que montrent les galeries ne sont pas moins disparates. Si les principales – Durand-Ruel, Bernheim – célèbrent les impressionnistes et leurs héritiers, d'autres styles, d'autres écoles ont leurs marchands, qui écoulent paysages, natures mortes et nus de facture réaliste. Les mêmes et d'autres, antiquaires, experts, vendent encore l'art ancien, dont le marché s'amplifie d'autant plus qu'il est international, de l'Europe des aristocrates terriens désargentés vers l'Amérique des fortunes industrielles et bancaires. Il n'est que de songer à la carrière de Berenson, à la prospérité de Gimpel, de Duveen ou de telle autre dynastie pour mesurer l'importance du phénomène : le passé, celui des « maîtres d'autrefois » et celui des primitifs italiens, devient objet de commerce transatlantique, d'enchères et de rivalités. Simultanément, chez Berthe Weill et Clovis Sagot, chez Druet et Ambroise Vollard se révèlent à la vue des œuvres trop déconcertantes pour que les galeries des impressionnistes acceptent de les accrocher à leurs murs.

Jusqu'en 1914, la hiérarchie place encore au premier plan les salons, les galeries les plus novatrices ayant une fonction de confirmation et, si l'on peut dire, de distribution. Le fauvisme est « lancé » – vocabulaire du temps – au Salon d'Automne de 1905. Le cubisme fait scandale aux Indépendants et Delaunay répète le rite du tableau de salon, sinon celui du « morceau de réception », quand il exécute la *Ville de Paris* (1912) aux dimensions et au sujet académiques. Van Dongen y fait scandale avec son *Tableau* (1913), jugé obscène.

Matisse y expose régulièrement des toiles qui signalent son évolution. Apollinaire, non moins que Louis Vauxcelles, rend compte scrupuleusement des quatre manifestations annuelles – parce qu'il ne saurait en être autrement et parce que les journaux ont coutume de consacrer aux salons une place importante. La chronique des galeries n'occupe, en comparaison, que peu de place, comptes rendus brefs à l'image de celui, devenu fameux, que Vauxcelles fait de la première exposition de Braque chez Kahnweiler en 1908.

L'événement est symptomatique pour plusieurs raisons : parce que les tableaux rompent avec le fauvisme que Braque pratique auparavant, et parce qu'une exposition dans une galerie privée produit l'une de ces ruptures qui, jusque-là, ne se produisaient qu'aux Indépendants ou au Salon d'Automne. Braque, Picasso, Léger, Derain, tous quatre chez Kahnweiler, rompent avec la primauté du salon. Ils s'abstiennent d'y participer, ce qu'Apollinaire signale. Ils déplacent la nouveauté d'un espace public ouvert vers un espace privé confidentiel. Cette stratégie n'est pas innocente. Elle oppose au mode de présentation antérieur, celui du post-impressionnisme dont le cubisme annonce la fin, un autre mode, propre au cubisme. Ce changement radical affecte autant le destin des œuvres que leur substance elle-même. Le système des galeries ébranle celui des salons. L'initiative privée prétend se substituer aux organisations professionnelles, officielles ou officieuses, qui dominent jusque-là. Une telle évolution ne peut qu'accentuer la pluralité des expositions et la diversité du présent.

Après 1919, il en est ainsi. La nouveauté déserte les salons, alors que le système de la galerie connaît dans l'entre-deux-guerres sa première période faste, interrompue par la crise économique internationale à partir de 1929. Daniel-Henry Kahnweiler, Paul et Léonce Rosenberg, Paul Guillaume, Pierre Loeb, Charles Ratton : leurs galeries sont les lieux de l'actualité artistique et leurs appartements des points de ralliement, à l'image des « dimanches de Boulogne » des Kahnweiler ou des fêtes de Paul Guillaume. Durant la même période, les maisons fondées avant 1914 prospèrent, à l'image de Bernheim, où officie en qualité de directeur Félix Fénéon et où expose Matisse. La galerie Percier présente la particularité d'avoir été fondée par l'association d'un syndicat d'amateurs fortunés qui recherchent moins le profit que l'aventure intellectuelle.

Celle du Au sans pareil permet au dadaïsme parisien de se montrer. Lui succédant, la Galerie surréaliste est fondée en 1926 dans une intention que son nom affirme sans équivoque. Pour son inauguration, elle associe des œuvres de Man Ray à des objets océaniens et polynésiens. Par la suite, le surréalisme multiplie ses points d'appui – mais sans sortir du cadre de la galerie privée, chez Pierre Loeb, chez Pierre Colle, galerie Goemans et jusqu'à la galerie Bernheim, qui s'ouvre un moment à Miró et à Ernst. « L'Exposition surréaliste des objets », conçue et présentée par André Breton, se déploie en 1936 chez Charles Ratton, grand connaisseur et importateur d'art « nègre ». L'année suivante, Breton fonde la galerie Gradiva. En 1938, l'Exposition internationale du surréalisme, capitale dans l'histoire du mouvement, se tient dans la galerie des Beaux-Arts.

Pablo Picasso, *Portrait de Kahnweiler*, 1910. Huile sur toile, 100,6 × 72,8 cm.
Chicago, Art Institute, don de Mrs. Gilbert W. Chapman.

C'est dire combien l'actualité déserte les salons, sans qu'il soit besoin de s'inquiéter de musées français qui se tiennent alors à l'écart de tout ce qui s'est fait et pensé depuis la fin du XIXe siècle et s'en font gloire. Encore s'en tient-on aux galeries les plus novatrices, sans mentionner celles qui prolifèrent dans les années vingt, les marchands en chambre, les experts, les agents d'un marché de l'art vivant polymorphe et contradictoire. De son actualité les comptes rendus paraissent dans la presse quotidienne et dans des revues dont la publicité payée par les galeries assure pour partie les budgets. Si les revues du combat intellectuel, *La Révolution surréaliste*, *Minotaure* et *Documents* survivent de la sorte, leur influence s'exerce moins largement que celle des revues dites « généralistes », qui ne défendent ni esthétique ni positions marquées, *L'Amour de l'art* ou *Formes*. Là se côtoient les mouvements, les références, les signatures les plus variés.

La situation se place ainsi sous le signe de la division – d'une sorte de répartition tacite des fonctions. Aux musées, aux antiquaires, aux salles des ventes, l'art ancien. Aux salons, aux rares manifestations officielles, à quelques galeries fondées avant la Grande Guerre les artistes apparus un demi-siècle plus tôt et leurs héritiers post-impressionnistes. À d'autres galeries, aux espaces et aux moyens moins opulents, les formes artistiques issues du cubisme et du surréalisme – ce qu'il est d'usage de désigner alors de la périphrase d'« art indépendant ». L'expression sert beaucoup en 1937, quand, à l'occasion de l'Exposition universelle, le Petit Palais montre « Les maîtres de l'art indépendant 1895-1937 », et le Jeu de Paume une exposition dénommée « Origines et développement de l'art international indépendant ». Elles apparaissent comme une postface aux « Chefs-d'œuvre de l'art français » réunis au palais de Tokyo pour son inauguration. Cette dernière court des Gallo-Romains à Gauguin et Cézanne, dont la reconnaissance officielle se trouve de la sorte enfin admise.

Or les contingents d'œuvres attribués aux artistes vivants – les « indépendants » – qui exposent au Petit Palais témoignent d'une confusion à son comble. Les mieux représentés, numériquement, sont Matisse et Maillol, chacun avec soixante et une œuvres. Suivent Despiau, Zadkine, La Fresnaye et Rouault, qui bénéficient d'un total supérieur à quarante, ainsi que Denis et Vlaminck – trente-neuf numéros chacun, égalité qui a de quoi intriguer. Un deuxième groupe se compose des artistes jugés dignes d'à peu près trente pièces : ils ont nom Dufy, Lhote, Bonnard, Gargallo, Laurens, Picasso, Dunoyer de Segonzac, Vuillard, Derain, Braque, Blanchard, Friesz, Léger, Roussel et Waroquier. On aurait peine à déchiffrer ne serait-ce que les symptômes d'un goût dans cette liste. Dans cet inventaire où Delaunay et Modigliani sont à égalité – douze toiles –, Dufresne, Favory, Goerg et Laprade présentent tous neuf œuvres, mais De Chirico quatre, Picabia deux, Ernst une seule, Duchamp aucune. L'exposition du Jeu de Paume paraît, rétrospectivement, plus perspicace, elle qui révèle douze Picasso, dix Klee, neuf Miró, huit Chirico, huit Braque. La question est moins celle de la pertinence des choix et des équilibres, plus que douteux, que celle du panorama qui se trouve de la sorte constitué en mille cinq cent cinquante-sept pièces : il est à l'image d'une situation que caractérise la coexistence dans le même moment, et jusque dans le même bâtiment, d'esthétiques et de pratiques incompatibles, fondées sur des enseignements, des principes, des désirs opposés. En ce sens, l'exposition du Petit Palais est d'une grande justesse historique. À qui l'analyse, elle rappelle violemment la diversité du présent de l'art à la date où elle eut lieu. Il est vrai que l'Exposition universelle dans son ensemble porte la diversité et les antagonismes à leur paroxysme. Le IIIe Reich et la République espagnole, le néo-classicisme nazi et *Guernica* y voisinent.

À peu de corrections près, une situation identique se compose après 1945. Les salons, en dépit d'un effort de renouvellement, échouent à reprendre l'initiative et à la garder. Le Salon d'Automne ne se distingue que par le scandale qu'y suscitent les œuvres récentes de Picasso en 1944. Après des débuts réussis, le Salon de Mai, celui des Surindépendants et celui des Réalités nouvelles perdent peu à peu de leur autorité. L'histoire se répétant, ils refusent bientôt d'admettre les œuvres les plus neuves. En 1955, le jury des Réalités nouvelles, champion d'une orthodoxie inflexible, repousse un monochrome orange de Klein, exigeant, pour l'accepter, que l'artiste y ajoute au moins un point.

À nouveau, l'essentiel du neuf se découvre dans des galeries. Nina Dausset, Colette Allendy, Iris Clert, Denise René, Aimé Maeght, Daniel Cordier, Jean Fournier, Daniel Templon, Yvon Lambert : à ces noms sont associés des galeries, leurs programmes d'expositions et des dates. « Véhémences confrontées » a lieu chez Nina Dausset en 1951, « Le Vide et le Plein, Yves Klein et Arman » chez Iris Clert en 1958 et 1960, les expositions des Nouveaux Réalistes à la galerie J, celles des membres de Supports/Surfaces chez Jean Fournier et Daniel Templon. Pour autant, il ne s'agit là que de peu de galeries, la plupart préférant la

Exposition à la galerie Denise René, v. 1955. De gauche à droite, œuvres de J.R. Soto, J. Tinguely et V. Vasarely.

défense et la vente de valeurs déjà établies, à l'image de la galerie Maeght dont les champions se nomment Miró ou Giacometti. D'autres proposent les maîtres de l'abstraction, Hartung et Soulages à la galerie de France, les géométriques chez Denise René. Une géographie parisienne s'organise ainsi. Si, au début du siècle, les galeries se trouvent concentrées dans les quartiers des boulevards des Capucines et des Italiens – à l'exception des galeries montmartroises, plus « pauvres » –, si les rues entre Seine et boulevard Saint-Germain accueillent les galeries les plus novatrices de l'entre-deux-guerres, il faut désormais distinguer entre Saint-Germain-des-Prés, le Marais, la Bastille. Des regroupements s'accomplissent par affinités, sans que l'apparition d'une zone nouvelle provoque la disparition d'une zone plus ancienne.

À nouveau, spécialisation et répartition des rôles. À nouveau, éparpillement et contradictions éclatantes. Jusqu'aux dernières décennies, la situation n'évolue que pour se compliquer. À ce qui reste des salons, aux galeries s'ajoutent désormais des lieux d'exhibition d'un type différent, musées d'art contemporain et centres d'art dont le fonctionnement est financé par des institutions nationales, régionales ou locales. Ces interventions n'agissent pas nécessairement dans le sens d'un éclaircissement. L'« universelle dispersion moderne » dont Morice s'affligeait de découvrir le spectacle en 1905 ne cède pas la place à une cohérence. Elle s'exhibe telle qu'en elle-même, dans la bizarrerie de ses bigarrures, sur les foires, lors de l'annuelle parisienne Foire internationale d'art contemporain (FIAC), créée en 1974. À l'inexplicable juxtaposition des stands répond la juxtaposition des œuvres, guère plus explicable que l'accrochage de l'art « indépendant » en 1937.

Les expositions qui se veulent panoramiques n'y parviennent qu'en se faisant convenablement chaotiques. En 1987, un demi-siècle après celle du Petit Palais, a lieu au Centre Georges Pompidou une manifestation internationale intitulée, en souvenir de Baudelaire, « L'époque, la mode, la morale, la passion ». À s'en tenir aux participants français de la section « Peinture, sculpture, installation », elle rapproche Jean-Michel Alberola, Bazile Bustamante, Jean-Pierre Bertrand, Daniel Buren, Robert Combas, Jean Dubuffet, Gérard Garouste, Toni Grand, Simon Hantaï, Bertrand Lavier, Jean Le Gac, François Morellet, Jean-Pierre Raynaud, François Rouan, Pierre Soulages et Claude Viallat. Là encore, la justesse des partis pris attire moins l'attention que leur éclectisme. Or l'exposition, loin de toute ambition rétrospective, loin de prétendre affirmer une ou des directions, a pour propos de présenter des œuvres récentes, donc contemporaines les unes des autres. Elle donne du présent de l'art, à défaut d'un portrait irréprochable, un instantané, mais un instantané en miettes – « universelle dispersion moderne » décidément.

Décalages

L'apparition de modes et de lieux d'exposition nouveaux est à l'image, brouillée, d'un présent trop divers. Il n'est divers, pourrait-on penser, qu'à proportion de la variété des mouvements. Explication insuffisante : l'histoire des avant-gardes, leur place dans le temps, leur destin appellent l'analyse. À nouveau se présente l'hypothèse de la spécificité de l'époque dans la mesure où elle pratique la diffusion et la reproduction à vitesse accélérée.

Trois moments se succèdent : la reconnaissance, puis la critique, enfin la survie. Soit, schématiquement : l'accession à une notoriété croissante s'opère grâce aux expositions et à la critique – surprise, réprobation, engouements, premiers disciples ; dans un deuxième temps, le succès public provoque la multiplication des imitations et répétitions, condamnées par ceux qui déplorent un appauvrissement ; dans une troisième phase, le mouvement devenu l'école se survit, dans ses artistes d'une part, parce qu'elle a conquis un public qui ne l'abandonne pas d'autre part. Il a cessé de paraître d'avant-garde et ne s'efface pas pour autant. Il se peut même qu'il se renforce dans la mesure où il ne gagne la reconnaissance générale qu'après un délai d'accoutumance et élargit d'autant mieux le cercle de ses amateurs qu'il ne suscite plus que des demi-surprises, acceptables, prévisibles.

Ce modèle épure par trop, simplifie à l'excès. Mais il rend compte néanmoins du fonctionnement du système avant-gardiste à l'âge médiatique. L'évolution des moyens et de la société l'affecte lui-même et il semble opérer plus vite dans la seconde moitié du siècle, accélération du rythme liée à l'accélération de l'information.

Premier cas, sur une longue durée : l'impressionnisme. Si l'on tient 1874 pour une date décisive, ne serait-ce que pour la raison que s'invente alors le mot lui-même, durant plus d'une décennie les impressionnistes et leur peinture n'obtiennent que peu de suffrages – ceux d'un petit nombre d'écrivains et de collectionneurs où Stéphane Mallarmé se trouve d'accord avec Gabriel Fauré et Émile Zola. Cette phase, la plus étudiée, la plus héroïque, est la première.

Durant la deuxième, la réputation des peintres s'élargit. Ni Monet ni Renoir ni Degas ne souffrent plus de l'indifférence et de l'incompréhension d'autrefois. En 1895, Monet expose cinquante toiles chez Durand-Ruel ; en 1896, les *Cathédrales* à New York et des paysages à Berlin ; en 1898, soixante-huit tableaux chez Georges Petit ; en 1899, chez Petit encore, chez Durand-Ruel et au Lotus Club à New York ; en 1900, chez Durand-Ruel et à la Centennale, pour l'Exposition universelle. Ces années sont celles de l'aménagement et des agrandissements de sa propriété de Giverny. Renoir, en 1900, expose à la fois chez Bernheim-Jeune à Paris, chez Durand-Ruel à New York et à la Centennale. Degas dispose désormais de collectionneurs aussi puissants et constants que Louisine Havemeyer à New York.

Simultanément, l'impressionnisme recrute des imitateurs de plus en plus nombreux et suscite des contestations esthétiques. Contestations : celle des néo-impressionnistes, de Seurat et de Signac, dès la fin des années 1880, reprise par Félix Fénéon dans ses articles ; celle des symbolistes qui jugent avec Odilon Redon que cet art du plein air et des atmosphères manque d'idées et de mystère. Imitations : en 1896, Zola visite le Salon et déplore « la ferveur de convertis, l'abus de la note claire qui fait de certaines œuvres des linges décolorés par de longues lessives. Les religions nouvelles, quand la mode s'y met, ont ceci de terrible qu'elles dépassent tout bon sens. Et, devant ce Salon délavé, passé à la chaux, d'une fadeur crayeuse désagréable, j'en viens presque à regretter le Salon noir, bitumineux d'autrefois. Il était trop noir, mais celui-ci est trop blanc[42] ». L'histoire n'a guère retenu les noms de ces impressionnistes de deuxième ou troisième génération – Loiseau, Moret, Duhem, Maufra. Succès public croissant, académisation dénoncée par les plus attentifs, surgissement d'esthétiques autres : ce sont les caractères majeurs de cette phase.

Durant la troisième, l'impressionnisme ne passe plus auprès des artistes en rupture que pour un repoussoir et l'origine de tous les maux. En 1905, Morice affirme comme une évidence : « Cet embrasement de couleurs, cet incendie qu'ont allumé les impressionnistes nous laissent éboui, et cependant que s'éteint le feu d'artifice, nous sommes comme frappés de cécité. » Dans sa préface pour l'exposition Braque chez Kahnweiler en 1908, Apollinaire n'hésite pas : « L'ignorance et la frénésie, voilà bien les caractéristiques de l'impressionnisme. » Il reprend à son insu la langue de Zola et conte comment « on vit une foule de zélateurs, de néophytes manifester par leurs tableaux qu'ils adoraient la lumière, qu'ils étaient en communication directe avec elle et le prouver en ne mélangeant point les couleurs, qu'il suffisait de répandre sur la toile pour devenir peintre, comme on devient chrétien par le baptême, sans qu'il faille pour cela le consentement du baptisé[43] ». L'impressionnisme se trouve évincé.

Sa carrière publique n'en continue pas moins, de plus en plus glorieuse, alimentée par les vues de Londres de Monet et les baigneuses à la flamande de Renoir. Il pénètre dans les musées français, par legs, par dons et jusque par achats. L'édition s'en saisit, pour des ouvrages en noir et blanc. Il est donc tout à la fois hors et dans l'histoire. Hors : fauvisme et cubisme l'ont congédié et Picabia, vers 1905 jeune prodige continuateur de Sisley, s'écarte et casse peu après. Hors : dadaïsme et surréalisme ne peuvent s'intéresser à lui et Breton traite Cézanne par l'ironie. Dans : Renoir, Monet poursuivent leurs œuvres, si étrangères soient-elles au cubisme et au surréalisme contemporains. Dans : ils sont devenus les peintres français les plus illustres, vénérés par un public qui sait ne plus pouvoir ignorer leur nom. L'évolution s'accomplit ainsi sur plusieurs rythmes et plusieurs plans détachés. Il se peut au reste qu'ultérieurement récupérations et recyclages s'opèrent. Devenu référence historique, le style des *Nymphéas* suscite des échos dans l'expressionnisme abstrait américain – Jackson Pollock, Joan Mitchell – et trouve en Olivier Debré et Monique Frydman ses héritiers.

L'histoire du cubisme se décompose selon le même schéma, si ce n'est que les phases se succèdent plus rapidement et que le processus de négation et de dépassement s'accomplit de l'intérieur. Entre 1907 et 1911, il convient d'entendre par cubisme les expériences plastiques de Braque et Picasso. Elles les séparent de leurs contemporains, qu'ils se réclament du post-impressionnisme ou du fauvisme auquel Braque a participé deux ans. Durant cette période, leurs œuvres demeurent inconnues du plus grand nombre, visibles

Georges Braque, *Maisons à l'Estaque*, 1908. Huile sur toile, 73 × 59,5 cm. Berne, Kunstmuseum, Hermann-und-Margit-Rupf-Stiftung.

seulement dans la galerie de Kahnweiler. Encore *Les Demoiselles d'Avignon* ne quittent-elles pas l'atelier de leur auteur avant 1916. Ainsi défini de façon restrictive, le cubisme se réduit à la « cordée » et n'affecte que Derain, compagnon de peinture de Braque à Carrière-Saint-Denis en 1909 et de Picasso à Cadaquès en 1910, et Fernand Léger, celui-ci sans que des liens personnels doublent les liens artistiques. Dans cette période, à l'exception de Gertrude Stein, d'Apollinaire, de Salmon et d'amateurs russes – Chtchoukine et Morosov – leurs œuvres suscitent peu d'intérêt et encore moins d'approbation.

Dans la phase suivante, jusqu'à la Grande Guerre, le cubisme devient affaire publique, motif d'indignation et d'interpellation à la Chambre des députés et au Conseil municipal de la Seine. Il obtient droit de cité, à la fois par le scandale et par la formation d'une école. En 1911, au Salon des Indépendants, dans la salle 41 exposent ensemble Delaunay, Le Fauconnier, Metzinger et Gleizes, et dans la salle 43 La Fresnaye, Dunoyer de Segonzac et Mare. Au Salon d'Automne de 1912, nouvel effet de groupe, amplifié par l'ouverture, une semaine plus tard, du Salon de la Section d'or. Apollinaire énumère les participants, « Metzinger, dont l'art est raffiné, Juan Gris, le démon de la logique, Albert Gleizes, qui a fait de grands progrès, Marcel Duchamp, qui est inquiétant […] R. de la Fresnaye, dont le talent se précise, Marcoussis, qui est très moderne, Picabia dont les compositions ont un lyrisme très puissant, Léger dont les tableaux ont de belles couleurs[44] […] ». En Allemagne, en Russie, à Londres, des expositions répandent ces noms et le cubisme.

Une doctrine s'établit en 1912, dans le *Du cubisme* de Gleizes et Metzinger, dont les thèses sont contredites par *Les Méditations esthétiques* d'Apollinaire l'année suivante. Celui-ci traite des « peintres cubistes » – sous-titre de l'ouvrage – et se refuse à troquer leur diversité contre une unité factice. Pour autant, son livre sous-entend qu'existe le cubisme, fût-il subdivisé en tendances, et affirme qu'en relèvent, fût-ce à des degrés divers, Metzinger et Léger, Duchamp et Delaunay. Le mouvement se constitue et se renforce de la sorte.

Il est alors susceptible d'une expansion indifférente aux frontières et aux situations nationales – cubisme pragois, variations russe et britannique. Cette expansion est accélérée et généralisée par la rapidité et l'amplitude des communications. Le cubisme international – au sens de l'expression « gothique international » – ne se comprend pas en dehors d'une Europe des chemins de fer, des journaux et des revues, et d'une Amérique reliée à l'Europe par transatlantiques et câbles sous-marins. À preuve l'organisation et le triomphe de l'Armory Show à New York

Juan Gris, *Paysage à Céret*, 1913. Huile sur toile, 92 × 60 cm. Stockholm, Moderna Museet.

et à Chicago en 1913. Pour en rester à la description de la diffusion du cubisme en France même, elle repose pour partie sur la presse, moins celle des « petites » revues d'avant-garde, peu diffusées et éphémères, que celle des quotidiens qui annoncent les expositions et amplifient les scandales.

Cette expansion va de pair avec l'apparition de locutions plastiques qui annoncent l'appartenance de l'auteur au « style » cubiste plus qu'elles ne révèlent rupture ou renouvellement. Les têtes cubiques, les nez triangulaires, les arêtes droites, les constructions à l'équerre et à la ligne opèrent comme autant de signes de reconnaissance. Elles abondent chez La Fresnaye ; elles modèlent *L'Abondance* (1912) de Le Fauconnier ; elles divisent en triangles et trapèzes la surface picturale des toiles de Villon et de Marcoussis, de Valmier et de Metzinger. Autrement dit, la mode cubiste prospère, comme a proliféré la mode impressionniste dans la dernière décennie du XIXe siècle. Des variantes apparaissent, décoratives, glissant à l'élégance – ainsi de Serge Férat.

Or Braque et Picasso se tiennent à l'écart de cet engouement. Écart matériel : ni l'un ni l'autre ne consent à souscrire à quoi que ce soit qui relève d'une stratégie et d'un effet de groupe, ni à exposer avec les « cubistes » autoproclamés de 1911 et 1912. Ils se refusent à participer à leurs manifestations collectives et ne présentent leurs œuvres qu'à la galerie Kahnweiler. Les fondateurs du cubisme s'absentent donc délibérément de tout ce qui démontrerait l'existence et la cohérence d'un mouvement cubiste. Ils se tiennent à distance, tout comme Derain. Quand le cubisme devient chose publique, débat dans la presse et argument pour querelles politiques et propagande xénophobe, ils se taisent. Ils ne répliquent pas à Gleizes et Metzinger. À la différence de Léger, ils ne prononcent pas de conférences théoriques.

Écart des œuvres : Braque et Picasso s'éloignent d'autant plus qu'à partir de 1912 leurs expériences plastiques – papiers collés, réintroduction pointilliste de la couleur, sculpture par agrégation d'objets trouvés – n'ont que peu de rapport, si ce n'est aucun, avec ce qui se définit alors comme le cubisme français, La Fresnaye, Villon, Gleizes ou Le Fauconnier. Ces derniers pratiquent une schématisation anguleuse à laquelle ils tentent, pour certains, d'associer des couleurs en aplats. Mais, à l'exception de Juan Gris, ils ne tirent aucune conséquence des papiers collés et de la nouvelle sculpture d'assemblage. L'architecture de la Maison cubiste, comme un bronze de Duchamp-Villon, pour peu qu'ils soient comparés à une nature morte de Braque ou au *Verre d'absinthe* de Picasso, se révèlent pour ce qu'ils sont : la généralisation d'une méthode plastique qui enveloppe ce qu'elle figure d'effets volumétriques – une stylisation. Ses adeptes demeurent fidèles à la toile quand Braque et Picasso privilégient le papier et les matériaux pauvres. Le « cubisme français » vise à la monumentalité et à l'allégorie – eux s'en désintéressent. En 1914, en Avignon, Picasso s'autorise un sacrilège, dessiner des biscuits et un buveur accoudé de façon naturaliste – ce que le cubisme tel qu'il se montre en public proscrit évidemment, ce que s'interdisent ses artisans. À l'intérieur du mouvement, de manière d'abord clandestine, l'un de ses deux « inventeurs » se dégage de toute orthodoxie, refuse l'immobilité des lois.

Troisième période : l'après-guerre. En 1919, la géométrie et la dissémination des indices figuratifs ne sont plus pour Picasso que des instruments parmi d'autres, au nombre desquels le dessin ingrisant, le dessin archaïsant, l'illusionnisme pictural. En 1919, le style cubiste apparaît comme tel à Duchamp, à Picabia et aux dadaïstes français qui ne veulent plus y voir qu'une suite de recettes et d'artifices usés pour faire de l'art, méthode qui ne serait pas préférable à celles qu'elle a remplacées. Il devient alors de notoriété publique que « le cube s'effrite ». Louis Vauxcelles l'annonce, en jugeant d'après Picasso et Derain, prenant au pied de la lettre le slogan du « retour à l'ordre ». En dépit de Reverdy, qui appelle dans *Nord-Sud* à défendre une conception orthodoxe et affronte vivement ceux qu'il juge traîtres à la cause, il semble que la cause soit entendue. Juan Gris dessine au trait les visages de Daniel-Henry Kahnweiler et de son épouse, comme Picasso les danseuses russes et Olga. La mode serait plutôt à la commémoration des maîtres d'autrefois, avec Derain. Si le fauvisme appartient au passé, il se prolonge dans les exercices chromatiques de Dufy et Van Dongen alors que Matisse et ses proches – Marquet, Manguin, Camoin – ressuscitent le post-impressionnisme – réapparition d'un style que l'on avait cru périmé une décennie plus tôt, résurrection qui contribue à la complexité de la situation, toute de décalages et chevauchements.

À la différence de l'impressionnisme, le cubisme n'entre pas au musée, pas dans les musées français du moins, et peu dans les collections privées françaises, si l'on excepte Jacques Doucet, premier propriétaire des *Demoiselles d'Avignon*, Alphonse Kann et André Lefèvre. Quand le Museum of Modern Art de New York, en 1936, organise l'exposition « Cubism and Abstract Art », aucune initiative comparable n'est prise à Paris. Quand la galerie Pierre, en 1938, présente un ensemble de papiers collés cubistes de Picasso, elle rencontre l'indifférence.

Mais le cubisme demeure. Il demeure en peinture parce que Braque s'y tient et, après l'interruption de la guerre, reprend en 1917 son art au point où il l'avait quitté en août 14. Surtout, il accroît son influence dans les secteurs de production les plus éloignés du lieu de sa naissance, design, mode, architecture. Là, il produit ses effets les plus visibles et les plus durables, alors que dans les ateliers des peintres il est désormais tenu au moins pour désuet, sinon pour nocif, pour une suite de stéréotypes. Au même moment, la géométrie cubiste est à l'œuvre dans les toiles de Le Corbusier et d'Ozenfant avant de déterminer structures spatiales et lignes directrices dans les plans de Le Corbusier. Il suffit d'une allusion, tant apparaît l'importance de ses applications architecturales : le cubisme suscite – à titre posthume – la formation d'un langage spatial nouveau dont les monuments-symboles sont édifiés, pour certains, plusieurs décennies plus tard. Deux évolutions contradictoires s'accomplissent à la fois : d'une part le cubisme cesse d'être le courant artistique dominant, de l'autre il accroît le champ de son influence. L'histoire, loin de se dérouler dans la simplicité d'une succession linéaire, ne connaît que dédoublements et décalages, superpositions et chevauchements.

Médiatisations, accélérations

Complexité d'autant plus embarrassante que le rythme de l'évolution s'accélère au long du siècle. Le désordre, ce que Morice dénomme « promiscuité », s'aggrave. S'ouvre l'ère de la nouveauté précipitée, plus rapidement diffusée, plus vite contestée. Ces deux données sont indissociables et caractéristiques d'une société de la consommation des biens et des images, société de la curiosité et de la lassitude, du surgissement et de l'oubli.

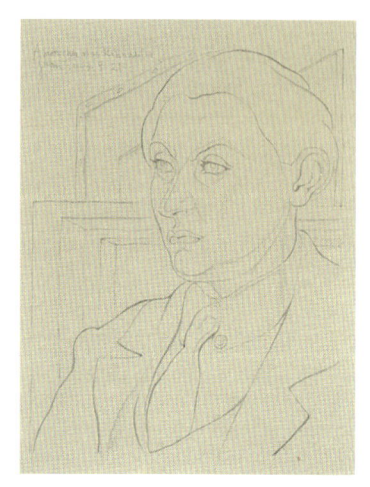

En 1905, les peintres qui se trouvent, sans l'avoir demandé, dans la « cage aux fauves », firent, les premiers dans le siècle, l'expérience du scandale médiatisé par *L'Illustration* et les quotidiens. À partir de 1911, les cubistes connaissent la même épreuve et ses conséquences : réprobation d'abord à peu près générale propice aux exploitations idéologiques, recrutement de suiveurs et de disciples, notoriété bientôt aussi générale que l'avait été le refus auparavant et donc remise en cause qui s'annonce et s'accomplit dès 1919. Le dadaïsme parisien dure moins de quatre ans et son acte de décès est prononcé par ses fondateurs eux-mêmes. Le surréalisme, proclamé en 1924, au plus fort de sa réputation internationale en 1937, échoue en 1945 à retrouver son rang. L'abstraction française apparue après 1945 – qu'elle soit gestuelle, informelle ou géométrique – tend à s'imposer comme le style de l'après-guerre. Elle bénéficie d'une reconnaissance rapide dont témoignent les achats des musées, le succès des séances de peinture publique de Georges Mathieu et le renchérissement des toiles. Mais Charles Estienne publie dès 1950 son pamphlet *L'art abstrait est-il un académisme ?* Mais, en 1950, Raymond Hains et Jacques de La Villeglé arrachent et lacèrent des affiches. Les *Cachets* d'Arman ont été entrepris à partir de 1955, ses *Allures d'objets* en 1958. Autant de traitements critiques du geste abstrait, autant de refus de la main, de la présence physique de l'artiste. Au même moment, Rauschenberg obtient de De Kooning une œuvre sur papier, qu'il ne lui réclame que pour l'effacer – provocation, dénégation, destruction pour finir.

Ces cas sont d'autant plus remarquables que ce sont ceux d'avant-gardes qui, très tôt dans leur histoire, s'efforcent d'attirer l'attention du plus grand nombre. On l'a dit : ni Degas ou Monet vers 1880, ni Braque et Picasso vers 1910 ne recherchaient la reconnaissance publique. Il n'en va plus de même quand le dadaïsme vit au rythme des soirées et des provocations qu'il organise burlesques, scandaleuses, quand il joue des effets d'annonce, de l'affichage et des reportages indignés ou complices qui paraissent dans la presse le lendemain. Il démontre qu'il n'ignore rien de la mécanique médiatique moderne et qu'il excelle à la détourner à son profit. Détournement d'un moment, profit peu durable : la loi du renouvellement quotidien de l'actualité exige d'autres événements, dont l'éclat et l'étrangeté menacent de faire disparaître dans l'oubli ceux qui les ont précédés. Autre effet, la banalisation, dont les dadaïstes mesurent les ravages. Une de leurs soirées, un gala de boxe, un crime passionnel : ce sont là faits divers qui pourraient s'annuler. Le moyen

Juan Gris, *Portrait de D.-H. Kahnweiler*, 1921. Crayon sur papier, 32,5 × 26 cm. Paris, Musée national d'art moderne-Centre Georges Pompidou.

qui permet d'attirer la curiosité publique est aussi celui qui condamne à ne la retenir qu'un moment et à lasser bientôt – à moins d'un renouvellement réussi. « Leur but était avant tout de choquer l'opinion publique[45] » : la remarque de Benjamin sur l'esthétique du choc, qu'il formule à propos du dadaïsme et du cinéma, introduit justement « l'opinion publique » – élément décisif du dispositif. Par ailleurs, la notion de choc sous-entend brutalité et brièveté. Elle s'applique au destin des avant-gardes à l'ère médiatique, dont Benjamin compare indirectement le déroulement à celui d'un film. « La peinture invite à la contemplation ; en sa présence, on s'abandonne à l'association d'idées, suppose-t-il. Rien de tel au cinéma ; à peine l'œil saisit-il une image que déjà elle a cédé la place à une autre ; jamais le regard ne réussit à se fixer[46]. » Il suffit de transposer : à peine une avant-garde apparaît-elle que déjà elle doit céder la place ; jamais l'attention ne réussit à se fixer.

Or, après la Grande Guerre, la plupart des avant-gardes s'efforcent de focaliser l'attention en jouant du pouvoir d'amplification propre à la presse, au risque de s'entendre accuser de frivolité. S'y refuseraient-elles, elles courraient le risque de passer inaperçues, de n'obtenir aucun écho. Y parviennent-elles, elles se trouvent menacées par le système médiatique qui appauvrit leurs thèses et ne leur offre qu'une brève période de notoriété.

Le dadaïsme parisien repose pour une part sur la stratégie de l'offense publique, soirées dans des théâtres loués à des directeurs naïfs ou imprudents, reportages le lendemain dans des quotidiens dont les rédactions ont été averties que le spectacle serait digne d'être rapporté. Il s'inspirent en cela de *Parade* et des *Mamelles de Tirésias*, dont les représentations avaient provoqué des polémiques. Le 23 janvier 1920, au palais des Fêtes, *Littérature* propose des poèmes dada et une lecture de Léon Daudet par Tzara, et inaugure une suite de provocations : le 19 février à l'Université populaire, le 27 mars à la Maison de l'Œuvre, le 26 mai salle Gaveau. Le 13 mai 1921, le « procès Barrès » a lieu dans la salle des Sociétés savantes et provoque l'émotion qu'en attend Breton. Le 10 juin, la soirée Dada permet à Tzara de monter *Le Cœur à gaz*. Chaque fois, il s'agit moins de convaincre que de susciter commotions et commentaires.

Le surréalisme reprend à son compte la pratique du scandale public, que ce soit par le pamphlet – en octobre 1924 *Un cadavre* à la mort d'Anatole France –, des expositions – « La vérité sur les colonies » en septembre 1931, à l'occasion de l'Exposition coloniale. Il tire parfois parti de faits divers criminels réputés captiver les lecteurs, ce qui est jouer de plus près encore avec l'actualité et la presse. En 1933, les procès des sœurs Papin et de Violette Nozières sont, pour le groupe, l'occasion de prendre à rebours le sentiment populaire et de défendre des meurtrières auxquelles leurs contemporains refusent les circonstances atténuantes. Les premières, le numéro 5 du *Surréalisme au service de la Révolution* les dit « sorties tout armées d'un chant de Maldoror ». Violette Nozières accusée d'avoir empoisonné son père qui la contraignait à l'inceste, est célébrée dans une plaquette publiée en décembre 1933 qui rassemble des œuvres de Man Ray, Dalí, Tanguy, Ernst, Brauner, Magritte, Arp et Giacometti. Breton lui dédie un poème et Picasso un tableau. Quelles que soient la cause et les raisons de la défendre, c'est là lier le surréalisme à la chronique quotidienne.

Jean Dubuffet,
Le Métafisyx, 1950.
Huile sur toile,
116 × 89,5 cm. Paris,
Musée national d'art
moderne-Centre
Georges Pompidou.

 Après 1945, il devient plus clair encore que l'art fait partie de l'actualité, pour son profit ou sa perte. Profit, au moins relatif : la presse fait de Picasso l'artiste le plus photographié – par Cartier-Bresson, par Brassaï, par Verdet –, le plus filmé – par Clouzot –, et celui dont la vie privée est épiée au point de le contraindre à s'enfermer dans des maisons de mieux en mieux défendues contre les importuns : premier cas de « starisation » d'un artiste contemporain sur le modèle de l'industrie cinématographique. Cette gloire universelle ne permet pas pour autant une meilleure compréhension de son art par ses contemporains.
 Perte : Georges Mathieu joue de la photographie, du cinéma et de la télévision pour donner à ses séances de peinture en public la plus vaste publicité. Des images en circulent, prises au Japon et dans la cour d'un château français. Elles témoignent de la vitesse d'exécution de Mathieu et popularisent l'idée d'une peinture instantanée, dansée, bondissante. Mais l'image de marque s'épuise dans la répétition du spectacle. En une conclusion logique de ce processus de médiatisation, Mathieu conçoit un peu plus tard le « logo » d'une chaîne télévisée nationale – alliance du pictural et du cathodique. Mais la chaîne ne le conserve qu'un temps et, la mode ayant changé, le remplace.

Jean-Pierre Pincemin,
Sans titre, 1994.
Technique mixte
sur toile, 220 × 196 cm.
Collection de l'artiste.

Modes, reconnaissances, recyclages

Ce destin n'est en rien spécifique des arts. Il jette dans le même cycle d'évidence et d'indifférence alternées, de fascination et de lassitude, provocations artistiques, productions cinématographiques courantes, manifestations sportives, chronique des célébrités et, peut-on penser, nombre de questions politiques, sociales et économiques de quelque conséquence. Annoncés, exhibés de la sorte, les mouvements artistiques ne peuvent échapper au renouvellement de l'actualité, après avoir bénéficié de l'effet d'amplification qu'elle produit. Leur « espérance de vie publique » ne peut qu'être courte, de plus en plus courte puisque les nouvelles arrivent de plus en plus vite et en nombre de plus en plus grand. Cette vie publique correspond à la deuxième phase de l'évolution, après la formulation initiale, avant le détachement presque général et la survie à l'état de vestige ou de trace.

Quand bien même l'artiste ne cherche pas l'orchestration médiatique de son œuvre, il ne peut éviter que la diffusion de celle-ci aille désormais vite – accélération qui précipite la reconnaissance et l'abandon. En la matière, la presse quotidienne et la télévision ne tiennent d'ordinaire qu'une place secondaire, la première diffusion étant du ressort de la presse dite spécialisée

– revues mensuelles – et des catalogues. Les unes et les autres répandent et répètent des reproductions, un discours critique, quelques déclarations. C'est assez pour que soit déclarée identifiée une nouveauté, une « nouvelle génération », à laquelle il convient de fixer une appellation. Dès lors le processus enchaîne ses phases au rythme des publications : découverte, engouement, expansion, doute, lassitude, remise en cause.

La diversité du présent s'en trouve accentuée, jusqu'à la situation confuse qui s'observe après 1960 et ne se simplifie pas par la suite. Les arts en France dans ces décennies, c'est simultanément l'œuvre ultime de Picasso, la permanence de l'abstraction – Soulages, Hartung, Morellet, Barré, Degottex –, le groupe des Nouveaux Réalistes, la Nouvelle Vague des cinéastes, la Figuration narrative, des photographes, le groupe BMPT, Supports/Surfaces, le conceptuel, la Figuration libre : un désordre de générations, d'esthétiques et de pratiques qui ne dément pas le pronostic de Charles Morice.

Il arrive à l'occasion que l'art lui-même – illusoire totalité – soit « à la mode », comme cela s'est vu en France dans les années vingt et dans les années quatre-vingt, mode politique, médiatique et commerciale. Dans les années vingt n'interviennent que deux facteurs, l'économique et le journalistique. Après l'effondrement des certitudes et des habitudes que provoque la guerre,

César, expansion réalisée en public à la Tate Gallery, en 1968. Coulée de polyuréthane expansé.

Photo-souvenir : Manifestation n° 3 : Buren, Mosset, Parmentier, Toroni, 1967, Paris, musée des Arts décoratifs.

les « années folles » mettent au goût du jour les nouveautés artistiques, moins parce que artistiques que parce que nouvelles. Paris en est la capitale, l'on y vient des États-Unis, d'Amérique latine et d'Europe centrale participer à une « fête », *dixit* Hemingway, que l'on veut croire sans fin. Le commerce des œuvres s'amplifie, des galeries se créent entre Seine et boulevard Saint-Germain. La crise économique qui commence en 1929 met un terme à l'embellie et, avec elle, disparaissent des notoriétés dont il ne reste plus trace que dans les journaux du temps alors que l'histoire retient d'autres événements, moins visibles alors, de plus lourdes conséquences cependant.

Le cas des années quatre-vingt est plus complexe, parce que le facteur politique y tient le premier rôle. En dépit de la politique de rattrapage des collections entreprise à partir de 1945, mais avec des moyens réduits, en dépit de la fondation d'un ministère de la Culture en 1959, le pouvoir politique ne s'intéresse que de loin à la création artistique tout au long des deux premières décennies de la Ve République. La curiosité d'esprit de Michel Guy et le volontarisme moderniste présidentiel qui aboutit à la construction du Centre Georges Pompidou demeurent des exceptions. En 1981, la nomination de Jack Lang rue de Valois se veut l'annonce d'un changement profond, ce que confirment la création des Fonds régionaux d'art contemporain (FRAC) et une campagne de commandes publiques. Or, les artistes qui en bénéficient appartiennent, pour les plus jeunes d'entre eux, à la génération apparue avant 1968, celle de BMPT et de Supports/Surfaces. La faveur officielle s'empare d'eux, leur offre des lieux et des moyens, mais avec le décalage d'une dizaine d'années, si ce n'est bien plus. Deux effets se conjuguent alors, le décalage et la répétition à laquelle la commande incite trop souvent, surtout quand le commanditaire n'est pas une personne privée, un mécène, mais une commission, un groupe de fonctionnaires et d'élus – lesquels chérissent rarement la surprise. Résultat : des œuvres sont créées et mises en place dans les années quatre-vingt, alors qu'elles relèvent de démarches, de réflexions, de pratiques qui ont été pertinentes une ou deux décennies auparavant. Un débat s'organise autour des « Colonnes » de Daniel Buren au Palais-Royal, mais ces « Colonnes » et leur parement rayé relèvent d'une contestation de l'art par l'art qui a perdu de son efficacité en se répétant. La polémique autour du projet s'amplifie alors que la création véritablement novatrice, dans cette période, se nomme néo-expressionnisme en Allemagne, nouvelle sculpture en Grande Bretagne, transavantgarde en Italie. Ce phénomène d'anachronisme persiste par la suite. Ainsi voit-on quelques artistes – Jean-Pierre Raynaud, François Morellet, Jean-Pierre Bertrand – bénéficier d'un regain d'intérêt pour des raisons parfois plus administratives qu'artistiques et intellectuelles. Ceux qui, au même moment, analysent et contestent la société contemporaine ne jouissent ni du même intérêt ni du même soutien. Ils demeurent extérieurs aux procédures de la commande publique qui, pour dire la chose brutalement, maintient en survie artificielle des styles en voie d'obsolescence. Par un effet d'entraînement se forme alors une sorte de poche « néo-avant-gardiste », qui perdure grâce à l'enseignement et s'académise.

Une complication supplémentaire intervient quand l'engagement de l'État suscite la relance du marché de l'art contemporain. La décennie 1980 a vu celui-ci s'emballer et son emballement orchestré par les médias. Multiplication des galeries, prolifération des artistes, gonflement du discours promotionnel : à ces signes se reconnaissent les phases de la surchauffe, qui s'achève après 1989 par l'effondrement des valeurs, selon le modèle de la spéculation financière. Celle-ci n'est pas absente du phénomène. Elle s'empare d'œuvres qui, auparavant, semblaient condamnées à l'obscurité ou guère mieux, et se trouvent changées en valeurs qu'il faut « jouer à la hausse ». Dans de telles périodes, brèves, l'effet d'engouement ne connaît aucune limite. Or, cet engouement ne peut se développer sans la collaboration décisive de l'information, qui travaille à sa généralisation – si même il ne naît pas d'elle.

Il faut alors distinguer trois types d'événements qui, par les dates seulement, sont contemporains. La création artistique s'accomplit en un temps qui est le sien. La commande et la collection publiques rajeunissent des créations en cours de vieillissement, sans qu'elles se renouvellent pour autant. Le marché recycle et célèbre des créations de toutes les périodes sous un label « art contemporain » qui n'a de valeur que promotionnelle et spéculative. L'entrelacs de ces événements forme le présent vécu de l'art, dont on ne saurait s'étonner qu'il semble confus et contradictoire.

Il relève des analyses du sociologue et de l'économiste bien plus que de celles de l'historien des arts. Ce dernier ne peut que constater l'apparition d'une forme de consommation artistique précipitée dont les époques précédentes avaient ignoré la fièvre et les maux. Il reconnaît là une spécificité du xxe siècle que permet de comprendre plus avant l'étude de deux secteurs de production mixtes, entre création artistique et industrialisation rationnelle, le cinéma et la mode. Le rapprochement repose sur une similitude. Le cinéma, comme diffusion et exploitation, est déterminé par une périodicité hebdomadaire, celle des « nouvelles sorties », et par la périodicité des festivals. La mode repose de même sur la périodicité pluriannuelle des défilés, des « nouvelles tendances », de la « dernière mode », expression mallarméenne autant que journalistique.

Son cas est exemplaire, d'autant que nombreux sont les passages entre mode et arts plastiques : pêle-mêle Poiret, Sonia Delaunay, la photographie de mode selon Man Ray, Dufy, le recyclage des couleurs et des motifs. Or la mode obéit à la loi stricte de l'usure et du remplacement obligatoire, de la modification rituelle de collection en collection. Depuis Poiret et Doucet jusqu'à Gaultier et Lacroix, la rythmique a peu changé – mais le développement du prêt-à-porter, celui des revues, des patrons, des conseils pour plaire l'accompagnent et l'amplifient de sorte que reproductibilité et précipitation vont implacablement de pair. La lassitude et le refus de la répétition sont élevés à la dignité de principes, puisqu'il n'est de mode que dans la mesure où il importe de changer, de se changer.

L'exploitation cinématographique obéit à un dispositif comparable, fondé sur la multiplication des copies, leur diffusion simultanée en tous les points du territoire, la nécessité de disposer une semaine plus tard d'autres spectacles. L'uniformisation obtenue par la diffusion ne se sépare pas de la loi du renouvellement. Ne peut-on penser que se crée ainsi une habitude mécanique de la nouveauté ? Celle-ci impose sa nécessité au-delà du cinéma, au-delà du prêt-à-porter. Ces arts-industries, les plus présents, les plus puissants, exercent une influence déterminante sur les autres arts, qui se trouvent à leur tour pris dans la temporalité de la brièveté et de la substitution qui n'était pas la leur auparavant – temporalité de l'actualité et de la consommation propre aux sociétés occidentales du XXᵉ siècle.

Elle détermine le rythme des expositions, qui répondent à l'application des procédures de diffusion et de changement aux arts plastiques. Ce rythme s'accélère dans les trois dernières décennies et la recherche du spectaculaire s'impose. L'exposition dans un musée, à l'Orangerie ou au Grand Palais, pour ne rien dire des musées de province, est l'exception jusqu'aux environs de 1970. Plus tard, elle devient l'habitude, si impérieuse qu'il faut que les délais nécessaires au montage et au démontage raccourcissent, qu'il faut des sujets susceptibles de plaire au plus grand nombre et qu'ils se succèdent sans trêve. En ce sens, quelles que soient ses vertus pédagogiques et scientifiques, qu'elle montre de l'art ancien, moderne, européen ou exotique, l'exposition apparaît comme la transposition au monde des objets d'art uniques du principe de renouvellement périodique qui régit les arts-industries, très loin de la contemplation de l'œuvre d'art encore douée de son aura telle que la célèbre Walter Benjamin, pour en déplorer la disparition.

Consommation culturelle, dit-on. Assimilation de l'œuvre d'art à un objet de consommation. Médiatisation qui la favorise en tenant les arts pour une actualité et en leur appliquant la méthode de traitement de l'actualité. Médiatisation qui appelle le renouvellement dans une temporalité saccadée, suscite au besoin le nouveau et contribue puissamment à l'incohérence d'un présent encombré d'images et de noms qui n'ont plus d'autre point commun que d'être reproduits et publiés. Autrement dit : plus d'autre point commun que d'avoir été précipités dans le présent public, accessible à tous, et chaotique.

Jacques Villon, *Portrait de Marcel Duchamp*, 1951. Huile sur toile, 146 × 114 cm. Hövikodden, Henie-Onstad Art Centre.

Une idée sous-jacente revient sans cesse. Elle inspire la réflexion désabusée de Morice. Elle transparaît dans les regrets de Benjamin, qui porte le deuil de l'*aura* et de la contemplation à l'âge de la reproductibilité et du spectacle de masse. Exprimée sommairement, ce serait que le XXᵉ siècle, parce qu'il est le XXᵉ siècle, a compromis l'art, l'a condamné à la promiscuité et au désordre. Il ne nous appartient pas d'apprécier ici la pertinence d'une pensée qui présuppose qu'il en fut tout autrement auparavant, jadis, au temps de la contemplation solitaire – âge d'or de l'art dont on peut douter qu'il ait existé tel quel.

Cette idée qui a été exprimée crûment par celui qui paraît incarner l'idéal de l'artiste moderne, Duchamp. À Georges Charbonnier l'interrogeant sur les motifs qui le convainquirent d'interrompre son œuvre, il répond : « J'ai simplement été arrêté par le fait que mon époque, en tout cas, ne répondait plus à mes désirs personnels, dans ce sens-là. » Il s'explique en ces termes : « Il y a cent ans, il y avait quelques peintres, quelques marchands, quelques collectionneurs, et la production était une forme ésotérique d'activité. Ces gens-là, ces quelques gens, parlaient un langage à eux, que le grand public ne comprenait pas, qu'il acceptait comme un langage religieux, si vous voulez, ou comme un langage de loi, par exemple, où les mots n'ont de sens que pour les initiés. Depuis ces cent ans, tout est entré dans le domaine public: tout le monde a parlé de peinture. Non pas seulement ceux qui la faisaient, ceux qui la vendaient et ceux qui l'achetaient ; mais le grand public parle de peinture. […] Cet ésotérisme est devenu un exotérisme. Quand vous parlez peinture aujourd'hui, le grand public a son mot à dire, et il le dit. Ajoutez à cela le fait qu'il a apporté son argent et que le commercialisme en art, aujourd'hui, a fait passer la question de l'ésotérisme à l'exotérisme. Alors, l'art est un produit, comme les haricots. On achète de l'art comme on achète du spaghetti[47]. »

Satire. Mais cette satire montre combien serait naïve, simplificatrice – fausse donc – la croyance en une histoire de l'art qui ne mettrait en présence que des groupes restreints d'initiés, des avant-gardes. Une telle vision ignorerait que l'art est devenu chose publique et diverse, produit, actualité, marchandise, consommation, spectacle. Plus de religion, plus de « langage de la loi », partant plus de fidèles, plus de prophètes non plus, plus d'histoire sainte, mais des histoires profanes et mêlées, un tissu d'événements qui s'entrecroisent, s'influencent, se contredisent.

Henri Ciriani, le musée d'Archéologie romaine, Arles, 1995.

2 Le futur

« Bergère ô tour eiffel » | Vitesses | L'art-science : abstractions et géométries | Ordres futurs | L'art total

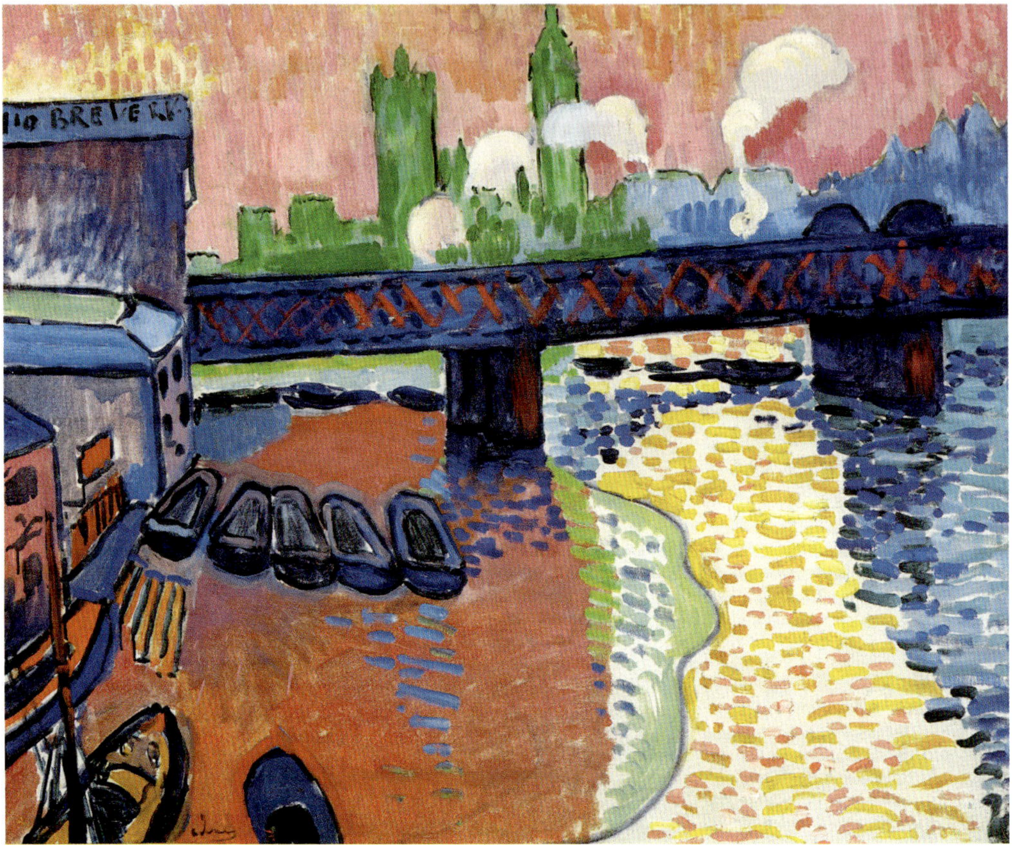

« Bergère ô tour Eiffel »

LE FUTUR NAÎT DE LA NOUVEAUTÉ. Or le nouveau est moins à trouver qu'à reconnaître. C'est le nouveau d'une société qui se métamorphose. Aux artistes de mesurer ces changements, à eux d'en tirer les conséquences. Encore ne serait-ce pas assez qu'ils en fassent l'éloge et la mettent en images si ces images relevaient de procédés d'autrefois. La relation ne peut qu'être double. L'art moderne rend visible la modernité du monde directement, dans son iconographie ; et la rendant visible, il change. Dès le début du siècle, ce double rapport s'établit à travers la représentation de la vie contemporaine et, de façon plus profonde, à travers les modes de représentation.

La ville « fauve »

L'image de la société française de 1900 entre dans les arts par le truchement de motifs qui ont valeur d'emblèmes. Un mouvement analogue s'accomplit hors de France, dans l'Allemagne des paysages berlinois de Kirchner et du *Naufrage du Titanic* de Beckmann, dans l'Italie des futuristes. Manet, Guys, Monet, Degas, Caillebotte, Seurat, Signac, Bonnard et Vuillard ont constitué le premier répertoire de la ville contemporaine, chemins de fer et promenades au Bois, ponts métalliques, quartier Saint-Lazare, dimanches à Asnières, cafés-concerts, bar des Folies-Bergère et gazomètres de Clichy, maisons closes et terrains vagues des « fortifs ». L'affiche, de Toulouse-Lautrec, de Bonnard et de Cappiello, annonce les noces de la modernité artistique et de l'invention technique, qu'elle améliore les chaînes de bicyclette ou l'éclairage domestique.

Les transformations qui interviennent dans les premières années du siècle entraînent la mise à jour de cette iconographie. Il s'agit d'apporter des précisions nouvelles sur la vie des métropoles. À l'automne 1900,

André Derain,
Le Pont de Charing Cross,
1906. Huile sur toile,
80,3 × 100,3 cm.
Washington,
The National
Gallery, collection
John Hay Whitney.

dès *Le Moulin de la Galette*, Picasso s'inscrit dans la continuité de Degas, de Toulouse-Lautrec et de Forain. Il continue son inventaire l'année suivante. Les lieux de plaisir y tiennent une place capitale – *Le Moulin rouge*, *Le French Cancan*, la maison close de l'*Autoportrait au haut-de-forme*, *L'Hétaïre au collier* –, mais aussi la mondanité – *La Promenade à Auteuil*, *La Femme aux fourrures* –, les fêtes – *Le 14 juillet 1901* –, la misère – *La Buveuse d'absinthe*, *L'Apéritif*, *La Repasseuse*, *La Marchande de fleurs* – et la ville de chaque jour – ses *Toits bleus*, ses *Omnibus*, les portraits successifs de Gustave Coquiot. Ces œuvres relèvent d'une facture tantôt néo-impressionniste, tantôt post-nabique, tantôt du pastiche de Degas. Références nécessaires : Picasso, arrivant à Paris, en représente le quotidien dans le style de ceux qui l'ont initié à cet art de la chronique. Les scènes de bal et de danse ont les couleurs aigres, comme blanchies, propres aux éclairages au gaz et à l'électricité.

Autre point de vue d'un peintre étranger à la ville qu'il peint, celui de Derain à Londres en 1906. Envoyé par Vollard après que l'exposition des Monet londoniens chez Durand-Ruel en 1904 a mis la ville à la mode, il peint ce que son prédécesseur n'a pas peint, et avec une insistance qu'accentue le découpage synthétique des formes et la netteté que leur confère l'intensité des couleurs non imitatives. Plus qu'à l'architecture du Parlement et de Saint-Paul, il s'intéresse à ce qui, le long de la Tamise, signale industries, commerces, trafics. C'est là que Derain prend la plupart de ses motifs. Une vue du *Pont de Blackfriars* a pour premier plan les entrepôts d'une cimenterie où s'approvisionnent des péniches. Celles-ci et les remorqueurs à vapeur parcourent le fleuve. Des grues servent à leur chargement et à celui des cargos à l'ancre le long des docks. *Les Remorqueurs*, *Bateaux sur la Tamise*, *Vue sur la Tamise* sont autant de paysages où prolifèrent les signes de l'activité économique. Ceux de la modernité urbaine ne sont pas moins nombreux. Sur *Le Pont de Charing Cross* passent des trains, des locomotives bleues et vertes. Sur les quais, entre les trottoirs roses, sur la chaussée verte, circulent des automobiles et des charrois outremer que la vitesse fait pencher dans les virages. Dans *Regent Street* passent omnibus, fiacres, bicyclettes, hommes-sandwiches et élégantes. Les immeubles portent des enseignes et des fanions. Même foule dans *Hyde Park* : des cavaliers, des calèches, une promeneuse et son chien emmailloté à cause du froid, des enfants.

Dans la banlieue parisienne, quand il peint *Le Pont du Pecq* (1904-1905) et *Le Pecq* (1905), Derain privilégie les mêmes éléments, chariots, grues, péniches et trains. Ces motifs se retrouvent dans les toiles de Vlaminck à partir de 1906, *Canot* devant un arrière-plan d'usines, remorqueur sur *La Seine à Chatou*, structures métalliques du *Pont de Bezons*. Ces paysages prennent place dans la tradition du moderne inaugurée par l'impressionnisme sur les mêmes bords de Seine trois décennies plus tôt.

D'Anvers, à l'été 1906, Braque et Friesz se plaisent à représenter port, darses, cargos, paquebots, chalands et remorqueurs, drapeaux et fumées. Braque peint *Le Bateau blanc* et Friesz *Le Croiseur pavoisé*, lourde structure métallique dont les quatre cheminées cylindriques et la coque anguleuse se détachent sur l'horizon confus de la vieille ville. Leur parti pris n'est pas moins affirmé que celui de Derain à Londres et, à son exemple, ils associent sujets contemporains et style fauve. Dufy en fait autant. Dans le port du Havre, il s'intéresse aux yachts et aux fanions bleus et rouges le long des mâts. De Trouville, il célèbre moins plages et cieux que les panneaux d'affichage, surfaces de couleurs agressives et lettres majuscules. De la station, quand il la regarde de plus loin, il ne voit que les villas néo-gothiques, les cabines de bain rayées en rouge et blanc et les estivants vêtus à la mode. *La Plage de Sainte-Adresse*, par Dufy ou par Marquet, n'a plus rien de naturel. Des charpentes supportent la jetée et une foule encombre l'endroit, baigneuses et baigneurs en maillot, ombrelles, parasols, pliants, cabines.

Van Dongen ajoute à l'inventaire parisien de Picasso un *Moulin de la Galette*, *Le Carrousel de cochons*, *La Belle Fatima et sa troupe*, les acrobates de Médrano, *La Ballerine borgne*, *Nini la prostituée* et la *Femme au grand chapeau* qui semble une reprise de *L'Hétaïre au collier* de Picasso. Ses nus de 1905 sont posés par des filles publiques et sa peinture se développe à la façon d'une chronique des modes et des engouements – mode des intérieurs qu'il décrit dans l'*Intérieur à la porte jaune*, engouement pour l'exotisme dont témoignent en 1909 son *Souvenir de la saison d'opéra* russe et en 1911 le double portrait de *Lucie et son danseur*.

Ainsi le fauvisme se développe-t-il dans l'exaltation de motifs qui n'ont rien d'intemporel. Matisse fait figure d'exception, lui qui bannit de ses toiles toute allusion contemporaine, préférant l'Arcadie de *La Joie de vivre* (1906), les paysages intacts de Collioure et les natures mortes chamarrées. Seul Manguin proscrit alors avec autant de constance les signes de l'époque. À partir de 1907, Braque et Derain les négligent à leur tour, engagés dans une méditation cézannienne sur les moyens. Il n'en demeure pas moins qu'en 1905 et 1906 le fauvisme s'apparente à une exploration des changements qui transforment la ville et le paysage. Ses couleurs sont celles des affiches, des costumes de scène, des maquillages de cirque, des drapeaux et des remorqueurs – transposées, exaltées, mais à partir d'expériences visuelles que ses peintres prennent garde de citer dans leurs toiles comme pour justifier leur chromatisme intense. Entre 1908 et 1910, Kupka en fait la démonstration en peignant quatre devantures voisines, bleue, rouge, verte, rouge et blanc, cycles, chaussures, bistrot, brasserie. Plus tard, revoyant le tableau, il lui donne pour titre *Couleurs comme adjectifs, les boutiques*. On ne peut mieux dire. Les couleurs criardes des devantures sont les adjectifs de la rue moderne.

La tour, le pont

Défini de la sorte, le fauvisme s'inscrit dans la logique de l'impressionnisme et apparaît comme la première manifestation dans le siècle d'une réflexion sur les couleurs du temps qui lie chromatisme, vie contemporaine et peinture – rapport qui éclate dans l'œuvre de Robert Delaunay. Qu'il expose d'abord avec les fauves avant de partager l'expérience de Léger n'a rien que

Raoul Dufy, *Les Affiches à Trouville*, 1906. Huile sur toile, 65 × 88 cm. Paris, Musée national d'art moderne-Centre Georges Pompidou.

Robert Delaunay, *L'Équipe de Cardiff*, 3ᵉ version, 1912-1913. Huile sur toile, 326 × 208 cm. Paris, musée d'Art moderne de la Ville de Paris.

de cohérent. Les différentes versions de *L'Équipe de Cardiff* (1912-1913) et de l'*Hommage à Blériot* (1914) font l'apologie de la modernité et du fauvisme. Apologies de la modernité : l'iconographie de Delaunay agrège au mépris de la vraisemblance des motifs qui désignent sans équivoque le monde nouveau. *L'Équipe de Cardiff* réunit les affiches, l'aviation et le sport, trois inventions récentes, et la tour Eiffel et la Grande Roue, monuments allégoriques de la métropole parisienne et de l'architecture industrielle. Le diagramme est complet. Chaque élément relève de la symbolique de la modernité. La toile qui les rassemble apparaît alors comme l'une de ces synthèses où se cristallise l'« esprit moderne », où il parade.

Autour des joueurs est la ville, que Delaunay désigne par deux symboles, la tour Eiffel et la Grande Roue, constructions métalliques aux dimensions démesurées. L'observation n'en est pas absente, mais elle importe moins que l'opposition de quelques archétypes de l'ancien et du contemporain. De l'ancien : les quais et les ponts de la Seine dont Delaunay emprunte l'image au Douanier Rousseau et qu'il introduit dans *La Ville de Paris* (1912). Ancien : les immeubles de l'urbanisme haussmannien, à parements de pierre et garde-fou de fer forgé. Dans les versions successives de *La Ville*, ils accumulent leurs volumes gris, leurs arêtes et les plaques de métal de leurs toits. Dans la série des *Fenêtres*, il n'en reste que de rares mentions : fenêtres alignées et rideaux de part et d'autre de la baie ouverte sur le moderne, sur la Tour. Quoique élevée pour l'Exposition universelle de 1889, vingt ans après elle demeure le symbole du futur, pour le peintre et pour Apollinaire. Les études de Delaunay exaltent les entrecroisements de poutrelles, le dessin transparent, les lignes ascensionnelles. Qu'il torde, fragmente ou respecte sa forme, qu'il la peigne rouge ou grise, les déformations graphiques et les transpositions chromatiques accentuent la nouveauté du motif, encadré d'immeubles anciens, lourds, opaques. Opposition élémentaire, mais efficace. L'analyse de la lumière, ce qu'Apollinaire dénomme orphisme, a en elle un motif accordé à son ambition scientifique. Le peintre-ingénieur intervient, décomposant le spectre et déterminant l'arrangement des couleurs comme l'ingénieur Eiffel a calculé les équilibres et les tensions de l'édifice de fer.

Tableau de Salon, *La Ville de Paris*, exposé aux Indépendants en 1912, recourt au langage allégorique et place au centre de son œuvre trois déesses nues, nymphes de la Seine ou déesses soumises au jugement de Pâris. Par la suite, Delaunay renonce à cet artifice, superflu quand une forme picturale simple remplace les figures féminines inspirées d'un décor pompéien. Des *Fenêtres* de 1912 à ses œuvres de l'entre-deux-guerres, il demeure attaché à cet effet de rhétorique visuelle. Entre 1924 et 1926, il peint à nouveau et lithographie plusieurs vues de la Tour, en contre-plongée, en vue aérienne, où alternent versions naturalistes et ellipses. Pour l'Exposition universelle de 1937, songeant aux moyens de symboliser l'air, le feu et l'eau, Delaunay arrange encore autour d'une Tour oblique turbines, hélices et locomotives, elles-mêmes intégrées à des suites de rythmes circulaires dont les courbes dessinent une auréole autour de la Tour.

Robert Delaunay, *Les Trois Fenêtres, la Tour et la roue*, 1912-1913. Huile sur toile, 132 × 96 cm. Collection particulière.

De la modernité, la ville est le symbole principal – celui qui s'accomplit dans la métropole rêvée et inimaginable, New York. Léger la décrit ainsi : « C'est l'apothéose de l'architecture verticale ; une combinaison hardie d'architectes et de banquiers sans scrupules, poussés par la nécessité. Une élégance inconnue, pas voulue, se dégage de cette abstraction géométrique. Serrés dans deux angles en métal, ce sont des chiffres, des nombres qui montent, rigides, vers le ciel, domptés par la perspective déformante… Un monde nouveau[1]!... »

En 1918 et 1919, il peint la suite des toiles qui a sa conclusion dans *La Ville*, synthèse démonstrative. Sa structure est géométrique, dominée par des verticales comme le serait une métropole de tours. La peinture y est placée par aplats découpés, sans guère de modelé, hors celui qui glisse autour d'un poteau rond – couleur des affiches et des disques de signalisation. L'inventaire des éléments réunis dans la toile énumère structures métalliques des grues et des pylônes, façades hautes et lisses des buildings, majuscules et silhouettes simplifiées des affiches, disques des passages à niveau et des gares, fumées d'usines, câbles, géométries régulières. Dès *Les Disques* (1918) s'agrègent tubulures, roues, grilles. Dans *Deux Disques dans la ville* (1919), des parties descriptives sont insérées de part et d'autre de la construction géométrique de disques, de cylindres et de cônes. En 1919, dans *Les Hommes dans la ville*, *La Roue rouge* et *Le Passage à niveau*, Léger introduit affiches, chiffres, flèches et panneaux – le langage visuel de la métropole. Par la suite, séparément ou ensemble, il reprend ces figures symboliques de la modernité, qui ne sont pas symboliques pour lui seul.

De *La Ville* Léger réutilise les éléments architecturaux dans des compositions qui apparaissent comme autant de morceaux choisis de la vie des hommes nouveaux. Il en est ainsi à l'arrière-plan du *Mécanicien* (1920), dans la série inspirée par le passage d'un remorqueur devant un paysage industriel ou dans *Homme et Femme* (1921). Grilles, balcons, tubulures sont de règle dans *Les Maisons* (1922) et *Le Pont* (1923). La première de ces toiles a l'architecture contemporaine pour sujet et l'angle droit l'organise. La deuxième se divise en bandes séparées par deux poteaux dont les verticales tranchent avec les courbes naturelles. Des morceaux de bâtiments – orthogonales et disques – sont insérés dans cette structure. Ce langage, ces allusions réapparaissent dans *L'Homme au chandail* (1924) et *La Composition à l'escalier* (1925). Dans cette dernière, un contraste oppose l'architecture conventionnelle d'un escalier à rampe ouvragée aux immeubles de l'avenir, formes simples et identiques.

Métal encore : en 1949, le numéro 11 de *L'URSS en construction* montre sur sa couverture la construction du ministère des Affaires étrangères, place Smolenskaïa, à Moscou. La photographie, retouchée à des fins de propagande, oppose la ville d'autrefois aux immeubles géométriques de l'arrière-plan et à la structure de poutres métalliques que des ouvriers assemblent en plein ciel, très haut au-dessus de l'ancienne Moscou. L'année suivante, à partir de cette image, Léger entreprend la série des *Constructeurs*. S'il étudie sur le motif à l'encre et au crayon postures et bleus de travail des ouvriers, il intègre ces données dans un schéma tiré de la photographie et dominé par les poutres, blanches et noires dans un ciel rouge, rouges et noires dans un ciel bleu ou, dans la version définitive (1950), rouges, jaunes, blanches et noires sur fond d'azur. Les constructeurs sont à la tâche, boulonnant ou portant sur un échafaudage l'une de ces pièces

Fernand Léger,
Le Marinier, 1918.
Huile sur toile,
45,8 × 55,5 cm.
New York,
The Museum
of Modern Art,
Collection Sidney
et Harriet Janis.

Fernand Léger,
La Ville, 1919.
Huile sur toile,
236,5 × 305,5 cm.
Philadelphie,
Museum of Art,
Collection
A.E. Gallatin.

métalliques. Symbole du monde ancien, une branche d'arbre se tord parmi les lignes droites. Les ouvriers portent la livrée géométrique de la modernité : des maillots rayés ou tachés de cercles noirs dans un quadrillage, un quadrillage qui fait office de modèle pour l'ensemble de la composition picturale. Les œuvres sont exposées sous l'égide du PCF à la maison de la Pensée française à l'été 1951 et l'exposition annoncée à la une des *Lettres françaises*.

À ce traitement pictural par la transcription synthétique et la sélection d'éléments symboliques fait écho le traitement photographique de la ville moderne. Non moins que le peintre, le photographe sélectionne et, non moins que lui il inscrit dans la géométrie du cadrage la géométrie de l'architecture. Attentif au paysage parisien, André Kertész reconnaît à la tour Eiffel la fonction emblématique dont Delaunay tire parti dès avant 1914. Fréquemment, entre 1925 et 1936, il découpe dans son architecture des courbes que leur ombre répète sur le sol. En 1933, il la photographie à travers les montants boulonnés du métro aérien, exercice sur les parallèles obliques et horizontales qui se heurtent à la verticalité de la tour. Auparavant, en 1926, il est remonté jusqu'à l'une des sources du style moderne. Dans l'appartement de Mondrian, il isole des lignes et des plans simples, géométrie dans l'espace qu'il convertit en une bidimensionnalité en noir et blanc. À partir de 1937, à New York, travaillant dans les rues et regardant par sa fenêtre, il analyse la métropole, que ce soit pour y rendre manifeste la filiation cubiste ou pour en suggérer la dureté.

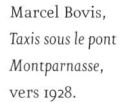

Marcel Bovis, *Taxis sous le pont Montparnasse*, vers 1928.

Germaine Krull, *Marseille, le pont transbordeur*, vers 1930. Marseille, musée Cantini.

Photographe de la tour Eiffel, Germaine Krull l'est aussi durant ses années françaises, de 1925 à la guerre. Elle travaille alors pour des magazines, dont *Vu*, et consacre à la nouvelle architecture un volume intitulé *Métal*, publié en 1927. Son préfacier, le critique Florent Fels, affiche ses convictions modernistes : « L'acier transforme nos paysages. Des forêts de pylônes remplacent des arbres séculaires. Les hauts fourneaux se substituent aux collines. » Ces objets se prêtent à la stylisation du graphisme en noir et blanc, que Germaine Krull obtient par le contre-jour et la suppression de tout détail qui polluerait la pureté des lignes. *Métal* contient des clichés des ponts de Rotterdam, d'Amsterdam, de la tour Eiffel et de machines-outils, et paraît grâce au soutien de Robert Delaunay.

Parmi les monuments de l'acier, Krull manifeste une prédilection appuyée pour le pont transbordeur de Marseille, qui n'est cependant pas plus une nouveauté vers 1930 que la tour Eiffel vers 1910 – il a été mis en service en 1905.

En 1935, Krull lui consacre l'essentiel de *Marseille*, livre dont elle demande le texte à André Suarès. Vues prises des rives du Vieux Port, vues plongeantes sur les piles, détails des câbles et des haubans : la structure arachnéenne s'inscrit tantôt sur fond de ciel d'hiver, tantôt sur fond de ville. Alors que Moholy-Nagy, qui photographie et filme pont et port en 1929, prête attention aux détails humains et ne dédaigne pas le pittoresque, elle n'a que l'architecture métallique pour sujet. Ce parti-pris se retrouve dans les images contemporaines de Florence Henri, l'étudiante de Moholy-Nagy au Bauhaus en 1927. À la différence de son ancien professeur, elle ne retient du motif que ce qui se prête à une transcription abstraite. Quand il se rend à son tour à Marseille en 1936, Man Ray, s'il photographie le pont, préfère des sujets plus énigmatiques, château d'If et quartiers anciens.

Krull et Henri exaltent la géométrie d'un monde nouveau et leurs images, mi-abstraites mi-documentaires, s'accordent à la beauté mathématique de la charpente suspendue. Épurant le motif, cherchant le signe plus que la description, elles s'écartent de ce que la *Neue Sachlichkeit* allemande enseigne en matière de peinture ou de photographie, un traitement exhaustif et neutre. Elles sont plus proches d'Ilse Bing, de Margaret Bourke-White, de Charles Sheeler qui isolent dans les architectures industrielles américaines des formes géométriques et accentuent leur puissance graphique par le contre-jour. Il n'est, entre leur démarche et celle de Léger, qu'une différence de médium. Henri a été son élève à Paris avant de se rendre au Bauhaus, ainsi du reste que celle d'André Lhote. Or ce dernier, en 1936, consacre une toile de grand format à Marseille et l'intitule *Le Pont transbordeur*. Réduit à deux triangles et une flèche, le pont domine le paysage. La toile est exécutée un an après la publication du *Marseille* de Germaine Krull.

Vitesses

Dans la ville, « des troupeaux d'autobus mugissant », écrit Apollinaire. Au-dessus de la ville, des aéroplanes, des dirigeables, peints par Delaunay. Au premier plan de *L'Équipe de Cardiff*, des joueurs de rugby. La modernité invente la métropole métallique, commerciale, bariolée. Elle la fait vivre à l'allure des moteurs qui s'emballent et des hommes qui courent. Elle est la cité des automobilistes, des aviateurs et des athlètes.

Sports

C'est une nouveauté alors que le sport, compétition et spectacle. Delaunay peint plusieurs fois *L'Équipe de Cardiff* parce que les rugbymen gallois donnent à Paris une démonstration de force, de rapidité, d'esprit d'équipe. D'une photographie, Delaunay conserve la position de quelques joueurs, celle d'une touche. Pourquoi ce sport ? Parce qu'il surprend, autant que d'autres sports comme lui d'origine britannique, dont le football. Après la création des premiers clubs français – le Racing Club de France en 1882, le Stade français en 1883 – les parties se jouent à Bagatelle. Manet et Degas ont représenté courses et jockeys, mode du Second Empire. Toulouse-Lautrec célèbre le cyclisme à ses débuts. À leurs successeurs, les jeux de leur temps.

À eux de tirer parti des maillots des rugbymen comme Degas avait employé les casaques des jockeys, pour l'éclat de leurs couleurs.

Il est cependant d'autres raisons qui font du sport une allégorie de la modernité. Il conjugue vitesse, violence et cohésion, jeunesse et fusion des volontés individuelles en une seule. Il accomplit ainsi l'idéal d'une société renouvelée et unanime – mot à la mode au début du siècle que ce soit dans le vocabulaire de la politique ou celui des théories esthétiques. Après les rugbymen de 1913, Delaunay introduit en 1916 les footballeurs, dont les tuniques portent des cocardes rondes comme le ballon qu'ils se disputent, rondes comme les disques colorés qu'il introduit en manière de fond. Sur ce thème, il exécute plusieurs variations, à l'encre, à l'aquarelle. Après la reprise de *L'Équipe de Cardiff* en 1922 et 1923, il s'intéresse aux coureurs des meetings d'athlétisme, auxquels il consacre plusieurs toiles et gouaches entre 1924 et 1926. Ainsi font aussi Gleizes, Metzinger et Lhote. Au Salon des Indépendants, quand Delaunay présente *L'Équipe de Cardiff*, Gleizes accroche ses *Joueurs de football*, « sa toile la plus variée et la plus colorée » d'après Apollinaire. « L'élan constitue le sujet de la toile[2]. » Metzinger a plus de goût pour les cyclistes et motocyclistes. En 1920, Lhote tente du *Rugby* une représentation géométrisée et colorée dans laquelle les maillots à carreaux et les bas justifient les roses, des bleus ciel, des verts pâles – traitement comparable à celui que Delaunay emploie dans les *Coureurs* en 1924. L'espace est divisé en bandes par des verticales et les raies horizontales des maillots les coupent à angle droit, alors que têtes et genoux se réduisent à des cercles monochromes. Dans son souci d'actualité, Lhote va jusqu'à peindre en 1938 une *Course de motos*, quoique le sujet se dérobe à un traitement pictural.

Si le sport se prête aux exercices chromatiques, sa représentation suppose en effet que soient suggérés vitesse et mouvement. La question est soulevée par les futuristes, qui se donnent pour sujets le *Dynamisme d'un footballeur* et l'élan d'une automobile. À cette difficulté, peu de peintres trouvent une solution, qu'ils cherchent dans la géométrisation, la scansion du rythme, le dynamisme des obliques et des lignes brisées. Les tentatives de Lhote ne sont guère plus convaincantes que celles de Delaunay – ni que celles de Jacques-Émile Blanche qui, chroniqueur des plaisirs de son époque, peint en 1935 plusieurs études de matches sous le titre de *Gymnopédies modernes*. La pelouse de Dieppe est entourée de tribunes de bois. Le toit de l'une d'elles porte en majuscules une publicité pour Dubonnet, alors que Delaunay mentionne les affiches Astra dans *L'Équipe de Cardiff*. Pour suggérer le dynamisme des mouvements, Blanche n'use pas de la géométrie mais d'une touche esquissée qui glisse sur les formes et efface les détails que la vitesse empêche de percevoir. À cette date, le procédé semble désuet, reçu de Manet qui l'appliquait aux courses de chevaux et aux patineurs.

Robes et manteaux dessinés par Sonia Delaunay.

La photographie s'empare à son tour de ces sujets. Jusqu'à la fin des années vingt, l'œuvre de Lartigue abonde en voitures de compétition, athlètes, coureurs à pied et tennismen. En 1913, il prend des clichés du championnat du monde de tennis au Stade français. En 1915, il assiste à Nice à l'entraînement de Suzanne Lenglen et en 1926 au succès du double Lacoste-Borotra. À Saint-Moritz et à Chamonix, le ski et le saut à ski le retiennent et il fixe les champions en plein vol, au-dessus des spectateurs ébahis. Ces images de champions s'accompagnent de piscines, de plages, de parties de ballon, de sauts périlleux, d'exercices physiques de toute sorte dont Lartigue met en évidence la violence. Il glisse de la chronique vers l'allégorie, quand, en août 1927, il photographie bondissant vers un ballon un joueur en maillot de bain. L'appareil est posé sur le sol, de sorte que le saut paraît démesuré.

Autre variation allégorique : en 1935, Léger intitule *Sports* une frise décorative. Plutôt que de figurer telle phase de tel jeu, il dispose sur un format monumental des sihouettes anonymes, un ballon, des haltères, des agrès et des

Nicolas de Staël, *Les Footballeurs*, 1952. Huile sur toile, 65 × 81 cm.
Martigny, fondation Pierre Gianadda.

Henri et Bruno Gaudin, rénovation du stade Charléty, Paris, 1993-1994.

poteaux de but. La toile figure dans le pavillon du Jeune Homme conçu par Le Corbusier pour l'Exposition internationale de Bruxelles. En 1952 enfin, Nicolas de Staël exécute une suite de *Footballeurs* après avoir assisté à un match en nocturne où l'intensité des couleurs violemment éclairées par les projecteurs lui suggère des harmonies en vert, rouge et bleu, scandées par des gestes qui tendent à transcrire le dynamisme du jeu. Là encore, modernité du spectacle, couleur et vitesse expliquent l'attention du peintre. À Char, il écrit ainsi avoir vu comment « entre ciel et terre sur l'herbe rouge ou bleue une tonne de muscles voltige en plein oubli de soi ». Il se propose de « mettr[e] deux cents petits tableaux en route pour que la couleur sonne comme sur les affiches sur la nationale[3] ».

Ultime preuve de l'engouement sportif, un exercice nouveau apparaît en architecture, la conception des stades. Depuis l'époque romaine, la question ne s'était plus posée en Occident et les seuls endroits consacrés aux sports – les salles de jeu de paume – ont donné lieu à peu de recherches. Il n'en est plus de même et le stade devient sujet de réflexion et de concours. Les premiers se limitent à des aménagements rudimentaires, tribunes et clôtures. Mais le stade Gerland porte la signature de Tony Garnier. Mais le Parc des Princes, le stade Charléty et celui de Saint-Denis sont autant de monuments au sport, autant que le Stade olympique de Munich ou le Nou Camp de Barcelone. Ces enceintes, ellipses ou rectangles, sont conçues afin de recevoir le plus grand nombre possible de spectateurs : les notions de masse et de visibilité y dominent. À quoi s'ajoutent l'effort, la violence, la lutte, le pathétique de la défaite, le lyrisme de la victoire transposés du champ de la réalité à celui du symbole. Les couleurs des maillots peuvent se révéler les couleurs des drapeaux et les matchs tourner à l'affrontement de deux nationalismes.

Tony Garnier, projet pour l'entrée du stade Gerland, Lyon, 1913.

Mécaniques

« Soirs de Paris ivres du gin
Flambants de l'électricité
Les tramways feux verts sur l'échiné
Musiquent au long des portées
De rails leur folie de machines. »

La civilisation mécanique ne cesse de produire des objets dont les formes et les performances fascinent. Les plus anciennes ont été accomplies par les locomotives, mais, passé 1900, elles n'étonnent plus et ne tiennent dans l'iconographie qu'une place réduite, rançon de leur banalité. Si la gare Saint-Lazare et les convois en partance vers Rouen intéressent Monet, il n'en est plus de même au XXe siècle, ni des gares ni des convois. Quelques exceptions éparses incitent seules à nuancer l'affirmation. En 1912, Léger découvre dans *Le Passage à niveau* un motif qui favorise la géométrie et jette dans le paysage bucolique une note nouvelle. Il y revient brièvement en 1919, ne serait-ce que parce que les signaux circulaires le long des voies deviennent des disques et les barrières des obliques rayées de couleurs fortes. Lors de ses séjours parisiens, Severini manifeste une curiosité soutenue pour le métropolitain, dont il peint la ligne Nord-Sud avant de découvrir, durant la guerre, des motifs de circonstance, le train blindé en action et le train sanitaire qui transporte les blessés vers les hôpitaux de l'arrière. Mais il ne s'agit que d'œuvres isolées.

L'automobile suscite une iconographie plus nombreuse, jusque chez des artistes que l'on pourrait croire indifférents. En 1917, Matisse exécute une vue de *La Route de Villacoublay* prise de l'intérieur d'une automobile, cadrée de sorte que le siège du conducteur et le volant tiennent lieu de premier plan à un paysage découpé par le montant de l'habitacle. Si audacieux soit le point de vue, Matisse esquive cependant le problème du déplacement : le siège est vide, le véhicule immobile. Il fait de même en 1925 quand il peint, à l'arrêt, *Antibes, paysage vu de l'intérieur d'une automobile*.

Ce n'est pas là ce que ses contemporains cherchent à représenter, mais la vitesse qui déforme les lignes et soulève la poussière. Pour y parvenir, Lartigue a son appareil photographique, qu'il met au service de sa passion pour les « sportives ». En 1905, il réalise ses premières images de courses automobiles sur le circuit d'Auvergne. En 1912, il prend sa première photo de l'intérieur d'une automobile en mouvement, sur la route de Gaillon. Dans les années vingt, il assiste à des essais sur l'anneau de Montlhéry, à des compétitions sur la Côte d'Azur et réunit un inventaire de marques, Hispano-Suiza, Fiat, Bugatti, Amilcar. Les cadrages accentuent la longueur des capots, la hauteur des roues, la perfection technique des équipements. Conducteurs et passagères portent serre-tête de cuir et lunettes d'aviateur, manteaux et imperméables. Ainsi sont photographiés les collectionneurs de bolides, Derain et Picabia, amateurs de Bugatti, qui posent dans leurs machines de course.

À cette thématique, Léger dédie sa peinture à partir de 1917. Les toiles ont pour titre *Éléments mécaniques* (1919) ou *Nature morte aux éléments mécaniques* (1918). Quand des figures humaines y prennent place, elles exercent des métiers liés aux machines, *Le Typographe* (1919) et *Le Mécanicien* (1920). Les premiers *Disques* de 1918 et 1919 relèvent de la même conception, souvent exprimée et rappelée par l'artiste. En 1923, il publie la *Note sur l'élément mécanique*, où il affirme : « Des rapports géométriques, volumes, lignes et surfaces colorées (aéroplanes, automobiles, machines agricoles, tous objets commerciaux, etc.) peuvent être beaux, c'est *absolument indiscutable*[4]. » En 1924, alors qu'il peint encore des *Éléments mécaniques*, il formule une *Esthétique de la machine* qui énonce la nécessité de rompre avec les images d'un monde ancien et argumente à l'aide d'un souvenir : « Je me rappellerai toujours, écrit-il, une année où, plaçant au Salon d'Automne, j'avais l'avantage d'être voisin avec le Salon de l'Aviation qui allait s'ouvrir. J'entendais à travers les cloisons les marteaux et les chansons des hommes de la machine. Je franchis la frontière, et jamais, malgré mon habitude de ces spectacles, je ne fus autant impressionné. Jamais pareil contraste brutal n'avait frappé mes yeux. Je quittais d'énormes surfaces mornes et grises, prétentieuses dans leur cadre, pour les beaux objets métalliques durs, fixes et utiles, aux couleurs locales et pures, l'acier aux infinies variétés jouant à côté des vermillons et des bleus. La puissance géométrique des formes dominait tout cela[5]. » L'année suivante, il précise sa doctrine : « l'esthétique de la machine » va de pair avec « l'ordre géométrique et le vrai ». « Exemples : la locomotive, de plus en plus près du cylindre parfait, la voiture automobile qui, par la nécessité de la vitesse, s'est abaissée, allongée, *centrée*, est parvenue à un rapport équilibré de lignes courbes et horizontales, né de l'*ordre géométrique*[6]. »

Le *Typographe*, régi par la géométrie, offre à la vue un équilibre de droites et de courbes, de surfaces planes et de modelés arrondis. La *Nature morte aux éléments mécaniques* est assemblée selon le même principe : l'acier gris aux nuances variées est au centre, cônes emboîtés, billes d'un roulement, crémaillère d'une transmission, tubulures d'un châssis ou d'une machine-outil. La couleur est à l'entour et au deuxième plan, posée par bandes régulières, comme elle le serait sur l'empennage ou les ailes d'un avion, sur la carrosserie d'une automobile. La peinture de Léger ne représente pas la mécanique, à l'inverse de ce que Jacques-Émile Blanche avait essayé – et abandonné – dans les deux panneaux de *La Panne* (1901-1905). La peinture se fait mécanique, construction régulière, volumes usinés, lignes continues. Il n'est plus question de touche, de vibration de la couleur ni d'effets atmosphériques, mais d'une exécution neutre et propre, comme doit l'être le travail du mécanicien qui assemble un moteur. À preuve la grande version des *Éléments mécaniques* (1918-1923), pignons, tambours, embrayage, rouages peints avec une application qui se veut l'égale de celle que met l'ouvrier – figure centrale de la mythologie sociale de Léger – à parfaire son œuvre.

Son dessin suit les mêmes principes. Il a la netteté des épures d'ingénieur. Il approvisionne les tableaux en roues dentées, herses et pistons. Il procède à l'analyse d'une paire de ciseaux, d'un compas, de l'hélice d'un tire-bouchon, de la boucle d'une ceinture, objets communs, objets pauvres mais qui contiennent à l'état brut les éléments de l'ordre mécanique. En 1933, lors d'un voyage de Boulogne à Paris, Léger dessine « très exactement la serrure de la porte d'un compartiment de 3e classe compagnie du Nord », pièces usinées, vis, pêne.

Le dessin, à la plume, cultive la précision et l'impassibilité, quoique Léger ne méconnaisse pas la valeur symbolique d'une serrure – « peu d'objets possèdent autant de moyens sur nous ». Il poursuit : « Sans la serrure il n'y aurait ni coffre-fort ni prisons – la base, la raison d'être de l'édifice bourgeois[7]. » La représentation mécanique d'éléments eux-mêmes mécaniques ne se veut pas seulement la manifestation d'une esthétique nouvelle. Elle tend à créer la symbolique du monde contemporain, production, possession, enrichissement – « l'édifice bourgeois », écrit Léger en 1933, peu de temps avant de se rendre aux États-Unis mesurer la puissance du capitalisme, de la standardisation, de la rationalisation des moyens de fabrication.

Au même moment, Kupka entreprend une série de toiles dénommées *L'acier boit* (1927-1928), arrangements de disques, de roues, de vis, une structure mécanique qui évoque la locomotive, la machine-outil et le haut fourneau. L'évocation se fait d'autant plus précise que Kupka s'astreint à n'employer aucune couleur. Les trois versions, si elles se distinguent par la disposition de cercles, se ressemblent par leur dominante gris métallique, rehaussée de reflets blancs et de touches tournoyantes qui accentuent l'illusion de la rotation. En 1936, quoique intitulée *Musique*, une toile reprend ce motif. Si musique il faut entendre, ce ne peut être que celle d'un disque blanc et noir mû par un engrenage, une roue dentée qui se déplace le long d'un bras à encoches monté sur un socle métallique. L'œuvre exalte une beauté impassible, inhumaine, celle de l'exactitude. L'année suivante – version abstraite allégorique après la version réaliste – Kupka reprend le schéma de *Musique* pour *Circulaires et rectilignes*, dont le titre suggère la géométrie épurée.

À New York, à partir de 1919, en relation avec Duchamp et Picabia, Man Ray réalise les premiers assemblages et les premières photographies où les éléments mécaniques s'organisent en langage autonome de la modernité. Dans cette période, pour désigner New York, métropole du progrès, il peut suffire de lamelles de bois longues et étroites serrées par une pince ou de billes de verre dans un flacon de verre. Il peut suffire de cintres tous identiques suspendus les uns aux autres pour construire *Obstruction* (1920).

À Paris, où Man Ray s'établit en juillet 1921, les rayogrammes donnent du monde des images fantomatiques. Une clé d'hôtel, un revolver, des ressorts, du fil électrique dénudé, un peigne, un tire-bouchon, un abat-jour – c'est assez ces choses ordinaires, dont le noir et blanc du rayogramme met en évidence leur forme d'objet manufacturé, les composants métalliques, la géométrie impeccable. L'un dessinant et peignant, l'autre manipulant du papier photosensible, Léger et Man Ray s'opposent moins qu'ils ne se rejoignent. Ils se rejoignent encore dans la pratique de la géométrie. Dans *Emak Bakia* (1926), Man Ray introduit dés, cônes, cubes de jeu de construction – tous éléments dont il fait ensuite les pièces d'un jeu d'échecs. Le thème de l'homme-

Man Ray, *Sans titre (aimant, pistolet, clé n° 37)*, 1922. Rayogramme.

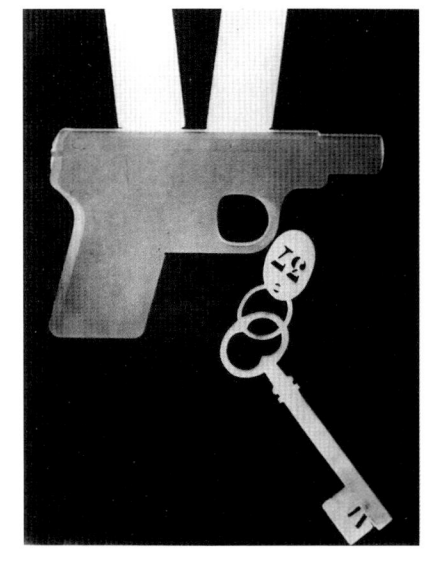

machine apparaît par le truchement du mannequin d'atelier, après être apparu à New York en 1918 avec la substitution d'un batteur à œuf à L'homme et celle d'un assemblage de matériel de laboratoire photographique à une femme : l'apparente incongruité des titres suggère que la métaphore a valeur allégorique.

Quoiqu'ils n'introduisent pas l'objet lui-même dans le processus de fabrication de l'image – ce qui est le propre des rayogrammes de Moholy-Nagy –, des photographes tentent de rendre manifeste la puissance nouvelle de l'objet standardisé en jouant de la répétition et en pratiquant le gros plan ou le plan rapproché. Ainsi procède Emmanuel Sougez pour ses *Serviettes pliées* ou pour *Interférences*.

Aviation

De la révolution moderne, l'aviation est le meilleur symbole. Elle réunit les vertus, puissance mécanique, invention technique, héroïsme du pilote, perfection de l'ingénieur. Elle porte les couleurs nationales, cocardes et non plus maillots. Elle se développe par la concurrence entre inventeurs – Ader et les frères Wright – et par des défis emblématiques – voler le plus longtemps, le plus haut, le plus vite, traverser la Manche. En 1908, Wilbur Wright établit un record de durée en vol de près d'une heure, Henri Farman effectue le premier vol d'un kilomètre en circuit fermé et l'*Antoinette* emporte Santos-Dumont au-dessus des prairies de Bagatelle. Cette année-là encore, les aéroplanes s'exposent à Paris au Salon de l'Automobile. En 1909 se tient au Grand Palais le premier Salon de la Locomotion aérienne, qui réunit trois cent quatre-vingts exposants et attire la foule, laquelle assiste en masse aux meetings de démonstration qui se multiplient sur les premiers terrains aménagés. De ce moment à la guerre, les progrès techniques et les exploits se succèdent, récompensés par des concours et des prix, offerts le plus souvent par des entreprises de presse. En mai 1911 a lieu la course aérienne Paris-Madrid, organisée par *Le Petit Parisien*. En septembre 1913, Roland Garros traverse la Méditerranée. Les accidents ajoutent à la chronique un tragique dont la presse tire parti.

Jacques-Henri Lartigue, *Maurice Farman sur un biplan au Buc*, novembre 1911.

Ces événements font l'objet de reportages photographiques qui établissent la réalité des performances et répandent les images des machines volantes. Jacques-Henri Lartigue en tient la chronique. En 1904, il voit l'aéroplane de Voisin à Merlimont. En 1910, il observe l'*Antoinette* en vol et en 1911 le passage du biplan de Farman au-dessus de Buc et d'une route encombrée de voitures. En 1908, il photographie au Trocadéro un modèle réduit d'avion en toile et baguettes de bois, l'une des tentatives qui prolifèrent de toutes parts, maquettes trop lourdes, prototypes qui finissent dans l'eau ou le fossé sans avoir quitté le sol.

Au nombre de ces expériences figurent celles de Derain. D'Étaples, il écrit à Vlaminck le 23 août 1909 : « Quant à la machine volante, je viens de terminer une organisation que je crois assez curieuse, au point de vue harmonique et conjugaison des forces, et qui serait d'un grand amusement[8]. » La date a valeur d'indice : le 25 juillet, Blériot réussit la première traversée de la Manche en avion, quelques jours après l'échec de Latham, dont l'appareil tombe en mer. Du 21 au 28 août se déroule à Reims une Semaine de l'Aviation inaugurée par Armand Fallières. Au cours de la semaine, les démonstrations de Blériot, Latham et Curtiss prouvent les progrès de la construction aéronautique. Publiant la lettre de Derain, Vlaminck précise que ce dernier était alors « tout à l'idée d'un aéroplane de son invention et que son atelier était encombré de petits avions de modèles réduits qu'il faisait voler dans la pièce avec, comme propulseur, un caoutchouc enroulé d'autour d'une grosse bobine ».

L'artiste se fait ingénieur, sans qu'il soit besoin d'invoquer Léonard : ingénieur parce que l'époque leur appartient, à eux et aux pilotes qui se risquent dans leur machine.

Pablo Picasso, *Violon*, 1915. Tôle découpée et peinte, 100 × 63 × 18 cm. Paris, musée Picasso.

Ils ont même langage formel et même ambition. Pour l'ambition, elle est proclamée par Picasso au printemps 1912 : « *Notre avenir est dans l'air.* » Notre ? Celui du pays et celui de la civilisation. Picasso reprend, pour le détourner, le titre d'une brochure militariste parue en février 1912 qui affirme que la guerre moderne doit se gagner grâce aux aéroplanes. La question est à l'ordre du jour. L'armée française s'empare la première de l'invention, dès 1910, avant sa rivale allemande. En 1912, année de la brochure, les aéroplanes de combat tiennent une place importante au IVe Salon aéronautique.

Picasso exécute trois natures mortes, qui toutes trois associent le titre-programme, un journal et le drapeau tricolore. Au gré des variations, il agrège des coquilles, des verres, une pipe et, dans chacune, fait voler les lettres et les plans colorés, qui se détachent les uns des autres comme pris d'un mouvement ascensionnel le long d'une oblique d'autant plus visible que les trois tableaux sont de format ovale. Manifestement, le cubisme est à l'art ce que l'aviation est à la civilisation, son avenir. Dans *Zone*, Apollinaire évoque dès les premiers vers « les hangars de Port-Aviation ».

Jouant sur l'assonance des noms, Picasso surnomme Braque « Wilbour Wright », suggérant de la sorte une comparaison entre les frères Orville et Wilbur Wright et la « cordée ». Cette assimilation répond à une circonstance fortuite. Le numéro du *Gil Blas* dans lequel Vauxcelles publie sa critique de l'exposition Braque chez Kahnweiler annonçait aussi : « La conquête de l'air. Au Mans Wilbur Wright gagne le prix de la hauteur. » Rencontre de mots encore : *La Conquête de l'air* est le titre que La Fresnaye donne à la composition par laquelle, en 1913, il entend célébrer l'aviation et ses inventeurs, ces ingénieurs qu'il peint à leur table de travail, mais en lévitation, au-dessus des paysages que leurs constructions survolent.

Par son format, son titre et parce qu'elle s'inscrit dans la logique de *L'Artillerie* et du *Cuirassier*, *La Conquête de l'air* relève de la peinture d'histoire et du symbole. Par sa facture, elle relève d'une stylisation issue du cubisme qui substitue aux objets le volume géométrique simple le plus proche : à une jambe un cylindre, à une maison un cube surmonté d'une pyramide. Elle évite la représentation picturale de l'aéroplane – préférant l'allégorie. Un dirigeable s'élève au-dessus des nuages, mais il ne peut figurer que le passé de la « conquête de l'air » et non son présent. Celui-ci appartient donc aux deux hommes qui réfléchissent et parlent autour d'une table, au-dessus de la mer et des maisons, à hauteur de nuages – et à hauteur de drapeau. Tricolore, déployé largement, il indique que ce progrès s'accomplit en France, qu'il est le fait de constructeurs et de pilotes français. En 1913, l'affirmation ne peut passer pour innocente.

Roger de La Fresnaye, *La Conquête de l'air*, 1913. Huile sur toile, 236 × 196 cm. New York, The Museum of Modern Art, Mrs Simon Guggenheim Fund.

Mais, si patriotisme il y a – La Fresnaye entreprend en 1914 une composition ornée d'autres drapeaux tricolores dénommée *Le 14 juillet* –, l'exaltation de l'esprit moderne n'est pas moins visible, de même que dans *Le 14 juillet* où le peintre place au centre un homme, le compas à la main. L'invention aéronautique, dans *La Conquête de l'air*, se trouve définie par la recherche plus que par l'héroïsme. Dans les études où La Fresnaye dispose trois figures, la posture de chacune exprime un moment de l'idée, exposé, doute, méditation. Ses natures mortes rassemblent livres, cahiers, équerres et compas, instruments de l'ingénieur autant que du peintre cubiste. Entre l'artiste et l'aviateur, la parenté se déclare.

Parenté étroite. Le rapprochement entre aéronautique et cubisme va au-delà de la mythologie moderniste, du culte du progrès et de l'avenir, de l'exaltation des champions de l'altitude. D'autres comparaisons s'offrent, questions de structures et de langages formels.

Un aéroplane, monoplan ou biplan, se construit selon une architecture géométrique symétrique faite d'une armature d'axes reliés par des câbles qui renforcent la voilure. Les clichés de Lartigue sont éloquents. Les prototypes qu'il photographie à partir de 1908 sont des structures géométriques complexes qui développent dans l'espace des volumes réguliers où des arêtes droites séparent des plans rectangulaires ou triangulaires.

Il en est de même des toiles de Picasso et de Braque entre 1910 et 1912. Si incongrue semble la comparaison, tel *Violon* peint par Picasso à l'automne 1912 peut passer pour la transposition du langage des ingénieurs contemporains : découpage des plans par des lignes droites, assimilation de la crosse au fuselage, développement des volumes vers l'extérieur et même similitude des cordes de l'instrument et des cordes tendues entre les longerons. Natures mortes et figures se construisent par emboîtements et déboîtements, glissements et pliages, jusqu'à ce que n'en demeure qu'une armature graphique de segments qui font songer à des épures et des plans incolores, presque transparents. Le cubisme allège les objets, les évide. Il révèle la structure dissimulée sous l'enveloppe des choses. Au même moment, les dessins et les constructions des aéroplanes se fondent sur une structure géométrique et nue, l'exhibant pour elle-même, dépouillée de toute surcharge, de tout ornement.

L'aviation la célèbre d'autant plus intensément que la presse et les expositions du Grand Palais familiarisent lecteurs et visiteurs avec les tubes d'aluminium, les entretoises, les câbles entre les ailes superposées. Les multiplans et les premiers hydravions s'élèvent grâce à des voilures presque parallélépipédiques qui supportent un fuselage en boîte cubique. Delaunay les introduit telles quelles dans le ciel de *L'Équipe de Cardiff*, formes si évidemment cubistes qu'elles sembleraient le produit d'une schématisation délibérée alors qu'elles sont véridiques. Parenté de matière encore : les avions se construisent en toile montée sur des châssis de bois ou de métal léger et les tableaux se peignent sur toile montée sur châssis de bois. En octobre 1912, Picasso construit sa maquette de *Guitare* en carton, cordes et fils de fer, les matériaux des inventeurs de maquettes.

Il n'est pas nécessaire de supposer un rapport d'influence. Il suffit d'observer que Picasso et Braque, quand ils se surnomment les frères Wright, expriment plus que de la curiosité ou de l'admiration : la conviction que l'expérimentation aéronautique invente du nouveau parce qu'elle invente des formes et des modes de construction réduits au nécessaire, comme l'expérimentation cubiste. Obsédée par la légèreté, elle ne conserve que des lignes directrices, des plans minces. Les appareils sont comme dépourvus de volume et s'offrent tout entiers à la vue qui les traverse et ne se heurte à aucune épaisseur infranchissable. Ainsi en va-t-il également des architectures cubistes.

Delaunay exalte une autre similitude de structure. Les moteurs des avions les entraînent grâce au mouvement circulaire de l'hélice. Dans les différentes versions de *L'Équipe de Cardiff*, il se peut que la grande roue rouge y fasse allusion. Dans les variations sur l'*Hommage à Blériot*, il ajoute aux rythmes circulaires des couleurs l'hélice aux pales tournoyantes et les cercles concentriques des cocardes. Dans des halos de lumière décomposée par le prisme passent un multiplan et un oiseau aux ailes écartées, qui est aussi un aéroplane en vol. Les formes flottent, sans épaisseur.

Robert Delaunay, *Hommage à Blériot*, 1913-1914. Aquarelle sur papier marouflé sur toile, 78 × 67 cm. Paris, musée d'Art moderne de la Ville de Paris.

Durant la Grande Guerre, l'usage guerrier des avions se généralise et les machines se modernisent afin d'aller plus vite, plus loin, plus haut dans chaque camp. Les zeppelins de bombardement allemands menacent Londres et Paris. De très nombreuses photographies popularisent les lignes des Spad et des Taube, les visages des « as », Guynemer ou Fonck. Le cinéma d'actualité fait découvrir partout le spectacle des escadrilles au décollage et à l'atterrissage alors que la publication de rares clichés pris en vol familiarisent le public avec l'observation aérienne et l'apparence étrange d'une ville ou d'un champ de bataille vus du ciel. Quant aux récits des combats entre chasseurs, ils sont d'autant plus volontiers publiés dans la presse qu'ils relèvent d'un genre obsolète, l'épopée chevaleresque interdite désormais aux fantassins et aux artilleurs.

L'accoutumance, cependant, ne prive pas l'avion de sa fonction d'emblème. Les records d'altitude et de vitesse, la traversée de l'Atlantique par Charles Lindbergh, les péripéties de l'Aéropostale en Afrique et en Amérique du Sud maintiennent l'aviation au premier rang des curiosités publiques. Elle est le progrès en acte, dont bénéficient les passagers de vols commerciaux qui s'organisent en Europe et aux États-Unis. Le lien qui attache sa modernité technique à la modernité esthétique ne se relâche pas. En 1918, Léger peint *Les Hélices*. En 1922, Lartigue consacre un reportage à un concours de planeurs. En 1923, Delaunay exécute des compositions dénommées *Hélice* qui synthétisent en une figure plus simple ce qui était épars jusque-là. Une spirale mouvante s'étire à partir d'un point qui est le centre d'une suite d'anneaux. Reliefs et toiles des séries *Rythme, joie de vivre* et *Rythme sans fin* reprennent ce principe tout au long de l'entre-deux-guerres, l'adaptent, le généralisent. Apothéose de l'assimilation : en 1937, cette règle de composition commande les œuvres murales exécutées à l'occasion de l'Exposition universelle. Elles célèbrent les roues des locomotives et les hélices des avions dans le pavillon des Chemins de fer et celui de l'Aéronautique. Dans ce dernier, des avions, suspendus à la charpente, sont environnés par les volutes colorées des rythmes sans fin.

En 1935, à Londres, Le Corbusier publie *Aircraft*, apologie de la construction aéronautique et de l'emploi de la vue aérienne à des fins d'architecture et d'urbanisme. Dans la préface, Le Corbusier se justifie d'aborder ce sujet, dont il n'est pas spécialiste, en ces termes : « N'étant ni technicien, ni historien de cette aventure extraordinaire, je ne pouvais m'y consacrer qu'en raison de l'extase que je ressens chaque fois que j'y réfléchis. Ce sentiment d'extase remonte au premier Salon de l'Aéronautique à Paris après la guerre, à l'époque où je cogérais la revue *L'Esprit nouveau*, qui s'efforçait de dissiper le voile obscurcissant encore très largement l'ère nouvelle de la civilisation machiniste[9]. » La préface finit sur un acte de foi exemplaire : « L'avion est le signe des temps nouveaux. À la pointe de la pyramide du progrès machiniste, il ouvre les temps nouveaux, il s'y précipite à tire-d'aile. » Suivent cent vingt-quatre photographies d'appareils en vol, de détails de moteurs, d'empennages, de prototypes, de planeurs, d'hydravions, de meetings et d'acrobaties. L'une des légendes glisse à l'incantation : « Machines nouvelles, hommes nouveaux. Ils sont remplis d'enthousiasme, des plaisirs de l'audace, de la joie de rompre avec les bêtises actuelles. « Une fois dans l'air, emportés par le vent, ils exultent dans l'audace de leur départ. » Malevitch n'est pas plus lyrique.

L'art-science : abstractions et géométries

Comprendre la matière, s'avancer dans l'inconnu, procéder de révélation en révélation, préparer ainsi l'avènement d'un monde nouveau : l'« audace du départ » doit être suivie d'autres audaces, celles de la pensée et de la création artistique, qui doit ne pas demeurer en retrait. Elle doit accompagner le surgissement de vérités jusque-là inaccessibles, elle doit être ce surgissement même – ces vérités rendues visibles. Les arts demandent à la science plus qu'un modèle de développement : des énoncés, des connaissances, des déductions, les figures géométriques dissimulées dans la matière ou l'infini du cosmos.

La structure de la matière

À nouveau, le cubisme est en cause. Parmi les tenants de la Section d'or, il en est qui ne demandent d'abord aux mathématiques que des proportions idéales. Jacques Villon recopie, dans la traduction de Léonard de Vinci que publie Péladan en 1910, un paragraphe, celui qui enseigne « à peindre par pyramides les formes et les couleurs des objets contemplés. Je dis par pyramides, ajoute la traduction, car il n'y a pas d'objet, si petit soit-il, qui ne soit plus grand que la rétine où aboutissent ces pyramides. » Du nombre d'or, Villon attend des rapports parfaits entre les surfaces colorées.

Ce n'est qu'un premier stade. Roger Allard, dans un texte intitulé « Les signes du renouveau en peinture » paru en 1912 dans le *Blaue Reiter* prétend que « le droit primordial d'un artiste est d'être l'architecte conscient de ses propres idées ». Maurice Raynal et Jacques Rivière ne disent pas autre chose. Si la peinture doit obéir à des principes stricts, ce ne peut être que s'ils la font plus exacte, moins éloignée de la vérité profonde des choses. Dans *Du cubisme* (1912), tout en mettant en garde contre l'abus de mathématiques, Gleizes et Metzinger esquissent une réfutation de la géométrie euclidienne et ajoutent que « si l'on désirait rattacher l'espace des peintres à quelque géométrie, il faudrait se référer aux savants non euclidiens, méditer certains théorèmes de Rieman[10] » – manière de suggérer des spéculations profondes. Au même moment se répand la notion, incertaine, de « quatrième dimension ». Dans *L'Éclair*, en 1912, Blanche la traite par l'ironie et plaisante ceux des cubistes qui se réclament « des théories scientifiques et parlent de la quatrième dimension, qu'un Poincaré, peut dans certains éclairs de génie, vaguement entrevoir ». L'allusion vise la mode de la « quatrième dimension » qui s'est emparée de peintres tels que Metzinger et plusieurs exposants de la Section d'or, séduits – ou ébahis – par les démonstrations de géométrie auxquelles se livrait devant eux Maurice Princet, premier mari d'Alice Derain, marchand en chambre de Picasso à ses débuts et assureur à Montmartre. Salmon l'a surnommé « le mathématicien du cubisme », honneur fort excessif à en croire Picasso.

Corrigeant les épreuves de ses *Méditations esthétiques*, Apollinaire y introduit un chapitre doctrinal qui apprend que « la géométrie est aux arts plastiques ce que la grammaire est à l'art de l'écrivain » et que « la géométrie, science qui a pour objet l'étendue, sa mesure et ses rapports, a été de tout temps la règle même de la peinture ». Il poursuit : « Telle qu'elle s'offre à l'esprit, du point de vue plastique, la quatrième dimension serait engendrée par les trois mesures connues : elle figure l'immensité de l'espace s'éternisant dans toutes les directions à un moment déterminé. Elle est l'espace même, la dimension de l'infini ; c'est elle qui doue de plasticité les objets[11]. » Si tel est le cas, elle est nécessaire à la représentation des choses, sans elle condamnées à l'inachèvement. Mathématiques et géométrie ne permettent pas seulement l'harmonie de l'œuvre. Elles garantissent son exactitude. Sans leur secours, l'art ne serait qu'approximation subjective, vision empirique, suite de sensations invérifiables. La science seule fonde la vérité de l'art.

En 1912, cette idée séduit. Elle attire les exposants de la Section d'or, Gleizes, Metzinger, Duchamp-Villon, Villon. Elle domine la démarche de Delaunay, qu'Apollinaire défend avec le zèle qu'il met à se déclarer adepte de la quatrième dimension et pour lequel le poète invente l'orphisme. « LA RÉALITÉ DE L'ART. Ce que tu appelles *substance* doit être adéquat à ses moyens. Son fonctionnement vital : *la lumière*. Les ondes colorées qui se *succèdent*, qui se meuvent sont la clef du mystère. Il faut en dégager les *mesures* successives (le contraste *simultané* voir Rood). *Voilà les premiers moyens, simultanéité de la couleur*. Le mouvement de la couleur est le dynamisme fondamental de tout art moderne en *peinture*[12]. » Ainsi s'exprime Delaunay dans une note écrite vers 1912. Le style en est aussi instructif que le contenu. La langue se veut savante, autant que la méthode qu'il faut définir. La peinture serait ondes, simultanéité, analyse physique de la lumière. Le peintre mentionne Rood, dont la *Théorie scientifique des couleurs et de leurs applications à l'art et à l'industrie* a été traduite en français en 1881. Cette lecture s'ajoute à celle des travaux de Chevreul, *Des couleurs et de leurs applications aux arts industriels, à l'aide des cercles chromatiques* (1864) et le *Complément d'études sur la vision des couleurs : de l'influence exercée sur la vision par des objets colorés se mouvant circulairement autour d'un axe perpendiculaire à leur plan quand on les observe comparativement avec des objets en repos identiques aux premiers* (1879), titre fort long mais qui indique combien ces observations sont de nature à retenir l'attention de Delaunay. Chromatisme et mouvement circulaire y sont associés, comme dans la construction des cercles chromatiques.

De ceux-ci aux premiers *Contrastes simultanés* et au *Disque* de Delaunay, la distance est faible. Les *Formes circulaires* systématisent la décomposition spectrale de la lumière qui, dans les *Fenêtres* (1912-1913), s'opère par la multiplication des plans triangulaires ou carrés qui se superposent ou s'interpénètrent. Suivant le principe, présent chez Seurat, qui veut que la perception d'une couleur suscite dans l'œil la sensation de la couleur complémentaire, Delaunay associe les tons qui doivent se répondre et affirme accéder de la sorte à une vision et une représentation enfin vraies de la réalité. Dans *Les Soirées de Paris*, en décembre 1912, Apollinaire lui prête des aphorismes tels que « le contraste simultané est le dynamisme des couleurs et leur construction, c'est-à-dire la profondeur, l'impair et la mesure, et il est le moyen le plus fort d'Expression de la Réalité ». Décrivant le processus créatif de la perception optique du monde à sa transcription picturale, le peintre en déduit que « la Nature engendre donc la Science de la Peinture ». Aussi Apollinaire conclut-il son apologie sur ces mots : « peinture pure, réalité », inspirée d'une phrase de Delaunay moins elliptique : « la simultanéité des couleurs par le contraste simultané et toutes les mesures (impaires) issues des couleurs, selon leur expression, dans leur mouvement représentatif, voilà la seule réalité pour construire en peinture[13]. »

Au même moment, Kupka écrit *La Création dans les arts plastiques*, qui réunit des arguments tirés de l'histoire, de la physiologie, de la phénoménologie, de la science. Les références savantes abondent. Ainsi de l'analyse chromatique, que Kupka traite en ces termes : « L'irradiation d'une couleur, ayant atteint la rétine, y traverse un spectroscope photochimique dont la précision est – en état normal – infaillible. […] La fonction du complexe rétinien, en tant qu'agent récepteur des couleurs, se fonde notamment – selon les observations les plus récentes – sur l'interaction des complémentaires. […] Par ailleurs, la classification des valeurs lumineuses suivant les qualités dynamiques des différentes longueurs d'ondes spécifiantes semble confirmer la distribution du spectre – constatée au spectroscope[14]. » La géométrie n'exige pas moins de précautions et de connaissances. Quand Kupka entreprend l'inventaire des éléments graphiques, il commence par le point. On le croirait à tort simple : « Le point est sans qualités, simple indice de position. Il n'est peut-être qu'une hypothèse, comme l'unité selon Poincaré. Euclide le tient pour indivisible, inextensible[15]. » Quant aux lignes, il en est de directrices et de dérivées. « Pour peu que toutes soient subordonnées à l'affinité mathématique – ou à l'homogénéité – des lignes génératrices, les unes découleront des autres dans un enchaînement organique. La structure 2-4 + 2-4 correspondra à des segments de droites reliant deux points limites, tandis qu'une progression impaire (3-5-7-9 etc.) donnera des lignes brisées. Plus on multiplie les points réunis, plus les angles s'émoussent, donnant naissance aux courbes les plus variées[16]. »

Les œuvres se conforment à ces réflexions. Elles se construisent par la géométrie. De ce qui serait accidentel, elles accèdent à l'universel d'une abstraction qui se veut peinture des principes et mise en œuvre des principes en peinture. La toile rend visible le schéma qui l'organise et, ce faisant, elle est susceptible d'interprétations plus vastes. Construite par la géométrie, comme l'univers, elle révèle l'ordre caché qui sous-tend ce dernier. Elle peut se faire physique, astrophysique, chimie. Aucune correspondance ne lui est interdite puisqu'elle est remontée aux formes originelles, atomes et planètes, physique de la matière finie et physique des espaces infinis. En 1909, Kupka peint *Le Premier Pas*, qui peut passer pour un simple exercice de géométrie à partir d'un cercle qui se multiplie, s'accroît et diffuse autour de lui des ondes courbes – ou pour un exercice d'astronomie, planètes sur fond de nuit à l'instant d'une éclipse. En 1911, il commence *Autour d'un point* selon une composition guère différente, cercles fractionnés, concentriques ou se coupant, à partir d'un point central dont procèdent des trains d'ondes matérialisés par des touches séparées. Au même moment il exécute ses *Disques* de Newton, dont la parenté avec les *Contrastes simultanés* de Delaunay est sensible.

De ce registre relève *Amorpha, fugue en deux couleurs*, présenté au Salon d'Automne de 1912. La toile est composée à partir d'une matrice simple, des cercles qui se coupent, un rouge, un bleu, le noir et le blanc. Selon le même principe, Kupka exécute *La Primitive* (1911-1912), vision d'une planète en formation, puis des tableaux qui allient le géologique, le botanique et l'organique sur le motif du commencement, de la génération, de la naissance. Ils ont nom *Création* (1911-1920), *Printemps cosmique I et II* (1911-1920), *Conte de pistils et d'étamines* (1915-1920), *Lignes animées* (1921). Dans les *Quatre Histoires de blanc et noir*,

Frantisek Kupka, *Étude pour Amorpha, fugue à deux couleurs*, 1911-1912. Huile sur toile, 66 × 66,5 cm. Paris, Musée national d'art moderne-Centre Georges Pompidou.

les allusions marines et biologiques prédominent, cellules s'agglomérant en volutes et en vagues. Dans le *Motif hindou* (1921-1923), *Charpente bleue II* (1920), *Essai, robustesse* (1920), le symbole phallique s'affirme nettement, associé à des explosions dont le sens n'est guère énigmatique.

Deuxième vocabulaire, celui des droites et des angles. Le principe est là encore, celui de la recomposition des formes à partir d'éléments fondamentaux. Dans un premier temps, celui de *Plans par couleurs* (1910-1911), la division en bandes verticales contribue à l'analyse du mouvement et à la suggestion de son amplitude. Dès *Ordonnance sur verticales* (1911-1912) et *Plans verticaux I* (1912), le motif figuré disparaît et la toile se donne pour l'épure d'une architecture en cours de constitution. Les plans colorés échelonnés dans un espace perspectif se rapprochent pour former une structure stable. De cette tentative, incomprise aux Indépendants en 1912, procèdent les variations sur verticales et obliques, *Plans verticaux bleus et rouges* (1913), *Architecture philosophique* (1913-1923), *La Cathédrale* (1913-1914), *Plans verticaux et diagonaux* (1913-1914). De la fonction symbolique des lignes, Kupka ne doute pas. Dans son essai, il décide que « solennelle, la verticale est l'échiné de la vie dans l'espace, l'axe de toute construction. […] L'horizontale, c'est Gaïa, la grande mère. De son sein pourront s'élancer des verticales, telle la vie végétale à la surface de la terre – les unes inflexibles, d'autres qui s'inclinent devant les caprices du mouvement. […] À côté des droites, jamais exemptes d'une certaine abstraction, il y a les courbes, d'autant plus matérielles qu'elles sont plus sinueuses. Allusion visuelle au successif, elles expriment la dimension du temps[17]. »

Il ne semble pas abusif de tenir l'abstraction selon Kupka pour métaphysique. Il attend de la peinture qu'elle donne apparence visible à la physique de l'espace et des corps, qu'elle confonde genèse de la toile et genèse du monde. Par les verticales et les cercles, il accomplit mathématiquement le dessein qu'il se donne quand, symboliste, il figure le *Commencement de la vie* (1900-1903) par un embryon s'élevant au-dessus d'une fleur solaire, elle-même issue d'un lotus. Il reprend en les épurant les dessins qu'il a réalisés entre 1904 et 1907 pour illustrer *L'Homme et la Terre* d'Élisée Reclus, essais de conciliation du symbolique et du géométrique. Désormais, ce second élément demeure seul nécessaire.

Quoique les deux artistes n'aient pas eu alors de relations, Kupka et Mondrian ont même but et quelques références communes, dont la théosophie n'est pas la moins importante. Tous deux aspirent à la révélation de l'ordre de l'univers et en demandent les moyens à cette sagesse qui se dit divine et déduite des enseignements des différentes religions de l'humanité. Tous deux en viennent, dans la proximité d'un cubisme qui ne satisfait pas leurs inquiétudes métaphysiques, à élaborer un langage plastique fondé sur l'épuration et la géométrie. Aux affirmations de Kupka se comparent celles de Mondrian, quand il écrit dans la revue *De Stijl* qu'« en l'opposant à la plastique naturelle où l'individuel seul domine, nous pouvons bien dire, en grand, de la Nouvelle Plastique, qu'elle est la plastique de l'universel[18] ». Il se dit « abstrait-réaliste » et justifie ce titre en ces termes : « Dans la nature, nous pouvons constater que tous les rapports sont dominés par un seul rapport primordial, celui de l'extrême un en face de l'extrême autre. Or la plastique abstraite des rapports représente ce rapport primordial d'une manière précise par la dualité de position formant l'angle droit. Ce rapport de position est le plus équilibré de tous, parce qu'il exprime dans une parfaite harmonie le rapport de l'extrême un et de l'extrême autre et qu'il porte en lui tous les autres rapports[19]. »

Sans doute l'œuvre de Mondrian, Néerlandais dont la vie s'achève à New York, se situe-t-elle en marge de l'art en France. Quoique son auteur séjourne à Paris de 1912 à 1914 et de 1919 à 1938, son audience est plus faible qu'aux Pays-Bas et dans l'Allemagne du Bauhaus, avant de s'étendre aux États-Unis. Quoiqu'il accomplisse à Montparnasse une part majeure de sa peinture, sa présence reste discrète, presque ignorée avant 1914, à peine plus remarquée ensuite. Il n'en demeure pas moins que ses toiles accomplissent l'idéal d'un art de la transcendance qui épure la réalité au point de n'en plus conserver qu'une matrice – horizontales et verticales dont tout dessin est issu, couleurs primaires dont tout chromatisme est la combinaison. Quand ce système est défini – après guerre –, il se déploie sur le modèle de la variation des données graphiques et chromatiques, alternance de suppressions et d'additions, combinatoire répartie en séries. La création picturale « mime » la création naturelle telle qu'elle opère – opérerait – dans les premiers moments, ceux de la genèse de toute forme. « Le peintre abstrait-réaliste connaît une […] beauté : celle qu'il réalise lui-même mais qui n'apparaît que voilée dans la réalité naturelle[20]. »

Frantisek Kupka, *Eudia*, 1933. Huile sur toile, 66 × 66 cm. Prague, Národní Galerie.

Cette recherche est celle de Brancusi, quoiqu'il ne la justifie pas par des raisonnements et des allusions savantes. Mondrian, Kupka et, dans une moindre mesure, Delaunay font de leur peinture la révélation d'un ordre premier. Brancusi comprend la sculpture comme la révélation des volume originels, à commencer par l'ovale de l'œuf. *Figure ancienne* (1908) et *La Sagesse de la terre* (1908) relèvent encore d'une taille archaïsante de la pierre, primitivisme qui schématise l'anatomie. Dans les premières versions de *La Muse endormie* (1909), les détails du visage s'amenuisent, érodés par le polissage. De ce moment à l'œuf nommé *Le Commencement du monde* (1920), l'évolution s'accomplit vers la réduction à l'essentiel. Les bois – *Little Girl* (1914), *Le Fils prodigue* (1914), *Adam et Ève* (1921) – poursuivent dans le sens du primitivisme, non qu'ils pastichent Afrique ou Océanie, mais parce qu'ils extraient du bois des volumes symboliques, souvent sexuels, toujours rudimentaires.

Le marbre, la pierre et le métal autorisent des simplifications plus radicales encore, celle de la *Princesse X* (1916) à une forme phallique, celle du *Torse de jeune homme I* (1917) à trois cylindres. *La Léda* (1920), le *Nouveau-Né II* (1920), le *Torse de jeune fille* (1923), les variations sur ces motifs et sur le poisson, le coq, l'oiseau poussent à son terme la recherche du volume initial, globe, fuseau, cône, sphère. Les *Colonnes sans fin*, à partir de 1920, s'élèvent comme des monuments à la création du monde, composés de pyramides emboîtées et opposées. Les surfaces sont polies, de sorte qu'aucun effet de texture ne puisse troubler le regard. À propos de *L'Oiseau d'or* (1919), Brancusi affirme le caractère non délibéré – et d'autant plus nécessaire – de son évolution. « Cette simplification, écrit-il, n'est pas le but dans l'art. On y arrive malgré soi, en voulant faire des choses réelles qui ne soient pas la carcasse que nous voyons, mais ce qu'elle nous cache[21]. »

Ces volumes, comme les orthogonales de Mondrian, sont pris dans un processus de variations permanentes. Brancusi superpose dans son atelier des parallélépipèdes de bois et des pierres taillées géométriquement, qui sont moins des socles que les éléments d'une construction sans fin, d'une production nécessairement interminable de formes obtenues par l'addition des éléments premiers. Les photographies prises par Brancusi, impasse Ronsin, en donnent acte. L'ovale parfait de *La Négresse blanche I* (1923) est posé sur un cylindre, qui repose sur une pierre cruciforme, juchée sur une autre rectangulaire. Sur une poutre, une version du *Coq* voisine avec une version de *La Muse endormie*. Mais *Le Coq* peut aussi se dresser sur un cylindre ou un fragment de *Colonne sans fin*. Il s'agit là d'un jeu de construction, mais d'un jeu sérieux, pour des constructions évidemment symboliques.

Les formes de l'ordre

L'art se fait révélation et construction à la fois. Il révèle l'essence du monde et obtient l'harmonie. Du réel, il abstrait une structure intangible. Cette recherche fonde l'abstraction géométrique, détermine ses pratiques, organise ses théories – étant entendu que par théorie, il faut entendre alors l'énoncé des principes qui s'inscrivent dans les signes et les couleurs des toiles, les lignes et les volumes de la sculpture.

Mondrian et Kupka en arrivent à se rapprocher. En 1913, Kupka entreprend ainsi *Trois bleus et trois rouges*, trois bandes verticales bleues, trois bandes horizontales rouges sur fond blanc. L'œuvre a été reprise par lui en 1934 et plus tard encore, en 1957. *Peinture abstraite* (1930-1932) se compose d'une verticale et de deux horizontales noires sur fond blanc, *Eudia* (1933) de deux rectangles, l'un bleu pâle et l'autre rouge, et de deux droites, l'une blanche l'autre noire. *Points d'attache* (1934) et *Ensemble statique* (1934) relèvent de la même épuration et du même souci d'équilibre stable. Entre 1930 et 1933, des gouaches uniformément dénommées *Abstraction* développent ces règles, orthogonalité, surfaces régulières monochromes, parallèles. Kupka n'est jamais plus proche du néo-plasticisme que dans cette période, à partir de 1930.

À cette date, la proximité intellectuelle se double d'une proximité humaine, parce que plusieurs tentatives d'organisation de l'abstraction ont Paris pour centre. Il s'agit de manifester l'existence d'une avant-garde abstraite et la cohérence de sa théorie – de donner forme à un mouvement qui, jusque-là, n'a pas réussi à s'affirmer comme tel en France.

Dans les années vingt, l'histoire de l'abstraction est essentiellement allemande et néerlandaise, avant de devenir new-yorkaise quand Albert Gallatin montre son Museum of Living Art et contribue à la fondation de l'association des American Abstract Artists en 1936. Après que suprématisme et constructivisme ont disparu d'Union soviétique, le Bauhaus de Gropius, Kandinsky, Klee et Van Doesburg devient le centre d'une activité qui s'expose dans quelques villes d'Allemagne jusqu'en 1933. Cette activité s'étend à la plupart des disciplines, peinture, arts graphiques, arts décoratifs et architecture. Simultanément, le néo-plasticisme rayonne à partir des Pays-Bas. Le groupe De Stijl et la revue du même nom ont leur base à Leyde à partir de 1917. Paris demeure extérieur à ces mouvements et à leurs échanges. Quoique Mondrian ait son atelier rue du Départ, sa participation à des expositions de groupe, telle celle de De Stijl chez Léonce Rosenberg en 1922, passe à peu près inaperçue de la critique et des musées. Le premier signe de son influence à Paris n'apparaît qu'en 1929, lors de la fondation du groupe Cercle et Carré, puis lors de celle d'Abstraction-Création en 1931.

Jean Hélion, *Équilibre*, 1933. Huile sur toile, 81 × 100 cm. Hambourg, Kunsthalle.

Jusque-là, la chronique de l'abstraction en France tient en peu de noms, ceux d'artistes issus de la Section d'or – Gleizes, Villon – ou proches d'elle – Kupka. Ils sont seuls à maintenir une continuité, en dépit de la fragilité de leur situation. Après la guerre et jusqu'en 1930, Kupka poursuit ses expériences sur les rythmes verticaux et sur les rythmes courbes. Il reprend, il achève des compositions commencées avant l'été 1914. Il exécute des variations sur les thèmes qu'il a avancés alors, au risque de paraître se répéter : on y retrouve le thème de la genèse des formes, la vision d'un monde à son commencement, à l'instant des premiers agrégats de masses, des premières lignes directrices. Mais ces œuvres sont peu montrées et mal vues, en dépit d'une tentative de la galerie La Boétie en 1924 et du soutien du groupe lillois Vouloir. Les tentatives de Villon ne rencontrent pas plus l'adhésion. Il poursuit l'élaboration d'une peinture réduite à l'essentiel, des plans anguleux superposés dans *Figure composition* (1921) et dans *Perspective colorée* (1922), des architectures proches du purisme dans *L'Équilibre rouge* (1921) et *Repliement* (1921). En 1922, il expose ses œuvres récentes à la galerie Povolozky et, en dépit de l'appui de Maurice Raynal, ne séduit pas les collectionneurs. Il accepte alors de réaliser pour la galerie Bernheim-Jeune des gravures en couleur d'après des peintres modernes. L'entreprise dure dix ans. Quant à Gleizes, sa peinture oscille entre des compositions décoratives post-cubistes où apparaissent des silhouettes simplifiées proches de celles qu'a inventées Picasso à partir de 1915 et des compositions dominées par des courbes et des réminiscences d'art celtique, roman ou byzantin. Delaunay, durant la même décennie, se fait portraitiste, de Tristan Tzara et Philippe Soupault à Mme Heim et Bella Chagall. Il reprend aussi plusieurs de ses motifs d'avant-guerre, *Équipe de Cardiff*, *Tour Eiffel* et exécute des variations peu novatrices. Compromis équivoques : dans *Fleurs à l'arc-en-ciel*, le peintre introduit une réminiscence des *Formes circulaires*, mais sacrifie au réalisme conventionnel en plaçant au premier plan des fleurs post-impressionnistes. Pour célébrer *Le Triomphe de Paris*, en 1929, il conçoit un arrangement de monuments, Sacré-Cœur, ponts, Arc de triomphe, montage d'images légèrement simplifiées.

Un seul peintre français manifeste alors pour le néo-plasticisme un intérêt soutenu, Léger – lequel se trouve être aussi l'un des proches de Brancusi. Sous le titre de *Peinture murale* et de *Composition*, Léger exécute entre 1924 et 1926 plusieurs toiles où s'affirment la frontalité des plans de couleurs anguleux, l'angle droit, la volonté de simplifier les harmonies. Pour autant, ces expériences demeurent des exceptions dans son œuvre et l'abstraction une hypothèse qu'il n'admet pas sans réticence. En 1931, dans les *Cahiers d'art*, il publie des considérations, « De l'art abstrait », très symptomatiques de la situation de la géométrie en France. Après avoir refusé de « s'engager totalement dans [ce] concept radical », Léger donne sa définition de l'abstraction. Définition théorique des néo-plasticiens, « ces artistes nordiques » : « Le plan coloré qui hante les peintres novateurs depuis 1912, ils l'ont audacieusement utilisé comme "personnage principal" ; l'inscription géométrique le limite rigoureusement, il n'a pas le droit de sortir, c'est fermé à clé, la couleur doit rester fixe et immobile. » Définition historique d'une tendance menacée : « C'est un état extrémiste où seuls quelques créateurs et admirateurs peuvent se maintenir. Le danger de cette formule est son élévation même. La vie moderne, tumultueuse et rapide, dynamique et contrastée, vient battre rageusement ce léger édifice lumineux, délicat, qui émerge froidement du chaos[22]. »

Ce « léger édifice », en 1931, est en cours de consolidation – laquelle n'est cependant qu'éphémère. Encore ces efforts sont-ils le fait d'artistes de passage. En 1929, de la rencontre de Michel Seuphor et de Joaquim Torres-Garcia, Uruguayen ayant séjourné à New York et en Italie, naît l'idée de regrouper les abstraits, les néo-plasticiens, les anciens futuristes et constructivistes. Leur revue, *Cercle et Carré*, a trois numéros en 1930. Une exposition a lieu, où figurent des œuvres de Mondrian, Léger, Kandinsky, Arp, Vantongerloo, Le Corbusier, Pevsner, Gorin, Torres-Garcia, Ozenfant, Taueber-Arp. En 1930 encore, Van Doesburg, membre fondateur de De Stijl, passé par le Bauhaus, crée la revue *Art concret* avec Hélion, Tutundjan et Carlsund – elle n'a qu'un numéro. En 1931, Vantongerloo, autre membre de De Stijl, établi à Menton en 1919, venu à Paris en 1927, crée Abstraction-Création, association où se retrouvent Arp, Herbin, Valmier, Kupka, Gleizes, Tutundjan. Elle dure jusqu'en 1936, éditant un bulletin annuel, organisant des manifestations, préparant une collection de monographies. En 1939, le premier Salon des Réalités nouvelles apparaît comme son prolongement.

Chaque fois, l'iniative appartient à un ancien membre de De Stijl et veut créer une fédération internationale d'artistes dispersés bien plus que susciter un mouvement uni. Chaque fois, elle dure peu. En 1931, Van Doesburg meurt en Suisse. En 1932, Torres-Garcia revient définitivement à Montevideo. En 1932 encore, Tutundjan se convertit au surréalisme. Seul contrepoids : la venue à Paris en 1933 d'un autre membre de De Stijl, le Néerlandais César Domela, qui transpose le néo-plasticisme en reliefs polychromes.

Si continuité et constance il y a, elles sont le fait des anciens membres et « compagnons de route » de la Section d'or. En 1930, Léger participe à l'exposition Cercle et Carré. En 1931, Kupka est membre du comité directeur d'Abstraction-Création et, en 1933, la revue publie plusieurs planches des *Quatre Histoires de blanc et noir*. En 1932, Villon adhère à Abstraction-Création et publie dans la revue du même nom une contribution, « Sur la peinture abstraite », en 1933.

Ces efforts de réunion, en dépit de leur brièveté, ont pour conséquence la relance de l'abstraction en France. Villon exécute *Allégresse* (1932), *L'Espace* (1932), *Les Fenêtres* (1932-1933), toutes œuvres composées par emboîtements de rectangles et tracés de diagonales. Delaunay, à partir de 1930, revient à des rythmes circulaires et des contrastes simultanés. Le long d'un axe vertical ou oblique des cercles s'enchaînent le long des *Rythmes sans fin* de 1933. Des sinusoïdes introduisent quelque variété dans un système de composition que l'artiste applique à la gouache, à l'huile, au relief de plâtre et de sable ripoliné ou peint à l'imitation du bronze. Les travaux pour la décoration des pavillons de l'Aéronautique et des Chemins de fer à l'Exposition universelle de 1937 s'accompagnent de recherches sur les spirales et les formes rayonnantes, intitulées *Rythmes*. Delaunay y développe dans des formats monumentaux son langage plastique. Plus que d'une véritable nouveauté, il s'agit là de la reprise et de l'amplification d'idées contenues en puissance dans le *Disque* de 1912.

Moins attendu est le surgissement de l'œuvre de Jean Hélion en 1929, marquée par la découverte de Mondrian et de Van Doesburg – avec lequel il fonde l'Art concret. Les *Compositions*, les *Tensions complexes*, les *Compositions orthogonales*, toiles de 1930, reprennent le vocabulaire du néo-plasticisme, y ajoutant ensuite la courbe pour les *Tensions circulaires* (1931-1932), puis des surfaces aux contours moins réguliers, telle une *Composition abstraite* (1933) dont le centre est occupé par une tache à laquelle des horizontales noires se heurtent. Hélion n'emploie alors que les primaires, le noir, un gris, le blanc et élève des architectures picturales statiques, dans lesquelles il ne se démarque d'abord de ses modèles qu'en s'interdisant d'enfermer systématiquement les plans colorés à l'intérieur de la grille aux lignes d'épaisseur variable. Il apparaît alors comme l'une des figures majeures de l'abstraction géométrique, non seulement

Jean Hélion,
Île-de-France, 1935.
Huile sur toile,
145 × 200 cm.
Londres, Tate Gallery.

en raison de sa participation à Abstraction-Création et parce qu'il établit des relations avec Mondrian, les Arp et Ben Nicholson, mais parce que ses œuvres se distinguent par leur sobriété et leur légèreté.

En 1932, plus intensément l'année suivante, introduit des données nouvelles. Dans les *Équilibres*, le quadrillage orthogonal se fragmente et disparaît. Au centre de la toile, des formes aux contours courbes sont reliées par des arcs ou des droites tendues comme des câbles. Ces constructions suspendues reçoivent des couleurs plus nombreuses, bientôt modulées afin de susciter l'illusion de galbes arrondis. À une abstraction de la surface, Hélion veut substituer une abstraction de l'espace. Des études à l'encre et l'aquarelle aux toiles, les expériences prolifèrent et les compositions s'aventurent vers plus de complexité. À partir de 1934, il est acquis que les plans peuvent tourner, les lignes se replier, les nuances colorées glisser le long des volumes. Les formes s'organisent de telle façon que l'œil croit identifier un motif naturel, si géométrisé, si synthétisé soit-il. Les titres en donnent acte, annonçant une *Figure debout* (1935), une *Figure creuse* (1936-1937), une *Figure tombée* (1937), comme si Hélion, qui n'est plus membre d'Abstraction-Création après 1934, se rapprochait du Léger de la décennie précédente. En juillet 1935, après plusieurs séjours aux États-Unis, il s'établit en Virginie, où il demeure jusqu'en 1940 et pousse à son terme la logique qui l'écarte de la géométrie abstraite.

Le géométrique universel

Incomprise avant la Seconde Guerre mondiale, l'abstraction géométrique connaît une fortune inverse après la Libération. En 1937, l'exposition d'Art vivant réunie au Petit Palais l'ignore et elle n'a droit de cité qu'au Jeu de Paume, dans l'exposition « Origines et développements de l'art international indépendant ». Il y a là douze Picasso, six Matisse, huit Braque, huit Chirico, huit Gris, dix Klee, neuf Miró, cinq Kandinsky – et deux Mondrian, un Hélion, un Torres-Garcia, un Villon, un Domela. Une décennie plus tard, le Salon des Réalités nouvelles, fondé en 1939, ressuscité en 1946, apparaît comme une manifestation d'une autre importance.

En 1945, galerie Drouin, se tient une exposition dénommée « Art concret ». Herbin justifie ces mots en juillet 1945 : « Quand le peintre se détache complètement de l'objet, en fait et en esprit, il réalise une œuvre dont les formes, les couleurs, les rapports sont la plus pure création. […] Cette œuvre est parfaitement concrète dans le rapport de l'œuvre à l'homme puisqu'il s'agit de la plus pure réalité, la seule réalité qui naît entièrement de l'activité consciente et inconsciente de l'homme[23]. » En juillet 1946 s'ouvre le Salon des Réalités nouvelles, administré par un comité dont Nelly Van Doesburg est la secrétaire. Il rend hommage aux inspirateurs disparus, Delaunay, Mondrian, Duchamp-Villon, Van Doesburg, Kandinsky, Malevitch. L'année suivante, l'organisation est modifiée, Herbin devenant vice-président d'un comité où siègent Sonia Delaunay, Gleizes, Gorin, Pevsner et Dewasne. C'est dire combien la légitimité historique importe et combien le Salon des Réalités nouvelles se veut le continuateur d'Abstraction-Création. Comme pour le souligner, Herbin et Kupka sont promus présidents d'honneur en 1956 et 1957.

À cette structure, il faut une doctrine. Elle lui est fournie par le *Premier Manifeste du Salon des Réalités nouvelles*, daté de 1948, publié l'année suivante, quand paraît aussi l'ouvrage d'Herbin *L'Art non objectif non figuratif*. Le *Manifeste* définit des interdits et des buts. « Qu'est-ce que l'Art abstrait non figuratif et non objectif ? Sans lien avec le monde des apparences extérieures, c'est pour la peinture, un certain plan ou espace animé par des lignes, des formes, des surfaces, des couleurs, dans leurs rapports réciproques et, pour la sculpture, un certain volume animé par des plans, des pleins, des vides, exaltant la lumière. […] La valeur émotive du message résultera nécessairement et uniquement de la valeur émotive intrinsèque des lignes, des plans, des surfaces, des couleurs dans leurs rapports réciproques […]. Cette valeur

Auguste Herbin, *Minuit*, 1953. Huile sur toile, 161,5 × 114 cm. Zurich, Kunsthaus.

est essentiellement plastique et éminemment universelle[24]. » Ces déclarations, si restrictives soient-elles, ne déterminent pas un langage unique. Pour autant, il apparaît que le Salon défend une conception étroitement liée à la géométrie épurée issue du néo-plasticisme et de son évolution avant 1939.

L'autorité d'Herbin ne contribue pas peu à ce glissement, dont témoigne le vocabulaire. Il devient usuel de qualifier les artistes qui exposent là de « géométriques » ou de « géométriciens ». En 1950, le pamphlet de Charles Estienne, *L'art abstrait est-il un académisme ?* ne pose la question que pour la résoudre violemment. « C'est la forme géométrique, écrit-il, et la couleur pure – pure, c'est-à-dire pure de vitamines, impersonnelle au maximum […].

Le tout ne fait pas un signe ni même une mode, mais quelque chose de plus grave : une nouvelle routine, une nouvelle usure de l'œil et de l'esprit, bref un nouvel objet, [...] l'ennuyeux, le mortel décor abstrait qu'on veut codifier et imposer en guise d'art[25]. »

Il est vrai que la géométrie gouverne sans partage aux Réalités nouvelles jusqu'en 1956, date de la transformation de ses structures et de son nom, devenu Réalités nouvelles, Nouvelles Réalités et à la démission d'Herbin. Durant cette période, un nombre sans cesse croissant d'artistes se range sous le signe du « non figuratif non objectif » alors que se crée en 1950 un atelier d'Art abstrait rue de la Grande-Chaumière. L'initiative en revient à Pillet et Dewasne. Des cours et conférences théoriques y sont donnés – entre autres par Del Marle et Herbin – et les séances de correction sont confiées à des artistes tels que Deyrolle, Domela ou Vasarely.

La formation de groupes contribue au renforcement de ce « parti » artistique. Dans la salle Espace, en 1950, le Salon des Réalités nouvelles rassemble ceux qui entendent appliquer la géométrie à la sculpture polychrome, au vitrail, à l'architecture, comme Gorin le recommandait dans *Cercle et Carré* en 1930. De 1948 à 1953 exposent aussi les artistes du groupe Arte Madi, fondé en Argentine par Kosice et Arden Quin, pour la plupart installés à Paris. Chez les uns et les autres, quelles que soient les différences, quelques principes et interdits définissent les canons d'une orthodoxie. La couleur s'emploie dans des surfaces définies par des lignes continues, droites ou courbes. La frontalité est de rigueur sur la toile et l'orthogonale nécessaire pour les constructions de plans dans l'espace. Il est symptomatique que les réflexions de type scientifique et métaphysique qui sous-tendent les travaux de Delaunay, de Kupka et de Mondrian s'effacent. Le propos n'est plus de transcrire l'essence du monde, mais de développer un vocabulaire plastique autonome à l'intérieur des règles. Le manifeste de 1948 de Réalités nouvelles définit l'abstraction par le plan, les surfaces, les couleurs et leurs rapports, définition interne qui ne s'énonce plus au nom d'une compréhension de la réalité épurée de ses accidents et apparences. L'arrière-plan intellectuel tend à s'amenuiser à mesure que l'enjeu se restreint à des considérations seulement esthétiques. Il existe dès lors un style géométrique.

Autant dire une mode : ses protagonistes sont nombreux, parmi lesquels, pour sa prolixité et son succès public, se distingue un moment Vasarely. Établi à Paris en 1931, il travaille dans la publicité avant d'exposer des portraits en 1946, avant de se consacrer à l'abstraction dans sa variante cinétique, dans laquelle l'arrangement des formes et des couleurs engendre des effets optiques. L'œuvre – toile ou relief – semble se creuser, se gonfler, se déformer à mesure que le spectateur se déplace par rapport à elle. Le langage est strictement géométrique, la répétition son moyen d'action, les couleurs simples et peu

Jean Gorin, *Relief néo-plastique* n° 21. 1983 (1R), 1930. Huile sur bois, 34 × 34 × 3 cm. Collection particulière.

nombreuses afin d'augmenter l'intensité de ce qui n'est qu'illusion visuelle. L'art cinétique reçoit au reste le nom abrégé d'Op art – pour Optical art. Avec Vasarely, Yaacov Agam et Jésus Rafael Soto en sont les principaux protagonistes à Paris. Agam y vient en 1951, participe à l'exposition « Le mouvement » dans la galerie de Denise René en 1955, avec des œuvres conçues sur le principe de la fragmentation des formes et la superposition de deux trames géométriques (*Union*, 1953).

À l'initiative de Georges Pompidou, il conçoit un salon pour le palais de l'Élysée en 1974. Soto, d'origine vénézuélienne, s'installe à Paris en 1950. Il cherche à introduire le mouvement en employant des fils de nylon suspendus devant un support lui-même strié. De là à des reliefs en avant d'un mur, puis à des environnements dits « pénétrables », l'évolution est celle d'une technique attirée par la monumentalité et la collaboration avec l'architecture. Vasarely suit une évolution parallèle, abandonne la peinture de chevalet pour le mur, qu'il traite par le verre, l'aluminium, la céramique. Ses réalisations se trouvent intégrées, comme autant d'éléments décoratifs, dans les bâtiments dessinés et élevés par Jean Ginsberg.

Ce style est tenu pour moderne, si ce n'est pour l'essence du moderne. Il domine dans l'architecture et semble symboliser une civilisation nouvelle, industrielle et rationnelle. L'art cinétique, dans ses versions tridimensionnelles, requiert des matériaux tels qu'aluminium et nylon, manière de revendiquer son statut d'art du moment. Il affiche ses armatures mathématiques et un savoir-faire mécanique dont relèvent les constructions de Pol Bury, usinées, régulières, animées de mouvements synchrones. Il déclare advenu l'âge d'un art impersonnel et parfait qui se rit des anciennes inquiétudes, de la subjectivité. Sous l'influence de Vasarely, se constitue en 1961 le Groupe de Recherche d'Art Visuel (GRAV), dont sont membres son fils, sous le pseudonyme d'Yvaral, Le Parc, Garcia-Rossi, Sobrino, Stein et Morellet. Jusqu'en 1968, date de sa dissolution, le GRAV participe aux Biennales de Paris, à la Documenta 3 de Cassel et accomplit des expositions collectives qui ont valeur de manifeste. Il s'affirme comme une entreprise de dénonciation de la création artistique, tenue pour « un formidable bluff, l'exaltation de l'individuel, de "l'artiste unique", du mythe de la création » – ainsi s'exprime le tract que le GRAV diffuse en 1963 à l'occasion de la IIIe Biennale de Paris. Il se prononce en faveur de travaux anonymes, délivrés de toute personnalité, proches du spectateur.

Victor Vasarely, *Tauri-R*, 1966-1976. Huile sur toile, 209 × 113 cm. Paris, Musée national d'art moderne-Centre Georges Pompidou.

De la restriction, l'œuvre de Morellet est alors exemplaire. Chaque exécution repose sur un principe d'organisation préalable, fixé et obéi sans réserves. Ce principe peut être d'alternance chromatique – une bande jaune, une bande blanche – ou mathématique – un angle de 90°, puis de 45°, puis à nouveau de 90°. Dans *Du jaune au violet* (1956) Morellet reprend la répartition du prisme coloré en deux carrés juxtaposés, du jaune au violet par le rouge puis du violet au jaune par le bleu. Le hasard peut intervenir, afin de bannir tout soupçon d'expression subjective. Un triptyque de 1958 se présente comme le produit de la *Répartition aléatoire de triangles suivant les chiffres pairs et impairs d'un annuaire de téléphone*. Le même exercice peut se faire avec 40 000 carrés rouges et bleus sans que la démonstration s'en trouve changée. Dans chacun de ces cas, la toile n'a d'autre sujet que son processus de fabrication, démystifié, rendu à sa simplicité déconcertante de programme préétabli ou aléatoirement calculé. La géométrie est alors privilégiée parce qu'anonyme, inexpressive, universelle.

Universelle au point d'envahir la rue. Le GRAV s'y essaie, au cours de manifestations qui en appellent au spectateur. Mais le triomphe de la géométrie est plus visible quand, dans les années soixante, elle pénètre la mode. En 1965, Yves Saint Laurent recycle le néo-plasticisme en créant la robe Mondrian. Hommages et reprises plus et moins directes prolifèrent. En 1965 aussi, coïncidence symptomatique, Courrèges présente des modèles confectionnés en rubans entrecroisés, des mini-robes et mini-jupes à rayures simples, puis des ensembles dans des tissus que la critique dit alors « futuristes », parce que brillant d'éclats métalliques. L'année suivante, les robes en crêpe de laine de Pierre Cardin s'ornent de motifs géométriques, deux triangles, un cercle. En 1966 encore, Paco Rabanne fait du carré de métal ou de Rhodoïd l'élément de base de ses robes. En 1967, Cardin présente la « cardine », robe en fibre dynel moulée, superposition de reliefs trapézoïdaux et triangulaires, transposition dans la haute couture des artifices optiques que Vasarely, au même moment, popularise dans la lithographie et la sérigraphie.

François Morellet, *Du jaune au violet*, 1956. Huile sur toile, 110 × 220 cm. Paris, Musée national d'art moderne-Centre Georges Pompidou.

Le monochrome métaphysique

À ce devenir-style de l'abstraction fait exception, isolée, l'abstraction métaphysique d'Yves Klein. Celui-ci apparaît comme le dernier des artistes du siècle, en France du moins, à attendre de l'art la révélation d'un ordre secret et le seul des artistes apparus après la Libération qui lie une réflexion sur les pouvoirs de la couleur à une pratique qui soit de l'ordre de la transcendance. Il pousse à son paroxysme la pensée d'un art qui préparerait une métamorphose de la société, sinon du monde, par le retour à l'essentiel et l'originel. À nouveau, les notions clés sont harmonie, pureté, unité.

La filiation formelle de l'œuvre de Klein avec l'asbtraction géométrique est peu douteuse. Marie Raymond, sa mère, expose au Salon des Réalités nouvelles en 1947. Mais Klein renoue, par-delà ce rapport, avec les origines religieuses de l'abstraction telles qu'elles se révèlent chez Mondrian ou Kupka. À partir de 1948, il adhère au mouvement de la Rose-Croix, en suit l'enseignement, en pratique les méditations, en franchit les grades successifs. Au reste, ses rapports avec les Réalités nouvelles cessent en 1955, quand le comité refuse un monochrome orange, faute d'un point qui en ferait, à ses yeux, une œuvre abstraite – condition que Klein refuse.

Le malentendu est complet entre les tenants d'une orthodoxie picturale et lui, dont le propos ne se réduit pas à la plastique. En 1951, dans son journal, il évoque des « idées capables de révolutionner le monde », parmi lesquelles une exposition de peintures monochromes accompagnées d'une composition musicale. Ces peintures existent déjà pour certaines, roses ou bleues. Quant à la pièce musicale, il en définit le principe en 1949. La *Symphonie monoton* n'a qu'un seul ton, une seule note continue. Elle ne devrait connaître ni commencement ni fin et l'auditeur s'y trouverait immergé, sans repères, sans scansions. Peinture et musique en harmonie : ce sont là les deux premiers éléments d'une réunion des arts que Klein, jusqu'à sa mort, étoffe et organise.

Outre les expositions de monochromes – la première en 1955 –, il associe en mai 1957 chez Iris Clert des peintures, un lâcher de ballons bleus et la *Symphonie monoton* alors que, chez Colette Allendy, il y a des bacs de pigment pur, des feux de Bengale et une pièce vide, tenue pour le signe « de la sensibilité picturale à l'état de matière première ». L'année suivante, il reçoit la commande de la décoration du théâtre musical de Gelsenkirchen, obtient d'éclairer en bleu l'obélisque de la Concorde et fait le vide dans la galerie d'Iris Clert. L'installation se réduit à la suppression de tout meuble et l'absence de toute œuvre afin de sensibiliser le visiteur et de susciter en lui une méditation – ceci en avril. En juin, il expérimente la technique du « pinceau vivant », une jeune femme nue au corps badigeonné de bleu s'allonge sur une toile et y laisse des empreintes. En octobre, à Gelsenkirchen, il exécute des reliefs d'éponges gorgées de couleur, tout en avançant le projet d'une « architecture de l'air » et d'autres de fontaines d'eau et de feu. Ainsi les éléments premiers se trouveraient-ils les matériaux purs de l'œuvre. En mars 1959, l'or – métal de la transmutation alchimique – apparaît et Klein vend une « zone de sensibilité picturale immatérielle » contre vingt grammes d'or fin.

Apogée de ses expériences : le 9 mars 1960, il accomplit la performance *Anthropométries de l'époque bleue*. Au son de la *Symphonie monoton* interprétée par un orchestre de vingt musiciens, trois modèles nus imprègnent sous sa direction des toiles posées au sol ou sur des formes. Suit un débat public avec Georges Mathieu et Pierre Restany. Autre œuvre totale : le 27 novembre, il met en vente *Dimanche*, « journal d'un jour » imprimé au format de *France-Soir* et consacré à l'exposé de ses idées et de ses travaux. Jusqu'à sa mort, en 1962, se succèdent les expériences, peintures au feu au Centre d'essais de Gaz de France, manifestations du groupe du Nouveau Réalisme – fondé dans son atelier le 27 octobre 1960 –, anthropométries, éponges, sculptures de feu, « reliefs planétaires », ventes de plusieurs zones de « sensibilité picturale immatérielle », moulages des corps d'Arman, Raysse et Claude Pascal.

L'activité de l'artiste ne se confond plus avec celle d'un producteur de tableaux, au sens que la convention attribue au mot peintre. Klein lui assigne une fonction plus haute. « Le rôle du peintre dans la société future, note-t-il dans *L'Aventure monochrome*, sera de vivre en "externe", "dans" la collectivité dont il spécialisera, par sa présence, les états les meilleurs, les plus purs et les plus subtils de sa sensibilité et de son atmosphère, afin que celle-ci soit saine, gaie et bonne tout simplement[26] ! » Travaillant avec l'architecte, ce peintre n'aura plus à peindre des décorations sur les murs, mais il « donnera, par sa présence dans sa collaboration avec l'architecte, à la construction de l'édifice une sensibilité ; une vie sensible, une chaleur, que l'édifice aurait acquise, lui-même en collaboration avec ses habitants en mettant beaucoup plus longtemps, et certainement pas dans les conditions de douceur, de gentillesse, de fantastique, de formidable, d'extraordinaire et de merveilleux, qui seront celles que le peintre de l'avenir pourra faire, par sa seule présence effective, de temps en temps, dans l'édifice pendant sa construction[27]. » Ce « peintre de l'avenir » aura une fonction apaisante à mi-chemin du prêtre et de l'ingénieur social. Ses œuvres importent moins que son influence. Klein les considère comme des « cendres ». « Mes tableaux représentent des événements poétiques

Yves Klein, *Réalisation d'anthropométries en public*. Action spectacle, mars 1960. Photographie de Harry Shunk.

ou plutôt ils sont les témoins immobiles, silencieux et statiques de l'essence même du mouvement et de vie en liberté qu'est la flamme de poésie pendant le moment pictural[28]. » Il faut qu'ils changent celui qui les considère en un être « extradimensionnel », « imprégné dans la sensibilité de l'univers[29] ».

Cette sensibilité, comprise comme le sentiment de l'unité, permet à celui qui en est capable – l'artiste et le spectateur qu'il fait participer à sa méditation – d'aller à l'essentiel. L'essentiel des couleurs est à nu dans les monochromes, qu'aucune ligne ne fragmente et dont l'éclat de pigment pur « est bien la matière-espace abstraite et réelle en même temps ». « La monochromie, affirme Klein, est la seule manière physique de peindre permettant d'atteindre à l'absolu spirituel[30]. » Il est ainsi possible de remonter à la matrice chromatique, à l'origine de toute couleur, aux trois primaires du cercle chromatique, bleu, rouge et jaune, devenues chez Klein IKB, rose et or alchimique. Elles sont réunies dans les trois *Obélisques* (1960) et dans le *Triptyque : Monopink, Monogold, IKB* (1960), comme elles le sont dans les compositions du néo-plasticisme. Elles le sont encore, geste sacré, dans l'*Ex-voto* déposé par Klein dans le sanctuaire de sainte Rita de Cascia en 1961.

Autre décomposition : celle – familière aux alchimistes – de la matière en ses quatre éléments, air, eau, feu et terre. L'air inscrit son souffle et ses tourbillons dans des toiles dénommées *Cosmogonies* et réalisées en exposant la peinture en plein vent le temps d'un voyage en automobile – ainsi de *Vent Paris/Nice* (1960). L'air est aussi l'immatériel, le vide, celui que Klein fait dans la galerie d'Iris Clert en 1958 et celui qu'il vend plus tard contre de l'or fin, selon un rituel symbolique précisément déterminé, celui de ce qu'il dénomme le « théâtre du vide ». Le feu, produit par un lance-flamme, brûle et dessine à la surface des toiles que Klein expose à ses atteintes en 1961, obtenant les *Peintures feu*. C'est encore celui de la *Sculpture de feu* et du *Mur de feu* qu'il dispose dans le jardin du musée de Krefeld en janvier de cette année-là, jouant des ressources du gaz pour à la fois exalter et contrôler la flamme. L'eau, tombant en pluie sur le monochrome, y creuse des lunules, dissout le pigment, altère la surface, ce qui se voit dans *Cosmogonie bleue-pluie* (1961). Quant à la terre, impure, elle est la pierre commune qui fait office de socle pour les éponges – issues de la mer, gorgées d'IKB – des *Sculptures éponges* (1959). Impure encore, elle constitue les *Reliefs planétaires*, que Klein transcrit sur la toile en amas de pigments froissés et fripés. Purifiée par le feu, elle est l'or des *Monochromes or* de 1961, hommages à la pierre philosophale. Or, de celle-ci, Klein fait la figure allégorique de son œuvre, métamorphose, purification et révélation à la fois. « Cette pierre philosophale, écrit-il, ce don personnel est ce qui nous permettrait de convertir ou de transmuter en or un quelconque état des choses de la nature bien définie, extérieur à soi mais bien exactement fait pour soi. La découverte en soi de la pierre philosophale est une seconde naissance dans la vie d'un homme, c'est un sens réaliste des états des choses, c'est un choix, un accord harmonieux entre la nature, l'univers et son être[31]. »

À son paroxysme, la doctrine de Klein se veut prophétique et s'aventure dans un avenir inconcevable. Dans l'exposé de son projet pour une architecture de l'air, il se déclare convaincu que « la sensibilité nouvellement développée, une nouvelle dimension humaine, guidée par l'esprit, transformera dans

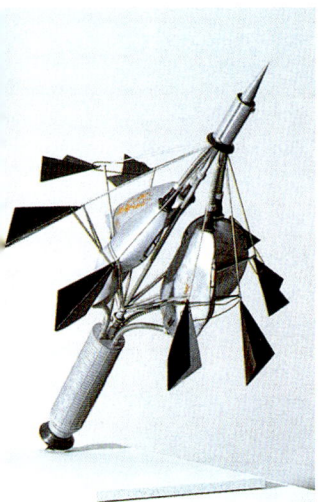

Yves Klein, *Rocket pneumatique*, 1962. Métal peint et chromé, caoutchouc peint, 82 × 65 × 77 cm. Nice, musée d'Art moderne et d'Art contemporain.

le futur les conditions climatiques et spirituelles à la surface de notre terre ». Elle « permettra alors de vivre nu partout à l'aise dans les immenses régions que nous aurons tempérées et transformées en véritable paradis terrestre retrouvé. Il devient tout à fait naturel que le modèle sorte, enfin, avec moi, de l'atelier et que, moi, je prenne les empreintes de la nature et que le modèle soit là soudain, en place, dans la nature, et marque aussi la toile là où elle se sent bien, dans l'herbe, dans les roseaux, au bord de l'eau ou sous la cascade, nue, d'une manière statique ou en mouvement, en vrai sujet de cette nature et enfin intégrée complètement³². » Ainsi s'expliquent les anthropométries, liberté du corps nu dans l'espace, résurrection de la chair. Une anthropométrie s'intitule *People begin to fly* (1961). Une autre, *Hiroshima* (1961) se risque à évoquer l'hypothèse de la résurrection des corps. Cet art annonce une humanité nouvelle, le temps d'harmonie et de paix. Plus que celle que Matisse a rêvée dans *La Joie de vivre*, ce pourrait être celle dont Mondrian annonce la venue dans les dialogues qu'il publie dans *De Stijl* en 1919 et 1920. L'un et l'autre demandent à l'art l'accomplissement d'une exigence métaphysique. L'œuvre serait le visible d'une transcendance et la prophétie du futur.

Ordres futurs

Modernité, rationalité, géométrie : si ces mots doivent être tenus pour synonymes, il n'est aucune discipline qui, plus que l'architecture, doive en tirer les conséquences. De même que se développe l'abstraction géométrique, difficilement dans l'entre-deux-guerres, victorieusement après 1945, se développent architecture et urbanisme de la géométrie et de la planification.

Eugène Freyssinet, hangar pour dirigeables à Orly, 1916-1924.

Au discours de l'abstraction répond celui de l'« Esprit nouveau » décidant de la structure de la ville et de l'immeuble. Il est des passages entre eux et des alliances telle l'amitié de Léger et de Le Corbusier. L'ambition est commune – en finir avec le désordre hérité du monde ancien, établir la règle de l'harmonie logique. Architectes et urbanistes se déclarent résolus à accélérer, à généraliser le renouvellement de la ville, à y bâtir selon des plans et des formes nouvelles grâce à des matériaux nouveaux.

Le métal et le verre
Nouveaux matériaux : le début du siècle est l'âge de l'avant-gardisme cubiste et celui des expérimentations architecturales. D'un côté : collages de papier faux bois ou de toile cirée, assemblages de cartons, de planchettes, de fil de fer. De l'autre : métal et béton armé. Après le palais de l'Industrie, construit pour l'Exposition universelle de 1855 et la galerie des Machines, élevée pour celle de 1889, il n'est plus possible de douter de l'efficacité du métal, que celui-ci soit masqué par la maçonnerie – tel est le cas en 1855 – ou visible, comme en 1889, quand la charpente d'acier a valeur de manifeste. La portée des arcs est la plus longue jamais obtenue jusqu'alors, et la tour dessinée par Eiffel pour la même occasion la plus haute. L'une et l'autre exhibent leur structure. En 1900, lors de la construction du Grand Palais à l'emplacement du palais de l'Industrie, elle est à nouveau masquée par des massifs de maçonnerie et un placage décoratif proliférant, mais la nef centrale n'en proclame pas moins la supériorité des ingénieurs et de la sidérurgie, qui permettent de tendre au-dessus du vide une verrière monumentale.

Deuxième révolution : celle du béton armé, défini par Hennebique à partir de 1892. En 1903, Auguste Perret l'emploie dans l'immeuble du 25 bis de la rue Franklin ; puis, en 1906, dans le garage de la rue de Ponthieu, structure de béton armé, remplissage de baies vitrées. Entre 1911 et 1913, il dessine et élève le théâtre des Champs-Élysées sur une structure de colonnes auxquelles les salles sont suspendues. Là encore, les façades dessinées par Henry Van de Velde n'en laissent rien deviner, pas plus que les décors intérieurs, peints par Vuillard et Denis d'évocations mythologiques et allégoriques. Ces éléments reposent sur l'armature de béton, mais à la différence de l'édifice de la rue de Ponthieu, celui de l'avenue Montaigne sauvegarde les apparences d'un classicisme régulier et orné de bas-reliefs – concession où se reconnaît l'antagonisme qui sépare Perret et Van de Velde. Entre 1916 et 1924, quand il construit à Orly deux hangars pour dirigeables en claveaux de béton armé préfabriqué, Eugène Freyssinet est délivré de ces précautions de présentation parce qu'il construit pour l'industrie aéronautique et dans la banlieue. Rien ne dissimule donc l'armature des deux hangars ogivaux, hauts de plus de soixante mètres et longs de trois cents.

De ce moment à la fin du siècle, le renouvellement des matériaux et les usages qu'autorise leur résistance déterminent des formes d'architectures. Sans les métaux, le béton armé ou précontraint, sans le verre, sans les progrès de la construction, il est fort peu de bâtiments contemporains concevables, si ce n'est aucun. « Serrés dans deux angles en métal[33] », écrit Léger des édifices new-yorkais.

La structure en acier de la maison du docteur Dalsace, aménagée de 1928 à 1932 par les architectes Pierre Chareau et Bernard Bijvoet, supporte des parois faites de pavés de verre translucides. Dans la Maison de verre, le goût des matériaux modernes est poussé loin. À l'acier et au verre s'ajoutent le caoutchouc blanc qui revêt le sol des parties publiques et la céramique noire des parties semi-publiques. L'éclairage s'obtient pour partie grâce à des projecteurs extérieurs. Métal encore : à partir de 1930, Jean Prouvé, fils du ferronnier nancéien Henri Prouvé, se fait une spécialité de la construction d'éléments métalliques pour le bâtiment. Il conçoit un type de maison sur pilotis, avec charpente d'acier à laquelle sont suspendues les façades. Les éléments, fabriqués en série, doivent permettre un assemblage rapide et facile, ce qui prédisposerait ce type d'architecture préfabriquée et hautement industrialisée au logement du plus grand nombre et au moindre coût. Le système Prouvé sert à l'édification de la Maison du peuple de Clichy entre 1937 et 1939. Sur des plans d'Eugène Beaudouin et Marcel Lods, avec l'assistance de l'ingénieur aéronautique Vladimir Bodiansky, Jean Prouvé conçoit une structure métallique assez vaste pour contenir un marché, une salle de cinéma, une salle de réunion et des bureaux ; et assez aisément modifiable pour que les espaces changent de fonction grâce à des parois coulissantes et une verrière escamotable.

Sur l'alliance du métal et du verre se fonde l'idéal de la transparence. Transparence à plusieurs effets : elle permet des jeux de lumière, elle accentue la légèreté, elle va de pair avec la révélation des armatures et favorise de la

Pierre Chareau et Bernard Bijvoet, la maison du Dr Dalsace, dite la Maison de verre, rue Saint-Guillaume, Paris, 1928-1932, vue intérieure du salon.

sorte le narcissisme de la technologie. L'architecture, dans ce cas, affecte de se laisser traverser par le regard, mais c'est pour mieux célébrer la virtuosité de ses ingénieurs. Fausse discrétion, résurrection du « chef-d'œuvre » de corporation, démonstration parfois indiscrète : les vingt dernières années du siècle ont été celles d'une transparence devenue mythe et obligation à la fois. Le Centre Georges Pompidou construit par Piano et Rogers (1971-1976) ne laisse rien ignorer de ses structures porteuses, de ses réseaux de gaines, de ses tubulures, des manchons d'aération et des ascenseurs. Haubans, câbles, treillis, poutres, rien ne manque. Le bâtiment apparaît comme un monumental assemblage industriel. Redondance probablement volontaire, assurément symbolique : le Centre ayant pour fonction la défense et l'illustration de la modernité, il s'affiche sans équivoque de son siècle.

La médiathèque que Norman Foster signe à Nîmes (1984-1993), archétype d'une construction allégée, se plaît à révéler comment elle a été édifiée et comment elle fonctionne : d'où la simplicité des arêtes, l'usage systématique des verres ou la leçon de technologie que donnent au visiteur les ascenseurs à piston dans leur cage vitrée. Dans la même ville, l'ensemble d'habitation

Norman Foster, la médiathèque de Nîmes, 1984-1993, vue intérieure.

Nemausus (1987) dessiné par Jean Nouvel applique les principes de la transparence et du squelette métallique. L'architecte y demeure fidèle pour l'Institut du monde arabe et les pousse au paroxysme quand il construit la fondation Cartier (1991-1994). Dans ce bâtiment, l'emploi du verre est systématisé, exalté par les dimensions des dalles que supporte une structure de plus en plus semblable à une mâture. Là encore, l'architecture, sans renoncer à satisfaire besoins et fonctions, se fait tout autant invention de symboles – symboles de l'époque et symbole du pouvoir de l'architecte contemporain, définitivement délivré de l'opacité. L'emploi du métal sous toutes ses formes se trouve mis en scène dans un processus d'autocélébration. La pyramide que Yeoh Ming Pei a placée au centre de la cour du Louvre, à l'entrée du Grand Louvre, relève d'un tel usage emblématique, accentué par la reprise d'une forme historique ancienne et sacrée – la pyramide égyptienne – et sa métamorphose en architecture-sculpture contemporaine. Ce culte de la transparence peut au reste produire des conséquences regrettables. Que ce soit au Centre Georges Pompidou ou dans la médiathèque de Nîmes, les parties destinées à la présentation permanente ou temporaire d'œuvres d'art peuvent se révéler insatisfaisantes, par excès de luminosité ou indéfinition des espaces.

Le béton
Autre nouveauté technique, les bétons, sans lesquels l'œuvre de Le Corbusier serait irréalisable. À la différence des structures métalliques et des verres, dont l'emploi demeure pour l'essentiel réservé à des bâtiments publics, les bétons servent à tout et partout. Des premiers exploits techniques de Perret à la fin du siècle, leur usage s'est répandu à tous les types de constructions, des plus remarquables aux plus communes, des plus aériennes à l'aménagement des parkings souterrains dont toute considération autre que de durée et d'efficacité est absente.

Or l'architecture de béton, telle qu'elle se constitue dans l'entre-deux-guerres, n'est pas exempte des redondances, des effets de narcissisme et de symbolisme qui caractérisent l'architecture de métal et de verre. L'architecture démontre la commodité du matériau et elle exalte encore la liberté qu'il autorise – là encore au nom du moderne. Dans de tels jeux, il devient malaisé de distinguer ce qu'exigent la stabilité et la pertinence du plan de ce qu'expliquerait d'abord la volonté de faire d'une villa ou d'une tour un manifeste du nouveau. L'architecture, ainsi comprise, se fait profession de foi, pétition de principe.

L'hypothèse se vérifie avec Le Corbusier, dont ce serait peu dire que l'œuvre et la réflexion se veulent des démonstrations de modernité. En 1920, il avance le modèle de la « maison Citrohan », homophonie allusive qui sous-entend que l'architecture doit obéir aux principes de standardisation et d'automatisation que l'industrie automobile met en pratique. Or la maison Citrohan est d'une extrême simplicité : une structure de deux murs latéraux porteurs et un toit-terrasse, des planchers libres de toute contrainte, une pièce principale avec mezzanine. Ce concept repose sur l'emploi du béton, seul susceptible de produire la structure rigide de base. Il repose encore sur un principe : laisser à nu cette structure plutôt que la masquer, ne rien introduire dans le plan qui nuierait à la perception immédiate du processus de fabrication et de son extrême épuration.

Le Corbusier développe l'idée en 1926, quand il construit à Pessac des séries de maisons pour l'industriel Henri Frugès. Puis, en 1927, il énonce ces « 5 points » qui définissent et résument une procédure technique simplifiée et un prototype spatial géométrique : des pilotis libèrent la surface au sol et portent la structure ; un toit-jardin s'étend sur toute la surface de la maison ; les plans sont libres de toute contrainte et les espaces ainsi obtenus divisés par des cloisons mobiles ; la fenêtre est en longueur ; la façade est libre elle aussi, puisque la structure porteuse est indépendante désormais des murs. À partir de ce schéma, Le Corbusier exécute des variations, villas jumelles La Roche-Jeanneret à Paris en 1923, villa Stein-de Monzie à Garches en 1927, villas de la cité du Weissenhof à Stuttgart la même année, villa Savoye édifiée à Poissy entre 1929 et 1931.

Le Corbusier, la villa Savoye, Poissy, 1929-1931.

Chacune affiche la simplicité de son plan et exalte les qualités du matériau. Chaque façade de la villa Savoye repose sur cinq pilotis ; elle se divise en trois bandeaux superposés, deux pleins et une suite de fenêtres horizontales entre les deux ; sur le toit-terrasse des volumes courbes manifestent la souplesse du béton. Celui-ci permet d'élever de telles structures géométriques, mais le parti-pris de dépouillement rend d'autant plus visible cette capacité, qu'un autre dessin masquerait. Il serait possible – d'autres le font au même moment – d'habiller d'ornements la structure comme Van de Velde l'a fait pour le théâtre des Champs-Élysées, comme Pierre Patout le fait pour l'hôtel Ruhlmann à l'exposition des Arts décoratifs de 1925. Le purisme de Le Corbusier apparaît ainsi comme un style et un manifeste ensemble, manifeste d'autant plus limpide que le style est plus tranchant. Ses architectures sont des emblèmes destinés à prendre date et annoncer le futur.

Robert Mallet-Stevens, la rue Mallet-Stevens, Paris, 1927.

D'autres appliquent cette conception. Lors de l'Exposition de 1925, Robert Mallet-Stevens dresse tel un signal le pavillon du Tourisme, plans se coupant à angle droit que surmonte un campanile rectiligne, sans le moindre ornement. Il n'en admet pas plus pour la villa de Noailles à Hyères (1923), le garage Alfa-Roméo rue Marbœuf (1925), ou pour la maison Dreyfus qu'il bâtit ensuite. L'orthogonalité y règne et si le langage plastique de Mallet-Stevens admet le cercle, il se caractérise cependant par l'emboîtement de volumes parallélépipédiques dont les enveloppes sont découpées de baies rectangulaires. Dans la rue qu'il achève en 1927 – et qu'il dénomme rue Mallet-Stevens – il ne s'autorise dans le traitement des façades que peu d'exception à la règle de la supériorité du cube. Il multiplie les décrochements, qui multiplient eux-mêmes arêtes et fenêtres d'angle. Poutres de section carrée, parallèles des verticales et des horizontales quadrillant l'espace, rythme régulier des ouvertures, balcons et huisseries métalliques soulignent les axes directeurs de façades droites dépourvues de tout artifice décoratif. Seules quelques élévations cylindriques font exception, exception qui semble n'avoir été concédée que parce que le contraste met en évidence la force démonstratrice de l'ensemble.

Le Corbusier, la chapelle Notre-Dame-du-Haut, Ronchamp, 1951-1955.

Claude Parent et Paul Virilio, l'église Sainte-Bernadette, Nevers, 1963-1966.

À Perret, il revient d'ajouter un argument en faveur d'une monumentalité moderne. L'église Notre-Dame du Raincy, surnommée la Sainte-Chapelle du béton armé, s'élève sur des colonnes cannelées, sans bases ni chapiteaux, et libère les façades de toute charge, au point de pouvoir traiter celles-ci en vitraux insérés dans une résille de béton préfabriquée qui vient s'inscrire dans les plans dégagés par la structure – laquelle n'en est que plus visible.

De même qu'il est des apologies du métal et du verre jusqu'à la fin du siècle, il en est du béton. Le pont double de Plougastel où Freyssinet emploie la technique du béton précontraint qu'il a inventée répond en 1930 au viaduc de Garabit d'Eiffel. Plus que la généralisation du béton dans les structures de la plupart des édifices, importent les architectures où il est employé pour lui-même. Le Corbusier en est le principal auteur. À Chandigarh (1951-1953), il dessine les bâtiments officiels de l'État du Pendjab, dont son parlement. Il y imagine, portée par une structure orthogonale, une toiture aux envolées courbes. Pour la chapelle Notre-Dame-du-Haut à Ronchamp (1951-1955), il abandonne l'angle droit pour des formes concaves plus organiques et une conception dynamique. Le pignon redressé au-dessus d'une arête aiguë oppose sa légèreté à la pesanteur accentuée des rebords de la toiture et du pilier rond sur lequel elle s'appuie par l'un de ses angles.

Le béton, dans ce cas, n'est plus exalté pour sa rigidité et sa résistance mais pour la souplesse de son emploi, sa fluidité. Elle invite à introduire ellipses, ogives, cercles et demi-cercles. Ainsi le Parc des Princes (1972) de Roger Taillibert, où la fonction et les exigences de la vision sont satisfaites grâce à des formes portantes retenant comme des griffes gradins et toiture. À preuve encore le Stade de France (1998), célébration monumentale du disque et de la coupole ; ou la cathédrale d'Évry (1991) de Mario Botta, qui affecte la forme d'un cylindre ; ou les voûtes en berceau de la gare Montparnasse. D'autres ressources s'offrent, de la brutalité rugueuse d'un béton sans apprêt aux surfaces lisses ou nervurées de bétons coffrés afin d'obtenir des effets de texture. À Nevers, pour Sainte-Bernadette (1963-1966), Claude Parent et Paul Virilio poussent l'ambiguïté au point de confondre l'édifice religieux et l'architecture militaire du blockhaus.

L'ordre urbain

Architectures-signes, monuments-symboles : l'architecture en France au XXe siècle est une suite de manifestes de modernité. Stades, églises, musées, villas le permettent. Vision partielle cependant : la révolution moderne de l'architecture révèle son ampleur autrement, quand elle affronte la question du nombre et veut appliquer, pour la résoudre, les méthodes de l'industrie de masse. L'analyse des matériaux et des procédés ne suffit pas, car ceux-ci se trouvent engagés et employés dans des projets à l'échelle de populations entières – et cela parce que la réflexion architecturale entend satisfaire beaucoup plus que des commandes privées, parce qu'elle se veut ingénierie de la métropole et de la société.

La question est celle de la ville. À mesure que sont dressés les premiers plans d'urbanisme, à mesure qu'ils sont exécutés, une conviction s'établit : il revient à l'architecte de déterminer quel modèle devrait commander à la construction ou au remodelage d'une cité. La référence est parisienne : Eugène Haussmann décide d'une métamorphose de la capitale qui obéit à des raisons politiques, démographiques, économiques et techniques. À un espace morcelé et disparate il s'agit de substituer un espace rationnellement occupé. À une ville historique, éclectique, incohérente, une cité homogène et rationnelle. L'entreprise, commencée avec la nomination d'Haussmann à la préfecture de Paris en 1853 se prolonge sous la IIIe République. Elle va jusqu'à son terme, quartiers anciens détruits, monuments jetés à bas. À Vienne, le Ring dessiné par Ludwig Forster en 1860, tout en évitant d'éventrer le centre gothique et baroque de la capitale, détermine un nouveau plan et suscite la construction d'édifices impériaux et municipaux le long d'un boulevard circulaire. Ces exemples provoquent la prolifération des plans de circulation et d'urbanisme à Bruxelles, Cologne ou Barcelone. Dans cette dernière ville, la géométrie impose un quadrillage régulier, traversé par un axe longitudinal et des diagonales se croisant au centre de la cité.

Ces planifications se fondent sur la conviction de mieux en mieux assurée qu'il est nécessaire de rationaliser les métropoles afin d'améliorer l'habitat, les déplacements, le travail et de préserver la paix sociale. La ville, conçue comme un agrégat de fonctions, de besoins et de forces, réclamerait l'intervention d'une intelligence organisatrice. Il y aurait une logique des comportements et une logique du fonctionnement de la ville, que l'urbanisme aurait pour fin de servir, lui permettant de s'accomplir sans délais ni accidents.

L'exigence presse, parce que les révolutions du XIXe siècle ont rendu les cités anciennes malcommodes. D'autres révolutions s'opèrent au début du XXe siècle et la nécessité s'en trouve accentuée. Il serait étrange que des bâtiments et des quartiers construits avant l'automobile, l'électricité et les foules puissent s'y adapter. La modernité de la civilisation impose la modernisation de la métropole ou la création de nouvelles métropoles, conçues selon les normes issues des conditions de la vie contemporaine. Il se pourrait même que l'urbaniste et l'architecte se risquent plus avant et, avertis des progrès à venir, conçoivent la métropole du futur, par anticipation. Ingénieurs philosophes, non contents de maîtriser le présent, ils tiendraient l'avenir dans le filet de leurs déductions.

Entre 1901 et 1904, Tony Garnier séjourne à l'Académie de France à Rome. Il y développe le projet d'une cité rationnelle, dont le béton serait le matériau et la géométrie le principe régulateur. Il trace les axes de circulation et de pénétration, décide de la forme des immeubles et de leur esthétique, épurée. Tel qu'il est publié en 1917, son projet repose sur le postulat d'une création maîtrisée en chacune de ses phases. Au centre prennent place un centre administratif et culturel – musée, bibliothèque, théâtre –, un palais des congrès et un stade. Autour de ce noyau, les quartiers d'habitation composés d'immeubles de deux étages se rangent dans les rectangles d'un quadrillage régulier. Des espaces verts sont ménagés – Garnier rompant avec les cours intérieures. Des voies différenciées permettent la circulation des piétons et des automobiles. Les dessins aquarellés de Garnier entrent dans le détail de toutes les fonctions et, puisqu'il projette une cité industrielle, il propose des hauts fourneaux rangés de part et d'autre d'un axe afin de rationaliser la production autant que l'habitat.

De cet ensemble Garnier n'élève que quelques fragments et ce caractère fragmentaire contredit la visée d'ensemble, rêve d'une création *ex nihilo*. De l'urbaniste utopiste ne demeurent, paradoxalement, que des monuments isolés dans l'agglomération lyonnaise, tous marqués par la modernité du béton et des lignes épurées : l'abattoir de la Mouche (1909-1913), le stade Gerland (1913-1916), l'hôpital de la Grange Blanche (1915-1930). Mais là n'est pas l'essentiel : Garnier formule une conception de la cité moderne et de l'architecte urbaniste qui exerce son autorité tout au long du siècle. De son projet de Cité industrielle à ceux des architectes invités à dessiner un quartier le long de la Seine, entre Bibliothèque de France et boulevard périphérique, de Tony Garnier à Christian de Portzamparc demeure inchangée l'idée qu'une partie de ville ou une ville entière peuvent obéir à un dessin d'ensemble. Que la création architecturale entende s'exercer à cette échelle dit l'amplification de son ambition, proportionnelle à l'amplification de ses moyens.

Contemporain de Garnier, Eugène Hénard est l'auteur, entre 1903 et 1909, des *Études sur les transformations de Paris* : s'il se propose d'introduire des squares le long des avenues et d'édifier des voies piétonnes au-dessus des voies

Tony Garnier, dessin extrait de *Une Cité industrielle* – *Étude pour la contraction des villes*, 1917.

automobiles, il dessine aussi un plan de circulation où de larges axes traversent la capitale. L'un d'eux, sans souci du Palais-Royal, relie l'Opéra aux Halles. Autre décision emblématique : devant la façade classique de l'École militaire, sur le Champ-de-Mars, il se propose d'établir la « gare des dirigeables », qui pourrait en accueillir six. La tour Eiffel serait le signal d'après lequel les pilotes se guideraient pour atterrir au centre de la métropole. Près de cette gare seraient créés deux stades, football et rugby, plusieurs terrains de tennis et, entre eux, des carrousels. L'idée était de nature à séduire Delaunay, synthèse à peu près complète des symboles de la modernité.

L'urbanisme futuriste a d'autres précurseurs. En 1912, Ernest Hébrard, s'affranchissant de toute contrainte, dessine son International World Center, apothéose de la régularité et de la planification. Louis Bonnier reprend l'idée des voies de circulation superposées, avancée par Eugène Hénard et popularisée par les architectes américains Lamb et Corvett. Henri Prost, travaillant au Maroc de 1913 à 1922, édifie des villes nouvelles à distance des centres historiques et réalise selon cette règle les plans-directeurs de Casablanca, Fez, Rabat et Marrakech. Chaque fois son projet est celui d'une fondation, sur terrain vierge ou préalablement dégagé. C'est dire que, dès avant 1914, le principe de la modernisation radicale delà ville a ses théories et ses projets.

Ceux que Jacques Gréber, de retour des États-Unis, avance après la guerre relèvent de la même vision globale. En 1919, un concours se donne pour sujet le plan d'extension de Paris et Gréber, s'inspirant du modèle des *parkways*, propose une avenue-promenade à l'emplacement des fortifications, définitivement obsolètes, et, le long de ce périphérique avant la lettre, des programmes de logements différenciés selon les classes sociales. Gréber présente son plan au Salon des Artistes français en 1921 et, l'année suivante, Le Corbusier, au Salon d'Automne, révèle la première version de sa « formule neuve d'habitation de grande ville », fondée sur la systématisation du type Citrohan qu'il a imaginé en 1920.

Quand il cesse d'être Charles-Édouard Jeanneret, artiste, rédacteur avec Ozenfant de la revue *L'Esprit nouveau*, Le Corbusier se veut urbaniste autant qu'architecte. Le second détermine quels usages faire du béton et quelles formes se prêtent à la systématisation et à la répétition. Le premier passe de son projet de ville contemporaine formulé en 1922 au plan Voisin en 1925 – du nom du constructeur aéronautique qui l'a parrainé. Le projet se présente comme la solution pour édifier « une ville contemporaine de 3 millions d'habitants », répartis dans des tours et des « immeubles-villas ».

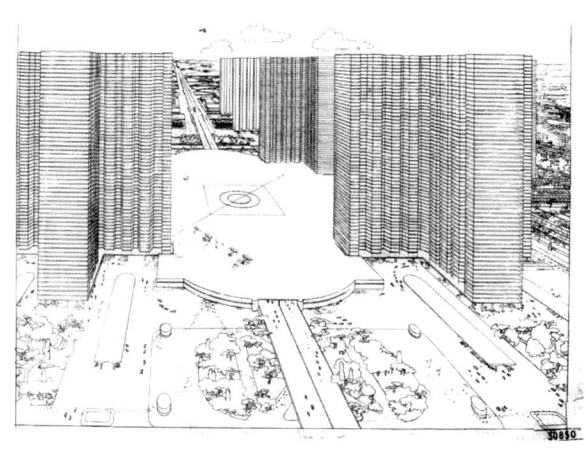

Le Corbusier, perspective aérienne pour le projet du plan Voisin, 1925.

Le plan d'aménagement répartit les différents types de constructions : les tours cruciformes au centre, inscrites dans deux rectangles emboîtés, puis un losange d'immeubles-villas pris dans un quadrillage de voies se coupant à angle droit ; puis, au-delà, l'alignement de bâtiments parallélépipédiques simples. Le plan Voisin suggère la métamorphose du centre de Paris et dessine plusieurs zones selon le même principe : au centre, des tours de bureaux de soixante étages ; puis des immeubles d'habitation d'une douzaine d'étages et des « immeubles-villas » divisés en duplex et équipés de terrasses-jardins. Là logeraient ingénieurs et dirigeants, alors que les ouvriers habiteraient en périphérie dans des cités-jardins non moins géométriques, non moins rationnelles. La ségrégation sociale se trouve ainsi géométriquement affirmée. Le plan Voisin propose l'application de ce schéma dans une zone comprise entre la Seine et le quartier des gares de l'Est et du Nord, sur une surface rectangulaire bordée à l'ouest par le Louvre, à l'est par le Marais. Elle serait traversée par des axes routiers rectilignes. Le pavillon de l'Esprit nouveau présenté dans l'Exposition de 1925 en serait le prototype, espace cubique occupé par des objets produits en série. La géométrie règle le problème du nombre et assure la cohérence, de l'unité de base – la cellule – à sa multiplication en bon ordre – la ville.

De ces convictions ordonnatrices dérivent logiquement les thèses que Le Corbusier affirme ensuite, les « 5 points d'une architecture nouvelle » en 1927, puis le projet de la Ville radieuse en 1931. Il s'agit d'énoncer une charte en quelques maximes, qui détermine la méthode d'exécution. La rationalité de l'exposé garantirait la rationalité du résultat et la réflexion architecturale se conformerait désormais au modèle de la pensée déductive. Elle serait moderne de la modernité scientifique que Le Corbusier reconnaît pour l'essence du siècle et qu'il observe à l'œuvre dans l'industrie. Son « purisme » appelle des comparaisons, qu'elles introduisent le constructivisme, le néo-plasticisme ou l'enseignement du Bauhaus comme terme de la comparaison, Melnikov, Rietveld ou Gropius. Quelles que soient les différences de style et de matériaux, ces architectures se fondent sur l'énoncé préalable de la prééminence absolue de la géométrie orthogonale, de la rationalisation du plan et de l'industrialisation de la construction au moyen d'éléments préfabriqués.

Dans la Ville radieuse, le principe du zonage fonctionnel et social strict engendre la division en bandes parallèles, quartier d'affaires, zone de transport avec chemin de fer et aéroport, hôtels, zone résidentielle, zone verte, industrie légère, industrie lourde, villes satellites. De même qu'auparavant une hiérarchie s'instaure entre la classe dominante, à proximité de la zone verte, et la population ouvrière, établie au-delà des zones de production. Énoncée en 1933 à l'occasion du 4e Congrès international d'architecture moderne (CIAM), la Charte d'Athènes reprend point par point l'idée et définit jusque dans ses détails ce que devrait être la ville contemporaine idéale qui ignorerait tracés irréguliers et mélange des professions et des milieux. Il n'est guère de place dans cette réflexion pour la notion d'individu, la collectivité organisée l'emportant sur la singularité.

L'architecture industrie

Modèle Citrohan, plan Voisin, tentatives de collaboration avec Citroën et Peugeot : à ces indices se reconnaît l'une des convictions de Le Corbusier, qui veut que l'architecture du XXe siècle se plie à la rationalité d'une standardisation sur le modèle de l'industrie automobile et aéronautique. Il faut des produits types, des formes aisément reproductibles, l'équivalent des chaînes de fabrication. En 1920 il affirme : « Il faudra que les maisons surgissent d'un bloc, faites avec des machines-outils, en usine, montées comme Ford assemble sur ses tapis roulants les pièces de ses automobiles[34]. » Il n'y a rien à ajouter à sa profession de foi moderne.

Elle prépare l'organisation scientifique du travail, dont le triomphe est assuré par la préfabrication et l'assemblage automatique. La publication de la Maison Citrohan est contemporaine de l'apparition de la 10 HP Citroën, première automobile produite en grande série d'après les méthodes d'Henry Ford, et Le Corbusier s'efforce sans succès de gagner l'appui d'André Citroën. Gabriel Voisin, mécène du plan qui porte son nom, a été tenté en 1916 de se reconvertir dans la fabrication, évidemment en chaîne, de maisons mobiles métalliques. Transposition directe : à Pessac, Le Corbusier prescrit l'emploi d'un unique modèle d'escalier intérieur, d'un seul type de fenêtre et veut automatiser la construction par l'usage du canon à ciment. Dans les unités d'habitation de la Ville radieuse, le principe exposé au pavillon de l'Esprit nouveau serait démultiplié à l'identique, de même que, du prototype à l'automobile de série, le passage s'opère par duplication.

La rationalité domine, rationalité des plans, des méthodes de construction, de l'urbanisme. Du microcosme de l'habitation au macrocosme de la métropole, nulle rupture, seulement des changements d'échelle. L'espace urbain est divisé au nom d'une répartition des fonctions qui est aussi répartition des classes sociales. Il est compris comme une machine à faire cohabiter et produire une population, de même que la maison est une machine à vivre, avec division fonctionnelle de l'espace et invention de modules qui peuvent être répétés sans fin. Ainsi considérée, l'architecture devient une activité mathématique. Elle se calcule plus qu'elle ne s'invente. Elle s'accroît par répétition de modules-types.

André Lurçat, l'école Karl-Marx, Villejuif, 1930.

Quoique ses villas soient parmi les bâtiments les plus réussis de Le Corbusier, sa réflexion a la collectivité pour principal sujet.

Dans des ensembles uniformes habiteront, de plus en plus nombreuses, les populations des métropoles modernes. En 1931-1932, Marcel Lods et Eugène Beaudouin construisent la cité du Champ des Oiseaux à Bagneux. La structure géométrique est en béton vibré, les élément constructifs qui y prennent place préfabriqués et assemblés à sec. De 1932 à 1934, Lods, Beaudouin et Vladimir Bodiansky recommencent avec la cité de la Muette à Drancy, sur un programme de cinq cent quatre-vingt-dix logements. L'industrialisation est à son apogée : à une charpente d'acier sont fixés des panneaux de béton préfabriqués qui deviennent sols et murs, toits plats et façades. Le plan urbanistique est limpide : cinq tours de quinze étages sont alignées, comme le sont à leur pied dix rangées d'immeubles plus bas, de trois et quatre étages, non moins géométriques, non moins répétitifs. En 1935-1936, Beaudouin et Lods mènent à bien un troisième projet, l'école de plein air à Suresnes, à classes indépendantes et cloisons rétractables. Sur le même thème, en 1930, André Lurçat bâtit l'école Karl-Marx à Villejuif, avec toits-jardins, stade et solarium intégrés dans une architecture puriste proche de celle que Lurçat se proposait d'appliquer en 1926 à des habitations à bon marché à Villeneuve-Saint-Georges. Il y prévoyait des barres de six étages alignées.

Après 1945, Le Corbusier parvient à son tour à réaliser partiellement ses projets et met plusieurs fois en pratique sa théorie. Lui sont confiées les reconstructions de Saint-Dié, La Pallice et du quartier du Vieux Port de Marseille. Les deux premiers projets échouent, l'architecte ne parvenant pas à renverser les objections des habitants que ne convainc pas le modèle de la Ville radieuse, trop contraignant à leurs yeux. Ceux de Saint-Dié refusent que disparaisse ce qui demeure de la ville ancienne au bénéfice de gratte-ciel de bureaux et d'unités d'habitation. Ceux de La Pallice n'admettent pas la division fonctionnaliste entre zones d'habitation et de travail, ne serait-ce que parce que les commerçants veulent continuer à habiter au-dessus de leur magasin. À Marseille, Le Corbusier élève son unité d'habitation entre 1945 et 1952 : trois cent trente-sept appartements en duplex dans un immeuble de cent trente-cinq mètres de long monté sur pilotis. La carcasse est de béton, reposant sur les piliers par l'intermédiaire d'un socle qui fait office de galerie technique. Un hôtel, une laverie, une école maternelle sur le toit-terrasse, un gymnase, une piste de course et un solarium trouvent place dans le dessin général. Les appartements sont insérés dans la carcasse selon le principe dit du « casier à bouteilles » et obéissent aux règles que Le Corbusier a énoncées dès les années vingt : on y retrouve la mezzanine, les cloisons coulissantes, mobilier et rangements intégrés.

Auguste Perret, immeuble-tour à Amiens, 1942-1958.

Sur ce modèle, il construit ensuite des unités d'habitation à Rezé-les-Nantes (1948-1955), Briey-en-forêt (1956-1963) et Firminy (1959-1967). Destinées à des zones ouvrières, elles contiennent respectivement deux cent quatre-vingt-quatorze, trois cent vingt-et-un et quatre cent quatorze appartements – l'ordre orthogonal autorisant la maîtrise des grandes quantités d'autant mieux qu'il ne voit en elles que des multiples d'une unité invariable, d'un type qui ne subit que de faibles modifications selon les circonstances économiques et sociales. Quant aux conditions climatiques et géographiques, elles affectent peu le modèle.

Cet idéal a sa forme exemplaire, le gratte-ciel, le building monumental signe de modernité et symbole de la ville moderne par excellence, New York. Léger, de retour de Manhattan, s'exalte : « Chez l'architecte Corbett avec Kiessler. C'est un des plus grands constructeurs de l'édifice américain. [...] 20 000 personnes à faire vivre dans un building, me dit-il, voilà mon travail actuel. Ne croyez pas que la solution soit une question d'étage ! Non, c'est plus compliqué, c'est une question d'ascenseur. [...] Problème spécifique américain. Ils sont imbattables dans la rationalisation, dans la série, dans les nombres. Partir du nombre pour donner le confortable à l'unité... Nouveau monde[35] ! » L'admiration de Paul Morand n'est pas moins grande, telle qu'elle se lit dans le portrait apologétique qu'il fait de la ville.

Le gratte-ciel devient le héros de la mythologie urbaine, sous toutes ses formes. Cinématographique : des *Mystères de New York* aux films noirs des années trente et à la scène la plus fameuse de *King Kong* (1933), l'Amérique se confond avec Manhattan et Manhattan a pour symboles le Chrysler Building, le Shelton Towers Hotel, l'Empire State Building, le Rockefeller Center. Cinématographique encore : dans *Metropolis* (1927), la tour de Babel imaginée par Erich Kettelhut et les tours colossales sont plus qu'un décor pour le film de Fritz Lang. Picturale : Georgia O'Keeffe, Charles Demuth, Charles Sheeler et, dans une moindre mesure, Edward Hopper sont aux États-Unis les peintres de ce monument nouveau. Bernard Boutet de Monvel, après des tableaux de vie mondaine parisienne de l'après-guerre et d'autres au Maroc, se rend à Manhattan et, à partir de 1926, se consacre à des vues d'architecture où la vue en contre-plongée accentue le vertige et la verticalité. Elles se dénomment *New York*, qu'elles figurent Wall Street ou les buidings *up-town* parce qu'il suffit de ce nom, associé au bâtiment-phare de la modernité.

Aux buildings, Perret songe dès 1920. Ce serait le monde des « villes-tours », construites sur de larges piliers, ancrés dans un sol recouvert de béton. Chacune de ces tours serait cruciforme. Quelques années plus tard, reprenant son projet, Perret substitue aux piliers de béton une ossature métallique de deux cent cinquante mètres de haut. Il dresse à Amiens la tour, moins haute, qui porte son nom, gratte-ciel à la française. Entre-temps, Le Corbusier reprend l'idée à son compte, préférant le mot gratte-ciel. En 1925,

Bernard Boutet de Monvel, *New York*, 1926. Huile sur toile, 84 × 53,5 cm. Aurillac, collection du musée d'Art et d'Archéologie.

Jean Nouvel, maquette de la *Tour sans fin*, La Défense, 1991.

ils se dressent au centre du plan Voisin, cruciformes à nouveau. En 1930, le concours Rosenthal pour l'aménagement de la porte Maillot leur est comme dédié. Mallet-Stevens veut deux grandes tours, Sauvage deux hauts édifices pyramidaux à degrés, compromis entre réminiscence assyrienne et américanisme dont son projet d'immeuble Metropolis est une version antérieure, et Le Corbusier veut deux gratte-ciel dominant un échangeur de circulation. En 1932, le concours pour la création d'une « voie triomphale » de l'Arc de triomphe à la Défense permet à Jacques Carlu d'esquisser des buildings vitrés alors que le projet de Chappet, Dubayon et Julien en prévoit huit autour d'une esplanade circulaire. En 1934, Lods et Beaudouin en intègrent cinq à la cité de la Muette et, en 1935, Le Corbusier découvre à son tour New York, « ville debout ».

Durant la Seconde Guerre mondiale et l'exil aux États-Unis, plusieurs de ces architectes perfectionnent leurs conceptions. Jacques Carlu, conseiller technique auprès de la mission Monnet à Washington en 1943 et 1944, étudie l'idée d'un gratte-ciel pour la Défense : il aurait six cents mètres de haut, s'achèverait par une antenne-flèche sur le modèle de l'Empire State Building et s'inscrirait dans l'axe de la « voie triomphale » de l'Ouest parisien. Il préfigure le projet de la « tour sans fin » projetée par Jean Nouvel pour la Défense. Entre-temps, qu'on la nomme tour ou gratte-ciel, la forme architecturale moderne par excellence s'est développée, non seulement dans le quartier de la Défense, mais dans le quartier Italie et jusque dans le centre de la capitale, dominée désormais par la tour Montparnasse. Haute de deux cent neuf mètres, sur cinquante-six étages, elle est l'œuvre d'Eugène Beaudouin, Urbain Cassan, Louis Le Hoym et Jean Saubot. Un noyau central en béton armé repose sur des « barrettes » enfoncées à soixante-dix mètres de profondeur dans le sol des anciennes carrières afin de supporter le poids de l'ensemble, revêtu de verre pare-soleil.

Le modernisme

« Ils pleurèrent dans un de ces appartements nus selon la mode de ces années, sous la lumière amortie de l'électricité. » C'est la dernière phrase d'*Un bon ménage*, nouvelle de Drieu La Rochelle. « Ils », ce sont René et Violette, qui habitent « un agréable huitième, quai de Passy ». René, architecte, prépare « tranquillement un projet d'aéroport fort révolutionnaire ». Ils sont à la mode et, donc, leur appartement est nu. La nouvelle paraît en 1934 dans *Le Journal d'un homme trompé*.

En 1927, Lartigue photographie sa femme Bibi dans leur nouvel appartement, à Neuilly, dont ils ont confié l'aménagement à Djo Bourgeois. Ce ne sont donc que bibliothèques rectangulaires, bureau réduit à un plan de travail, lignes droites, dépouillement. Or Djo Bourgeois est alors l'un des décorateurs en vogue à Paris.

Le Corbusier, le pavillon de L'Esprit nouveau à l'Exposition des Arts décoratifs et industriels modernes, 1925, vue intérieure.

Jacques-Henri Lartigue, *Renée*, Biarritz, août 1913.

De là des interventions radicales. La Défense, les banlieues sud et nord de Paris, les quartiers nord de Marseille, les plateaux dominant Lyon, les périphéries de la plupart des métropoles régionales – Lille, Toulouse, Strasbourg, Rennes – se couvrent de « cités » où l'urbanisme dessine des axes orthogonaux sans grand souci de les raccorder aux réseaux de circulation antérieurs et où l'architecture dresse ses parallélépipèdes uniformes, machines à habiter où le fonctionnalisme se réduit au minimum vital. Des quartiers neufs se créent, à Poissy, à Mantes, à La Courneuve, à Sarcelles, à Créteil, aux Minguettes ou au Mirail. Quels que soient leurs auteurs, ils ont recours à la tour et à la barre, celle-ci pouvant atteindre plusieurs centaines de mètres de long. Le gigantisme, triomphe du chemin de grue, exalte l'omnipotence des moyens nouveaux et, plus discrètement, la maîtrise de ces moyens par l'architecte-urbaniste-ingénieur social qui reloge ses contemporains dans des ensembles où rien ne rappelle plus l'ancien temps.

Peu nombreux sont ceux qui, tel Émile Aillaud dans la cité des Courtillières à Pantin (1955), se soucient de diversité, quand bien même celle-ci se contente de substituer des lignes sinueuses aux droites habituelles. Ces réalisations relèvent de l'histoire économique des « trente glorieuses » et des enquêtes de la sociologie plus que d'une histoire de l'architecture. Il ne reste à celle-ci qu'à dénombrer les répétitions et à déplorer que l'esprit moderne se fige en formules stéréotypées. La récupération du modèle américain du campus donne lieu à des interprétations monumentales telles que les universités ne se distinguent plus des « cités-dortoirs » contemporaines.

Un langage, devenu académique à la longue, détermine la majorité des programmes et ne se distingue de celui des inventeurs que par des améliorations techniques qui permettent de satisfaire le désir de démesure. À l'initiative de François Mitterrand, il élève ses chefs-d'œuvre à Paris avec la construction de la Tête Défense (1988), dite Grande Arche, dessin de Johann Otto von Spreckelsen retenu au terme d'un concours, et avec celle de la Bibliothèque nationale de France (1992-1995). Dominique Perrault la conçoit selon un diagramme que l'on croirait repris du plan Voisin. Un rectangle fait office de socle ; aux quatre angles s'élèvent quatre tours identiques, à angle droit, qui rappellent les tours cruciformes chères à Le Corbusier. En son centre, le socle s'évide en une fosse rectangulaire aménagée en espace vert et bordée de parois transparentes.

Émile Aillaud, ensemble de logements « Les Courtillières », Pantin, 1955.

Ils se manifestent encore dans l'apparition d'architectures qui reprennent les principes de rigueur et de répétition de formes standardisées, tout en tempérant la géométrie. En 1928 quai d'Orsay et en 1930 rue de la Cité-Universitaire, Michel Roux-Spitz construit des immeubles dans lesquels il cherche à allier l'esprit rationnel à des éléments décoratifs qui rompent avec le dépouillement. Dans ses intérieurs, il introduit alors des meubles de Perriand et Le Corbusier. En 1931, rue de Rennes, Laprade et Bazin font se dresser une tour d'habitation de dix étages, mais l'emboîtement des volumes polyédriques inscrits dans des courbes n'a rien de puriste.

Passé la Seconde Guerre mondiale, la diffusion du langage moderniste s'accélère. En matière d'architecture, la seconde moitié du siècle, de la reconstruction de l'après-1945 aux décennies soixante et soixante-dix, est celle de la prolifération des tours et des barres. Lods et Beaudouin ont introduit des éléments préfabriqués à Drancy, mais l'échelle change quand, dès sa fondation en novembre 1944, le ministère de la Reconstruction et de l'Urbanisme choisit d'amplifier le procédé de la fabrication industrielle de masse : des centaines de milliers de panneaux de béton pour façade avec ou sans fenêtre prédécoupée, des centaines de milliers de portes et de volets, des volées d'escalier prémoulées. L'accroissement de la démographie, le déplacement des populations des campagnes vers les villes et les banlieues, la création de centres ouvriers, la nécessité de reconstruire, le volontarisme politique, la conviction que là est l'avenir, tout concourt à la généralisation d'un langage architectural épuré jusqu'à la pauvreté, standardisé jusqu'à l'extrême monotonie, calculé jusqu'à l'inhumain. Trois décennies durant, sans guère d'exception, le MRU et les organismes qui lui succèdent pratiquent la même politique selon les mêmes lois, devenues habitudes. N'importent que deux questions, la vitesse de réalisation, le gigantisme des immeubles. À la préfabrication systématique s'ajoute la méthode du chemin de grue. Les façades doivent suivre la ligne droite que tracent les rails sur lesquels avancent les grues nécessaires à la construction.

Une fois achevée la reconstruction des villes sinistrées par la guerre – Calais, Le Havre, Caen, Rouen sont parmi les plus ravagées –, vers 1955, équipes architecturales et pouvoirs publics se tournent vers la réalisation de « grands ensembles » à la périphérie des villes. Il est urgent de résorber l'habitat misérable – zones et bidonvilles – et de prévoir des logements pour les générations du « baby-boom » français. Il en va de la salubrité et du confort public. Il en va aussi de l'image que la France de la IVe République et des premières années de la Ve veut donner d'elle-même, celle d'un pays réconcilié avec la modernité et tourné vers le futur. À la mode du cinétisme et de Vasarely répond celle de l'architecture rationalisée : volontarisme dans les deux cas, qui a dans Georges Pompidou son champion le plus résolu, du salon d'Agam à l'Élysée à la voie express des bords de Seine et à la destruction des Halles de Baltard.

Auguste Perret, immeubles d'État, place de l'Hôtel-de-ville, Le Havre, vers 1950.

PAGE DE GAUCHE, EN BAS À DROITE. Robert Mallet-Stevens et Jan et Joël Martel, *Jardin cubiste*. Vêtements et accessoires de Sonia Delaunay. Exposition internationale des Arts décoratifs et industriels modernes, 1925, Paris.

GAUCHE.
René Herbst, siège Sandow, tubes d'acier et sandows, 1929.

DROITE.
Jean Prouvé, chaise cafétéria n° 300, 1947. Acier laqué et contreplaqué. Paris, Musée national d'art moderne-Centre Georges Pompidou.

Herbst, qui s'est distingué auparavant par la surcharge de ses intérieurs cossus et fleuris, expose au salon de l'UAM de 1932 son siège Sandow, métal et câbles élastiques. Au même moment, Prouvé crée une chaise dont le dos et le siège en contre-plaqué moulé sont montés sur une structure métallique laquée. Pour la maison Cavrois à Croix (1931-1932), Mallet-Stevens entre dans le détail du mobilier en acier encore, faïence blanche, bois laqué en panneaux droits. En 1934, il propose un modèle d'aménagement pour cabine de bateau de troisième classe dans laquelle les tubulures d'acier sont partout. L'hôtel Latitude 43 à Saint-Tropez, œuvre de Georges-Henri Pingusson (1931-1933), et la villa E.1027 qu'aménagent à Roquebrune-Cap Martin en 1929 Eileen Gray et Jean Badovici s'inscrivent dans le même mouvement. Ces créations ne sont pas exemptes des influences du néo-plasticisme et du Bauhaus, qui consacre aux arts appliqués plusieurs de ses départements. L'UAM, à mesure que croît son influence, reçoit parmi ses membres Walter Gropius, Gerrit Rietveld et Lazló Moholy-Nagy et organise des expositions. Lors de l'Exposition universelle de 1937, elle dispose d'un pavillon où manifester les progrès de l'esthétique moderniste.

Eileen Gray, salon de l'appartement de Suzanne Talbot, Paris, 1929.

En 1930, Lartigue photographie Renée à Biarritz, à la piscine de la Chambre d'amour : un portique de béton se dresse au-dessus du bassin aux bords droits revêtus de carreaux. Les fauteuils de plage affectent des formes cubiques. Le style balnéaire subit à son tour les effets de la rénovation.

De l'idée moderne au style moderniste, la transition est rapide, quelques années. Les théories, les projets, les réalisations de Perret, de Le Corbusier ou de Beaudouin donnent à l'idée de modernité sa forme accomplie, architecturale et urbaine. Par diffusion, imitation, application, apparaît un style qui étend ses effets. Or, c'est lui qui, plus que les créations pionnières, plus que les utopies de Le Corbusier, modifie l'apparence des villes et des intérieurs. Géométrisation, standardisation, série : à partir de ces notions clés s'organisent des productions dérivées, dont le nombre et la variété sont tels qu'elles en deviennent déterminantes.

Dans un premier temps, ce phénomène se reconnaît à la formation d'une rhétorique puriste du géométrique et de l'industriel qui se manifeste dès l'Exposition de 1925 au pavillon de l'Esprit nouveau : murs blancs où accrocher des toiles de Léger, d'Ozenfant ou de Le Corbusier, meubles cubiques, nul ornement. Pierre Chareau reprend à son compte l'idée quand il crée en 1927 un bureau à cadre métallique orthogonal, plateau rectangulaire simple, tiroirs sur pivots, étagères faites d'une seule feuille de métal découpée en carré. En 1929, auteur désormais de la Maison de verre, il s'associe à l'Union des artistes modernes (UAM) qui réunit architectes – Mallet-Stevens, Francis Jourdain, Charlotte Perriand – et décorateurs – Hélène Henry, René Herbst – autour d'une exigence : en finir avec des traditions artisanales obsolètes et le règne de l'Art déco. Il faut des meubles fonctionnels, lignes droites, fabrication en usine, prix de vente réduits.

Les prototypes, coûteux, existent déjà. En 1924, André Lurçat invente une chaise en tube d'acier chromé et plateaux de bois. En 1928, Le Corbusier, Pierre Jeanneret et Charlotte Perriand dessinent un fauteuil à dossier inclinable, cadre d'acier chromé, et une chaise longue sur le même principe.

Charlotte Perriand, Le Corbusier et Pierre Jeanneret, chaise longue « LC 4 », tubes en acier chromé et cuir, 1925-1928.

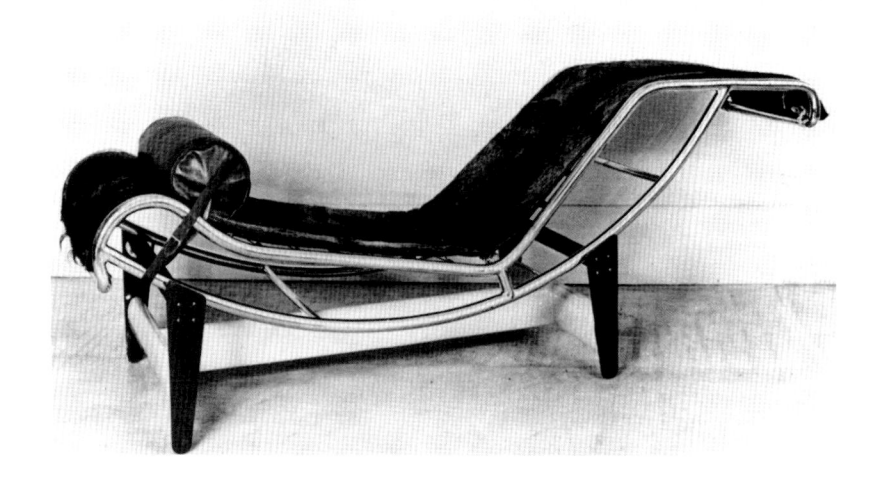

Johann Otto von Spreckelsen, la Tête Défense, 1988.

Dominique Perrault, la Bibliothèque nationale de France, Paris, 1992-1995, vue du jardin intérieur.

L'art total

Ces entreprises se placent sous le signe de l'acquiescement au moderne, comme s'y placent les toiles de Delaunay et de Kupka, les photos de Krull et les rayogrammes de Man Ray – acquiescement parce qu'elles expriment confiance et fascination face aux révolutions techniques et scientifiques. Elles donnent forme au style du siècle, elles sont ce style, avec ses sous-entendus et son lyrisme, que Léger dit froid et parfait. Le culte du savant, l'hommage à l'inventeur, l'admiration de l'ingénieur et de l'aviateur apparaissent comme les manifestations secondes de cette foi, car c'est de foi qu'il s'agit à en juger d'après l'emphase des déclarations de Le Corbusier et la certitude d'œuvrer dans l'universel et l'essentiel.

Les pavillons de la modernité

Il faut à cette conviction des monuments où collaborent les différentes disciplines, selon le principe d'un art total renouvelé. L'antimodèle, ce serait le théâtre des Champs-Élysées (1911-1913). Si la structure de Perret démontre les pouvoirs du béton, la façade ne se débarrasse pas des locutions décoratives néo-classiques de Van de Velde, et le programme pictural et sculptural est confié à des artistes de la génération symboliste. Équivoque encore : au Salon d'Automne de 1912, la Maison cubiste expose un service à café dessiné par Villon, une pendule et une cheminée de La Fresnaye, des toiles de Gleizes, Metzinger, La Fresnaye et Duchamp. Mais la maquette de façade composée par Duchamp-Villon relève d'un néo-classicisme tempéré que quelques lignes brisées et triangles au-dessus des fenêtres ne suffisent pas à travestir en architecture nouvelle.

Celle-ci se révèle en 1925 dans le pavillon de l'Esprit nouveau où, pour la première fois, une architecture révolutionnaire accueille la peinture qui lui est accordée. Si les panneaux de Delaunay et Léger sont jugés déplacés dans l'Ambassade française de Mallet-Stevens – dont l'architecture elle-même n'est pas mise en cause par les autorités –, les toiles de Léger ne sont pas décrochées du pavillon de Le Corbusier, où elles côtoient le plan Voisin.

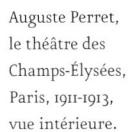

Auguste Perret, le théâtre des Champs-Élysées, Paris, 1911-1913, vue intérieure.

Alfred Audoul, René Hartwig et Jack Gerodias, le pavillon de l'Aéronautique à l'Exposition internationale des arts et techniques, 1937, vue extérieure.

Lors de l'Exposition universelle de 1937, la démonstration est plus efficace parce qu'elle associe l'objet industriel à la création artistique et à l'architecture. Le palais de l'Électricité a pour constructeur Mallet-Stevens et Dufy y peint *La Fée électricité*, mixte de portraits, de paysages, de machines et d'allégories dont la cohérence est assurée par le dynamisme d'une touche graphique intensément colorée. Devant la toile sont placés des transformateurs, des accumulateurs, des réseaux de câbles, chefs-d'œuvre industriels.

Même principe et mise en scène plus spectaculaire dans le palais de l'Aéronautique, dit aussi palais de l'Air, symbiose de l'artistique et du technique. L'architecte Aublet propose une structure où des arcs métalliques supportent des vitrages. Des prototypes de chasseurs et de bombardiers y sont suspendus entre les anneaux et les spirales de Rhodoïd que dessinent autour d'eux, dans l'espace, les rythmes colorés de Delaunay. Des panneaux ajoutent cocardes, hélices, cylindres. Le travail préparatoire s'accomplit en équipe – Aublet et Delaunay créent ensemble l'association Art-Lumière – dans un garage de Levallois, comme s'il s'agissait de construire l'un de ces avions. La peinture exécute loopings et boucles autour des machines.

Pour l'intérieur du palais des Chemins de fer, Delaunay, qui dirige une équipe comprenant Bissière, Estève, Herbin, Manessier et Metzinger, exécute une coupole surbaissée, une toile de dix mètres sur quinze intitulée *Air, Fer, Eau* et six motifs de rythmes circulaires en relief pour les piliers surplombant

Grange, H. Leroy, M. Vandenbeusch et R. Vazeille, pavillon de la Publicité à l'Exposition internationale des arts et techniques, 1937.

l'escalier. Sonia Delaunay livre deux toiles et Survage trois panneaux de quatre mètres sur vingt chacun. Pour l'entrée du hall des Réseaux, Delaunay imagine quatre panneaux, chacun de huit mètres sur quatre, séparés par des piliers. Il y intègre des allusions à tout ce qui tourne dans les gares et les trains – roues et pendules – et y ajoute des signaux ferroviaires. Pour l'extérieur du pavillon, du côté de la porte dite « des containers », il décide d'exécuter une composition où des spirales éclatent en rayons. Les éléments picturaux font écho aux locomotives rangées devant la façade comme dans une gare.

Au palais de la Découverte, aménagé dans une aile du Grand Palais, Jean Perrin, prix Nobel de physique en 1926, fixe un programme d'allégories scientifiques. À Lapicque il confie *Galilée*, *La Musique*, *Les Ondes hertziennes*, *Les Ultra-sons*. Gromaire reçoit pour sa part *La Vis d'Archimède*, *Le Foret à feu*, *Le Gouvernail et L'Hélice*, Herbin *La Réalité spirituelle*, Lhote *La Houille et ses dérivés* en deux panneaux, *L'Usine à gaz* et *Les Fours à charbon*, Léger *Le Transport des forces*, Lurçat *Les Âges de l'homme*. Les autres commandes du palais de la Découverte vont à des fidèles du post-impressionnisme comme Girieud et D'Espagnat. La volonté didactique est explicite et correspond à ce que souhaitent le Front populaire et son ministre de l'Éducation nationale, Jean Zay. Elle est à l'œuvre encore dans le pavillon de la Solidarité, construit par Mallet-Stevens et enrichi d'allégories de Delaunay (*L'Assistance publique*), Dufy (*Les Assurances privées*), Gromaire (*L'Épargne*), Lurçat (*Le Service social*) et Léger (*Le Syndicalisme ouvrier*). Grâce à l'intervention de Jean Zay, un emplacement est accordé à l'UAM, sur lequel Pingusson édifie un pavillon où la transparence du verre domine. Dans l'entrée, une peinture murale est confiée à Gleizes qui, pour l'exécuter, bénéficie de l'aide de Léger et de Survage.

Il suffit de rappeler ces commandes à vocation politique et pédagogique pour montrer combien l'Exposition universelle se veut, en plusieurs endroits, l'alliance de la modernité artistique et d'une modernité sociale que le Front populaire tente d'établir en France. Mais il suffit de rappeler que les commandes pour le palais de Chaillot s'adressent à Brianchon, Chapelain-Midy, Denis, Oudot ou Waroquier et que Derain et Braque, sollicités, refusent leur participation, pour mesurer l'ambiguïté de l'attitude officielle. Si nette soit la volonté de renouvellement, symbolisée par la présence de Jean Cassou aux côtés de Zay, elle se trouve embarrassée par les résistances académiques.

Le monumental, le collectif

Après l'Exposition, Zay observe dans une déclaration que « tout le mouvement artistique de ces vingt dernières années s'est trouvé intégré à cette vaste manifestation et que tous les artistes qui s'étaient le plus particulièrement illustrés à l'avant-garde de spéculations esthétiques, ont été appelés à collaborer à d'importantes entreprises » – ce qui est trop dire. Il poursuit : « Il semble ainsi que l'Exposition marquera le passage d'une époque de création individuelle à une époque de création collective : architectes, peintres, musiciens, décorateurs ont constitué des équipes et se sont efforcés de se plier à des programmes communs[36]. » C'est encore aller vite – mais désigner l'enjeu majeur. Il se pourrait que la modernité trouve son style, celui de l'époque, donc collectif.

L'ambition de le définir inspire réflexions et engagements. Le 1er janvier 1935 est fondée l'association artistique L'Art mural qui se veut l'instrument de la réconciliation de l'art moderne et du public populaire. L'association organise des salons, publie des catalogues. On y lit une déclaration de Reginald Schoedelin selon laquelle « l'art mural est le seul art vraiment social, social par essence et social par destination[37] ». L'Art mural apparaît comme le produit d'une réflexion esthétique et politique engagée dès la fin de la Grande Guerre. En 1920, dans la revue *Clarté*, Gleizes se déclare pour « une époque de bâtisseurs ». En 1921, il dénonce l'individualisme artistique. « La stérilité individualiste, accuse-t-il, ne comprendra jamais la joie qu'on éprouve à se retrouver dans d'autres êtres occupés à des besognes en apparence divergentes de la sienne, quel secours on y trouve et quelle conscience s'y ordonne[38]. » En 1923, il pousse plus avant sa critique et en appelle à une réforme dans un vocabulaire qui peut inquiéter : « Les arts plastiques aspirent aujourd'hui à la sécurité de l'ordre. […] Ils s'éloignent de la confusion en dépouillant les éléments qui leur étaient étrangers. Aux œuvres vaniteuses pleines d'intention de la société qui meurt se substitueront les œuvres claires et logiques de la société humaine qui s'élabore partout. L'ordre rendra à chaque rouage de l'ensemble organique son indépendance et sa responsabilité ; dans les arts chaque catégorie reprendra sa mission particulière en solidarité avec les autres catégories […] : art collectif s'il en est comme autrefois la cathédrale collective, ce produit de tous les moyens artistiques disciplinés[39]. » À société nouvelle collectiviste, art nouveau collectif.

En 1927, dans *Vouloir*, Van Doesburg s'interroge sur « L'art collectif et son importance sociale ». En 1932, Gleizes publie *Vers une conscience plastique : la forme et l'histoire*, dans lequel le Moyen Âge fait office de référence suprême, époque de foi et d'entente entre les membres d'un corps social dont il désespère de reconstituer l'entente aujourd'hui. Dans les *Cahiers d'art*, Ozenfant déplore l'effacement de l'art mural et en attribue la cause à l'embourgeoisement des artistes qui « ont cessé de se considérer comme des collaborateurs de l'architecte, ont perdu tout sens artisanal, se sont fait des mentalités de vedette[40] ». Ces réflexions font écho à celles que le Bauhaus a formulées et défendues dès sa fondation, ne serait-ce que parce que l'atelier de peinture murale y est dirigé par Itten et Schlemmer. Elles ne sont guère éloignées de la doctrine du néo-plasticisme quand ce dernier veut réformer l'architecture, le design, les conditions de vie de chacun. Van Doesburg et Vantongerloo, par leur approbation, manifestent la continuité de conception qui attache le mouvement du moderne social à De Stijl.

Théo Van Doesburg, Jean Arp et Sophie Taeuber-Arp, le ciné-dancing L'Aubette, Strasbourg, 1928-1929, intérieur de la salle.

Ces idées répondent à une préoccupation sociale et politique contemporaine, alors que les débats autour du « réalisme social » et de la « querelle du réalisme » sont d'autant plus vifs qu'ils sont lancés par des membres de l'Association des écrivains et artistes révolutionnaires (AEAR) et que le succès du Front populaire laisse espérer la fin du conservatisme artistique autant que du conservatisme social. Dans *Commune*, répondant à une enquête, Delaunay déclare en 1935 : « Je porte la révolution sur un autre terrain. Dans l'architecture. Moi, artiste, moi manuel, je fais la révolution dans les murs[41]. » Il invente l'expression « modern'-âge » afin de faire entendre la résonance médiévale qui le séduit comme elle séduit Gleizes. Dans *La Querelle du réalisme*, l'année suivante, Léger est aussi résolu et explicite : « Nous sommes en possibilité de créer et de réaliser un nouvel art mural collectif. Nous attendons simplement que l'évolution sociale le permette. Nos goûts, nos traditions vont aux artistes primitifs et populaires d'avant la Renaissance. C'est de cette Renaissance que date l'individualisme en peinture, et je ne crois pas qu'il soit utile de regarder de ce côté, si nous désirons réaliser et rénover un art mural collectif populaire actuel[42]. » À celui-ci « l'architecture moderne, venue au monde avec la peinture moderne […] offre des possibilités d'existence rationnelle infiniment supérieures aux architectures précédentes ». À une humanité fragmentée en classes hostiles succéderait une humanité unie, rationnellement organisée, liée par un idéal commun d'harmonie. L'art monumental préparerait l'avènement de cet idéal social, il le réaliserait dans l'espace du bâtiment et sur la surface du mur, il créerait des conditions psychologiques meilleures, il aurait valeur curative. Léger le croit et cite l'exemple d'une usine de Rotterdam réaménagée selon ces règles et où « les ouvriers [...] sont, en travaillant dans cette usine refaite, devenus plus soignés ; on m'a même certifié, continue-t-il, qu'ils parlaient plus, qu'il y avait plus de gaîté. Influence très nette sur le moral de l'individu produite par des murs de couleur et des murs propres[43]. »

En juin 1936, le deuxième Salon de L'Art mural se tient dans une salle prêtée par la Maison de la culture avec l'accord de l'AEAR. Parmi les exposants figurent Dufy, Léger, Gleizes, Lipchitz, Delaunay – ceux qui sont l'année suivante les artisans de l'Exposition universelle. Faute d'expositions universelles françaises après 1945, de telles réalisations sont rares dans la seconde moitié du siècle. Mais la confiance dans le moderne et l'alliance des arts modernes s'exprime dans l'édification de monuments durables. À l'inverse des pavillons de 1925 et 1937, symboliques mais éphémères, ces monuments aspirent à triompher du temps. Ils y aspirent d'autant plus qu'ils ont avec lui des relations particulières. Ils lui échappent dans la mesure où ils s'inscrivent dans une tradition millénaire et exaltent la promesse d'une éternité : ce sont chapelles et églises.

Dans la décennie qui suit la Seconde Guerre mondiale, plusieurs églises et chapelles sont construites par des architectes et des artistes contemporains, qui ont travaillé ensemble en 1937. L'église d'Assy est construite à partir de cette année-là, sur un plan d'une simplicité délibérée : un campanile carré surmonte le toit à pans obliques de l'église, précédée par un portique de colonnes en granit. Là se trouvent réunies des œuvres de Léger – la mosaïque des *Litanies de la Vierge* (1947) en façade –, Rouault, Lipchitz, Richier, Braque ou Bonnard, auteurs, les uns, du mobilier liturgique, les autres, de vitraux et de tableaux. Braque dessine la porte du tabernacle, Bonnard peint un *Saint François de Sales visitant les malades*, Richier modèle un crucifix, Lurçat fait tisser la tapisserie de *L'Apocalypse* (1948). Dans l'église non moins géométrique du Sacré-Cœur d'Audincourt, Léger et Bazaine interviennent à partir de 1950, le premier pour les vitraux, le deuxième pour une mosaïque en façade, sur le modèle d'Assy. À Vence, de 1948 à 1951, Matisse œuvre seul, décide de l'architecture, des vitraux, des vêtements liturgiques et peints. Entre 1950 et 1953, Le Corbusier bâtit l'église de Ronchamp. De 1952 à 1959, il travaille à Éveux-sur-l'Arbresle, pour le monastère de la Tourette. En 1959, Guillaume Gillet achève Notre-Dame de Royan.

Guillaume Gillet, l'église de Royan, 1950.

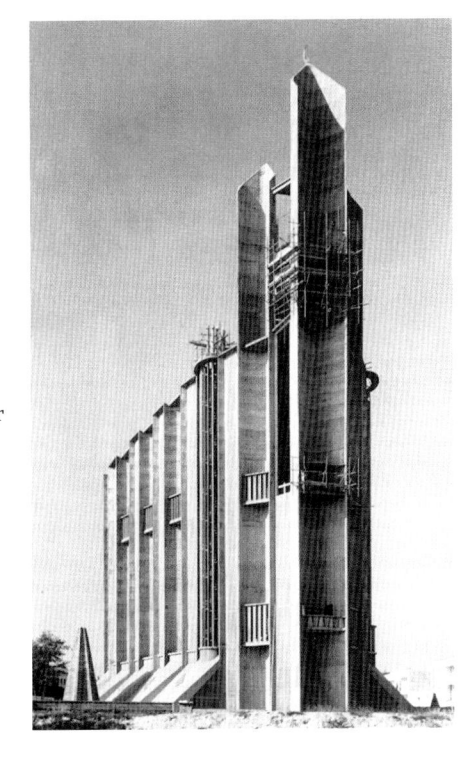

Dans cette période, Léger écrit le détail de la théorie d'une connivence retrouvée de la peinture et de l'architecture qu'il a esquissée au temps du Front populaire. S'il n'appelle pas à la disparition du tableau de chevalet, il affirme qu'« on ne doit pas prendre l'architecture comme un dispositif pour accrocher des tableaux : c'est l'erreur ancienne. Il faut établir un état de collaboration. […] Je conçois de plus en plus l'accompagnement mural avec l'asbtrait, et toujours en liaison étroite avec l'architecte, qui a son idée à lui, et il s'agit de faire coïncider nos deux idées[44]. » La peinture murale, annonce-t-il, « va se manifester sous une forme collective, elle perd son cadre, son petit volume, sa qualité mobile et individuelle ». Création d'un atelier, d'un groupe, elle exige des savoir-faire variés, afin de fabriquer tapisseries et vitraux. La référence historique, qui ne manque pas d'apparaître bientôt, est là encore médiévale. Les édifices contemporains naîtraient comme les cathédrales gothiques, par la réunion des corps de métier animés par une ferveur commune. Mythe, sans doute. Il témoigne néanmoins de l'intensité d'une foi moderniste qui veut triompher par et pour les foules. Léger rêve à des chantiers populaires car « le "monument" est plus que social, il est populaire. Les cathédrales romanes et gothiques l'ont été. […] Regardons-les : sur leurs plans, sur leurs surfaces, la couleur et la forme sculpturale ont réalisé à la fois du beau et du collectif, car toute l'œuvre est unité[45]. »

Lui fait écho Matisse. « Je voulais, dit-il, synthétiser mon apport. […] J'ai pu faire en même temps de l'architecture, des vitraux, de grands dessins muraux sur des céramiques, et réunir tous ces éléments, les fondre en une unité parfaite[46]. » Le peintre analyse son œuvre en termes d'efficacité et de suggestion. Il y recherche les moyens de produire l'effet le plus intense sur le visiteur. « Je veux que les visiteurs de la chapelle éprouvent un allègement d'esprit. Que, même sans être croyants, ils se trouvent dans un milieu où l'esprit s'élève, où la pensée s'éclaire, où le sentiment lui-même est allégé[47]. » Il faut que les couleurs enveloppent le visiteur, qu'il s'y baigne – effet que la peinture de chevalet ne permet pas, qu'autorisent les vitraux et la simplification du chromatisme, car, dit-il, « des couleurs simples peuvent agir sur le sentiment intime avec d'autant plus de force qu'elles sont simples. Un bleu, par exemple, accompagné du rayonnement de ses complémentaires agit sur le sentiment comme un coup de gong énergique[48]. » L'art se veut l'agent d'une transformation collective.

Henri Matisse, vitrail, autel et panneau de céramique pour la chapelle du Rosaire, Vence, 1951.

Un « art plus complet »

L'art mural apparaît comme une tentative, peut être vouée à l'échec, pour conserver à la peinture une fonction sociale, pédagogie politique ou prosélytisme religieux. Monumental, associé aux créations les plus remarquables de la science et de l'industrie, l'art de peindre demeurerait efficace. Il peut l'être encore en établissant des liens avec d'autres arts, la musique, le théâtre, la danse – en se fondant en un « art plus complet ». L'expression est d'Apollinaire, dans le programme qu'il écrit en 1917 pour le ballet *Parade*. Les décors, les costumes et le rideau de scène sont de Picasso, la musique de Satie, la chorégraphie de Massine, les interprètes les Ballets russes de Diaghilev, l'idée initiale de Cocteau. Ensemble, ils ont monté *Parade* « en consommant pour la première fois cette alliance de la peinture et de la danse, de la plastique et de la mimique qui est le signe de l'avènement d'un art plus complet[49] ». Plus que le scandale qu'a suscité sa première le 18 mai 1917, il importe que *Parade*, dans son argument, ses décors, sa musique, réunisse deux thèmes, le cirque des acrobates et des prestidigitateurs et l'Amérique des « managers » vêtus de constructions cubistes en forme de gratte-ciel. À la modernité de la réunion des avant-gardes picturale, musicale et chorégraphique répond celle de la vision d'un monde métamorphosé, bruyant, désaccordé, incohérent. Apollinaire y souscrit, y voyant les débuts d'« une sorte de sur-réalisme » qui renouvellerait les arts « car le bon sens veut qu'ils soient au moins à la hauteur des progrès scientifiques et industriels ».

Parade appartient au temps, assez bref, des alliances sous le signe de la révolution esthétique et de l'art total tel qu'il s'esquisse grâce aux Ballets russes. Picasso y contribue en poursuivant sa collaboration avec eux. En mai 1919, il se rend à Londres pour y monter le *Tricorne*, musique de Manuel de Falla. En 1920, l'entente est moins facile entre le peintre et Diaghilev, à l'occasion de *Pulcinella*, partition de Stravinski, chorégraphie de Massine. Alors que Picasso conçoit les costumes dans le genre de la *commedia dell'arte*, il propose un décor cubisant, architectures triangulaires très éloignées de la tradition théâtrale occidentale.

En 1924, il signe avec Satie et Massine *Mercure*, dont le comte Étienne de Beaumont assure le financement. *Mercure* ouvre le cycle des spectacles que le mécène produit sous le nom, repris d'Apollinaire, des *Soirées de Paris*. Alors que le titre annonce une fable mythologique, Picasso conçoit des formes blanches et grises, curvilinéaires, flottantes, qui, le soir de la création, désespèrent ceux

Photo de scène de *Mercure*, 1924. Ballet de Léonide Massine, musique d'Érik Satie, décors et costumes de Pablo Picasso. Paris, bibliothèque de l'Opéra.

qui s'attendent à une récréation néo-classique dans le style du « retour à l'ordre ». Les Grâces étaient représentées par des danseurs outrageusement déguisés, perruques noires, seins rouges. Ces audaces, la substitution de surfaces monochromes et de mannequins aux acteurs, n'ont été défendues alors que par un *Hommage à Picasso* écrit par Breton et contresigné par les surréalistes.

Après Picasso, l'idéal d'un « art plus complet » recrute ses partisans parmi les cubistes et ceux qui l'ont côtoyé. À Londres, en 1919, Derain collabore avec Diaghilev pour une suite de représentations de *La Boutique fantasque*. En 1924, pour Étienne de Beaumont, il réalise les décors de *Gigue* au théâtre de la Cigale.

En 1920 encore, à Londres, Matisse compose les décors et les costumes pour un autre spectacle des Ballets russes, *Le Chant du rossignol* sur une composition de Stravinski. Ce dernier est à l'origine, en 1922, de *Mavra*, qui porte la marque de Survage. Une mode se crée, qui prospère quelques années sur fond de cubisme. En 1922, Diaghilev confie à Gris costumes et décors pour le ballet *Les Tentations de la bergère*, musique de Montéclair et Casadesus, chorégraphie de Nijinski et ceux de *La Fête merveilleuse*, qu'il donne avec grand succès dans la galerie des Glaces le 30 juin 1923. En décembre de cette année-là, il commence, à nouveau pour Diaghilev, les décors de *L'Éducation manquée*, opéra-bouffe de Chabrier, remplaçant Picasso après son désistement. En 1923, pour *Les Fâcheux*, Braque et Auric s'associent et Boris Kochno fixe la chorégraphie pour Diaghilev. Créé à Monte-Carlo en janvier 1924, le ballet est repris à Paris en mai, alors que Braque, pour le compte d'Étienne de Beaumont, collabore avec Massine et Milhaud pour *Salade*, dont il crée décors et costumes. L'année suivante, il récidive avec Diaghilev pour *Zéphyr et Flore*. En 1924, *Le Train bleu* rassemble, pour les Ballets russes, un livret de Cocteau, une musique de Milhaud, des costumes de Chanel, des décors de Laurens et un rideau de scène d'après une gouache de Picasso. En 1924 encore, le ballet

Henri Matisse, costume pour *Le Chant du rossignol*, 1920. Feutre et velours. Genève, musée d'Art et d'Histoire.

Léopold Survage, décor pour *Marva*. Huile sur toile. Paris, bibliothèque de l'Opéra.

Les Biches réunit Marie Laurencin et Francis Poulenc, chorégraphie de Nijinski et Étienne de Beaumont, à nouveau, lui passe commande des décors et costumes d'un ballet d'Henri Sauguet, *Les Roses*. Avec Sauguet, elle monte en 1928 *L'Éventail de Jeanne*. Entre-temps, en 1926, Miró et Ernst acceptent d'œuvrer pour Diaghilev, qui prépare un *Roméo et Juliette*.

Il y a là, en quelques années, plus qu'un engouement. Les artistes majeurs des avant-gardes s'engagent dans des entreprises où leur art rejoint celui des compositeurs contemporains – Stravinski, le groupe des Six – et des chorégraphes les plus inventifs. Les accointances et les plaisirs de la mondanité ne suffisent pas à expliquer le phénomène. Un mouvement convergent s'accomplit, dont Diaghilev, Rolf de Maré et Étienne de Beaumont se font les orchestrateurs, les financiers et les administrateurs. La nécessité d'un renouvellement complet semble s'imposer à tous, à ceux qui écrivent les partitions comme à ceux qui dessinent les maquettes des décors.

Léger, qui s'associe avec les Ballets suédois de De Maré comme Picasso avec les Ballets russes de Diaghilev, avance les arguments les plus précis, fondés sur sa réflexion et son expérience. En 1922, pour les Suédois, il travaille à partir de *Skating Rink* de Honegger, d'après une idée de Ricciotto Canudo. L'argument, tel que Léger le développe, oppose les mondains d'un autre temps aux ouvriers d'aujourd'hui. Les danseurs tournent sous un motif géométrique monumental, abstrait, ponctué d'une flèche et de cercles. Leurs vêtements sont rayés et vivement colorés. Léger applique ainsi les principes qu'il a posés en 1913, quand il se déclare convaincu que l'époque à venir veut les « grandes dimensions » et un « effort partagé par une collectivité ». « Si l'on peut mettre en doute une création isolée, la preuve vitale en est faite lorsqu'elle se traduit collectivement dans des moyens d'expression personnelle très distincts[50]. »

Peu après la création de *Skating Rink*, demi-échec, Léger s'engage dans une entreprise plus ambitieuse : il dessine ses premières esquisses pour *La Création du monde*, livret de Cendrars, musique de Milhaud, ballet représenté le 25 octobre 1923 au théâtre des Champs-Élysées. L'unité des décors et costumes de Léger, du sujet primitif de Cendrars qui compose une genèse en s'inspirant des mythes africains, et de la musique de Milhaud proche du jazz jusque dans la formation de l'orchestre, fait de ce spectacle une œuvre d'art total, cohérente et novatrice à la fois. Léger tire les leçons de l'expérience : il faut une conception du spectacle « où la vedette rentre dans le rang plastique, où une chorégraphie mécanique étroitement liée à son décor et à sa musique arrive à un tout d'unité voulue ; où le décor jusque-là immobile devient mobile, où l'intérêt du spectacle se reporte sur toute la scène[51] ».

Il pose la question du public et des moyens de le conquérir, avec la certitude qu'il serait catastrophique de se rabattre sur des solutions d'autrefois, inadaptées à l'époque contemporaine. Elle est vitesse, et donc le spectacle doit être mobile. Elle est variété dynamique, « les éléments les plus divers s'y choquent, s'y heurtent ». Elle est surprises et incongruités. « Sur les boulevards deux hommes transportent dans une voiture à bras d'immenses lettres dorées ; l'effet est tellement inattendu que tout le monde s'arrête et regarde. *Là est l'origine du spectacle moderne*[52]. » C'est à ce degré que doit se hausser toute création actuelle si elle veut obtenir les regards, l'attention, l'admiration peut-être. Le décor

Joan Miró, projet de rideau pour *Roméo et Juliette*, 1925. Huile sur toile, 128 × 94,5 cm. Hartford, Wadsworth Atheneum, collection E.G. Summer et M.C. Summer.

gigantesque et abstrait de *Skating Rink*, les masques faussement primitifs et l'arc-en-ciel de *La Création du monde* doivent y parvenir, comme y sont parvenus les managers-gratte-ciel de *Parade* et les formes flottantes de *Mercure*. Le renouvellement ne s'accomplit pas pour le plaisir de la nouveauté, mais parce que la situation l'exige et, qu'à défaut d'une révolution, les arts qui concourent à ces ballets disparaîtraient dans l'indifférence. Conclusion de Léger : les « moyens doivent franchir la rampe, créer l'atmosphère, prendre la salle, conquérir les spectateurs [...]. Ils sont des aveugles que, tout à coup, une baguette magique a guéris ; ils voient, émerveillés, un spectacle qu'ils n'avaient jamais vu[53]. » À l'inverse, si le spectacle ne les émerveille ni ne

Max Ernst, projet
de rideau pour
Roméo et Juliette,
« La Nuit », 1927.
Huile sur toile,
61 × 46 cm. Hartford,
Wadsworth
Atheneum, collection
E.G. Summer
et M.C. Summer.

les déconcerte, ils ne le voient pas – pas longtemps du moins. C'est en revenir au précepte d'Apollinaire : « *La suprise est le grand ressort nouveau. C'est par la surprise, par la place importante qu'il fait à la surprise que l'esprit nouveau se distingue de tous les mouvements artistiques et littéraires qui l'ont précédé. Ici, il se détache de tous et n'appartient plus qu'à notre temps*[54]. »

La vogue des ballets d'avant-garde, entre 1917 et 1924, satisfait à cette exigence, c'est-à-dire aux conditions de l'époque. Du moins Picasso et Léger le pensent-ils un temps. Mais ce temps est bref. Après *Mercure*, après *La Création du monde*, ils ne s'engagent plus dans d'autres entreprises du même ordre, jusqu'à la fin de leur vie. Plus généralement, après 1924, la mode se défait, les tentatives se raréfient. Rolf de Maré quitte son poste d'administrateur du théâtre des Champs-Élysées en 1927. Diaghilev meurt en 1929. La crise économique, à partir de 1929, détermine la fin du processus.

Ce dernier n'est cependant ni général ni incontesté. Une critique se développe, outre celle des adeptes de la tradition qui sifflent *Mercure* par principe et par habitude. Elle est surréaliste après avoir été dadaïste. Les anciens cubistes et deux anciens fauves sont les principaux artisans de l'alliance des arts et du théâtre. Les dadaïstes refusent de s'y associer. Ils lui opposent dès 1920 leurs soirées hétéroclites et violentes, récitations, parodies improvisées de théâtre et de ballet, tout le contraire des spectacles réglés et savants conçus pour des troupes virtuoses. Ils ne peuvent voir dans les représentations, souvent luxueuses, de Diaghilev ou de Beaumont autre chose que des divertissements aristocratiques. Quand Ernst et Miró s'emploient à *Roméo et Juliette*, Breton et ses proches le leur reprochent violemment, même si la brouille dure peu. Ils s'entendent accuser d'impureté et de trahison dans un billet signé de Breton et d'Aragon qui tiennent pour honteuses de «semblables entreprises, dont le but a toujours été de domestiquer au profit de l'aristocratie internationale les rêves et les révoltes de la famine physique et intellectuelle[55]».

Ils les soupçonnent d'autant plus vivement que ces ballets, à Paris, Monte-Carlo ou Londres n'ont de spectateurs que de la bourgeoisie et de la bonne société. Cet «art plus complet» n'atteint qu'un public choisi, restreint, généralement conservateur. Ces essais manquent leur but. L'erreur paraît d'autant plus grave que le moyen de toucher largement existe – le cinéma. C'est au cinéma qu'aiment à se rendre Breton et les surréalistes. C'est en 1924, année du premier *Manifeste du surréalisme*, que Léger réalise *Ballet mécanique*.

L'âge du cinéma
Une fois de plus, il faut revenir à Apollinaire et à ses réflexions sur l'esprit moderne. En 1916, le poète répond à des questions de Pierre Albert-Birot qui, pour *SIC*, l'interroge sur le devenir des arts après la guerre. Selon lui, «il est aujourd'hui un art d'où peut naître une sorte de sentiment épique par l'amour du lyrisme du poète et la vérité dramatique des situations, c'est le cinématographe. L'épopée véritable étant celle que l'on récitait au peuple assemblé et rien n'est plus près du peuple que le cinéma. Celui qui projette un film joue aujourd'hui le rôle du jongleur d'autrefois. Le poète épique s'exprimera au moyen du cinéma, et dans une belle épopée où se rejoindront tous les arts, le musicien jouera aussi son rôle pour accompagner les phrases lyriques du récitant[56].» L'année suivante, dans *Le Pays*, il prophétise la disparition du livre. «Il est à son déclin. Avant un ou deux siècles, il mourra. Il aura son successeur, son seul successeur possible dans le disque de phonographe et le film cinématographique. On n'aura plus besoin d'apprendre à lire et à écrire[57].» Deux idées s'entrecroisent: il faut tirer les conclusions des inventions récentes, parce qu'elles transforment les conditions de la création et il est désormais possible de concevoir un art qui additionne image, mouvement, musique et parole. Pour celle-ci, Apollinaire n'imagine pas un cinéma parlant mais de faire parler des acteurs ou des poètes pendant que d'autres ou les mêmes se produisent sur l'écran.

Sur le premier point, il revient plusieurs fois. Dans *Nord-Sud*, il publie en avril 1917 *Avant le cinéma* :

« Les Artistes que sont-ce donc
Ce ne sont plus ceux qui cultivent les Beaux-Arts.
Ce ne sont pas ceux qui s'occupent de l'Art
Art poétique ou bien musique
Les Artistes ce sont les acteurs et actrices. »

En octobre, dans le dernier numéro de la revue, Reverdy affirme : « J'ai éprouvé devant tel film une émotion plus intense et au moins aussi pure que devant les œuvres d'art que j'ai préférées. » Non seulement le cinéma relève de la création artistique, mais il est susceptible de susciter des œuvres supérieures ou égales aux œuvres des beaux-arts. De la part du défenseur le plus précoce du cubisme, la déclaration sonne comme une mise en cause, ou un faire-part de deuil.

Le cinéma a un avantage, il retient l'attention publique. La remarque est fréquente dans la période durant laquelle les premiers critiques de cinéma célèbrent la naissance d'un art populaire et se réjouissent de la diversité sociale des spectateurs. La guerre accentuant le besoin de divertissement, le cinéma en profite, bien plus le cinéma d'aventure américain et français que les films de propagande patriotique. Les spectacles mêlent alors bobines de quelques minutes, quelques dizaines pour les plus longues, intermèdes musicaux, numéros de cirque et de music-hall, le tout ponctué par un piano ou un orchestre. À défaut d'un art d'avant-garde, il s'agit d'un art enveloppant qui sollicite ensemble la vue et l'ouïe. La peinture de chevalet ne peut lutter, contrainte à l'immobilité, privée de musique en dépit des essais de correspondances sonores tentés par Kandinsky et Kupka. Autre infériorité : le tableau ne peut faire que l'objet d'une contemplation solitaire, individuelle, muette d'ordinaire. Le cinéma se regarde dans une salle, en foule, à l'unisson. En un temps habitué à l'exaltation de la fraternité et de l'esprit de corps, ce n'est pas là un faible mérite. Apollinaire, sensible au lyrisme épique à la mode du temps, compare donc le film à l'épopée pour « le peuple assemblé », au mystère médiéval, à la parade fascinante que mènerait un « jongleur », le projectionniste. Le cinéma serait l'art total pour tout public, pour la totalité du peuple – plus efficace que l'art mural et monumental, immobile et didactique et plus populaire que le ballet, fût-il moderne.

Ces idées se retrouvent exprimées par Breton, Aragon ou Soupault. Breton s'en est expliqué plus tard, évoquant les séances de cinéma à Nantes, en compagnie de Jacques Vaché. Ils y ont vu, comme Apollinaire, les épisodes de *Fantômas* tournés par Feuillade, interprétés par Musidora dans le rôle d'Irma

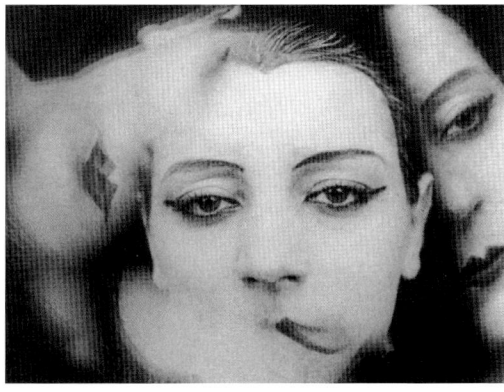

Fernand Léger, extrait de *Ballet mécanique*, 1924. Film muet en noir et blanc en collaboration avec Dudley Murphy, musique de Georges Antheil.

Vip, anagramme de vampire, et Breton se prend de passion pour l'actrice, célèbre pour ses extravagances et son indécence. Ils ont vu Pearl White, à laquelle Aragon rend hommage dans *Anicet* et Desnos dans un texte, *Le Merle*. Plus tard, ils découvrent le cinéma allemand, *Nosferatu le vampire* de Murnau, *Le Cabinet des figures de cire* de Leni. Dans sa *Note I sur le cinéma*, publiée par *SIC* en janvier 1918, Soupault affirme que « dès maintenant apparaît pour ceux qui savent voir la richesse de ce nouvel art. Sa puissance est formidable, puisqu'il renverse toutes les lois naturelles, l'espace et le temps ». « Il appartient alors au créateur, au poète, de se servir de cette puissance et de cette richesse jusqu'alors négligées, car un nouveau serviteur est à la disposition de son imagination. » Soupault ajoute à sa déclaration des « poèmes cinématographiques ». Desnos consacre aux films de nombreux articles, moins critiques que rêveries sur des images.

Une certitude commune les réunit : ils n'admirent pas dans le cinéma une technique de reproduction de la réalité qui serait plus juste parce qu'elle enregistrerait, la première, le mouvement. Leur confiance a une raison différente, la capacité d'invention qu'ils soupçonnent illimitée. « Remarquez bien, cette formidable invention ne consiste pas à imiter les mouvements de la nature ; il s'agit de tout autre chose, il s'agit de *faire voir des images*, et le cinéma ne doit pas aller chercher ailleurs sa raison d'être. » Ces phrases ne sont cependant pas d'un surréaliste, mais de Léger, écrivant en 1922 sur le film d'Abel Gance *La Roue*. Il poursuit : « Projetez votre belle image, choisissez-la bien, qualifiez-la, mettez le microscope dessus, faites tout pour qu'elle donne un rendement maximum, et vous n'avez plus besoin de texte, de descriptif, de perspective, de sentimentalisme et d'acteurs. Soit dans l'infini réalisme du gros plan, soit dans la pure fantaisie inventive (poétique simultanée par image mobile), l'événement nouveau est là avec toutes ses conséquences[58]. »

Marcel L'Herbier, *L'Inhumaine*, 1924.

La Roue naît de la collaboration du cinéaste et de Cendrars. L'histoire, pathétique, se construit autour d'une machine mythique, la locomotive, que le héros conduit et qui l'obsède au point qu'il finit, presque aveugle, en prenant soin d'une petite voie de chemin de fer. Elle autorise des gros plans de roues, de pistons, de signaux, de fumées – le langage de Léger, qui réalise l'affiche du film. Il en analyse le fonctionnement en termes plastiques. « Vous verrez, écrit-il, des images mobiles présentées comme un tableau, centre de l'écran avec un choix judicieux dans l'équilibre des parties mobiles et immobiles (contrastes d'effets) ; une figure fixe sur une machine qui bouge, une main modulée en contraste avec un amas géométrique, des disques, formes abstraites, jeux de courbes et de droites (contrastes de lignes) ; éblouissante, admirable, une géométrie mobile qui vous étonne[59]. »

Il applique ces principes dès l'année suivante. Marcel L'Herbier le sollicite et Léger conçoit pour lui le laboratoire de Norsen, savant qui sait obtenir la résurrection des corps. *L'Inhumaine* réalise, à tout le moins au générique, l'idéal du cinéma art total. Si L'Herbier est le réalisateur, le scénario est écrit avec le concours de Mac Orlan, la musique par Milhaud. L'architecture des décors est de

Mallet-Stevens, le dessin des jardins d'Autant-Lara, le mobilier de Chareau et Dufet, les costumes de Poiret, les accessoires de Lalique ou Puiforcat. Le montage se veut à la hauteur de cette déclaration de modernité et fait alterner rapidement des plans différents, tels qu'ils suggèrent la simultanéité de deux actions qui se déroulent dans des lieux éloignés. À mesure que le dénouement – symbolique, tragique – se précipite, le rythme du montage se fait de plus en plus saccadé et la succession des images suscite à elle seule une poétique, qui est du reste celle des machines, des roues, des balanciers, des cadrans que Norsen met en marche afin de ramener à la vie l'héroïne. Cette construction, que la musique de Milhaud souligne, s'accorde à l'esprit moderne des géométries de Mallet-Stevens et des constructions mécaniques de Léger, que ce dernier fabrique et assemble lui-même.

En 1924, avec l'aide de Dudley Murphy et de Man Ray, il se fait enfin réalisateur. Le *Ballet mécanique* n'a rien d'une narration, évite toute psychologie et, si des acteurs paraissent, ce n'est point pour tenir des rôles mais pour s'exposer au regard de la caméra. Les visages, parfois dédoublés et déformés de Kiki de Montparnasse et de Katherine Hawley sur une balançoire surgissent entre des objets quotidiens, une pièce mécanique tournant à grande vitesse, une marionnette de Charlot, des décorations de Noël. Ces plans, grossis, difractés, fragmentés, sont plusieurs fois répétés. Les juxtapositions reposent sur des transitions de forme à forme, des métaphores, des allusions, des oppositions. L'humain et l'industriel sont traités ensemble, à égalité. « Contraster les objets, des passages lents et rapides, des repos, des intensités, tout le film est construit là-dessus. Le gros plan, qui est la seule invention cinématographique, je l'ai utilisé. Le fragment d'objet aussi m'a servi ; en l'isolant on le personnalise. […] Le *Ballet mécanique* m'a coûté environ 5 000 francs et m'a donné beaucoup de mal pour le montage. Il y a des répétitions de mouvements longues à régler. Il fallait surveiller la minuterie très attentivement[60]. »

À sa tentative fait écho celle de Picabia, qui cherche à associer danse et cinéma. En 1924, les Ballets suédois lui confient la conception de *Relâche*, « ballet instantanéiste en deux actes et un entr'acte cinématographique ». La musique est de Satie, le décor de Picabia, la chorégraphie de Börlin – qui a travaillé auparavant avec Léger – et l'*Entr'acte* de René Clair, réalisateur débutant après avoir été critique pour *Paris-Journal* et *Comœdia*. Picabia lui remet un scénario qui comprend un match de boxe sans boxeurs, une partie d'échecs entre Duchamp et Man Ray, des numéros burlesques, une danseuse sur une glace photographiée par en dessous et un enterrement. Le réalisateur adapte le projet, tout en conservant l'idée de séquences brèves et incohérentes. Après le succès de *Relâche*, Picabia demande à Clair la mise en scène de *Ciné-Sketch*, spectacle pour le réveillon de la Saint-Sylvestre 1924, parodie du théâtre de boulevard et de l'une de ses situations préférées, le triangle sentimental.

Francis Picabia, rideau pour *Relâche*, 1926. Stockholm, Dance Museum.

Deux ans auparavant, dans la revue *Cinea*, Picabia a dit quelle confiance il fait au cinéma, qui « est devenu le théâtre de la vie moderne, et cela parce qu'il s'adapte aux individus de toutes les classes de la société et aux caractères les plus divers ». Entre tous, il préfère le cinéma américain, parce qu'« il nous a fait connaître un mode d'expression absolument neuf et une recherche théâtrale qui fut rarement aussi réussie : la simultanéité. […] Avec la facilité des moyens mécaniques très étendus, mis à sa disposition en Amérique, il a pu permettre à toutes les imaginations de se donner libre cours […] ». Des idées identiques ont été exprimées dans des termes presque semblables dès mars 1917 par Gabrielle Buffet, compagne de Picabia, dans *391*.

Fin de partie : la peinture désuète

Conséquence de ces raisonnements et de ces émerveillements : le temps n'est plus au tableau, à la peinture de chevalet. Les adeptes de l'art mural monumental demeurent peintres, espérant que le changement de format et la fonction didactique suffisent à ouvrir à leur art une nouvelle carrière populaire. D'autres l'associent à la musique, à la danse, à la pantomime, pour les fondre dans un art plus complet susceptible de séduire tous les publics, quoiqu'ils n'attirent en vérité que les amateurs de ballets et de rares mécènes. Les plus résolus, à la suite d'Apollinaire, pronostiquent l'avènement triomphal du cinéma, omnipotent, omniprésent, lui qui peut tout montrer et multiplier à l'infini des copies d'une pellicule afin de conquérir des spectateurs partout. Léger et Picabia tentent l'expérience avec la conviction d'atteindre au plus moderne.

Dans ces circonstances, il ne reste plus à la peinture de chevalet qu'à disparaître, après une agonie que les habitudes des classes dominantes et leurs intérêts ne peuvent qu'étirer inutilement. « Les Artistes […] ce ne sont donc plus ceux qui cultivent les Beaux-Arts », a écrit Apollinaire. Fin de partie.

Duchamp annonce le deuil, Duchamp, épris de mécanique exacte, établi à New York bientôt, joueur d'échecs – jeu logique – et inventeur des rotoreliefs, machines à désorienter le regard. Il se livre à des expériences qui tendent à démontrer que la peinture, exercice de représentation de la réalité, trouve bientôt ses limites, qui l'enferment entre ses conventions et son impuissance. En 1912 et 1913, il procède à la même démonstration sur trois points, le déplacement, la pensée abstraite et l'acte sexuel – c'est confronter la pratique picturale à des sujets qui se dérobent.

Pour le mouvement, l'expérience se condense en peu de tableaux, le *Jeune Homme triste dans un train* (1911) et le *Nu descendant un escalier* (1912). Les circonstances importent. D'une part, les futuristes italiens se disent les peintres du dynamisme, du cycliste, de l'automobile, du footballeur. D'autre part, parmi les proches de Duchamp, il est des artistes – son frère Villon, Kupka – qui cherchent à inscrire les mouvements dans des grilles de décomposition géométrisées. Villon peint *Les Soldats en marche* (1913) après que Kupka étudia les rides concentriques que fait un corps dans l'eau et les phases d'un geste commun, se pencher, jouer au ballon. L'un et l'autre, comme Balla, Boccioni, Carrà, Russolo, s'en remettent au dessin et à la peinture.

Duchamp s'inscrit en faux contre leur démarche. S'il affecte de la rejoindre, ce n'est que pour en rendre manifeste l'insuffisance. Il s'agirait de peindre une femme nue descendant un escalier, motif que les photographes, depuis Muybridge et Marey, savent décomposer en fractions de seconde, en fractions de posture,

Marcel Duchamp, *Nu descendant l'escalier n° 2*, 1912. Huile sur toile, 146 × 89 cm. Philadelphie, Museum of Art, collection Louise et Walter Arensberg.

comme ils savent enfin la position des jambes d'un cheval au galop, après des siècles de supputations, d'approximations, d'inventions lyriques à l'instar du galop volant de Géricault. La peinture, dans ce cas, ne saurait faire mieux qu'agrandir au format d'une toile les enseignements de la chronophotographie. À l'inverse, le cinéma résout la difficulté si aisément qu'il n'est plus, en vérité, de difficulté. Duchamp juxtapose donc, avec une feinte exactitude, les phases du mouvement, leur adjoint des allusions mécaniques, des formes dont la rotation est indiquée par des flèches et des vibrations que suggère la multiplication de lignes en faisceaux. Ces procédés sont employés faute de mieux. Ils ne sont si nombreux, si visibles, si méthodiquement répandus sur la surface, environnant le fantôme féminin d'un appareillage graphique encombrant, que parce qu'ils ne servent qu'à rendre plus sensible encore le malaise de la peinture – qui est le sujet de l'œuvre. Pour le *Jeune Homme triste dans un train*, la vérification se répète, d'autant plus appuyée que ni la tristesse, ni le train, ni sa vitesse, ni son vacarme ne transparaissent.

Ironie : les futuristes prétendent inscrire le bruit et la vitesse dans des compositions dont les titres d'apparence scientifique promettent « *rumore* » et « *stati di anima* ». Duchamp n'affecte de se donner tâche identique que pour échouer et compromettre, dans l'échec, la technique qu'il a employée – le cubo-futurisme. À la demande des cubistes, le *Nu descendant un escalier* est retiré du Salon des Indépendants de 1912.

Il n'est pas plus aisé de peindre une opération mentale telle que les calculs et manœuvres d'une partie d'échecs – à moins de renoncer au tableau et de reproduire le diagramme d'une position. Pour le *Portrait de joueurs d'échecs* (1911), Duchamp indique le mouvement de la main qui déplace une pièce, ce qui est fort peu, tout juste une allusion. Exercice intellectuel, il le mentionne une deuxième fois, de manière symbolique : à hauteur des visages, traités dans le style cubiste du moment, il place d'autres pièces et l'angle du plateau. Elles prennent possession des têtes. Il n'est pas possible d'en savoir plus et la toile cubo-futuriste n'est pas plus satisfaisante que sa version de 1910, *La Partie d'échecs*, dont la facture oscille entre Vuillard et Van Dongen. Le jeu met en échec la représentation picturale, aussi cruellement que le mouvement. Là encore, un film vaudrait mieux, ne serait-ce que parce qu'il montrerait la succession des coups, donc la tactique des joueurs.

Le Roi et la Reine entourés de nus vites (1912), que Duchamp conçoit à Munich après son éviction du Salon des Indépendants, apparaît comme la synthèse, évidemment absurde, des deux expériences. Le mouvement, présumé rapide, des nus se réduit à un emboîtement de formes confusément anthropomorphes, et le roi et la reine des échecs se changent en constructions mécanomorphes non moins confuses. Quant aux rapports entre ce couple et les « nus vites », il demeure incompréhensible.

Durant la même période, Duchamp ajoute à sa démonstration que la « peinture rétinienne » ne peut figurer l'acte sexuel qu'au moyen d'une métaphore mécanique, d'un dessin industriel, d'une construction moins anatomique qu'automobile. Dans *Le Passage de la vierge à la mariée* (1912) et *Mariée* (1912), des tuyauteries relient des réservoirs, des bouteilles. Des pointillés indiquent la direction et l'amplitude de mouvements invisibles. L'appareil génital se change en schéma, de ceux que publient les manuels de mécanique. Hormis quelques nuances couleur chair dans *Mariée*, rien n'évoque l'humanité que suggère le titre. La métaphore mécanique est développée par Duchamp dans ses commentaires, jusqu'à la dérision. « La *Mariée* à sa base est un moteur. Mais avant d'être un moteur qui transmet sa puissance timide – elle est cette puissance timide même. Cette puissance timide est une sorte d'automobiline, essence d'amour, qui, distribuée aux cylindres bien faibles, à la portée des *étincelles de sa vie constante*, sert à l'épanouissement de cette vierge arrivée au terme de son désir[61]. »

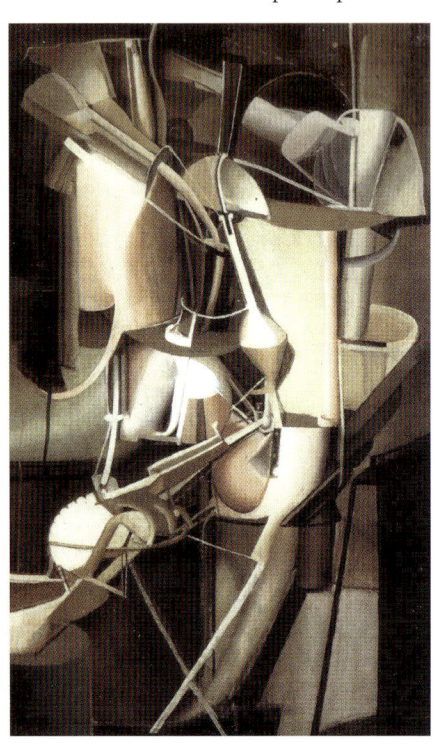

Marcel Duchamp, *Mariée*, 1912. Huile sur toile, 89,5 × 55,6 cm. Philadelphie, Museum of Art, collection Louise et Walter Arensberg.

De ces œuvres au *Grand Verre*, achevé en 1923, la cohérence est patente. Le sujet demeure le même, érotique sans érotisme, sexuel sans incarnation, puisque le *Grand Verre* se donne pour la vision de la *Mariée mise à nu par ses célibataires, même*. La tonalité mécanique s'accentue, parce que Duchamp introduit, en une synthèse de ses travaux depuis 1912, le « moulin à eau » de *Glissière contenant un moulin à eau en métaux voisins* (1913-1915), *La Broyeuse de chocolat* (1914) aux trois rouleaux dentés, des objets géométriques tels que cônes emboîtés et cercles concentriques ainsi que des pseudo-machineries reprises de *Mariée* et des *Neuf Moules mâliques* (1914-1915), qui sont autant de formulations métalliques de fragments du corps humain. À la toile, matériau traditionnel des peintres, il préfère le verre invisible et fragile, qu'il a employé auparavant pour les *Neuf Moules mâliques* et la *Glissière*. Aux couleurs il substitue des feuilles de métal découpées, à tout style une exécution d'ingénieur méthodique et neutre. La composition est précédée par des études chiffrées d'une minutie exemplaire. Il ne reste rien de la peinture et l'œuvre, à la considérer comme une représentation, ne peut qu'être une allégorie de la séparation et de la frustration. Les « célibataires », s'ils mettent à nu la « mariée », en demeurent séparés définitivement. Nulle possession ne leur est promise, nul plaisir. Leur déception n'a d'égale que celle du peintre qui a trop mis à nu la peinture et s'en trouve désormais séparé par l'excès de la connaissance et la conviction que son temps a passé. S'en expliquant un demi-siècle plus tard, Duchamp avance que « l'idée d'ensemble c'était purement et simplement l'exécution, plus des descriptions genre catalogue des armes de Saint-Étienne sur chaque partie. C'était un renoncement à toute esthétique, dans le sens ordinaire du mot. Ne pas faire un manifeste de plus[62]. »

Avant même d'achever la construction du *Grand Verre*, Duchamp en tire les conséquences. Plus de sculpture : des ready-made achetés dans les bazars. Une pelle à neige, un porte-bouteilles, une roue de bicyclette, un urinoir, un porte-chapeaux sont sans qualité, objets manufacturés, répétés à l'infini de la reproduction, propres et nets, dénués de toute ambition esthétique. « Il faut parvenir à quelque chose d'une indifférence telle que nous n'ayez pas d'émotion esthétique, explique-t-il. Le choix des ready-made est toujours basé sur l'indifférence visuelle en même temps que sur l'absence totale de bon ou de mauvais goût[63]. » Même traitement pour la peinture à l'huile sur toile : elle doit cesser après *Tu m'* (1918), qui accumule un échantillonnage de couleurs pour tapissier, des schémas géométriques, les ombres des ready-made, des épingles à nourrice – parce que la toile a été déchirée en son centre – et une main d'enseigne, peinte par un artisan en vitrines qui a signé son travail. Il n'y a plus même de titre, puisque, à en croire Duchamp, « vous pouvez mettre le verbe que vous voulez à condition que ça commence par une voyelle, après *Tu m'*…[64] » Distanciation, décomposition, annonce d'une dégradation prochaine, refus de toute exécution expressive – la peinture se détruit. Elle n'est plus de saison. Elle a cessé d'être pertinente. L'art, si art il y a, est ailleurs, dans les usines.

Léger rapporte un épisode exemplaire : « Avant la guerre de 14, je suis allé voir le Salon de l'Aviation avec Marcel Duchamp et Brancusi. Marcel qui était un type sec, avec quelque chose d'insaisissable en lui, se promenait au milieu des moteurs, des hélices sans dire un mot. Puis, tout à coup, il s'adressa à Brancusi : "C'est fini la peinture. Qui fera mieux que cette hélice ? Dis, tu peux faire ça ?" Il était très porté vers ces choses précises. Nous l'étions aussi, mais pas d'une manière aussi absolue que lui[65]. » En écho vient un article de Picabia, *Indifférence immobile*, paru dans

Marcel Duchamp, *Tu m'*, 1918. Huile et crayon sur toile avec un lave-bouteilles, trois épingles de sûreté et une vis, 69,8 × 313 cm. New Haven, Yale University Art Gallery, donation Katherine S. Dreier.

Comœdia en 1922. « Dernièrement, j'ai été invité par le commandant Lefrane à visiter le centre d'aviation maritime de Saint-Raphaël, eh bien je puis vous assurer que les machines volantes que j'ai vues là sont des œuvres d'un art autrement intéressant que celui de M. Matisse et que les hommes qui construisent et pilotent ces machines sont nos véritables artistes modernes. » Man Ray le photographie au volant de sa Mercer.

Des propos de cette tonalité, Picabia ne cesse d'en tenir et d'en publier à partir de son séjour new-yorkais en 1915 – séjour qu'il passe en compagnie de Duchamp, Stieglitz, Marius de Zayas, Crotti. Dans la revue *291*, émanation de la galerie de Stieglitz du même nom, il publie ses premiers dessins d'après des machines qu'il simplifie ou complique. Dans le numéro 4 figure *Fille née sans mère* – titre où se reconnaît l'ironie duchampienne des « nus vites ». Dans le numéro, le *Portrait d'une jeune fille américaine dans l'état de nudité* copie le schéma de bougie pour moteur à explosion. La couverture de la même livraison montre, au trait, une machinerie aberrante, électrique et érotique. *Voilà elle* est le titre donné à une construction en forme de pompe et de piston, *Mécanique* celui d'une encre et aquarelle de 1916, *Machine* celui d'une autre, contemporaine, à cylindres et réservoir.

Elles doivent leur structure à l'observation des moteurs et la pratique des revues techniques : cylindres, accumulateurs, circuits de refroidissement sont dessinés à l'encre de façon soit sommaire, soit irréprochablement limpide. La discordance des titres et des images crée le désordre, selon un procédé expérimenté dès 1913, quand des compositions cubo-futuristes énigmatiques s'appellent *Udnie* ou *Embarras*, *Edtaonisl* ou *Impétuosité française*. Quand le mot, agrégat de lettres, n'a pas de sens, son absurdité aggrave la bizarrerie d'une image incompréhensible. Quand il a un sens, il renvoie à des données psychologiques ou narratives d'ordinaire illustrées par des allégories et des symboles identifiables. Dans un cas énigme, dans l'autre contradiction.

À partir de 1915, Picabia privilégie la deuxième tactique, qui compromet les us et coutumes de la peinture en lui empruntant ses intitulés et en décevant l'attente de l'amateur de « bon goût ». Il exécute le *Très rare tableau sur la terre*, coupe d'une machine peinte sur toile et dans laquelle des reliefs revêtus de feuilles d'or et d'argent évoquent des réservoirs et un tuyau, quoiqu'ils puissent encore suggérer les organes géométrisés de l'appareil génital masculin. *La Vanité* (1915-1916) se présente désormais sous la forme d'un bloc-moteur, *Le Fiancé* (1916) sous celle d'une roue dentée, *Les Îles Marquises* sous celle d'un circuit électrique auquel sont adjointes des annotations, « l'œuf femelle attend » pour une prise, « pénis » pour une pince qui se prolonge en crochet. Le premier numéro de la revue *391*, qu'il fonde à Barcelone en janvier 1917, porte en couverture *Novia* – la fiancée –, dessin où la mécanique automobile devient une fois encore métaphore sexuelle. Écho transatlantique : en mai de la même année, à New York, le numéro 2 de *The Blind Man* montre sur sa première page *La Broyeuse de chocolat* de Duchamp. Picabia réutilise ce procédé dans les numéros suivants, à Barcelone, à Zurich, à Paris. Une sorte de circuit électrique devient *Flamenca*, une hélice de ventilateur et sa courroie d'entraînement *Marie*, une ampoule *Américaine*.

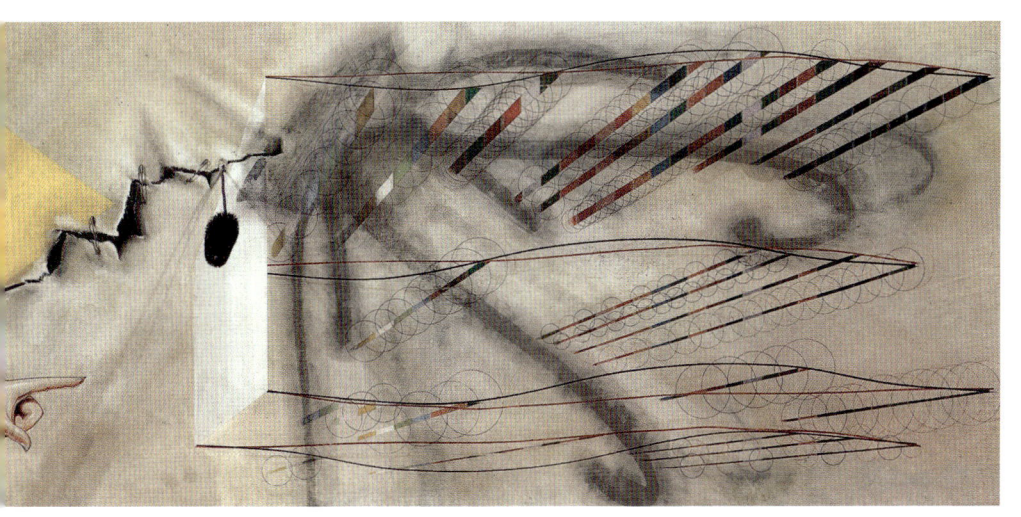

    Plus conforme à son titre, une autre *Mécanique* (1919) a été obtenue en recouvrant partiellement d'encre l'image d'une machinerie de siphons, de réservoirs et de tuyaux. La présence de *L'Enfant carburateur* fait scandale au Salon d'Automne de 1919, où il est placé sous un escalier à l'écart des visiteurs – rétorsion qui suscite l'indignation de Ribemont-Dessaignes. Le *Totalisateur* (1920-1922) s'inspire d'un système électrique. Dans cette période, dessins et peintures mécanomorphes forment l'essentiel de sa production, conformément au programme énoncé dans *391* en janvier 1917 : « Francis Picabia demeure résolu à n'emprunter de symboles qu'au répertoire des formes exclusivement modernes. »

    La prolifération d'engrenages et d'hélices va de pair avec une dénonciation de plus en plus vive de toute activité artistique, se réclamât-elle de la modernité. La première livraison de *391* tourne en dérision Picasso, Delaunay et Gleizes. La neuvième, imprimée à Paris en novembre 1919, contient le compte rendu du Salon d'Automne par Georges Ribemont-Dessaignes. Il y moque « la sénilité de Matisse », Van Dongen « qui unit les pâtes italiennes de Boldini à la pâte flamande de soi-même », les « natures mortes sadiques de Maurice Denis ». Dans le numéro 11, Ribemont-Dessaignes se fait plus systématique contre « ces gens grotesques qui font de l'Art comme on va à son bureau et remplissent une fonction soit mercenaire, soit sacerdotale ». Il définit « l'Art vrai, l'Art sérieux, le grand Art, c'est-à-dire l'ensemble des rites religieux esthétiques, le grand chiqué des hommes autosuggestionnés, qui tirent les lois d'harmonie et d'équilibre du bruissement du vent automnal dans leurs cheveux, ou de leur sexe dans la glace ». Le numéro suivant, en mars 1920, place en frontispice L.H.O.O.Q, Joconde retouchée par Duchamp et le manifeste dada de Picabia « qui ne sait rien, rien, rien ». La tentative de reconstitution de la Section d'or fait l'objet de railleries d'autant plus aigres que les dadaïstes ont songé un moment à exposer avec ses membres, avant que n'éclate une incompatibilité insurmontable.

La peinture devient sujet de plaisanterie et Matisse en incarne les défauts et les ridicules. Picabia aime à le ridiculiser et l'insulter parce qu'« il peint du matin jusqu'au soir des petits tableaux et épate les boutiquiers par l'envergure de son grand magasin, "Au bonheur des amateurs" "très joli très cher" avec la promesse qu'on pourra revendre la marchandise plus encore qu'elle n'aura été payée. […] Henri Matisse ne comprend aucun "esprit", son idéal se borne à être un bon ouvrier, il croit que faire un tableau équivaut à fabriquer une table ou une pendule[66] ! » Conclusion : « L'Art n'a que deux dimensions : la hauteur et la largeur ; la troisième dimension étant le mouvement – la vie – l'évolution de l'art la représente, c'est le bras de l'opérateur tournant le film au cinéma[67]. »

Il n'est plus question d'un accord entre modernité picturale et civilisation moderne. La première serait désormais incapable de s'adapter à la seconde, en dépit des tentatives cubistes et futuristes. À Brancusi, il suffirait d'opposer l'hélice d'un avion. À un peintre, quel qu'il soit, la perfection des proportions d'un hydravion. Les métaphores automobiles de Duchamp et le graphisme impeccable du *Grand Verre*, les œuvres mécanomorphes de Picabia ne sont pas seulement le signe d'une fascination, mais celui d'un abandon. Le « C'est fini la peinture » que rapporte Léger se veut définitif. Ligne de partage des arts : d'un côté la peinture, de l'autre des conceptions d'art absolument différentes, absolument extérieures à toute tradition picturale ou sculpturale. La photographie, le cinéma et le ready-made seraient les seules solutions acceptables – à moins qu'il ne faille abandonner toute prétention artistique, ce que suggère Picabia, ce qu'accomplit Duchamp en annonçant la fin de sa carrière d'artiste et en prétendant qu'il ne se veut plus désormais que joueur d'échecs professionnel – nouvelle qu'il laisse courir à partir de 1923.

Tout, désormais, serait simple. Il n'y aurait plus lieu de s'inquiéter de pratiques picturales qu'aucun effort, aucun agrandissement, aucune alliance ne pourraient plus soustraire à l'obsolescence. La modernité, en dépit de Delaunay et de Léger, en dépit de Picasso et de Matisse, aurait eu raison de la peinture moderne. En celle-ci il ne faudrait plus voir que recettes, académies et commerces. Les arts véritablement modernes, ce serait, par exemple, la photographie de Man Ray et le cinéma de Clair. Duchamp joue le rôle d'Adam pour l'*Entr'acte* que René Clair tourne à la demande de Picabia. Là serait l'art de l'âge moderne, complet, accordé aux conditions de la vie nouvelle, le seul qui s'adresse à tous les publics et retienne l'attention. Ce serait l'art mécanique et collectif d'une époque mécanique et collective.

3 Le passé

L'envers du moderne | Retraites et réactions |
Peintures françaises | La haine de la modernité |
Indifférences, réminiscences

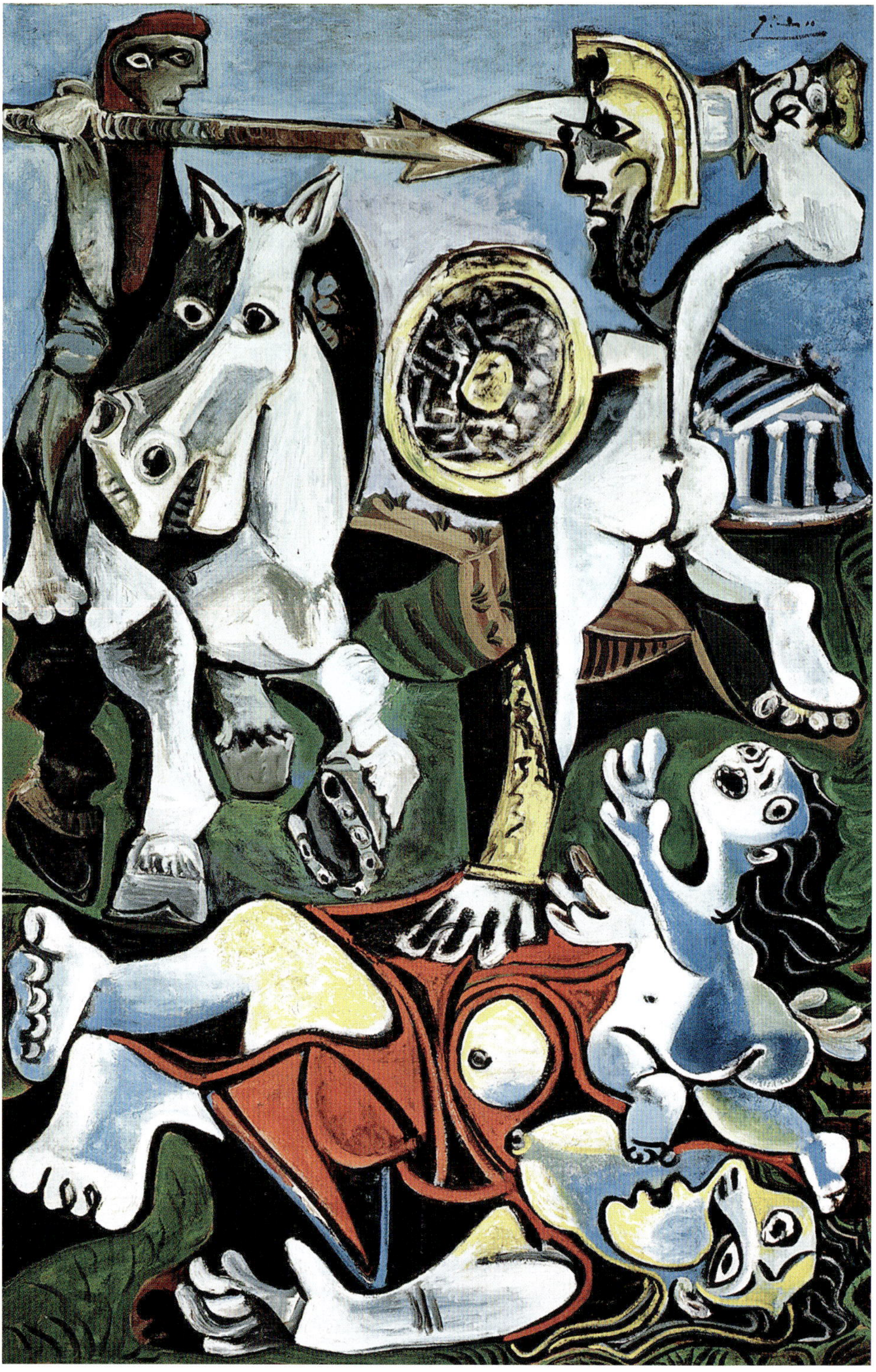

L'envers du moderne

Tel serait l'art du futur, comme l'architecture et l'urbanisme selon Le Corbusier seraient l'idéal de la logique appliquée au futur quotidien. La pensée et la création annonceraient et prépareraient un état à venir de la civilisation, celui qu'un progrès peut-être infini susciterait et modifierait sans cesse – sans cesse puisqu'il n'y aurait pas d'arrêt, mais la série ouverte des métamorphoses. Bien des dessins de Garnier et de Le Corbusier relèvent de la fiction. Mondrian, Kupka attendent l'apparition d'un homme nouveau. Il passe dans les œuvres de Delaunay et de Léger une exaltation qui invite à la vitesse, à l'envol. Poétique du mouvement, lyrisme du départ, qui peut tourner à la rhétorique : en art comme dans la plupart des autres activités humaines, le XXe siècle se caractérise par l'obsession de ce qui sera. Elle n'est pas nouvelle, apparue au siècle précédent, confortée par les inventions scientifiques et techniques ; mais elle étend son empire. Spéculations, projections, hypothèses sont ses instruments habituels. Le capitalisme promet l'invention d'un autre monde par les progrès matériels. Il s'engage dans des conquêtes de plus en plus lointaines et se donne des frontières à passer. Le marxisme, tel que le léninisme l'interprète, promet une société sans classe et la fin des antagonismes. Le communisme et l'électrification sont causes et objectifs inséparables. Dans un système et l'autre, la doctrine se fait pensée de l'à-venir. À charge pour les hommes de science de donner les moyens. À charge pour les artistes de préfigurer cet autre monde et d'en célébrer l'avènement.

Ce serait ainsi si ce nouveau monde n'était pas utopie, si l'invention du futur n'était pas démentie par le présent, qui n'est pas ce futur réalisé mais l'idéal ayant tourné au cauchemardesque. Face à la réalité d'une histoire fréquemment désastreuse, parfois abominable, l'histoire du siècle telle

Pablo Picasso, *L'Enlèvement des Sabines*, 1963. Huile sur toile, 195,4 × 131 cm. Boston, Museum of Fine Arts, collection Juliana Cheney Edwards, collection Tompkins, fonds Fanny P. Masson à la mémoire d'Alice Thevin.

qu'elle a été vécue – endurée –, la spéculation sur ce qui devrait advenir ne relève que de la consolation et de la distraction. Quand il prétend s'exercer à un degré de généralité élevé, quand il prétend s'étendre à la civilisation, la culture, l'humanité, l'idéal moderne se défait dans les désillusions, les retournements de situation, l'échec. Il serait singulier d'affirmer que l'époque aurait été celle du progrès sans terme, d'une amélioration de la condition humaine. Le siècle a été une suite de catastrophes, que l'on peut dire sans exemple parce que l'atrocité, désormais, commet ses crimes à une échelle jusque-là inconnue. Le progrès technique, qui existe, s'évalue en millions de morts, en génocides, en nations abattues, en guerres universelles. La question n'est plus celle du monde à venir, mais du monde tel qu'il se montre et des conséquences de cette révélation prévisible sur les arts. Le plus probable est qu'elle leur ôte toute nécessité, tout espoir de survivre. Le plus vraisemblable est que l'abomination de masse interdise jusqu'à la possibilité même de la création artistique.

Il faut ici rappeler pour mémoire ce qu'est l'histoire de la France depuis 1900 en ne concédant rien au lyrisme patriotique ni au plaisir de l'héroïsation. Elle se compose d'une brève ouverture, qui passe pour le dernier âge d'or national, la Belle Époque. Puis la Grande Guerre, millions de morts et de blessés, destructions massives de la frontière suisse à la mer du Nord, victoire sauvée par l'intervention américaine, triomphe en trompe-l'œil. L'entre-deux-guerres, qui est d'abord une après-guerre, voit l'histoire se dérouler ailleurs, en URSS, en Italie, en Allemagne. La France y assiste sans intervenir, pas même en Espagne quand un coup d'État renverse le gouvernement républicain. Des cinq années de 1939 à 1944, il a été longtemps de bon ton de ne rien dire – il n'est plus scabreux désormais de rappeler qu'elles sont celles d'une défaite militaire écrasante, de l'instauration d'un pouvoir fondé sur la régression et l'oppression, l'antisémitisme d'État et la collaboration tacite ou déclarée, consentie ou réclamée avec l'occupant nazi. Pour peu que l'on ajoute à l'énumération les guerres de décolonisation, en Indochine une défaite militaire, en Algérie une défaite militaire aggravée d'une sédition, la vision n'a rien qui porte à exalter la grandeur nationale, rien qui puisse convaincre que la foi dans le progrès se soit trouvée vérifiée dans les faits.

L'expérience est faite dès la deuxième décennie du siècle, durant les cinq ans de la Première Guerre mondiale. Elle affecte aussitôt création et réflexion esthétiques. Deux phénomènes majeurs se superposent et finissent par se confondre : d'une part, la mise en cause de la hiérarchie et des pratiques artistiques traditionnelles au nom du moderne, telle qu'elle s'accomplit par l'absurde, le parodique et le mécanique à partir de 1912 dans les travaux de Duchamp et de Picabia ; d'autre part, le rejet de la notion même d'art et de modernité quand celle-ci révèle son envers, d'août 1914 à novembre 1918. La guerre est cette expérience : celle de la révélation de ce que peut la modernité rationnelle, technique et industrielle.

La guerre moderne

En mai 1915, Léger est en Argonne et écrit à son ami Poughon. « C'est tout de même une guerre bien curieuse. […] Cette guerre-là, c'est l'orchestration parfaite de tous les moyens de tuer anciens et modernes. C'est intelligent jusqu'au bout des ongles.

C'en est même emmerdant, il n'y a plus d'imprévu. Nous sommes dirigés d'un côté comme de l'autre par des gens de beaucoup de talent. C'est linéaire et sec comme un problème de géométrie. Tant d'obus en tant de temps sur une telle surface, tant d'hommes par mètre et à l'heure fixe en ordre. Tout cela se déclenche mécaniquement. C'est l'abstraction pure, plus pure que la Peinture Cubiste "soi-même". Je ne te cache pas ma sympathie pour cette manière-là[1]. »
Bombardements massifs et masse d'infanterie. La guerre se fait selon les principes de l'industrie, rationalisation, uniformité, répétition. Le « matériau humain » sert comme le métal et l'explosif. Les questions sont de production, de stockage, de transformation et de renouvellement des stocks. Le moderne invente le massacre de masse comme il a inventé la production à la chaîne.

Léger veut y voir d'abord une justification du cubisme, quoiqu'il ne trouve que des exemples cruels. La guerre est cubiste, écrit-il à Poughon, non seulement par sa structure, son abstraction, sa géométrie, mais encore jusque dans ses destructions. Dans Verdun ravagé, il découvre « des sujets tout à fait inattendus et bien faits pour réjouir [son] âme de cubiste[2] ». Dessins et aquarelles tirent parti de ces sujets. Léger figure des hommes-robots déshumanisés et serviteurs de machines qui les écrasent. Dans Verdun, il relève les formes éboulées des ruines et, sur le champ de bataille, les lignes brisées d'un avion abattu ou d'une tranchée. Ses croquis de soldats les changent en agrégats de cubes et de pyramides coiffés du casque hémisphérique ou du képi cylindrique, également propices aux exercices de géométrie.

Il est cependant un autre lien entre cubisme et guerre, celui qu'il révèle à Jeanne, quand il lui confie : « Il n'y a pas plus cubiste qu'une guerre comme celle-là qui te divise plus ou moins proprement un bonhomme en plusieurs morceaux et qui l'envoie aux quatre points cardinaux. D'ailleurs, tous ceux qui en reviendront comprendront mes tableaux : la division de la forme, je la tiens[3]. » Mais ce motif n'apparaît pas dans ses dessins de guerre, où on ne relève que très peu de cadavres, hors *Les Deux Tués*, vus près de Fleury en octobre 1916. Un second croquis est annoté « Le Boche dans les fils de fer, Verdun, Fleury, 11-16 ». Le cadavre est couché sur le dos entre les piquets d'un réseau de barbelés et son corps se confond déjà avec le sol. Aucun dessin ne figure l'insoutenable des corps divisés « en plusieurs morceaux », et aucun tableau non plus puisque *La Partie de cartes* (1917), peinte à Paris, montre des soldats à l'abri, sans détail inquiétant ou funèbre. Léger demeure au front trois ans et y remplit l'office de brancardier. Il voit, mais ne dessine pas ce qu'il voit. À plus forte raison, il ne le peint pas.

Face à ces scènes, d'autres réflexes lui viennent. Le 30 octobre 1916, il décrit sa marche sur le champ de bataille de Verdun, à l'aube. « Les débris humains commencent à apparaître aussitôt que l'on quitte la zone où il y a encore un chemin. J'ai vu des choses excessivement curieuses. Des têtes d'homme presque momifiées émergeant de la boue. C'est tout petit dans cette mer de terre. On croirait des enfants. Les mains surtout sont extraordinaires. Il y a des mains dont j'aurais voulu prendre la photo exacte. C'est ce qu'il y a de plus expressif. Plusieurs ont les doigts dans la bouche, les doigts sont coupés par les dents[4]. » Il songe à la photographie, comme s'il était entendu que le dessin ne convient pas, parce qu'il ne serait pas exact, ou parce que l'épreuve serait insupportable au dessinateur.

Aucun peintre français ne la tente, quoique très nombreux soient ceux qui voient l'horreur. La plupart des protagonistes du fauvisme et du cubisme connaissent la mobilisation, les tranchées, le triomphe de la mort. Plusieurs ont des carnets de croquis, quelques-uns rapportent du front des aquarelles ou des pastels, mais ils se tiennent à distance des sujets tragiques. Chabaud, Camoin, Villon, La Patellière, si différents soient-ils, ont en commun de borner leurs sujets aux ruines, aux cratères et aux portraits de leurs compagnons. Forain, Mare, Marcoussis, employés au camouflage, esquissent des relevés de position, les silhouettes des canons, des ruines parfois, mais très rarement les blessures, les souffrances, les cadavres : l'ordinaire du front. Qu'ils « cubisent » comme Léger et Mare ou pratiquent un dessin naturaliste comme Forain ou Segonzac, ils ne révèlent rien de la bataille, rien qui se compare à la brutalité des toiles de Nevinson, *La Patrie* ou *Les Chemins de la gloire*, et à celle de Dix, autant dans ses croquis et gouaches du front que dans ses œuvres de mémoire. *La Tranchée*, toile détruite par les nazis, ou les gravures de *La Guerre* (1924). Il semble que la mort doive demeurer invisible, comme demeurent irreprésentables par le trait et la couleur le bombardement, la rafale de mitrailleuse, les gaz, la lutte souterraine et aérienne.

La guerre contemporaine se dérobe à la vue et n'offre plus aucun des motifs qui ont fait le succès des peintres de batailles jusqu'à la guerre franco-prussienne de 1870, qui approvisionne Neuville, Detaille et leurs imitateurs en charges, embuscades et épisodes symboliques. Que ferait un peintre de la trajectoire d'un obus et de la balle, du nuage toxique, des positions enterrées qui ne se signalent que par des réseaux de barbelés et des parapets de terre ? L'essayiste Robert de la Sizeranne s'en inquiète alors que la guerre dure encore : « La "bataille" moderne fait beaucoup pour les écrivains, psychologues, poètes, auteurs dramatiques, moralistes, quelque chose peut-être pour les musiciens : elle ne fait rien pour les peintres[5]. » Il s'en explique : « Le trait saillant de cette guerre, avec la tranchée et la mitrailleuse, c'est l'action du canon et des autres machines : avions, tanks, sous-marins, torpilles. Or les unes sont tout à fait invisibles et exercent leur action sans qu'on les ait aperçues : c'est même leur raison d'être. Il n'y a donc pas là de sujet de tableau. Les autres seraient visibles, mais les hommes ont pris soin de leur ôter toute signification […] ; les formidables tueuses sont déguisées en choses inoffensives, "camouflées" comme on dit[6]. » Les peintres, quand ils ne servent pas dans les unités combattantes, tels Braque, Derain et Léger, travaillent en effet dans les sections de camouflage, créées à partir d'août 1915. Ils mettent au point et en pratique les techniques qui trompent le regard, effacent les repères, interdisent d'identifier les cibles. Ils s'emploient donc à ôter à la représentation visuelle ce qu'il pourrait lui rester à saisir. Ces peintres précipitent la défaite de leur art, qui ne peut plus rendre compte des instants décisifs du combat.

À preuve, l'expérience des peintres qui sont envoyés sur le front pour exécuter des toiles d'histoire sur proposition conjointe du sous-secrétariat aux Beaux-Arts, du ministère de la Guerre et du Quartier général, en date du 8 novembre 1916. Ils sont choisis parmi les anciens nabis et post-impressionnistes, gloires du Salon d'Automne. La tentative échoue. Denis, qui se rend dans l'Aisne en 1917, en rapporte les éléments d'une toile élégiaque qu'il intitule *Soirée calme en première* ligne. Vuillard, dans les Vosges, dessine quelques guetteurs dans la neige et l'interrogatoire d'un prisonnier près d'un poêle. Bonnard laisse inachevé son *Village en ruines près de Ham*. Seul s'obstine Vallotton. Lors de son voyage en Champagne et en Argonne en juin 1917, il s'arrête à Souain, dont il peint trois fois l'église éventrée et les maisons effondrées, avant d'en faire lui-même la critique d'une phrase : « le décor s'est transformé, mais c'est encore et toujours un décor[7]. » La remarque vaut pour *Le Plateau de Bolante* et *Le Bois de la Gruerie*, en Argonne, dont il ne montre que la topographie, sans action, sans rien de plus dramatique qu'une fumée lointaine. « On aura de bons tableaux, note-t-il, c'est certain, mais d'agrément pur, et fragmentaires[8]. » Pour remédier au défaut, il tente en 1916 quatre « dessins synthétiques géométrisants », *Charleroi*, *L'Yser*, *La Marne* et *Verdun*, puis peint *Verdun* (1917), qu'il sous-titre « tableau de guerre

Félix Vallotton, *Verdun*, 1917. Huile sur toile, 115 × 146 cm. Paris, musée de l'Armée.

interprété, projections colorées noires, bleues et rouges, terrains dévastés, nuées de gaz ». Il essaie un cubo-futurisme, auquel il mêle des vestiges de réalisme. Des obliques s'entrecroisent, la surface est divisée en triangles et, dans sa partie supérieure, traitée dans un style qui n'est pas sans ressemblance avec celui de Paul Nash ou de Wyndham Lewis. Dans la partie inférieure, il maintient des éléments descriptifs et topographiques. Le résultat le convainc si peu que *Verdun* demeure une tentative isolée. S'il ne doute pas de l'inutilité de toute figuration réaliste d'une réalité qui échappe à l'œil, la géométrie ne le satisfait pas davantage. Il en revient bientôt aux nus féminins et au paysage bucolique.

Parmi les mobilisés figurent Braque et Derain. Ils quittent ensemble la gare d'Avignon le 2 août 1914 pour rejoindre leur régiment, accompagnés par Picasso. Braque participe aux combats de l'automne et de l'hiver. Il est grièvement blessé le 11 mai 1915, trépané, longtemps convalescent et ne retrouve son atelier qu'un an plus tard. Or, de ces moments, il ne laisse pas un dessin. Aucune toile n'y fait allusion. La représentation de la guerre est absente de son œuvre. Derain est versé dans l'artillerie et sert en Champagne, à Verdun, sur la Somme, au Chemin des Dames jusqu'en 1917. Il n'est démobilisé qu'après l'armistice. De cette période de près de cinq ans, il ne reste pas un croquis, tout juste le titre d'une toile, *Le Cabaret du front*, que Breton a vue dans l'atelier de Derain en 1921, toile disparue, « œuvre-injure » où « le passage du rouge au noir est si brusque, si barbare qu'il n'y a plus rien à faire[9] ». Seul fait établi : si Derain n'a pas continué le *Cabaret du front* ou l'a peut-être détruit, il photographie dans les tranchées à partir de juillet 1916. Il écrit à sa mère : « L'appareil que tu m'as envoyé marche extrêmement bien. J'ai des résultats merveilleux[10]. » La remarque se rapproche de la réflexion de Léger à Fleury et fait écho à la généralisation de la représentation photographique d'un présent qui échappe aux peintres et aux illustrateurs.

Généralisation doit s'entendre de plusieurs façons. La pratique de la photographie n'a plus rien d'exceptionnel et de nombreux mobilisés ont un appareil léger, avec lequel ils réalisent de très nombreux reportages et portraits. D'autre part, les plus spectaculaires de ces clichés sont publiés chaque semaine dans des hebdomadaires, *Le Miroir*, *Sur le vif*, *L'Illustration*, qui diffusent une image du conflit abondante et variée. Les opérateurs sont les combattants eux-mêmes, qui photographient assauts, bombardements, éclatements d'obus, cadavres et « débris humains ». Ils reçoivent des primes pour leurs images les plus éloquentes. *Le Miroir* organise des concours et promet des récompenses. En dépit de la censure – théorique plus que pratique –, la diffusion des photographies ne cesse de s'amplifier, en France comme en Allemagne et en Grande-Bretagne, plaçant les productions des artistes dans une situation de plus en plus incertaine. La reproduction mécanique, qui passe pour irréfutable, évince le dessinateur. Dans la seconde moitié de la guerre, les illustrateurs professionnels ne reçoivent plus de commande et *L'Illustration* elle-même ne fait plus appel à eux que pour les motifs qui ne peuvent être photographiés pour des raisons techniques, combats de nuit et duels aériens. Du siège de Sébastopol, en 1855, révélé par les dessins de Constantin Guys mieux que par les photographies de Fenton au siège de Verdun, le rapport s'inverse d'une manière définitive. Jusqu'à ce que le cinéma et, plus encore, la télévision introduisent des données nouvelles.

Généralisation encore : le photographe sait montrer ce que le dessinateur ne sait représenter. Comme Nevinson, Beckmann, Grosz et Dix, Vallotton, Forain, Segonzac, Gaudier-Brzeska s'efforcent de figurer de façon convaincante l'explosion d'un obus. Les solutions qu'ils expérimentent oscillent entre le fusain écrasé sur le papier et la transcription géométrisée. La photographie fixe non seulement l'impact mais les différents stades de l'explosion et obtient des séquences de plans successifs, triomphe de la décomposition mécanique du mouvement face aux essais de « synthèses plastiques » – en 1915, cette expression sert de titre à plusieurs compositions patriotiques de Gino Severini, établi à Paris. Pour l'horreur, c'est encore plus clair. À la répugnance de l'artiste qui, tel Léger, renonce à dessiner la mort, réplique la neutralité de l'appareil qui, en un instant, cadre les cadavres. À partir de 1915, la presse s'affranchit des interdits et publie des clichés morbides de plus en plus pénibles. Si, un temps, il reste entendu que les journaux français ne publient que des images de cadavres ennemis – et réciproquement–, cette réserve disparaît en 1916 quand *Le Miroir* place en première page l'image de deux corps, un Allemand et un Français, couchés l'un contre l'autre dans un trou. La surenchère dans l'épouvante ne cesse pas jusqu'à l'armistice. Mais, de cette évolution, la peinture et le dessin sont absents. La modernité industrielle que la guerre porte à son paroxysme d'efficacité, les exclut de la représentation historique. Elle les tient à distance du présent.

La guerre et l'expérience de l'échec qu'elle inflige aux peintres confirment la réflexion critique que Duchamp et Picabia développent dès 1912. Il se vérifie qu'une distance infranchissable sépare le monde mécanique et rationalisé des activités artistiques d'autrefois, dessin et peinture. En substituant ironiquement le graphique d'ingénieur à la touche picturale, le ready-made au modelage et à la taille, en proclamant la supériorité de l'ingénieur et de l'hélice, Duchamp anticipe sur ce que la Grande Guerre rend manifeste, le passage brutal d'un temps à un autre, où les beaux-arts ne sont plus qu'habitudes anciennes.

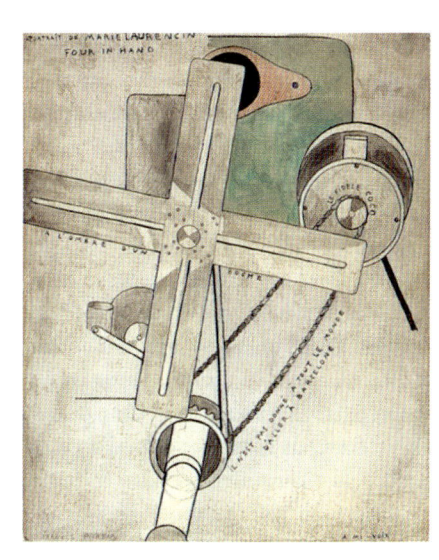

Francis Picabia, *Portrait de Marie Laurencin, four in hand*, 1916-1917. Encre et aquarelle sur carton, 56 × 45,5 cm. Paris, Musée national d'art moderne-Centre Georges Pompidou.

L'insoutenable absurdité de l'art

Ce n'est pas tout. Il ne suffit pas de se demander si photographie et cinéma se substituent définitivement aux arts manuels afin de dire la vérité de l'époque quand cette vérité est insupportable. La crise est plus grave. Elle ne se limite pas à un renouvellement technique. Elle est crise de la conscience morale et de la pensée esthétique, crise qui se nomme Dada avant de prendre d'autres noms. Elle tient à une question : est-il acceptable de se soucier d'art au XXe siècle, étant donné ce qu'est le XXe siècle ? Cette activité, les inquiétudes qui l'environnent, ses travaux ont-ils quelque sens encore ? Ou relèvent-ils d'une futilité coupable, impardonnablement coupable ? Avant Auschwitz, l'interrogation est formulée, de façon plus immédiate, moins philosophique, non moins embarrassante pour autant.

Elle l'est à cause de Verdun, à cause du Chemin des Dames, d'Ypres et de l'Argonne. À Verdun, Léger décrit le champ de bataille. « Les hommes sont tout petits perdus là-dedans. On les distingue à peine. Un obus tombe dans ces petites choses. Ça remue un moment. On emporte les blessés, on laisse les morts. Ça n'a pas plus d'importance que des fourmis. On n'est pas plus gros que des fourmis là-dedans. C'est l'artillerie qui domine tout. Formidable, intelligente, frappant partout où il faut, désespérante par sa régularité[11]. » Il s'impose cette épreuve, qu'il peut à peine écrire et ne peut pas peindre. « Je suis resté le temps qu'il fallait pour bien voir, regarder, voir encore tout l'horrible du spectacle. Pour être sûr de la chose, pour avoir une idée absolument et rigoureusement nette du drame. Je l'ai pleinement. Je ne pousse pas des cris d'horreur. Je suis trop habitué à ces sortes de choses. »

Après *La Partie de cartes*, Léger prend acte de l'avènement du monde nouveau, par la peinture, le ballet, le cinéma, l'art mural, toutes pratiques associées. « Moins absolu » que Duchamp, ainsi qu'il l'admet, il reprend ses activité artistiques, comme Braque, Zadkine et la plupart des artistes mobilisés. Derain les reprend à son tour. Il sait ce qui s'est passé. « On sacrifie en vain des milliers de vie, écrit-il à sa mère le 1er mai 1917, comme si ce n'était rien et pour rien de bien ordonné ni prévu. Des gens se sont arrogé tous les pouvoirs et disposent des autres comme d'instruments inusables et infatigables, leur demandant sans cesse de renouveler les efforts les plus pénibles. C'est effrayant, l'inconscience de ceux qui donnent des ordres[12]. » Avec Vlaminck, il se fait plus brutal : « Quelle hypocrisie, quel crime sagement conçu. C'est effrayant. Pas un atome de vérité : des mensonges et de la saloperie. Et de l'argent pour les bons apôtres[13]. » Face à ce « crime », l'art pèserait peu. Il serait raisonnable d'y renoncer. Telle aurait été la conviction de Derain, à en croire ce qu'il a rapporté plus tard : « Après la guerre, je croyais que je ne pourrais plus peindre, qu'après tout ça, ça n'intéresserait plus personne[14]. » Les premiers succès ont raison de ses doutes.

Il n'en va pas de même de ceux qui, durant la guerre ou aussitôt après l'armistice, rejettent toute considération et toute ambition artistique. Le 18 août 1917, Jacques Vaché écrit à Breton : « l'ART n'existe pas – Il est donc inutile d'en changer – pourtant! on fait de l'art – parce que c'est comme cela et non autrement – Well – que voulez-vous y faire ? Donc nous n'aimons ni l'ART ni les artistes (à bas Apollinaire). » Il tient Reverdy, Jacob, Cocteau pour

Fernand Léger,
La Partie de cartes, 1917.
Huile sur toile,
129 × 193 cm.
Otterlo, Rijksmuseum
Kröller-Müller.

« PANTINS – PANTINS – PANTINS[15] ». Il reprend le 9 mai 1918 : « L'ART EST UNE SOTTISE – Presque rien qu'une sottise. » Le 6 janvier 1919, il se suicide.

En novembre de cette année, 391 publie le compte rendu du Salon d'Automne, le premier de la paix retrouvée, par Ribemont-Dessaignes. « Le Salon d'Automne a ouvert ses portes le jour de la Toussaint. Le lendemain était le jour des Morts. Symbole. Les commis-voyageurs pour Grands Bazars ont jugé à propos d'identifier cette peinture mortuaire avec une renaissance de l'Art français. […] Là tout est mort pour la Patrie, quoique tout ne soit pas mort au champ d'honneur. Confusion des genres. Le squelette du maréchal Foch rôde dans l'ombre lorsque les portes du Palace sont fermées, et fait la revue d'appel. » Il y eut des lettres de protestation, des insultes, un duel. Dans les numéros suivants, la dénonciation n'épargne ni écoles ni idéaux. Elle déclare absurde toute volonté d'art. Elle se rit des théories et des systèmes, qu'ils aient pour auteurs Ozenfant ou Lhote, qu'ils se réclament du purisme ou du classicisme. Les dernières livraisons de 391 et du Pilhaou-Thibaou annoncent que « l'art est mort » et que, si « Francis Picabia n'a pas fait son devoir pendant la guerre, il continue ». « Théories et méthodes, même les plus défendables et les plus saines, pourquoi garderaient-elles leur valeur à un tournant de l'histoire, en une décade de destruction, de bouleversement, de révision mondiale ? » L'interrogation n'est pas d'un dadaïste, mais de Blanche qui incarne la révolte absolue dans la figure allégorique d'un combattant démobilisé. « Un jeune homme très distingué, très cultivé et complètement indépendant, écrit-il alors, comme je m'étonnais de ne pas le voir reprendre les travaux de haute spéculation où auparavant il semblait devoir exceller, de si haut m'avoua être tombé si bas, depuis la guerre, à laquelle il s'était dévoué corps et âme, que les mots *Intelligence*, *Beauté*, *Culture*, *Art*, *Littérature*, avec majuscules, lui faisaient lever les épaules de pitié[16]. » Ce « jeune homme » pourrait être Vaché, Ribemont-Dessaignes ou l'un des participants des soirées dada parisiennes, qui tournent en dérision toute activité artistique, poésie, théâtre, peinture. Au cours de la soirée du Cœur à barbe, Pierre de Massot déclare « morts au champ d'honneur » les écrivains et les peintres de toutes tendances, de Gide à Picasso. Dès 1919, Cocteau attaque Matisse quand il montre ses toiles récentes, niçoises, postimpressionnistes. « On cherche Matisse et on constate, si j'ose dire, un phénomène de déformation professionnelle. […] Je devine à travers son œuvre un artiste de l'École des beaux-arts, qui trouve que "la peinture est un fichu métier", que "si on avait un fils", etc. » L'article finit sur une citation du *Bestiaire* d'Apollinaire, image de l'écrevisse qui s'en va « à reculons, à reculons[17] ».

Le dédain de l'art « professionnel » est si fort que le dadaïsme est abandonné dès que suspect de devenir à son tour une doctrine artistique, un « cadre reliure », écrit Picabia dans *Le Pilhaou-Thibaou* en juillet 1921. « La meilleure religion est celle qui n'existe pas, un appartement vide me sera toujours plus sympathique que lorsqu'il est habité. La terre est un appartement sphérique où il ne devrait y avoir que des Bédouins. » En 1922, Breton, dans *Littérature*, conseille : « Lâchez tout. Lâchez Dada. Lâchez votre femme. Lâchez votre maîtresse. » Il se justifie sèchement. « Le dadaïsme, comme tant d'autres choses, n'a été pour certains qu'une manière de s'asseoir. […] Pardonnez-moi de penser que, contrairement au lierre, je meurs si je m'attache[18]. » Il a pour Matisse une antipathie égale à celle que déclare Picabia parce qu'il lui apparaît comme le symbole de ceux qui « ont toujours exercé l'art comme un métier ». « Ils sont comme cela aujourd'hui une dizaine, les Valéry, les Derain, les Marinetti, au bout du fossé la culbute[19]. » Écho de Picabia, dans *Littérature* en janvier 1923. « Aucune époque, je crois n'a été plus imbécile que la nôtre. Ces messieurs veulent nous faire croire qu'il ne se passe plus rien ; le train fait machine arrière, paraît-il, c'est très joli à regarder, les vaches n'y suffisent plus ! Et les voyageurs de ce Decauville à reculons se nomment : Matisse, Morand, Braque, Picasso, Léger, de Segonzac, etc., etc. Ce qui est plus drôle, c'est qu'ils acceptent comme chef de gare Louis Vauxcelles, l'homme dont la grosse serviette noire ne contient qu'un fœtus ! »

Ce que Picabia expose alors relève de la dérision. *La Danse de Saint-Guy tabac rat* (1919-1920) se compose d'un cadre doré, de ficelles tendues et de trois morceaux de carton, deux pour le titre et un pour la signature. *L'Œil cacodylate* (1921) est une toile couverte d'autographes vrais et faux et d'inscriptions moqueuses. Les matériaux les plus inattendus entrent dans la fabrication de tableaux rayés de couleurs vives, badigeonnés de Ripolin. Dans *La Lecture* (1924-1925), Picabia colle des pailles du bar L'Aspiro et dans *La Femme aux allumettes* des pièces de monnaie, des épingles à cheveux et des allumettes. Dans *Machaon* (1926-1927), il introduit un pseudo-dessin d'enfant, qui voisine avec des papillons proprement aquarelles.

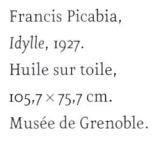

Francis Picabia,
Idylle, 1927.
Huile sur toile,
105,7 × 75,7 cm.
Musée de Grenoble.

L'obscénité est un autre moyen de provocation, victorieuse dans *Lever de soleil* (1924) ou *Érotique* (1924). Le respect du «beau métier» n'est pas moins efficace quand il est employé à la répétition des poncifs du pittoresque touristique, telles les *Espagnoles* aux visages parfaits, aux peignes et aux coiffures exactement en place et aux regards sans expression. Des toréros impassibles accompagnent ces Carmens fantomatiques. Ces aquarelles trop jolies achèvent de compromettre l'art, l'entraînant dans une parade grotesque. Elles ont un autre mérite : elles n'ont rien de commun avec ce qui pourrait devenir un style dadaïste à force de répétitions. Au même moment. Duchamp interrompt tout travail d'ordre artistique.

Il revient à Breton de formuler l'inutilité indécente de la plupart des activités artistiques. Après le Salon des Indépendants de 1923, il publie *Distances*. Après avoir rappelé la situation d'avant-guerre et l'autorité qu'avait gagnée «la critique d'art la plus indépendante», il poursuit : «Les choses en étaient là quand on jugea bon de nous infliger la rude leçon de 1914-15-16-17-18. Sous ce que ces années supposent de nostalgies diverses, d'orgueil refoulé et d'inemploi permanent de la faculté de choisir, pour parler sur le mode mineur, s'affaissa lentement cette volonté de modernisme qui, jusqu'alors, tendait à se donner libre carrière et qui, dans le domaine de l'esprit – le seul qui importe –, à quelque excès qu'elle se condamne apparaît du moins comme une volonté en armes devant la mort[20].» De quoi il découle que la production artistique contemporaine méconnaît «la barbarie de vivre» et que «tous, d'un commun accord, se dispensent de faire dans les œuvres nouvelles la part du feu, en sorte qu'il n'y a plus que le *métier* de peindre qui compte, que par suite on trouve de jour en jour plus de non-valeurs pour l'exercer.» Ces travaux n'ont de fonction que le divertissement. L'art n'existe pas, selon la maxime de Vaché, parce que l'art, tel qu'il se fait alors, est dépourvu d'enjeux et de sens ; parce qu'il ignore «la barbarie de vivre» moderne dont, de toute façon, la peinture et le dessin ont prouvé qu'ils ne savaient comment les figurer. La querelle ne porte ni sur le détail d'une esthétique, ni sur l'opposition de plusieurs esthétiques entre elles, mais sur la légitimité même d'une réflexion et d'une création esthétique ; non sur l'art qu'il conviendrait de faire, mais sur la nullité de tout art. Ce serait peu dire que la modernité est en crise depuis que la guerre a achevé de la révéler telle qu'en elle-même.

Planification de la barbarie

Ce serait peu dire que cette crise est profonde et qu'elle détermine, dans le siècle, fractures, ruptures, affrontements. La Grande Guerre introduit à l'horreur. La Seconde l'amplifie jusqu'à l'impensable et l'inhumain. Être charmant à l'ombre des crématoires, serait-ce désormais le destin de l'artiste ? «Même la conscience la plus radicale du désastre risque de dégénérer en bavardage, écrit Adorno. La critique de la culture se voit confrontée au dernier degré de la dialectique entre culture et barbarie : écrire un poème après Auschwitz est barbare, et ce fait affecte même la connaissance qui explique pourquoi il est impossible d'écrire aujourd'hui des poèmes[21].» Poèmes ou peintures, critique littéraire ou critique artistique, il n'y a pas lieu de distinguer, face à la barbarie. La seule question qui vaille est celle du «bavardage» : les arts peuvent-ils quoi que ce soit contre la destruction de masse ? Avant que ne commence la Seconde Guerre mondiale, elle se pose en Espagne, à l'occasion du bombardement aérien

Olivier Debré, *Le Mort de Dachau*, 1945. Crayon et gouache sur papier, 30,5 × 45,2 cm. Paris, Musée national d'art moderne-Centre Georges Pompidou.

de Guernica, préfiguration de la tactique de terreur systématiquement appliquée de 1939 à 1945. Quand la Luftwaffe détruit la ville basque – apothéose criminelle de la technique moderne telle que Léger l'a vue s'organiser à Verdun –, un peintre s'efforce d'opposer une toile peinte de sa main à la mécanique de l'anéantissement.

Une observation s'impose auparavant, qui vérifie ce qui s'est passé durant la Grande Guerre. En Espagne, en Pologne, en France, en Russie, en Allemagne, dans les îles du Pacifique ou au Japon, la représentation de la guerre appartient aux photographes et, dans une plus faible mesure, aux cinéastes. Il n'est que d'énumérer ceux dont les images révèlent et symbolisent la guerre, Chim à Barcelone, Robert Capa sur le front de l'Ebre et les plages de Normandie, Eugene Smith dans le Pacifique, Galina Sankova et Dmitri Baltermants dans les plaines russes, Yevgeny Khaldey à Berlin, Lee Miller et George Rodger dans les camps d'extermination. Si Robert Capa et Chim ont Paris pour base jusqu'en 1939, la défaite et l'Occupation tiennent la photographie française à l'écart jusqu'à la Libération, laquelle permet à Robert Doisneau, à Albert et Jean Seeberger et à Cartier-Bresson de reprendre leur œuvre dans le Paris des barricades et l'Allemagne des camps et des ruines. Au temps des soldats s'improvisant reporters succède celui des reporters se mêlant aux soldats pour fixer, jusque sur la ligne de feu, des images de la bataille. Elles sont de deux sortes, récits ou symboles. Du récit relèvent les séquences de Capa qui décrivent le débarquement des premiers fantassins américains ou la mort d'un soldat tué par un tireur dans un immeuble de Leipzig. Il en est de même des combats place de la Concorde en août 1944, photographiés par les Seeberger et du bombardement de la citadelle de Saint-Malo vu par Lee Miller. Ces suites narratives s'inscrivent dans la conception inaugurée pendant la Grande Guerre, si ce n'est que les conditions techniques se trouvent très améliorées.

Les mêmes photographes, anticipant en cela la réflexion sur l'instant décisif de Cartier-Bresson, cherchent à enfermer en un seul cliché une synthèse de sentiments et de faits. Les images concentrent le tragique en peu de figures, un républicain renversé par une balle, un marine épuisé buvant à sa gourde, un soldat russe hissant un drapeau, les cadavres de Buchenwald, les ombres des passants anéantis par le feu nucléaire à Hiroshima. Ces photographies deviennent autant d'emblèmes, par suppression de l'accessoire et de l'anecdotique. Il importe peu que l'on sache le nom du républicain qui tombe, l'identité du déporté momifié, la date exacte. Par des cadrages serrés, des contre-jours, des découpages tranchants, un contraste accentué des ombres et des lumières, le photographe, Capa ou Cartier-Bresson, détache de la réalité le plan où elle se condense. Publiées par *Vu* et par *Life*, ces photographies se répandent dans les quotidiens et les hebdomadaires, français, américains ensuite. Le photojournalisme se développe ainsi dans les années trente, avec le reporter pour héros. Ce dernier ignore les considérations de nationalités et de frontières. Les fondateurs de l'agence Magnum, quand ils se réunissent à New York en 1947 sont un Britannique, Rodger, deux Américains originaires d'Europe centrale, Chim et Capa, et un Français, Cartier-Bresson.

En dépit de l'allégement des matériels, le cinéma ne joue encore durant cette période qu'un rôle de second plan, avant qu'il ne s'empare de la guerre, après sa conclusion, pour réaliser reconstitutions et récits héroïques ou affligés, *a posteriori*, dans les années cinquante, non point en France, mais à Hollywood. Exception emblématique : en 1959, Alain Resnais réalise *Hiroshima, mon amour*, scénario et dialogues de Marguerite Duras, avec Emmanuelle Riva dans le rôle de « la Française » et Eiji Okada dans celui de son amant japonais. La construction tisse les récits d'un adultère éphémère, d'un drame amoureux dans Nevers occupé et l'évocation de la destruction d'Hiroshima le 6 août 1945. Le film s'ouvre sur le spectacle du « champignon » atomique de Bikini, au ralenti, avant que de la fumée émergent les épaules nues des amants sur un lit. Ils parlent, ils s'opposent. « LUI : Tu n'as *rien vu* à Hiroshima. Rien. ELLE : J'ai *tout vu. Tout.* » Suivent des images du musée d'Hiroshima, pièces à conviction du bombardement. Dans le synopsis qui précède les dialogues, Marguerite Duras expose son propos. « Elle lui dit qu'elle a tout vu à HIROSHIMA. On voit ce qu'elle a vu. C'est horrible. Cependant que sa voix à lui, négatrice, taxera les images de mensongères et qu'il répétera, impersonnel, insupportable, qu'elle n'a rien vu à HIROSHIMA.

« Leur premier propos sera donc allégorique. *Ce sera, en somme, un propos d'opéra. Impossible de parler de Hiroshima. Tout ce qu'on peut faire, c'est de parler de l'impossibilité de parler de Hiroshima. La connaissance de Hiroshima étant a priori posée comme un leurre exemplaire de l'esprit*[22]. » C'est affirmer en manière de préalable que le film demeure à distance

Alain Resnais, *Hiroshima, mon amour*, 1959 (Emmanuelle Riva et Eiji Okada).

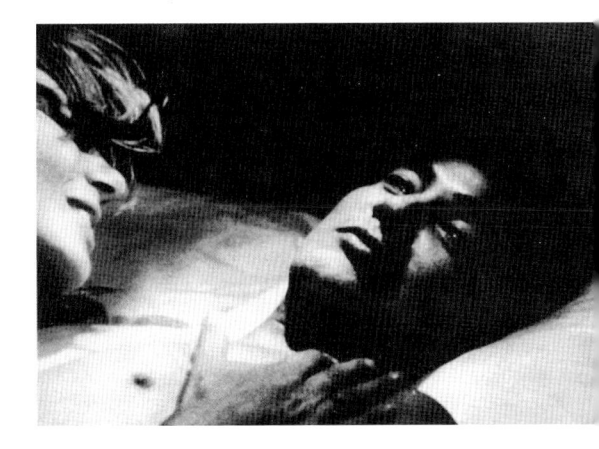

Pablo Picasso, *Guernica*, 1937. Huile sur toile, 351 × 782 cm. Madrid, Centro de Arte Reina Sofia.

de son sujet quand il est tel et qu'il ne reste qu'à désigner la distance, faute de pouvoir se rapprocher. Les images sont « mensongères », non parce qu'elles auraient été truquées – quoique ce méfait soit courant – mais parce que, même « vraies », elles demeurent images, sinon belles images, trop en deçà de ce qu'a été Hiroshima, qui ne peut se représenter. À l'inverse pour « la Française », la mort d'un soldat allemand à Nevers est vraie d'une vérité singulière, individuelle, éprouvée dans la douleur et la punition. Les répliques ultimes se sont pas moins allégoriques que les premières. « ELLE : Hi-ro-shi-ma. C'est ton nom. LUI : C'est mon nom. Oui. Ton nom à toi est Nevers. Ne-vers-en-Fran-ce[23]. » Allégorie, précisément : Duras la tient pour « propos d'opéra », l'opéra étant interdit de naturalisme, puisqu'il suppose un chant que la réalité ne connaît pas.

Allégories, encore : *Songes et mensonges de Franco* et *Guernica*, en 1937. Les deux planches à l'aquatinte de janvier 1937 développent comme en une bande dessinée les métamorphoses monstrueuses de Franco en chevalier grotesque parmi des animaux – porc, cheval ailé, taureau – et des femmes désespérées. Elles répondent au récit que l'écrivain José Bergamin fait à Picasso des bombardements de Madrid. Elles annoncent *Guernica*, où Picasso associe

Tal Coat, *Massacre*, 1936. Huile sur toile, 24 × 33 cm. Genève, galerie Benador.

dans un espace nocturne symboles et éléments narratifs. D'une part le corps d'un guerrier mort, l'épée brisée, le taureau et le cheval transpercé par une lance ; de l'autre la femme à l'enfant mort, la femme éplorée, celle qui crie et tend les bras. Les déformations accentuent les bouches ouvertes, les yeux, les mains, les convulsions, les gestes de terreur. Le graphisme durcit les volumes, les découpages, les angles. Les noir, gris et blanc créent une atmosphère de cave et de ruine. À la description, caractéristique ordinaire de la peinture d'histoire telle que la pratique le XIXe siècle français, Picasso substitue la transcription. Il n'entre pas dans les détails. Rien ne désigne Guernica, le bombardement, la guerre civile, absence qui déconcerte, lors de l'Exposition universelle de 1937 ceux qui attendent une image militante. Rien ne désigne non plus un épisode, un lieu, une date dans les toiles que Tal Coat intitule *Massacres* et qui n'en sont pas moins liées à la guerre d'Espagne ; ni dans les dessins et les toiles de Masson qui portent le même titre et symbolisent la violence de l'homme, sans précision de nationalité et de circonstance qui atténuerait le sens de l'œuvre. González dénomme *Montserrat* la sculpture de fer qu'il place dans le pavillon de la République espagnole, mais son langage n'en demeure pas moins symbolique : une femme de douleur incarne la souffrance du peuple espagnol et le métal porte l'empreinte des coups et des blessures.

Allégories, mais peu nombreuses. Ce qui apparaît pendant la Grande Guerre se confirme : la distance qui sépare le présent tragique des œuvres picturales et sculpturales contemporaines, comme s'il était désormais établi que ce présent, que tous subissent, nul ne sait comment le figurer. Cette impuissance face à la barbarie n'est jamais plus visible qu'à la fin de la guerre, quand la « solution finale » est révélée dans son horreur organisée. Lee Miller ne fait que quelques photographies à Dachau et à Buchenwald. George Rodger, à Bergen-Belsen, renonce à photographier et interrompt son activité avant de la reprendre en Afrique, loin de ces souvenirs. De rares survivants, Zoran Music, Léon Delarbre, Boris Taslitzky, sauvent les dessins qu'ils avaient tracés clandestinement, à Dachau, à Dora, à Buchenwald – témoignages de rescapés que leurs auteurs ne destinent pas à l'exposition et qui, parce que témoignages, ne relèvent pas d'un jugement esthétique.

Pour les artistes qui s'efforcent d'inscrire dans leur œuvre l'impensable de l'extermination, leur situation est autre. Picasso visite Birkenau en 1948 à l'occasion du congrès de Wroclaw, en compagnie de Pierre Daix et de Paul Éluard. Le camp est alors dans l'état où l'ont abandonné les S.S. après avoir fait sauter les fours crématoires. Après la visite, Picasso fait une seule remarque : « Dire qu'autrefois les peintres croyaient qu'ils pouvaient peindre *Le Massacre des innocents*. » Lui-même essaie en 1945, dans *Le Charnier*, allégorie dans la suite de *Guernica*. Il réduit le dispositif symbolique à trois figures, l'otage exécuté les mains liées dans le dos, la femme et l'enfant morts près de lui. La couleur se borne à des gris et au blanc de la toile alors que les étapes successives du dessin demeurent visibles comme des cicatrices. La violence se lit dans l'écartèlement

Julio González, *Masque de Montserrat criant*, vers 1938-1939. Fer forgé soudé, 22 × 15,5 × 12 cm. Paris, Musée national d'art moderne-Centre Georges Pompidou.

Joan Miró, *Aidez l'Espagne*, 1937. Gouache sur papier, 31 × 37 cm. Projet d'affiche publié dans *Cahiers d'art*.

des figures, l'enchevêtrement des membres, la crispation des visages des martyrs. Le torse décharné de l'homme, à la cage thoracique saillante, fait songer aux photographies des déportés, alors mêmes qu'elles n'ont été connues qu'après que la toile a été achevée. Auparavant, pendant l'Occupation, Picasso procède par vanités, peu nombreuses : les deux versions de la *Nature morte au crâne de taureau* (1942), la *Tête de taureau* (1943) faite d'une selle et d'un guidon de bicyclette, le *Crâne* (1943) de bronze sphérique et craquelé, la *Nature morte au crâne, au poireau et à la cruche* (1945). Autant de symboles de la mort.

Autre tentative : en 1943 et 1944, Jean Fautrier peint la série des *Otages* à la mémoire de ceux que les nazis fusillent dans un bois, près de la maison où il est réfugié. Il ne s'agit ni de portraits ni de nus. La torture inscrit ses griffures et ses coups dans la matière picturale épaisse dont les contours n'évoquent que loin des têtes et des corps. La violence de l'histoire contemporaine n'est pas représentée, elle est suggérée par la violence de la peinture qui ne conserve de l'homme que des traces à moitié effacées. Elle l'est encore dans les sculptures, visages striés, fendus, creusés, défigurés.

Jean Fautrier, *L'Écorché*, 1942. Huile sur papier marouflé sur toile, 80 × 115 cm. Paris, Musée national d'art moderne-Centre Georges Pompidou.

L'exposition des *Otages* à la galerie Drouin reçoit une préface d'André Malraux. Tout en inventant des formules heureuses – « hiéroglyphie de la douleur », « idéogrammes pathétiques » –, le romancier se montre dubitatif. « Sommes-nous toujours convaincus ?, feint-il de se demander. Ne sommes-nous pas gênés par certains de ses roses et de ses verts presque tendres, qui semblent appartenir à une complaisance (fréquente chez tous les artistes) de Fautrier pour une autre part de lui-même[24] ? » Dans une lettre à Jean Paulhan, Jean Dubuffet, évoque une conversation avec Malraux devant les toiles : « Il trouvait seulement que j'étais excessif quand je disais : que pour ce qui est des histoires d'Otages et Oradour, etc., je m'en foutais, que je ne voyais pas d'otages dans tout cela, qu'il ne me paraissait pas du tout utile de mêler des otages à tout cela mais que c'était une manie du peintre[25]. » Francis Ponge approuve seul Fautrier dans sa *Note sur les Otages* (1946), où il suggère que les couleurs claires qui ont déconcerté Malraux annoncent la victoire de la beauté sur l'horreur. Afin d'éviter toute équivoque – puisqu'il y a équivoque –, quand il célèbre les révoltés de Budapest, en 1956, Fautrier recopie sous chaque *Tête de partisan* une citation du poème de Paul Éluard, *Liberté*. Le sens de la toile ne peut plus échapper, mais c'est la poésie qui le déclare autant que les effets de matière et les dominantes grises, sans les roses et verts qui ont troublé Malraux dix ans plus tôt. L'évocation du présent procède par le symbole pictural, accompagné de sa légende en toutes lettres.

Troisième tentative, celle d'Olivier Debré. En 1945 et 1946, il exécute des séries d'œuvres sur papier, *Le Mort de Dachau*, *La Mort et le sourire des nazis*, *L'Assassin, le Mort et son Âme*, *Étude du sourire sadique*. Dans chacune, il cherche à abstraire du réel signes graphiques et picturaux. À l'encre, la gouache grise, la craie et la peinture aluminium, en collant des pierres dans une épaisse peinture blanche, il trace des constructions de pictogrammes. Les uns ont leur origine dans une épuration progressive, celle qui réduit le sourire sadique du bourreau nazi à la torsion de ses lèvres, puis à une simple ligne détachée de toute référence figurative. D'autres relèvent de la convention symbolique : l'âme se détachant du sol est indiquée par quatre courbes qui s'élèvent au-dessus de la forme en sac du cadavre. Celle-ci, dans la série *Le Mort de Dachau* perd par étapes sa fonction descriptive et la tragédie se lit alors dans la brisure des lignes et la suppression de toute couleur – en quoi Debré s'inscrit dans la continuité du Picasso de *Guernica* et du *Charnier*. Mais le décryptage de l'œuvre peut devenir malaisé et les pictogrammes de *L'Assassin*, *le Mort et son Âme* sont si elliptiques que l'expression repose pour l'essentiel sur le titre. Après 1946, Debré, sans exposer ses dessins, s'écarte du tragique contemporain pour tracer ses premiers signes-personnages et signes-musiciens.

Picasso, Fautrier et Debré opposent à la barbarie des œuvres éloignées de la représentation des événements, allégories, transcriptions, « idéogrammes »,

selon le mot de Malraux. Ceux-ci ne sont pas compris en tant que tels, ou il leur est reproché comme au *Charnier* de manquer de réalisme. La question de l'horreur irreprésentable demeure entière – et demeure inaperçue dans la mesure où, de même qu'en 1919, la peinture recommence comme s'il ne s'était rien passé, elle recommence en 1945 sans que les changements qui l'affectent semblent liés à la guerre qui finit, comme si Auschwitz n'avait pas eu lieu, ni Hiroshima. L'art ne cesse de se dire moderne mais le présent, en ce qu'il a de plus violent, de plus odieux – l'industrie de la mort – lui est inaccessible. Quand la réalité de l'histoire fait irruption, elle impose de considérer autrement la rationalisation, le progrès technique, la métamorphose des modes de production et de consommation. Elle impose de considérer la nature des rapports que les créations artistiques entretiennent non plus avec l'idéal moderne mais avec le présent de la modernité, qui inflige à l'idéal des démentis définitifs.

Deux attitudes se séparent : l'aveuglement – volontaire ou involontaire – et l'observation. Par aveuglement, il faut entendre le repliement sur des questions seulement artistiques, qui incite d'ordinaire au culte des maîtres anciens, au retour au musée, à l'apologie d'une tradition. Par observation, il faut entendre l'analyse des conditions contemporaines de la vie et de la pensée, qui est aussi défense des singularités, défense de la liberté individuelle.

Pablo Picasso, *Le Charnier*, 1944-1945. Huile et fusain sur toile, 199,8 × 250 cm. New York, The Museum of Modern Art, don de Mrs Sam A. Lewisohn et Mrs Marya Bernard Fund, en mémoire du Dr Bernard Bernard.

Retraites et réactions

En 1919, Derain recommence à peindre, comme Braque avant lui et comme tous les artistes mobilisés. Peu après, en décembre 1920, il déclare la supériorité de Raphaël. « Raphaël est au-dessus du Vinci, lequel est un habile calculateur et qui, loin d'être divin, a un certain goût de la corruption. Raphaël seul est divin[26]. » En 1923, Breton écrit *Distances*. « Des critiques qui tentent en vain de nous orienter sur cette mer d'huile, les uns, dont la manœuvre sournoise, tout en nous faisant entrevoir le pavillon de la Renaissance, est de nous entraîner au fond de l'abîme du temps, méconnaissent, et pour cause, la barbarie de vivre ; les autres, prostrés sur leur jeunesse, demandent à quelques illustres survivants plus qu'ils ne peuvent donner[27]. » Le présent se place à l'enseigne d'un passé plus ou moins lointain.

Cette attitude, en 1920, se nomme « retour à l'ordre » et recrute chez les anciens du fauvisme et du cubisme. Dans d'autres périodes, elle porte d'autres noms, mais en appelle constamment au respect des règles, qu'elle préfère nommer traditions et qu'elle juge fortes de leur ancienneté et de l'autorité de garants illustres. Elle s'oppose aux idées et aux manifestations qui lui semblent d'une modernité outrancière. Cette attitude récurrente se reconnaît à son discours, marqué de nationalisme et d'historicisme, et aux œuvres qu'elle suscite et soutient, marquées de références et de citations visibles.

La Grèce, Rome

En 1905, Gide rend compte du Salon d'Automne. S'il voit dans la peinture de Matisse un « produit de théories », il place au premier rang Maillol et Vuillard. Il justifie son choix par une typologie esthétique qui sépare les artistes inquiets d'expression individuelle des « artistes tranquilles : un Bach, un Phidias, un Raphaël[28] ». « Les premiers sont plus pathétiques. L'œuvre des seconds est plus impénétrable, plus solide, d'un plus grand poids. » Rodin serait le champion des uns, parce qu'il expose d'« inégales œuvres », « pantelante[s], inquiète[s], signifiante[s], pleine[s] de pathétique clameur ». Maillol est à l'inverse. Il présente une femme assise. « Elle est belle ; elle ne signifie rien ; c'est une œuvre silencieuse. Je crois, continue Gide, qu'il faut remonter loin en arrière pour trouver une aussi complète négligence de toute préoccupation étrangère à la simple manifestation de la beauté. » Gide célèbre en Maillol l'artiste de la contemplation, de la gravité, du canon grec, de l'harmonie et de l'idéal. À Vuillard, il reconnaît les mêmes vertus, « nulle recherche d'éclat ; un constant besoin d'harmonie ; [...] une entente à la fois intuitive et savante ». Bonnard le séduit moins, parce que trop occupé de sa personnalité, et « n'est-ce pas une triste infirmité de notre époque de ne savoir reconnaître la personnalité d'un artiste que lorsque son œuvre imparfaite ou inachevée l'exagère ? ». Le système est en place, qui oppose la singularité à l'unité, l'expression à l'harmonie, le pathétique à la sérénité, l'imparfait à la beauté accomplie. « L'art n'habite pas les extrêmes ; c'est une chose *tempérée*[29]. »

Ainsi s'exprime un écrivain de trente-six ans qui appelle à s'écarter d'une conception trop personnelle et à préférer une esthétique de la mesure qui ne tienne pas l'expression pour vertu supérieure. Il a, en Maurice Denis, un mentor et un allié. Ce dernier, quoique ancien nabi et auteur du manifeste du néo-traditionnisme, se déclare en faveur des mêmes valeurs. Il admire dans la sculpture de Maillol « une œuvre achevée », « une noble figure, à la fois expressive et harmonieuse, simple et grande comme l'antique. Maillol l'a créée ainsi sans système, avec son seul génie, aidé peut-être aussi par ce sentiment du général dont parlait Félibien et qui chez lui est instinctif. Cependant, c'est cette statue classique qui est l'œuvre d'art la plus neuve de tout le Salon d'Automne[30]. » En comparaison, Matisse fait « de la *dialectique* » pour arriver « à des idées, à des noumènes de tableaux ». Or, pour Denis, comme pour Gide et les partisans d'un classicisme artistique, la théorie ne peut qu'annoncer l'inquiétude, le défaut d'instinct, des complications – tout le contraire de l'art qu'ils rêvent, naturel et idéal à la fois. L'article contient, adressée à Matisse, une admonestation exemplaire : « Le recours à la tradition est notre meilleure sauvegarde contre les vertiges du raisonnement, contre l'excès des théories[31]. » On ne peut réclamer plus nettement en faveur d'un passé – Raphaël, Poussin, Félibien – contre des nouveautés suspectes. Denis juge les nus de Renoir « robustes et redondants comme les Raphaël de l'Incendie et de la Farnésine ». Cézanne « paraît quelque vieux maître sévère, au style châtié, le Poussin de la nature morte et du paysage vert[32] ».

L'évolution de Denis s'observe à partir de 1896, date de l'article « Les arts à Rome ou la méthode classique ». En 1902, la revue *L'Occident* publie son essai sur « Les élèves d'Ingres ». En 1905, il prend position pour « La réaction nationaliste ». Il y affirme que l'« une des caractéristiques du classicisme, c'est donc le respect du passé, et comme dit M. Mauclair, l'esprit de réaction[33] ». En 1908, il dénonce la « liberté épuisante et stérile ». Il rectifie sa doctrine et son autobiographie, jusqu'à démontrer que ses premières admirations, Gauguin et Cézanne, l'ont préparé au retour vers le classicisme qu'il accomplit. Sa démarche trouve son aboutissement quand il publie en 1909 l'article « De Gauguin et de Van Gogh au classicisme », apologie de la tradition classique. Par tradition, Denis entend la réunion de qualités françaises et de vertus antiques. « L'art des cathédrales et l'art de Versailles, la suite ininterrompue de chefs-d'œuvre qui va de Poussin à Corot, nous révèle tout ce que la tradition française comporte de clarté, de mesure, d'atticisme : ce que nous appelons le goût français. » C'est pour ajouter, se démarquant d'une doctrine par trop exclusivement nationaliste : « Pour moi, séduit par la perfection de la statuaire grecque et de la peinture italienne, lorsque j'emploie le mot tradition, j'y fais entrer toutes les forces du passé et tout ce que nos Musées contiennent d'heureuses formules et d'exemples vénérables ; mais c'est toujours à la tradition gréco-latine que vont mes secrètes préférences. Là, j'entrevois mes limites naturelles, la patrie de ma pensée[34]. » Sa doctrine ne dissimule pas ses points d'appui idéologiques. Il se réjouit de voir Anquetin et Bernard revenus vers l'art des musées et de découvrir que « la jeunesse est devenue résolument classique ». « On connaît l'engouement de la nouvelle génération pour le XVIIe siècle, pour l'Italie, pour Ingres : Versailles est à la mode, Poussin porté aux nues ; Bach fait salle comble ; le romantisme est ridiculisé. En littérature, en politique, les jeunes gens ont la passion de l'ordre[35]. »

La profession de foi culmine quand s'affirme l'incompatibilité de deux conceptions, sinon de deux cultures : « En somme le moment est venu où il a fallu choisir, comme dit Barrès, entre le traditionalisme et le point de vue intellectuel. Syndicalistes ou monarchistes d'Action française, également revenus des nuées libérales ou libertaires, s'efforcent de rester dans la logique des faits, de raisonner seulement sur des réalités : mais la théorie monarchiste, le nationalisme intégral, a entre autres avantages celui de tenir compte des expériences réussies du passé. Et nous autres peintres, si nous avons évolué vers le classicisme c'est que nous avions eu le bonheur de bien poser le double problème esthétique et psychologique de l'art[36]. » Il y a là l'essentiel d'une pensée qui exerce son influence tout au long du siècle.

Avant 1914, la fortune de ce classicisme repose essentiellement sur l'œuvre d'anciens nabis. Maillol en est le héros, parce que sa statuaire contredit Rodin, stabilité contre dynamisme, modelé lisse et poli contre reliefs et accidents.

Aristide Maillol,
La Rivière,
1938-1945. Plomb,
124 × 230 × 163 cm.
Paris, jardin
des Tuileries.

Dès 1900, le *Torse* se range dans la suite de la sculpture antique et vérifie le jugement porté par Gide : l'harmonie et le « canon grec » triomphent, comme dans *La Méditerranée* (1905) et *La Pudique* (1906-1907), citation de la statuaire funéraire romaine. Entre 1905 et 1907, pour le *Monument à Blanqui*, il modèle un nu enchaîné monumental. En 1908, en compagnie du comte Kessler, son mécène, et de Hugo von Hofmannsthal, Maillol se rend en Grèce et, au retour, achève *Le Jeune Cycliste* (1907-1908), à mi-chemin entre le Ve siècle et Donatello. *La Nuit* (1909) et *Pomone* (1910) préparent la suite des allégories que lui commande le collectionneur Morosov après avoir acheté *Pomone*, *Été*, *Printemps* et *Flore* (1910-1912). Les études et bustes préparatoires confirment que le sculpteur, ayant rompu avec Rodin, lui préfère désormais la statuaire antique et le langage allégorique. En cela, il diffère peu de Bourdelle qui, onze ans praticien dans l'atelier de Rodin, s'en écarte quand il exécute sa *Tête d'Apollon* (1900) et son *Héraklès archer* (1909), sujets grecs, style archaïsant. En 1911, Bourdelle travaille pour le théâtre des Champs-Élysées, où le néo-classicisme recouvre la structure de Perret et où Denis peint le plafond de la salle de concert.

Auparavant, à Weimar, dans la maison du comte Kessler, Denis exécute les *Nymphes aux jacinthes* (1903), mythologie dans le genre élégiaque comme auparavant *Le Bois sacré* (1897), *Virginal printemps* (1899), *Le Jeu de volant* (1900). Des nudités idéalisées rêvent ou jouent dans un bois fleuri, près d'une rivière assurément pure. Il n'est que de comparer ces Arcadies à la *Joie de vivre* matissienne pour mesurer combien Denis s'en tient au dessin idéalisé, plus maniériste que classique, et à la couleur claire, mais imitative quand Matisse hasarde un graphisme simplificateur et un chromatisme subjectif. L'incompatibilité est complète. Elle se confirme quand le théoricien du classicisme rajeuni exécute son *Eurydice* (1906) et, en 1907, *Bacchus et Ariane*, *Polyphème* et *Renaud captifs dans les jardins d'Armide*.

Deux commandes lui offrent l'occasion d'appliquer ses principes à de larges formats. En 1908, Gabriel Thomas lui demande pour son château de Meudon-Bellevue dix panneaux et dessus-de-porte sur un thème symboliste, *L'Éternel Printemps*. Les peintures – des *Musiciennes*, *La Couronne de fleurs* – s'accompagnent de grisailles afin que l'idéal classique soit en tout point respecté. Il l'est autant dans les panneaux commandés par Morosov. Exécutés entre 1907 et 1909, ils narrent *L'Histoire de Psyché* dans un cadre idyllique inspiré par la visite des îles Borromées, de leurs jardins et de leurs villas. En 1912, Denis reprend motifs et style pour les sept toiles d'un *Âge d'or* destiné à l'appartement du prince de Wagram, hommage à Ingres. Après la coupole du théâtre des Champs-Élysées achevée en 1912, il accomplit un dernier cycle, six panneaux d'une *Histoire de Nausicaa* (1914).

Nabi, Ker-Xavier Roussel suit un cheminement plus discret vers l'antique. Les prémices datent de 1896, quand *L'Ivresse au crépuscule* réunit à la campagne nymphes et satyre. Après 1900, ces créatures prennent possession de la peinture de Roussel, qui représente *Vénus et l'Amour au bord de la mer* (v. 1906), le *Cortège de Silène* (v. 1907), *L'Enlèvement des filles de Leucippe* (v. 1907) et celui de *Proserpine* (v. 1910), *Diane et Actéon* (1911), *Eurydice mordue par le serpent* (v. 1913). Roussel reçoit commande du rideau de scène pour le théâtre des Champs-Élysées, un nouveau *Cortège de Bacchus*. En 1906, il a voyagé sur la côte méditerranéenne en compagnie de Denis, qui le compare à Poussin et le félicite de vivre « oublieux de l'agitation de la vie moderne ». « C'est ainsi qu'il s'apparente aux plus grands Maîtres, poètes et peintres de notre XVIIe siècle, *Saturnia regna!* Il fait revivre l'âge d'or de la peinture d'histoire[37]. » Cet âge d'or ne saurait avoir de points communs avec le présent. Le courant néo-grec, dont les poètes se nomment Moréas et Régnier, trouve ainsi ses sculpteurs et ses peintres.

Le classicisme IIIe République

Après la Grande Guerre, le néoclassicisme conserve son autorité, du moins aux yeux des milieux officiels qui le favorisent de leurs commandes. Maillol, après avoir exécuté quatre monuments aux morts pour Elne, Céret, Port-Vendres et Banyuls reçoit commande en 1923 d'une *Méditerranée* de marbre, placée aux Tuileries en 1929. En 1933 il lui est demandé une *France*, en 1936 *La Montagne*, en 1938 *L'Air*, en 1939 un *Monument à Barbusse*. En 1937, l'exposition des « Maîtres de l'art indépendant » lui consacre une rétrospective en trois salles. Ses motifs demeurent identiques, féminins, nus allégoriques ou mythologiques, que ce soit une *Femme à l'écharpe* (1919-1920), le *Monument à Cézanne* (1925), *La Nymphe* (1930), *Pomone aux bras tombants* (1937) ou *Harmonie* (1940-1944).

L'œuvre de Bourdelle se développe avec une propension marquée pour le colossal, dont témoigne le monument au *Général Alvear* (1912-1925). La figure équestre du général argentin est placée sur un piédestal flanqué aux angles des figures allégoriques de la *Force*, l'*Éloquence*, la *Liberté* et la *Victoire*. Pour l'Opéra

Antoine Bourdelle, *Héraklès archer*, 1909. Bronze, 250 × 240 cm. Paris, musée d'Orsay.

de Marseille, Bourdelle conçoit un bas-relief coloré, *Naissance de la Beauté* aux références stylistiques avouées. Quant à sa statue de la *France* (1925), prévue pour la pointe de Grave où elle aurait commémoré l'entrée en guerre des États-Unis en 1917, elle est placée à Briançon.

Tout au long de l'entre-deux-guerres, la tradition de la statuaire, pierre et bronze, survit dans les travaux de Despiau, Wlérick, Gimond ou Landowski. Principale illustration de ce courant, Despiau, après avoir travaillé brièvement pour Rodin, revient à un classicisme sobre et statique, celui d'*Ève* (1925) et d'*Assia* (1936) – et celui des commandes officielles. Despiau réalise le *Monument aux morts de Mont-de-Marsan* (1920-1922), Wlérick la statue équestre du *Maréchal Foch* et Bouchard son tombeau aux Invalides (1937) en s'associant à Landowski, lequel a célébré *Sainte Geneviève et Sun Yat Sen* (1930). En 1937, ils apparaissent aux yeux des musées et des visiteurs de l'Exposition universelle comme les sculpteurs majeurs de leur temps. Aux soixante et un Maillol de sa rétrospective s'ajoutent cinquante-deux Despiau. C'est dire que mission leur est confiée de manifester la continuité de la statuaire selon une conception qui a été formulée avant 1914, en réaction contre Rodin et suivant l'enseignement de Schnegg, dont Despiau et Wlérick ont été les élèves au début du siècle. Tous exécutent de nombreux bustes et figures en pied, posés par des célébrités militaires ou politiques et des dames du monde.

La même continuité permet qu'en 1937 Denis soit l'un des « maîtres de l'art indépendant » parmi les plus largement représentés, en trente-neuf œuvres, Roussel en présentant vingt-sept – autant que Léger. Roussel demeure fidèle à la mythologie, qu'il peint ensoleillée et aimable. La fontaine de Jouvence devient l'un de ses thèmes de prédilection, de même que Jupiter et Amalthée, le jardin des Hespérides et l'après-midi d'un faune. Denis se consacre essentiellement à l'art sacré, de la fondation des Ateliers d'art sacré en 1919 à la publication d'une *Histoire de l'art religieux* en 1939. Il travaille dans la chapelle du Prieuré, à Saint-Germain-en-Laye, sa propriété, dans l'église Saint-Louis de Vincennes où il peint une *Glorification de Saint Louis* (1927) et dans l'église du Saint-Esprit dont il décore l'abside d'une *Pentecôte* (1934). Il œuvre au lycée Claude-Bernard où une allégorie célèbre *La Culture française classique* (1937), dans les galeries du théâtre du palais de Chaillot où il symbolise en deux panneaux *La Musique sacrée* et *La Musique profane* (1937), au siège de la Société des nations à Genève (1938). Ses tableaux de chevalet, telle l'*Annonciation à Fiesole* (1928), relèvent de la même conception, que Denis exprime et défend dans ses livres. L'un des premiers volumes de critique qui paraît après l'armistice est celui dans lequel il réimprime les textes écrits entre 1890 et 1910, *Théories*, sous-titré *Du symbolisme et de Gauguin vers un nouvel ordre classique*. Ces *Théories*, affirme-t-il en préface « deviennent une sorte de livre classique, et peut-être même un livre de classe : elles offrent à la jeunesse les résultats de notre expérience, l'expérience d'une génération, avec un recul qui leur confère, dans la confusion actuelle et dans la décadence des écoles, les avantages d'une méthode fixe et d'une doctrine éprouvée[38] ». Suivent les *Nouvelles Théories*, divisées en trois parties, « Pour l'art français », « Opinions sur l'art moderne », « Pour l'art sacré ». La première attend le « retour au bon sens ». « Les préjugés révolutionnaires, les excès de l'individualisme, le goût du paradoxe, le fétichisme de l'inédit et de l'original, toutes les tares de notre art sont aussi les tares de la société française[39]. » L'art cubiste est tenu pour « un arbitraire assemblage de touches colorées, de timbres-poste (parfois réels et collés sur la peinture), une combinaison de formes illisibles[40] ». Dans cette évolution se lit « l'influence, aussi lointaine qu'on voudra, du subjectivisme allemand[41] » – le texte date de 1916. Programmes politique et esthétique se confondent. Denis, maurrassien jusqu'à la condamnation de l'Action française par le Vatican en décembre 1926, attend « qu'un gouvernement s'établisse, fondé sur la raison, la tradition nationale, l'expérience du passé ; que le sentiment collectif triomphe de l'individuel ; qu'un mécénat préfère, aux paradoxes et aux surenchères de l'originalité individuelle, la continuité et la perfection d'un art collectif ; que le goût retrouve des principes et des règles, et nous voici, après une guerre où chaque Français aura compris la nécessité du sacrifice, le bienfait de l'ordre, la valeur de la force organisée, nous voici à l'aurore d'une période d'art classique[42] ». En une seule phrase, il condense un système de valeurs et un dessein politique, tant il est clair que le gouvernement qu'il appelle de ses vœux ressemble peu à une démocratie parlementaire.

Sans doute occupe-t-il une position extrême, mais elle témoigne de la persistance dans la France de l'entre-deux-guerres d'une école qui se réclame de la tradition classique. Cette école, dont les membres ne partagent pas nécessairement toutes les opinions de Denis, bénéficie paradoxalement des soins de la IIIe République. Elle se fait élire à l'Institut – tel Denis en 1932 – et concentre l'essentiel des commandes et des achats publics, des monuments aux morts au dernier chantier officiel de la période, celui de Chaillot.

Ce que l'on nomme « retour à l'ordre » prescrit, en architecture, un art monumental orné de réminiscences et, en peinture, une figuration qui respecte les apparences et le métier des maîtres. Jusqu'à la photographie, ces effets se font sentir chez Laure Albin-Guillot et Emmanuel Sougez. Tous deux font poser Assia, l'inspiratrice des sculptures de Despiau, mais aussi le modèle de Dora Maar, d'Ergy Landau, de Germaine Krull, de Roger Schall.

Dora Maar, *Sans titre*, 1934.

Emmanuel Sougez, *Sans titre*, 1935. 40,6 × 30,1 cm. Paris, collection particulière.

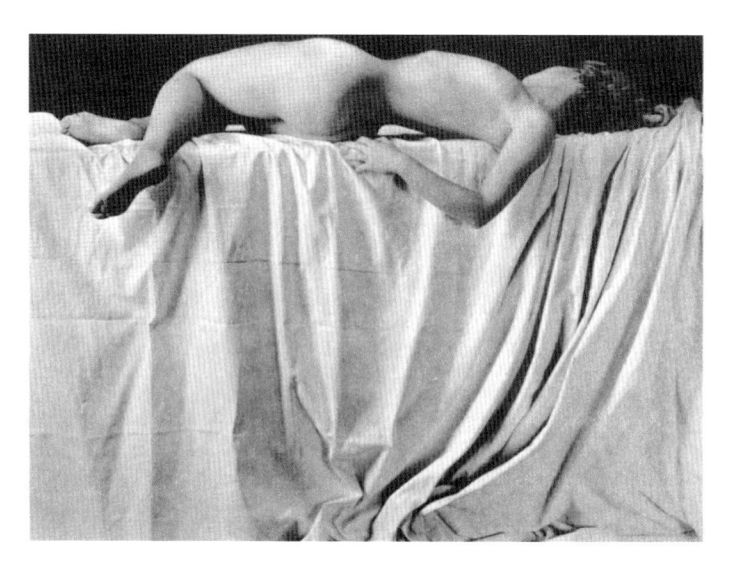

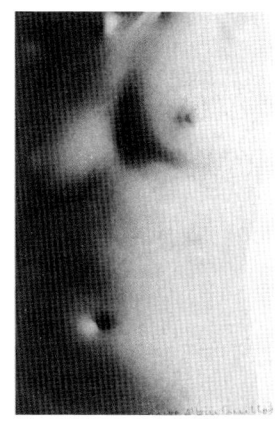

Laure Albin-Guillot, *Nu*, 1927. 14,3 × 9,5 cm. Collection particulière.

Il n'en est que plus instructif de comparer leurs œuvres à celles des autres photographes d'Assia. Dora Maar dramatise et accentue les volumes par la projection d'ombres déformées par la perspective. Germaine Krull observe moins la plastique du corps que des mouvements brefs. Ergy Landau et Roger Parry célèbrent galbes et grain de la peau grâce à la lumière et des plans rapprochés qui accentuent la présence physique et érotique du corps nu. Albin-Guillot et Sougez photographient de plus loin. Sougez dispose des drapés sur lesquels s'étire le modèle ou lui demande de poser debout, droite, les bras serrés autour du buste, femme-colonne. Albin-Guillot, par la lumière ou le clair-obscur, vaporise les contours et atténue les volumes au point de changer Assia en adolescente. En 1934, elle obtient de Valéry l'autorisation d'illustrer son *Narcisse* et entreprend dix-huit mois de prises de vue, exposées et publiées en 1936. Un modèle s'y alanguit au bord d'une mare, les tirages privilégient les nuances de gris. En 1943, elle recommence avec *Arbres*, de Valéry encore, puis en 1946 avec *La Déesse Cypris* de Montherlant, qui lui inspire douze études de nu. Le néo-classicisme démontre son influence en photographie, conseillant des poses imitées de la statuaire antique, maintenant le modèle à distance, l'idéalisant par l'éclairage. La photographie qui se dit « pure » et a en Sougez son chef de file, privilégie ces effets, qui vont jusqu'au trompe-l'œil. Sougez lui-même, quand il ne compose pas des nus et des natures mortes, réalise des reproductions d'œuvres, photographiant les Rodin en 1933, les sculptures du Louvre de 1934 à 1936, les monuments de Paris de 1931 à 1941.

L'hommage à Valéry n'est pas anodin, dans la mesure où ce dernier apparaît comme la caution intellectuelle et littéraire du néo-classicisme de l'entre-deux-guerres. En 1921, il publie *Eupalinos ou l'architecte*, dialogue entre Phèdre et Socrate sur le modèle platonicien. L'architecture y est tenue pour l'art qui exige que soient satisfaites l'utilité, la beauté et la durée. Quant aux formes, elles sont filles du temps car « l'usage séculaire a trouvé nécessairement la meilleure forme. La pratique innombrable rejoint un jour l'idéal et s'y arrête[43] ». *L'Histoire d'Amphion*, publiée en 1932, condense ces principes, après que des remarques sur *L'Architecture française* ont affirmé son opposition aux modes nouveaux de construction. « Je disais un jour à un architecte, rapporte-t-il, qui me voulait convaincre de la beauté supérieure d'édifices tout modernes, dressant à mille pieds de prodigieuses ruches de ciment, que ces masses concrètes étonnaient sans doute le regard, et lui offraient un décor prestigieux de falaises géométriques exposé à toutes les hautes variations de la lumière des jours, et que j'admirais ces constructions surhumaines… Mais s'il fallait bien que je les admire – ce n'était point là les aimer[44]. » À Perret, il écrit en 1931 : « À mes yeux, la véritable architecture est inséparable de la pierre de taille et de la taille de la pierre. L'art complet de bâtir ne m'apparaît que dans les constructions, même modestes, qui sont fondées sur la taille et non sur l'emploi des matériaux concrets ou métalliques. Je constate, d'autre part, comme tout le monde, que le ciment et le métal envahissent la place et j'en éprouve du regret[45]. »

GAUCHE.
Armand-Albert Rateau, salle de bains de Jeanne Lanvin, 1920-1922. Paris, musée des Arts décoratifs.

Or *Eupalinos* a été écrit à la demande de Louis Süe et André Mare, décorateurs et fondateurs, en 1919, de la Compagnie des arts français. Elle se donne pour mission de promouvoir la supériorité nationale en matière d'architecture et de décoration. L'entreprise culmine dans l'organisation en 1925 de l'Exposition des arts décoratifs et industriels modernes. Là, l'hôtel du Collectionneur dessiné par Pierre Patout et l'Ambassade française se veulent les manifestes du goût français, modernisme tempéré de luxe et d'ornementation, éloigné de la rigueur fonctionnelle de Perret et Le Corbusier. L'hôtel du Collectionneur, conçu pour le groupe Ruhlmann, se présente comme un édifice de lignes régulières, couvert en gradins, reposant sur des colonnes simples,

DROITE.
Paul Follot, salle à manger dessinée pour Pomone, atelier du Bon marché, exposée au Salon des artistes-décorateurs, 1926, Paris.

Pierre Patout, l'hôtel du Collectionneur pour le groupe Ruhlmann à l'Exposition des Arts décoratifs et industriels modernes, Paris, 1925, façade.

s'achevant sur une abside en demi-cercle ornée d'une frise à l'antique de Joseph Bernard. Un groupe en pierre « à la gloire de Jean Goujon », œuvre de Jeanniot, est placé à proximité – autre symbole de l'art national.

À l'Ambassade française travaillent Roux-Spitz, Chareau, Mallet-Stevens, Dunand, Groult. À des degrés divers, ils allient le prestige du précieux à des lignes qui suggèrent le confort et la prospérité. Dans la chambre de l'ambassadrice, Groult emploie le galuchat et l'ivoire pour des meubles galbés. Les essences rares, loupe d'amboine, palissandre de Rio, ébène de Macassar sont à la mode, non moins que les parements de pierres semi-précieuses – amazonite, lapis, quartz – et les filets d'ivoire. L'heure est à l'opulence. En 1924, Groult conçoit des chaises d'ébène et d'écaille teintée pour lesquelles Marie Laurencin dessine des motifs floraux. En 1925, Paul Iribe propose une bergère gondole en bois sculpté qui associe le motif du coquillage à celui de la palme. Süe et Mare ne conçoivent pas une salle à manger sans dessus-de-porte en bas-relief, niches en coquille, tables rondes à pieds en accolade. Ces productions exigent le savoir-faire de nombreux artisans, à l'opposé de la standardisation géométrique qui s'expose dans le pavillon de l'Esprit nouveau.

Jean Dunand, le fumoir de l'Ambassade française à l'Exposition des Arts décoratifs et industriels modernes, Paris, 1925, aquarelle.

Pierre Chareau, la bibliothèque de l'Ambassade française à l'Exposition des Arts décoratifs et industriels modernes, Paris, 1925, gouache sur papier.

Ce néo-classicisme français élève ses chefs-d'œuvre pour l'Exposition universelle de 1937. Carlu, Boileau et Azéma font les plans du palais de Chaillot, à partir d'un réaménagement des ailes de l'ancien Trocadéro dont le bâtiment central est détruit afin de ménager l'esplanade qui fait face à la tour Eiffel. Au-dessus de bassins en gradins flanqués de fontaines symétriques, ils développent, symétriquement encore, deux ailes courbes couvertes d'une terrasse et rythmées par la répétition des lignes verticales. Les murs reçoivent un parement de pierre, tout comme ceux des deux musées d'Art moderne – de l'État et de la Ville de Paris. Après un concours dont Le Corbusier dénonce le résultat conventionnel, Dondel, Aubert, Viard et Dastugue élèvent deux bâtiments d'allure géométrique, structures de béton armé revêtues d'un parement de pierre. Un portique les rejoint. Une esplanade à degrés les sépare, peuplée de statues monumentales. Deux reliefs de pierre, confiés à Janniot, encadrent l'escalier qui relie l'esplanade au portique. À ces références, les architectes allient quelques concessions au modernisme : ils proscrivent l'ordre antique dans le traitement du péristyle. Ils entendent se prémunir de la sorte contre toute accusation de pastiche et élaborent un compromis, mi-moderne mi-grec. Roux-Spitz, pour l'immeuble du 89, quai d'Orsay (1928) emprunte la même voie moyenne, plaquant les façades de pierre, ne conservant d'autre

Léon Azéma,
Louis Boileau,
Jacques Carlu,
le palais de Chaillot,
Paris, 1937.

A. Aubert, D. Dastugue, J.-C. Dondel, P. Viard, le musée d'Art moderne, Paris, 1937.

ornement que des ferronneries. Édouard et Jean Niermans, avant d'aménager le théâtre de Chaillot, signent les hôtels de ville d'Alger (1934) et de Puteaux (1937), façades droites à colonnades, hautes fenêtres étroites, balustrades et corniches. Valéry peut composer un *Cantique des colonnes* :

« Douces colonnes, ô
L'orchestre des fuseaux
Chacun immole son
Silence à l'unisson.
[…] Nos antiques jeunesses,
chair mate et belles ombres,
Sont fières des finesses
Qui naissent par les nombres ! »

Ses aphorismes s'inscrivent en majuscules dorées sur les murs de Chaillot, puisqu'il se fait le chantre officiel du nouvel ordre. Et puisqu'il faut décidément des colonnes, il y en a jusque dans la grande salle à manger du paquebot *Normandie*, dans son fumoir, dans les projets de villas et de décors des années trente. Leur nécessité fonctionnelle importe moins que leur présence symbolique, qui manifeste la continuité d'une tradition que ses thuriféraires font remonter au Parthénon, au Panthéon ou à Versailles.

Il est vrai que le classicisme monumental est alors le langage architectural des pays européens. En Allemagne, il a Hitler pour maître d'œuvre et Albert Speer pour constructeur. Celui-ci multiplie les pilastres pour la Nouvelle Chancellerie du Reich, cependant que Paul Troost décide qu'un péristyle doit précéder l'entrée de la Maison de l'art allemand à Munich, celle-là même où se tient en 1937 l'exposition de « l'art dégénéré ». Selon les mêmes principes, il élève encore à Munich le monument aux premiers morts du parti (1933-1934) et le siège du parti nazi (1938). L'URSS de Staline ne démontre pas autrement sa force et l'ordre rigide qui la gouverne. Elle transcrit ces principes en perspectives et bâtiments colossaux et il faut aux stations du métro de Moscou des dallages en damier noir et blanc et des plafonds à caissons, des arcades et des corniches. En 1931, le concours pour le palais des Soviets préfère aux propositions de Le Corbusier et de Gropius un projet de Boris Iofan : au-dessus d'une superposition d'étages monumentaux bordés de péristyles s'élève une tour en forme de colonne cannelée. À son sommet, un Lénine colossal montre du doigt les cieux, à quatre cent cinquante mètres au-dessus du sol.

La comparaison ne peut s'avancer plus loin. De la similitude des formes architecturales, il serait téméraire de conclure à la parenté des régimes. La IIIe République de l'entre-deux-guerres n'a que peu en commun avec le national-socialisme, le stalinisme, le fascisme, et les palais à la De Chirico de 1937 naissent du Front populaire. Une seule certitude est avérée : le néo-classicisme a valeur emblématique parce que, visiblement ordonné, visiblement régulier, il est supposé inspirer des pensées de stabilité et d'éternité. Il échappe au temps – du moins est-il supposé lui échapper.

Le bon vieux temps

Le néo-classicisme modernisé n'a du reste en France que la place d'une exception. Ceux mêmes qui le célèbrent tiennent des discours équivoques, qui donnent à penser que leurs préférences sont autres. En 1927, Valéry, quoique poète des colonnes, quand il veut définir l'architecture française conclut ainsi : « On voit encore à Paris, dans les vieux quartiers, des centaines de petits balcons en fer forgé, dont aucun ne ressemble à aucun autre, et dont chacun

Grange, H. Leroy, M. Vandenbeusch et R. Vazeille, le Centre régional à l'Exposition internationale des arts et techniques, 1937.

est une invention charmante, une sorte d'idée, simple comme un thème de peu de notes. Cela est fait de quelques barres assemblées et de beaucoup de goût. Rien ne me résume plus clairement ce qu'il y a de plus français en France[46]. » Nul appel au colossal ici, mais l'éloge d'un savoir-faire vernaculaire, artisanal, improvisé avec « beaucoup de goût » par des petits propriétaires et des ferronniers anonymes. Point ici de palais à dresser, mais des pavillons et des boutiques à orner, des jardinets à clore, des squares à fermer. Une vision, attendrie, nostalgique des « vieux quartiers », vestiges d'un ancien temps. Telle est la forme principale de la résistance française au moderne : non l'édification de monuments démesurés à la gloire de l'ordre, de la pierre et du bronze, mais la contemplation d'un passé proche et perdu. Moins un roidissement épique que la confession répétée d'un regret.

Ce regret suscite peu de bâtiments remarquables, mais une multitude de reprises et de citations qui s'inscrivent dans une tradition régionale. Entre 1924 et 1927, Charles Letrosne publie des recueils de dessins, *Murs et toits pour les pays de chez nous*. Ils présentent un inventaire des particularismes provinciaux, aussi éloignés de la modernité selon Le Corbusier que du classicisme selon Roux-Spitz. Il conviendrait de préserver ou de réinventer les modèles d'école, de mairie, de boutique ou de poste typiquement bretons, basques, auvergnats ou lorrains. Par assimilation, en respectant moins qu'il ne le prétend le détail des spécificités locales, ce classement propose des solutions qui auraient pour elles l'autorité de l'histoire et de la géographie. L'Exposition des arts décoratifs de 1925 a son Village français, dont la mairie est étrangement l'œuvre de Paul Guimard. L'Exposition universelle de 1937 a le sien, dénommé Centre régional, placé au pied de la tour Eiffel. Il naît de la juxtaposition passablement incohérente d'architectures « typiques » dont les spécificités tournent au pittoresque stéréotypé, tours néo-médiévales, arcs pseudo-romans, chapiteaux historiés, beffrois, le tout en pierre de taille, bois, maçonnerie de galets. *L'Illustration* célèbre cet ensemble qui aurait établi que « sans aucun pastiche,

Albert Laprade et Léon Jaussely, la Cité nationale de l'histoire de l'immigration (anciennement musée des Arts africains et océaniens), porte Dorée, Paris, 1931.

l'adaptation des besoins modernes aux traditions immortelles qu'imposent le climat, la race, les coutumes et la langue permet de dégager une forme d'architecture vivante, indiscutablement plus humaine et plus sensible que l'abstrait mathématique et monotone auquel aboutissent les dogmes stériles des espérantistes de l'architecture[47] ».

Ce courant, qui se passe de théorie et déclare s'en méfier, inspire des ensembles considérables. Autour de Biarritz et de Bayonne, il convient de construire dans la manière néo-basque dont le premier adepte est Edmond Rostand à Cambo. Au Touquet, il ne saurait être question de s'affranchir du style mi-normand mi-britannique dont Louis Quetelard est le principal auteur. En Provence, sur la Côte d'Azur, s'inventent empiriquement des « méridionalismes » architecturaux, qui prolifèrent en s'appauvrissant jusqu'à la fin du siècle. Le pittoresque peut aller jusqu'au pastiche exotique, quand un décor « mauresque » habille la structure banale de l'Institut d'art et d'archéologie, ou quand le musée des Arts africains et océaniens, produit de l'Exposition coloniale, s'orne de parements extérieurs et de décors intérieurs à la gloire de « l'Empire ». L'architecture, dans ce cas, se fait art du déguisement afin d'évoquer un ailleurs réduit à quelques stéréotypes.

Paul Bigot, l'Institut d'art et d'archéologie, 3, rue Michelet, Paris, 1927.

Pendant ce temps, autour de Paris, s'épaissit la ceinture pavillonnaire qui relève moins de l'histoire des architectes que de celle des entrepreneurs et de la sociologie des classes moyennes. On y cherche en vain les traces d'une réflexion architecturale. Cette production se satisfait de décliner des plans-types de maisons individuelles, compromis entre les contraintes économiques, les nécessités pratiques, les innovations en matière d'hygiène, d'éclairage et de chauffage. Dans les villes, elle élève des immeubles à usage locatif, sans démontrer plus d'originalité.

Cette France, la plus nombreuse, aime le pittoresque obsolète et les images qui lui rappellent le « bon vieux temps » mythique d'avant 1914, celui d'une nation prospère et joviale. Elle s'en délecte au cinéma. Pour René Clair et *Sous les toits de Paris* (1930), Lazare Meerson édifie un faux quartier d'autrefois, avec rues pavées, passages et échoppes. Il reconstitue aussi des bistrots « typiques » pour *Justin de Marseille* (1935) de Maurice Tourneur. En 1939, quand son élève et ancien assistant Alexandre Trauner conçoit les décors du film de Carné *Le jour se lève*, il construit le simulacre d'une place et des façades d'immeubles de style 1900. Sur le plus haut, d'une forme irrégulière, comme inachevée, il place des affiches pour Dubonnet. Une maison basse, d'âge indistinct – le café – complète l'endroit, que Trauner montre délibérément vieillot. Il en avait auparavant cultivé la mythologie dans les films précédents de Carné, *Quai des brumes* (1938) et *Hôtel du Nord* (1938) – lequel Carné a été l'assistant de Clair pour *Sous les toits de Paris* avant de travailler avec Prévert. Son « réalisme poétique », qui ne proscrit ni le misérabilisme ni la grandiloquence, invente un monde immédiatement identifiable, aussi indubitablement français que les personnages joués par Arletty et Jean Gabin. Allégret, Pagnol, Duvivier, Tourneur : le ton balance entre le mélodrame sentimental et la sagesse populaire, le pittoresque qui veut attendrir et le drame qui veut émouvoir, entre le *Quatorze Juillet* de Clair (1932) et *Les Portes de la nuit* de Carné (1938).

En 1933, ce dernier fait l'apologie de la ville telle que Clair et lui-même la filment et esquisse l'inventaire des lieux fétiches. Pour Clair : « L'impasse aux chanteurs, la ruelle obscure que borde le chemin de fer de Petite Ceinture dans *Sous les toits de Paris* ; la rue en escaliers, la petite place du bal dans *Quatorze Juillet*. » Quant à lui, il se réserverait volontiers « le "climat" équivoque, inquiétant, des environs de l'École militaire, envahis un peu plus chaque jour par les constructions neuves ; […] l'atmosphère poignante du quartier d'Italie, étalant sa pauvreté comme une lèpre. […] Populisme, direz-vous. Et après ? Le mot, pas plus que la chose, ne nous effraie. Décrire la vie simple des petites gens, rendre l'atmosphère d'humanité laborieuse qu'est la leur, cela ne vaut-il pas mieux que de reconstituer l'ambiance trouble et surchauffée des dancings, de la noblesse irréelle des boîtes de nuit […]. Paris, ville à double visage !… Est-il un autre nom capable de susciter mieux que celui-là une multitude d'images à base de sentimentalité populaire[48] ? » À l'appui de sa thèse, il cite des romanciers – Thérive, Dabit, Mac Orlan, Jules Romains – et des peintres – Utrillo et Vlaminck.

Il cite aussi Brassaï, à juste titre tant celui-ci s'attache à décrire le « vieux Paris », les métiers qui disparaissent, les vestiges du siècle précédent – moins pour prendre la mesure de la mutation urbaine que pour déplorer ses effets.

Brassaï, *Belle de nuit, près de la place d'Italie*, 1932.

Il photographie l'*Horloger, passage Dauphine* (v. 1933), vieil homme réparant à la main un mécanisme, à la lumière d'une lampe d'un dessin d'autrefois, quoiqu'elle soit électrique. Ses préférences vont au quartier des Halles et au quartier Latin, rue Quincampoix et rue Monsieur-le-Prince. Dans les bals, les cafés, les restaurants à bon marché, il découvre les types de la « sentimentalité populaire », le voyou à casquette moins endurci qu'il ne veut le paraître, la fille dépravée et généreuse, l'amoureux abandonné, la vieille dame émouvante. Après lui, Doisneau reprend cette thématique, buveurs dans leurs bistrots et concierges dans leurs loges encombrées de bibelots, et la prolonge jusqu'à la fin des années cinquante, jusqu'à ce que la ville ait trop changé pour qu'il soit encore possible d'y rechercher les traces d'autrefois.

Une iconographie spécifique se développe de la sorte durant l'entre-deux-guerres, inconnue auparavant, celle du « temps perdu ». S'il est une thématique de la cité moderne selon Krull, Léger ou Delaunay, il existe, face à elle, une thématique du désuet. À la tour Eiffel elle préfère les ruelles de Belleville, aux champs d'aviation les terrains vagues des anciens « fortifs ». Dans la métropole elle découvre la « capitale du XIXe siècle », la ville des passages et des échoppes, la ville d'Atget. Dans la France de 1930, elle aime à reconnaître la France de 1900, que le souvenir idéalise en une « belle époque », qui le fut moins qu'on ne l'a prétendu. Le monde mécanique, la métropole moderne sont tenus à l'écart de représentations qui exaltent un mode de vie paisible et lent, celui des petites villes provinciales, des campagnes à l'écart des révolutions – la Charente selon Chardonne et autres refuges de la « France éternelle ».

Robert Doisneau, *Le Rideau de fer*, 1953.

C'est moins à un ordre que cette opinion aspire qu'à l'immobilité. Elle veut inscrire « Sam Suffit » sur la façade de son pavillon de meulière et chantonner, avec la radio – on dit alors « le poste » – « Tout va très bien, madame la Marquise. » Elle aime l'opérette, les mélodrames qui ne finissent pas mal et borne ses désirs au confort et à l'inertie. À cela une raison, qui est une terreur : la mémoire de la Grande Guerre, si parfaitement moderne, si parfaitement inhumaine et que rappellent le 11 novembre et les monuments aux morts. La formule « retour à l'ordre » ne convient que partiellement à cette évolution, qui tient de la régression délibérée, de la volonté de remonter le cours du temps pour rejoindre les décennies qui ont précédé la révélation catastrophique.

La doctrine officielle

Majoritaire dans le pays, cette volonté a, dans les institutions, ses gardiens vigilants. C'est en effet une constante que le refus que les musées et les commissions opposent systématiquement à toute manifestation suspecte de modernité. Cette politique dure depuis le siècle précédent, le Salon des Refusés, la persécution de Manet par le jury du Salon, le rejet de l'impressionnisme. Quand Gustave Caillebotte lègue sa collection à l'État, vingt-neuf œuvres sur les soixante-neuf offertes sont jugées indignes des collections nationales par une administration des Beaux-Arts qui capitule devant la colère de l'Académie et les sarcasmes d'une partie de la presse, démagogue par nature ou par intérêt. Si *Olympia*, *Le Déjeuner sur l'herbe*, *L'Atelier* ou *Le Bain turc* entrent au musée, c'est grâce à des souscriptions et des dons, que les conservateurs acceptent en chipotant.

En 1929, enfin, les tableaux impressionnistes qui sont conservés jusqu'alors au musée du Luxembourg sont admis au Louvre. Pour autant le Luxembourg, qui a pour fonction de collectionner l'art vivant, ne procède à aucune mise à jour de quelque ampleur. Les conservateurs Charles Masson et Robert Rey introduisent Denis, Roussel, Signac, Vuillard et Bonnard – les nabis et un néo-impressionniste. Le fauvisme et le cubisme sont absents, à l'exception d'un Braque prêté par un collectionneur privé. Le post-impressionnisme est plus favorisé et le Luxembourg accroche Puy, Lebasque, Camoin, Friesz. Le réalisme de Dunoyer de Segonzac, Luc-Albert Moreau et Waroquier a sa place, et aussi la peinture des Salons, Poughéon, Despujols, Favory, Dufresne.

Une politique d'acquisition s'esquisse à partir de 1936, à l'initiative du nouveau directeur des Beaux-Arts, Georges Huisman, et du conseiller de Jean Zay, Jean Cassou. On achète un Matisse de la période niçoise, *Figure décorative sur fond ornemental* (1925-1926), et on demande à Picasso un rideau de scène pour le *14 juillet* de Romain Rolland, monté le 14 juillet 1936 à l'Alhambra – pas question de lui acheter une œuvre cubiste. De Léger sont acquises – pour la première fois – deux toiles, *La Danse* (1929) et *Composition aux trois figures* (1932). Mais l'historique *Noce* (1911-1912) n'entre dans les collections nationales que par le don du marchand berlinois Albert Flechtheim. Les principaux bénéficiaires des achats sont encore les moins novateurs. Il y a là les fauves assagis – Manguin, Marquet, Derain, Vlaminck, Friesz, Van Dongen –, les réalistes au goût du jour – Chapelain-Midy, Brianchon, Boussingault – et encore Denis, Roussel, Lévy-Dhurmer. Pour les sculpteurs, nulle surprise non plus : Bourdelle, Maillol, Despiau, Wlérick, Gimond, Landowski, Bouchard, Janniot. Seules exceptions, un Zadkine et un Laurens signalent l'existence d'une sculpture cubiste.

À la même date, le Museum of Modern Art de New York acquiert *Les Demoiselles d'Avignon* – propriété auparavant du couturier Jacques Doucet – et étoffe son ensemble de Matisse. Ce dernier a été acheté par les musées français au Salon des Indépendants en 1904 et 1905, mais a cessé de l'être depuis. Si le musée de Grenoble possède son *Intérieur aux aubergines* (1911), il le doit à un don du peintre et à la curiosité d'esprit du conservateur Pierre Andry-Farcy. Mais le cas de Grenoble est si singulier, si isolé en France, que quand Raymond Escholier, qui dirige le Petit Palais, veut manifester sa volonté

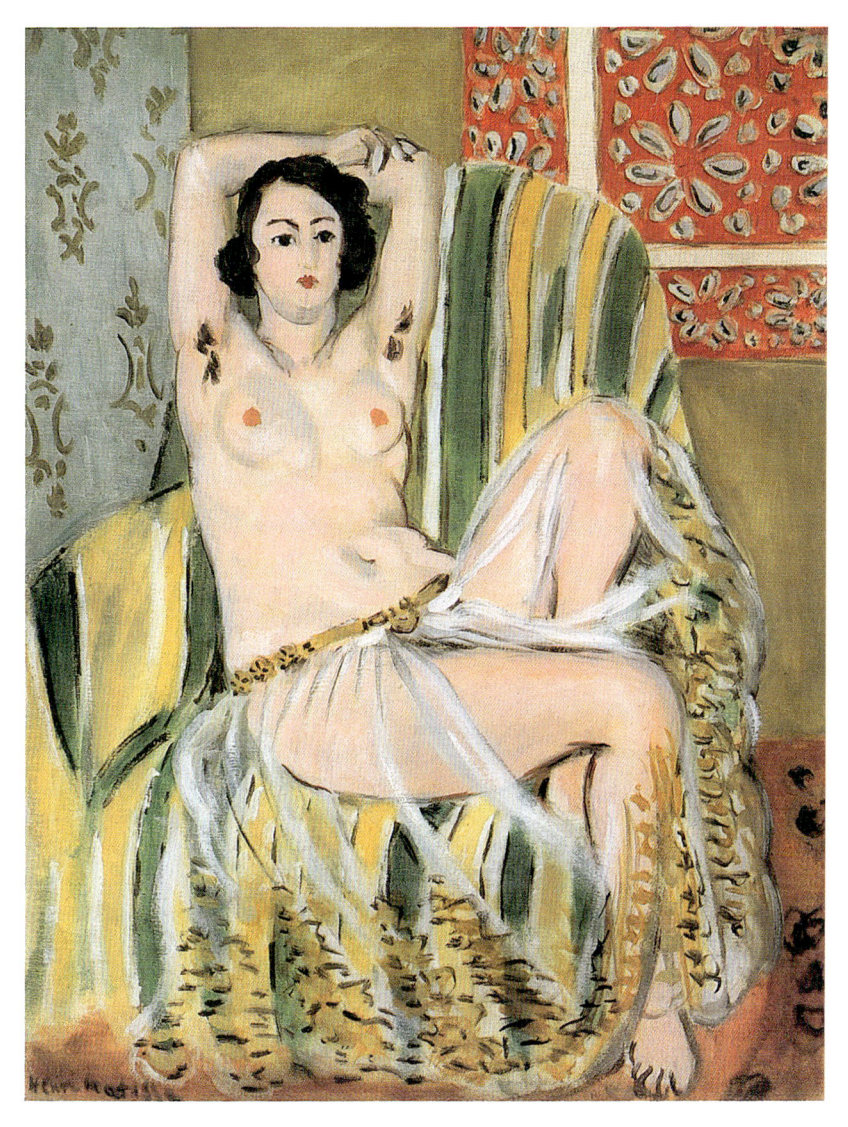

Henri Matisse, *Odalisque assise aux bras levés, fauteuil rayé vert*, 1923. Huile sur toile, 65,1 × 50,2 cm. Washington, The National Gallery, collection Chester Dale.

de nouveauté, il organise en 1935 l'exposition des « Chefs-d'œuvre du musée de Grenoble ». En 1923, après la mort de Sembat, il reçoit de sa veuve, Georgette Agutte, un Derain de 1907, *Les Cyprès à Cassis*, des Van Dongen et des Friesz fauves, *La Nature morte aux tapis rouges* (1906) de Matisse. En 1928 Andry-Farcy achète à Léger *Le Remorqueur* (1920) puis, en 1933, *L'Intérieur blanc* (1931-1932) de Bonnard et, en 1934, un Picasso cubiste, *Le Compotier* (1909). En 1935, Kahnweiler fait don du *Paysage à l'enfant* (1923) de Klee. Auparavant, Paul Guillaume a offert *Les Époux* (1926) de De Chirico, Doucet *Idylle* (1927) de Picabia. Pour la seule année 1928, figurent parmi les artistes acquis La Fresnaye, Chagall et Léger, parmi les dons Miró, Permeke, Servranckx et Magritte. La même année, l'État dépose à Grenoble un Despiau et un Oudot : le contraste est significatif.

Pierre Bonnard, *Signac et ses amis en barque*, 1924. Huile sur toile, 124,5 × 139 cm. Zürich, Kunsthaus.

La politique des commandes n'est pas moins significative, dominée par l'Académie et les réseaux qui en émanent. De 1919 à 1933, Paul Léon occupe la charge de directeur des Beaux-Arts. Dès 1922, il est élu à l'Institut : le système de la préférence académique fonctionne efficacement. En 1921, Gervex et Flameng reçoivent encore des commandes. Quant aux manifestations françaises à l'étranger, elles se trouvent entre les mains des anciens pensionnaires de la Villa Médicis, et le pavillon français à l'Exposition universelle de New York en 1939, conçu par les architectes Patout et Expert – professeur lui-même à l'École des beaux-arts – reçoit des peintures décoratives de Dupas, prix de Rome en 1910. Or, membre de l'Institut à partir de 1941, Dupas, ainsi qu'en témoignent son *Jugement de Pâris* (1923) et ses *Perruches* (v. 1925) se veut l'héritier lointain du maniérisme, de Niccolo dell'Abate et de Bronzino, auquel il emprunte ses corps étirés, ses poses artificieuses, le goût du décoratif. Colombes, lévriers, architectures quattrocentistes, cyprès, nymphes : son œuvre n'a que peu de rapport avec le mouvement moderne. La force du réseau des anciens « Romains » se reconnaît encore à la place qu'ils tiennent dans les commandes municipales. Au chantier de la Bourse du travail de Bordeaux, construite par Jacques d'Welles de 1935 à 1938, travaillent, outre Dupas, Janniot, son condisciple à Rome, le peintre François Roganeau, prix de Rome en 1906, et le sculpteur Louis Bâte, second prix de Rome en 1927. Jusqu'au Front populaire et aux commandes pour l'Exposition universelle de 1937, ces solidarités l'emportent sur toute autre considération. Le système est clos sur lui-même. Des hauts fonctionnaires membres de l'Institut – ou candidats à une élection prochaine – passent des commandes à d'autres membres ou à leurs plus proches disciples, académiciens en puissance. Nulle intervention politique ne met en péril ce circuit.

Il a ses théâtres préférés, Salon des Artistes français et Salon de la Société nationale qui se survivent. Salon des Tuileries qui leur fait concurrence à partir de 1923. Mais quelle concurrence ? En 1939, René Huyghe en fait une description exemplaire. Le Salon, écrit-il, « ne veut plus imposer une conception ou une doctrine, mais seulement fournir un art à la portée des petites bourses intellectuelles[49] ». « À chaque génération, il détache une équipe d'artistes qui, avec dix ou vingt ans de retard, avoue une concession nouvelle, "adapte" un mouvement d'avant-garde. À la suite du néo-impressionnisme, nous avons […] rencontré Le Sidaner et Henri Martin ; plus tard, J.-G. Domergue s'établit à mi-chemin de Van Dongen et des figures de mode ; le contre-coup des recherches plastiques qui ont abouti au cubisme a été le groupe des anciens Prix de Rome, des Billotey, Aubry, Dupas, Despujols, Poughéon. » Il conclut sur l'énumération de ceux qui « nous mènent de chute en chute de l'art terne et vide à l'art le plus plat ». Parmi ces peintres du Salon, la France officielle de 1930, comme celle de 1880 ou de 1900, recrute les décorateurs auxquels elle confie les murs de ses palais et les architectes qui décident de leur plan.

Ce système institutionnel, pour assurer sa prospérité, doit se prémunir contre toute menace, toute intrusion. Avant 1914, il s'indigne contre les fauves et les cubistes, mais en passant, comme convaincu qu'il n'y a là que faible danger. L'intervention d'un conseiller municipal de la Seine ou d'un député du Cher et les railleries de la presse suffisent alors à sa défense. Il n'en est plus de même en 1925. Dans l'Ambassade française de l'Exposition des arts décoratifs, Mallet-Stevens confie un panneau à Léger et un autre à Delaunay. Le premier peint une composition abstraite, le deuxième une variation sur la tour Eiffel et les rythmes circulaires. Lors de la visite précédant le vernissage, Fernand David, commissaire de l'exposition, et Paul Léon avisent les œuvres. À en croire le récit de *L'Illustration*, « ils s'étonnèrent de voir, placées sur les murs, deux œuvres qui leur semblèrent ne pas convenir à une demeure officielle[50] ». En dépit des protestations des artistes, ils exigent et obtiennent qu'elles soient immédiatement décrochées – décision qui suscite une pétition. L'enjeu est économique autant qu'esthétique : si des modernes venaient à être admis parmi les artistes susceptibles de recevoir des commandes publiques, le système académique en souffrirait. Il convient d'écarter leur concurrence à sa première manifestation. Paul Léon a l'argument décisif, décrétant devant le Delaunay et le Léger que « ceci n'est pas d'esprit français ! ». Dans la même exposition, Le Corbusier accroche une *Composition* (1924) de Léger dans le pavillon de l'Esprit nouveau.

En 1937, l'action de Jean Zay permet de desserrer les liens – non point de les briser. Pour l'entrée du palais de la Découverte, Jacques Lipchitz reçoit commande d'un plâtre monumental de neuf mètres de haut, qui doit symboliser *L'Esprit de la découverte*. L'artiste le traite à travers une allusion à la mythologie et propose un *Prométhée libéré*, étranglant le vautour. Elle est installée devant le palais, à l'intérieur duquel est exécuté le programme des peintures didactiques dont se chargent Lhote, Gromaire, Léger. Après la fin de l'Exposition, le quotidien de droite *Le Matin* dénonce en première page, le 2 mai 1938, cette « épouvantable horreur, échantillon de l'art tel que le conçoit le Front populaire », exemple de la décadence du « goût classique français sous l'influence bolcheviste[51] » – Lipchitz est juif lituanien. Deux pétitions s'affrontent alors. L'œuvre est défendue par les artistes de AEAR et de la Maison de la culture. Elle est attaquée par les dirigeants de l'Association des anciens élèves de l'École des beaux-arts et par le président de la Société nationale. Le 14 mai, sur décision du préfet de la Seine, le plâtre de Lipchitz est détruit.

Doit-on s'en étonner ? L'opinion publique ne donne aucun signe d'une curiosité pour des formes d'art qu'elle juge hermétiques ou insupportables. En 1937, l'exposition « Origines et développement de l'art international indépendant », la seule qui donne à son visiteur une vision de son époque qui ne soit brouillée ni par des critères de nationalité, ni par un parti-pris traditionaliste, reçoit sept mille quatre cents visiteurs payants, pour une durée de près de cent jours – soit moins de cent entrées quotidiennes. Elle se tient au Jeu de Paume, au centre de Paris, à peu de distance du palais de la Découverte, l'une des attractions majeures de l'Exposition universelle, plus près encore du Louvre. Elle est la seule à tenir compte du surréalisme et de l'abstraction, qui n'ont pas droit de cité au Petit Palais, dans la réunion des « Maîtres de l'art indépendant ». Son insuccès n'en est que plus symptomatique, comme l'accueil dans la presse, plus souvent ironique ou indifférent qu'approbateur.

Tout aussi instructive est l'attitude des collectionneurs français. Non qu'il en manque, mais ils se consacrent à peu près exclusivement aux arts anciens, à l'archéologie, au Moyen Âge, au XVIIe et au XIXe siècle. Ils donnent au Louvre, à l'instar des Rothschild qui lui offrent tableaux, ivoires, trésors. Ils n'ont rien à donner au musée d'Art moderne, parce que leurs collections diffèrent de celles qui se constituent aux États-Unis, en Europe du Nord. Il n'est que des exceptions, Jacques Doucet tant que Breton le conseille, Alphonse Kann, André David-Weill. Elles ne provoquent aucun phénomène d'entraînement, aucun engouement, à peine de la curiosité – la réprobation sociale plus souvent.

Peintures françaises

En 1937, parmi les Maîtres de l'art indépendant figuraient des peintres nommés Asselin, Boussingault, Lotiron, Marchand, Moreau, Dufresne, Waroquier. Parmi les mieux représentés se trouvent Vlaminck, Marquet, Utrillo, Lhote – tous avec plus d'œuvres que Picasso n'en a dans l'exposition – et Dunoyer de Segonzac. Ils ont en commun de défendre un art d'imitation de la nature qui peut passer pour réaliste, quels que soient les degrés et les nuances. Au regard du goût du temps, la sélection est juste. Elle témoigne de la force d'un courant qui a dominé la peinture en France durant l'entre-deux-guerres bien plus que le cubisme ou le surréalisme.

Dans *Les Contemporains*, ouvrage publié en 1939, Huyghe traite du fauvisme et du cubisme et mentionne, les jugeant sévèrement, dadaïsme et surréalisme. Mais il consacre près de la moitié de ses chapitres aux peintres de la nature. Il découpe son analyse en trois parties de longueur égale, « Le fauvisme », « Le cubisme et ses développements », « Le retour au réel ». Il peut ainsi citer ensemble « Bonnard, Matisse, Derain, Segonzac, noms durables entre tous[52] » et avancer que « l'attitude de Segonzac [...] résume toute une phase de l'art d'aujourd'hui ». Il place le maître et ses proches, Luc-Albert Moreau et Jean-Louis Boussingault, sous le signe du « retour au réel » et reproduit les toiles les plus « Courbet » de Segonzac, dont *Les Canotiers* (1924).

À proximité de ces réalistes, il énumère Dufresne et Waroquier, Bompard, Alix, Gromaire, Goerg, La Patellière, Chapelain-Midy, Oudot, Legueult. Il invente des catégories afin de les accueillir et de les distinguer, « réalisme de sensibilité », « réalisme de probité », « néo-humanisme », « traditions sensibles », « art complet ». Ces notions indécises désignent des variantes dans une peinture dont le premier caractère est de représenter les apparences de sorte qu'elles soient identifiables. Segonzac « dans sa réaction contre le cubisme [...] acquiert une hostilité tenace contre ses excès abstraits[53] », écrit Huyghe, avant de faire l'apologie de la sensation naturelle et charnelle. Le physique s'opposerait au mental, la terre aux nuées. Segonzac aurait « le plaisir instinctif de l'artisan de jadis », il « aime la peinture à la façon dont le paysan aime la terre ». Le critique finit par supposer que « peut-être encore pour rendre au peintre ce sens perdu, parce que trop humble, trop peu "intellectuel", fallait-il un être près de sa race, un de ceux où une hérédité étroite et consacrée traditionnellement à la même vie a buriné un sens plus profond, plus direct de la destination simple de la vie[54] ». Segonzac « né d'une lignée robuste », Van Dongen et Vlaminck « fruits de races traditionnelles, peu soucieuses de vies imaginaires ou d'aventures intellectuelles », seraient les autres champions de cette esthétique de l'instinct et du sol.

La thèse peut déplaire. Il peut paraître hâtif de comparer Van Dongen et Vlaminck au seul prétexte qu'ils seraient nordiques tous deux – Vlaminck, né à Paris, a grandi au Vésinet. Or l'auteur ne peut être tenu pour le représentant du nationalisme, encore moins pour celui du fascisme à la française. Il n'en affirme pas moins que Dada, « effort des esprits germaniques et israélites » conduit « au néant[55] », non sans avoir auparavant supposé, pour expliquer la connivence d'un dadaïsme qu'il pense allemand et d'un cubisme qui serait espagnol, qu'« il y a dans l'Histoire une intime collusion entre l'Espagne et l'Allemagne, terres des grands mystiques, jadis unies en un commun empire, et qui, avant l'action lénifiante de la Renaissance italienne, avaient un commun goût en art de l'expression outrée et saccadée[56] ». Une géographie s'organise, insoucieuse des détails et des nuances, pour démontrer la supériorité d'un art français sensible et raisonnable, fidèle à des vertus ancestrales, filles du climat tempéré et de l'histoire. Innées, elles résistent à l'excès d'inquiétude allemand et espagnol comme au « cérébral » outrancier d'une modernité dans laquelle « subsiste quelque chose de trop intellectuel qui écarte de cette plénitude dans l'équilibre humain » qui serait le privilège de l'« art complet ». Énumérant les jeunes en qui il place sa confiance, Huyghe cite Poncelet, Planson, Chapelain-Midy, Lestrille, Aujame. Péroraison : « Tous, ils ont compris que la composition permet de réaliser cet art où des vertus sensibles s'associent aux vertus réfléchies et pensées. Les personnages qui, chez Aujame, aiment encore à s'évader parfois en rondes bondissantes, s'ordonnent avec sûreté dans un jeu de verticales et d'horizontales où se marque la domination calme de l'esprit, à laquelle s'astreint surtout Chapelain-Midy[57]. »

On ne rappelle pas ces sentences et ces thèses, parce que ces artistes ont pour la plupart disparu des mémoires, mais pour témoigner d'un état du goût et des styles qui ne peut plus paraître que paradoxal. Jusqu'en 1939, il prévaut cependant, plaçant au premier plan les défenseurs des traditions réalistes.

L'équivoque Derain

Cette tendance se donne un maître en la personne d'André Derain, qui se place sous le signe de Raphaël et reçoit des hommages exaltés. Cocteau se fait le plus ardent de ses thuriféraires. Dès mai 1919, il décide que « les artistes de toutes les écoles jeunes, de toutes les coteries, se rapprochent pour admirer André Derain. […] Derain précède le cubisme et ne s'y engage pas. […] Derain se débrouille de manière directe, vigoureuse et naïve. Il y en a en lui du Gaulois et de la vierge[58]. » Aux éloges répondent les achats des collectionneurs et les commandes, les décors pour les Ballets russes, une notoriété qui s'élargit. Elle repose sur la conviction selon laquelle il reviendrait à Derain de renouer le fil de la tradition française, cassé par le cubisme et la guerre. Plus que de Raphaël, il serait le continuateur de Corot et de Courbet. Deux preuves sont avancées ensemble : ce que Derain a peint avant 14, ce qu'il peint désormais.

Ne s'être pas engagé dans le cubisme, comme l'écrit Cocteau, ne peut passer que pour un mérite alors que le bruit court que ce mouvement se disloque, perd ses plus éminents praticiens, ne recrute plus que des imitateurs de second ordre. Or, à partir de 1911, la distance s'accuse entre Derain et la « cordée » Braque-Picasso. *Le Joueur de cornemuse* et *La Cène* de 1911 sont saturés de références médiévales, qui réapparaissent dans *Le Samedi* (1913). Les paysages de Camiers en 1911 et ceux de Vers en 1912 tentent des synthèses où, en proportions variables, entrent Corot, Cézanne et le Douanier Rousseau. Dans les natures mortes, un archaïsme accentué se fait jour, entre peintures pompéiennes et fresques romanes, et Derain réplique mot pour mot au cubisme. Sa *Nature morte au journal* (1912) ignore le collage, maintient l'homogénéité de la matière picturale et cézannise en un temps où Braque et Picasso expérimentent découpage et assemblage. La *Nature morte au damier* (1913) réunit cartes à jouer, livres et damier, imités par les moyens de la seule peinture, dans un espace tridimensionnel, dans la lumière d'un clair-obscur fortement contrasté, avec touches et modelés.

André Derain, *Le Samedi*, 1913. Huile sur toile, 181 × 228 cm. Moscou, musée Pouchkine.

Ces exercices picturaux s'accompagnent d'une réflexion sur le portrait qui écarte Derain plus encore de Braque et Picasso. À l'époque des Picasso déconstruits et reconstruits, *L'Étudiant* et la *Femme nue dans un fauteuil*, il entreprend une série d'autoportraits d'autant plus déconcertante que, non contente de manifester son inactualité, elle multiplie les variations stylistiques. Les déformations oscillent entre l'étirement du visage et le creusement des traits, les références entre un réalisme imitatif à peu près littéral et l'effacement presque complet du modèle.

André Derain, *Autoportrait à la palette*, 1913. Huile sur toile, 116 × 89 cm. Paris, collection particulière.

L'une de ses toiles, qui porte un phylactère en majuscules, ANDRÉ DERAIN PEINTRE, ne présente plus à la vue qu'une surface noir et gris sombre, sur laquelle une effigie caricaturale est tracée à la craie. Les mains ont été effacées et la palette – morceau de peinture faux bois – ne porte plus qu'une tache de blanc et une de noir, sans autre couleur. L'œuvre qui déclare la gloire de son auteur de la façon la plus visible semble annoncer son effacement. Le peintre ou son spectre ? D'une toile à l'autre, Derain se montre sous des traits et dans des états si changeants que l'on peut croire l'instabilité son sujet même. On le croirait d'autant plus aisément que les portraits se répartissent entre des manières si différentes qu'elles finissent par se contredire. Il en est de sculpturaux, celui d'Iturrino et celui de la *Jeune Fille en noir*, tous deux de 1914. Il en est d'archaïsants, tel le *Portrait d'un inconnu au journal* (1911-1914) dans lequel, après avoir introduit un collage de papier journal il le remplace par un trompe-l'œil si élémentaire qu'il ne peut tromper personne. Les deux versions des *Deux Sœurs* (1914) et le *Portrait de Paul Poiret*, exécuté alors que Derain et le couturier sont cantonnés à Lisieux en 1915, sont d'un style moins serré, frottis et dessin flottant dans une lumière grise qui glisse sur les volumes. Quant au *Portrait de Lucie Kahnweiler* (1913), en dépit du modèle, il développe un naturalisme non sans parenté avec Cranach. Ainsi, avant l'été 1914, que Derain, Braque et Picasso passent ensemble jusqu'au 2 août, plusieurs points sont établis : il se tient à l'écart d'un cubisme dont il a vu la formation de près, y participant par ses études cézanniennes de 1908 et 1909 ; il cherche les formules d'une peinture figurative lourde du souvenir des maîtres d'autrefois ; son art oscille entre des solutions d'une diversité qui ne se réduit à aucun système.

À partir de 1919, ces données évoluent. Une seule ne change pas, la variété. Derain reprend le cours de ses expériences. Entre 1923 et 1925, il exécute des nus d'une hétérogénéité exacerbée. Le *Nu au chat* (1923) rend hommage à Courbet, exalte les volumes d'un modelé charnel. Le *Nu devant un rideau vert* (1923) se place à mi-chemin entre Courbet et Ingres, *Le Beau Modèle* (1923) du côté d'un Renoir, mais d'un Renoir revu à la lumière de Monsu Desiderio. Le *Nu à la cruche* (1924-1925) défie l'analyse, juxtaposition de tentatives, peinture par pièces détachées. La question du style se répète dans chaque toile, question du « comment peindre », question du regard et de la main devant le sujet. La démonstration continue à propos du portrait – entre celui, archaïsant, de *Madame Derain au châle blanc* (1919-1920) et *L'Italienne* (1921-1922), d'une virtuosité classicisante – et du paysage.

En mars 1921, Breton publie les *Idées d'un peintre*, où il rapporte une conversation dans l'atelier de Derain au mois de novembre précédent. Derain définit alors son art comme la recherche, peut-être vaine, de la vérité, d'une représentation qui ne se satisfasse pas de simplifications et d'approximations. Il prend un exemple : « Voici une balle. En peinture on ne l'a jamais prise que pour une sphère, on n'a jamais donné d'elle qu'une représentation mathématique. Elle est douée pourtant de propriétés plus importantes : elle roule, posée sur un plan elle oscille. Elle peut aussi être élastique, rebondir. Qu'aurai-je dit de la balle quand je l'aurai faite ronde ? Il ne s'agit pas de reproduire un objet, mais la *vertu* de cet objet au sens ancien du mot[59]. » L'art serait la quête de vérités perdues, et pour parvenir à ce but « il faudrait avoir intimement pénétré la vie des choses qu'on peint ». Les expériences successives de Derain divergent parce que chacune naît de l'insatisfaction qu'a suscitée la précédente. Le glissement d'une référence à une autre trahit une démarche qui sait qu'elle n'aura pas de fin – et qui n'en a pas en effet, puisque, jusqu'à ses dernières œuvres, Derain ne s'installe dans aucun style arrêté et court le risque de la variation poussée jusqu'à ce qui semble incohérence et versatilité.

Ses manuscrits, autant que ses toiles, témoignent de la permanence de ses doutes. Il veut composer un *De pictura rerum* et avance une apologie du changement. À Breton, il dit que « nous ne choisissons l'art que comme un moyen de désespérer[60] ». À René Crevel, en 1935, il fait observer que « le tort de toute théorie, c'est de vouloir toujours aboutir à une situation définitive. […] La volonté du définitif, c'est la mort[61] ». Ses carnets abondent en observations désabusées, en autoflagellations, en critique de lui-même et de ses contemporains. Il y inscrit un quatrain :

« La peinture morte
La pature morte
La nature morte
La rature morte[62]. »

André Derain, *Le Beau Modèle*, 1923. Huile sur toile, 115 × 90 cm. Paris, musée de l'Orangerie, collection Jean Walter et Paul Guillaume.

Or, nonobstant son scepticisme, Derain passe en 1920 pour le restaurateur de la peinture délivrée du cubisme. Moins qu'un raphaélisme qu'il ne met pas en pratique importe qu'il déclare la supériorité de l'ancien sur le nouveau. Moins que ses réflexions sur l'apparence et la « *vertu* » des objets plaisent à nombre de ses contemporains des déclarations telles que : « Tout ce qu'ont fait les Égyptiens, les Grecs, les Italiens de la Renaissance *est*. Quantité d'œuvres modernes ne sont pas[63]. » Il convient à l'époque quand il avoue sa révérence pour Corot et Renoir.

Dans ses tableaux, plus que ses hésitations ses contemporains goûtent la figuration réaliste, le métier, la présence physique immédiatement perceptible du motif – ce que le cubisme leur refuse. En janvier 1920, dans la *NRF*, Lhote le déclare « le plus grand peintre français vivant ». Salmon se fait lyrique : « C'est vers lui que, dans sa patrie et de tous les coins du monde, se tourne une jeunesse inquiète et laborieuse, impatiente de santé, d'amour et de raison. [...] À ces jeunes gens, André Derain ouvre des voies élargies. Si Picasso mérita d'être nommé l'Animateur, André Derain, qui n'a subi d'autres influences que celles des maîtres éternels, vaut d'être aujourd'hui considéré ainsi que le Régulateur[64]. » Kahnweiler lui-même, dans la monographie qu'il publie à Leipzig en 1920, ne peut faire moins que comparer Derain à Ingres, « le plus grand réaliste français ».

Quelques années plus tard, un autre de ses biographes, Adolphe Basler, est plus catégorique et explicite encore. « Au fond, affirme-t-il en 1931, le nom de Derain ne serait pas prononcé par les mêmes bouches que ceux de Picasso et de Matisse, qu'il faudrait le ranger plutôt à côté d'un Bonnard et d'un Segonzac. La passion du vrai et du substantiel est plus forte chez lui que ce goût de la préciosité qui caractérise le chef des Fauves ou l'esthétisme hasardeux de l'inventeur du cubisme. Derain sait allier un bon sens madré à une tranquille robustesse[65]. » Il continue, accentuant les oppositions : « Mais, héritier d'un style illustré par Poussin, Claude Lorrain, Chardin, Corot, Courbet, Renoir…, [Derain] oppose l'ancienneté du grand art de la peinture aux modes éphémères d'une imagerie décorative et aux élucubrations périssables d'un expressionnisme déliquescent. »

Il est douteux que Derain ait accompli ce programme. Tantôt il paraît s'y appliquer et cultive des réminiscences. Celles des frères Le Nain et des Hollandais s'avèrent dans *La Table garnie* (1921-1922), la *Nature morte au potiron* (1939) ou la *Nature morte sur fond noir* (v. 1945). Il y a du Ingres dans *La Nièce du peintre* (1931) et *Le Boa noir* (1935). Corot est présent dans les vues d'Étaples, de Saint-Maximin et dans *Le Monastère* (v. 1930). Mais les citations ne se limitent pas à l'art national. Elles demandent à Rubens le lyrisme du nu opulent, tel celui des *Deux Femmes nues et nature morte* (1935) et des nymphes dans *La Clairière* (1938). Derain s'adresse à l'occasion à Zurbarán, à Caravage, à Pompéi, à l'héraldique. L'inachèvement ou l'incohérence de nombre d'œuvres confessent son insatisfaction et ses autoportraits le montrent plus inquiet que triomphateur, qu'il s'agisse de *L'Artiste et sa famille* (1920) ou du *Peintre et sa famille* (v. 1939). Il n'empêche : malgré lui, Derain demeure jusqu'en 1939 le commandeur de la « grande peinture » française sauvée du cubisme. De cette posture, il supporte jusqu'aux conséquences désagréables, un numéro spécial des *Chroniques du jour* en janvier 1931, « Pour ou contre Derain », où ses partisans ne sont pas seuls à écrire. Il y a alors longtemps que Breton l'a exclu de ses admirations.

Du cubisme vers le classicisme français

Autour de Derain, réminiscence et hommage deviennent des exercices obligés. Il y va de la permanence ou de l'effacement de l'influence cubiste. Plusieurs artistes qui ont été proches du cubisme s'en détachent pour en revenir à une facture moins elliptique et leurs origines rendent cette évolution remarquable aux yeux de ceux qui, tel Louis Vauxcelles, pronostiquent la fin d'un mouvement qu'ils combattent depuis son apparition.

Deux doctrines se séparent. L'une, qui se veut « rappel à l'ordre », réinterprète le cubisme. Elle ne propose pas de l'oublier mais de le tenir pour une étape nécessaire de l'évolution qui doit replacer la peinture dans le fil de la tradition classique. La seconde, plus radicale, réclame l'abandon de toute réminiscence cubiste et la restauration d'un réalisme de la sensation qui ne s'embarrasse d'aucune réflexion théorique.

À l'inverse, les partisans du «cubisme classicisé» affirment, à l'instar de Lhote, «la nécessité des théories». «La théorie, énumération jamais complète d'une série de règles qui s'amorcent l'une l'autre, n'est […] pas le produit de la froide raison, mais de l'instinct qui travaille silencieusement, allumant au foyer intérieur un feu mystérieux dont la raison ne fait que recueillir les cendres brûlantes[66].» Sous le signe de David, Ingres et Cézanne il énonce ses conclusions en faveur des «grands constructeurs», ceux chez qui «l'intelligence s'applique à suivre de près l'instinct, à en recueillir et déchiffrer les découvertes et à transformer la parcelle de vérité ainsi obtenue[67]». L'activité artistique se fonderait sur la transcription réfléchie de la sensation physique, ordonnée par des règles. Cette doctrine éviterait l'expressionnisme comme l'intellectualisme, le «désordre» et l'«abstraction». Voie moyenne, elle serait celle de l'alliance de l'instinct et de la raison – la voie française. À l'occasion de la réouverture du Louvre, fermé et vidé de ses collections depuis 1914, Lhote dit en 1919 y admirer d'abord «Jean Fouquet, Lenain, Ingres avec ses dessins prodigieux d'acuité et de style; le Chassériau "ingriste" et enfin Renoir [qui] nous exhortent à chercher le salut dans l'analyse, à n'opérer de synthèse qu'à l'aide d'éléments obtenus par une patiente interrogation[68]». À quoi fait écho Cocteau dans *Le Coq et l'Arlequin*: «Ingres, le révolutionnaire par excellence – Delacroix, le rapin type. Ingres, la main, Delacroix, la patte. Le recul accuse de plus en plus le riche bazar de Delacroix, l'architecture d'Ingres[69].»

Dans cette généalogie, le cubisme occupe l'avant-dernier degré. En 1922, Lhote parcourt ainsi l'itinéraire qui conduirait «De J.A.D. Ingres au cubisme» et annonce que ce dernier, rompant avec les tentations d'hermétisme, tend à rejoindre son point de départ: «Le cubisme tient de plus en plus à exprimer la réalité à l'aide de signes plastiques tirés de la sensation. Théoriquement […], le cubisme tend à se rapprocher de la ligne traditionnelle, en ramenant sur le plan plastique les préoccupations que Monet et ses amis avaient fait glisser sur le plan coloré[70].» Sobriété, calcul des moyens, prééminence de la composition et du dessin, soin de l'exécution, refus de l'improvisation et de la précipitation: il se reconnaîtrait à ces vertus et à ces refus. «Il suffit d'indiquer, conclut-il, que quelques-uns des peintres qui poursuivent cet idéal – le même qu'Ingres réalisa – possèdent leur métier et sont armés de la patience nécessaire aux longues recherches. Ils succèdent ainsi à ceux qui furent avant tout des artistes appliqués, des peintres directs et analytiques: Ingres, Corot, Cézanne, Renoir et cet admirable Seurat […].» Les cubistes ont dans ce système le rôle des précurseurs qui n'ont pu ou su accomplir la révolution jusqu'à son terme. À propos d'une exposition Braque, en 1919, Lhote se fait péremptoire sur ce point: «Aucune œuvre mieux que celle de M. Braque ne permet de comprendre à la fois l'importance et l'insuffisance de ce que le cubisme nous apporte. Elle constitue, avec celle de Picasso, une sorte de "rappel à l'ordre"[71].»

À ces déclarations répondent des œuvres, dont celles de Lhote qui poursuit après la guerre une démarche commencée dès *La Convalescente* (1913) et *L'Escale* (1913). En 1918, il peint un *Hommage à Watteau*, où un arlequin encore bi-dimensionnel semble chanter pour une Colombine dont il détaille les formes et les plis de la robe, *Le Peintre et son modèle* (1920) expose son programme: on y voit, silhouette découpée, un peintre devant son œuvre et son modèle nu, dont le geste

André Lhote, *Le 14 juillet en Avignon*, 1923. Huile sur toile, 145 × 175 cm. Pau, musée des beaux-arts.

Roger de La Fresnaye, *Portrait de Gampert*, 1920. Gouache sur papier collé sur carton, 24 × 17,5 cm. Paris, Musée national d'art moderne-Centre Georges Pompidou.

manifeste la surprise qu'elle a à se découvrir sur la toile si massive et déformée. Sans doute préfère-t-elle le réalisme du *14 juillet en Avignon* (1923), du *Port de Bordeaux* (1923-1925) ou du *Repas du marin* (1925) – à moins qu'il ne faille aller jusqu'à la minutie du *Portrait de mademoiselle H.* (1925), entre Ingres, Cranach et Dix. Du cubisme ne demeure que l'habitude d'un dessin net qui immobilise les formes dans son réseau.

Jean Metzinger suit une voie peu différente. Dans *La Femme au verre* (1917), il revient à une conception de la figure humaine homogène, aisément lisible. *Le Village* (1918) signale la même évolution en matière de paysage. Par la suite, il s'applique à retrouver les secrets d'un classicisme monumental. À en juger d'après la *Femme aux boules* (1936) ou le *Nu au soleil* (1936), ils ne se laissent pas aisément percer. Ainsi fait aussi Auguste Herbin, alors épigone du cubisme, membre de la Section d'or en 1912. Comme Metzinger et Gris, il expose après 1918 chez Léonce Rosenberg, dans sa galerie L'Effort moderne. Son réalisme stylisé se fonde sur un dessin continu des contours et un chromatisme retenu. Il l'emploie à la représentation des *Joueurs de boules* (1923), aux portraits de sa mère et de son oncle en paysans (1926), à des natures mortes et des paysages minutieux, tel *Brante et le mont Ventoux* (1924).

La Fresnaye s'efforce de restaurer une simplicité figurative presque naïve qui n'est pas sans rapport avec celle d'Herbin jusque vers 1926 et sa conversion à l'abstraction. La Fresnaye consacre une suite d'études dessinées et gouachées à des motifs équestres. Ses *Palefreniers* (1920) montrent plusieurs nus masculins aux membres et aux torses étirés de maniériste façon dans une architecture saturée d'allusions au Quattrocento et à la Renaissance italienne, campaniles, arcades, fenêtres à frontons antiques et étendards. Au centre, un cheval incline son col vers la terre. Les couleurs ont un éclat sonore, quoique réduites à l'ocre, des bleus, un rouge et un rose chair.

Dans ces années, il demeure dans son œuvre des exercices post-cubistes, *Le Prestidigitateur* et *Le Pierrot* (1921-1922), mais ils pèsent peu devant les toiles où le retour à l'imitation se fait provocateur. En 1921, La Fresnaye peint *Le Bouvier* et *Le Poète*, ne conservant de ses accointances cubistes qu'un peu de raideur qui se marie à la naïveté voulue des expressions et des gestes. Il semble en quête d'un réalisme proche de l'imagerie d'Épinal – référence qui réapparaît dans son *Portrait de Guynemer* (1921-1922), icône d'un héros national. *La Table Louis-Philippe* (1921-1922) réunit un reste de découpage par plans géométriques à un motif traditionnel, d'autant plus opportun que les décorateurs du temps recyclent comme lui le style Louis-Philippe, l'épurant pour n'en conserver que la massivité. Quant au *Paysage de Hauteville* (1921-1922), il se donne sans équivoque pour un hommage à Poussin. C'est là s'inscrire dans l'histoire nationale.

Aussi Cocteau lui donne-t-il raison et lui consacre-t-il un article dans *L'Esprit nouveau*. Il y reprend la distinction rudimentaire des classiques et des romantiques, d'Ingres et de Delacroix, de la raison et de l'instinct. « Le rapin viole, il est très heureux, écrit-il. L'anti-rapin aime, il est très malheureux. Roger de La Fresnaye est un anti-rapin. Le rapin ne réfléchit pas. Il rentre de la chasse, ôte ses bottes, regarde le paysage qu'il a tué. Tout le monde en mange et le trouve bon. Le lendemain matin, il se lève de bonne heure et repart pour la chasse, tuer une dame, une falaise, un vase de fleurs. L'exposition des victimes se fait au Louvre ou chez Bernheim-Jeune. L'anti-rapin réfléchit et le drame commence. Il est plus gibier que chasseur. C'est lui tué cent fois qu'il expose[72]. » Quant à Lhote, quoique plus parcimonieux dans l'apologie, il voit en lui « un peintre de race » et avance une preuve : « Où Picasso, répudiant tout scrupule, trace, non sans impertinence, une figure abstraite pour les seules nécessités du tableau, de La Fresnaye s'ingénie avec politesse à les accorder à la forme de quelque objet usuel. C'est à de telles manières que l'on pourrait juger de la qualité d'une âme, si l'on voulait étudier l'individu à travers son *style*[73]. »

Naïveté et durcissement des formes caractérisent encore Marcel Gromaire, quoiqu'il ne relève qu'indirectement d'une filiation cubiste. Ses toiles de l'après-guerre, harmonies d'ocres et de bruns, aspirent à la monumentalité. Le *Portrait de Jean-Émile Laboureur et de sa femme* (1920), le *Grand Nu assis* (1920), *Une gare* (1922), le *Faucheur flamand* (1924), *La Guerre* (1925) sont autant de manifestes en faveur d'un réalisme simplifié. Gromaire entend se placer dans une continuité qui aurait ses origines dans l'art roman et l'art gothique, passerait par Fouquet et aboutirait, comme il se doit, à Cézanne. En 1924, il peint le *Portrait d'Adolphe Basler* et Lhote en célèbre la « franchise quasi médiévale ».

Restent les premiers cubistes, Braque, Picasso – et Gris, dont le cas ne se sépare pas. Pour Braque, son attachement aux problèmes et aux solutions cubistes ne prête guère au doute. Que l'on considère le *Compotier avec grappe de raisin et verre* (1919), la *Nature morte à la sonate* (1921) ou *Guitare et verre* (1922),

Auguste Herbin, *Les Joueurs de boule*, 1923. Huile sur toile, 146 × 113 cm. Paris, Musée national d'art moderne-Centre Georges Pompidou.

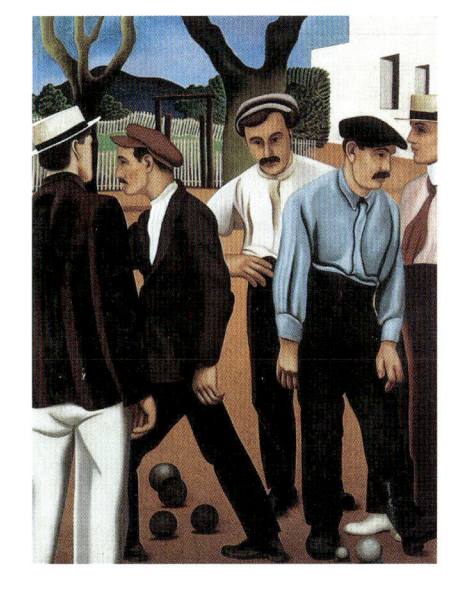

la fidélité s'y déclare sans équivoque, jusque dans la reprise des mots incomplets, des contours brisés et des effets de matière, faux bois et faux marbre. Brièvement, il introduit des allusions à l'antique, le temps de peindre les deux *Canéphores* (1922) et une étude d'après *La Joueuse de mandoline* de Corot (1922-1923), mais ne consent à la mode que ces connivences éphémères.

Pour Gris, la situation est plus complexe. En 1916, il copie au crayon un *Autoportrait* de Cézanne et, pour y parvenir, dépose les habitudes et règles du cubisme. Dès lors, son œuvre se répartit en deux moitiés inégales. Les natures mortes demeurent sous l'emprise du cubisme de 1913, qui s'inspire des papiers collés de Braque et Picasso. L'imitation n'intervient dans ces compositions de compotiers, de guitares et de tables qu'en proportion très réduite avant 1923.

À l'inverse, le portrait apparaît comme le champ des retrouvailles classiques. *Autoportrait* de 1920 et portraits des membres de la famille Kahnweiler sont dessinés au trait, un trait continu accompagné de légers rehauts d'estompé, aussi minutieusement répartis que sont minutieusement marqués les contours du visage, les boucles des cheveux, les lignes des lèvres et des paupières. De cette évolution les conséquences apparaissent dans la peinture quand Gris introduit des figures humaines de plus en plus nettes. Un pierrot occupe le centre d'une *Composition* (1922) et des visages s'inscrivent dans la géométrie, moins contraignante désormais, des constructions. *Le Grand Arlequin* (1926), *La Chanteuse* (1926) et *La Femme au panier* (1927) suggèrent une évolution plus résolue au terme de laquelle la figure, cohérente, sculpturale, prend possession de la toile. Au même moment, les fruits redeviennent des volumes arrondis et l'imitation des textures pénètre le style. *Siphon et panier* (1925) et *La Guitare aux incrustations* (1925) ont peu en commun avec les toiles de 1914. L'espace se creuse, des fenêtres s'ouvrent sur des paysages urbains ou marins. Par ce biais, Gris introduit le paysage, le ciel, la perspective. À la frontalité du cubisme succède une tridimensionnalité qui invite aux emboîtements, aux superpositions, à la multiplication des arêtes et des effets de pans coupés. Ils prolifèrent dans des natures mortes où la complexité plastique apparaît comme le motif essentiel. *Le Livre ouvert* (1925), *Le Tapis bleu* (1925), *La Table devant le tableau* (1926) sacrifient au plaisir de la virtuosité et Gris y incorpore, jouant de la discordance des manières, des objets représentés «tels quels», un couteau, des poires, une serviette chiffonnée.

«L'affaire de 1919»

Reste Picasso. En 1919 et 1920, il est l'enjeu d'un affrontement. L'inventeur du cubisme l'a-t-il renié pour rallier le parti de la tradition française ? En 1929, Waldemar George évoque encore «l'affaire de 1919»: «À cette époque, écrit-il, Picasso inaugure son cycle des Grandes Baigneuses. Ses œuvres jettent la consternation dans la multitude, cette matière malléable. Armés de caducées, les critiques, ces bouffons, sonnent le glas du cubisme. […] Tandis que la foule servile et moutonnière des aboyeurs à gages, des petits mercantis, de journalistes incultes, d'amateurs patriotes et de peintres sans emploi prononce l'oraison funèbre de Picasso, animateur des formes, la masse des fidèles quitte le parvis du temple. Cubistes-en-rupture-de-ban et post-cubistes se voilent la face et répandent la cendre en signe de deuil[74].» Le récit est excessif, mais il y eut des querelles, auxquelles Reverdy, Cocteau, Salmon prirent part. En 1917, dans l'atelier d'André Lhote, Reverdy – orthodoxe du cubisme – et Diego Rivera – enclin à l'abandonner – s'affrontent violement, au point que Metzinger propose un duel et que Rosenberg se désintéresse de Rivera.

Au même moment, 391 dénonce une trahison. Dans son premier numéro, la revue de Picabia publie, signé Pharamousse, un écho, « Picasso repenti », qui annonce que le peintre « a décidé de retourner à l'École des beaux-arts (atelier Luc-Olivier Merson) ». Il poursuit : « Picasso est désormais le chef d'une nouvelle école à laquelle notre collaborateur Francis Picabia, n'hésitant pas une minute, tient à donner son adhésion. Le kodak publié ci-dessus en est le signe solennel. » Le « kodak » est un cliché d'identité de « Max Goth » – le critique Maximilien Gauthier – accompagné d'une silhouette crayonnée et biffée. Photographisme, académisme : tels seraient les torts de Picasso, que le dadaïsme parisien, à l'exception de Breton, dénonce plusieurs fois.

Pablo Picasso, *Homme penché sur une table*, 1916. Huile sur toile, 200 × 132 cm. Collection particulière.

En Avignon, en juillet 1914, alors qu'il rencontre Derain souvent, Picasso dessine des objets dans un style si réaliste, si détaillé qu'il est à peine un style. Biscuits, verres, bouteilles d'encre, raisins un peu plus tard : ces feuilles ne présentent aucun signe de cubisme. Les portraits de Vollard, de Jacob et d'Apollinaire qui les suivent sont des représentations littérales, virtuoses, nullement géométrisées. De ces essais jusqu'en 1917, Picasso consacre une place grandissante à cette manière, quoiqu'il ne cesse pas pour autant de tirer les conséquences plastiques du cubisme, des papiers collés et de l'assemblage. La représentation humaine se divise alors en deux pratiques simultanées, l'une ultra-cubiste dans l'épuration et l'ellipse, l'autre réaliste. De la première sont issus l'*Arlequin* de la fin de 1915, *L'Homme accoudé à une table* (1916), *Le Joueur de guitare* (1916), *Arlequin et femme au collier* (1917) ou *Table, guitare et bouteille* (1919), découpages bidimentionnels. La couleur y est en aplats, prise dans un dessin qui la brise en triangles, ou en points séparés posés par lignes et colonnes sur des surfaces rectangulaires ou carrées juxtaposées.

De la seconde relèvent le *Portrait d'Ambroise Vollard* (1915), *Olga Picasso dans un fauteuil* (hiver 1917), le *Pierrot* accablé de 1918 et les portraits au trait de Satie, Cocteau, Stravinsky ou Diaghilev. Ils paraissent annoncer un retour au métier des maîtres, à Ingres peut-être, si ce n'est que les compositions cubistes contemporaines empêchent d'admettre une hypothèse si simple. Citations et hommages se distinguent par leur ambiguïté. Picasso peint *Le Repas des paysans d'après Le Nain* (1917-1918), mais en style néo-impressionniste. Il peint et dessine des baigneuses à Biarritz durant l'été 1918, mais trop déformées pour un ingriste respectueux. Ses *Paysans endormis* (1919) pastichent Millet, pour le compromettre dans un style scabreux. Quant à Rome, Picasso s'y rend et y séjourne de février à avril 1917 : pour y préparer l'argument, le rideau de scène et les costumes de *Parade*, qui ne peut passer pour néo-classique.

Autrement dit : bien avant que le slogan du retour à l'ordre n'ait été prononcé, Picasso a tout à la fois accompli ce « retour » et évité de s'y laisser prendre. La question ne se pose pas d'un choix définitif, ingrisme contre cubisme. Ce sera le cubisme, et Ingres, et Renoir, et Sisley et des mixtes, des synthèses, des hybrides – cela jusqu'en 1925.

Durant cette période, l'alternance stylistique reste la règle et la réintégration des références classiques va de pair avec des tentatives diamétralement opposées. Les *Trois Femmes à la fontaine*, de l'été 1921, la *Grande Baigneuse* (1921-1922) et *La Flûte de Pan* (1923) abondent en allusions à l'antique – drapés, modelés sculpturaux, nudités héroïques. Les deux versions des *Trois Musiciens* sont cependant exécutées à Fontainebleau, durant l'été 1921, en même temps que les *Trois Femmes à la fontaine*. Hors le nombre des figures et le format, ces œuvres n'ont aucun point commun. Les musiciens sont indiqués par des signes schématiques, leur corps découpé en plans anguleux, leur visage réduit aux trous des yeux et à une moustache. Il serait imprudent de prétendre déterminer la direction d'une évolution quand celle-ci s'accomplit grâce à la diversité des moyens. Il ne serait pas moins léger de prétendre ne retenir, de l'année 1923, que les portraits naturalistes d'Olga Picasso et de son fils Paul ; ou, à l'inverse, de tenir ceux-ci pour négligeables en comparaison des natures mortes post-cubistes. L'année suivante, plusieurs natures mortes de grande taille réunissent les différentes manières, du plus elliptique au trompe-l'œil, du cubisme à l'imitation, de l'équerre à la tête de plâtre. Jusque dans les compositions en apparence les plus néo-classiques s'introduisent des disproportions anatomiques par amplification ou réduction qui interdisent d'y voir des professions de foi davidienne ou ingriste. Les pieds, les cuisses et les épaules de la *Grande Baigneuse* se révèlent trop importants pour sa tête et les *Femmes courant sur la plage* (1922) se déhanchent et s'étirent plus que la nature ne le permet. Juger de ces œuvres en termes de reniement et de conversion condamne à ne pas les comprendre et à ignorer pourquoi Picasso, en une toile intitulée *Études* (1920-1922) rassemble plusieurs natures mortes post-cubistes, et deux mains, un profil et un couple de style « réaliste ». Aucune contradiction : *Études* expose un état de la question picturale, la pluralité des modes. Picasso refuse l'unicité, la répétition, le style qui équivaut à la signature. Il n'en a pas fini avec le cubisme – à preuve le très frontal et épuré *Guitare et compotier* (1924) et les constructions en tissu, bois et corde du printemps 1926, réapparition de l'assemblage. Il n'en a pas davantage fini avec les dérivés du cubisme et les synthèses stylistiques.

Plus perspicaces que bien des commentateurs ultérieurs, la plupart de ses contemporains ne s'y trompent pas et ceux qui appellent de leurs vœux la restauration d'un ordre classique se réclament de Derain plutôt que de lui. Lhote avoue la méfiance que lui inspire ce « maître ès paradoxes » qui « a renoncé

Pablo Picasso, *Études*, 1920. Huile sur toile, 100 × 81 cm. Paris, musée Picasso.

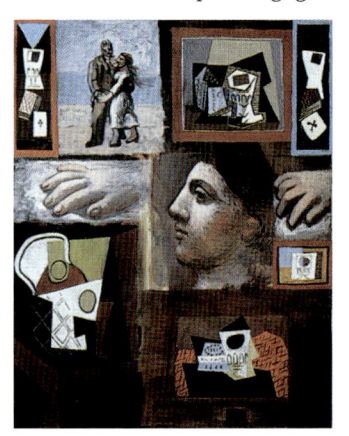

à se faire comprendre[75] ». Il ne parvient pas à l'intégrer dans la généalogie de l'art français ni à faire de lui le descendant de Poussin. Roger Bissière ayant visité son exposition chez Rosenberg en 1921, s'inquiète d'une « perpétuelle oscillation » dont le sens lui échappe. Il l'interprète donc dans les termes les plus schématiques, écrivant que « le désir de Picasso ne va ni vers l'esprit de sa race, ni vers celui de la nôtre. Il vise autre chose, il voudrait agglomérer deux âmes et deux races, et les pétrir assez fortement pour leur donner un visage unique et nouveau. Son angoisse et ses tourments viennent de ce qu'il n'y réussit point selon son désir et qu'après chaque effort il reconnaît dans l'œuvre nouvelle ou le visage de l'Espagne ou celui de la France[76] ». Le malentendu ne pourrait être plus complet : « Nous avons depuis Fouquet jusqu'à Cézanne construit sur des éléments stables. Une série de concordances dans le temps et dans les faits a permis à Picasso de construire sur des éléments particulièrement instables. »

Cocteau publie en 1923 un *Picasso* et y pratique le grand écart du jugement. Il donne à la thèse du Picasso néo-classique ses formules les plus ramassées. Ainsi écrit-il : « Car la clairvoyance domine son œuvre. Elle dessécherait une petite source. Ici, elle économise les forces et dirige le jet. L'abondance n'entraîne aucun romantisme. L'inspiration ne déborde pas. Il n'y a plus à prendre et à laisser. Arlequin habite Port-Royal[77]. » Mais il se souvient qu'à Rome, en 1917, Picasso a préparé *Parade* et n'a pas copié les *Stanze*. Il sait qu'il ne peut enfermer dans un style celui qui « montre que la personnalité ne réside pas dans la répétition d'une audace, mais, au contraire, dans l'indépendance que l'audace permet[78] ». Aussi il préfère conclure sur les délices de l'abondance et de la surprise. « Depuis le cubisme, je regarde un cornet à surprises verser sur l'Europe : hypnoses, envoûtements exquis, dentelles en marche, insolences, épouvantails, aérogynes, ronds de fumée, perce-neige, corsets-mystère, diables à ressort et feux de Bengale[79]. »

Retrouver la simplicité ?
Une tendance opposée ne veut rien retenir du cubisme. Elle se veut apologie de la sensation, du sentiment, de l'évidence, « peinture-peinture » si l'on peut dire. La nature y serait présente telle quelle. Dunoyer de Segonzac serait le champion de cette cause : « Plus de créations cérébrales, mais des sujets pris dans la vie, une exaltation de la réalité matérielle du monde, une redécouverte de la technique, de la pâte, de ses beautés concrètes, de sa saveur, de sa cuisine[80]. » La définition convient aux *Dormeuses* (1922-1924). La densité de la matière et la lourdeur des formes sont tenues pour les gages du naturel selon une habitude que Segonzac applique depuis ses *Buveurs* (1910). Les poses dans lesquelles il place les modèles suggèrent qu'il cherche à rejoindre le peintre du *Sommeil*. Ancien combattant, il est l'illustrateur des *Croix de bois* de Dorgelès. Il est ensuite celui de *Bubu de Montparnasse* de Charles-Louis Philippe. Quoiqu'ils montrent un goût moins prononcé pour les « cuisines » picturales, Moreau et Boussingault épaulent Segonzac dans sa tentative de restauration du réalisme, peignant natures mortes, nus, portraits et paysages dans une gamme sombre.

Deux noms témoignent du succès que ce courant du « bon sens » obtient dans l'entre-deux-guerres, Utrillo et Vlaminck. Leur notoriété atteint alors des sommets. Vlaminck, oublieux du fauvisme comme de la tentation cézannienne, se spécialise dans le village d'Île-de-France, petites maisons blanches, église, bosquets. Il peint à Auvers-sur-Oise, où il habite à partir de 1920 et dans la campagne où il circule en moto pour varier un peu ses motifs. En 1925, il quitte l'Oise pour l'Eure-et-Loir et représente désormais la Beauce, sans cesser de plaire. À ce répertoire de paysages français il ajoute des natures mortes, pommes, gigots, poissons de rivière, étains. L'exécution en empâtements contribue à accuser la présence physique, de sorte qu'il passe pour expressionniste. Il accompagne ses expositions de livres autobiographiques où il déclare la méfiance que lui inspire le modernisme et son amour du monde rural.

La célébrité dont jouit alors Maurice Utrillo repose sur l'exploitation du même fonds de pittoresque populaire, proche du « réalisme poétique » de Carné. Elle commence avant 1914 par des paysages de Montmartre et de Belleville et des vues d'églises de campagne qui ne se distinguent que par une application obstinée. Exécutés d'après des cartes postales, ils en ont la composition sans apprêt, la banalité monotone. Dans les années 1920, la gloire d'Utrillo se mesure à la fréquence des expositions et à l'augmentation des prix. Paul Guillaume, Barbazange, la galerie Bernheim puis Paul Pétridès sont ses marchands. Ses sujets ne varient pas pour autant, *Sacré-Cœur pavoisé* (1919), *Cathédrale de Moulins* (1922), *Place du Tertre* (1925). Il en est ainsi longtemps, puisqu'en 1950 Utrillo occupe l'une des salles du pavillon français à la Biennale de Venise.

Rusticité encore : celle que déclare la part la plus connue de l'œuvre de La Patellière, celle de la *Paysanne entre deux animaux* (1928), du *Rêve rustique* (1928) encore nommé *L'Ombre chaude*, celle du *Peintre dans l'étable* (1928) qui apparaît comme l'allégorie d'un programme artistique – que La Patellière, plus complexe, n'accomplit pas sans nuances. Il n'en demeure pas moins qu'il illustre *Colline* de Giono, exemple de lyrisme épique rural.

Dans les années trente, l'impératif réaliste est à la mode, d'autant que des expositions le mettent en valeur. En 1934, l'École des beaux-arts montre ensemble David, Ingres et Géricault, le musée de l'Orangerie « Les maîtres de la réalité au XVIIe siècle » et le Petit Palais « Les Le Nain – peintures et dessins ». Cette année-là, Waldemar Georges annonce l'avènement du néo-humanisme, dont les précurseurs seraient La Fresnaye et De Chirico. Ce serait « un retour à l'homme », « une découverte (ou une redécouverte) de la magie du corps et du visage humains ». Le néohumanisme, « sans imiter les ouvrages des anciens, renoue[rait] avec une tradition qui va des fresques romaines à Raphaël, à Poussin, à Claude et aux tableaux italiens de Corot[81] ». Ses protagonistes – Christian Bérard, Eugène Berman, Paul Tchelitchev – « ne s'évade[nt] point de la réalité par le subterfuge de la stylisation ou d'une déformation teintée d'idéalisme ». Espoir déçu : Berman abandonne Paris pour les États-Unis l'année suivante et Bérard, sous l'influence de Cocteau, consacre l'essentiel de ses efforts aux décors et costumes de théâtre, quoiqu'il exécute quelques portraits de ses amis, Cocteau ou Crevel.

Guère moins éphémère, de 1935 à 1939, le groupe des Forces nouvelles réunit autour de la galerie Billiet-Vorms Humblot, Rohner, Jannot, Lasne et Tal Coat. *Le Noyé* (1939) de Rohner rend à Mantegna un hommage qui a le mérite de l'explicite, transposition du *Christ mort*. Jannot l'a précédé dans cette voie, avec son *Homme à la charrue* (1937), autre gisant pathétique. Lasne ne cherche pas à dissimuler l'admiration qu'il voue à La Fresnaye, tout en signant un *Hommage à Piero della Francesca* (1937). Marchand et Humblot cherchent les moyens d'un naturalisme froid. Les *Joueurs de cartes* (1935) de Humblot se situent entre les Le Nain et Cézanne et, dans *Les Horreurs de la guerre* (1937), passent des souvenirs de l'art espagnol, de Zurbarán et de Goya. Seul Tal Coat se démarque de ce style commun – à preuve son *Portrait de Gertrude Stein* (1935) et la brutalité de la série des *Massacres* (1937) qu'il peint en réplique à la guerre d'Espagne. Tous reçoivent les encouragements de la critique. En 1936, Lasne obtient le « Prix de Rome en liberté » et Tal Coat a le prix Paul-Guillaume de peinture, qui va à Marchand en 1937. Succès de peu de durée : Lasne meurt en mai 1940 et, s'il est encore des expositions du groupe durant l'Occupation, elles ont perdu leur pouvoir d'attraction.

En dépit de leurs efforts et de ceux des critiques qui les soutiennent – Waldemar George, Paul Fierens –, la tradition picturale réaliste s'incarne en un peintre qui n'appartient à aucun groupe et ne réclame aucun soutien, Balthus. Ses premières toiles avouent la présence de ceux qui le conseillent alors et son *Paysage provençal* (1925) pastiche Bonnard. L'année suivante, Balthus se rend à Arezzo, où il copie les fresques de Piero della Francesca dans l'église San Francesco, puis, à Florence, les Masaccio du Carmine. Ces maîtres lui apprennent à grouper des figures dans des espaces délimités par les lignes de fuite de l'architecture. La leçon sert dès *La Caserne* (1933), qui avoue le souvenir de La Fresnaye, et pour *La Rue* (1933). Le grand format, la rigidité de la construction et des figures, la précision du métier, la bizarrerie des attitudes suspendues, la vacuité des regards, l'indifférence des passants qui s'ignorent suscitent une sensation d'énigme qui attire l'attention de plusieurs surréalistes et vaut à Balthus l'admiration d'Antonin Artaud.

De ce point de départ, l'œuvre se divise en œuvres-hommages et œuvres-scandales, que l'on peut préférer aux premières. *Alice* (1933) est demi-nue, déshabillée de sorte que se voit mieux que tout autre détail son sexe et l'un de ses seins, trop lourd pour son buste et son âge. Saphique, *La Leçon de guitare* (1934) met en scène, dans un intérieur cossu, le plaisir entre caresses et punition corporelle tendre. Érotique, *La Jupe blanche* (1937) préfère le sous-entendu. Les portraits cultivent une dureté sévère qui fait songer aux Derain de 1914, Iturrino et la *Jeune Fille en noir*. *La Famille Mouron-Cassandre* (1935), *La Vicomtesse de Noailles* (1936), *Roger et son fils* (1936) sont ainsi traités, avant que Balthus n'exécute les deux toiles qui affirment l'avènement d'un réalisme monumental. *Le Portrait d'André Derain* (1936) est un manifeste, que ce soit en raison du modèle, de sa pose, de la présence d'une jeune fille à demi nue derrière lui ou en raison de la peinture elle-même, qui entre dans chaque

Balthus, *La Leçon de guitare*, 1934. Huile sur toile, 161 × 138,5 cm. Collection particulière.

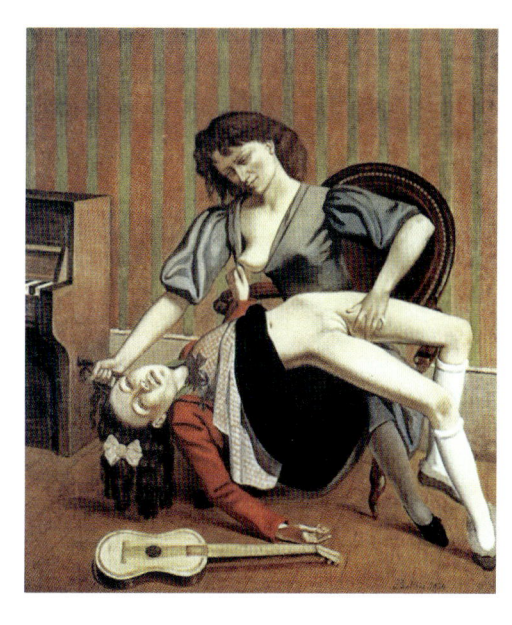

détail. Le double portrait de *Joan Miró et sa fille Dolorès* (1936-1937) répète l'expérience, lui ajoutant l'étrangeté de la situation, un surréaliste posant pour un réaliste.

Le plus souvent, l'œuvre a pour premier objet d'affirmer ses sources. La pose de *Thérèse rêvant* (1938) et de *La Jeune Fille au chat* (1937) reprend pour l'essentiel celle de la *Femme aux bas blancs* de Courbet. Les natures mortes, tel *Le Goûter* (1942), restaurent somptuosité des matières et trompe-l'œil à la hollandaise. La vue de *Larchant* (1939) se réfère à Ruisdael. *Le Cerisier* (1940) et *Le Gottéron* (1943) sont des hommages à Corot et à Courbet. *Le Paysage de Champrovent* (1941-1943) et le *Paysage aux bœufs* (1941-1942) célèbrent Poussin. Autant de manifestes en faveur de la tradition. La citation culmine dans *La Montagne* (1937), où Balthus place des personnages aux attitudes inexplicables dans un paysage de falaises inspirées des vues d'Ornans et des gorges de la Loue. Il s'agit moins de fixer les images d'aujourd'hui avec des moyens inspirés du passé que de conserver d'aujourd'hui les rares motifs qui permettent de reproduire les effets et les artifices aimés chez les maîtres anciens. La peinture s'exclut alors du temps, ce que Balthus reconnaît. Ainsi, à propos du *Cerisier* : « Quand j'ai été démobilisé après 1940, j'ai peint *Le Cerisier*. C'était pour moi une bouffée de joie. Zut pour la guerre, le malheur, l'Histoire… Un moment de suspens, de presque paix, de calme… Que la tragédie attende à la porte… Est-ce mal, de vouloir oublier un moment le "cauchemar de l'Histoire"[82] ? »

La haine de la modernité

En France, le « cauchemar de l'Histoire » se nomme défaite de 1940, pétainisme, collaboration. Il n'épargne pas plus la vie artistique que la vie quotidienne. Il y produit ses effets. Il place ceux qui ne laissent pas la tragédie attendre « à la porte » face à l'innommable des déportations et de l'extermination. Rares sont ceux qui, tels Picasso, Fautrier et Debré en portent témoignage dans et par leurs œuvres, au risque de l'incompréhension et du malentendu. Comme après la Grande Guerre, le repli sur le passé apparaît au plus grand nombre comme la moins mauvaise des échappatoires. Mais la crise de la modernité est plus grave encore en 1940 qu'en 1920, ne serait-ce que pour des raisons matérielles : l'occupation de la moitié, puis de la totalité du pays par les armées hitlériennes et l'application d'une idéologie politique – le pétainisme – où le culte de la tradition et de la nostalgie masque la capitulation et la collaboration active avec le nazisme. Il n'est que de songer aux échos que ces événements suscitent plus d'un demi-siècle après et à la crise de conscience qui accompagne la révélation des attitudes les plus criminelles, pour mesurer la violence de l'ébranlement.

L'antimodernisme de collaboration
La défaite en a été l'occasion, elle n'a pas créé la haine antimoderne. Employant ces termes, il importe de préciser.

Des auteurs et des peintres ont, dans l'entre-deux-guerres, sinon avant 1914, protesté en faveur d'un retour aux canons classiques. Ils se sont réclamés d'une tradition nationale, que tous retracent dans des termes à peu près identiques et en citant les mêmes noms, de Fouquet à Cézanne. De ce dernier, ni Denis, qui lui rendit visite à Aix-en-Provence, ni Lhote qui le vénère n'hésitent à faire l'une des étapes essentielles de l'itinéraire qu'ils veulent poursuivre vers le classicisme. Mais il est un point sur lequel ils refusent toute contestation : la grandeur de Cézanne. Détail ? Détail d'importance : ce seul point suffirait à les distinguer d'un courant longtemps très minoritaire, celui des ultracistes de l'antimodernisme.

Dans l'entre-deux-guerres, il ne s'exprime que par les articles et pamphlets de Camille Mauclair, celui-là même qui tient Cézanne pour une « plaisanterie » et une spéculation. En 1929, il réunit en un volume, *La Farce de l'art vivant*, les textes d'une campagne de presse soutenue par *Le Figaro* et *L'Ami du Peuple*. Les arguments sont sans nuances : absence de métier, trahison des règles classiques, oubli du dessin, déformation de la figure humaine. À quoi s'ajoutent des considérations nationalistes et xénophobes. Nationalistes : « La peinture, ce serait assez peu de chose, si, sous le honteux règne du marchand et par l'intrusion de métèques, sa déviation vers l'exotisme, sa trahison des héros de la beauté formelle enclosant une pensée ne se reliaient par la fantaisie déformatrice, par un académisme international du laid, par un "fauvisme" qui devient une sorte d'espéranto pictural, à ce plan concerté contre la latinité dont nous pressentons les symptômes un peu partout. Défendre l'art psychologique, le portrait, la composition, c'est devenu une façon de défendre le génie de la race, la conscience contre l'inconscience, le gothique français contre le khmer et le nègre, la romanité contre l'exotisme[83]. » Furie xénophobe ensuite, tournant bientôt à l'antisémitisme : il n'est plus aucun art digne de ce nom, car « c'est ce que ni les fous ni les peintres "d'avant-garde" ne nous offrent, surtout si nous devons nous entendre avec les Ruthènes, Bulgares, Tartares, Valaques, Slovènes, Finnois ou Polaks pour qui Giotto se prononce Ghetto[84] ».

En 1929, de telles insultes ne rencontrent aucun écho. Il n'en va pas de même en 1940 quand la défaite et l'occupation de la zone Nord permettent que les ultracistes triomphent à Paris. Ils prennent le contrôle des institutions et disposent de journaux et d'éditeurs prêts à les publier. Louis Hautecœur est directeur général, puis secrétaire général des Beaux-Arts du 21 juillet 1940 à mars 1944. En 1927, il a rédigé des *Considérations sur l'art français… d'aujourd'hui*, où il s'est employé à dénoncer la perte de l'instinct, l'abus des concepts esthétiques. À partir de cette même date, il a – curieusement – exercé la fonction de conservateur du musée du Luxembourg et l'a « préservé » contre toute pénétration d'un art contemporain qu'il tient pour subversif. Mauclair agit au sein du groupe Collaboration, non moins qu'un autre « écrivain d'art », Jean-Marc Campagne, critique aux *Nouveaux Temps*, organe pro-nazi. Outre Lucien Rebatet, qui intervient à l'occasion, des pamphlétaires appuient leur action, Robert Rey, autre conservateur du Luxembourg, auteur en 1941 de *La Peinture moderne ou l'art sans métier*, et Vanderpyl, qui fait paraître en 1942 *L'Art sans patrie, un mensonge, le pinceau d'Israël*. Ces titres disent leur thèse : l'art moderne est l'émanation du complot judéo-bolchevique et la restauration de la grandeur nationale exige l'éviction des corrupteurs et le retour aux canons classiques. Sur ce canevas, ils brodent des variations, dénoncent, vitupèrent. Il leur plaît d'évoquer avec nostalgie le Moyen Âge des cathédrales et des corporations, comme le règne de Louis XIV. Pétain donne le ton dès août 1940 quand il annonce à la presse que la France « restaurera les antiques traditions qui ont fait jadis sa fortune et sa gloire. Pays classique de la qualité, elle saura rendre à sa production ce fini, cette délicatesse, cette élégance où elle fut jadis sans rivale[85] ».

Aucun d'eux n'a de réticence à traduire ses convictions en termes raciaux. Ils peuvent, s'ils n'osent citer *Mein Kampf*, citer Giraudoux qui se dit « bien d'accord avec le chancelier Hitler pour proclamer qu'une politique n'atteint sa forme supérieure que si elle est raciale, car c'était aussi la pensée de Colbert et de Richelieu[86] ». Ils approuvent les mesures qui, dans le cadre des lois antijuives d'octobre 1940, s'appliquent aux artistes d'origine israélite, tel le décret de novembre 1941 qui les exclut des prix et des bourses. Georges Hilaire, qui succède à Hautecœur en mars 1944, vomit « la peinture juive [qui], comme tous les arts juifs est parasite. […] Trois cents peintres juifs ont poussé sur l'esthétique française comme le gui sur le pommier. Ils l'ont défigurée, caricaturée avec arrogance. […] Ce n'est affaire politique de proscrire ces ferments dissolvants et d'empêcher que la liberté tourne à la licence. C'est affaire d'hygiène[87]. »

À quoi Mauclair fait écho, selon lequel parmi les peintres qui formeraient l'école de Paris « la proportion des sémites est d'environ 80 % et celle des ratés à peu près équivalente[88] ».

Francis Picabia, *L'Adoration du Veau d'or*, 1941-1942. Huile sur toile, 106,7 × 76,2 cm. Collection particulière.

Il serait tentant de tenir ces professions de haine pour l'expression d'une minorité qui a trouvé dans la Révolution nationale et le soutien des nazis les instruments de sa prise de pouvoir. Il n'en va pas ainsi. La vie artistique française se divise profondément entre 1940 et 1944 en plusieurs partis, et l'antimodernisme, loin de n'être que l'obsession d'un petit nombre, quitte le champ de la controverse esthétique et prend des formes politiques.

L'ordre des architectes est fondé en décembre 1940. Hautecœur, puis Hilaire s'efforcent de créer aussi une corporation des artistes. Un Comité d'études chargé des arts graphiques et plastiques est décidé par arrêté le 17 février 1941. Paul Landowski en assure la présidence. Les discussions de ce comité opposent bientôt les plus libéraux – Denis, Desvallières, Landowski – aux plus autoritaires – Bouchard. Les débats portent sur les conditions d'admission dans l'ordre à fonder et quand sa création est annoncée, il lui est donné pour président Maurice Denis, qui refuse sa nomination et proteste auprès de Hautecœur. Quand un successeur lui est trouvé – le peintre Jean Dupas, de l'Institut –, son autorité est nulle. Elle le demeure, de sorte qu'Hilaire, en avril 1944, dessine un organigramme idéal, où il oublie de faire figurer les académiciens et où il inscrit Matisse, Braque, Lhote, Gromaire et Estève en peinture, Perret et Roux-Spitz en architecture, tous membres d'un « conseil actif et utile ». Hilaire ayant dévoilé son projet dans *Comœdia* le 5 août 1944, alors que le front allemand cède en France, la question de son accomplissement ne s'est pas posée. Le texte est demeuré lettre morte, après que les tentatives de Hautecœur ont échoué faute d'obtenir l'adhésion des artistes.

À défaut de réformes définitives s'organisent des manifestations symboliques. En novembre 1941, sur une initiative allemande, un groupe d'artistes français est invité à se rendre dans le Reich afin d'y rencontrer Arno Breker, sculpteur préféré d'Hitler, et d'y vérifier combien est confortable et heureuse la vie des artistes sous la tutelle du parti nazi. Leur itinéraire les conduit à Munich, Vienne, Nuremberg, Dresde, Berlin, Düsseldorf. Il y a là des sculpteurs – Belmondo, Bouchard, Despiau, Landowski, Lejeune, tous représentants du néo-classicisme issu de Maillol, membres présents ou futurs de l'Institut – et des peintres, certains éminents – Derain, Van Dongen, Vlaminck, Dunoyer de Segonzac, Friesz –, d'autres moins – Legueult, Oudot. À leur retour, ils acceptent pour certains de livrer des souvenirs éblouis, ce qui revient à servir la propagande de la collaboration. Dans *L'Illustration*, Bouchard s'émerveille devant « la vie presque féerique » de ses confrères d'outre-Rhin. Despiau fait un récit identique dans *Comœdia*, avant de publier une monographie à la gloire d'Arno Breker.

Elle paraît à l'occasion de l'exposition que ce dernier se voit offrir à l'Orangerie des Tuileries en mai 1942, laquelle se flatte de la composition de son comité d'honneur, où ne peuvent manquer de figurer les voyageurs du Reich, rejoints par Maillol et les figures majeures de la collaboration, Abel Bonnard, ministre de l'Éducation nationale, Louis Hautecœur, Robert Brasillach, Jacques Chardonne, Pierre Drieu La Rochelle et, parmi les architectes, Auguste Perret. Cocteau assure la part lyrique, en adressant à Breker un « salut » enthousiaste. Une réception au musée Rodin, à l'initiative du conservateur Georges Grappe, l'un des maîtres à penser du groupe Collaboration, sacre Breker en présence de Vlaminck, Despiau, Segonzac et Landowski. Le sculpteur allemand obtient alors, comme une faveur, qu'une œuvre de Maillol soit installée dignement à Toulouse.

Au même moment, Vlaminck se fait le héraut d'une campagne bien faite pour convenir à l'occupant et à ses alliés de l'intérieur. Il dénonce Picasso dans *Comœdia*, le 6 juin 1942, l'homme qui a « entraîné la peinture française dans la plus mortelle impasse, dans une indescriptible confusion », celui qui l'a conduite « de 1900 à 1930, à la négation, à l'impuissance, à la mort. Car, seul avec lui-même, Picasso est l'impuissance faite homme ». Dans le cubisme, il reconnaît la « perversité de l'esprit, [l']insuffisance, [l']amoralisme ». Sa définition du surréalisme n'est pas moins catégorique – « un état morbide où l'onanisme et la pédérastie intellectuels en faisaient de ces monstres que collectionnent les spécialistes des maladies mentales et les amateurs invertis[89] ». En un temps de rafles et de déportations, de telles diatribes relèvent de la dénonciation.

Proscriptions

Quand Vlaminck écrit dans *Comœdia*, des violences ont d'ores et déjà eu lieu, pour la plupart, et elles ont atteint leur but, disperser ou forcer au départ les artistes des avant-gardes. Dès avant la défaite, des camps sont ouverts pour interner les « apatrides », les étrangers en situation irrégulière. Il suffit à Vichy de s'en servir, à son tour, avant d'en faire les réservoirs de la déportation vers Drancy et les camps d'extermination. Au camp des Milles, près d'Aix-en-Provence

Wols, *Janus sous le parasol*, 1939. Aquarelle, 30,5 × 24 cm. Collection particulière.

sont internés en 1939 Ernst, Wols et Bellmer. Libéré grâce à l'intervention d'Éluard auprès d'Albert Sarraut, Ernst est arrêté à nouveau, reconduit aux Milles, pris avec des centaines de prisonniers dans la fuite incohérente que provoque la défaite.

Il rejoint les surréalistes abrités à la villa Air-Bel, dans la banlieue de Marseille. Louée par l'Emergency Rescue Committee que Varian Fry organise avec le soutien d'Eleanor Roosevelt, elle accueille ceux dont Vichy se méfie et que Paris et Berlin ont condamnés. Jusqu'à cette date, il est arrivé dans l'histoire française qu'un artiste soit arrêté pour ses opinions politiques – David et Courbet –, mais non que soit interdite toute pensée qui n'entre pas dans l'ordre officiel. À la villa Air-Bel se regroupent poètes, écrivains et peintres, Breton, Péret, Tzara, Masson, Ernst, Brauner, Dominguez, Hérold, Lam. Ils forment un moment un cercle qui se réunit au café Le Brûleur de loup. Breton s'efforce de rétablir une cohérence, organise des séances de « cadavres exquis », écrit *Fata morgana* et, avec Ernst, Masson, Dominguez et Lam, invente un jeu de cartes nouveau, parsemé d'allusions et de symboles. En décembre 1940, à l'occasion de la visite de Pétain à Marseille, Breton et la plupart des pensionnaires d'Air-Bel sont internés à bord d'un navire, le *Sinaïa*.

Presque tous parviennent dans les mois suivants à quitter la France pour les États-Unis. Entre 1939 et 1942, à partir de Marseille ou au travers des Pyrénées, quittent la France, outre les surréalistes réfugiés à Marseille, Léger, Chagall, Zadkine, Lipchitz, Tanguy, Matta, Duchamp. Hélion s'évade d'un camp de prisonniers en Allemagne et réussit à rejoindre la zone dite « libre », puis Lisbonne. Hartung, d'autant plus menacé qu'allemand et antinazi déclaré, se dissimule en compagnie de González dans un village du Lot avant de passer la frontière espagnole en clandestin, grâce à l'argent que lui fait parvenir Picasso. Arrêté par la police franquiste, il est interné au camp de Miranda avant de parvenir enfin en Afrique du Nord après le débarquement anglo-américain et de s'engager, pour la deuxième fois, dans la légion étrangère. En 1941, Moïse Kisling, établi à Marseille, est dénoncé comme juif par un modèle, échappe à la police vichyste et franchit à son tour les Pyrénées, comme l'avait tenté Walter Benjamin avant de se suicider à Port-Bou en 1940. Brauner choisit de se cacher dans un village des Alpes, près de Gap, afin de protéger sa compagne, d'origine juive, et Bellmer choisit la clandestinité à Castres et à Toulouse. À Dieulefit se cachent un moment Wols – de nationalité allemande – et Étienne-Martin. Soutine fuit les persécutions antisémites à Champigny-sur-Veuldre, où il ne peut être soigné convenablement d'un ulcère. Quand la maladie s'aggrave, il revient à Paris et meurt le 9 août 1943, le surlendemain d'une opération trop tardive.

Pour ceux qui échouent à s'enfuir ou se cacher, leur sort est celui de centaines de milliers de déportés : Otto Freundlich disparaît à Maidanek après avoir été arrêté en 1943, Max Jacob meurt à Drancy en mars 1944 et Desnos du typhus à Terezin en août 1945.

La vie artistique française se trouve vidée de l'essentiel de sa substance. Ne restent plus que ceux qui font acte d'allégeance à la Révolution nationale et ceux qui, sans quitter le pays, s'enferment dans l'exil intérieur. Braque, Bonnard, Matisse refusent les offres que leur présentent ceux qui songent à se servir de leur nom à des fins de propagande. Ils demeurent dans leur atelier, vendant peu, exposant moins encore – à l'exception de Braque qui bénéficie d'un regain de faveur au nom du « beau métier ». Picasso se trouve quant à lui dans une situation délicate, invité à émigrer aux États-Unis – ce qu'il refuse – dénoncé par Vlaminck, haï des traditionalistes, de nationalité espagnole alors que le régime franquiste voit en lui un ennemi – et néanmoins protégé par sa célébrité. Jusqu'à la Libération, il demeure dans l'atelier de la rue des Grands-Augustins, n'exposant pas, se montrant peu. Le 19 mars 1944, il y organise une lecture du *Désir attrapé par la queue*, avec l'aide d'Albert Camus, Louise et Michel Leiris, Simone de Beauvoir, Jean-Paul Sartre, Dora Maar et Raymond Queneau. Les spectateurs se nomment Brassaï – qui prend les photographies de l'événement – Marcelle et Georges Braque, Valentine Hugo, Jacques Lacan, Claude Simon, Pierre Reverdy. Liste exemplaire, celle d'une avant-garde intellectuelle et artistique qui, en dépit de l'Occupation, s'est formée, réunissant plusieurs générations, des cubistes Braque et Reverdy à Sartre et Beauvoir, dont l'existentialisme n'est pas encore philosophie publique.

Au bannissement des artistes s'ajoute celui des œuvres. Dès l'été 1940, les troupes allemandes s'approprient les collections réputées juives et entreprennent un tri dont le mépris du moderne est l'un des principes premiers. Volées à la famille David-Weill, aux Rosenberg, aux Bernheim ou à Alphonse Kann, les œuvres contemporaines sont tenues pour méprisables

Max Ernst, *L'Europe après la pluie I*, 1933. Huile et plâtre sur contreplaqué, 101 × 149 cm. Collection particulière.

et servent de monnaie d'échange. Accumulées au Jeu de Paume, elles y sont enfermées dans des salles qui sont « l'enfer » de ce musée du pillage. Œuvres d'un « art dégénéré » selon la doctrine nazie, telle que l'a affirmée l'exposition de l'« entartete Kunst » à Munich en 1937, elles sont indignes de l'exportation en Allemagne, à destination du musée qu'Hitler veut édifier à Linz ou de celui, privé, que Goering réunit pour son propre compte à Carinhall. Elles font l'objet de transactions humiliantes, au cours desquelles des marchands allemands et français échangent des œuvres anciennes contre des œuvres modernes en nombre très supérieur. À en croire le témoignage de Rose Valland, résistante qui réussit à se maintenir au Jeu de Paume durant l'Occupation, plusieurs dizaines de ces toiles et dessins auraient été brûlées en juillet 1943 à proximité du Jeu de Paume, bûcher parisien semblable à ceux qui ont été allumés dès 1933 dans le Reich.

Le temps n'est plus aux controverses, mais à la proscription et à l'exclusion, avec pour conséquence l'effondrement du milieu artistique parisien, dispersé, démantelé, contraint à la semi-clandestinité ou à se recomposer à New York, comme le tente Breton. Suivant l'exemple du premier surréalisme, il organise des expositions et des publications, noue des liens avec les peintres américains Arshile Gorky et Robert Motherwell, s'efforce de recomposer une avant-garde en exil. Paris cesse alors, pour des raisons historiques simples, d'être la capitale de la modernité pour n'être plus que l'une des deux capitales, avec Vichy, d'un état vassal du IIIe Reich. On n'y voit plus Picasso mais Breker, on n'y entend plus Breton mais Vlaminck.

Quand, après la Libération, il se révèle peu à peu que l'actualité se fait aussi, sinon d'abord, à New York, la passation de pouvoir répond à ce basculement. Qu'il y ait eu volonté délibérée aux États-Unis d'imposer un nouveau pôle artistique, d'autres références, d'autres modes, ne fait pas de doute. Qu'une politique d'expansion culturelle ait accompagné la politique d'expansion économique et diplomatique d'après-guerre n'est pas moins certain. Mais il convient de ne pas oublier que ce renversement a été rendu possible par la défaite de 1940, par la collaboration active, par l'anti-modernisme officiel. Pendant quatre ans, la France a paru se placer dans le camp national-socialiste et Laval a pu déclarer souhaiter la victoire de l'Allemagne. Ces compromissions ont produit des effets dans le champ artistique comme en tout autre.

Les équivoques de la tradition

Effets d'autant plus puissants que le traditionalisme maréchaliste renforce le culte de l'art français qui se développe dans l'entre-deux-guerres. Parmi ceux qui ne peuvent être suspectés de sympathie pour Vichy et Berlin, les circonstances et le discours officiel accentuent la dominante nationaliste. Lhote, qui n'a ni voyagé dans le Reich ni célébré Breker, court cependant le risque de l'ambiguïté. Sans doute prend-il la défense de Picasso contre Vlaminck, mais, en novembre 1942, s'il conseille la lecture d'une monographie consacrée au peintre de *Guernica*, il n'en relève pas moins que « le non moins bel album consacré à Fouquet nous apprend avec une opportunité encore plus grande que les qualités spécifiques du peintre français sont l'application fervente, la patience enjouée et l'amour du réel[90] ».

Lors de son ouverture, le 6 août 1942, l'accrochage du musée d'Art moderne affirme une définition de l'art français. Sur la sculpture règne Maillol, flanqué de Despiau et Bernard. En peinture, la sélection est à peine moins timorée, dans la mesure où elle comprend cinq Bonnard et dix Matisse, mais un seul Braque, un unique Delaunay, un Léger – et aucun de ces « étrangers » corrupteurs du goût national, Picasso, Kandinsky, Miró, Ernst. Pas plus Fautrier, Hélion, Herbin. L'emporte, comme il se doit, le réalisme rustique des peintres au goût du régime, Segonzac et ses séides – encore le poids de la tradition.

Le mot lui-même devient obligatoire, à tel point que l'une des rares manifestations artistiques qui ne réponde pas au programme officiel s'intitule néanmoins « Jeunes peintres de tradition française ». Ouverte le 10 mai 1941 à la galerie Braun, elle rassemble vingt peintres qui ne forment pas un groupe, pas même une génération, mais dont le rassemblement manifeste qu'ils refusent l'allégeance aux ordres. Il y a là Bazaine, Desnoyer, Lapicque, Manessier, Marchand, Tal Coat. Leurs œuvres relèvent pour l'essentiel d'un modernisme de synthèse qui veut associer la géométrie – d'origine cubiste – à la couleur – de filiation fauve. Bonnard, Matisse et Picasso transparaissent à l'arrière-plan, manière de prendre position contre toute doctrine de l'« art dégénéré ». Pour autant, les autorités d'occupation ne jugent pas nécessaire une interdiction, sans doute parce que rien, dans les œuvres exposées, n'appelle ouvertement à une attitude de résistance.

Équivoque là encore : défendre l'art moderne, c'est s'opposer au nazisme, sans doute – mais on ne peut s'empêcher de penser qu'il est des luttes plus engagées et d'une efficacité moins incertaine. Or, de ces dernières, il n'est pas question. À preuve les chroniques de Bazaine dans la NRF. En avril 1941, il affiche des positions fermes et dit son dégoût face à « un art d'évasion […], de toutes ces sales petites invasions, de ces vieilles tricheries paresseuses, de ces "retours à…" qui trahissent les âges critiques ». Il en appelle à un « certain goût du risque et de la volonté », qui ne saurait caractériser les pèlerins de Berlin. Mais, en août, dans la NRF a nouveau, il précise qu'il faut « défendre ouvertement, et en dehors de toute politique, les vraies et fortes valeurs françaises », déclaration qui ne peut susciter la réprobation du plus grand nombre en un temps où l'apolitisme déguise la prudence. En janvier 1943, il publie dans Comœdia un article intitulé « Peinture bleu, blanc, rouge ».

Les historiens de l'art qui publient alors, Pierre Francastel dans Nouveau dessin, nouvelle peinture, Bernard Dorival dans Les Étapes de la peinture française contemporaine, croient pouvoir déclarer intacte la suprématie d'un art français qu'ils définissent par les exemples du passé. Ils écrivent une histoire qui,

Jean Bazaine, *La Messe de l'homme armé*, 1944. Huile sur toile, 116 × 72,5 cm. Collection particulière.

sans surprise, commence aux arts romans et gothiques, passe par Fouquet, Poussin et Cézanne, généalogie désormais instituée – et de cette généalogie les peintres « de la tradition française » font des tableaux. Sur fond de Moyen Âge se constitue une esthétique qui entend en revenir au roman par-delà une Renaissance qu'il faudrait oublier. En 1941, le peintre Léon Gischia et l'éditeur Lucien Mazenod consacrent un volume aux *Arts primitifs français*, où ils publient des reproductions de Saint-Savin, de Tavant, de l'Apocalypse de Saint-Sever. Un compte rendu élogieux déclare alors qu'« il ne s'agit plus désormais d'art primitif, mais bien d'art français dans ce qu'il a de plus essentiel et de plus authentique. […] On a pu dire avec juste raison que nous nous trouvons au seuil d'un nouveau Moyen Âge[91] ». L'article, de Guillaume Durance, paraît en janvier 1942 dans la « revue de la pensée socialiste » – un socialisme très national et mussolinien – dénommée *Le Rouge et le Bleu*. Un mois plus tard, la revue célèbre à nouveau Gischia car, avec lui, « nous retrouvions, écrit Roger Lesbats, le fil rouge de la grande tradition française, celle qui, née de la peinture romane, a abouti à Matisse[92] ». Il n'est plus question des Le Nain, de Poussin ou de David, mais d'une autre histoire. « Quatre siècles de rationalisme et de vision objective avaient établi en peinture des règles qui semblaient inéluctables […]. Mais peu à peu ces règles se vidaient de substance, s'appauvrissaient, la lettre se substituant à l'esprit. […] Et nous voilà revenus à peu près au même point que les rudes et raffinés mosaïstes de Ravenne qui découvraient à nouveau les lois profondes et essentielles de l'art, tandis que s'émiettaient autour d'eux les dernières complaisances réalistes de l'art alexandrin. » Ainsi s'exprime Bazaine dans *Comœdia*, le 24 novembre 1942.

Cette mythologie médiévale écarte la réflexion du présent, de la guerre qui continue ailleurs, en Afrique, en Union soviétique, dans le Pacifique. À l'observation d'une actualité désastreuse elle préfère la commémoration d'un passé embelli, repeint aux couleurs de l'héroïsme et de la foi. En un temps tout sauf héroïque, ces images consolent et distraient. Elles tiennent lieu de programme. Pour échapper aux affres du moment, il faudrait en revenir aux splendeurs d'autrefois, reconstruire une société gothique, collective, corporative, pieuse.

La théorie du renouveau par le médiéval triomphe dans les discours et les actes de l'association Jeune France, fondée dans les zones Nord et « libre » le 22 novembre 1940 – et interdite en mars 1942. Sous l'autorité du secrétariat général à la Jeunesse, elle se donne pour programme – il est rédigé par Emmanuel Mounier – de « retrouver l'unité d'[une] génération, dans un combat nouveau, dans une ferveur neuve, à la suite du Maréchal ». Elle rêve d'une France populaire et unitaire, qui ressemblerait au Moyen Âge idéal, chrétien et créateur. « Que les paysans reprennent envie de célébrer les fêtes de la terre, lit-on dans le fascicule de présentation, que les travailleurs exigent et aménagent des usines saines et belles, que la foi se débarrasse des fadeurs d'une piété décadente, et nous retrouverons de vrais publics, animés, créateurs. En travaillant indissolublement à promouvoir les arts et à refaire les hommes et les milieux, nous menons contre la barbarie moderne une avance convergente[93]. » Resterait à savoir de quelle « barbarie moderne » il s'agit, condamnation implicite du nazisme ou rejet de la modernité comme barbarie, et préférence nostalgique pour un ancien temps en allé. Jeune France recrute des écrivains alors proches de l'Action française, Claude Roy et Maurice Blanchot, Perret comme architecte et parmi les peintres Bazaine, Manessier, Lautrec, Pignon, Gischia et Le Moal. Ils ont pour labeur d'organiser des ateliers et des expositions itinérantes, de fédérer par le travail commun des collectivités plus artisanales qu'artistiques. Moniteurs, ils doivent se consacrer à la poterie, à la tapisserie, à la ferronnerie, à la peinture sur verre.

Ambiguïté encore : la plupart des responsables de Jeune France refusent la doctrine réactionnaire d'un Hautecœur et les haines de Mauclair. Ils se réclament du Moyen Âge roman plus volontiers que du classicisme et déclarent tenir la Renaissance pour une catastrophe – propos inadmissible pour les tenants du classicisme. Ils cherchent, avec une adresse inégale, à tirer parti des acquis du fauvisme et du cubisme. La presse d'extrême-droite les tient pour les imposteurs d'un art « zazou ». Il se trouve parmi eux des artistes qui s'engagent dans les mouvements de résistance, tel Pignon qui adhère au Front national des arts, et il ne s'en trouve aucun pour prendre le parti de la collaboration. Pour autant, les discours nostalgiques, le culte du Moyen Âge et de sa supposée ferveur chrétienne, l'idéologie du collectif contre l'individuel et du retour à la terre composent une doctrine à coloration traditionaliste – dont le moindre des paradoxes n'est pas qu'elle donne naissance à des œuvres peu faites pour séduire les commanditaires du projet Jeune France. D'un apolitisme déclaré, quoique maréchaliste dans sa rhétorique, fortement déterminé par le catholicisme de la plupart de ses dirigeants, le mouvement échoue, détruit par ses contradictions internes et interdit, peu avant la prise de pouvoir de Laval, pour avoir refusé d'accomplir des tâches de propagande.

Le médiéval et l'éternel

Les peintres de Jeune France s'efforcent donc d'être français et jeunes à la fois. Par « français », ils entendent chrétiens et fidèles aux origines médiévales de l'art national. Par « jeunes », ils entendent sensibles aux révolutions picturales que symbolisent pour eux les œuvres de Braque, de Matisse, de Bonnard.

Bazaine, avant 1939, exécute des variations post-cubistes qui suggèrent qu'il n'ignore pas les *Contrastes de formes* de Léger – à preuve sa *Jeune Fille au bouquet* (1938). La *Nature morte devant la fenêtre* (1942) s'inscrit dans la même filiation, mais la fragmentation des surfaces progresse. Elle s'inspire du vitrail, tout en poussant la démarche jusqu'à l'éclatement des formes et au brouillage du motif. C'est en revenir à la problématique qui a été celle de Picasso et Braque en 1911, quand ils affrontent la disparition des objets, mais pour choisir la voie qu'ils ont refusée et tenter l'expérience de la non-figuration. Bazaine s'y livre en 1944, pour peindre *La Messe de l'homme armé* à la manière d'une verrière. La comparaison s'impose d'autant plus qu'il travaille alors depuis plusieurs mois aux verrières de l'église d'Assy. Quant à l'allusion à Josquin des Prés, elle garantit la fidélité au Moyen Âge. Lapicque le précède dans cette voie, auteur d'une *Jeanne d'Arc traversant la Loire* (1940) et d'une *Sainte Catherine de Fierbois* (1940) qui changent les effigies des saintes nationales en armatures bleues tendues sur des fonds rose, rouge et jaune – singulière rencontre de Bonnard et de la géométrie pour les besoins de la foi.

En mai 1941, galerie Braun, Alfred Manessier expose trois toiles d'obédience surréalisante, *Robot magicien* (1937), *Les Lunatiques* (1938) et *Le Dernier Cheval* (1938), celle-ci fortement marquée par Picasso et Masson. Elles ne signifient pas cependant sa fidélité à un surréalisme dont il s'écarte bientôt. Ses œuvres de l'après-guerre traitent, par l'abstraction de bandes de couleurs droites ou croisées, des motifs religieux, qu'annoncent les titres, *Salve Regina* (1945), *Angelus domini nuntiavit Mariæ* (1947), *Saint Georges combattant* (1947). La référence dominante s'adresse au vitrail, ses découpages et son chromatisme, que citent *Formes à l'aube* (1951) ou *Recueillement nocturne II* (1952). Le cas d'Estève n'est pas moins éloquent. Dès 1938, il compose une *Cantate à J.-S. Bach*, apologie du classicisme sur fond de cubisme. En 1942, après une suite de natures mortes, il rend un *Hommage à Cézanne* et la toile est aussi exposée dans un *Hommage aux Anciens*, galerie Friedland. Viennent ensuite, en 1948, les métiers d'autrefois, célébrés par des compositions où les couleurs fauves s'inscrivent dans des réseaux géométriques, *Le Souffleur de verre*, *Le Tisserand*, *Le Faucheur*, *Le Peintre-verrier*. Après *L'Ancien* (1951) et *Tournoi* (1951) vient l'*Hommage à Fouquet* (1952).

En 1945, dans *Les Problèmes de la peinture*, Gischia demeure constant dans ses convictions, celles de la génération de 1941. « Les tendances "irréalistes" et "décoratives" qui caractérisent nos recherches, écrit-il alors, s'opposent au réalisme des époques antérieures, selon un mécanisme analogue à celui qui opposait l'irréalisme byzantin ou roman au naturalisme italo-hellénique[94]. »

Dans les années suivantes, cet art obtient une reconnaissance assez large, dont l'ampleur se mesure aux expositions. Lapicque présente ses œuvres récentes chez Louis Carré en 1947, puis chez Denise René en 1949 et 1951. Manessier expose chez Jeanne Bûcher en 1949, à la galerie de France en 1952, et une première rétrospective circule entre Bruxelles et Amsterdam en 1955, alors que la galerie de France le montre régulièrement, en 1956, 1958 et 1959. Bazaine et Estève ne sont pas traités avec moins de considération jusqu'aux années soixante, qui sont celles du déclin, et exposent chez Louis Carré, en compagnie de Villon.

Entre 1944 et 1947, Étienne-Martin séjourne dans l'Orne, près de Manessier, après avoir vécu durant l'Occupation à Oppède et à Dieulefit. Déjà, en 1936, il a été membre du groupe Témoignage, avec Manessier, Le Moal, Stahly. Dans l'un des manifestes du groupe, fondé à Lyon par Marcel Michaud, Étienne-Martin écrit que « le choc des mille aventures mystérieuses de chaque instant est tellement baigné d'éternité que l'on y découvre invariablement l'homme mis devant l'absolu ». L'éternité et l'absolu, en la circonstance, ce sont ceux de la nature, de ses rythmes, de ses éléments – la sculpture se fait l'invention ou le renouvellement de symboles intemporels dans le bois et la pierre, la pierre de *La Nuit* (1935), le bois de *La Nuit d'Oppède* (1942), imprégnée du primitivisme gauguinien qui se retrouve, d'une religiosité syncrétique, dans *La Pietà-Idole* (1945). Les racines et les nœuds du bois suscitent un bestiaire, *Le Dragon* (1947) et *L'Oiseau de nuit* (1961), à moins qu'ils n'inspirent une symbolique sexuelle, celle de l'enlacement, de l'union, du deux qui ne fait plus qu'un, *Couple rouge* de 1956, *Gémeaux* de 1984.

Bientôt, Étienne-Martin entreprend le cycle des *Demeures*, constructions de vastes dimensions, creusées de niches et d'alvéoles, dans lesquelles il est tentant de reconnaître des allégories du ventre maternel. La *Demeure V*, dite *Le Manteau*

Étienne-Martin,
*Le Mur-miroir
(Demeure 15)*, 1979.
Bois polychrome
et caoutchouc,
130 × 200 × 150 cm.
Paris, Musée national
d'art moderne-Centre
Georges Pompidou.

(1962) est composée de tissus, de passementeries, de cuir, de cordes et, cruciforme et ample, ne manque pas d'évoquer l'iconographie du manteau de la Vierge, abri protecteur. La *Demeure 10* (1968) tient du mégalithe et de la divinité aztèque, et la polychromie du *Mur-Miroir (Demeure 15)* (1979) n'est pas moins archaïsante. Il est clair que la sculpture, pour Étienne-Martin, est l'art d'en revenir aux origines, aux premiers moments de la création et, au propre autant qu'au figuré, aux racines – qu'il taille, polit et peint. En 1954, il construit une stèle au symbolisme sexuel accentué, qu'il intitule *Chers Ancêtres*.

Indifférences, réminiscences

Il serait réconfortant de supposer qu'après les violences de l'Occupation, la société française manifeste moins de défiance envers ses artistes. À défaut d'espérer un changement profond d'attitude, il semblerait probable que le souvenir de l'antimodernisme vichyste suffise à faire obstacle. Il n'en est rien, ne serait-ce que parce que le parti qui dit incarner l'espérance révolutionnaire – le PCF – fait sienne une doctrine artistique où le réalisme socialiste sert de prétexte à la défense d'une tradition réaliste. Aragon, son principal champion, la reconnaît à l'œuvre au Moyen Âge et chez les Le Nain.

Réalisme et socialisme

« On peut dire qu'au XVe siècle, du Maître de Moulins à Jean Fouquet, l'art réaliste a connu en France une floraison extraordinaire d'où part toute la peinture française[95]. » L'affirmation est lancée par Aragon en 1938, qui publie une conférence prononcée en octobre précédent. Il intervient alors dans une « querelle du réalisme » où s'engagent Cassou, Le Corbusier, Lhote, Gromaire et Léger. Sa thèse ne se perd pas dans des subtilités : l'art doit sa dignité à son degré de réalisme ; il est une voie soviétique du réalisme socialiste et il est une voie française, ancestrale et populaire. Elle naît à la préhistoire et le romancier en suit les étapes au Moyen Âge où des artistes « qui traitèrent des sujets religieux sans la foi » prirent prétexte de la Nativité ou de la Crucifixion pour peindre « l'édification sociale de leur siècle ». Elle est alors authentiquement française, avant que n'intervienne la Renaissance italienne « qui avait suivi les lois de lumière d'un peuple chanteur » et détourna les artistes autochtones du réalisme. Ils ne la retrouvent qu'au temps de Champaigne et des Le Nain, qui prépare celui de Chardin, « l'inimitable, le peintre le plus français que le monde ait connu ». Vient enfin le triomphe, David, Courbet, Manet, Seurat. Conclusion : « Le réalisme français, c'est la victoire à laquelle, à travers les siècles, nos écrivains et nos artistes ont donné le meilleur d'eux-mêmes, c'est le parachèvement de la pensée progressive, et de lui, les écrivains, les artistes qui représentent aujourd'hui pleinement notre pays, qu'ils le veuillent ou non, ne se détourneront pas[96]. » Conséquence adjacente : Pablo Picasso prouve dans *Guernica* qu'il est « un grand peintre espagnol, qu'on le veuille ou non » – pas un réaliste à la française.

Conséquence directe : le PCF, à partir de 1945, ne fait pas preuve, face à l'art contemporain, de moins de dogmatisme que ceux qui le proscrivent en 1940 ou 1942 pour lui préférer les bronzes d'Arno Breker – titans qui ont leurs frères dans la statuaire héroïque du stalinisme. Aragon donne le ton en 1937 : « L'art de notre pays trouve sa vie et sa force dans la réalité nationale. Dès qu'on la méconnaît, naît un art qui peut avoir des prestiges, mais qui n'est que grimace et mort, fumée[97]. » Il reprend en 1947, à l'occasion de l'exposition des dessins de Fougeron, où il vitupère « le temps des soleils de nuit, des ténors du silence, des héros de la fuite[98] » et lance que « tout le destin de l'art figuratif se joue à chaque dessin dans le monde[99] ». Il encourage l'artiste parce qu'il dessine des paysannes et des natures mortes. Il célèbre le peintre aussi longtemps qu'il pratique un naturalisme dont les sous-entendus politiques se décryptent sans peine. *Les Parisiennes au marché* (1948) témoigneraient de la difficulté de vivre de manière d'autant plus convaincante que l'une d'elles tient son porte-monnaie à la main et que les visages expriment lassitude et inquiétude. *L'Hommage à André Houillier* (1949) est dédié à la mémoire d'un militant communiste et *Défense nationale* (1951) montre des ouvriers, leurs femmes et leurs enfants attaqués par des gardes mobiles et des molosses. Sur la cheminée du *Pensionné*

André Fougeron,
Les Parisiennes au marché, 1948.
Huile sur toile,
130 × 195 cm.
Collection
de l'artiste.

(1950) est posée une photographie de Maurice Thorez. Plus qu'à Fouquet, Fougeron se réfère à David, dont *Défense nationale* reprend le groupe central des *Sabines*, ajoutant des chevalements de mine à l'arrière-plan. *L'Hommage à André Houillier* renvoie pour partie au *Serment des Horaces*. La similitude des styles s'impose d'autant plus vivement que Fougeron déshabille ses mineurs et plisse les robes des ouvrières comme des toges. Citations politiquement justes : David, membre du Comité de salut public et régicide, peut passer pour l'archétype du peintre révolutionnaire français, destin auquel Fougeron semble promis jusqu'à ce qu'il exécute *Civilisation atlantique* (1953), allégorie composée par collage d'images pour laquelle il est réprimandé par Aragon et tenu à l'écart par le PCF. C'est que, cette fois, Fougeron « se trompe » parce qu'il « est sorti de la voie du réalisme[100] ».

De cette voie, Boris Taslitsky ne sort pas. Résistant comme Fougeron, déporté à Buchenwald en 1944, il commémore en 1950 *La Mort de Danielle Casanova* par un tableau d'histoire qui allie l'iconographie d'une descente de croix à la représentation d'un baraquement de *Lager*. Il ne fait aucun doute à ses yeux que le réalisme est la seule peinture qui compte. Il l'applique à des sujets militants, *La Grève de Port-de-Bouc* (1951) – sujet identique à celui de *Défense nationale* –, le *Portrait d'Henri Martin en bagnard* (1951), le *Père algérien* (1952). Cette toile relève d'une suite de toiles et de dessins, résultat d'un voyage accompli par Taslitsky et Mireille Miailhe en Algérie en 1952, à la demande du PCF. Il en rapporte des dessins qui témoignent de la misère de la population musulmane et de la résolution des militants des sections locales du PC. À nouveau, la révérence néo-classique s'interpose entre l'observateur et ses modèles et retrouve les tracés des drapés antiques dans les burnous et les haillons des dockers.

Autour de Taslitsky et Fougeron, héros désignés du réalisme socialiste, des peintres s'emploient à produire des allégories communistes. Au Salon d'Automne de 1951, elles suscitent un scandale, plusieurs toiles ayant été interdites sous prétexte qu'elles auraient offusqué le « sentiment national » en dénonçant des brutalités policières. Jean Milhau présente alors *Maurice Thorez va mieux*, Marie-Anne Lansiaux *Le Premier Mai*.

Le PCF, parti révolutionnaire par définition, n'accepte la peinture qu'autant que, ignorant les révolutions plastiques de la première moitié du siècle, elle s'en tient aux formules de la rhétorique davidienne. Aragon, jadis dadaïste et surréaliste, s'institue le gardien de ce dogme. Dans cette tâche le secondent des journalistes et critiques membres du PCF ou « compagnons de route », tels Georges Besson ou Jean Marcenac. Ils se distinguent par la violence de leurs attaques – Besson est un Mauclair d'extrême-gauche – et la simplicité de leurs positions, théorie du reflet et de l'art « positif ». Ils prennent le relais de Thorez, Casanova ou Kanapa, lesquels se déclarent disciples de Jdanov. Ainsi d'une phrase de Marcenac, condensé de son système : « Art abstrait, art brut, art non figuratif, art formel, tout cela portait la marque d'une déchéance qui n'était pas seulement celle de la peinture, mais celle d'une société qui, n'ayant envie de rien voir, n'ayant plus rien à dire, craignant la vérité, fuyant la réalité, prenait ses plaisirs à un joli silence et accrochait sur ses murs le non-dire en couleurs[101]. »

Il se trouve cependant que les deux peintres dont l'adhésion vaut au parti un surcroît de prestige ne sont pas Fougeron et Taslitsky, mais Léger et Picasso – lesquels ne concèdent rien aux normes du réalisme. Ils ne se montrent pas plus sensibles aux discours jdanoviens. Dès 1950, les *Constructeurs* de Léger endurent les reproches de la presse soviétique, qui l'accuse de cubisme et de constructivisme avant de mettre en garde contre les confusions intellectuelles qui laisseraient croire qu'un tel peintre serait un réaliste. Lequel peintre n'en a cure. Tout en demeurant jusqu'à sa mort membre du parti – lequel ne lui consent qu'un soutien embarrassé –, il ne se fait pas faute de juger le réalisme socialiste. En 1951, au plus fort de la crise du Salon d'Automne, il note que « quant aux manifestations récentes de tableaux hâtifs avec sujets politiques inventés pour des causes extérieures à des préoccupations artistiques, c'est sans intérêt. L'argot du peuple, qui est une transposition poétique, est cent fois plus valable et c'est à ces gars-là, libres d'esprit, que l'on va imposer des histoires à ras de terre et mal peintes. Ils valent mieux que cela[102] ». « Transposition poétique » définirait la peinture de Léger. Aragon préfère se réclamer de Racine et de la « belle prose française ». Dans son éloge funèbre de Léger, il mentionne encore ce différend.

Ce dernier mot ne suffit pas pour décrire la réprobation que suscite la publication à la une des *Lettres françaises*, le 12 mars 1953, du portrait que Picasso a dessiné de Staline à l'annonce de sa mort. Jusqu'alors les relations entre l'artiste et le PCF, qu'il a rejoint en 1944, sont allées du lyrisme fraternel à une sympathie plus mesurée. Fougeron étant le premier peintre du parti, Picasso ne pourrait être, au mieux, que le deuxième. Il contribue néanmoins à la ligne politique générale et peint *Les Massacres en Corée* (1951), dont l'exposition au Salon de Mai ne rallie pas tous les suffrages, pas plus que ne les rallient les peintures murales *La Guerre* et *La Paix* dans la chapelle de Vallauris, trop symboliques et métaphoriques aux yeux des orthodoxes du réalisme.

Le portrait de Staline, où une géométrisation tempérée rajeunit et idéalise le « petit père des peuples », fait éclater un débat qui, jusque-là, ne se devine qu'à des réticences et des silences. Il suscite la colère de militants qui ne reconnaissent pas leur guide, l'écrivent et reçoivent l'appui bruyant des cadres du parti. *L'Humanité* du 18 mars publie un blâme contre le peintre et l'écrivain, qui lui-même insère dans *Les Lettres françaises* le texte de sa condamnation. Il s'accuse dans une livraison suivante et ne prend que mollement la défense de Picasso qui « avait essayé de mettre sa technique, l'honnêteté de son expérience, au service d'une image de Staline[103] ». Fougeron fait connaître son sentiment, tristesse et commisération : « Si un grand artiste en 1953 est incapable de faire un bon mais simple dessin du visage de l'homme le plus aimé des prolétaires du monde entier, cela donne la mesure des faiblesses dans ce domaine de notre pays qui compte pourtant dans son passé artistique les plus grands portraitistes que la peinture ait connues[104]… »

Le respect dû au réalisme est si absolu qu'Aragon approuve des œuvres dont les auteurs ne se réclament en rien de l'internationalisme prolétarien, mais ont à ses yeux le mérite d'être figuratifs. En 1953, il consacre un long feuilleton aux paysages de Bernard Buffet, qui serait « dans la grande lignée des paysagistes français, de Daubigny à Utrillo, par Corot, Courbet, Boudin, et Claude Monet[105] ». Cette année-là encore, il rend compte du Salon d'Automne, célèbre d'abord

Georges de La Tour et poursuit par les éloges, à des degrés divers, de Marquet, Kisling, Gruber, Rohner et Brayer. Le mot « réalisme » revient sans cesse, et l'adjectif « français ». L'influence des *Lettres françaises*, qu'il dirige, et du PCF étant alors à leur apogée, ses écrits contribuent puissamment à renforcer les positions d'une esthétique nationale, évidemment réaliste, évidemment hostile à toute abstraction, « formaliste » et « bourgeoise ». Si différents soient les présupposés idéologiques des uns et des autres, il tombe d'accord avec la critique la plus conservatrice, qui se réclame comme lui du « bon sens » et de la terre natale.

Réticences, retards

Celle-ci ne désarme pas. Ceux qui en étaient les champions sous l'Occupation ne cessent pas leurs dénonciations. Robert Rey se montre ainsi l'un des plus obstinés. En 1959 encore, il dit son sentiment sur les *IKB* de Klein : « Plus rien à trouver ! Toutes les surenchères épuisées. Jusqu'à celle de toile toute nue, monochrome et sans cadre. Il reste à supprimer encore la toile et ne laisser que le châssis ? C'est fait ! À éliminer le châssis ? C'est fait aussi[106]. » Il serait facile de multiplier des citations de ce ton. À peu d'exceptions près – Claude Rivière, André Chastel – la critique ne consent que peu d'efforts pour comprendre des travaux dont l'apparence la déconcerte. Quant à leur défense, elle repose sur des critiques militants, préfaciers, organisateurs d'expositions, animateurs de mouvements – Charles Estienne, Pierre Restany, plus tard Catherine Millet et Marcelin Pleynet – qui écrivent « de l'intérieur ».

Leurs efforts pèsent peu face au soupçon qui pèse sur l'art contemporain en France après la Libération comme avant. En octobre 1944, pour la première fois, Picasso décide de participer au Salon d'Automne, appelé Salon de la Libération. Trois hommages y sont rendus : à Soutine, mort en 1943 parce que, vivant dans la clandestinité, il n'a pu être soigné ; à Léger, point encore revenu de son exil

Fernand Léger, *Les Constructeurs*, 1950. Huile sur toile, 126 × 143 cm. Hoviködden, fondation Henie-Onstad.

américain ; à Picasso, en une rétrospective de soixante-quatorze peintures et cinq sculptures. Leur présentation suscite des manifestations, des cris dans les salles, des articles violemment hostiles qui stigmatisent le « manque de respect de la personne humaine ». Les mêmes discours, aggravés par l'affection d'une indulgence due au grand âge, accueillent les deux expositions ultimes de Picasso en Avignon, en 1970 et 1973, celle-ci posthume. L'érotisme y passe pour sénile, le style pour pitoyable.

Le dédain de ces peintres qui ignoreraient leur métier, l'accusation récurrente d'imposture et de manœuvre mercantile, la conviction qu'il n'y a là que les indices de la décadence : telles sont les réactions les plus fréquentes. S'il est une exception culturelle française, elle tient à ces comportements, à cette distance. Rien de neuf : les années cinquante et soixante prolongent, en la matière, l'entre-deux-guerres et la création d'un ministère de la Culture en 1959 ne suffit pas à bouleverser la situation. Elle le peut d'autant moins que les moyens et l'autorité du ministère sont inversement proportionnels à la notoriété de son détenteur, André Malraux. Le décret fondateur du 22 juillet 1959 lui donne pour mission « de rendre accessibles les œuvres capitales de l'humanité et d'abord de la France, et d'assurer la plus vaste audience à notre patrimoine culturel et de favoriser la création des œuvres de l'art et de l'esprit qui l'enrichissent[107] ». Pour qu'il y parvienne, il reçoit au budget de 1960, 0,38 % du budget total de l'État. De cette date à 1969, durant l'ère Malraux, ce pourcentage oscille entre 0,36 % et 0,42 %. C'est dire l'intensité de l'engagement officiel. De ces sommes, la défense du patrimoine monumental et historique absorbe plus de la moitié, selon le dispositif déterminé par deux lois de programme. En 1962, la première énumère les bâtiments à préserver, Versailles, le Louvre, les Invalides, Vincennes, Fontainebleau, Chambord et la cathédrale de Reims. Une deuxième loi, en 1967, s'intéresse à une centaine de monuments, pour l'essentiel abbayes, cathédrales et châteaux. Le patrimonial l'emporte de loin sur la création, la conservation sur l'invention.

Rien de tout cela n'est de nature à soutenir l'art contemporain. Le Musée national d'art moderne (MNAM) dispose de crédits d'acquisition trop faibles pour mener à bien l'entreprise de rattrapage qu'ont rendue nécessaire des décennies d'antimodernisme systématique ou involontaire. Un projet s'organise en 1960 et 1961, qui suggère que Le Corbusier construise à la Défense un nouveau musée dont le programme est confié à Jean Cassou, Bernard Dorival et Maurice Besset. Il demeure lettre morte, non moins que celui qui prévoit la construction d'un musée à Grenoble, là où sont les collections réunies par Andry-Farcy. La Direction des musées de France se montre peu pressée – euphémisme – de consacrer des crédits à un art que, pour la plupart, ses conservateurs méprisent ou méconnaissent. Une unique manifestation s'efforce de présenter au public des panoramas pertinents de la création. Fondée en 1959, la Biennale de Paris est inaugurée par Malraux au musée d'Art moderne de la Ville de Paris et, grâce à la diversité des procédures d'invitation et d'admission, elle s'ouvre autant à Agam qu'à Tinguely, à Rebeyrolle et à Klein, à Hains et à Cueco. Parmi les artistes étrangers figurent Robert Rauschenberg et Anthony Caro, lequel reçoit le prix de sculpture. Ses éditions suivantes, en dépit du ton d'hostilité de la presse, montrent les Nouveaux Réalistes et David Hockney en 1961 ; Christo, le GRAV, Peter Blake en 1963. Une preuve indirecte de son influence apparaît quand, en 1967, le groupe BMPT choisit la Biennale pour se manifester – mais c'est alors l'un des derniers épisodes intenses d'une histoire qui finit. Le musée d'Art moderne de la Ville de Paris et celui des Arts décoratifs apparaissent dans cette période comme les institutions les plus « avancées ». Le premier accueille en 1964 l'exposition « Mythologies actuelles », reconnaissance publique du Nouveau Réalisme et de la Figuration narrative et, à partir de 1967, abrite les expositions expérimentales de l'ARC (Animation, Recherche, Confrontation) confié d'abord à Pierre Gaudibert. Il en démissionne en 1971 quand, sur ordre du préfet de police de Paris, deux toiles de Mathelin sont décrochées pendant un vernissage. Le second, sous l'autorité de François Mathey, organise des manifestations thématiques, « Antagonismes » (1960), « Antagonismes 2 – L'objet » (1962), « Nouvelles tendances » (1964).

La force d'inertie de la société se mesure à l'action de Georges Pompidou, premier ministre, puis président de la République de 1969 à 1974. Amateur déclaré d'art contemporain et collectionneur, en 1972 il prend, de manière personnelle, l'initiative de deux décisions, l'organisation d'une exposition au Grand Palais et la création du centre qui porte son nom. L'exposition, dont le commissariat est confié à François Mathey, veut présenter « 12 ans d'art contemporain en France » et réunir soixante-douze artistes. Elle est inaugurée dans le trouble : les membres du Front des artistes plasticiens refusent de participer à ce qu'ils jugent une manipulation du pouvoir et leur manifestation est dispersée violemment par la police. À l'Assemblée nationale, un député conservateur, Michel Poniatowski, s'indigne de la présence dans l'exposition d'un objet de Ben et s'inquiète, lors des questions orales, du coût de ce qui lui semble une exposition scandaleuse. Pompidou, quoiqu'il ait lancé le projet, s'abstient de se rendre au Grand Palais. Il prend acte « des articles, des déclarations publiques exprimant avec violence une véritable indignation devant les œuvres exposées » et « des regrettables incidents de l'inauguration[108] ». Pour autant, il ne désavoue pas les artistes et suggère que si « l'art récent tend souvent vers la laideur systématique, vers une saleté agressive, morale et matérielle », les causes s'en trouvent dans « la société industrielle, technique et scientifique ».

La même année, Pompidou décide d'un coup de force qui place l'art contemporain au centre de Paris : édifier dans le quartier des Halles un centre culturel, musée, bibliothèque, lieu de débats. L'architecture choisie, dessinée par Piano et Rogers, a fonction emblématique. Son apparence industrielle, l'emploi systématique du métal et du verre, le parti-pris tubulaire proclament sans équivoque une rupture. Ils affichent jusqu'à la provocation un

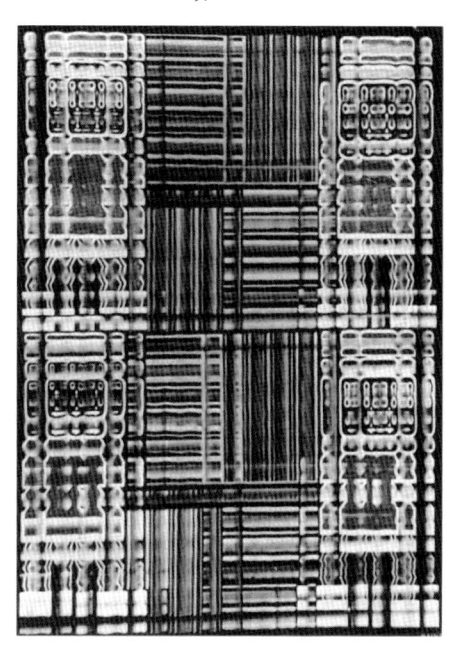

Raymond Hains, *Codex hypnagogique*, 1949. Photographie. Paris, Musée national d'art moderne-Centre Georges Pompidou.

volontarisme moderniste, seul susceptible, a-t-on pu penser, d'en finir avec les pesanteurs et les réticences. À son ouverture, en 1976, le Centre Georges Pompidou suscite la polémique prévisible. Mais l'effet recherché est obtenu : si cent mille visiteurs, en moyenne, se rendent au MNAM, palais de Tokyo, de 1963 à 1976, ils sont entre un million deux cent mille et un million cinq cent mille entre 1977 et 1983. Le Centre conçoit d'autre part des programmes d'expositions qui, peu à peu, remédient au déficit d'information qui plaçait jusqu'alors Paris en position d'infériorité par rapport à Londres ou Amsterdam, pour ne rien dire de New York.

Reste que, pour ce résultat, il faut la décision d'un président de la République, décision contestée par les partis qui le soutiennent. Reste que le Centre Pompidou demeure, jusqu'en 1981, un lieu isolé alors que le successeur de Georges Pompidou à l'Élysée, soucieux de fonder à son tour un musée, choisit un bâtiment du siècle dernier, la gare d'Orsay, pour y montrer l'art de 1848 à 1905, autrement dit l'impressionnisme, période favorite d'un public qui aime à y reconnaître les représentations d'un temps révolu. Les taux de fréquentation, qui mesurent les habitudes de « consommation culturelle » sont sans ambiguïté. Au Grand Palais, la première exposition qui atteint le seuil du demi-million d'entrée se tient en 1974 et fête le « Centenaire de l'impressionnisme ». La progression est ensuite régulière jusqu'aux chiffres les plus élevés, 735 207 visiteurs payants pour Manet en 1983, 824 688 pour Renoir en 1985. Les rétrospectives de Gauguin, Cézanne, Toulouse-Lautrec se situent au-dessus de 600 000 entrées, celles de Degas, Seurat et Caillebotte au-dessus de 400 000. Il suffit de comparer ces chiffres à ceux des expositions d'art contemporain au Centre Pompidou pour prendre conscience de la différence, du simple au tiers ou au quart, 233 297 visiteurs pour Pollock, 182 821 pour De Kooning, 112 553 pour Bram Van Velde. Dans le dernier quart du XXe siècle, le goût majoritaire en France va à la peinture du dernier quart du siècle précédent. Autant que les taux de fréquentation, en témoignent le gonflement des légendes et leur exploitation touristique et commerciale, jardin de Monet à Giverny, souvenir de Van Gogh à Auvers-sur-Oise.

La tentation post-moderne
Ces statistiques sont d'autant plus éloquentes qu'elles décrivent l'état des préférences artistiques dans la décennie 1980, durant une deuxième période de volontarisme moderniste. En 1982, au lendemain de l'élection de François Mitterrand à la présidence de la République et de la nomination de Jack Lang rue de Valois, la part de la Culture dans le budget double. Elle s'établit par la suite légèrement en dessous du seuil – symbolique et rarement franchi – de 1 % du budget de la nation. Des décisions interviennent, travaux de la commission présidée par Michel Troche, création d'une Délégation aux arts plastiques, augmentation générale des crédits d'acquisition et de fonctionnement.
Un établissement public, le Centre national des arts plastiques réunit le Fonds d'incitation à la création (FIACRE), les vingt-deux Fonds régionaux d'art contemporain (FRAC), le Fonds national d'acquisition d'art contemporain (FNAC), la commande publique, les Fonds régionaux d'acquisition pour les musées (FRAM). Achats et commandes sont multipliés grâce à l'augmentation constante du

budget jusqu'au début de la décennie suivante. En 1981, l'État concède
5,5 millions de francs à ces postes. En 1988, il y consacre plus de 46 millions.
L'action se veut persuasive en province, où l'initiative décentralisée de l'État
doit être accompagnée de celle des conseils régionaux, du moins en théorie.

Elle rajeunit et revigore l'enseignement dans les écoles d'art en province
et aux Beaux-Arts de Paris, où, sous la direction d'Yves Michaud, le corps
professoral et les méthodes de travail sont considérablement transformés.
Elle suscite la création de centres d'art, qui ont pour mission d'ouvrir des brèches
dans l'indifférence et d'attirer les visiteurs en profitant, le plus souvent,
d'un site ou d'un bâtiment touristique, sur l'île du lac de Vassivière en Limousin,
au château de Rochechouart, dans celui d'Oiron, au manoir de Kerguehennec.
À Nîmes, elle provoque la construction du Carré d'art par Norman Foster, lauréat
en 1984 d'un concours international, et l'intervention dans la ville de Martial
Raysse, sous forme de commandes de sculptures et d'aménagements. À Lyon, un
musée d'art contemporain s'ouvre en 1984 dans des locaux provisoires et la ville
crée à partir de 1991 une Biennale d'art contemporain. À Marseille, le musée
d'Art contemporain prend possession d'une ancienne surface à usage industriel.
Des municipalités prennent ainsi le relais de l'action du ministère.

Pour autant, celle-ci demeure décisive et l'initiative publique s'exerce presque
seule, sans le secours d'appuis et de financements privés. La fondation Maeght,
créée en 1962, demeure une exception, d'autant que le projet de la fondation
Daniel Templon échoue en 1992. Le mécénat du groupe Casino soutient le musée
d'Art moderne de Saint-Étienne – exception là encore. À la différence des États-
Unis, de l'Allemagne ou de la Grande-Bretagne, le système de diffusion de l'art
contemporain français repose sur la volonté politique et l'existence d'un groupe,
numériquement réduit, de fonctionnaires culturels. C'est dire sa fragilité.
Que la volonté politique fasse défaut, que la situation financière de l'État souffre

José-Luis Sert,
la fondation Maeght,
Saint-Paul-de-Vence,
1962.

des difficultés économiques, aussitôt, presque mécaniquement, un « collectif budgétaire » procède à des coupes et diminutions dans le budget de la Culture, victime habituelle des sacrifices.

Cette situation a d'autres conséquences. Elle fait apparaître la création contemporaine comme la propriété d'une minorité et prédispose à l'académisation dans la mesure où les administrations fussent-elles culturelles, préfèrent d'ordinaire la répétition à la nouveauté, au risque de susciter un art officiel. Or ce sont là deux raisons de douter encore de l'intérêt d'expériences qui seraient suspectes d'élitisme et d'officialité à la fois, exercice d'un petit nombre pour un petit nombre qui aurait accaparé le pouvoir et détourné à son avantage les fonds publics. L'effet pédagogique recherché n'est pas obtenu. À l'inverse, expositions et dépenses exaspèrent les résistances. Il suffit d'observer la concomitance des initiatives étatiques et la réapparition du discours du doute et de la nostalgie. Le plus précoce, signé de Claude Lévi-Strauss, déplore le « métier perdu » en 1981. Tour à tour ou ensemble, des essayistes et des pamphlétaires tels que Jean Baudrillard, Jean Clair, Marc Fumaroli dénoncent ce qu'ils jugent être la décadence du dessin – faute d'étude d'après modèle –, de la peinture – faute d'enseignement – et le mépris dans lequel serait tombée la tradition. L'un d'eux en vient à déclarer, en février 1997, que l'« art contemporain français n'a plus ni sens, ni existence ». Il en appelle à renouer avec les origines nationales contre un « cosmopolitisme de pacotille ». Pour Jean Baudrillard, l'art de son temps est « nul » et sa notoriété fondée sur des manigances commerciales.

Kevin Roche, le siège de la société Bouygues, Saint-Quentin-en-Yvelines, 1983.

Un troisième facteur s'ajoute, le développement du discours post-moderne, non pas au sens où Jean-François Lyotard fait usage du terme, mais à celui, dévalué, imprécis, qui se répand quand il devient commode de dire « post-moderne » toute œuvre qui revendique l'anachronisme de ses formes et de ses références – moins un post-modernisme que le désir d'en finir avec le modernisme.

Le mot connaît une fortune internationale en architecture, où il désigne un éclectisme oscillant entre parodie et pastiche, cultivant la reprise du langage monumental néo-classique ou de formules historiques. Ce courant entend s'opposer au modernisme qui inspire Norman Foster à Nîmes (1984), Richard Meier quand il conçoit le siège de Canal Plus (1992) à Paris, Henri Ciriani pour l'Historial de la Grande Guerre (1992) à Péronne, Jean Nouvel pour la fondation Cartier (1991-1994).

À ces réalisations dominées par le purisme géométrique et la simplicité des lignes, il conviendrait de préférer désormais un langage d'autrefois, qui rassure et se pare des vertus de l'Antiquité. Il faudrait des façades rythmées par des colonnades, des chapiteaux, des frontons, des balustrades. À partir de 1975, Ricardo Bofill intervient en ces termes dans les programmes de Saint-Quentin-en-Yvelines et de Marne-la-Vallée, villes nouvelles où il édifie respectivement les Arcades du lac (1975) et le Palacio d'Abraxas (1978-1983). Il réutilise ce vocabulaire néo-grec, adapté aux conditions de la construction contemporaine, place de Catalogne à Paris et crée ainsi un simulacre d'espace public, en vérité un lieu de circulation automobile autour d'un bassin. À Montpellier, le quartier Antigone (1985) développe un projet monumental où il apparaît que les références antiques n'ont qu'une fonction d'habillage, plaquées comme ornements sur des structures qui restent linéaires et monotones. Le théâtre des Abbesses, œuvre de l'architecte liégeois Charles Vandenhoeve, se présente comme un collage de citations palladiennes mises en scène avec assez d'effronterie pour qu'il soit possible de les supposer ironiques : une cour précède le théâtre, son péristyle, son fronton. La salle, comme il convient après pareille entrée, est à l'italienne.

Paul Chemetov et Borja Huidobro, le ministère de l'Économie, des Finances et de l'Industrie, Paris, 1982-1989.

Pierre Parat,
Michel Andrault
et Aydin Guvan
(structure
métallique :
Jean Prouvé),
le Palais Omnisports
de Bercy, 1983.

Autre exemple, le bâtiment initialement prévu pour accueillir l'American Center (1994), à proximité de deux constructions monumentales exemplaires du modernisme officiel tardif, le ministère de l'Économie, des Finances et de l'Industrie (1982-1989) de Chemetov et Huidobro et le Palais Omnisports de Bercy (1983) de Parat, Andrault et Guvan, sur une structure métallique de Jean Prouvé. Conçu par Frank Gehry, l'American Center oppose à leurs symétries, à leurs axes méthodiquement tirés, à leurs angles égaux une géométrie fragmentée, irrégulière, des volumes emboîtés, des décrochements, des biseaux, des obliques. Le revêtement de pierre accentue l'opposition, contre le culte exclusif du béton, du métal et du verre. Christian de Portzamparc bâtit la Cité de la musique (1990) en variant les volumes, en articulant des formes droites et courbes, en opposant à toute monumentalité – en dépit des dimensions du projet – des cassures de perspective, des galbes fuyants, une sculpture architecturale qui tient plus d'un baroque renouvelé que de l'héritage du Bauhaus.

À la contestation de l'esthétique puriste en architecture répond un « post-modernisme » artistique qui se manifeste en peinture, huiles sur toile. Réminiscences, mélanges de citations prolifèrent dans des œuvres qui ne craignent ni la virtuosité ni la monumentalité. Cette réaction doit à l'Italie sa première vigueur. Le mouvement dit « transavantgardiste » remet au goût du jour la mythologie, les sujets religieux, l'allégorie et demande des motifs et des effets à un passé de l'art qui s'étend des Étrusques à Savinio et son frère De Chirico, en passant par les primitifs toscans et Venise. Dans cette peinture du passé de la peinture, le présent est tenu à distance et les toiles ont pour principal sujet la mémoire qui les alimente. Au succès, si éphémère se soit-il révélé, de Chia, Cucchi ou Clemente, répond le développement en France d'un art de la récapitulation. Gérard Garouste s'en fait le champion, dans des œuvres théâtrales, parsemées de citations vénitiennes ou baroques, exécutées avec un souci insistant du métier, des glacis, des harmonies, une gestualité décorative qui se plaît à plisser les tissus, modeler des chairs lourdes et des nuages épais. Elles exhibent le travail du peintre, des jus des fonds aux demi-

PAGE DE DROITE,
EN HAUT.
Christian de
Portzamparc,
la Cité de la
musique, Paris,
1990.

PAGE DE DROITE,
EN BAS.
Frank Gehry,
Saubot et Jullien,
l'American Center,
Paris, 1994.

pâtes et aux derniers vernis qui accentuent le brillant de couleurs que l'on pourrait croire élues parce qu'elles ont peu servi dans l'art du XXe siècle – roses fanés, verts gris, bistres, ocres, violets, la gamme de La Patellière et celle des premières années de Fautrier.

Ces déclarations d'anachronisme réfléchi vont de pair avec la revendication décorative. Garouste est l'auteur du rideau de scène du théâtre du Châtelet et, pour la Bibliothèque nationale de France (1997), conçoit un ensemble mural où la peinture s'allie au fer forgé alors que les allusions littéraires se multiplient, à la Bible, à la *Divine Comédie*. On dirait un néo-romantisme, fasciné par les périodes ultimes de Titien – *Écorchement de Marsyas*, *Diane et Actéon* – et de Delacroix ; fasciné plus encore par l'évolution à rebours de De Chirico, de la *pittura metafisica* aux pastiches pompéiens ou rubéniens, aux autoportraits en costume du XVIIe siècle et aux images de nymphes au bain, mixte de Cinecitta et de pompiérisme.

La récapitulation des maîtres devient un genre dans cette période, un genre qui attire à lui des artistes convaincus que la défense et illustration de la peinture sont en elles-mêmes une cause, parce qu'il faudrait défendre cet art menacé d'effacement. Il est permis de penser que cultiver la peinture pour sa dignité et son passé, loin de renforcer ses positions, les affaiblit en la faisant passer pour un exercice exclusivement intéressé par son histoire, sans prise sur le présent et peu soucieux de s'y intéresser. L'inactualité déclarée a le charme du dandysme et son évanescence. La citation pour le plaisir de la citation n'avoue que le plaisir de ne pas s'écarter de ses bases.

On ne peut s'empêcher d'y penser au spectacle de l'évolution de Louis Cane. Après avoir été l'un des protagonistes de Supports/Surfaces et, avec Marc Devade, l'un des éditeurs de *Peinture. Cahiers théoriques*, il entreprend des cycles récapitulatifs. Après une phase dominée par les primitifs italiens, il tente des synthèses transhistoriques, réinterpréter Fra Angelico à l'aide de Matisse, Velásquez suivant Picasso, Monet selon De Kooning et selon Newman. Poussée à son comble, cette méthode confine au pastiche, que Cane ne craint pas de côtoyer dans ses sculptures où les souvenirs de Rodin et de Picasso pèsent lourd.

Gérard Garouste,
La Chambre rouge,
1983. Huile sur toile,
250 × 295 cm.
Aix-la-chapelle,
Neue Galerie,
collection Ludwig.

4 Le présent

Le présent hétéroclite | Économies : la société des objets |
Images mouvantes | Le monde tel quel | Le corps de l'autre |
L'artiste lui-même

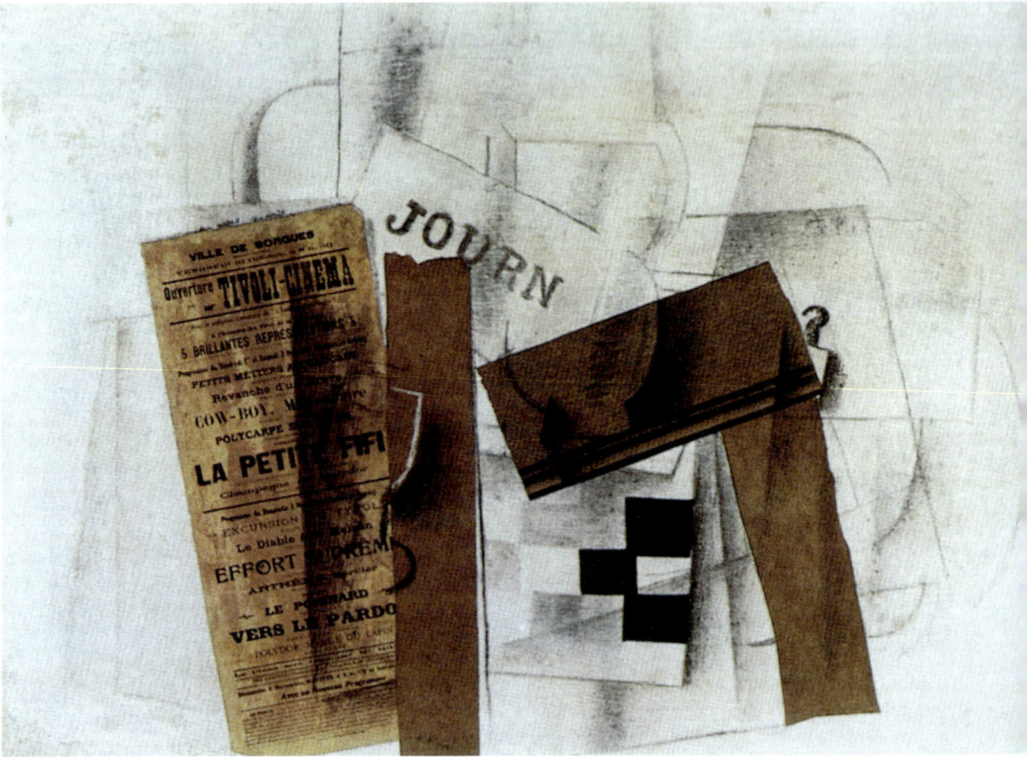

VILLE DE SORGUES
Ouverture TIVOLI-CINEMA
5 BRILLANTES REPRÉS
Revanche d'u
COW-BOY, W
POLYCARPE
LA PETIT FIFI
EXCUNSION
Le Diable
EFFORT
LE P
VERS LE PARDO
JOURN

Le présent hétéroclite

Projection vers l'avant ou l'arrière : les arts du xxᵉ siècle balancent de l'un à l'autre, comme s'il était insupportable ou impossible que les œuvres disent ce qui est, la société du moment présent. On pourrait épiloguer sur ce refus, conséquence de 1914 et de 1940. Il serait instructif de procéder par comparaison, ne serait-ce que pour suggérer à quel point la situation française diffère de ce qui s'observe aux États-Unis, autant que le malaise diffère de la confiance, le soupçon de l'adhésion. Le parallèle du déclin de la prééminence parisienne et de la royauté new-yorkaise après 1945 fournirait matière à analyse. La France, pour dire la chose d'un mot – trop sommairement –, ne s'aime pas au xxᵉ siècle, n'aime pas ce qu'elle devient – point à tort peut-être.

Le rapport au présent, quand il n'est pas esquivé dans la ferveur futuriste ou le regret nostalgique, s'établit dans la dénonciation, la satire ou la résistance obstinée. C'est là ce qu'il reste à étudier, dans les œuvres qui tentent de comprendre la modernité telle qu'elle se produit *réellement* – œuvres de dissection et d'observation. Par observation, il faut comprendre l'intelligence de l'actuel, qui est intelligence de ce que l'on en sait en un temps où tout est information et diffusion de nouvelles.

Nouvelles

La première question est celle de la perception et de ses conditions, telles que les détermine l'état des communications et de l'information. Comment le présent se présente-t-il, sous quelles formes, sur quels supports dans quel ordre ou quel désordre ? *Zone* répond :

Georges Braque, *Le Damier*, Sorgues, 1913. Plâtre, papier collé, fusain et huile sur papier marouflé sur toile, 65,5 × 92 cm. Lucerne, collection particulière.

« Tu lis les prospectus les catalogues les affiches qui chantent tout haut
Voilà la poésie ce matin et pour la prose il y a les journaux
Il y a les livraisons à 25 centimes pleines d'aventures policières
Portraits des grands hommes et mille titres divers. »

Dans la ville sont les journaux, les kiosques, les vendeurs à la criée. Dans la ville, un flux constant, de plus en plus rapide et divers, jette aux visages des nouvelles, des images, l'actualité sous toutes ses formes, de l'historique – la mobilisation générale – à la plus futile – aventures de vedettes – et à la publicité. Le phénomène s'étend depuis le milieu du XIXe siècle. En 1910, Pierre Laffite lance *L'Excelsior*, quotidien illustré. En 1907, *L'Illustration* parisienne et le *Daily Mirror* londonien échangent des images par voie télégraphique, alors qu'Édouard Belin perfectionne son propre procédé. En 1925, il substitue la radio au télégraphe, de sorte que le bélinogramme circule sans frontières à la vitesse des ondes. Dès lors, la photographie se trouve associée au développement des réseaux qui enserrent la planète dans leur filet. Le long de leurs fils circulent nouvelles, dépêches et – désormais – images.

Imitant l'Allemagne, pays pionnier jusqu'en 1933, la France voit se créer les premiers hebdomadaires d'information à grand tirage qui conçoivent l'image photographique comme un de leurs deux modes d'expression, à égalité avec le texte. En 1926 est fondé *Match* et en 1928 *Vu*, qui disparaît dix ans plus tard, au moment où les magazines américains commencent leur ascension. En 1936, le 23 novembre, paraît le premier numéro de *Life*, hebdomadaire alors vendu dix cents. Après trois ans, *Life* a trois millions de lecteurs et jusqu'à huit dans les années cinquante. Depuis la fin de la Seconde Guerre mondiale, la photographie ne cesse d'accroître son autorité dans la presse, du noir et blanc des quotidiens aux couleurs des hebdomadaires et des mensuels. Les kiosques, les affichages projettent l'actualité dans l'espace urbain.

La radio dans l'entre-deux-guerres, puis, à partir des années soixante, la généralisation de la télévision ne font qu'accentuer le phénomène. Aucun délai dans la transmission, le direct des reportages et des dépêches d'abord, puis les images « en temps réel » : le présent, un présent polymorphe, se déverse partout. Il ignore toute limitation spatiale et temporelle. Il se présente comme un agrégat d'informations, de données et de représentations aux sujets et aux origines variés jusqu'à prétendre à l'universel.

La fin des limites temporelles et spatiales va de pair avec l'apparition d'un présent unique. Nouvelles et images parviennent, identiques, partout. Ce présent est immédiat et collectif. Il a ses scènes sur tous les continents à la fois. Distance abolie jusqu'à l'ubiquité, temps raccourci jusqu'à l'instantanéité : de même qu'il serait impossible de s'en tenir à la vision d'un pays vivant d'une existence propre, séparée de celles des autres nations, il n'est plus possible de concevoir le citoyen que comme une unité dans une foule, partageant avec des semblables de plus en plus semblables informations – ce qui en tient lieu –, préoccupations et émotions – celles qui sont décrétées générales. Le présent tel que les « nouvelles » le façonnent et l'exhibent, circule sans distinctions sociales ni géographiques.

Papiers collés

Il circule sans ordre, dans le fatras de tout ce qui se passe simultanément sur le théâtre mondial. Le journal, résumé quotidien de la planète, la montre incohérente, dissemblable chaque jour – dissemblable d'autant que l'angle de vue change selon le journal, selon ses préférences, la ville où il est rédigé et imprimé. S'impose la pensée d'une juxtaposition hétéroclite, constituée de façon fortuite. Tel est le présent tel que le produisent communication et diffusion. Il ne peut qu'ignorer l'unité – sa trame se compose de trop de faits disparates. C'est là une hypothèse que l'expérience vérifie : dans la ville, le regard saisit des informations de toute sorte, aux devantures des marchands de journaux, sur les affiches, au spectacle de la rue – ceci sans même évoquer ce qui parvient par l'ouïe, musiques, bruits, radios. Ce chaos, c'est celui de *Zone* : et celui dont, en 1916, Apollinaire appelle les poètes à tirer les conséquences. Il veut « une liberté d'une opulence inimaginable ». « Les poètes font aujourd'hui l'apprentissage de cette liberté encyclopédique. Dans le domaine de l'inspiration, leur liberté ne peut pas être moins grande que celle d'un journal quotidien qui traite dans une seule feuille des matières les plus diverses, parcourt les pays les plus éloignés. On se demande pourquoi le poète n'aurait pas une liberté au moins égale et serait tenu, à une époque de téléphone, de télégraphe sans fil et d'aviation, à plus de circonspection vis-à-vis des espaces[1]. » À ces lignes de *L'Esprit nouveau et les poètes*, d'autres font écho, de sorte que s'affirme l'idée que la révolution des machines « formidables » doit susciter la révolution des modes artistiques. « Machiner la poésie comme on a machiné le monde », écrit Apollinaire. L'injonction s'applique aux arts visuels autant qu'à la poésie.

Comment les peintres contemporains d'Apollinaire ont-ils pris la mesure du désordre de l'actualité ? En inventant un procédé qui repose sur la capture d'éléments arrachés au monde des machines et juxtaposés sur la surface de la feuille ou de la toile : le collage. Ce dernier se révèle le mode de représentation du siècle le plus juste, parce que le plus immédiatement accordé, si désordonné soit-il en apparence, à un présent non moins hétéroclite. Par collage, il faut entendre les procédés qui permettent de tenir ensemble des matériaux d'origine et de nature différentes – quoique les premiers « papiers collés » de Picasso et Braque emploient moins la colle que l'épingle –, sans en exclure la sculpture quand elle se construit par addition de fragments ou soudure. L'essentiel ne tient pas aux détails d'exécution mais à la correspondance qui s'établit entre le mode de désignation et son objet, correspondance sous le signe de la bigarrure.

La capture et le collage répondent à l'abondance et au désordre des informations. Dès les cubistes, variété et dissémination sont de règle. Le journal domine, ses textes, avec ses titres, ses typographies et ses illustrations, épures scientifiques et réclames. En un court laps de temps, celui qu'il faut pour feuilleter, se heurtent des nouvelles disparates, venues d'endroits éloignés, traitant de sujets étrangers les uns aux autres. Ces bribes ne se trouvent unies que parce qu'elles pénètrent la même conscience, la même mémoire, celle de n'importe quel passant. Il lit un journal – rhapsodie incohérente. Il regarde autour de lui – fatras d'objets manufacturés et d'affiches. Le collage tel que le pratique Picasso est la matérialisation immédiate de ce fait nouveau. Dans l'espace du collage comme dans l'expérience quotidienne, tout pénètre, tout peut s'inscrire, le nom d'un apéritif – *Suze* –, un slogan – *Notre avenir est dans l'air* –, une rengaine à la mode – *Ma jolie* –, un drame – la guerre dans les Balkans. Là, comme dans l'expérience quotidienne, se côtoient ce que la main sait faire, une ligne, une tache, l'estompe, le début d'une peinture – et ce que les machines savent produire, le papier peint et le faux bois, la toile cirée et les typographies. Tout cela voisine sans distinction, sur le même plan – promiscuité caractéristique.

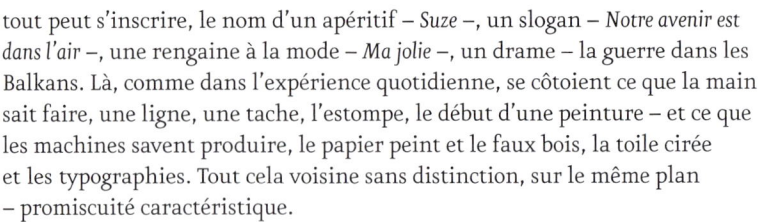

Dans *Verre et Bouteille de Suze*, elle est à son comble. L'étiquette célèbre SUZE, « apéritif à la gentiane ». Des coupures prises dans *Le Journal* du 18 novembre 1912 l'entourent. L'une relate les derniers épisodes de la guerre qui oppose les Turcs aux Serbes et Bulgares, lesquels avancent vers Constantinople. Le reporter décrit les effets de l'épidémie de choléra qui frappe les troupes ottomanes. « Bientôt j'aperçus le premier cadavre, encore grimaçant de douleur, et la figure presque noire. Puis j'en vis deux, quatre, dix, vingt ; puis je vis cent cadavres. » La dépêche date du 12 novembre – fragment de présent. Un autre annonce que, lors d'un meeting au Pré Saint-Gervais, quarante mille militants ont chanté l'Internationale. Un autre provient d'un roman mondain, dans lequel Abel Hermant dépeint une soirée où les invités se nomment Hubert de Latour-Latour ou Victor de Montparne, satire. Soit, ensemble, l'horreur d'un carnage lointain, une manifestation ouvrière et l'évocation de la « bonne société », tout cela dans *Le Journal* le 18 novembre 1912.

Pablo Picasso, *Verre et bouteille de Suze*, 1912. Papier collé, fusain et gouache sur papier, 64,5 × 50 cm. Saint Louis, Washington University Gallery of Art.

S'y ajoutent les motifs imprimés de bouquets dans des losanges et les papiers de couleur, bleu, gris, brun. Des traits de fusain et les contours des découpages annoncent la présence du verre et de la bouteille sur une petite table ronde de café. Ces objets, la nature morte banale qu'ils composent importent, mais moins que l'incohérence voulue des textes, accentuée par le voisinage incongru de l'étiquette d'apéritif. Un autre papier collé tire parti de la première page de la même édition du *Journal* qui annonce l'avancée vers Constantinople, et que « la bataille s'est engagée ». Ces titres sont collés sur le même papier à fleurettes blanches, en compagnie cette fois d'une guitare et d'un carré découpé dans une partition. Pourquoi, en effet, ne s'intéresserait-on pas alternativement à la guerre dans les Balkans et aux airs à la mode ? Concomitance de hasard – le présent est de cette nature, collision de données sans rapport entre elles. En cela collage, assemblage et leurs variantes apparaissent comme les techniques du monde contemporain, dont elles miment l'hétérogénéité.

Prélèvements, échantillons

Ainsi considéré, le collage a plusieurs mérites. Il permet d'employer sans transition les matériaux eux-mêmes et la transcription du monde contemporain tel qu'il se présente. Il fait corps avec elle et la désigne. L'œuvre est une fraction du monde – métonymie. Par ailleurs, le collage fait de la fragmentation, de la dissémination, de l'incohérence ses principes.

Picasso, Braque, Gris en administrent les preuves et réunissent un inventaire des imageries et mythologies de l'avant-14. Ils choisissent les morceaux qu'ils prélèvent à la une des quotidiens, parmi les étiquettes des boissons à la mode, les affiches des cinémas. Ils n'introduisent que les signes d'objets communs, ceux du café, auxquels s'ajoutent des instruments de musique – guitare, violon, clarinette. Aux décorations des intérieurs, ils empruntent leurs matériaux ordinaires, papiers peints, fausses plinthes, fausses moulures. Ils prennent le parti de la banalité la plus terne, la moins pittoresque, le parti du plus quotidien du quotidien. Ils disposent en reliquaires des débris sans qualité – hors celle d'être du présent. En cela, ils fondent une pratique artistique de type scientifique, l'analyse après prélèvement. Apollinaire y voit un « sur-réalisme », « une sorte d'analyse-synthèse embrassant tous les éléments visibles[2] ».

Entre 1920 et 1922, Ernst s'en saisit, selon le principe du mélange des images. *Le cygne est bien paisible…* rassemble trois photographies, trois représentations du vol : un aéroplane devant un hangar, trois anges dans un cadre et un cygne au repos. *L'Anatomie de la mariée* accomplit grâce à la photographie le projet de Duchamp, métamorphoser un corps humain en machinerie articulée. *Le Rossignol chinois* se compose d'un éventail, de bras féminins, d'une écharpe, d'une pierre oblongue et d'un œil fixe de statue ou d'actrice. Rapprochements, contaminations, accidents visuels : d'une mémoire saturée d'images se détachent des bribes qui s'agrègent en une figure qui doit son absurdité à l'hétérogénéité de ses éléments constitutifs. Ces deux notions ne se séparent plus. « La surprise est le grand ressort nouveau », a annoncé Apollinaire après avoir découvert ce principe dans les travaux des savants et des ingénieurs, dans leurs « mille et mille combinaisons ». À l'artiste d'aggraver les contrastes, de porter à son paroxysme l'incongruité, non point de manière gratuite mais parce que, de la sorte, il continue cette œuvre de combinaison. Kurt Schwitters y excelle en Allemagne, alors qu'Ernst en perfectionne les usages dans ses premières toiles et ses romans-collages, *La Femme 100 têtes* et le *Rêve d'une petite fille qui voulut entrer au Carmel*, cultivent

Juan Gris, *Chope de bière et jeu de cartes*, 1913. Huile et collage sur toile, 53,5 × 35,5 cm. Ohio, Columbus Museum of Art, don de Ferdinand Howald.

Pablo Picasso, *Nature morte à la chaise cannée*, 1912. Huile et toile cirée sur toile encadrée de corde, 27 × 35 cm. Paris, musée Picasso.

cet art de l'hybridation. Il puise dans *Le Magasin pittoresque*, *L'Illustration*, *La Nature* – épures, figures techniques, planches savantes – et dans les illustrations des romans bon marché – recueils de mythologies sentimentales et criminelles. Il se donne pour matériau le « tout-venant » visuel qui assaille et séduit ses contemporains, sa tâche n'étant que de mettre en évidence, là encore, la diversité innombrable de ces imageries. Il juxtapose des morceaux d'images entre lesquelles aucun rapport intelligible ne peut s'établir – ce qui est juste, puisque l'encombrement des mémoires ruine tout espoir d'intelligibilité globale. Il ne reste qu'émiettement et dispersion.

Le groupe surréaliste suit ses indications avec tant de ferveur que le collage devient sa langue ordinaire. Les poètes s'y essaient, Éluard comme Prévert. André Breton participe à des collages « cadavres exquis », en compagnie de peintres, tel Yves Tanguy. Georges Sadoul fabrique *Portes* (v. 1925), livret burlesque composé de collages d'illustrations, de cartes postales et de journaux. Georges Hugnet préfère le photomontage, qui est d'abord l'exercice préféré des dadaïstes berlinois, Raoul Hausmann, Hannah Höch, Johannes Baader – puis celui que John Heartfield porte au paroxysme de sa puissance polémique. De façon épisodique, Miró, Brauner, Masson, presque tous les surréalistes s'en emparent dans l'entre-deux-guerres – pour le délaisser par la suite, à l'instar d'Ernst lui-même qui n'en fait plus qu'un usage exceptionnel après son retour des États-Unis.

Après guerre, plus qu'en France, le collage se développe en Grande-Bretagne et aux États-Unis, instrument du pop art, que ce soit pour Paolozzi, Hamilton et Blake ou pour Rauschenberg. Qu'ils découpent et collent, transposent par sérigraphies, agrandissent ou colorisent ce qu'ils prélèvent dans les magazines et les affiches publicitaires, les démarches diffèrent peu. Elles se saisissent, dans le flot de l'imagerie collective, de ce qui se révèle le plus stéréotypé, le plus représentatif, le plus évidemment factice et organisent des juxtapositions dont l'incongruité accentue le sentiment de bizarrerie et ménage la distance critique grâce à laquelle l'époque peut éviter d'être dupe de ses apparences.

Vrais et faux collages prolifèrent à nouveau dans les années soixante. Alfred Courmes expose au Salon de Mai, en 1961, *45 % de B.A.* – pour beaux-arts –, parodie d'une boîte de camembert où l'on voit la petite fille emblème du chocolat Menier arracher les flèches du flanc d'un saint Sébastien qui se contorsionne. L'étiquette précise que l'œuvre a reçu le label du « syndicat de la bonne peinture réaliste ». En 1968, l'artiste recommence avec *La Pneumatique Salutation angélique*, rencontre du bonhomme Michelin, une adolescente vaguement balthusienne et deux inscriptions en majuscules, *Indian Tonic Water* et *Ave Maria*. Le bébé Cadum joue un rôle déterminant dans le diptyque de 1969 *L'intervention de l'armée est demandée*. Il y côtoie une dame déshabillée, trois légionnaires et un militaire façon Second Empire : désordres de la mémoire et des images de toutes dates et de toutes provenances.

Hervé Télémaque intitule *Portrait de famille* (1963) un tableau où des parodies de bande dessinée côtoient des mannequins de couturière, des éléments de signalétique urbaine et des écritures en lettres majuscules. Dans *C'est bon l'endive* (1964), le slogan publicitaire répété par deux fois est associé à trois images de tour Eiffel – emblème touristique –, à un talon aiguille et à une main à l'index péremptoire. En 1965, politique et économie de la

Hervé Télémaque, *Convergence*, 1966-1967. Acrylique sur toile, 195 × 260 cm. Saint-Étienne, musée d'Art moderne-La Terrasse.

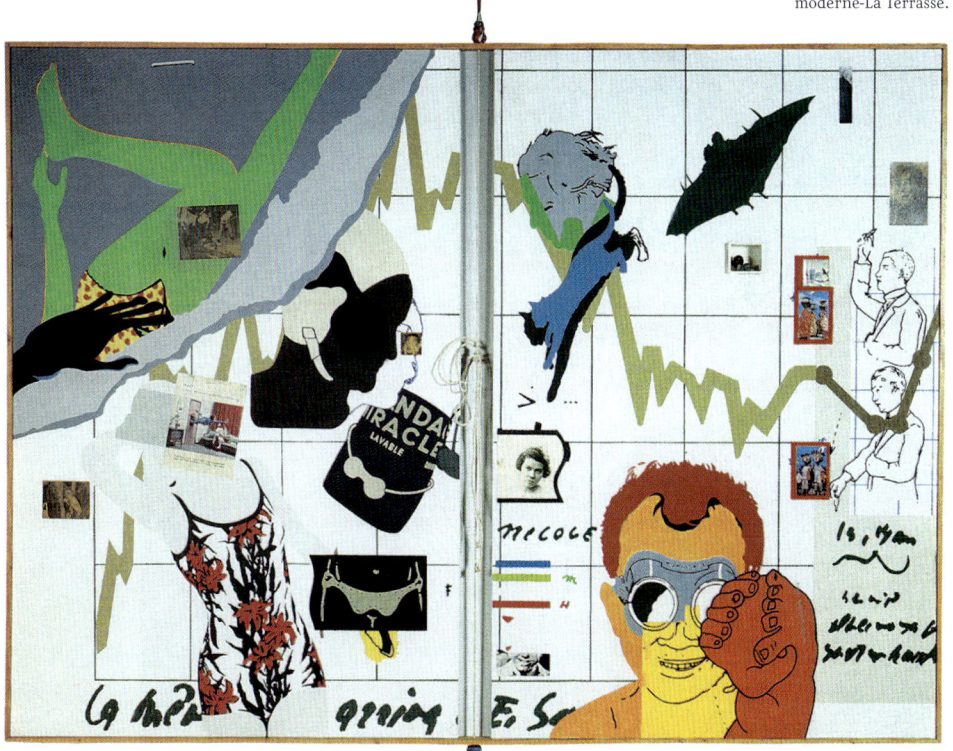

consommation se rejoignent dans *One of the 36 000 marines*. L'image stéréotypée du soldat casqué, le revolver au poing, court sur un fond rouge parsemé de réclames pour des sous-vêtements et des vêtements masculins, pour des amortisseurs et des lunettes à la mode. Une inscription en anglais et en français évoque ironiquement les interventions militaires américaines aux Antilles – Télémaque est né à Haïti. Autre mélange des genres dans *Convergence* (1966) : des courbes statistiques, des publicités pour maillots de bain et sous-vêtements, des photos de famille, des pastiches de bande dessinée et l'image d'un chat s'entrechoquent. L'œuvre ne tient son inspiration que d'un moment passé à feuilleter un magazine. En 1965, alors que Télémaque peint *One of the 36 000 marines*, James Rosenquist peint *F111*, du nom d'un avion de guerre qu'il reproduit à échelle réelle, superposant à sa silhouette des images publicitaires et des fragments de natures mortes.

Sous une forme plus syncopée, Bernard Rancillac exécute *Enfin silhouette affinée jusqu'à la taille* (1966). Il y interprète en le schématisant un cliché du Vietnam, la torture infligée par un groupe de soldats à un ennemi sans visage. Cette citation vivement colorée occupe les deux tiers de la surface. Le tiers supérieur porte, à l'envers, la copie minutieuse d'une publicité pour un soutien-gorge renforcé, démonstration en cinq poses et cinq commentaires que Rancillac reproduit tels quels au format de la toile. *Sainte Mère la Vache* (1966) relève de la même stratégie de dérision dénonciatrice : le disque d'une boîte de fromage apparaît, tel le soleil, au-dessus d'un paysage désertique traversé par une mère, son fils et un âne – allégorie du tiers monde. Décidément, tout se mêle, la déploration de la misère et la publicité pour un produit « bien français », la guerre du Vietnam et la nécessité de « garder la ligne ».

Erró tire les conséquences de la situation. Ses premiers photocollages, en 1958 et 1959, empruntent à la technique de John Heartfield, déjà reprise par Paolozzi. Dans des magazines populaires, il découpe détails, titres et publicités et les associe en collections grotesques. On y voit des chaussettes sortir de la bouche d'une jeune femme, Sophia Loren s'enfoncer dans un bol de porridge. On y lit, au-dessus de la photographie d'un chien enchaîné et d'une montre, « *Control is economical* ».

Il commence à peindre à partir de collages préalables, vers 1959-1960, avec la série des *Meca-make-ups*. *L'appétit est un crime* (1962) et *Foodscape* (1962) accumulent chacun sur une superficie de six mètres carrés des aliments, des publicités, des schémas anatomiques simples et jusqu'à une *Sainte Famille* d'après Greco. *Valentine's Day* (1962) procède à l'inventaire des imageries de l'amour avec une prédilection marquée pour les plus niaises. Selon ce principe cumulatif où la peinture se constitue par la somme des citations et des décalques, Erró traite ensuite du culte du corps – *Inscape* (1968) – du culte de la vitesse (*The Queen of Speed*, 1970), de l'automobile (*Carscape*, 1970), de l'aviation (*Planescape*, 1970), et de la bande dessinée américaine (*Comicscape*, 1972). Ce serait peu dire que la satire sociale s'y fait virulente, à proportion des formats et du sentiment d'étouffement que suscite la prolifération des objets et des images, dont la toile se trouve saturée. La suite des *American Interiors* (1968) mêle l'imagerie du confort moderne à celle de la lutte au Vietnam. *Liberté en action* (1970) montre, dans un style de *comics* la statue de la Liberté courbée sous le poids d'un missile et *Good bye Vietnam* (1975) l'effigie de Richard Nixon devant une pyramide de crânes humains. Viennent plus tard, en réaction aux événements, *Allende Topino-Lebrun* (1974), *La Renaissance du nazisme* (1977) ou *La France* (1977). Dans cette toile, il cite l'affiche vichyste *Populations abandonnées, faites confiance au soldat allemand*.

Auparavant, introduisant des références artistiques, il exécute une suite de collages et de peintures qui juxtaposent les images de la conquête spatiale et les chefs-d'œuvre des musées, *La Source* d'Ingres et les astronautes des missions Apollo (*Sur Vénus*, 1975), la NASA et l'école de Fontainebleau (*Diane et Apollo*, 1975).

Erró, *Les Héritiers de Picasso*, 1961. Huile sur toile, 120 × 97 cm. Collection particulière.

Anthologies, reproductions

C'est que, dans les mémoires contemporaines, tout se mêle dans un fatras d'images étrangères les unes aux autres – et jusqu'aux images des arts anciens et modernes, occidentaux ou exotiques. Aux clichés de l'actualité s'ajoutent les icônes de l'histoire universelle des arts telles que le siècle les reproduit. Non que l'idée de constituer des répertoires anthologiques soit neuve, elle est aussi ancienne que le musée. Mais ces répertoires s'amplifient et se diversifient, comme si était venu le temps des sommes et des classements, comme si, depuis la préhistoire, les civilisations n'avaient travaillé qu'afin d'enrichir le panthéon intemporel que l'homme dresserait à lui-même. D'où la prolifération des références artistiques et universelles, la formation d'une mémoire pléthorique – celle du « patrimoine mondial ». Les œuvres, toutes les œuvres voyagent, le plus souvent sous forme de reproductions.

Deux phénomènes se conjuguent : d'une part l'élargissement de la curiosité au plus grand nombre de cultures, d'autre part la diffusion de plus en plus large des chefs-d'œuvre issus de ces civilisations. L'un et l'autre ne se comprennent pas hors des conditions techniques. De même que le cinéma n'existe que grâce aux copies des films, la peinture existe désormais par sa reproduction. Celle-ci, sous couvert d'une imitation photographique, invente des images qui n'ont plus, avec l'original, que des rapports de ressemblance et d'homothétie. Les formats changent, les couleurs sont affectées par la photogravure, les textures picturales disparaissent, remplacées par le lisse du papier glacé. Ces productions alimentent la piété des amateurs, alors qu'elles les abusent et leur donnent à voir des productions qu'il faudrait ne pas confondre avec l'œuvre. Or, c'est en cet état que les « chefs-d'œuvre de l'humanité » se montrent à la foule de leurs admirateurs. Quand bien même ils parviennent à voir tel tableau illustre dans son musée, ils le connaissent depuis si longtemps sous forme de reproduction que la rencontre peut se réduire à une simple reconnaissance.

Au cours de ces opérations, l'art – la peinture pour l'essentiel – se change en culture et la culture en commerce, comme il y eut commerce des reliques et des images pieuses. De la déperdition des caractères matériels de l'œuvre, il est alors à peine question, beaucoup moins que de commémoration, d'hommage, de prosternation obligée. Quand il grime une photographie de *La Joconde* en *L.H.O.O.Q.* (1919), quand il inscrit sous le chromo une plaisanterie graveleuse épuisée par la répétition, Duchamp vise juste. « Cette Joconde à moustache et à bouc est une combinaison ready-made/dadaïsme iconoclaste[3]. » *La Joconde* est, d'ores et déjà, devenue l'archétype de la peinture universellement célèbre et doit un surcroît de notoriété au vol dont elle a été l'héroïne. Les considérations les plus fréquemment avancées en guise de commentaire – qui était le modèle ? Pourquoi sourit-elle et, même, sourit-elle vraiment ? – contribuent d'autant plus efficacement à la gloire du panneau de Léonard de Vinci qu'elles demeurent superficielles. Devenu objet de consommation, il peut servir aux campagnes publicitaires.

Ce sort est celui de nombre de tableaux, reproduits, recyclés – le phénomène s'accélérant après 1945 quand les progrès de la quadrichromie et de l'édition permettent la fabrication de volumes de plus en plus illustrés –

jusqu'au paroxysme de la fin du siècle, où l'illustration constitue une fin en soi. Les années cinquante voient les premiers programmes éditoriaux ambitieux se développer en France. André Malraux suscite la création chez Gallimard de la collection « L'Univers des formes ». Lucien Mazenod et Albert Skira attachent leur nom à des ouvrages où la qualité de l'illustration s'affiche comme un argument de séduction.

Corrélation plus que coïncidence sans doute : le destin de reproductibilité de l'œuvre d'art est le sujet avoué, ironiquement proclamé, des *Made in Japan* de Martial Raysse à partir de 1963. La reproduction photographique agrandie et colorée d'un tableau, découpée, est collée sur des surfaces tapissées de papiers peints ou recouvertes de tissus imprimés. L'*Odalisque à l'esclave* d'Ingres devient *Made in Japan* (1963) sur fond de motifs décoratifs floraux. Le *Portrait de dame* de Pollaiuolo se transforme en *Portrait of an Ancient Friend* (1963) rouge et vert. *La Baigneuse Valpinçon* se change en un *Made in Japan en martialcolor* (1964) du plus chatoyant effet, avec fleurettes et horizon enneigé. La rencontre de *Vénus et Mars* selon Cranach tourne à la *Conversation printanière* (1964), où Raysse ajoute des bouquets de fleurs artificielles, un arc-jouet et la vue d'un port méditerranéen au dernier plan. Le *Bain turc* inspire le *Made in Japan*, *Tableau turc et invraisemblable* (1965), érotique et matissien jusqu'à l'outrance. Quant au plus célèbre des Gérard, *Psyché recevant le premier baiser de l'Amour* – toile sentimentale et à succès du musée du Louvre – il se réduit à un *Tableau simple et doux* (1965) dans lequel le dieu ailé tient entre les doigts un cœur de néon alors que des bouquets de plastique fleurissent sous ses pas. Ces tableaux de maîtres sont coloriés, trempés dans des bains roses et verts, les profils et les anatomies détourées, les détails supprimés. Raysse en use envers eux comme en usent les inventeurs d'affiches, les metteurs en page, tous ceux qui puisent dans la mémoire visuelle collective et composent des images dérivées.

Martial Raysse, *Made in Japan*, 1964. Photographie, peinture, plastique et plumes sur papier monté sur toile. 129,8 × 244,3 cm. Washington, Hirshhorn Museum and Sculpture Garden, Smithsonian Institution, don de Joseph H. Hirshhorn.

Après ses premiers *Camouflages*, superpositions d'images où se télescopent Botticelli et la pompe à essence Shell Petroleum Company (*La Naissance de Vénus*, 1962), ou un Picasso et un panneau de signalisation routière (*Picasso, attention école*, 1963), Alain Jacquet conçoit le procédé qu'il dénomme « mec-art » et le systématise de 1964 à 1968. Il agrandit la trame d'impression du *Déjeuner sur l'herbe* (1964) et applique ce procédé à des chefs-d'œuvre qui se changent en fantômes et juxtapositions de points colorés. Des figures incongrues y pénètrent, se substituent à celles de l'œuvre originale. Ainsi de *Gaby d'Estrées* (1965), satire modernisée et mécanisée de l'image la plus répandue de l'école de Fontainebleau et d'*Olympia* (1965), américanisée à outrance. L'œuvre met en évidence son destin de trahison par la reproduction, l'altération, la simplification mécanique. La démonstration fait écho au traitement façon bande dessinée que Roy Lichtenstein applique à Cézanne et Picasso – lequel Lichtenstein se trouve dès 1963 « recyclé » par Jacquet. Elle soumet la peinture à l'épreuve de la photographie – en 1965 Jacquet est de ceux qui, à l'initiative de Pierre Restany, rendent un hommage ironique à Nicéphore Niepce le temps d'une exposition.

Erró se veut plus radical et compose dès 1961 des toiles-répertoires où le pastiche, la variation, le sacrilège et les considérations historiques s'articulent. *Les Héritiers de Picasso* (1961) met en présence l'art de la déformation anatomique et la création de monstres, hybrides d'électronique et de chirurgie plastique. La peinture se fait histoire d'elle-même, histoire politique autant que plastique, que ce soit dans *Les Surréalistes à travers la Seconde Guerre mondiale* (1963), *L'Expressionnisme à travers la Première Guerre mondiale* (1967), *The Background of Pollock* (1967) ou les déconcertants *Vainqueurs de Léningrad supportés par le monstre daltonien Matisse* (1967). À partir des années soixante-dix, le jeu des rapprochements se systématise et Erró visite la mémoire universelle de l'art. Il juxtapose des bandes dessinées guerrières à des estampes japonaises érotiques dans la série des *Made in Japan* (1972) et à des miniatures indiennes licencieuses dans celle des *Made in India* (1975). Apparaissent ensuite des citations de Léger, de Picasso, de Van Gogh, de Matisse. *Detailscape* (1995) récapitule la chronique des beaux-arts au XXe siècle sous forme de détails découpés, comme on en voit dans les livres illustrés et les catalogues. Dans *Expressionist portraits, Otto Dix, Matisse, Léger, Miró, Picasso*, vastes compositions-panthéons de 1992, ils sont déformés, étirés, courbés, décolorés, divisés comme par un écran de télévision diffusant des images passées à travers des systèmes informatiques – ceux qu'emploient les praticiens de l'image virtuelle.

Le fatras des images

Dans le dernier quart du siècle, en effet, la situation visuelle change. La prolifération télévisuelle des images rend plus probables encore la saturation des mémoires, leur encombrement, le chaos. L'explication tient en peu de mots. Régulièrement, les progrès de la diffusion et la diversification de l'offre augmentent la quantité des images en circulation, immédiatement accessibles, immédiatement confondues. Avec l'expansion de la télévision, s'achève la formation d'un système de l'information et des images auquel – le voudrait-on – il devient à peu près impossible de se soustraire. En 1958, il y a un million de téléviseurs en France. En 1970, il y en a dix millions, en 1975 plus de quinze. En 1988, il y a plus de cinq millions de magnétoscopes. Désormais, seule une fraction très minoritaire de la population française ne « regarde » pas la télévision, selon l'expression consacrée. Aucun mode de diffusion d'images ne peut se prétendre plus efficace, plus prompt, plus insistant. Il suffit d'invoquer l'expérience que chacun peut avoir du passage d'une chaîne à l'autre, d'un sujet à un autre grâce au zapping. La simple télécommande permet de se fabriquer à sa guise et au hasard des émissions un continuum d'images et de sons hétéroclite au plus haut degré, sans souci de transitions, de logique. L'hétérogénéité du journal se trouve amplifiée et le monde – ce que les images en montrent, du moins – se change en quelque chose de plus qu'un collage, une rhapsodie dont le spectateur est le seul auteur. On pourrait comparer cette pratique à celle que proposent les dictionnaires et les juke-boxes, si ce n'est que la télévision autorise des glissements plus prompts, moins prévisibles encore.

Face à cet état de fait, dont la conscience s'est formée dans le courant des années quatre-vingt et quatre-vingt-dix, prennent position simultanément des œuvres cinématographiques et des œuvres picturales. Les premières détournent et dérangent l'écoulement du flux iconique, les secondes l'arrêtent – elles opèrent des « arrêts sur image » qui font violence. Les unes et les autres s'opposent à la fascination et l'accoutumance du spectacle télévisuel permanent, dont les magazines imprimés ne sont plus, d'ordinaire, que les produits dérivés. En 1990, Jean-Michel Alberola achève la peinture de *Celui qui regarde*. Un œil mélancolique flotte dans un espace incompréhensible où la planéité et la profondeur alternent sans transition, où un miroir reflète ce qui, en vérité, ne doit pas pouvoir s'y refléter. Des trous déchirent la continuité des plans

Alain Jacquet, *Gaby d'Estrées*, 1965. Sérigraphie sur toile, 114 × 162 cm. Paris, Musée national d'art moderne-Centre Georges Pompidou.

Jean-Michel
Alberola,
Celui qui regarde, 1990.
Huile sur toile,
110 × 120,5 cm.
Collection
de l'artiste.

et un spectre inidentifiable d'objet, rose et vert, demeure, sans que l'on sache pourquoi, visible. *Celui qui regarde* ne sait que voir, ni où il se trouve, ni en quel temps, ni ce que sont ces surfaces colorées qui semblent autant d'écrans.

L'œuvre entier se déploie dans un monde chaotique. Il compte des allusions à l'histoire de l'art ancien – les Le Nain, Poussin, Watteau, Courbet, Manet – et à la modernité – Cézanne, Picasso, les monochromes. Elle évoque Nietzsche, Leiris, Bataille, le dadaïsme. Elle mentionne par signes les tragédies du siècle, guerre d'Espagne, Shoah. Elle procède par déchirures, éparpillements, ellipses, abréviations et interpolations. De *Celui qui figure* (1990-1991) la peinture ne conserve que le haut d'un visage, parmi des ombres, des restes d'objets – le dossier d'une chaise, un linge – et des taches de couleur aux limites et à la densité incertaines. *Celui qui n'a pas d'ombre* (1991-1993) se réduit à une forme partiellement anthropomorphe parmi des objets alternativement esquissés et attentivement imités. L'apparence de l'inachèvement, le brouillage, la suspension du geste sont les instruments nécessaires à la représentation d'un monde de plus en plus flottant, dénué de réalité. Un tableautin se compose d'une seule tache de gris sur laquelle s'inscrit la définition de l'œuvre, qui lui tient lieu de titre, *Coagulation d'un doute*.

De façon plus explicite, Alberola renouvelle le genre de la vanité, qu'il inscrit « rien » à la gouache et à l'huile ou qu'il trace le mot en lettres de néon : c'est alors « L'effondrement des enseignes lumineuses », titre d'une exposition qui se tient en 1995. En 1997, Alberola réunit dans une installation des croquis d'Auschwitz, une toile enfermée dans un caisson et une bande-son répétant une chanson de variété, *Magnolias for Ever*. Ce dispositif désigne brutalement le mélange de tout qui juxtapose dans les esprits l'extermination des juifs d'Europe et les distractions les plus futiles. Alberola ne dissimule pas ce que ses travaux ont de politique. En 1996, en préface à une suite de dessins en mémoire des *Casseurs de pierre* de Courbet, il observe : « Nous dirons enfin à propos de la casse des pierres (activité parfois salutaire), c'est-à-dire *la chute du mur de Berlin*, que cette dernière n'a fait qu'entériner *la disparition de la lutte des classes*. Et pourtant, nous pouvons voir de par le monde structuré par le commerce étendu resurgir l'esclavage et par là "l'expression la plus complète de la misère"[4]. »

Arrêts sur image encore, mêmes matériaux visuels et même pratique de la peinture comme résistance : à partir de septembre 1988, Vincent Corpet peint des *Analogies*, selon le principe du glissement d'une forme à l'autre, prolifération sans terme autre que la saturation de la surface. La composition, quand Corpet décide de privilégier le tondo – en 1989 –, se refuse à préférer un sens, un ordre de la vision. Choses, animaux, souvenirs, morceaux d'anatomie s'engendrent d'une manière comme automatique, par association, ressemblance ou hybridation.

La toile se définit comme le produit d'une accumulation. L'œil et la mémoire procèdent à des mutations et, développement logique, le tableau se dédouble quand les contours d'un amas de choses peuvent, aussi bien, suggérer une scène de mythologie, biblique ou érotique, la fin d'Holopherne ou celle de saint Jean Baptiste, le massacre des Innocents ou une fellation. Les *Diptyques* (1993-1995) se constituent par projection et inversion d'un panneau sur l'autre, exécution d'une analogie d'abord, puis inscription dans son contour d'un groupe ou d'une figure. L'exercice pourrait être sans fin et la forme être habitée par tout autre chose encore, comme par les animaux des *Enfantillages* (1997-1998). Nulle citation des « cadavres exquis », nul culte de la surprise pour elle-même : Corpet affirme le refus de l'intentionnalité comme celui de l'autobiographie. Au symbolisme érotique surréaliste il préfère ce qui serait un art pornographique parce que susceptible de tout montrer, à commencer par le mécanisme involontaire des associations d'images et d'idées. L'obscénité tient moins à la figuration des organes sexuels et de leurs usages qu'au parti-pris de liberté absolue. Archéologie de la conscience et de la mémoire, l'œuvre est habitée par le désir de l'inventaire : ainsi des dessins méthodiquement exécutés pour une transcription graphique exhaustive des *Cent Vingt Journées de Sodome* (1994) de Sade, catalogue des perversions humaines et inhumaines.

Pablo Picasso, *Paysage aux affiches*, Sorgues, 1912. Huile sur toile, 46 × 61 cm. Osaka, The National Museum of Art.

Économies : la société des objets

Consommation, production de masse, diffusion : ces mots reviennent irrésistiblement. Ce sont ceux de la civilisation de la quantité et de la répétition. Les apologistes du progrès ne vantent pas en vain rationalisation et standardisation, procédés dominants dans une société qui a pris l'habitude de se connaître par les statistiques et les indices mensuels – du produit intérieur brut, du commerce extérieur, du chômage, des profits financiers, de la consommation des ménages, du mécontentement et de l'approbation des citoyens groupés en « échantillons représentatifs ». Ces méthodes témoignent du devenir mathématique de la société, quand elle se pense selon les concepts de la productivité et du consumérisme – quand elle devient la société des objets.

Trois phénomènes ont lieu simultanément peu avant la Grande Guerre : l'apparition de l'affiche, de l'étiquette, de la marque dans des paysages et des natures mortes ; l'alliance de la création artistique et du commerce, espérée à défaut d'être accomplie ; les ready-made. Sans doute serait-ce trop déduire de la concomitance de ces événements qu'y reconnaître les signes d'une mutation profonde. Il n'en demeure pas moins que chacun d'eux désigne l'enjeu, l'invasion de l'objet industriel identique, reproduction sans original.

Affiches, publicités

Derain à Londres, Dufy à Trouville peignent en 1906 des affiches, grandes, colorées. Sur les murs, elles déclarent l'empire du commerce. Dans les versions successives de *L'Équipe de Cardiff*, Delaunay leur attribue plusieurs fonctions complémentaires. Elles tiennent lieu de signature et un pastel préparatoire précise « construction simultan(ée) » ce qui tend à faire de l'œuvre, conformément aux usages de la publicité, l'image de marque d'une signature. Les affiches vantent Astra, « société de construction aéronautique », et promettent des voyages Paris-New York, Paris-Berlin. Ce sont tout ensemble des découpages de couleur, des écritures et des allusions transparentes, comme le sont les affiches qui impriment sur les murs des villes les slogans de l'actualité. Picasso les intègre à la toile dans son *Paysage aux affiches* (1912), construit à la façon d'un papier collé, avec Léon et Kub au premier plan. Mondrian dessine la réclame de Kub, à plus d'un titre emblématique en un temps où une partie de la presse affecte de tenir pour « boche » et barbare le « kubisme ».

Autre indice : après avoir placé des affiches dans ses toiles, Delaunay en conçoit plusieurs, qui restent au stade du projet. En 1923, il propose d'annoncer l'Olympiade de Paris au moyen de majuscules dansant dans des cercles de couleur autour d'un arc-en-ciel. L'année suivante, il imagine un phylactère jaune, vert et orange qui proclame en guise de slogan « *Garçon ! Un Byrrh vin tonique* ». Il suit l'exemple de Sonia Delaunay qui, dès 1913, a tenté d'employer les contrastes simultanés pour annoncer la conférence de l'esthéticien Alexandre Smirnoff, réalisé au pochoir le prospectus pour la *Prose du Transsibérien et de la petite Jehanne de France* de Blaise Cendrars – poème emblématique de la modernité voyageuse –, et étudié des recherches d'affiches pour une exposition de blanc, pour les pneumatiques Pirelli, pour le magasin du Printemps, pour un chocolat et pour l'apéritif Dubonnet. Aux montres Zenith, elle consacre plusieurs projets aquarelles, un collage de gouaches découpées et une huile sur toile. Le slogan déclare poétiquement que « *Record midi bat sur son enclume les rayons de la lumière* ». Le cadran de la montre engendre des rythmes courbes et la marque s'écrit en majuscules colorées. En 1916, elle réalise suivant le même procédé le catalogue de son exposition à Stockholm. Dans l'entre-deux-guerres figurent au nombre de ses applications du simultanéisme aux arts décoratifs d'autres publicités pour cosmétiques et pour stylos.

Dans cette période, l'importance prise par l'affiche dans la ville se mesure à sa présence dans la photographie. À Budapest, en 1920, Kertész fixe une jeune femme qui décolle un placard politique, sur une palissade. En 1934, à Paris, il revient sur ce motif : devant un mur tapissé de *Dubo, Dubon, Dubonnet*, un banc porte lui-même une enseigne

André Kertész,
*Dubo, Dubon,
Dubonnet*, Paris, 1934.

découpée à l'effigie de Meg Lemonnier, vedette travestie de *Georges et Georgette*. Le visage de Marlène Dietrich, immensément grandi, arrête un cycliste, fasciné semble-t-il, par le sourire, le regard exalté et la chevelure – l'image est prise par Brassaï à Paris vers 1937. À Martigues, en 1932, Cartier-Bresson cadre le monument au premier gouverneur général de l'Indochine de sorte que la figure de bronze semble occupée à coller l'une de ces réclames qui abondent sur les murs au deuxième plan, *Droguerie centrale, Byrrh vin généreux au quinquina, Suze apéritif à la gentiane*. Le cadrage semble rendre hommage au cubisme et au simultanéisme. En 1940, rue de Passy, Brassaï réalise un autre pseudo-collage en se plaçant face à deux murs. *Suze* y tient à nouveau la première et la plus grande place, en compagnie des *Cours Derryx* et d'une *Académie des Arts Modernes* dont l'inscription ne peut paraître qu'ironique. Y aurait-il en effet art plus moderne que celui qui fixe le panorama de la métropole ?

Cet art peut être pictural autant que photographique. En 1918, dans *Le Cirque* de Léger, un fragment d'affiche avertit que la séance, à Medrano, commence à 8 h 1/2 et elle réapparaît dans *Les Acrobates dans le cirque*. L'année suivante, Léger introduit majuscules et signalétique urbaine, dans *Les Hommes dans la ville*, *Le Passage à niveau* et dans *La Ville*, synthèse plastique où l'affiche côtoie logiquement la grue et l'architecture géométrique. Réduite à des lettres isolées et des surfaces blanches encadrées de noir, elle contraste avec les arbres,

Brassaï, *Rue de Passy*, vers 1940.

les bœufs et les paysans à casquette des *Paysages animés*, conçus sur l'opposition du rustique et du contemporain, du champêtre et de l'industriel. La géométrie plane et fortement colorée des affiches perturbe la perspective et les tonalités atténuées par lesquelles se manifeste la nature – perturbation dont Léger use de façon à peu près systématique au début des années vingt. Il s'en explique en 1938 : « Par la fenêtre ouverte, le mur d'en face, violemment coloré, entre chez vous. Des lettres énormes, des figures de quatre mètres de haut sont projetées dans l'appartement. La couleur prend position. [...] Une débauche sans précédent, un désordre coloré fait éclater les murs. Aucun frein, aucune loi ne viennent tempérer cette atmosphère surchauffée qui brise la rétine, aveugle et rend fou[5]. » Il existe une relation entre l'invasion de la ville et de la banlieue par les affiches et l'usage de plans colorés, de majuscules, de formes schématiques. « Cette affiche jaune ou rouge, hurlant dans ce timide paysage, est la plus belle des raisons picturales nouvelles qui soient ; elle flanque par terre tout le concept sentimental et littéraire et elle annonce l'avènement du contraste plastique[6]. »

Sur le cliché de Cartier-Bresson, dans un triangle, une peinture murale indique la pharmacie, dont une main à l'index tendu montre la direction. Cette main signalétique, peinte ou affichée, montre dans un Brassaï de 1944 où se trouve le commissariat de police. En 1918, au centre du *Tu m'* de Duchamp, exécutée par A. Klang, artisan-peintre d'enseignes, elle dénonce l'artifice de l'illusion visuelle. En 1924, elle tient le *Siphon* que Léger peint en pastichant le trompe-l'œil méthodique. Ainsi se trouve crûment exhibée la nouveauté publicitaire qui placarde sur la ville des noms, des slogans, des prix.

Elle fait mieux que les placarder. Elle leur dédie des images de plus en plus convaincantes, qui doivent leur efficacité à leurs emprunts aux styles issus du cubisme. Pour *L'Intransigeant*, « le plus fort », Cassandre dessine en 1925 un profil simplifié d'où jaillissent des rayons obliques. Pour *L'Étoile du Nord*, en 1927, il invente un schéma géométrique, les lignes blanches des rails s'enfonçant à l'horizon jusqu'à une étoile blanche. Des horizontales noires rappellent à demi-mot les traverses des voies. En 1928, pour la peinture Valentine, Loupot stylise l'ouvrier en un robot de losanges juxtaposés surmontés d'une tête sphérique. De sa brosse, ce mannequin cubiste peint un cercle chromatique divisé en quartiers, exemple de recyclage de la modernité picturale dans l'affiche. Dans les années trente, qu'il travaille pour Dubonnet, Nicolas ou Triplex, Cassandre multiplie ces exercices de recyclage. Les figures disparaissent, réduites à des signes simples ou remplacées par des mots, des typographies entrecroisées où Cassandre semble tirer les conséquences tardives des papiers collés cubistes. Dans de tels cas – *Dubo, Dubon, Dubonnet* dans la version épurée de 1932 – les relations s'inversent. Ce n'est plus l'affiche qui envahit la représentation picturale de la ville, c'est l'histoire récente de la peinture qui détermine l'évolution de l'affiche.

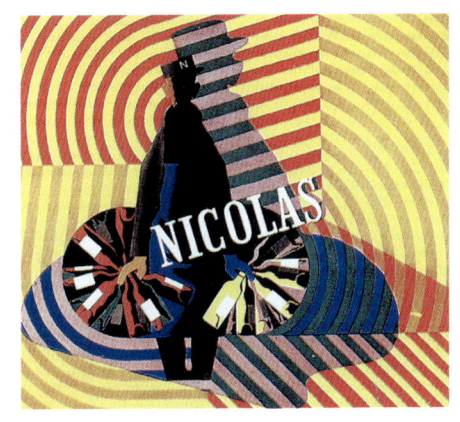

Cassandre, affiche pour Nicolas, 1935. Paris, musée de la Publicité.

Cas extrême néanmoins : les affichistes, pour la plupart, demeurent fidèles tout au long de l'entre-deux-guerres à un langage symbolique stéréotypé qui se ressent à peine des mutations esthétiques et Cassandre lui-même, pour faire acheter les cigarettes Celtiques ou vanter le *Normandie*, revient à une figuration minutieuse et cherche l'efficacité dans un surcroît de réalisme que la dimension des affiches hisse jusqu'au monumental. De la sorte, rues et façades sont tapissées d'images et d'inscriptions colorées comme d'autant d'appels à acheter et à produire. À Paris, sur les boulevards, leur abondance, la cacophonie de mots et de dessins sont telles que l'artiste allemand Karl Hubbuch leur consacre plusieurs dessins et aquarelles : l'architecture y disparaît sous l'accumulation des affiches. Boulevard Bonne-Nouvelle, en 1930, il se livre à un relevé si minutieux qu'il envahit la feuille et en expulse les figures humaines qu'il avait songé à placer au premier plan.

Quand les graphistes échouent, les photographes se substituent à eux, ce qui vérifie la remarque précédente. Man Ray exécute des commandes publicitaires en tirant parti de ses inventions. La plupart des photographes de l'entre-deux-guerres subsistent grâce à de telles commandes et s'emploient à l'apologie de l'électricité, de l'automobile ou des articles ménagers. Fascination réciproque semble-t-il, tant il est difficile de distinguer la photographie à vocation strictement publicitaire de l'image « désintéressée » quand cette dernière montre l'accumulation d'objets identiques, l'ordre symétrique d'une structure métallique, l'alignement des soupapes.

Ready-made

À New York, Duchamp se saisit d'une publicité pour peinture et la modifie légèrement afin d'y introduire une allusion littéraire. *Apolinere Enameled* (1916-1917) joue sur les mots d'une marque de peinture, la laque Sapolin, et sur son image publicitaire, détournée, corrigée jusqu'à faire surgir, dans le trivial américain, le fantôme du poète de la modernité. Le flacon *Belle Haleine, Eau de Voilette* (1921) parodie le luxe de la parfumerie et la mythologie de la séduction sur laquelle il fonde son argumentaire publicitaire. Il suffit d'un décalage pour que ce dernier perde toute force de conviction. Sur le flacon est collée une photographie de Duchamp travesti en femme, en Rrose Sélavy, celle qui signe sur le cachet doré qui orne la boîte. Ces objets transformés traitent par le pastiche et la dérision le commerce, l'art et la beauté.

Or le ready-made, à l'âge de son apparition, présente deux caractéristiques indissociables. Premier point : si son introduction dans le champ de l'art semble relever de l'intrusion inadmissible, c'est que sa conception et sa fabrication ne respectent pas les critères qui sont, jusque-là, ceux de la création artistique. L'exécution n'est pas manuelle, il n'y a pas de sujet, il n'y a pas de style. Il est donc logique que l'urinoir de faïence que Marcel Duchamp, sous le pseudonyme de Richard Mutt, veut exposer à New York pour le premier Salon des Indépendants qui s'y tient, soit refusé, même s'il porte un titre, *Fontaine*. Ce titre apparaît en effet comme manifestement abusif, si ce n'est obscène. Mais, deuxième point, Duchamp choisit ses ready-made. S'il s'agissait seulement de substituer un objet non artistique – au sens conventionnel du mot – à une œuvre d'art afin de faire éclater une contradiction, n'importe quoi conviendrait, une pierre, un morceau de bois, un tas de terre. Or, les ready-made duchampiens sont véritablement « made », faits – faits de machines ou des mains aidées de machines. À la matière brute, l'objet usiné se trouve systématiquement préféré : l'urinoir acquis dans une droguerie devient donc *Fontaine* (1917), la pelle à neige *In Advance of the Broken Arm* (1915), le porte-bouteille *Hérisson* ou *Séchoir à bouteilles* (1914), une housse de machine à écrire *Underwood Pliant… de voyage* (1916). La *Roue de bicyclette* (1913) conserve pour titre sa définition immédiate, de même que le *Porte-chapeaux* (1917).

Chacun d'eux exhibe son origine industrielle, sa qualité de produit fini. Ces choses proviennent de quincailleries, de bazars. La production industrielle est ainsi opposée à la création artistique – et la société industrielle contemporaine au monde ancien, artisanal, celui dans lequel la figure traditionnelle de l'artiste s'est imposée. Ce dernier signait des œuvres originales, dont l'acquisition ou la commande était affaire d'estime, de goût, de jugement esthétique. L'industrie met en circulation des objets identiques dont le prix d'achat est calculé selon des règles qui ne font aucune part à la subjectivité : monde du standard, de la chaîne, de la valeur d'usage. « Tandis que, dit Duchamp, la valeur profonde de l'art, c'est une chose qu'on ne peut pas déceler d'une façon temporaire, c'est une chose beaucoup plus profonde, et beaucoup plus durable[7]. » L'antinomie est à son comble, quand le temps de l'objet standard succède à celui de l'œuvre unique, le nouveau monde à l'ancien. Pour Duchamp, cela signifie : l'Amérique à l'Europe « aux anciens parapets ».

Plutôt que d'exalter après tant d'auteurs la force de contestation artistique du ready-made, il serait plus instructif de se demander à quelles observations et à quels regrets ces objets anti-œuvres répondent. Duchamp manifeste sa prédilection pour Jules Laforgue, dont, en 1911, il songe à accompagner decompositions plusieurs poèmes. Or Laforgue est le poète de l'anti-romantisme, du symbolisme miné par la dérision, du lyrisme qui ne peut se prendre longtemps aux charmes de ses effets – le poète de l'affaiblissement de la poésie, de sa probable disparition en une époque qui ne l'écoute plus, qui ne la révère plus.

Marcel Duchamp, *Roue de bicyclette*, 1913 (réplique de 1951). Ready-made, roue de bicyclette fixée sur un tabouret, 128,3 × 63,8 × 42 cm. New York, The Museum of Modern Art, collection Sidney et Harriet Janis.

« Rideaux tirés, clôture annuelle
Chute des feuilles, des Antigones, des Philomèles,
Mon fossoyeur, *Alas poor Yorick !*
Les remue à la pelle[8] !… »
Ou :

PAGE DE DROITE,
EN HAUT
Jean Tinguely,
Balouba, 1961-1962.
Assemblage : métal,
fil de fer, objets en
plastique, plumeau,
tonneau, moteur,
187 × 56,5 × 45 cm.
Paris, Musée national
d'art moderne-Centre
Georges Pompidou.

« – Allons, dernier des poètes,
Toujours enfermé tu te rendras malade !
Vois, il fait beau temps tout le monde est dehors,
Va donc t'acheter deux sous d'ellébore,
Ça te fera une petite promenade[9]. »

Duchamp dit de Laforgue que « c'était comme une porte de sortie du symbolisme[10] ». Or il accomplit la même tâche : il ouvre une « porte de sortie » hors des beaux-arts, parce qu'il n'est plus temps, non plus, de croire à leurs sortilèges. Dans ses propos, la description neutre du changement de monde côtoie des remarques moins retenues, « Alors, l'art est un produit, comme les haricots. On achète de l'art comme on achète du spaghetti[11] ». Ou, vers 1960 : « L'ésotérisme existe toujours, existera toujours, mais il peut être oblitéré par une époque – une époque comme la nôtre, par exemple, qui, depuis cent ans, à mon avis, n'a rien produit au grand sens du mot, surtout à cause de l'immixtion du commercialisme dans la question[12]. » Il dénonce la spéculation dans tous ses exercices, affirmant que la société contemporaine « est au service d'une divinité que j'appelle Spéculation ou Argent. Cette divinité a besoin d'être servie, et on ne sert pas une divinité sans être sérieux. Il n'y a pas d'humour là-dedans, c'est une question de vie ou de mort, qui prend la forme de l'argent, naturellement[13]. » Un artiste, au XXe siècle, s'il se refuse à tomber dans l'« exotérisme » et le « commercialisme » – la publicité et le capitalisme spéculatif – doit donc cesser d'être artiste, seul moyen d'éviter toute compromission, toute démission. Sinon, ses œuvres se changent, qu'il le veuille ou non, en supports pour commentaires et transactions. Elles alimentent la circulation publique des biens et participent des flux économiques, sans considération de sens ni émotion.

Celui qui n'accepte pas cet état des mœurs peut se faire joueur d'échecs professionnel, comme Duchamp dans l'entre-deux-guerres, ou inventeur et participer au concours Lépine, comme Duchamp en 1935, qui y présente ses *Rotoreliefs*. En aucun cas il ne doit consentir à faire entrer son art dans un monde qui ne peut que le méconnaître et l'humilier, à son insu. Le culte de l'argent ne peut être traité qu'avec mépris. En 1924, Duchamp invente des *Obligations pour la roulette de Monte-Carlo*, soit une spéculation sur le hasard. Il s'agit de « trente bons lancés pour l'exploitation d'une martingale pour faire sauter la banque de Monte-Carlo[14] ». Faire sauter la banque ne peut en effet que lui apparaître comme le plus séduisant, quoique le plus difficile, des buts – celui que la société des objets ne peut tolérer.

Le destin de l'objet

Désormais, cette société se dit « de consommation » et consacre l'essentiel de son intérêt – elle dit « de sa communication » – à accélérer l'écoulement des produits que l'industrie fabrique et qu'il faut que la distribution commercialise, avant destruction, récupération des déchets et recyclage. À la prolifération des nouvelles correspond celle des objets industriels, produits semblables diffusés à l'infini, uniformité des choses fabriquées et vendues à la chaîne, quelles qu'elles soient, livres ou vaisselle, vêtements ou lessive. L'identique règne, la reproduction indénombrable l'emporte : cycle rarement déréglé de la production et de la consommation, loi lassante de l'offre et de la demande. Dans l'imagerie quotidienne, la « réclame » entre pour une proportion de plus en plus considérable. Qu'ils se nomment Nouveau Réalisme ou Figuration narrative, les mouvements artistiques des années soixante prennent la mesure de la mutation du mode de vie. L'objet prend le pouvoir.

C'est reprendre le fil que Duchamp a lâché au début des années vingt. Les Nouveaux Réalistes l'ignorent si peu que Pierre Restany intitule une exposition « À 40° au-dessus de Dada ». Il y écrit, sans un souci excessif de la vérité historique, que, grâce au mouvement qu'il a fondé, « dans le contexte actuel, les ready-made de Marcel Duchamp […] prennent un sens nouveau. Ils traduisent le droit à l'expression directe de tout un secteur organique de l'activité moderne, celui de la ville, de la rue, de l'usine, de la production en série. […] L'esprit dada s'identifie à un mode d'appropriation de la réalité extérieure du monde moderne. Le ready-made n'est plus le comble de la négativité ou de la polémique, mais l'élément de base d'un nouveau répertoire expressif[15]. » On peut penser qu'il l'était dès 1913 et que Restany force le trait afin d'affirmer plus nettement la singularité des œuvres qu'il défend. Du moins la référence duchampienne est-elle présente sans équivoque.

Elle ne peut que l'être. En 1959, Robert Lebel publie *Sur Marcel Duchamp*, premier essai en français qui s'oppose à l'effacement de Duchamp et son oubli dans son pays natal – dont les musées ne lui consacrent alors ni achats ni expositions. À l'occasion de la sortie de l'ouvrage, Duchamp se rend à Paris en juillet et assiste à l'ouverture de l'exposition des *Méta-matics* de Tinguely. Il joue avec l'une d'elles, épisode dont une photographie conserve la trace. Un peu plus tard, il accepte le rôle d'inspirateur lointain, sans en surestimer la portée. « Les gens ont pensé, en regardant ce que les jeunes font maintenant, que j'avais eu des idées un peu similaires aux leurs et que, par conséquent, il y avait un échange de bons sentiments entre nous. Ce n'est pas autre chose.[…] Raysse, je l'ai rencontré ici (à Paris) puis de nouveau à New York. Spoerri, Arman, sont très intelligents[16]. »

Arman, Raysse, Spoerri, Tinguely, Niki de Saint-Phalle reprennent l'idée du ready-made sous forme de collection, de reliquaire et d'assemblage. Arman accumule dans des vitrines les pièces à conviction de ses *Portraits-robots* et de ses *Poubelles*. L'encombrement, la saturation ont force de dénonciation quand ils montrent l'uniformisation, la standardisation de tout, y compris des corps. Une boîte transparente reçoit une collection de dentiers neufs (*La Vie à pleines dents*, 1960), une autre des isolateurs et des circuits imprimés arrachés à des caisses

Arman, *La Vie à pleines dents*, 1960. Accumulation de dentiers dans une boîte en bois, 18 × 35 × 6 cm. Paris, Musée national d'art moderne-Centre Georges Pompidou.

enregistreuses (*Le Cerveau électronique*, 1961). Une accumulation de dizaines de masques à gaz derrière un plexiglas a pour titre dérisoire *Home, Sweet Home* (1960). *Miaudulation de fritance* (1962) rend un hommage sacrilège à la communication radio et ses progrès. L'emploi de la quantité et de la série se justifie parce que, écrit Arman, « ce procédé de travail est en corrélation avec les méthodes actuelles, automations, travail à la chaîne et aussi mise au rebut en série, créant des strates et des couches géologiques pleines de toute la force du réel[17] ».

Les premiers assemblages de Raysse répondent à la même volonté d'analyser les conditions économiques contemporaines. *Arbre* (1960) n'a rien de végétal, grappe de bouteilles et flacons de plastique coloré attachés à l'extrémité d'une tige métallique. *Pourrir avec délicatesse* (1960) n'a rien de délicat : dans des boîtes en plastique, des comprimés achèvent de se corrompre ou de tomber en poussière. Les colonnes de 1959 et 1960 superposent des objets divers, tels que figurines, fleurs artificielles ou bibelots, dans des tubes de plexiglas, parodies de présentoirs. La présentation peut aller jusqu'au mimétisme quand l'*Étalage de Prisunic* (1961) se compose d'échantillons d'alcools, de lessives et de produits alimentaires dans une vitrine. En 1961, dans la galerie milanaise d'Arturo Schwartz, Raysse construit un assemblage, *Étalage hygiène de la vision*, et en expose un autre à la Biennale de Paris, dédié à l'ambre solaire. Il doit être surmonté d'une photographie de baigneuse en carton découpé, mais les organisateurs, trompés par le faux-semblant, jettent cet élément, qu'ils prennent pour un panneau publicitaire véritable. Pour le premier festival du Nouveau Réalisme, Raysse réunit les éléments d'une jungle en plastique, qui préfigure la *Raysse Beach*, environnement ludique qu'il conçoit en 1962 pour l'exposition « Dilaby » au Stedelijk Museum d'Amsterdam. Il emploie des jouets, des bouées, des serviettes, des huiles, une enseigne au néon, un juke-box – le paradis tel que l'imaginent les prospectus des agences de voyage et les supermarchés. Il le peuple de photographies de baigneuses, indispensables à la mythologie des loisirs et du plaisir. Dans la version présentée dans la galerie Iolas, à New York, en novembre 1962, des néons rouges éclairent le décor, lumière artificielle pour une collection d'artifices.

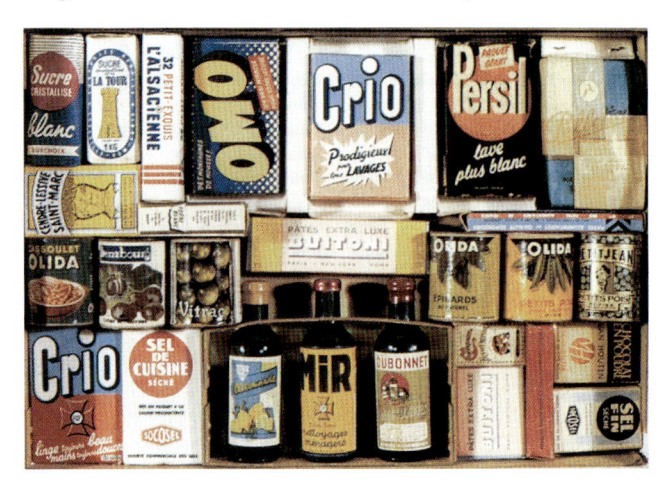

Martial Raysse,
*Étalage de Prisunic,
Hygiène de la vision
n° 1*, 1961.
Assemblage :
échantillon
de bouteilles
et de boîtes,
21,5 × 30,5 × 5 cm.
Collection
particulière.

À ses vitrines répond la *Collection d'épices* (1963) de Spoerri, dont les assemblages de la série *Les Puces* (1961) ne sont pas sans parenté avec les poubelles d'Arman. Poussant à son terme la logique de l'objet trouvé, Spoerri pratique à partir de 1960 la technique qu'il dit du *Tableau-piège*. Elle fixe sur un support à suspendre – un panneau de bois d'ordinaire – des choses dans l'état où l'artiste les surprend sur une table, une étagère, le coin d'une pièce. Pour *Le Petit Déjeuner de Kichka I* (1960), la capture se fait complète, puisque Spoerri conserve la chaise sur laquelle les pots et le bol ont été abandonnés. Le *Tableau-piège chez Tinguely* (1960) se saisit d'une casserole et de quelques débris métalliques dans le genre de ceux que le sculpteur assemble en machines aberrantes. *Ich darf nicht tanzen* (1961) fait l'inventaire d'une étagère d'électricien, *Les Boîtes* (1961) celui d'une menuiserie. À partir de 1963, Spoerri étend son activité à d'autres lieux, cuisines et restaurants – où, à l'occasion, il joue lui-même le rôle du chef, comme à la galerie J en mars 1963. Les reliefs du repas, le désordre des assiettes, des couverts et des serviettes sont ensuite fixés, comme figés par une vitrification instantanée qui les convertit en vestiges archéologiques. Ainsi crée-t-il *La Table bleue* (1963) et le *Repas hongrois* (1963), se refusant à intervenir dans la disposition des objets qu'il laisse à la place fortuite où ils se sont trouvés à la fin du dîner. L'obéissance au hasard établit la vérité de l'œuvre, laquelle tourne au document sociologique. Il prévient, dès 1960 : « Ne voyez pas ces tableaux-pièges comme de l'art. Ils sont plutôt une sorte d'information, de provocation, ils dirigent le regard vers des régions auxquelles généralement il ne prête pas attention, c'est tout[18]. »

Reliquaires encore : Niki de Saint-Phalle assemble débris, vêtements, chaussures, figurines, fleurs artificielles, jouets en plastique et éléments naturels pris dans le plâtre. Elle les noie sous une couche de peinture dorée, les éclabousse de couleurs qu'elle laisse dégouliner. Elle les détruit partiellement à coups de carabine et donne à chaque pièce le même titre, *Tir*. Les galeries où elle les présente se changent en stands où les visiteurs sont priés de contribuer à la dégradation des objets et, par là, à la mise à mal symbolique de la société qui les produit. En juin 1961, galerie J, elle organise *Feu à volonté* : il faut crever, à l'aide d'une carabine à plomb, des poches de peinture cachées sous le plâtre, parodie de dripping, d'abstraction gestuelle réduite à un exercice d'adresse. Parmi ceux qui se prêtent au jeu figurent Yves Klein, Jean Tinguely, mais aussi Frank Stella, Jasper Johns et Robert Rauschenberg. Non moins parodiques sont les effigies féminines gigantesques que l'artiste construit en collant des éléments variés et des étoffes encollées sur des armatures de grillage. *Crucifixion* (1963) est le nom qu'elle donne à l'une de ces poupées monstrueuses, au buste parsemé de fleurs, au sexe très apparent et au porte-jarretelles écarlate. *La Mariée* (1963) est plus

Daniel Spoerri, *La Table bleue*, 1963. Assemblage, 110 × 110 × 20 cm. Nice, musée d'Art moderne et d'Art contemporain.

macabre, comme le *Monstre* (1963), pseudo-dinosaure, et la *Femme éclatée* (1963) aux membres éparpillés parmi des débris maculés de rouge. Dans ces œuvres s'inscrivent le destin des êtres et des choses, leur disparition prochaine, l'anéantissement lent ou violent. À une époque qui célèbre la santé, la jeunesse, la prospérité, elle oppose ces allégories de la destruction, du temps, de la misère.

Les mêmes termes conviennent aux constructions de Jean Tinguely, auteur de pseudo-machines dont les mouvements, les engrenages, les rotations ne servent à rien – machines stériles plus que célibataires, tout juste bonnes à grincer, vibrer et, dans le cas des *Méta-matics* à raturer des feuilles de papier. Inutiles, plusieurs des *Baloubas* (1961-1962) secouent spasmodiquement des plumeaux de ménage ou des plumes à chapeaux. Parfaitement ridicules, elles exhibent les éléments de récupération qui les composent. Picasso, quand il construit la *Chèvre* ou la *Guenon*, incorpore des objets trouvés, corbeilles tressées ou autos miniatures, mais ne s'en saisit que dans la mesure où ils peuvent évoquer, allusivement, par ressemblance proche ou lointaine, les flancs de la chèvre ou le mufle de la guenon. Il métamorphose ces vestiges, mutation que le tirage en bronze parachève. À l'inverse, Tinguely conserve scrupuleusement aux détritus métalliques leur allure de détritus. Il les donne pour ce qu'ils sont, les vestiges hors d'usage de la civilisation mécanique. Nulle transformation dans ce cas, tout juste un bricolage qui ne veut pas être pris au sérieux, ce que suggèrent les titres, ouvertement parodiques. Ainsi des méta-mécaniques qui pastichent Kandinsky, Malevitch, Calder, Mondrian ou Herbin en suspendant à des tringles et des tiges des formes géométriques vivement colorées. Ainsi de *So grün war mein Tal* (1960) pour un assemblage pesant et rouillé.

Ces constructions ont la panne et l'effondrement pour fin assurée. En mars 1960, dans le jardin de sculptures du Museum of Modern Art de New York, Tinguely dispose son *Hommage à New York*, qui comprend un piano, des méta-matics, un ballon, des roues de bicyclette, des moteurs d'automobile.
Il fonctionne une demi-heure, fumant, explosant, avant de tomber en panne et de se fracasser au sol, comme son auteur l'a voulu. En mai, il recommence à Paris. Il y fait défiler boulevard Montparnasse ses plus récents bricolages, dont le *Cyclograveur* à pédales, *Gismo* et la *Dissecting Machine* qui est supposée scier des sculptures. Insensible – ou trop sensible – aux charmes de la parodie, la police municipale arrête le cortège. L'idée de l'autodestruction persiste dans nombre de créations ultérieures. *Étude pour une fin du monde n° 1* tombe en pièces en 1961 dans le parc du Louisiana Museet, devant une assistance ébahie. *Étude pour une fin du monde n° 2* explose à Las Vegas l'année suivante. En 1970, à Milan, piazza del Duomo, s'élève *La Vittoria*, sculpture phallique longtemps bâchée que Tinguely garnit de pyrotechnies. Après un discours lettriste de François Dufrêne, quand la bâche tombe, la structure s'effondre, des fusées explosent alors que des haut-parleurs diffusent *O Sole Mio* chanté par un ivrogne.
Le phallus mécanique est condamné au ridicule. Le parti-pris de dérision ne pourrait être plus clairement déclaré. Il se retrouve ultérieurement chez Richard Baquié, qui procède par récupération et bricolage à partir d'éléments contemporains disparates, pièces automobiles, appareillages électriques, ferrailles diverses. Il prolonge ainsi l'entreprise de déréglage des mécaniques commencée par Tinguely.

Destructions

À partir des années soixante, la critique duchampienne ne cesse de se faire entendre plus violemment, qu'elle porte sur la situation contemporaine de la peinture, sur le monde de l'objet ou sur le « commercialisme » qui s'est emparé de l'art et a transformé les œuvres en occasions de spéculation. Pour se soustraire à cette situation, Ben Vautier affirme un postulat radical : « Tout est art et l'art c'est la vie ». Il s'exclut de la sorte de tout système institué, du moins aussi longtemps qu'il ne produit pas à son tour des objets qui peuvent passer pour des objets d'art. En 1962, à Nice, il multiplie les interventions dans la rue. Assis sur une chaise, il pose devant lui une inscription, « regardez-moi cela suffit je suis art » ; ou il écrit à la craie sur un mur « Ben écrit sur les murs ». En octobre et novembre 1962, il participe au festival de la « Misfit Fair » à Londres, organisé par Daniel Spoerri et Robert Filliou : il s'installe derrière une vitrine et y tient le rôle de sculpture vivante en accomplissant les activités quotidiennes. Il s'expose, ce qui le fait ressembler à une œuvre. Il se représente lui-même, ce qui fait de lui une œuvre figurative mimétique – si ce n'est qu'il n'y a aucune œuvre au sens où le mot s'entend habituellement. L'année suivante, au festival Fluxus d'art total et de comportement, il mange en public un aliment surnommé « *mystery food* » et se lave ensuite les dents : hors des photographies documentaires, il ne peut rien demeurer de cette action, en elle-même parfaitement banale.

Ses performances relèvent de l'esprit Fluxus – mouvement international de contestation artistique et politique qui réunit Nam June Paik et Yoko Ono, George Maciunas et Henry Flynt, John Cage et Wolf Vostell. Ben les accompagne d'inscriptions satiriques en lettres blanches sur fond noir, « rien », « l'art est snob », « l'art c'est la pagaille ». Il les dispose sur la façade et les murs du magasin de disques d'occasion qu'il exploite – si l'on peut dire – à Nice et qui devient, de 1958 à 1972, une installation proliférante, ce qu'a été le Merzbau pour Schwitters. Contradiction et récupération : l'ensemble est démonté et installé au Musée national d'art moderne.

En 1968, Robert Filliou énonce le *Principe d'équivalence, bien fait, mal fait, pas fait*, qui parodie la règle d'une progression géométrique. En peu de temps l'œuvre prendrait des proportions démesurées si elle était faite : il convient donc de renoncer à la création. L'interruption est l'un des instruments de Filliou, qui l'applique à lui-même : après avoir participé à la Résistance, étudié l'économie et travaillé en Corée pour l'ONU, il renonce à tout travail en 1954, à vingt-huit ans. En 1960 il écrit une pièce, *L'Immortelle Mort du Monde*. En 1963,

César, *Ricard*, 1962.
Compression dirigée d'automobile,
153 × 73 × 65 cm.
Paris, Musée national d'art moderne-Centre Georges Pompidou.

Ben, *Le Magasin*, 1958. Paris, Musée national d'art moderne-Centre Georges Pompidou.

après la « Misfit Fair », il crée le *Poïpoïdrome*, dont la première manifestation est la lecture des litanies *Poï-Poï*, performance néo-dadaïste. De 1965 à 1968, il anime à Villefranche-sur-Mer la *Cédille qui sourit*, qui serait un centre d'expérimentation ininterrompue ouvert à tous, la transformation de la vie en art et réciproquement. Dans la *Boîte à outils de création permanente* (1969), il écrit deux mots en lettres de néon, « imagination » et « innocence ».

Il présente ses propositions sous la forme visible de vitrines et de collections. Les objets, édités parfois en multiples, se tiennent à l'écart de toute considération d'exécution, de la boîte en bois remplie de clous dénommée *Une invention encore plus curieuse du Gaga Yogi* (1976) au ready-made rudimentaire, une brique portant une estampille *Sans objet, Without Object* (1984). Il y avait eu auparavant *Dieu* (1970), un miroir portant ce mot en majuscules irrégulières.

Ce sont là indices, traces. Il serait inconvenant de les considérer comme des œuvres, puisque cette notion est refusée, puisque Ben et Filliou se refusent à collaborer avec un système qu'ils jugent détestable. Ils n'y interviennent qu'afin d'en dénoncer le fonctionnement et les contraintes. Ils cultivent l'insignifiance comme un moyen de dénonciation, comme une tactique qui pourrait permettre de « faire sauter la banque », selon le vœu de Duchamp. Si « tout est art », si l'œuvre balance entre « bien fait, mal fait, pas fait » comme entre trois solutions équivalentes, toute question d'exécution, de savoir, de référence, de réussite formelle n'a aucune importance. Ni celles de leur conservation, de leur entretien. Du moins en est-il ainsi en théorie et dans le premier moment de l'action. Si Filliou se tient jusqu'à la fin à distance de toute pose artistique et demeure irrécupérable pour le marché – à preuve la rareté des expositions qui lui sont consacrées après sa disparition –, les tableaux-aphorismes de Ben tournent à la marque de fabrique et à l'exercice calligraphique. Une écriture et un style sont associés à son nom, de sorte qu'il rentre dans le jeu. Il ne l'ignore pas et, en 1989, à l'occasion d'une rétrospective Fluxus, constate que « fluxus aurait aimé – être contre l'art, être contre l'ego, être contre la gloire, être contre l'argent, être contre l'institution », et que « fluxus a échoué et est art, est ego, est gloire, est argent, est institution[19] ». Revanche de la société capitaliste qui sait digérer les contestations et les convertir en plus-values.

Renoncement, parodie grave, autodestruction : après avoir côtoyé la Figuration narrative et l'hyperréalisme au début des années soixante – et travaillé alors sur des stéréotypes visuels qu'il poussait jusqu'à la presque illisibilité –, Gérard Gasiorowski cesse de peindre. Quand il recommence, c'est pour Les Croûtes (1970), faux paysages d'après des cartes postales ou des calendriers, et Les Impuissances (1972), figurations minutieuses absolument impersonnelles et banales. Il dénomme La Guerre (1974) un amas de débris, maquettes brisées et brûlées, jouets cassés. Il s'absente de sa création au point de l'attribuer fictivement à un collectif, l'académie Worosiskiga – anagramme de son nom – et de fabriquer en son nom des suites de pastiches dans la manière des artistes célèbres du moment, avec fausses signatures et certificats factices. Des chapeaux, des fleurs, des pots, des pictogrammes de maison s'accumulent en suites que Gasiorowski expose avec le soin méthodique et l'appareil critique dont usent les musées. Il prend l'institution à son propre jeu, tout en ajoutant aux collections d'*AWK Académie* des dessins et des *Tourtes* (1977-1979) à partir de ses excréments.

Gérard Gasiorowski, *Académie AWK*, les classes 12, 1976-1980, fragment. Huile sur toile, 36 × 160 cm. Paris, galerie Maeght.

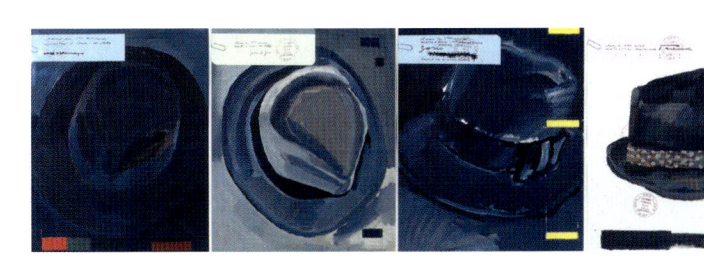

Le retour vers une peinture qui accepterait sa singularité et le nom de son auteur s'opère par le truchement de citations et d'hommages. Gasiorowski se réfère à Lascaux, à Giotto, à Rembrandt, à Manet, à Giacometti, aux civilisations mésopotamienne et pascuanne avant d'entreprendre en 1986 *Fertilité*, composition abstraite monumentale, dernière œuvre qu'il ait eu le temps d'achever.

Une autre stratégie d'inspiration duchampienne organise les démarches de Bertrand Lavier et d'Ange Leccia. L'exercice est double, critique de la peinture et manipulation des choses. Sur le premier point, il pourrait paraître superflu de revenir. Restany, en 1961, voit dans le dadaïsme une négativité, une provocation, la mise à mort de la peinture. Cette interprétation, avalisée, généralisée jusqu'à en être galvaudée, se retrouve dans des travaux qui mettent l'image à mal, une fois de plus. Les premières peintures de Leccia traitent à l'acrylique en noir et blanc des images réduites à des taches, de sorte qu'elles ressemblent à des tirages photographiques exagérément contrastés, au point de perdre leur lisibilité. Leur succèdent des travaux plus silencieux encore, tel *Rabamù* (1978), points noirs et maculations qui recouvrent la totalité de la toile sans laisser transparaître ni une figure ni une répartition ni un rythme. Au même moment, dans *Landscape Painting and Beyond n° 2* (1979), Lavier juxtapose le tirage photographique d'un paysage lacustre et son traitement pictural en style impressionnisant. *Peinture* (1983), une surface recouverte d'un blanc épais encadrée d'une baguette lourdement dorée parodie le monochrome. *On Reflection* (1983) est une glace nappée d'une couche de colle qui empêche les reflets. *Walt Disney Productions 1947-1984* réunit une suite de détails agrandis d'un dessin animé où les ateliers de la firme Disney avaient pastiché l'art moderne tel qu'ils l'imaginaient.

Il s'agit de pratiques ironiques de la peinture, comparables à celles de Bernard Frize. Ce dernier joue de l'hétérogénéité des techniques et d'une virtuosité mécanisée afin d'obtenir des peintures d'apparence abstraite auxquelles il donne des titres évidemment incongrus, *Drexel, Burnham et Lambert* (1987), *Villahermosa* (1987), *Pallas* (1988), *52 % vrai, 47 % faux* (1991) – ou simplement techniques, *Cinq vues dans un carré* (1992), *Suite automatique* (1996). Les toiles portent des éclaboussures, des entrelacs de rubans multicolores, des quadrillages en partie effacés. Il y a quelque équivoque dans ces œuvres qui, tout en semblant relever d'une démarche critique et distanciée, n'en développent pas moins une stylistique de l'harmonie et du geste qui se risque jusqu'à la proximité du décoratif à force de cultiver la réussite chromatique. Dans les années quatre-vingt et quatre-vingt-dix se développe ainsi une peinture qui affecte de dénoncer les procédés qui la constituent en les employant de la façon la plus visible – ce qui est une manière de faire des tableaux à nouveau mais aussi de s'enfermer dans une pratique obsédée par la technique, les jeux de forme, les effets plastiques.

Bernard Frize, *Pallas*, 1988. Installation à l'ARC, Paris.

Ni Lavier ni Leccia ne demeurent dans cette situation, quittant la pratique picturale pour la lutte avec l'objet. Lavier recouvre d'une couche épaisse de couleur un appareil-photo (*Canon*, 1981), une horloge murale (*Vedette*, 1982), un bureau (*Strafor*, 1983), ou les ailes d'une automobile (*Fleetwood*, 1984). Il a soin alors de choisir le ton local, seulement amplifié par l'éclat de la matière et la lourdeur

Bertrand Lavier, *Walt Disney productions 1947-1985-1995*, de gauche à droite : *Walt Disney Productions n° 5, 1947-1985*, *Walt Disney Productions n° 4, 1947-1985*, *Walt Disney Productions n° 6, 1947-1985*, *Walt Disney Productions n° 1, 1947-1995*. Installation au Castello di Rivoli.

de l'empâtement. Autre manière de désigner la prédominance de la chose tout en se démarquant de toute tradition des beaux-arts, de renchérir sur le ready-made en concevant des installations, un réfrigérateur sur un coffre-fort (*Brandt/Fichet-Bauche*, 1985) ou un cylindre de tôle ondulée sur un container (*Prive/Modi*, 1986). Les variations sont innombrables, *Ikea/Zanussi* (1986), *EWT/Jewel* (1986). Énumérer l'inventaire de ces superpositions reviendrait à dresser le catalogue des principales entreprises internationales productrices de biens de consommation. On ne saurait manifester avec plus de littéralité la puissance de l'objet contemporain, que Lavier place au centre des musées ou des galeries comme un intrus encombrant – à moins que l'on ne préfère y voir un symbole. Seule limite de l'exercice : à trop se répéter ou à glisser au monumental, il court le risque de la banalisation, son pouvoir de perturbation s'amenuisant au fur et à mesure de l'accoutumance.

Les *Arrangements* de Leccia reposent sur un principe différent, le face-à-face de deux ou plusieurs objets identiques. Il peut s'agir de motos ou d'automobiles, mais plus souvent de lampes, de projecteurs et de téléviseurs. Ces derniers sont enfouis sous des éclats de ciment, dissimulés par un linge ou retournés de telle sorte qu'ils ne projettent qu'une lumière blafarde ou bleuâtre. *Le Baiser* (1985) ne rend pas hommage à Brancusi, fût-ce par ironie. Deux projecteurs s'affrontent, identiques, lentille contre lentille, n'éclairant qu'eux-mêmes, ne servant à rien. Leccia calcule et met en scène leur inutilité, belles machines sans nécessité ni emploi, et ses installations tournent aux vanités, d'autant plus inquiétantes qu'elles frappent de nullité la vue, la lumière, le mouvement, la projection des images. Célibataires, elles sont vestiges et fantômes, ready-made sans doute, mais funèbres.

Ange Leccia, *Conversation*, 1985. Fauteuils, projecteurs, dimensions variables selon l'installation. Collection FRAC Bourgogne.

Point ultime de la disparition dans le monde de l'image contemporaine :
il ne reste de l'art qu'un simulacre séduisant, les artifices d'une présentation
publique. Philippe Cazal se met en scène selon les canons de la photographie
de mode, la pose étudiée, la mise soignée, en compagnie d'un modèle féminin.
Il reproduit le dispositif stéréotypé des campagnes publicitaires, si ce n'est
qu'une inscription annonce *De plus en plus de gens apprécient l'art moderne, nous aussi*
(1985). Philippe Thomas réunit quant à lui les figurants d'un *Hommage à Philippe
Thomas, autoportrait en groupe* (1985) où la place de l'artiste, centrale évidemment,
est occupée par un cliché de mer et de ciel, sans horizon, sans rien à voir.
Jean-François Brun et Dominique Pasqualini s'associent pour fonder IFP
(Information, Fiction, Publicité). Cette agence propose aux musées et aux
collectionneurs des caissons lumineux semblables à ceux qui introduisent
la publicité dans les aéroports et les galeries marchandes. Au cliché attendu,
ils substituent la photographie d'un ciel nuageux, ce qui peut passer pour
le pastiche de l'imagerie touristique, une allusion à la tradition des paysagistes
ou la manifestation de l'absence.

Images mouvantes

Aux images de l'actualité et du commerce se mêlent les imageries du cinéma.
Le XXe siècle leur appartient, histoire d'une pénétration rapide et générale.
Il est à peine nécessaire d'entrer dans les détails de cette dernière, tant elle
s'impose comme une évidence.

Projections

Aux spectacles dans cafés et théâtres, le temps du cinématographe-attraction,
succèdent dès la décennie 1900 les salles aménagées à cet usage exclusif. Un
pianiste ou un orchestre assurent l'accompagnement musical de ces images
encore muettes. Il s'en construit, plus luxueuses ou plus modestes, dans les villes
et jusque dans les bourgs, alors que la critique de cinéma apparaît dans la presse
et que pointent les manifestations les plus précoces du *star system*. La presse
consacre au cinéma de plus en plus de place. À partir de 1919 les quotidiens
tiennent régulièrement la chronique des sorties et les revues littéraires elles-
mêmes ne peuvent les négliger, si peu qu'à partir de 1920 Léon Moussinac devient
le critique cinématographique du *Mercure de France*. Des revues spécialisées se
créent, *Le Film* de Diamant-Berger, *Le Journal du cinéma* et *Cinéa* que Louis Delluc
fonde en 1920 et 1921.

Les premières entreprises françaises de production cinématographique se
constituent dès le début du siècle. Tout en faisant de l'Hippodrome, place Clichy,
le Gaumont Palace et la plus grande salle du moment, Léon Gaumont établit
le premier de ses studios en 1905 aux Buttes-Chaumont, puis construit à Nice
les studios de la Victorine. En 1906, les établissements Gaumont annoncent
un capital de deux millions et demi de francs – puis de quatre en 1913. Ainsi
concurrencent-ils la société Pathé frères, fondée en 1896, propriétaire de studios
à Vincennes, d'un laboratoire à Joinville-le-Pont et de plusieurs salles. En 1907,
Charles Pathé imagine de louer des copies plutôt que de les vendre : ainsi pallie-
t-il la lenteur de leur fabrication et favorise-t-il la constitution de réseaux de

distribution qu'il étend en Europe et jusqu'à Singapour et Calcutta. En 1910, le chiffre d'affaires de la société s'élève à soixante millions de francs-or. Aventures de *Musidora*, mélos, drames mondains et bluettes prolifèrent, tournés en studio – Gaumont et Pathé. L'une et l'autre société connaît par la suite des fortunes diverses. La concurrence américaine les affaiblit dès les années vingt et force Pathé à renoncer à ses ambitions internationales. Mais, quels que soient les épisodes de leur destin, qui ne sont pas achevés, la promptitude de leur croissance initiale montre quel engouement les porte. Dans les années qui précèdent la Seconde Guerre mondiale, la fréquentation annuelle se situe autour de deux cent cinquante millions d'entrées. C'est alors, en 1936, que Panofsky, émigré aux États-Unis, écrit *On Movies*. Il y observe que « si une loi forçait tous les poètes, tous les compositeurs, tous les peintres et tous les sculpteurs à renoncer à leur activité, seule une fraction du public s'apercevrait de la différence et une portion plus infime encore en éprouverait le moindre regret. Si la même interdiction frappait les cinéastes, les conséquences sociales seraient catastrophiques[20]. »

Le triomphe du cinéma se renforce après la Seconde Guerre mondiale, qui n'est pas en France une période de disette, mais de censure. Quand ils existent – en France à partir de l'institution par le régime de Vichy d'un contrôle des recettes –, des chiffres plus précis indiquent que jusqu'à la fin des années 1950, le succès continue à augmenter, jusqu'à dépasser quatre cents millions d'entrées en 1957 et 1958. L'arrivée massive en 1945 des films américains interdits sous l'Occupation contribue à cet accroissement. Passé cette décennie florissante, le niveau décline régulièrement dans la décennie suivante, jusqu'à devenir inférieur à deux cents millions. À ce seuil, il se stabilise un moment, connaît une nouvelle glissade à partir de 1982 jusqu'à ne plus dépasser que de peu cent millions d'entrées en 1990.

Cette érosion n'affecte pas le « crédit » visuel du cinéma. Si la fréquentation des salles a diminué, c'est pour l'essentiel en raison du succès de la télévision – laquelle puise dans le cinéma une partie de plus en plus importante de ses programmes et répercute à l'envi les bonheurs et malheurs des stars nationales et internationales. En 1960, la télévision diffuse une centaine de films par an. En 1990, le total se situe entre neuf cents et un millier de films – ceci avant que le système de la télévision par câble ne se développe. Déterminée par la concurrence commerciale hors de toute considération intellectuelle, la politique des chaînes repose sur des principes élémentaires : diffusion des films réputés à succès dans un très court délai après leur sortie en salle et rediffusion des films dont l'« audimat » a démontré la supériorité par le taux d'écoute. Ladite industrie opère à échelle mondiale, de sorte que sujets, figures et stéréotypes sont d'origines diverses, américaine pour l'essentiel, plus rarement française, plus rarement encore britannique, asiatique, italienne ou africaine. Chacun sait les raisons de ce triomphe : le cinéma peut tout montrer, rendre tout visible, bien au-delà de la vraisemblance. À mesure qu'elles se perfectionnent, ses techniques reculent les limites de la représentation, loin du simple enregistrement, loin de la simple mise en scène, jusqu'à la simulation. La confiance qu'expriment précocement Apollinaire et Soupault n'est pas déçue : rien n'est impossible à l'image cinématographique. Nulle technique ne se révèle plus fertile en effets et artifices visuels : mobilité, dynamisme, rythmique, gros plan, travelling, truquages ; mais aussi invention de décors naturels ou faux, de figures emblématiques et héroïques, mythes contemporains ou anciens, exotisme dans l'espace et le temps.

Cette capacité s'affirme vite. La première démonstration cinématographique des frères Lumière a lieu le 28 décembre 1895 au Grand Café. Georges Méliès bâtit le premier studio en 1897 à Montreuil et y déploie les machineries que son savoir en matière d'automates et de prestidigitation lui permet de maîtriser. Grâce à ce dispositif il parvient à donner apparence visible à l'impossible (*L'Homme à la tête de caoutchouc*, 1901), l'imaginaire (*Le Voyage dans la lune*, 1902), l'exotique (*Combat naval en Grèce*, 1897), le dramatique (*Éruption volcanique à la Martinique*, 1902), le fantastique (*Le Cabinet de Méphistophélès*, 1897) ou (*Vingt Mille Lieues sous les mers*, 1907), l'historique (*L'Affaire Dreyfus*, 1899). Dans son studio, il reconstitue l'explosion du cuirassé Maine et le sacre d'Édouard VII. Il raconte jusqu'à *La Civilisation à travers les âges* (1908). Dès le début du siècle, avant même que les productions américaines ne parviennent en France, le cinéma démontre l'étendue de ses dons. On en négligerait le plus simple : qu'il crée du déplacement et du mouvement alors que les arts picturaux et la photographie, telle que l'ont pratiquée Muybridge et Marey, ne parvenaient qu'à décomposer leurs phases.

L'histoire du cinéma, depuis lors, tient la chronique ininterrompue de ses perfectionnements techniques. Des truquages approximatifs de Méliès aux images de synthèse et à leur production informatique, les moyens se modernisent et gagnent en trompe-l'œil. Ils autorisent apparitions monstrueuses et effets spéciaux de tout ordre. Ces améliorations, comme celles qui affectent la prise de vue, les éclairages, la mobilité de la caméra ou l'élaboration d'un décor ne font cependant que confirmer la toute-puissance du cinéma. Le factice et le fictif triomphent, factice du fantastique et de l'imaginaire, fiction d'une reconstitution historique, tel *L'Assassinat du duc de Guise* tourné dès 1908 par Calmettes et Le Bargy. Contemporains, les premiers westerns apparaissent aux États-Unis, alors que l'Ouest qu'ils dépeignent n'est plus. Signe de cette fascination : en novembre 1913, alors qu'il séjourne à Sorgues, Braque introduit dans deux « papiers collés » des programmes du Tivoli Cinéma. L'un annonce pêle-mêle un documentaire (*Petits métiers au Caucase*), du comique (*Polycarpe sur le fil*), un western (*Cow-boy millionnaire*) et un drame (*Le Poignard*). L'autre promet la projection de *Statue d'épouvante*. Plusieurs nouveautés sont ainsi manifestes : la diffusion du cinéma jusque dans un bourg méridional, l'engouement pour l'inconnu et le goût des émotions fortes que les truquages satisfont.

La déception cinématograhique ?
Émotions fortes, effets spéciaux. Plaisirs immédiats, faut-il ajouter.
De ses capacités techniques, le cinéma fait-il un usage plein de discernement, déterminé par des exigences intellectuelles et artistiques fortes ? On ne peut le prétendre. S'il améliore ses performances, devient parlant et de plus en plus virtuose dans l'entre-deux-guerres, il n'est pas certain que le cinéma français soit dominé par des questions esthétiques. L'économie l'emporte de loin, laquelle prédispose à préférer la facilité à la surprise. Le cinéma est, pour l'essentiel de la production, une industrie du divertissement. Celle-ci cherche à séduire

et à distraire le plus grand nombre. Les films français des années vingt et trente empruntent, pour beaucoup, au mélodrame, au feuilleton, à la pantomime. La question de leurs moyens spécifiques intéresse moins les réalisateurs que les emprunts et les adaptations qu'ils tentent à partir du roman, du théâtre, de la farce. Rares sont ceux qui échappent à la facilité, à la médiocrité d'un spectacle dont ce serait peu dire que déplorer la faiblesse de ses exigences intellectuelles. La remarque s'impose aussi bien à propos des productions américaines qui s'exportent en France dès la décennie de la Grande Guerre et attire des foules de spectateurs de plus en plus fournies et conquises.

En 1936, Léger, collaborateur de *La Roue* et de *L'Inhumaine*, réalisateur de *Ballet mécanique*, avoue sa déception. Des ouvriers, il se demande : « Quel art représentatif peut-on donc imposer à ces hommes-là ? Quand ils sont tous les jours sollicités par le cinéma, la T.S.F., les énormes montages photographiques de la publicité ? Comment vouloir entrer en concurrence avec ces énormes mécaniques modernes qui vous donnent de l'art vulgaire à puissance mille[21] ? » Il reconnaît dans la surabondance des moyens financiers la menace la plus dangereuse. « C'est difficile d'être riche. Le cinéma risque d'en crever. Dans ses salles en or avec ses vedettes en argent, il ne se donne même plus la peine de réaliser des scénarios, il démarque le théâtre, il copie les pièces. Alors vous vous imaginez que ce recrutement du matériel humain nécessaire à ces sortes d'entreprises n'est pas difficile à faire. […] La curiosité actuelle est de savoir jusqu'où le Cinéma Commercial va tomber. La moyenne du théâtre est moins basse[22]. » Il analyse la fatalité du vulgaire, dont la permanence est assurée par la rentabilité. « C'est la course aux "moyennes" et la pression financière qui de temps en temps font que le cinéma se fiche dedans – comme il doit faire de l'argent à tout prix, il s'inquiète trop du public, du succès, il n'ose pas "risquer". Comme on sait qu'un joli garçon et une charmante fille, s'ils sont vedettes, feront le succès, on joue sur eux gagnant ; le reste est sans importance, on bâcle un scénario et le tour est joué[23]. » Léger ne place plus d'espoir que dans le cinéma russe et américain, « des pays où l'animal humain est plus "matière première" et le plus loin possible des nobles et vieilles traditions latines ». Il ne cite que deux noms, deux contre-exemples, ceux que cite aussi Panofsky au même moment – coïncidence significative –, Charlie Chaplin et Buster Keaton.

Mais de qui pourrait-il se réclamer en France ? Après son *Ballet mécanique*, il reprend les instruments du peintre pour ne plus les quitter. Après *Entr'acte*, les tentatives pour faire se développer un cinéma d'avant-garde sont fort rares. Man Ray tourne *Emak Bakia* (1926), où il multiplie les superpositions d'images. Les yeux d'une femme apparaissent dans les phares d'une automobile. Des jambes fantomatiques avancent et reculent spasmodiquement. Une voiture semble entrer en collision avec un troupeau de moutons. Une femme que l'on croit sortir sur un balcon débouche sur une plage et la caméra feint de s'enfoncer dans l'eau. Cassures et transformations affectent autant la continuité de *L'Étoile de mer* (1928), autre film de Man Ray inspiré par un poème de Desnos. L'étoile de mer, fantôme, se superpose aux images d'une femme tenant un long poignard. De tels effets prolifèrent dans ses photographies, accentués par la solarisation. Des filaments blancs serpentent sur le torse nu de Lee Miller. Mais Man Ray accomplit cependant l'essentiel de son œuvre par la photographie.

Demeurent deux exceptions, les deux premiers films de Luis Buñuel, tournés et montés à Paris. En 1928, Buñuel est le réalisateur du *Chien andalou*, court métrage dont il cosigne le scénario avec Salvador Dalí, son ami depuis leur rencontre à Madrid en 1917. Après sa projection, le film reçoit l'approbation de Breton, conquis par l'irréalisme des situations et des enchaînements, l'étrangeté des objets, la violence des images – à commencer par celle sur laquelle il s'ouvre, un rasoir tranchant un œil. *L'Âge d'or* (1930) est une œuvre plus collective, où le mouvement surréaliste s'engage plus avant. Si Buñuel en est le réalisateur et Dalí le coscénariste, Max Ernst y tient un rôle – le chef des bandits –, Paul Éluard prête sa voix au récitant et le mécène est le vicomte Charles de Noailles. La présentation du film s'accompagne d'un accrochage de Dalí, Ernst, Miró, Tanguy et Man Ray, et d'un livret auquel collaborent Breton, Crevel, Éluard, Aragon et Thirion. *L'Âge d'or* a pour argument l'amour irrésistible d'un homme et d'une femme, les catastrophes qu'il suscite, les scandales qu'il provoque, tout cela entrecoupé de passages allégoriques et de visions oniriques ou sacrilèges. Le 3 décembre 1930, des membres de la Ligue des patriotes et de la Ligue antijuive maculent l'écran, déchirent livres et photos, détruisent les toiles. Le film est interdit et saisi, alors qu'il a déjà subi des coupes à la demande des autorités de police.

Luis Buñuel,
Un chien andalou,
1928.

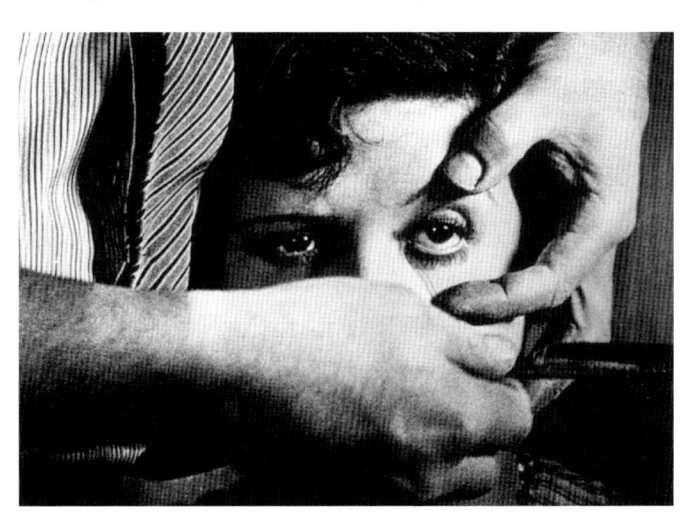

La production ordinaire, celle qui se projette dans les salles et s'affiche dans les rues est tout autre. Elle apparaît dominée par le mélo et un comique qui ne s'interdit pas la vulgarité – quand il n'en fait pas son fonds de commerce. Le vaudeville, le burlesque troupier, le genre « marseillais » attirent le public, pour *La Dame de chez Maxim's* (1933), *Tire-au-flanc* (1933), *Topaze* (1932), *Trois Artilleurs au pensionnat* (1937) ou *La Femme du boulanger* (1938). Sacha Guitry et Marcel Pagnol se fondent sur la primauté du texte, de ses répliques, des effets de théâtre filmé qui glissent au cabotinage pour peu que les vedettes – Milton dit Bouboule, Raimu, Jouvet – outrent leur jeu. Le risque, que Léger appelle de ses vœux, n'est pas ce qui attire producteurs et réalisateurs. Leurs films ne donnent de la réalité contemporaine qu'une image pittoresque, idéalisée, factice ou simplement n'en

Jean Vigo, *Zéro de conduite*, 1933.

Jean Renoir, *Toni*, 1935 (Andrex et Celia Montalvan).

donnent aucune. L'inventaire serait interminable de ces productions de distraction. Elles ne relèvent que de l'histoire économique de l'industrie cinématographique – et de l'histoire politique dans la mesure où nombre d'entre les plus populaires sont des collaborations franco-allemandes, tournées pour certaines à Berlin, après 1933, avec l'appui de Joseph Goebbels.

De la masse ne se distinguent que quelques adaptations d'œuvres littéraires, signées de Raymond Bernard qui s'appuie sur *Les Croix de bois* (1932) puis sur *Les Misérables* (1934) et de rares réalisations, celles de René Clair, Jean Vigo ou Jean Renoir. Dans *À nous la liberté* (1931), Clair introduit une satire de la modernité, dans laquelle les décors « futuristes » de Lazare Meerson comptent pour une part. Après l'échec du *Dernier Milliardaire* (1934), qui se veut une caricature des dictateurs et de leur mégalomanie, Clair se rend en Grande-Bretagne, puis aux États-Unis.

De Vigo, *Zéro de conduite* (1933) est interdit par la censure dès sa sortie et *L'Atalante* (1934) se heurte au scepticisme des distributeurs, qui procèdent à des modifications et, alors que Jean Vigo agonise, débaptisent son film pour le nommer banalement *Le chaland qui passe*. Or, par la violence du ton, la confusion de la réalité et du rêve, le refus des conformismes, le cinéma de Vigo n'est pas éloigné du surréalisme. Renoir, seul dans cette voie, développe un réalisme alternativement cru et retenu, de *La Chienne* (1931) au monde en déréliction de *La Règle du jeu* (1939). Entre ces dates, se succèdent *Toni* (1935), *Le Crime de M. Lange* (1936) et *La Grande Illusion* (1937). *La vie est à nous* (1936) et *La Marseillaise* (1938) ne dissimulent pas quel enseignement politique le réalisateur entend dispenser. *La vie est à nous* doit soutenir la propagande électorale du PCF et *La Marseillaise*, dont la CGT assure en partie la production, se veut le film populaire, lyrique et révolutionnaire qui pourrait être comparé aux réalisations d'un Eisenstein.

Jean Renoir, *La Règle du jeu*, 1939.

Renoir est plus à l'aise dans la chronique contemporaine, qu'il traite en se gardant autant que possible des simplifications par trop symboliques et de toute rhétorique sentimentale. Fils d'Auguste Renoir, il lui plaît de penser qu'il en continue l'œuvre d'observation. Observation jugée bientôt trop aiguë : en juillet 1939, quand sort *La Règle du jeu*, la polémique s'empare du film qui déconcerte – euphémisme – une critique plus habituée à des historiettes simples aux rebondissements si prévisibles qu'ils ont cessé d'être des rebondissements.

À la construction fragmentée du film de Renoir, l'incertitude des situations et des rapports, au glissement du temps qui passe, il est en effet reposant de préférer *Circonstances atténuantes*, « un film gai de Jean Boyer » comme le promet l'affiche. On y entend chanter « Comme de bien entendu » par Arletty et Michel Simon et le critique de *Gringoire* vante l'« imperceptible dandinement » d'Arletty, « son œil pur et pervers, sa voix qui, jusque dans la blague, a le velouté d'une caresse. » *La Règle du jeu* n'a pas de ces charmes.

Durant l'Occupation, la proportion des produits de divertissement et des œuvres exigeantes ne se corrige pas, en dépit – ou à cause – des circonstances. Ces dernières se révèlent d'abord favorables, en dépit de la guerre et de l'exil de réalisateurs qui s'établissent aux États-Unis – Clair, Duvivier, Renoir et Ophuls. La production en provenance des États-Unis interdite, le financement assuré par les capitaux allemands de Continental Films, le public soucieux d'oublier le présent : autant de raisons pour que le cinéma profite de la situation. Ce qui se passe, avec un penchant pour l'hommage aux grands hommes de France – Berlioz, Napoléon Ier, Mermoz – et la reconstitution historique des films « en costume » et à mots d'auteur, dont *Les Visiteurs du soir* (1942) de Carné et Prévert demeure l'archétype, à moins que ce ne soit l'adaptation du *Comte de Monte-Cristo* (1943) ou *Les Enfants du paradis* (1945), à nouveau de Carné et Prévert. Il n'est guère qu'Henri-Georges Clouzot pour oser alors donner de la France – une France qu'il s'abstient cependant de montrer trop contemporaine – des représentations acides dans *L'assassin habite au 21* (1942) et plus violemment encore dans *Le Corbeau* (1943). D'une façon qui laisse songeur, ce film vaut à Clouzot, en 1944, une interdiction temporaire de tourner qui ne frappe pas des cinéastes plus complaisants, plus équivoques que lui alors qu'à sa sortie, *Le Corbeau* soulève l'indignation des bien-pensants, du clergé et de la bourgeoisie conservatrice que la violence sensuelle de Ginette Leclerc met mal à l'aise.

Henri-Georges Clouzot, *Le Corbeau*, 1943 (Ginette Leclerc).

Il n'est pas question de tenter ici une histoire des images cinématographiques telles qu'elles prolifèrent de la Libération à la fin du siècle. Une telle entreprise relèverait d'une chronologie d'autant plus pléthorique et confuse que, sur les écrans français – grands et petits – passent des productions innombrables de toutes origines géographiques, quand bien même la dominante américaine ne cesse de se renforcer jusqu'à la date – 1987 – où le nombre des entrées obtenues par les films américains devient supérieur à celui des films français. Par la suite, la tendance se confirme, l'écart s'accentue et, en 1994, sur un total estimé de trois cent vingt millions d'entrées, les productions nationales comptent pour un peu plus de cent dix millions et les films « made in USA » pour cent quatre-vingt-dix millions, le solde revenant aux productions d'autres provenances, dont on peut mesurer de la sorte l'influence. À titre d'exemple, sans prétendre en déduire une sociologie du goût majoritaire, on peut citer les premières lignes de la hiérarchie des films ayant obtenu en France les nombres d'entrées les plus considérables. Se succèdent un film-catastrophe hollywoodien, *Titanic* (1997), un film comique français. *La Grande Vadrouille* (1966), un western italien, *Il était une fois dans l'Ouest* (1969), un dessin animé de la firme Disney, *Le Livre de la jungle* (1968), puis un deuxième film comique français, *Les Visiteurs* (1993). Dans des rangs à peine moins glorieux figurent *Les 101 Dalmatiens, Emmanuelle, Le Gendarme de Saint-Tropez* ou *Goldfinger*, qui ne sauraient prétendre au titre de chefs-d'œuvre de l'esprit humain.

Il existe ainsi, depuis 1945, un stock d'images mobiles en constante augmentation, en permanente circulation, sorties et reprises, découvertes et rediffusions, projection et cassettes vidéo. Cette abondance hétérogène constitue le « tout-venant » visuel contemporain, masse de références, de paysages, de visages, de corps, d'actions, de situations, de sentiments – plus rarement d'idées. La notion de nouveauté conserve quelque efficacité un moment, dans la mesure où elle permet de supposer quel film a été vu à tel moment, en fonction de la date de sa sortie et du succès qu'il a rencontré. La multiplication des ciné-clubs, la télévision, le commerce des cassettes la rendent inutilisable quand une seule constatation peut être formulée : qu'il est possible partout de voir à peu près n'importe quel film à n'importe quel moment. Aussi se trouve-t-on désormais face à une production inépuisable et insaisissable, mémoire sans limite. Dans cette situation, il ne reste d'autre solution que d'étudier les œuvres, qu'elles soient ou non cinématographiques, qui prennent quelque distance par rapport à ce qui serait le cycle le plus court de la production à la consommation, de la consommation à l'oubli, de l'oubli au recommencement, au recyclage, au *remake*.

Mythologies cinématographiques

Ce que produisent le cinéma et la télévision tels qu'il se fabriquent et se vendent, ce sont donc des images et un système de références universelles – les mythologies du siècle, entretenues, accentuées par l'abondance des supports qui les exaltent ou, plus simplement, les reproduisent par conformisme, parce qu'il convient de sacrifier à la « dernière mode ». Le cinéma-industrie – le flux des images contemporaines – crée ou renouvelle des types féminins et masculins et, fort de sa puissance de diffusion, en fait des modèles. La production la plus nombreuse, la plus facile, française ou hollywoodienne, invente des archétypes, incarnés par des stars. La femme incarne la beauté, la grâce, la jeunesse. Elle est l'objet des désirs, l'enjeu des combats. Elle est celle qui trouble l'ordre, suscite les passions, provoque la perdition. Les mythologies de l'homme ne sont ni moins nombreuses ni moins universelles. Les archétypes triomphent, allégories de principes premiers et de vertus réputées viriles, courage, énergie, endurance, séduction. Pas plus que de l'imagerie de la femme idéale, il ne faut attendre de l'imagerie de l'homme rêvé subtilités et nuances. Son succès semble directement proportionnel à sa simplicité.

De l'autorité des archétypes, la création artistique porte la marque depuis les années vingt. Elle emprunte poses ou visages aux films – par déférence et conformisme. Ainsi de la « garçonne », cheveux courts, corps androgyne. Plus que le roman de Victor Margueritte, les apparitions de Louise Brooks répandent cet idéal d'équivoque.

Elle est *American Venus* (1926) et l'héroïne travestie des *Mendiants dans la ville* de Wellman (1928). Elle devient *Loulou*, grâce à Pabst (1929), figure symbolique d'une époque – celle de *L'Europe galante* selon Morand – et d'une mode – celle de mademoiselle Chanel quand celle-ci cherche dans les vêtements masculins les matériaux et les coupes qu'elle adapte au corps de la femme. Ce serait assez que ces convergences, mais s'y adjoignent quelques photos de Man Ray, tels ses portraits de la marquise Casati, *Blanche et noire* et des nus de Kiki. S'y ajoutent les toiles de Van Dongen, amours saphiques de jeunes femmes brunes aux lèvres pâles, cortèges de promeneuses à Deauville, toutes vêtues de la même robe droite et simple, serrée à la taille, toutes coiffées du même petit chapeau rond et blanc. Dufy, avec plus de complaisance, dépeint le monde des courses et des thés dansants. La peinture prend acte d'une mode, lui donne ses icônes, participe à sa diffusion. Elle proclame qu'un type de beauté est devenu obligatoire, qu'il faut l'adopter pour mériter le regard des autres et que le vêtement doit permettre à celles dont l'anatomie ne satisfait pas aux canons du temps de donner le change. Elle sous-entend aussi que commence la standardisation des pratiques vestimentaires, de moins en moins empêchée par les différences sociales et économiques. La haute couture se voit contrainte peu à peu de s'inquiéter de l'imitation de ses modèles, de défendre ses droits à la propriété artistique et de songer au prêt-à-porter. Photographie publicitaire et cinéma sont les agents de cette uniformisation.

Kees Van Dongen, *Mademoiselle Miroir, Mademoiselle Collier, Mademoiselle Sofa*, 1914. Huile sur toile, 146 × 146 cm. Nice, musée des beaux-arts, dépôt collection particulière.

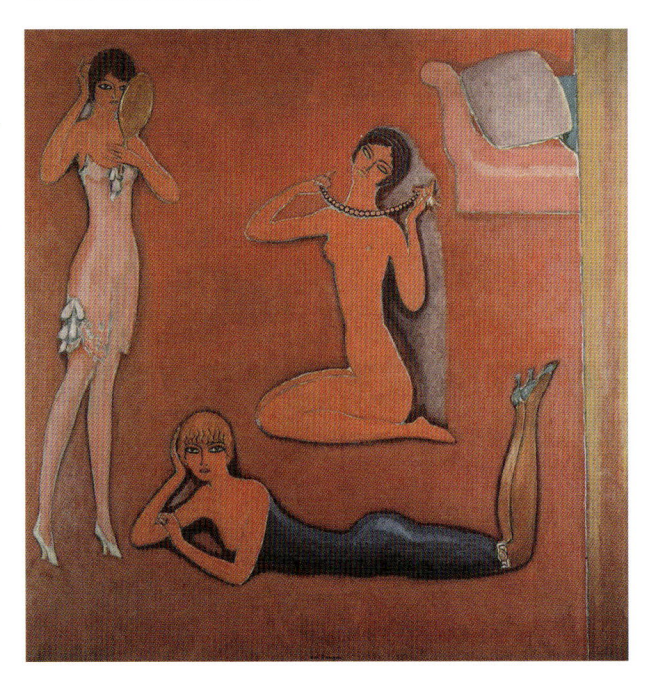

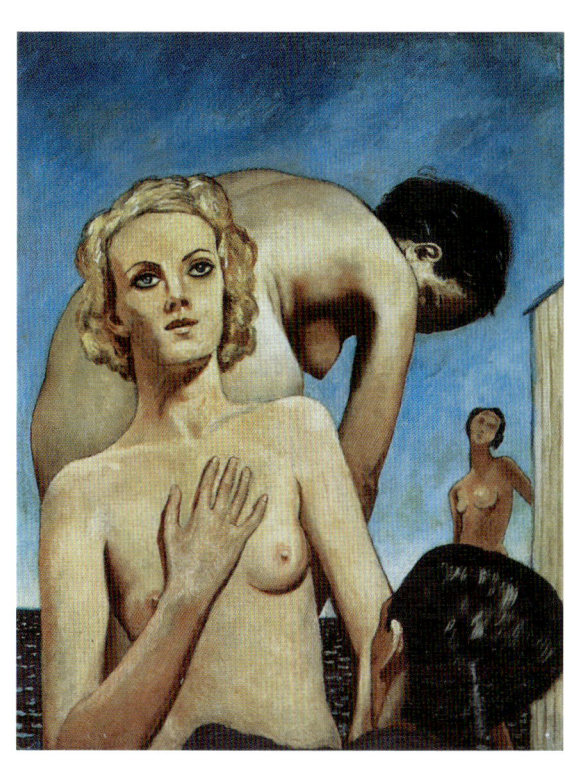

Francis Picabia, *Les Baigneuses, femmes au bord de la mer*, 1941. Huile sur carton, 92 × 72,5 cm. Genève, Petit-Palais, musée d'Art moderne.

 Il en est de même, dans l'entre-deux-guerres encore, de la gloire des « vamps » – le mot pénètre dans la langue française en 1921, abréviation de vampire. Après les silhouettes minces et équivoques des « garçonnes », il faut des chairs plus abondantes, un retour à Renoir corrigé par la pratique sportive – Mae West, Gloria Swanson. Il n'est pas jusqu'aux artistes qui ne se montrent à l'occasion sensibles à la notoriété éphémère de ces *sex-symbols* aux rôles de séductrices et aux vies réputées scandaleuses. Si l'on cherche en vain des signes de cette mode dans l'œuvre de Picasso, de Matisse ou de Bonnard, si Dufy demeure fidèle à un type physique à peu près invariable, il est des peintres plus dociles, agents de propagation d'une mythologie réduite à quelques signes. Ce ne sont pas ceux que l'histoire de l'art retient, mais leur succès public a néanmoins valeur d'indice – ainsi de Jean-Gabriel Domergue, qui a propagé l'archétype de la « Parisienne », entre girl de revue et mondaine délurée. Attitude inverse et plus révélatrice encore : l'ironie. Picabia rassemble l'inventaire de ces beautés aux formes généreuses. Il place son entreprise sous le signe des vedettes de l'entre-deux-guerres dont il peint le portrait en 1933, Greta Garbo et Suzy Solidor, puis Josette Day (1940). Leur succèdent l'idéalisme athlétique du *Nu devant un paysage* (1938), les bras écartés, face à l'infini d'une nature vierge et d'un ciel pur, les rondeurs des *Femmes au bulldog* (1941-1942) copiées des clichés parus dans *Mon Paris*, les poses alanguies de *La Brune et la blonde* (1941-1942) d'après *Paris Magazine* et une collection des nudités en un seul tableau, *Les Baigneuses* (1941) et *Cinq Femmes* (1942). Entre elles s'intercalent des têtes dites *Portrait d'une actrice* (1943) ou *L'Étreinte*, pastiche d'un cliché mélodramatique de *Paris Magazine*.

Picabia, dans ces toiles, copie en les agrandissant les photographies qui plagient les mises en scènes hollywoodiennes. Le clair-obscur accentue les effets, les poncifs, tout ce qui relève d'une théâtralité facile, qu'elle mette en scène les joies du plein air mises à la mode par le naturisme et l'hygiène dite « Scandinave », ou les charmes des danseuses de music-hall. La peinture parodie sous couvert d'imitation et feint de hausser jusqu'au « grand art » ce qui n'est que conventions commerciales.

Plus discrètement, non moins efficacement, Pablo Gargallo, en trois versions successives, réduit *Le Masque de Greta Garbo* (1930) à de rares signes immédiatement identifiables, les cils, la bouche, la courbe du menton. Il les découpe dans le métal et les assemble. Or ils suffisent, sans qu'il soit nécessaire d'ajouter la couleur des yeux ou le galbe des volumes. La star, quand elle accède à cet état, diffuse son apparence sous forme abrégée, en quelques contours. L'accoutumance du regard lui permet de compléter et d'identifier. La sculpture allusive de Gargallo joue de ces éléments et de leur simplification. Dans l'iconographie du sculpteur, Garbo rejoint des figures mythiques intemporelles, *Arlequin* et la *Romantica*. D'autres s'intitulent simplement *Petite Star*.

Après 1945, plusieurs fois, les canons changent et, chaque fois, le changement a l'ampleur d'une mode. La libéralisation des mœurs va de pair avec le succès de la mythologie érotique entretenue autour de Marylin Monroe, très largement célébrée par le cinéma et la presse dite « du cœur », importée des États-Unis en Europe vers 1955. Elle permet au style Bardot de se populariser après *Et Dieu créa la femme* (1956). L'économie du spectacle tire parti de telles figures, qui provoquent

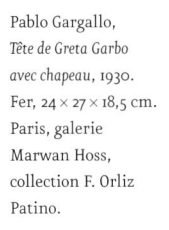

Pablo Gargallo, *Tête de Greta Garbo avec chapeau*, 1930. Fer, 24 × 27 × 18,5 cm. Paris, galerie Marwan Hoss, collection F. Orliz Patino.

séductions et identifications. Il convient seulement qu'elles soient changées à rythme régulier afin d'éviter la lassitude et de gagner de nouvelles générations de spectateurs. Si la mécanique s'empare essentiellement des actrices, elle sait aussi assimiler les héroïnes de la mondanité, Jacky Kennedy et Lady Diana.

De ce marché de la fascination collective, Raysse fait sa référence quand, en 1963, à la Dwan Gallery de Los Angeles, il expose *Mirrors and Portraits 1962*, suite de visages et de corps à la beauté standardisée selon les normes du moment. Chevelures blondes et lisses, sourcils dessinés au crayon gras, lèvres rougies, expressions convenues de la surprise, de l'émotion ou du secret : le principe de l'inventaire critique s'applique. Les titres se réfèrent à l'industrie hollywoodienne (*Mysteriously Yours*, 1964) et touristique (*Souviens-toi de Tahiti, France*, 1963). Des néons rehaussent photographies peintes et toiles. Dans *Ciné* (1964), le titre s'inscrit au moyen d'un tube de lumière blanche sur l'agrandissement d'une image, trois starlettes souriantes en maillot de bain. Des fleurs de tissu parsèment la surface.

À partir de 1965 et de la *Peinture à haute tension*, le stéréotype d'un visage parfait devient le sujet central. Découpé, évidé, dessiné au néon dans l'obscurité ou peint par flocage sur toile, il se réduit à quelques signes de reconnaissance, lèvres épaisses et rouges, œil, courbe du front. Ces signes, répétés à l'identique dans le *Tableau à géométrie variable* (1966) sont autant de poncifs. Dans la série des *Hygiène de la vision*, ils s'impriment sur des serviettes ou se réduisent à un contour découpé dans un faux carrelage, se confondant avec d'autres produits de consommation. Poussée à l'extrême, la réflexion sur les archétypes n'a plus besoin pour se

Martial Raysse,
*Hygiène de la vision :
double portrait*, 1968.
Assemblage,
199,5 × 114 × 26 cm.
Saint-Étienne, musée
d'Art moderne-
La Terrasse.

matérialiser que de la forme élémentaire d'une tête de femme découpée dans un carton, une couverture ou du papier journal. Le titre affirme alors la *Proposition n° 1*: *l'originalité d'une forme se mesure à sa propension à s'exercer sur tout état*. L'universalité de la communication médiatique se trouve portée à son paroxysme, paroxysme d'insignifiance et de banalité. La mythologie finit en fantômes.

Elle peut finir en mannequins, ceux dont Bernard Faucon peuple ses fausses scènes de genre, dont les sujets, les décors, la gestuelle sont le plus souvent conformes aux stéréotypes du cinéma et de la publicité, mais détournés, déséquilibrés. La présence d'un modèle vivant, mais travesti comme les mannequins qui l'entourent, accentue le malaise et le sentiment du factice. Dans *Les Grandes Vacances* (1980), les images des loisirs et des plaisirs ordinaires sont perverties de la sorte, et ce qui serait un souvenir de vacances, commémoré par une photographie de famille, se charge de l'ambiguïté de l'artifice qui s'avoue tel. Il en est de même, avec plus d'insistance, de Pierre et Gilles, dont les photographies parodient explicitement les icônes anciennes et modernes. Dans ces œuvres, la fausseté éclate, alors que les images qui véhiculent ces mythologies s'appliquent à dissimuler leur fabrication et que beauté, élégance, douceur, jeunesse, amour, désir s'obtiennent à force de conformisme et d'accessoires, faux cils, maquillages, lotions, un miroir, des houppettes et des vêtements.

Il est aussi des mythologies masculines, formulées et véhiculées avec les mythologies féminines – auquelles elles répondent, dans la tradition du couple de cinéma, Lauren Bacall et Humphrey Bogart, Romy Schneider et Alain Delon. Ces imageries ne sont pas moins conventionnelles. Il y a là le guerrier, l'aventurier, l'agent secret, le cow-boy, le gangster. Selon les circonstances, les auteurs, les périodes, l'une ou l'autre de ces figures prend le pas. Le cinéma hollywoodien en use largement et introduit en France des héros qui n'ont rien d'autochtone, voyou des films noirs, shérif des westerns. Si le second demeure enfermé dans le pittoresque d'un exotisme qui se consomme comme tel, sans espoir d'adaptation, le premier suscite imitations, pastiches et parodies, parce qu'ils appartiennent à une tradition.

Il existe depuis le siècle dernier une production de romans bon marché et de feuilletons qui captivent le lecteur en multipliant les crimes crapuleux sur les « fortifs » et les affaires de mœurs à Belleville et à Montmartre. Les illustrateurs du *Petit Journal* s'en servent, mais aussi les dessinateurs qui tiennent dans la presse la chronique des mœurs de leur temps, Forain, Steinlein, Grandjouan. Le souteneur, le « marlou » et le commissaire en sont les protagonistes, autant que filles publiques et maquerelles – Toulouse-Lautrec, Rouault, Picasso les introduisent dans leurs œuvres.

Jacques Monory, *Meurtre n° 2*, 1968. Huile sur toile, 229 × 196 cm. Musée de Grenoble.

Le cinéma renouvelle types et décors. En 1915, le succès des *Mystères de New York* inaugure un âge de nocturnes dramatiques. Dans Paris, quartiers louches ou quartiers modernes, des photographes – Brassaï, René-Jacques, Bovis – recherchent les lumières et les angles qui font de la ville une métropole inquiétante. Ils la révèlent obscure, mal famée, immense dans la nuit traversée par les triangles de lumière que projettent phares et lampadaires. Pluie, brouillard, hiver : ils tirent parti des intempéries qui aggravent pathétique et angoisse. Le même travail d'adaptation s'accomplit au cinéma, des années trente aux années soixante et soixante-dix, jusqu'aux films de Melville. Le peintre peut s'en saisir, répéter les scènes essentielles, fétichiser ironiquement armes et costumes. Jacques Monory s'y consacre, usant de la peinture, de l'assemblage et du cinéma. Meurtres, impacts de balles, automobiles : il procède à l'inventaire de ce romanesque codifié à l'extrême.

L'âge critique du cinéma

Dans son autoportrait *JLG/JLG* (1994), Jean-Luc Godard écrit et lit : « Car il y a la règle, et il y a l'exception. Il y a la culture, qui est de la règle, et il y a l'exception, qui est de l'art. Tous disent la règle, ordinateur, T-shirts, télévision, personne ne dit l'exception, cela ne se dit pas. Cela s'écrit, Flaubert et Dostoïevski, cela se compose, Gershwin, Mozart, cela se peint, Cézanne, Vermeer, cela s'enregistre, Antonioni, Vigo. Ou cela se vit, et c'est alors l'art de vivre, Srebrenica, Mostar, Sarajevo. Il est de la règle de vouloir la mort de l'exception, il sera donc de la règle de l'Europe de la culture d'organiser la mort de l'art de vivre qui fleurit encore à nos pieds[24]. »

Il se pourrait qu'il n'y ait rien à ajouter. Godard tire les conséquences de la situation contemporaine. Il décrit la consommation culturelle, l'inondation du tout-venant visuel, la normalisation par la saturation. Son œuvre et quelques autres, peu nombreuses, relèvent de la résistance à la montée de cet ordre qui, parce qu'il est industrie et investissements, donc rentabilité, s'applique au cinéma avec une rigueur qui ne connaît plus, justement, que des exceptions. D'une part les « professionnels de la profession » – l'expression est de Godard – ceux qui font profession, d'ordinaire lucrative, de fabriquer de l'image ; de l'autre ceux qui ont d'autres exigences, intellectuelles, stylistiques, artistiques autrement dit.

L'histoire de ces derniers commence en 1959, quand sortent les premiers films de Claude Chabrol (*Le Beau Serge*), d'Alain Resnais (*Hiroshima mon amour*), de François Truffaut (*Les Quatre Cents Coups*). L'année suivante vient celui de Godard, *À bout de souffle*. Ce que l'on désigne aussitôt comme la Nouvelle Vague du cinéma français – et qui est d'abord le groupe des critiques des *Cahiers du cinéma* – se distingue dès le premier moment par la vigueur avec laquelle il affirme deux exigences indissociables. Il s'agit de capter l'époque sous toutes ses formes et, donc, de renoncer aux conventions du langage cinématographique habituel, lieux communs dont le respect ne peut que favoriser le maintien des artifices qui empêchent de voir et de filmer juste. À vision nouvelle, procédés nouveaux – et matériel nouveau, caméras plus légères, son direct. L'historien du cinéma, quand il tente une spectrographie de cet art et de ses origines, constate son homogénéité et sa diversité. « Chacun à sa manière, écrit-il, Truffaut, Godard, Rohmer, Rivette, Chabrol ou Varda tressent ensemble la liberté de Renoir (liberté de la langue et des motivations et des protagonistes), celle de Rossellini (liberté de préférer que la réalité advienne plutôt que de la manipuler) et celle de Hawks (chez qui la part de jeu dans les actes les plus graves des personnages conserve aux films un allant emballant), pour fabriquer leur propre et féconde liberté de metteurs en scène. Et la Nouvelle Vague « fait son travail de cinéma », elle montre le changement de génération, l'évolution du langage et celle des mœurs, elle enregistre et raconte ce qui arrive à la ville [...][25]. » Plus brièvement, à propos d'*À bout de souffle*, Truffaut écrit que « Godard a pulvérisé le système, il a fichu la pagaille dans le cinéma ainsi que l'a fait Picasso dans la peinture, et comme lui il a tout rendu possible[26] ».

La comparaison est pertinente. Pour peindre la société moderne de 1910, ses objets, ses métamorphoses, il a fallu le cubisme. Pour filmer la société française du gaullisme et de la guerre d'Algérie, il faut d'autres instruments et d'autres constructions que ceux qui ont servi jusque-là. Dans *À bout de souffle*, ni l'histoire – à supposer qu'il y en ait une véritablement –, ni le jeu de Jean Seberg et de Jean-Paul Belmondo, ni les cadrages et le montage ne relèvent des us et coutumes du temps. De là la stupeur suscitée par le film à sa sortie, défendu par des amateurs de cinéma qui se nomment Sartre, Cocteau, Kessel, et attaqué par les professionnels, ulcérés par tant de désinvolture. À l'inverse, André Malraux, depuis peu ministre de la Culture, fait appuyer les débutants encombrants de la Nouvelle Vague par le Centre national de la cinématographie.

François Truffaut, *Les Quatre Cents coups*, 1959 (Jean-Pierre Léaud).

Godard ne cesse d'affirmer que son cinéma traite du moment présent. Il en traite au reste si nettement que *Le Petit Soldat* (1960) est interdit par la censure pour avoir le tort de montrer un soldat déserteur qui fuit l'engagement du contingent français en Algérie. *Une femme est une femme* (1961) explore un autre secteur de la vie contemporaine, les relations amoureuses, en évitant les règles du film psychologique et en annonçant *Une femme mariée* (1964), deuxième chapitre de cette étude. Entre-temps, *Les Carabiniers* (1963) revient sur la question de la guerre. Chaque fois, il y a détournement de genre et construction d'un style dont les ruptures, les superpositions, le rythme coïncident avec le sujet et le temps. *Hiroshima mon amour* ou, dans un registre tout autre, *Paris nous appartient* (1961) de Jacques Rivette vérifient la définition que ce dernier donne de son art : « Faire un film, c'est donc montrer certaines choses, c'est en même temps et parla même opération les montrer par un certain biais ; ces deux actes étant rigoureusement indissociables[27]. » La corrélation établie intellectuellement, il reste à la maintenir active et à ne pas laisser, par exemple, le « certain biais » l'emporter – maniérisme alors – ou les « certaines choses » – surenchère spectaculaire dans ce cas. Parmi les cinéastes de la Nouvelle Vague, il en est qui échouent dans cette tâche, ou n'y réussissent qu'irrégulièrement. À Truffaut, à Chabrol il arrive de « faire du cinéma » au sens trivial de l'expression, « faire du spectacle ». À Rohmer, il arrive de glisser à l'exercice de style et de tourner « du » Rohmer suivant une stylisation codifiée, celle de ses cycles, *Six Contes moraux* (1962-1972), *Comédies et Proverbes*. Dans *Pierrot le fou* (1965), Godard lui-même n'est pas loin de faire « du » Godard et il lui faut rappeler en 1967, à l'occasion de la sortie de *Deux ou trois choses que je sais d'elle* (1967) que « tous [s]es films ont constitué des rapports sur la situation du pays, des documents d'actualité, traités d'une façon particulière peut-être, mais en fonction de l'actualité moderne[28]. » Dans *Une ou deux choses…*, ce sera « la cruauté du néo-capitalisme, la prostitution, la région parisienne […], la physique de l'amour, la vie d'aujourd'hui, la guerre du Vietnam, la call-girl moderne, la mort de la beauté moderne, la circulation des idées, la gestapo des structures[29] ».

La définition s'appliquerait tout autant au *Mépris* (1963), à *Masculin Féminin* (1966), à *La Chinoise* (1967) et à *Week-end* (1967), métaphores satiriques, invraisemblables et d'autant plus véridiques d'un monde sans logique, sans liens autres que ceux de l'argent et de la soumission. Si différent soit le ton, elle vaut pour *Playtime* (1967) de Jacques Tati, satire de l'urbanisme et du mode de vie qui s'établissent, comme pour *Qui êtes-vous Polly Maggoo ?* (1966) de William Klein, dérision de la communication et du vedettariat tels que les organise la télévision. Elle convient aux expériences cinématographiques de Martial Raysse, *Jesus Cola* (1966), *Portrait Electro Machin Chose* (1967), *Camembert Martial Extra-Doux* (1969).

Jean-Luc Godard, *Le Mépris*, 1963 (Michel Piccoli et Brigitte Bardot).

Durant cette même période, Resnais poursuit sa réflexion sur les guerres et les défaites, à travers *Muriel ou le Temps d'un retour* (1963), *La guerre est finie* (1966) et à travers sa participation à *Loin du Vietnam* (1967), où il côtoie, le temps d'une entreprise collective, Agnès Varda, Klein, Godard, Joris Ivens et Claude Lelouch, dont la présence est moins attendue en tel voisinage. Rivette affronte la censure qui interdit *La Religieuse* (1966) parce que le film, inspiré de Diderot, serait de nature « à heurter gravement les sentiments et les consciences d'une très large partie de la population[30] ». Près de ces noms, il faut placer celui de Chris Marker, qui travaille avec Resnais, avec Joris Ivens, participe au montage et la production de *Loin du Vietnam* et signe des documentaires politiques, du *Joli Mai* (1963) à *Le fond de l'air est rouge* (1977) et *Casque bleu* (1995).

Après 1968, il reste de la Nouvelle Vague le souvenir – et les regrets parfois – d'une communauté perdue. Il n'est plus que des itinéraires singuliers marqués par la fidélité ou l'infidélité aux impératifs qui ont été affirmés initialement. Des infidélités, il importe peu d'établir la liste. Elles ne sont que concessions à l'évolution vers l'industrie du spectaculaire, envies de superproductions, désirs de grand succès qui incitent à se montrer de moins en moins scrupuleux. Pour une *Nuit américaine* (1973) de Truffaut, combien d'histoires sentimentales ou policières d'un intérêt douteux, soutenues par la célébrité de leurs interprètes ?

À l'écart de ces glissements, Rivette tente l'expérience de *L'Amour fou* (1971), plus de douze heures de projection pour faire entrer la vie, toute la vie, au cinéma, avec ce que ce dessein suppose de diversité, de brisures, d'improvisations, de fluidités et de références. Plus loin encore de l'économie du cinéma, Godard s'engage dans l'expérience collective et militante, puis fait celle de la vidéo, réalisant des émissions à caractère documentaire, sociologique ou social. Il ne revient à la réalisation qu'à partir de 1979, avec *Sauve qui peut/la vie*. *Passion* (1982), *Prénom Carmen* (1983), *Détective* (1985), *Soigne ta droite* (1987), tous construits par éclatement et recomposition de plusieurs trames narratives ou allégoriques. Ce sont les étapes d'une analyse du présent qui ne cesse de perfectionner ses instruments et use de la fragmentation et de l'entrelacs parce qu'ils sont les modes de perception de la réalité contemporaine – telle qu'elle est transformée, altérée par la télévision et la mémoire du cinéma. Dans *For Ever Mozart* (1995), le tournage d'un film noir qui s'annonce médiocre et le destin pathétique d'une troupe qui veut jouer dans Sarajevo encerclée alternent, suite d'échos et de contradictions, composition par collage qui rend visible la trame du quotidien tout en mettant en scène ce qu'il a de criminel, d'insupportable, d'aberrant. Au lieu de collaborer au devenir-spectacle du monde, le film fait obstacle à cette métamorphose aux effets léthargiques.

Il s'y oppose quand il se fait, non plus l'illustrateur d'une histoire de France officielle, mais le moyen de l'investigation. Il n'est pas anodin que la réalité de l'Occupation et de l'extermination des juifs d'Europe ait été placée sous les yeux de la nation française par le cinéma. En 1969, Marcel Ophuls tourne *Le Chagrin et la Pitié*, chronique d'une ville française au temps de Vichy – il s'agit de Clermont-Ferrand. Le film, quoique conçu pour elle, est longtemps interdit d'antenne en France et diffusé par le réseau des cinémas d'Art et d'essai. Il est vrai qu'il a le tort de rompre sans ménagement avec la légende dorée de la France « tout entière dressée » contre le nazisme, fiction à usage administratif et électoral. En 1985, avec *Shoah*, Claude Lanzmann accomplit ce qui n'avait pu l'être auparavant, pas même par Resnais dans *Nuit et Brouillard* (1956), non pas filmer Auschwitz, mais permettre que soit ressentie et retenue la « leçon » d'Auschwitz, que soit donné forme à la mémoire de l'effondrement d'une civilisation dans sa barbarie planifiée. Poursuivant sa tâche, Ophuls revient sur le cas du tortionnaire Klaus Barbie dans *Hôtel Terminus* (1988).

Pour lui comme pour Godard, mais aussi pour les photographes Gilles Peress et Gérard Rondeau, l'éclatement de la Yougoslavie et la « purification ethnique » en Bosnie jettent à la face de l'Occident l'hypothèse d'un « ça recommence », d'un « c'est toujours possible » d'autant plus tragiques que l'état du monde, de l'information, de la communication ne changent rien, n'empêchent pas les crimes de s'accomplir et l'inertie de tourner à la complicité passive. Dans *Veillées d'armes* (1994), Ophuls réalise un reportage sur les reporters et les correspondants de guerre, témoins ou metteurs en scène, dénonciateurs ou simples fournisseurs d'images trop simples. C'est, encore une fois, les questions de la représentation, de ses modes et de sa vérité, qui se posent.

Le monde tel quel

Une exigence domine : représenter – ou présenter – le monde tel qu'il est, non tel que l'utopie et la nostalgie le voudraient. « Tel qu'il est » ne peut évidemment signifier tel que l'actualité le décrit, mais tel que l'analyse le dévoile, tel que l'investigation visuelle le révèle, tel que l'enquête le dénude.

Peinture d'histoire ?
Cette tâche a été longtemps du ressort de la peinture, peinture d'histoire pour les événements exceptionnels, peinture de genre pour les événements ordinaires qui ne sont en rien moins symptomatiques que les premiers. On l'a déjà dit : au cours du siècle, la peinture d'histoire ne cesse d'affronter la présence d'autres instruments et les guerres modernes lui échappent, photographiées, télévisées ensuite.

Encore faut-il nuancer l'assertion. Non seulement Picasso, Fautrier et Debré opposent à l'horreur de l'extermination leurs dessins et leurs toiles symboliques, mais, dans les décennies suivantes, demeure une pratique picturale de l'allégorie politique, dénonciation de la tyrannie, défense de la liberté. Alors que Fautrier peint en hommage aux partisans hongrois révoltés contre l'invasion de Budapest par l'Armée rouge, Manessier exécute son *Requiem pour novembre 1956* (1956-1957), composition de gestes non figuratifs. Il s'y heurte à la difficulté que Fautrier veut résoudre en introduisant sur la toile des citations d'Éluard : comment éviter l'équivoque, comment préciser le sens politique de ce qui pourrait passer pour l'évocation d'un nocturne dans une ville ou, plus simplement, pour une harmonie en bleu, noir et jaune pâle ? Le titre a cet office. Par la suite, la collision du noir et du rouge, la véhémence visible des tracés, les explosions qui secouent la matière picturale sont chargées de porter la signification, sans qu'il soit besoin d'une image figurative. Les titres n'en conservent pas moins leur fonction d'éclaircissement, afin de distinguer l'*Hommage à Martin Luther King* (1968), *Le Procès de Burgos* (1970-1971), *Vietnam Vietnam* (1972), *11 septembre 1973* (1973) – date du coup d'État de l'armée chilienne contre Salvador Allende –, *Hommage à Don Helder Camara* (1979). L'abstraction gestuelle cherche à y transcrire la violence et l'angoisse de situations contemporaines. Expressionniste, tragique, elle se veut manifestation, colère, dénonciation – mais il lui faut le secours des mots. Au reste, telle est aussi la situation de l'*abstract expressionism* new-yorkais. Si l'on ignorait que Motherwell a intitulé *Élégie à la République espagnole* une longue suite d'œuvres, l'interprétation courrait le risque de méconnaître le sujet des toiles. La remarque vaudrait autant pour l'abstraction géométrique et le *Lénine-Staline* (1948) d'Herbin.

Durant la guerre d'Algérie, la situation de la peinture d'histoire demeure tout aussi délicate. Picasso n'intervient que fort peu, donnant aux *Lettres françaises* du 8 février 1962 un portrait dessiné de Djamila Boupacha, militante du FLN arrêtée et torturée. Lors de l'Exposition universelle de Bruxelles, en 1958, Bernard Lorjou suscite la colère des officiels français en montrant une œuvre monumentale où, sur le motif du *Roman de Renard*, il résume l'histoire nationale. Le dernier épisode s'intitule *Renard à Sakiet*, allusion transparente aux massacres qui ont eu lieu dans cette localité. En 1961, à la galerie Pierre Domec, Robert Lapoujade expose les *Émeutes*, des toiles intitulées *Triptyque sur la torture (en hommage à Djamila Boupacha et Henri Alleg)*, *On fusille à l'aube*, *Barricade*. Lapoujade veut résoudre la difficulté en laissant apparaître des formes à demi figuratives, humaines, dans une composition dominée par une gestualité lyrique. Au Salon de mai 1962, il expose *Métro Charonne*, conçu sur la même idée d'un style mixte. Il se peut cependant que la présence des allusions figuratives arrête l'expansion du geste et que ce dernier, à rebours, recouvre ce que la représentation aurait de véhémence. On en dirait autant des tentatives contemporaines de Masson, telle *La Prison* (1961). À l'évidence, la force de l'engagement n'est pas en cause, mais le passage de l'engagement à l'œuvre demeure périlleux, menacé par les effets de style.

La violence aurait-elle déserté la peinture ? L'action collective tente de la lui rendre. En 1960 et 1961, Jean-Jacques Lebel et Alain Jouffroy organisent trois *Anti-Procès*, à la galerie Cordier en mai 1960, à Venise, galerie Il Canale durant l'été suivant, à Milan galerie Brera en juin 1961. Les deux premiers sont des expositions collectives auxquelles s'associent d'anciens surréalistes, Brauner, Michaux, Lam et Matta. La troisième, la plus fournie, ajoute à ce noyau César, Erró, Hains, Lapoujade, Pomereulle, Rauschenberg, Tinguely, Twombly, Vostell. Elle s'organise autour du *Grand Tableau antifasciste collectif* créé en commun par Baj, Crippa, Dova, Erró, Lebel et Recalcati. Sous prétexte d'« attentat à la pudeur », il est saisi par la police italienne, qui ne le restitue que vingt-trois ans plus tard à ses auteurs. Des mots – Constantine, Sétif, la patrie, la morale, la mort – y voisinent avec

Alfred Manessier,
Vietnam Vietnam, 1972.
Huile sur toile,
200 × 200 cm.
Collection
particulière.

des monstres expressionnistes, des citations peu déguisées du *Charnier* de Picasso, quelques inclusions de photographies de presse, une croix gammée, des empreintes digitales, des bouches hurlantes. Des textes de Lebel et de Jouffroy sont publiés alors. Ils déclarent le propos politique. Ainsi Lebel : « Rien ne nous répugne davantage que la "France", son prétendu génie et ses "traditions libérales". Nous nous opposons de toutes nos forces à la politique patriotarde, esclavagiste, qui se cache derrière le torchon tricolore. Ainsi l'Anti-Procès est-il internationaliste et nous avons mis l'accent dès le premier manifeste (avril 1960) sur notre insoumission absolue, en tant qu'artistes, vis-à-vis des exigences du colonialisme, du fascisme et de leurs prolongements dans la vie culturelle[31]. » La question de la compréhension ne se pose pas, dans la mesure où les symboles et les slogans introduits sur la toile interdisent toute équivoque – ce dont témoigne l'interdiction policière et la séquestration de l'œuvre. Mais le *Grand Tableau antifasciste collectif* incorpore inscriptions et clichés. Il ne fait pas sienne l'hypothèse d'une asbtraction expressionniste et repose sur la récupération, le détournement, le mélange des genres et des images.

En cela, il se révèle proche de ce qu'exposent ensemble Raymond Hains et Jacques de la Villeglé en juin 1961, galerie J, sous le titre *La France déchirée* : des affiches décollées de murs, lacérées, découpées, des ready-made politiques.

Raymond Hains et Jacques Villeglé, *Ach alma manetro*, 1949. Affiche lacérée, 58 × 256 cm. Paris, Musée national d'art moderne-Centre Georges Pompidou.

Il y a là *Paix en Algérie* (1956), *L'Algérie perdue ce serait Sedan* (1956), *Négocier, négocier* (1958), *De Gaulle veut un bain de sang il l'aura* (1961). D'autres œuvres se réfèrent à la vie politique récente, poujadisme dans *Cet homme est dangereux* (1957), communisme dans *C'est ça le renouveau ?* (1959). Hains réalise aussi *Alleg Alger* (1958), dont le texte, signé de la cellule Notre-Dame-des-Champs du PCF, rappelle les engagements de Malraux en faveur d'Alleg, « torturé par les paras de Massu ». En 1961, Villeglé découpe *Carrefour Alger Évian* peu après l'annonce des négociations dans la station thermale. L'année suivante, Hains retravaille une affichette *OAS=SS*. Après la provocation de la Biennale de Paris de 1959, les affichistes développent un mode de désignation de l'actualité par la récupération et le détournement, l'objet trouvé ne l'ayant été qu'en raison du slogan ou de l'image qu'il porte. Chaque affiche lacérée opère à la façon d'une métonymie – un fragment pour la totalité du discours politique contemporain – et d'une métaphore – ce que marque le titre de l'exposition. L'œuvre est symbole, directement, sans le truchement d'un processus artistique qui pourrait en affaiblir la puissance.

Il en va de même d'un assemblage ou d'un collage. Assemblage : en 1962, galerie Rive droite, Niki de Saint-Phalle présente son *Autel OAS*. Tout en affirmant que les initiales seraient celles d'Œuvre d'Art Sacré et non celles d'Organisation de l'Armée Secrète, elle juxtapose des revolvers, des Vierges, plusieurs crucifix et une chauve-souris sur un triptyque aux découpes gothiques qu'elle recouvre de peinture dorée. Il serait difficile de ne pas y lire une allusion au mouvement d'extrême-droite qui combat l'indépendance de l'Algérie au nom de l'« Occident chrétien ». Collage : Jean-Jacques Lebel compose *Parfum grève générale bonne odeur* (1960) où figurent une image des massacres en Algérie, quelques clichés érotiques, une cible, une coupure de presse annonçant des révélations sur « la vie amoureuse d'Hitler » et des portraits de starlettes : soit une analyse spectrographique de l'actualité réalisée par prélèvements et greffes.

Ultime révolte du siècle, Mai 1968 suscite brièvement un regain de peinture politique, sous forme d'expositions collectives qu'accueille le Salon de la Jeune Peinture. On y voit la *Salle rouge pour le Vietnam* (1968-1969), les deux versions successives de *Police et Culture* (1969-1970) et *Qui tue ? L'affaire Gabrielle Russier* (1970). Les participants sont issus ou proches de la Nouvelle Figuration. Il y a là Eduardo

Arroyo, Gilles Aillaud et Antonioni Recalcati, auteurs dès 1965 de *Vivre et laisser mourir ou la fin tragique de Marcel Duchamp*, satire appuyée d'un avant-gardisme jugé inoffensif. Il y a là aussi Henri Cueco, fondateur avec Lucien Fleury, Jean-Claude Latil, Michel Parré et Gérard Tisserand de la Coopérative des Malassis qui pratique la peinture collective et cherche la voie d'un art engagé du côté d'un symbolisme peu soucieux de nuances. Une toile telle que *Les Hommes rouges : la Sorbonne* (1969) de Cueco témoigne de l'intensité et des difficultés de l'exercice.

Niki de Saint-Phalle, *Autel OAS*, 1962. Objets fixés sur bois doré, 220 × 240 × 40 cm. Collection particulière.

À distance, entre réalisme et expressionnisme, Paul Rebeyrolle entreprend au même moment la suite de ses cycles politiques. *Les Guerilleros* (1968), *Les Prisonniers* (1972), *Faillite de la science bourgeoise* (1973-1974), *On dit qu'ils ont la rage* (1984-1985), *Au royaume des aveugles* (1987). Autant la Nouvelle Figuration préfère la « ligne claire », le découpage des formes, des perspectives nettement définies, un langage limpide, autant Rebeyrolle s'écarte de ces procédés. La toile incorpore des matériaux variés, terre, cendre, paille, plumes, ossements, grillages et planches et les organise en allégories, de dimensions parfois monumentales, comme *Le Sang du Che* (1968). Elle ne raconte pas, elle décrit à peine. Mais la vigueur des tracés et les heurts chromatiques imposent le sentiment tragique d'une menace jamais conjurée.

Scènes de genre ?

Il est, pour dépeindre la société, d'autres motifs, d'autres moyens, ceux que l'iconographie a nommés longtemps « scènes de genre ». On y voit des épisodes apparemment ordinaires qui peuvent s'alourdir de sous-entendus et tourner au proverbe, épisodes familiaux, rencontres, instantanés de la rue ou de la nuit.

Les peintres issus du post-impressionnisme en conservent les thèmes intimistes et bourgeois tels qu'ils ont été définis depuis Manet et Degas. Les anciens nabis privilégient les moments d'un bien-être moins luxueux qu'épicurien. Les tableaux de Bonnard esquissent des fragments d'autobiographie. C'est le cas de *La Salle à manger à la campagne* (1913), *Le Café* (1915), *Le Bol de lait* (1919), *La Leçon de couture* (1926), *Le Café « Au Petit Poucet »* (1928), *La Porte-fenêtre* (1932) ou *L'Intérieur blanc* (1932). L'artiste y fait l'inventaire des moments de la journée, des pièces de la maison et, plus rarement, le récit de son existence, promenades en mer et dans les jardins. Les figures féminines de Vuillard préfèrent les musées. Il les peint dans *La Salle Lacaze* (1921) et *La Salle Clarac* (1922). Il décrit les aménagements cossus des résidences bourgeoises et les rites de la civilité, *La Visite* (1931), *Le Déjeuner* (1935). Il leur ajoute la galerie des célébrités et des mondaines, *Madame Franz Jourdain* (1914), *Jane Renouart* (1927), *Monsieur David-Weill* (v. 1930), *La Comtesse Marie-Blanche de Polignac* (1932), *Anna de Noailles* (1932), *Jeanne Lanvin* (v. 1933), *La Princesse Antoine Bibesco* (1934-1935). La peinture se garde de tout irrespect et traite avec la même attention le tailleur, les porcelaines, les visages, les fleurs, signes de la prospérité.

Avec plus de désinvolture, un « chic » plus anglomane qui n'interdit pas l'ironie, Dufy stylise les meilleurs moments de la vie mondaine, *La Présentation de mannequins chez Poiret* (1925), *Le Baccara* (1925), *Les Courses à Ascot* (1930) et à Deauville, *Les Régates à Hemley* (1933), les concerts de musique de chambre. Il arrive à Matisse d'esquisser lui aussi l'apologie de l'aisance, celui de la riviera niçoise, et de se montrer autant que Dufy attentif aux élégances de la mode féminine. Dufy y contribue par ses projets de tissus vivement colorés. Matisse fait poser *Marguerite à la toque bleue* (1918), un modèle à *La Toque de goura* (1918), *Mlle Matisse au manteau écossais* (1918). Dans les années suivantes, il s'attarde à décrire une vie de luxe, de calme et de volupté, femmes aux chapeaux fleuris, ombrelles roses sur les terrasses, instants heureux, *Thé du matin* (1920) et *Conversation sous les oliviers* (1921). Tout au long des années vingt il complète la galerie des odalisques et des élégantes, *Odalisque au magnolia* (1923) et *Capeline de paille d'Italie* (1922). Une fois encore,

Chaïm Soutine, *Déchéance*, 1921. Huile sur toile, 81 × 54,5 cm. Avignon, musée Calvet, don de Rignault.

post-impressionnisme et bonheur de vivre bourgeois vont de pair. Ce sont du reste des amateurs de la « bonne société » – français, suisses ou américains – qui collectionnent ces toiles à leur gloire. Il n'est guère que Forain pour oser, en dépit de son âge, poursuivre sa description satirique des plaisirs nocturnes, sans rien concéder à la complaisance.

Différence de générations, de styles et de regards : à ces visions apaisantes s'opposent celles des artistes nés autour de 1890, venus à Paris avant 1914 et plus sensibles à la misère et la douleur que fascinés par l'opulence. Parmi ceux qui appartiennent à ce qu'il est d'usage de tenir pour l'école de Montparnasse, Moïse Kisling fait figure d'imagier, pour ses tableaux aux couleurs dures retenues entre les lignes d'un dessin sec, qui aspire à la naïveté. Jules Pascin tient la chronique, évidemment scabreuse, des maisons closes, des mondanités licencieuses et des plaisirs à la mode, dessinant avec une justesse économe qui n'est pas sans rapport avec le graphisme de la Nouvelle Objectivité, Dix ou Hubbuch. Tous œuvrent avec Cranach et Dürer en mémoire, ce qui n'est pas moins vrai d'Alfred Courmes.

Après avoir été quelque temps le disciple de La Fresnaye, après avoir versé son dû au culte ingresque dans son *Portrait de Mlle Courmes* (1921), il fait sienne une manière minutieuse. Dans son *Portrait de Peggy Guggenheim* (1926) la distance n'atténue pas la netteté des contours d'une automobile et des arbres, aussi détaillés que le visage, les boucles d'oreilles, le vêtement et ses plis. Son *Homme blessé* (1929) renversé sur le dos, la poitrine tachée de sang, dans un paysage contemporain, rend un hommage ironique au Mantegna du Christ mort, mais l'attention que le peintre accorde aux fleurettes, aux buissons, aux cailloux, aux fils électriques, aux nuages rouges le ferait plutôt passer pour l'héritier de Van Eyck. Courmes s'établit en 1927 à Ostende et multiplie alors les allusions aux primitifs nordiques. *L'Étrangleur à la casquette rose* (1925), *Le Marchand de poissons* (1927), *La Marchande de fruits* (1927), *La Vieille Coquette* (1928) sont exemplaires de cette réinterprétation de la réalité. Courmes peint alors des faits divers, des crimes passionnels, des saynettes satiriques et *L'Accident à la ville* (1927).

Ce souci de précision exacerbée anime les premières œuvres de Jean Fautrier. Les *Tyroliennes en habits du dimanche* (1921-1922), le *Portrait de ma concierge* (1922-1923), *M. et Mme Édouard croûtant* (1923) se veulent des relevés du réel qui ne négligent aucune laideur, aucune tare, aucun accessoire non plus. La dernière de ces toiles expose le programme d'un art social qui prend ses motifs chez les petits-bourgeois, là où, d'ordinaire, les peintres ne vont pas et où, du reste, il n'y a pas de peinture sur les murs, mais des chromolithographies. Il faut alors un graphisme qui énumère, des couleurs qui caractérisent, une lumière qui révèle. Dans un deuxième temps, entraîné vers un clair-obscur plus rembranesque, Fautrier, tout en poursuivant son inventaire de la misère et de l'humiliation, l'augmente d'images plus allégoriques, le *Nu au bordel* (1924) et la *Fille au tablier bleu* (1925). Il dessine à la sanguine et à la pierre noire des nus dont la précision anatomique s'applique à des corps fatigués, alourdis, déformés. Un pas plus avant dans la cruauté et le traitement symbolique conduit aux boucheries, aux dépouilles, *Sanglier écorché* (1927) et *Peaux de lapin* (1927) et aux figures spectrales, *Grand Nu noir* (1926) et suite des nus de 1926 et 1927 incisés dans une couche de brun sombre ou de gris ténébreux.

Des dépouilles de Fautrier aux trois versions du *Bœuf écorché* (1925) de Soutine : ce dernier peint d'après Rembrandt des quartiers de viande pourrissante – vanités à l'instar de la plupart de ses œuvres. Les modèles, qu'ils soient enfants de chœur ou pâtissiers, subissent des tortures qui étirent ou fripent leur corps et leur face. La couleur cherche des paroxysmes de dissonance, qu'elle obtient par l'intensité des rouges, l'aigreur des bleus et des verts. En dépit du succès qui s'empare de lui quand le collectionneur américain Barnes le découvre, Soutine ne verse ni dans l'élégance ni dans la facilité. Paysages, natures mortes, portraits et scènes de genre – sa *Femme entrant dans l'eau* (1931) – imposent à la vue les stigmates de la souffrance. Il représente un monde marqué par l'accablement, l'exploitation, la *Déchéance* (1920-1921).

Plus périlleuse est la situation de ceux qui demeurent attachés à la peinture de leur époque quand le cubisme et l'abstraction semblent engager cet art à se détourner de la description. Tel est le cas d'Hélion à partir de 1939. Il n'ignore pas que son évolution le voue à l'incompréhension et qu'il sera tenu pour un renégat de la modernité, après avoir été l'un de ses expérimentateurs les plus résolus. Méthodiquement, il entreprend l'inventaire du quotidien et prend ses sujets dans la rue, *Figures de pluie* (1945), *Journalier gris* (1947-1948) lisant un quotidien, vitrine de *La Boutique aux citrouilles* (1948). Il conserve l'armature de ses abstractions géométriques et dispose les figures suivant des rythmes réguliers et des axes déterminés. Cette grille, qu'il ne renie pas, permet la construction d'images de plus en plus peuplées, la *Grande Journalerie* (1950) et la *Mannequinerie au gisant* (1951) qui joue de la confusion du mort et du vivant, de l'homme et de son mannequin, du réel et du leurre.

Pendant une période, il s'essaie à un réalisme plus proche de Courbet et de Manet, celui du *Dos aux pains* (1952), du *Goûter* (1953) et du *Grand Brabant* (1957). Il revient ensuite à un mode plus individuel, où la composition et le chromatisme structurent des *vedute* parisiennes et des scènes de rue, *Sortie de métro* (1969), *La Chute* (1974), *Faits divers* (1982), *Nouvelle Scène journalière* (1983). Les toiles ne racontent pas une histoire, mais juxtaposent plusieurs récits suspendus, dont les attitudes et les expressions ne font que suggérer

Jean Hélion,
Faits divers, 1982.
Acrylique sur toile,
200 × 300 cm.
Paris, galerie
Patrice Trigano.

confusément la trame et les circonstances. Chaque tableau apparaît ainsi comme la matrice de plusieurs narrations possibles, comme une suite d'énigmes dont la solution est à deviner ou à supposer – à moins qu'il n'y ait aucune solution, aucune énigme, rien que le quotidien regardé pour ce qu'il est, surprenant, quelquefois incompréhensible.

Méconnue dans les années cinquante, son évolution gagne en influence plus tard, quand des artistes accomplissent un itinéraire comparable au sien, reprenant la question de la peinture figurative en dépit de son apparente inactualité. Après avoir été l'un des protagonistes majeurs du Nouveau Réalisme en France et aux États-Unis, Martial Raysse renonce aux techniques de report photographique et de traitement des images qu'il a mises au point à partir de 1960, leur ajoutant le film, le néon, l'objet, la mise en scène. La rupture, artistique et sociale, s'opère à partir de 1970. Pendant plusieurs années, l'artiste se retire. Il fabrique des jardins énigmatiques en bois et papier mâché, puis dessine d'après nature le paysage d'*Un jardin au bord de la lune* (1978-1979), peint à la détrempe les objets familiers de la *Petite Maison* (1979) des visages et des nus, tel *Vespéride* (1981). Ainsi se constitue un vocabulaire et une grammaire plastiques, prélude à l'exécution de toiles de plus en plus vastes où l'allusion mythologique s'allie à la représentation d'un présent prosaïque. Après *Le Taurillon du bon chemin* (1986), viennent *Les Deux Poètes* (1991), une *Enfance de Bacchus* (1991) qui est d'abord un groupe de petits paysans, puis des œuvres où l'histoire contemporaine se formule par le sous-entendu (*Ceux du maquis*, 1992) ou l'allégorie poussée jusqu'au fantastique et au cocasse (*Le Carnaval à Périgueux*, 1992). Le choix du dessin au crayon et de la peinture

Martial Raysse, *Enfance de Bacchus*, 1991. Huile sur toile, 305 × 445 cm. Collection de l'artiste.

s'oppose aux techniques mixtes et mécaniques que Raysse a perfectionnées auparavant. Elles allaient de pair avec l'inventaire ironique d'un monde de consommation et de reproduction, de faux-semblants et d'images fugitives. De même – et à l'inverse – le travail de la main va de pair avec un art qui se veut intelligence du monde.

Un « retour au réel » s'observe chez quelques-uns des protagonistes de Supports/Surfaces. Le cas le plus flagrant est celui de Bioulès, dès 1972. Des vues urbaines se reconstituent. Façades et silhouettes échappent au plan monochrome par le découpage d'une ligne schématique et des contrastes colorés de plus en plus variés – ceux d'*Hiver-Midi* (1976) et d'*Été I* (1976). Les intérieurs apparaissent peu après, d'abord marqués par des réminiscences matissiennes que le peintre dissimule d'autant moins qu'elles sont partie prenante de sa réflexion. *La Sonate* (1979) n'est pas sans rapport avec *La Famille du peintre*, dont le souvenir, à l'inverse, est absent de *La Famille heureuse* (1986), qui renoue avec le portrait de groupe. La volonté d'examiner de près la nature conduit Bioulès à affronter des motifs contemporains, sans passé dans l'histoire de la peinture, *L'Immeuble des Catalans* (1992-1994) ou les deux vues de *La Tourette* (1994), où le modernisme des immeubles et des angles de vue s'allie à la méticulosité lente – et montrée telle – du métier pictural.

Au même moment, Pierre Buraglio entreprend la reconquête de la réalité extérieure. Les *Recouvrements* (1965), les *Agrafages* (1966-1968) et les *Masquages* de la fin des années soixante mettent en pièces la couleur et la forme dans des exercices de destruction et reconstruction où l'œuvre s'établit au seuil de sa disparition, de la déchirure, de l'éparpillement. Mais, par des procédés détournés, Buraglio recompose bientôt des fragments du monde. Le châssis redevient fenêtre, donc question de vue. En juxtaposant des surfaces de métal, de bois, de verre et de toile, il obtient des marines, des paysages, le sentiment de l'espace et de son immensité. La peinture intervient, taches, puis touches, puis allusions figuratives. Elle emprunte les voies de la citation alors que les carnets se garnissent de nus d'après modèles et de croquis pris dans les musées. Décisive, la relation avec Cézanne se lit dans les reprises à partir du *Jeune Baigneur* que Buraglio copie, transforme, interprète, introduit sur des surfaces que sa présence change. À preuve, après d'autres variations *Duo : Baigneur – Sainte-Victoire* (1997). À Poussin il emprunte la figure allégorique de son *Autoportrait* et, par ce biais, en vient à formuler à son tour son autoportrait, ellipse, signe d'une présence.

Pierre Buraglio, *Paysage avec figure*, 1995. Technique mixte, 56 × 87 cm. Paris, Fonds national d'art contemporain.

Henri Cartier-Bresson, *Les Premiers congés payés*, 1936.

L'image décisive

Quels que soient l'intérêt et la difficulté de ces tentatives picturales, leurs auteurs n'ignorent pas l'incertitude de leur situation, peintres d'une société qui ne demande plus aux peintres ses images, plus habituée à se considérer dans celles que fournit la photographie et la télévision. Encore faut-il s'entendre. La photographie, d'ordinaire, est celle des magazines, celle du photojournalisme qui n'a d'autre ambition que d'illustrer un événement, qu'il soit sportif, politique ou sentimental. La télévision, les « actualités » ont même fonction illustrative, projeter quelques instants d'un enregistrement dont le spectateur n'entrevoit de la sorte qu'un fragment, hors de tout contexte, sans autre explication.

Ce ne sont pas ces images qu'il importe d'analyser mais celles – photographiques, télévisuelles – qui procèdent autrement, qui refusent de jouer le jeu de la consommation courante. Contre elle, une défense : une réflexion sur la forme qui ne se sépare pas de la réflexion sur ce qui se révèle et le sens de l'image. L'instrument est quotidien, les sujets peuvent l'être, mais l'essentiel est dans le traitement. Cartier-Bresson le sait depuis ses premières images « décalées » et inexplicables, vacuité inquiétante du *Quai Saint-Bernard* (1932), épuisement d'un ouvrier allongé dans l'herbe dans *Marseille* (1932). L'exigence se précise dans l'analyse visuelle du Front populaire. Cartier-Bresson privilégie l'incongru, une bâche aux motifs géométriques en guise de tente au bord d'une rivière, une chaussure à talon suspendue à une baguette, un pique-nique dans une prairie qui semble un terrain vague, près d'une maison et d'une route, dans le lieu le moins pittoresque qui soit. La composition obéit à une géométrie calculée et met en évidence une contradiction ou une bizarrerie. La toile est trop géométrique pour le décor champêtre où elle est tendue. Le couple pique-niquant affiche une satisfaction peu en rapport avec les circonstances.

Henri Cartier-Bresson,
URSS, camp de « pionniers »,
1954.

Henri Cartier-Bresson,
Berlin Ouest, 1962.

331 | LE PRÉSENT

Son œuvre ne cesse d'échapper aux usages du reportage. Lors d'un voyage en URSS en 1954, il lui suffit d'une rangée de portraits officiels et de la foule venue visiter une exposition agricole à Moscou pour suggérer le stalinisme, le culte de la personnalité, les archaïsmes, l'obéissance absolue de la population. Les portraits officiels s'affichent aussi en lisière d'une forêt et deux petites filles passent, ignorant pour les avoir trop vues les effigies des grands hommes, icônes usées perdues dans la nature. D'une visite à Berlin, en 1962, Cartier-Bresson ne conserve pas des plans montrant patrouillles ou manœuvres, mais des clichés dépouillés de toute anecdote, un ancien combattant unijambiste croisant un douanier près du mur encore incomplètement bâti ou des enfants jouant le long de la clôture. La question de la composition est capitale, parce que d'elle dépend la complexité de l'image. Cartier-Bresson l'affirme en 1977 : « Pour signifier le monde, il faut se sentir impliqué dans ce que l'on découpe à travers le viseur. Cette attitude exige de la concentration, une discipline d'esprit, de la sensibilité et une science de la géométrie. [...] Photographier c'est dans un même instant et une fraction de seconde reconnaître un fait et l'organisation rigoureuse des formes perçues visuellement qui expriment et signifient ce fait[32]. »

La définition conviendrait aux plus grands des photographes, à William Klein à New York comme à Robert Frank sur les routes des États-Unis. Elle conviendrait sans doute à ces photos qui « tiennent » dans la mémoire par leur vigueur, une surprise, la justesse d'une composition capturée au vol. Le sujet peut être politique – la guerre d'Indochine selon Ronis – ou anecdotique – une piscine en été vue par Charbonnier, il peut n'y avoir qu'à peine un sujet –, deux vieilles femmes ou cinq jeunes filles dans le viseur de Doisneau, une charrette et un escalier dans celui de Izis –, la géométrie, la répartition des lumières, les échos de formes forcent l'attention. La réussite tient à une certaine rapidité de la cristallisation visuelle, très loin du « choc » ou du scandale. Au reste, il n'y a rien que de très banal dans ces images, au regard des habitudes contemporaines du spectaculaire.

Willy Ronis, *La Guerre d'Indochine*, 1953. Paris, Musée national d'art moderne-Centre Georges Pompidou.

À partir des années soixante, le flux des images s'accroît de celui que déverse la télévision. La position du photographe s'en trouve modifiée, dans la mesure où ses clichés arrêtés affrontent la mobilité de l'image télévisuelle et opposent leur fixité à sa labilité. Ils n'en sont que plus nécessaires quand ils savent être ineffaçables – quand s'accomplit un travail réflexif sur la constitution et le sujet de l'image afin d'échapper aux stéréotypes de la représentation médiatique.

L'une des solutions a été désignée par Cartier-Bresson quand il pose la notion d'« instant décisif » : surprendre le plan dans lequel une situation et les sentiments qu'elle suscite se condensent. Raymond Depardon y parvient quand il incarne la guerre civile libanaise en un seul *Combattant à Beyrouth* (1978) qui traverse en courant une rue, le regard et l'arme dirigés vers les fenêtres par où l'épierait l'ennemi. Là, comme dans *Mort d'un soldat républicain* de Capa, le corps n'occupe qu'une fraction du plan. Il est pris entre des façades, il se plie, il se casse pour échapper aux balles. Le buste d'un blessé allongé sur le dos, la silhouette à contre-jour d'un camarade penché sur lui et la végétation autour d'eux : cela suffit à Gilles Caron pour inscrire en une photographie la mort au Vietnam, dans la Shau Valley, l'impuissance de la machine de guerre américaine et la splendeur d'une jungle trop belle. Pas plus Depardon que Caron ne racontent. Ils n'entrent pas dans le détail des circonstances, parce que leur propos échappe à la certitude facile du « ceci s'est passé » qui peut tourner au voyeurisme. De la photographie, ils exigent plus : qu'elle rende visible la complexité des situations, le trouble des sentiments. Il faut des cadrages qui échappent au spectaculaire, des contrastes qui évitent les oppositions extrêmes, refus dont ils s'efforcent de faire une morale de l'image quand, en 1966, ils fondent ensemble l'agence Gamma.

Les clichés de Caron sont publiés dans la presse. Ceux de Depardon se présentent dans des livres où commentaires, observations et notes autobiographiques, qui ne légendent pas les images, les défendent contre toute interprétation trop réductrice. Ainsi en est-il de *Tchad* (1978), de *La Colline des Anges* (1993), de *La Porte des Larmes* (1996), d'*En Afrique* (1996). Ce dernier livre contient des photographies prises dans la prison de Kigali, alors peuplée de cinq mille prisonniers hutus suspectés d'avoir pris part au génocide de la population tutsi. Depardon prend des plans larges de la foule des criminels et des portraits qui isolent des figures, figures ordinaires de captifs qui ont été des assassins ordinaires. Le texte exprime l'embarras de celui qui les regarde et s'interdit la commodité d'un jugement péremptoire. « Je me sens impuissant à vous faire comprendre cette histoire, écrit Depardon. Je filme des hommes dans une prison, ce sont des corps, je refuse de les interviewer, je sais qu'il y a des récits sans doute étonnants, ici je ne veux pas filmer la parole[33]. »

Raymond Depardon, *Combattant phalangiste chrétien*, Beyrouth, 1978.

L'information agit à l'inverse, privilégie le récit étonnant, enregistre une parole – qu'elle suscite s'il le faut – et veut faire comprendre jusqu'à l'incompréhensible. Selon ces principes de distance et de neutralité, Depardon réalise des longs métrages entre reportage et fiction, *Reporters* (1981), *Faits divers* (1983), *San Clemente* (1984), *La Captive du désert* (1989) et *Délits flagrants* (1994). Dans ce dernier, l'enregistrement des faits en direct – le fonctionnement de la justice en France – tire d'une extrême économie de moyens son acuité.

Les travaux de Gilles Peress prennent également forme dans des livres, mais le texte s'y trouve réduit à des chronologies, le rappel des événements que le photographe ne montre pas en eux-mêmes. L'analyse du présent se fonde ici sur un impératif de construction : chaque image doit réunir des figures ou les opposer avec tant de netteté que toute glose devienne superflue. *Telex Iran* (1983) ne se donne pas pour une chronique de la révolution iranienne mais pour une suite d'indications laconiques, à propos de l'embrigadement des enfants, de l'omniprésence de la figure du chef, de l'islamisation de la société. Un triangle de lumière tombe sur l'œil d'une passante, voilée, qui, à l'instant, devient la figure principale, en dépit des hommes qui l'entourent. Un cadrage réunit le profil d'un adolescent, un groupe de manifestants et un portrait officiel de l'ayatollah Khomeiny : Peress prélève dans le visible des fragments rectangulaires qui, chacun, le contiennent tout entier. Ainsi procède aussi Marc Riboud face aux mêmes événements, mais en choisissant l'éloignement au lieu de la proximité. À distance, il découvre un rectangle de corps et de têtes agglutinés, celles d'une foule de femmes iraniennes saluant Khomeyni, toute individualité étant abolie dans l'hystérie d'une communion collective.

Gilles Peress, *Iran. Scène de rue à Téhéran*, 1979.

Dans *Farewell to Bosnia* (1994) et *Le Silence* (1995), livres encore, le dessein est d'imposer la vue d'une vérité insupportable, celle des charniers de l'épuration ethnique en Bosnie et du génocide rwandais. Ces guerres civiles ont été annoncées à la télévision, sans que nouvelles et images – généralement débarrassées du pire – provoquent longtemps plus que des déplorations sans conséquence. Les photographies de Peress prennent le contre-pied de l'illustration télévisuelle : noir et blanc, gros plans, brutalité extrême des sujets. *Le Silence* se compose pour partie de vanités, fragments de squelettes et de cadavres décomposés, machettes et objets brisés. Le calcul des effets, le durcissement des contrastes, la présence obsédante des morts au premier plan opposent leur violence au passage trop rapide de la caméra, à la futilité des quelques instants du journal télévisé. Contre l'oubli et le confort moral, il faut la stylisation qui ne retient du réel que l'intolérable, une cage thoracique vidée de ses organes, dépouillée de ses chairs, mais revêtue encore des lambeaux d'une chemise.

Stylisation encore : celle de *Faits* (1992), recueil des photographies de Sophie Ristelhueber au Koweit, peu après l'invasion du pays par l'Irak et la guerre du Golfe. D'hélicoptère et au sol, elle ne photographie que les figures géométriques des lignes de défense creusées dans le désert et le désordre de la destruction. Du théâtre des événements elle ne conserve que l'abstraction d'une zone poudrée de sable et cette abstraction ressemble à l'*Élevage de poussière* de Man Ray et Marcel Duchamp. Ristelhueber, grâce à une démarche réflexive, à travers le filtre des références, élimine tout spectaculaire guerrier, toute démonstration de force technologique et montre enfin ce qu'ont été les combats bien plus que ne l'ont montré

Sophie Ristelhueber,
Faits, 1992.

les chaînes de télévision, surveillées par les autorités militaires et, par elles approvisionnées en images virtuelles. Auparavant, Ristelhueber collabore avec Depardon pour réaliser *San Clemente* (1980-1982) puis, dans *Beyrouth, Photographies* (1984), elle montre ce que peut une photographie apparemment d'architecture, détournée de sa fonction documentaire comme, dans *Faits*, le photojournalisme est privé de toute fonction narrative.

Dans des banlieues, le long des terrains vagues, dans les rues de Barcelone, de Miami, de Tel-Aviv, Jean-Marc Bustamante pose sa chambre et s'astreint à éviter toute mise en scène, tout effet de composition. L'image aspire à la neutralité. Dans *Amandes amères* (1997), il généralise la notion de paysage, y inclut la figure humaine, l'objet, les arbres et l'automobile. Les cadrages sont tels que l'image se trouve saturée de représentation. Seule la lumière et les couleurs arbitrent en faveur de tel élément, qui n'est pas nécessairement le plus remarquable, le plus significatif. Bustamante obtient de la sorte un *all over* réaliste qui s'accorde au sentiment d'une invasion de la nature par les choses.

Ristelhueber et Bustamante, à l'instar de Peress, élisent le livre comme support et la galerie d'art comme lieu d'exposition. Ainsi soustraient-ils leurs images au cycle de la consommation courante. Parce qu'ils maintiennent l'exigence d'une réflexion sur ce qu'ils voient et donnent à voir, sur les procédés de la composition photographique et de sa présentation, ils inscrivent leurs œuvres dans un temps qui n'est pas celui, labile, de la médiatisation quotidiennement renouvelée, quotidiennement oubliée.

Pratique critique de l'image photographique, donc. Non moins subversive, mais d'une subversion de l'intérieur, apparaît la manipulation de l'image telle que l'expérimentent par la vidéo Ange Leccia ou Pascal Convert. En 1979, Leccia réalise successivement *Stridura* et *TV+*, une parabole sur le pouvoir de la télévision et de ses écrans justement dits de contrôle et un exercice de montage qui interdit toute continuité, tout confort de vision. Des fragments d'informations télévisées y sont découpés et séparés par des moments de brouillage selon une périodicité irrégulière. *Explosions* (1994) épure ce dispositif et se compose de l'accumulation de courtes séquences prises dans les archives guerrières du siècle, tirs d'artillerie, explosions de projectiles. La brièveté des séquences, leur montage sur un rythme très brutal, la répétition des lueurs, l'absence de tout repère sont autant de moyens pour restituer à des images en elles-mêmes banales à force d'avoir été vues, leur intensité et leur sens. Dans *Direct Indirect* (1997), Pascal Convert prend comme matériau premier des extraits de reportages de guerre non diffusés, les monte, leur ôte la couleur et l'essentiel de leur lisibilité et les change en apparitions spectrales, dont la succession suit la ligne brisée d'une composition musicale qui émiette la mélodie. C'est rendre manifeste l'essence même de l'information, fantomatique et hétérogène. C'est contraindre le spectateur à cesser de l'être et à éprouver un peu de la réalité de ce qui lui est montré – et qui n'est pas un spectacle.

Raoul Dufy, *Les Deux Modèles*, 1930. Huile sur toile, 80 × 100 cm. Collection particulière.

Le corps de l'autre

Peu avant sa mort, Matisse, interrogé sur sa création, décrit la situation contemporaine : « Tout ce que nous voyons, dans la vie courante, subit plus ou moins la déformation qu'engendrent les habitudes acquises, et le fait est peut-être plus sensible en une époque comme la nôtre, où cinéma, publicité et magazines nous imposent quotidiennement un flot d'images toutes faites, qui sont un peu, dans l'ordre de la vision, ce qu'est le préjugé dans l'ordre de l'intelligence. L'effort nécessaire pour s'en dégager exige une sorte de courage ; et ce courage est indispensable à l'artiste qui doit voir toutes choses comme s'il les voyait pour la première fois[34]. »

« L'effort pour se dégager », ce pourrait être une définition de l'activité artistique – la défense de l'individu contre les aliénations, les abaissements et l'effacement dans un collectif. Au XXe siècle, ces menaces ont plusieurs formes, politiques, intellectuelles, économiques. La dernière, le « flot d'images » que redoute Matisse, pour sembler la moins nocive n'en obtient pas moins l'assoupissement de la pensée critique, vaincue par la fascination. L'enjeu : l'affirmation de la présence d'un individu – ou son abolition dans un système, une utopie, une tradition qui se pensent et s'énoncent à la première et à la troisième personne du pluriel. On peut préférer le singulier. Le moyen : « voir toutes choses comme si [on] les voyait pour la première fois ».

Le corps de l'autre

Toutes choses, à commencer par l'autre, par le corps et le visage de l'autre, par ce que l'humain présente à la vue de plus matériel, de plus intime, de plus individuel. L'époque qui organise la destruction industrielle du corps après l'avoir réduit au rang de moyen mécanique est aussi, contradictoirement, celle qui le montre au plus près, au plus secret. Rapport de cause à effet ? Au temps

Georges Rouault, *Fille*, 1906. Aquarelle et pastel sur papier, 71 × 55 cm. Paris, musée d'Art moderne de la Ville de Paris.

Eugène Atget, *Nu dans un intérieur*, vers 1921. Paris, musée d'Orsay.

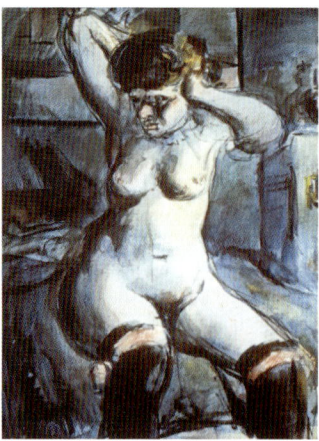

d'Auschwitz, d'Hiroshima, des carnages programmés, rien n'importe plus que de défendre cet organisme éphémère – le corps humain – et, pour le défendre, de n'en rien ignorer, de ne rien passer sous silence, ni plaisirs ni souffrances. Les arts du XXe siècle sont peuplés de nus, masculins parfois, féminins le plus souvent. Spectres ou chairs ? Morts en sursis ou vivants résolus à survivre ?

Quand Cézanne meurt, il laisse à ses successeurs le devoir de poursuivre dans la direction qu'il donne dans les trois versions des *Grandes Baigneuses*. Les toiles démontrent jusqu'à l'évidence que la puissance de la sensation n'est pas proportionnelle à la vraisemblance de l'imitation visuelle mais à l'inscription des qualités des corps, volumes, galbes, épaisseurs, mouvements, postures. Dans chacune des trois toiles, comme dans les séries qui les précèdent, Cézanne amasse les éléments d'un répertoire. Sans souci d'idéalisme ou de narration, il dessine et peint dans la matière colorée des femmes dont presque aucune ne peut passer pour belle selon les canons antiques ou classiques. Il s'attache à indiquer les articulations, l'emboîtement des volumes, leur largeur et, pour ainsi dire leur poids. Dans ces œuvres, comme dans ses natures mortes et ses paysages, Cézanne s'épuise à augmenter le degré de présence visuelle et quasi tactile du motif.

Plus que sur des points de technique picturale, l'accord de Picasso et de Cézanne repose sur ce point : ne pas se satisfaire d'une représentation conventionnelle, pauvre en données et en sensations. Sa logique du chromatisme subjectif incite Matisse à concentrer les nus de *La Joie de vivre* en des signes simples et à transférer l'expression de la sensualité dans le traitement de la surface colorée. La toile est moins cézannienne que proche des compositions océaniennes de Gauguin, qui répand dans le paysage, le ciel, sur le sable et les feuillages les couleurs de la volupté. Picasso reprend à son compte l'idée cézannienne, construction d'anatomies architecturées, amplification des volumes, passage de l'imitation des formes naturelles à leur transposition dans des formules plus géométriques.

Les Demoiselles d'Avignon rompent avec la tradition afin de rendre cinq nus féminins plus visibles, d'une visibilité agressive – celle de prostituées dans le salon où elles s'exhibent au choix des clients. Les angles, les stries colorées sur deux visages et un buste ont l'efficacité d'une peinture qui ne suggère pas mais impose. À force d'avoir été peint dans les règles, le nu est devenu un exercice de style néoclassique, un morceau de virtuosité écolière, où il ne reste rien d'une femme, du modèle. Il a tourné à la citation, à la reprise. Picasso le rend à sa fonction initiale : être un corps en peinture. Qu'il peigne La Femme à l'éventail (1908), La Dryade (1908) ou les Trois Nus (1908-1909), changeant de manière d'une toile à l'autre, si ce n'est à l'intérieur d'une toile, le dessin ne varie pas : que la corporéité éclate, jusqu'à la provocation. Contre les conventions qui atténuent, contre les artifices qui enjolivent, il lui faut des seins durs et saillants, des ventres lourds et bombés, des cuisses en fuseau, des coudes pointus, des pieds et des mains épais. Grossissement et pesanteur confèrent aux anatomies la force de l'évidence. Picasso reprend ces ruptures d'échelle quand il alourdit les Trois Femmes à la fontaine (1921), leur peignant doigts énormes, ventres et seins gonflés, cuisses obèses.

Son œuvre est parsemée de telles métamorphoses, qui ne sont déformations que dans la mesure où déformer permet de rendre la forme manifeste, ses particularités plus sensibles. S'il est des périodes dans son évolution, si elles correspondent aux époques de sa vie amoureuse, ce n'est pas au nom d'un déterminisme psychologique. Il y a un dessin Olga, un dessin Dora, une peinture Marie-Thérèse, une autre Françoise, parce que chacune d'elle, par les caractéristiques de son corps, doit être peinte ou dessinée autrement, en fonction de ses qualités. La maigreur appelle le trait, l'embonpoint les courbes.

Ces observations sur le motif, renouvelées et diverses, s'accompagnent de dissections imaginaires. Le corps se décompose tantôt en éléments angulaires, carcasse de bois ou de métal, tantôt en morceaux aux contours oblongs, aux masses molles et organiques. La Femme dans un fauteuil rouge (27 janvier 1932), La Baigneuse à la balle (30 août 1932), les études d'après Grünewald de septembre, telle encre de Baigneuses (18 avril 1932) vont de pair avec la liaison avec Marie-Thérèse Walter, rencontrée sans doute en 1925 et présente, de manière avouée ou sous-jacente, dans chacun de ces nus par la prolifération de la sphère. Elle se reconnaît dans les bustes de bronze de 1931 et 1932 et dans les bacchantes renversées des dessins et gravures de l'année suivante. Les modifications graphiques, picturales et sculpturales répondent au modèle – et aux changements de modèle. Picasso s'en explique en 1923 : « Dès que j'ai eu quelque chose à dire, je l'ai dit de la manière dont je pensais qu'il fallait le dire. Les motifs différents exigent inévitablement des modes d'expression différents[35]. »

Pablo Picasso, *Femme en chemise dans un fauteuil*, 1913. Huile sur toile, 148 × 99 cm. Collection particulière.

Il n'est pas abusif de lui prêter les phrases de Matisse qu'Aragon rapporte : « Le modèle, pour les autres, c'est un renseignement. Moi, c'est quelque chose qui m'arrête. C'est le foyer de mon énergie[36]. » Comme pour vérifier la phrase, l'habitude s'est instituée de distinguer dans son œuvre des périodes selon les modèles, Laurette en 1917, Antoinette aux *Plumes blanches* (1919), Henriette Darricarrère, les jeunes Niçoises des années vingt, la Lisette des *Persanes* (1930-1931), Lydia Delectorskaya ensuite. De la *Femme à demi nue debout*, fusain de 1923 ou 1924, le nom du modèle peut rester inconnu, mais ni le modelé des flancs ni la courbe du ventre ni la petitesse des seins. Ignore-t-on l'identité des *Trois Amies*, encre de 1928, leurs différences n'en sont pas moins sensibles et Matisse ne les dessine pas comme la *Femme à demi nue debout*. Celle-ci appelle un traitement sculptural, par clair-obscur, creusements et amplifications alors que, pour les *Trois Amies*, un tracé linéaire serpentin convient. Le but n'est pas de représenter une anatomie mais de faire du dessin ou de la toile l'équivalent plastique d'une présence et de l'émotion qu'elle suscite.

Matisse ne cesse de le dire : « l'expression essentielle d'une œuvre dépend presque entièrement de la projection du sentiment de l'artiste d'après son modèle et non de l'exactitude organique de celui-ci[37]. » Ou, dans les *Notes d'un peintre* sur son dessin : « Mes modèles, figures humaines, ne sont jamais des *figurantes* dans un intérieur. Elles sont le thème principal de mon travail. Je dépends absolument de mon modèle que j'observe en liberté, et c'est ensuite que je me décide pour lui fixer la pose qui correspond le plus *à son naturel*. […] Leurs formes ne sont pas toujours parfaites, mais elles sont toujours expressives[38]. » Preuve *a contrario* : l'échec quand il n'y a rien à apprendre, rien à éprouver. Dans une lettre à Rouveyre en 1941, Matisse se plaint : « Après une triste séance avec un modèle vide d'expression quoique belle fille, j'étais brisé de m'être battu les flancs pour lui donner un peu de vie[39]. »

Pour y parvenir, Bonnard a recours à une pratique plus systématique. Son modèle varie peu et il lui demande de changer ses postures, de prendre les plus instables, les moins attendues. Il en est de simples, droites – celle du *Nu à la lumière* (1909) – ou allongées – le *Nu dans la baignoire* (1925). Il en est de plus

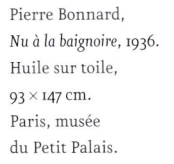

Henri Matisse, *La Serpentine*, 1909. Bronze, 56,5 × 28 × 19 cm. Nice, musée Matisse, dépôt de la galerie Maeght.

Pierre Bonnard, *Nu à la baignoire*, 1936. Huile sur toile, 93 × 147 cm. Paris, musée du Petit Palais.

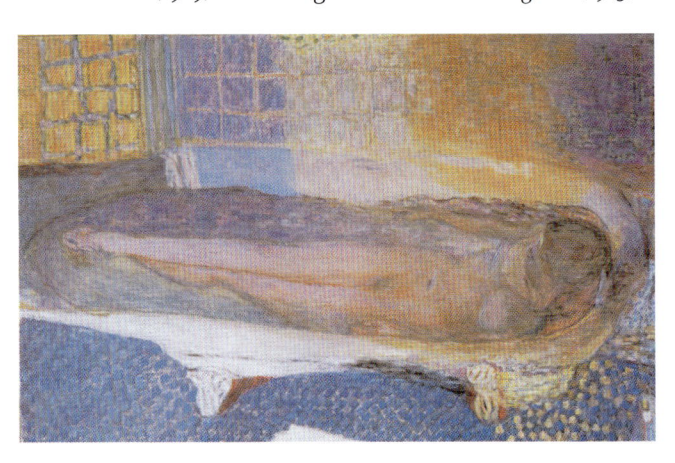

difficiles à tenir, inspirées souvent des pastels de Degas, baigneuse accroupie (*Nu au tub*, 1916), agenouillée (*La Source*, 1917), pliée en deux et penchée en avant (*Grand Nu bleu*, 1924), en équilibre sur un pied (*Nu s'habillant*, 1925). La lumière rougeoie sur le *Nu à la mule verte* (1927), rosit dans *Le Cabinet de toilette* (1932), bleuit jusqu'au mauve sur la peau du *Nu dans le bain* (1936) allongé parmi les mosaïques et les carrelages turquoise et bleu lapis.

La photographie, considérée vite, passerait pour l'instrument le plus efficace pour manifester la présence physique. Considération superficielle : la banalisation de la représentation mécanique, pratiquée sans réflexion, ne produit que des collections de fantômes, des figures figées dans des poses non moins conventionnelles, non moins anonymes que celles dont use la peinture – ce sont parfois les mêmes. Ces images ne s'inscrivent pas dans la mémoire, mais y parviennent celles où la composition de la photographie et le travail de la lumière font échapper la prise de vue à la banalité de l'imagerie « de charme » et au factice de la photographie « artistique » retouchée.

Quand Man Ray fait poser Kiki de Montparnasse pour la première fois, en 1922, il l'installe devant un écran improvisé dans sa chambre d'hôtel et l'intensité expressive tient à la posture de la jeune femme, à son regard, à l'aveu cru de la sensualité. Dès le *Torse rayé par la lumière* (1923) intervient la recherche de l'anomalie, de l'effet qui focalise le regard, ici la projection sur le buste de Kiki des ombres d'un rideau traversé par le soleil, lignes qui surdessinent les seins et les flancs. Les solarisations entraînent la représentation du nu vers un graphisme épuré, stylisé à l'extrême, dans la mesure où elles accentuent les contours et effacent le détail des modelés, absorbés par la luminosité qui les brûle. L'étrangeté se révèle un moyen puissant.

Cartier-Bresson le comprend si bien qu'à Alicante en 1933, à Mexico en 1934, photographiant des pensionnaires de maisons closes, il trouve des ressources dans le mouvement, les déséquilibres, l'indécision des lignes qu'ils produisent. Sans doute lui serait-il aussi commode qu'à Man Ray de faire poser le modèle sur un piédestal, un socle, dans les plis d'un drapé – de le faire jouer à la statue comme l'exigent Albin-Guillot ou Sougez. Mais il n'obtiendrait qu'un pseudo-marbre. À Alicante, il compose une image avec trois corps, incomplètement dévêtus, étrangement placés, deux allongés sur le ventre, le troisième en train d'accomplir une sorte de saut ou de plongeon. Elle est la moins déshabillée des trois, mais toutes ont conservé leur soutien-gorge et leurs chaussures à talon, détails incongrus. On a peine à croire que le hasard explique seul la complexité de la construction, où la bizarrerie rend au nu sa présence – ce qui était, dans un bordel déjà, l'un des enjeux des *Demoiselles d'Avignon*. À Mexico, l'année suivante, Cartier-Bresson photographie des étreintes de manière que ne se voient que membres emmêlés et bustes acéphales, dans le flou d'une image prise dans la pénombre alors que les corps ne cessent de bouger et les lignes de vibrer.

Henri Cartier-Bresson, *Espagne*, 1933.

Fondées sur des artifices plus visibles, les *Distorsions* de Kertész sont rendues possibles par l'introduction d'un miroir sphérique alors que les clichés de Bellmer sont d'abord ceux de sa *Poupée* (1932) écartelée, publiés par la revue *Minotaure* en 1934, puis ceux d'un corps étroitement ficelé, déformé jusqu'au monstrueux, *Unica Zürn* dénudée et ligotée en 1958. Bellmer est aussi l'illustrateur de l'*Histoire de l'œil* de Georges Bataille – lequel, dans *Documents*, publie les images de Jacques-André Boiffard, qui avait signé auparavant des photographies pour *Nadja*.

Que la déformation, la distorsion, l'étrangeté soient les conditions de la présence physique, la sculpture de Picasso le démontre des *Baigneuses* sous-titrées *Métamorphoses I et II* (1928) jusqu'aux femmes de tôle pliée, découpée et peinte des années 1960, en passant par la période de Boisgeloup et les assemblages tels que la *Petite Fille sautant à la corde* (1950) et la *Vénus du gaz* (1952). La diversité des modes de construction plastique répond à la diversité des styles graphiques et picturaux.

Giacometti symbolise d'abord le corps en des fétiches géométriques creusés de cupules, les *Femmes* de 1927 à 1929. Il le montre ensuite ossature fragile, *Femme couchée qui rêve* (1929) ou *Homme* (1929) fait d'un quadrillage de tiges coupé de diagonales brisées et surmonté d'une demi-sphère creusée. La *Femme égorgée* (1932) devient squelette, cadavre torturé – anticipation de Francis Bacon. À partir des années de guerre, le corps est figure debout, les bras collés au buste, les jambes serrées, la tête droite. La *Femme au chariot* (1942-1943) définit une facture qui se démultiplie en plâtres, bronzes, dessins et peintures. Quelles que soient les dimensions, des figurines à la *Grande figure* (1947),

Julio González, *Femme se coiffant*, 1931. Fer, 168,5 × 54 × 27 cm. Paris, Musée national d'art moderne-Centre Georges Pompidou.

Alberto Giacometti, *Femme assise*, 1946. Bronze, 77,5 × 14,5 × 19,4 cm. Paris, Musée national d'art moderne-Centre Georges Pompidou.

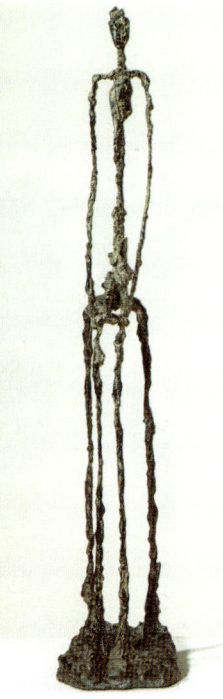

à l'*Homme qui marche* (1947) et aux *Grandes Femmes* (1960), l'œuvre naît de deux forces contradictoires : l'une affirme la présence par la verticalité, l'élongation, la monumentalité ; l'autre la menace, la rogne, érode les volumes, creuse les surfaces, ne laisse que des lignes si minces qu'elles pourraient casser. Va-et-vient de l'apparition à la disparition, de la vie à la mort.

Ces femmes ont la pose et la maigreur de celles qui sont vouées à l'extermination dans les camps. On ne peut les voir sans songer qu'elles opposent à l'anéantissement une résistance parvenue à son point ultime. Le même destin se joue dans les dessins et les peintures, du trait à l'effacement, du crayon à la gomme. Jean Genet, qui voit dans les figurines juxtaposées sur un socle l'image du bordel – encore les *Demoiselles* – écrit à ce sujet : « Entre chaque putain et lui [Giacometti], il y avait peut-être cette distance que ne cesse d'établir chacune de ses statues entre elles et nous. Chaque statue semble reculer – ou en venir – dans une nuit à ce point lointaine et épaisse qu'elle se confond avec la mort[40]. » À partir de 1958, Giacometti exécute des toiles liées aux statues. Il n'y peint que les traces d'un unique nu debout, tantôt à peine esquissé, tantôt déjà presque entièrement recouvert par des frottis de gris qui se confondent avec le gris de la peau. Il est droit, immobile, au centre d'un vide dangereux.

S'il ne se peint rien de cette force dans la France des décennies suivantes – il faut chercher des comparaisons en Grande-Bretagne, auprès de Bacon, et aux États-Unis, auprès de De Kooning – il n'en est que plus remarquable d'observer comment, à partir des années quatre-vingt-dix, des peintres se risquent à nouveau à figurer des corps, nus ou vêtus.

Alberto Giacometti, *Femme égorgée*, 1932. Bronze doré, 22 × 75 × 58 cm. Zurich, Kunsthaus.

Entre 1988 et 1992, Bioulès peint d'après modèle douze nus féminins, assis, agenouillés ou étendus sur le même fauteuil. Les poses ne masquent rien. Elles présentent à la vue le compte rendu d'un examen sans hâte ni négligence. La touche, le trait, la texture durcissent afin de conférer aux anatomies une existence minérale. Les ombres sont brutales et accentuées délibérément. Les plis sont tracés par lignes noires et les systèmes pileux, si longtemps interdits de représentation, indiqués comme l'exige un réalisme sans concession.

Vincent Corpet obtient de ses modèles qu'ils posent devant lui droits, jambes serrées, bras ballants, comme les femmes de Giacometti où Genet reconnaît des putains au bordel. Le format se conforme à la taille du sujet, qui se trouve ainsi enfermé sur la toile comme dans une bière, devant un fond monochrome. Le peintre représente avec impartialité les particularités de chaque anatomie, difformités, cicatrices, systèmes pileux. Il ne tolère aucun effet de style et procède à un relevé dont la vérité ne peut se contester.

La présence de l'autre s'impose par la représentation grandeur nature, le naturalisme de l'imitation, l'évidence de chaque détail. Afin de n'en négliger aucun, Corpet les peint tour à tour à niveau d'yeux, de sorte que les pieds sont l'objet d'une étude non moins minutieuse que le visage.

Vincent Bioulès, *Albine I*, 1989-1992. Huile sur toile, 162 × 130 cm. Collection de l'artiste.

À l'effacement Djamel Tatah oppose la monumentalité de figures verticales, vêtues de sombre, la peau pâle, le geste suspendu, le regard et la bouche refusant toute expression. Ses *Femmes d'Alger* (1996), loin de toute dédicace à Delacroix, forment le chœur funèbre d'une tragédie – la guerre civile algérienne – que chacun connaît et qui n'en continue pas moins. Elles prennent position face à la douleur et, pour cela, n'ont besoin ni de poses éloquentes ni d'accessoires symboliques. Il suffit – si l'on peut dire – qu'elles soient là.

Les tableaux de Marc Desgrandchamps sont plus proches de la disparition, qui s'y accomplit quand le corps nu, féminin, s'évanouit en partie dans le paysage. Il n'en demeure que fragments flottants dans l'air ou lambeaux abandonnés dans l'herbe. Des traces signalent approximativement l'emplacement de la figure, devenue spectrale – évanouissement à nouveau, dispersion plutôt, comme s'il était désormais impossible que le sujet conserve son unité. Ce qui l'environne, une nature en apparence anodine, le menace.

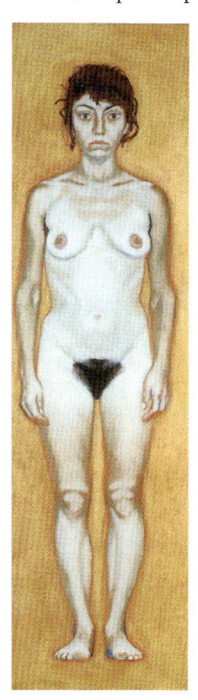

Vincent Corpet, *Nu, 2467 M VIII 92 h/R*, 180 × 50 cm. Collection de l'artiste.

Kees Van Dongen, *Tableau (Le Mendiant d'amour)*, 1913. Huile sur toile, 195,5 × 130,5 cm.
Paris, Musée national d'art moderne-Centre Georges Pompidou.

Djamel Tatah,
Sans titre, 1996.
Huile et cire sur toile
et bois, 200 × 210 cm.
Collection
de l'artiste.

Marc Desgrandchamps,
Sans titre, 1997.
Huile sur toile,
200 × 150 cm.
Collection
particulière.

Sexes

La représentation des corps, pour accéder à l'intensité la plus violente, se défait des stéréotypes et rend à la nudité la présence que la banalisation des images du nu lui retire. Or rien n'impose plus fortement la corporéité que la vision de ce que la moralité publique ne veut pas voir, les sexes. Ils sont l'inavouable, l'obscène. Ils sont aussi la procréation et le plaisir. Il en va de l'affirmation de l'individu comme sujet désirant et objet du désir, de la réalité charnelle de son corps et de celui des autres. Quel que soit le support, quel que soit l'instrument, tout au long du siècle, les arts visuels ne cessent d'aller plus avant vers la révélation de la sexualité. Avec non moins de régularité, ils s'entendent accuser d'indécence et soupçonner d'incitation à la débauche. En 1907, *Les Demoiselles d'Avignon* sont une scène de bordel parsemée d'allusions à la syphilis. Des décennies plus tard, Vincent Corpet dessine les figures de l'amour et de la souffrance décrites par Sade dans les *Cent Vingt Journées de Sodome* (1994). Entre-temps, Duchamp et le surréalisme accumulent les pièces d'un inventaire indifférent aux interdits édictés par la morale, qu'elle soit religieuse ou laïque. L'histoire pourrait s'écrire comme la chronique d'un dévoilement sans fin. La notoriété tardive qui fait de *L'Origine du monde* l'une des œuvres majeures de Courbet a valeur de signe.

Degas laisse voir ses monotypes licencieux, chronique d'une maison close. Toulouse-Lautrec traite de quelques scènes de bordel, les moins provocantes, dans des œuvres de plus grand format. Jusqu'aux années trente, demi-mondaines, « belles de nuit » et pensionnaires de maisons closes demeurent les héroïnes d'une chronique sans cesse reprise. Les peintres y contribuent – Rouault, Picasso, Derain, Vlaminck, Van Dongen, Soutine, Fautrier. Les photographes s'y emploient – Atget, Brassaï, Kertész, Man Ray. Ce dernier fait de Kiki l'allégorie de la licence et d'une vie nocturne dont les romanciers – Morand, Drieu la Rochelle, Aragon – décrivent les rites.

Jean-Louis Forain, *La Boîte de nuit*, vers 1925. Huile sur panneau de bois, 44 × 48 cm. Collection particulière.

Mais la question ne se borne pas à la représentation d'un commerce du plaisir dont personne n'ignore les adresses et les postures. Elle touche à la figuration des sexes eux-mêmes. L'artiste contemporain n'est pas celui qui donne à voir la nudité, définition qui s'appliquerait autant aux peintres anciens. Il est, tel le Courbet du *Sommeil* et le Rodin des dessins et lavis, celui qui se risque plus avant. Dans les dessins et aquarelles préparatoires aux *Demoiselles d'Avignon*, Picasso indique les sexes par des stries et des courbes colorées. Au printemps 1908, il peint la *Femme assise* dont le sexe est d'autant plus visible que, gris et noir, il n'est pas de la même tonalité que les chairs. La période abonde en audaces de ce type. En 1905, Camoin peint *La Saltimbanque au repos*, aux cuisses largement écartées, aux jambes parées de bas voyants, toile jugée scandaleuse. Au Salon d'Automne, en 1913, Van Dongen veut accrocher la toile dénommée tantôt *Le Mendiant d'amour*, tantôt *Le Châle espagnol*, tantôt, sobrement, *Tableau*. Elle ne peut demeurer au mur, décrochée pour outrage à la pudeur. Le châle largement ouvert révèle gorge, ventre et pubis à l'épaisse toison. Dans un angle, un nabot goyesque oscille entre extase et agonie. Avant cette icône de l'indécence, retirée sur ordre de la police malgré les protestations, Van Dongen peint *La Jarretière* (1906) et *La Sirène espagnole* (1912) qui ne se recommandent pas par leur décence. Dans ces années, à Vienne, Klimt et Schiele dessinent le même motif avec une acuité qui leur vaut les mêmes indignations. Van Dongen se risque jusqu'à évoquer l'homosexualité féminine. Avant les années vingt,

Eugène Atget, *Rue de la Villette, fille publique faisant le quart devant sa porte.* Paris, musée d'Orsay.

Jean Arp, *Configuration aux serpents*, 1955. Bronze, 21 × 34 × 29 cm. Clamart, fondation Jean Arp.

Constantin Brancusi, *Princesse X*, 1916. Bronze poli, 56,5 × 42 × 24 cm. Paris, Musée national d'art moderne-Centre Georges Pompidou.

avant que Victor Margueritte se voie accusé d'immoralité pour avoir publié *La Garçonne*, les amours saphiques s'esquissent dans ses scènes d'intérieur écarlates : nulle présence masculine, des poses tendres, des gestes au-delà de l'équivoque. Les titres annoncent *Mlle Miroir, Mlle Collier et Mlle Sofa* (1914) ou *Les Amies*. De cette dernière toile, il serait tentant de faire une illustration pour *La Prisonnière*.

Au précédent de Courbet en peinture répond en sculpture l'*Iris, messagère des dieux* (1890) de Rodin, qu'il dénomme moins poétiquement le « tunnel éternel ». À Picasso et à Van Dongen répond Brancusi, auteur de la *Princesse X* (1916), et du *Buste de jeune homme* (1923), également phalliques. Les variations sur le motif ovoïde évoquent tantôt la grossesse, tantôt le nouveau-né. Il en est de même plus tard des masses globuleuses polies par Arp, telle la *Concrétion humaine* (1934). De la convergence de ces œuvres il ressort que, dès les deux premières décennies du siècle, la question d'une représentation explicite des sexes est posée. Elle l'est contre la pudibonderie, contre la moralité publique. Elle l'est parce que, s'il se veut désignation de la présence physique, l'art des avant-gardes ne peut faire l'économie de cette transgression.

Claude Cahun, *Autoportrait*, vers 1919. Paris, Musée national d'art moderne-Centre Georges Pompidou.

Le surréalisme l'accomplit. *Les Quatre Saisons*, textes d'Aragon et de Péret, reçoivent en 1929, en manière d'illustration, quatre clichés pornographiques de Man Ray pour lesquels sont réputés avoir posé Kiki et Paul Éluard. Les *Autoportraits* de Claude Cahun mettent en scène l'équivoque sexuelle, le travestissement, une fausse androgynie. Les clichés de Brassaï, plus crûment, montrent telles quelles les pratiques sexuelles. En 1932, il photographie des couples lesbiens dans les bars et les bals. Il prend encore pour motif la prostitution, celle de la *Belle de nuit* (1932) qui tapine sous un réverbère et celle des maisons closes. En 1931 et 1932, il réussit des reportages qui décrivent les rites et jusqu'aux préliminaires de la possession, images dérobées où les reflets dans les armoires à glace multiplient figures et postures. Cartier-Bresson, on l'a dit, se rend dans les maisons de passe d'Alicante et de Mexico.

À la représentation ne se limite pas l'entreprise de dévoilement. À Miró, il suffit d'un triangle noir percé d'un trou rond, d'un cercle blanc au centre noir et d'un demi-cercle terminé par une pointe pour suggérer la *Maternité* (1924). Il lui suffit d'un autre triangle noir et d'un ballon rouge traînant un fil pour figurer *La Naissance du monde* (1925). Mais le *Portrait de madame K.* (1924), s'il préfigure ces deux œuvres épurées, abonde en éléments, un sein et son aréole, le sexe et sa toison bouclée, le cœur et ses vaisseaux écarlates. *Le Piège* (1924) est aussi explicite : le phallus d'un homme-tournesol se tend vers de petits animaux fantastiques. Par la suite, les métaphores érotiques prolifèrent dans son œuvre, qu'elles désignent l'un ou l'autre sexe ou leur conjonction.

Brassaï, *L'Armoire à glace, rue Quincampoix*, 1932.

Brauner nomme et dessine ces motifs dans un style qui donne à penser qu'il tire parti, ironiquement, des graffitis pornographiques. Après l'*Anatomie du désir*, suite de dessins de 1936, vient la série de Victor Victorel, *Victor Victorel à l'hypercoït barbarogène* et *Victor Victorel s'initiant à la sodomie* (1949). L'œuvre de Masson abonde en dessins érotiques à la plume, viols et coïts. Les plus anciens ont des titres baudelairiens (*Femmes damnées*, 1921-1922), valériens (*Grenades*, 1922-1923), ou sadiens, inspirés de *Justine* (1928). Dans les années trente, sous l'apparence de paysages et de métamorphoses naturelles, les allusions anatomiques prolifèrent : collines-seins, grottes-vulves, rochers phalliques, pluies spermatiques.

L'intensité exige toutes les impudeurs, les détails les plus crus, les précisions organiques, les symboles les plus explicites. Les mythologies antiques tournent à l'affrontement sauvage des sexes, massacres d'amazones et de guerriers, enlèvements, sévices. Ainsi en est-il jusqu'à ses derniers dessins, qui s'intitulent encore *Terre érotique* et *Bacchanale*. Les peintures, qu'elles soient recouvertes de sable ou violemment colorées,

André Masson, *La Terre*, 1939. Huile et sable sur bois, 43 × 53 cm. Paris, Musée national d'art moderne-Centre Georges Pompidou.

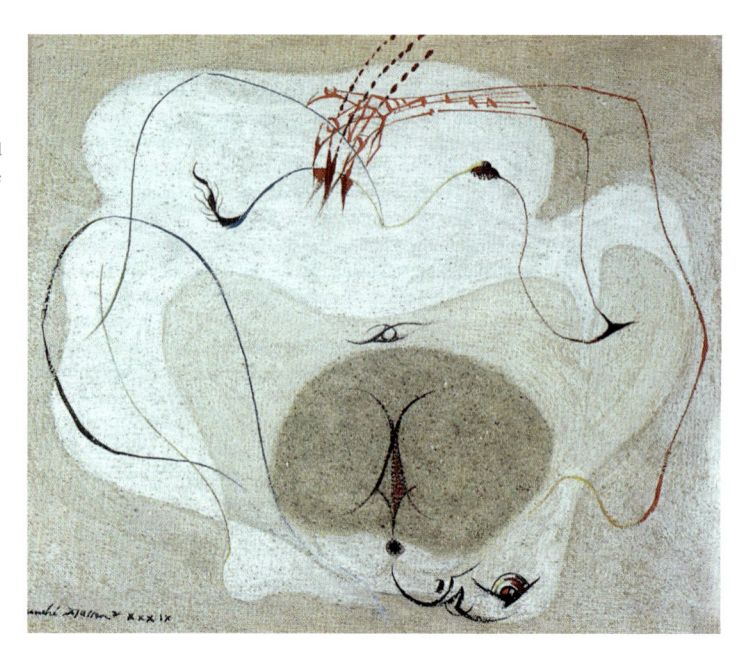

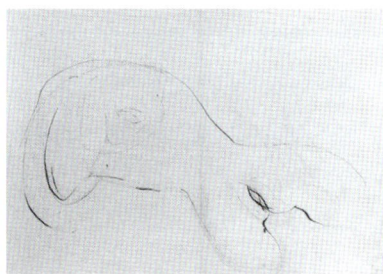

Jean Fautrier, *Nu*, vers 1940. Encre et fusain sur papier, 22 × 34 cm. Paris, Musée national d'art moderne-Centre Georges Pompidou.

figurent *L'Enlèvement* (1932), *La Terre* (1939) – un ventre féminin, *Gradiva* (1939), au sexe semblable à un coquillage, *Pasiphaé* (1947) assaillie par le taureau légendaire. Il est logique qu'il soit revenu à Masson d'exécuter la toile qui dissimulait *L'Origine du monde* de Courbet quand celle-ci appartenait à Sylvia et Jacques Lacan. Ainsi hommage était-il rendu, sur la demande du psychanalyste, à celui qui, le premier parmi les peintres, s'était risqué.

Deux œuvres ne cessent de formuler et reprendre la question, celles de Picasso et de Duchamp. Parmi les motifs qui échappent à l'œil et au pouvoir du peintre, Duchamp cite, outre le mouvement de la marche – trop rapide – et le jeu d'échecs – trop abstrait –, l'amour physique. *La Mariée* (1912), *Le Passage de la vierge à la mariée* (1912) : ces titres annoncent le sujet du tableau, la perte du pucelage. Mais les toiles, par ce qu'elles accordent au regard, le désorientent et le déçoivent : des métaphores métalliques, tout au plus la transposition du coït dans un monde de rouages, bielles et pistons. Du *Grand Verre*, le titre et le dispositif d'allusions mécaniques jouent le même jeu de la déception. Ni mariée, ni mise à nu, à peine des célibataires – les moules « mâliques » devenus *Matrice d'Éros*, mais aussi *Cimetière des uniformes* : l'échec de la représentation picturale se reconnaît, entre autres signes, à la défaite que lui inflige le sujet sexuel, qu'elle ne peut désigner qu'allusivement, par les mots mieux que par le dessin.

Défaite de la peinture, mais ni définitive ni irrémédiable. Peu de temps avant sa mort, Duchamp exécute deux gravures. Les *Morceaux choisis d'après Courbet* (1968) font référence à *La Femme aux bas blancs* et à la *Femme au perroquet*, deux toiles lascives. Il est d'autres modes de désignation, plus substantiels.

Marcel Duchamp, *La Mariée mise à nu par ses célibataires, même*, 1915-1923. Huile, vernis, papier et fil de plomb sur deux panneaux de verre, 272,5 × 175,8 cm. Philadelphie, Museum of Art, don de Katherine S. Dreier.

Prière de toucher (1947) imite en mousse de caoutchouc un sein de femme enveloppé de velours noir. Les études préparatoires pour *Étant donnés*, plexiglas perforé semé de points à la gouache ou relief en plâtre entre des draperies de velours encore indiquent minutieusement sexe et anus. La *Feuille de vigne femelle* (1950), l'*Objet-dard* (1951) et le *Coin de chasteté* (1954) pourraient être les objets d'une cérémonie érotique. La *Feuille de vigne* est le moulage d'une vulve, l'*Objet-dard* un phallus coudé et le *Coin de chasteté* a fait office de cadeau de mariage de Duchamp à son épouse Teeny.

Étant donnés 1° la chute d'eau, 2° le gaz d'éclairage (1966), œuvre ultime et secrète, réplique aux peintures sceptiques de 1912. Le temps n'est plus aux métaphores mécaniques ironiques. Si la question de l'art est : parviendra-t-on à la vérité des corps ?, *Étant donnés* la résout par le voyeurisme et le trompe-l'œil. L'indiscrétion est la condition imposée à quiconque veut découvrir ce qu'il y a derrière la lourde porte cloutée – une femme nue, renversée, les jambes écartées, tenant à la main une lampe, symbole phallique. L'illusion de la chair s'obtient en recouvrant de peau de porc un mannequin. Il est renversé dans des branchages, devant un paysage. Jambes écartées, il donne à voir son sexe glabre et tient dans la main gauche un bec Auer. Les judas percés dans la porte ne permettent pas d'en voir plus. Il ne saurait au reste y avoir plus à regarder que ce sexe féminin – celui que Duchamp ne représentait dans ses toiles de jeunesse, le *Nu aux bas noirs* (1910) et *Le Buisson* (1910-1911), qu'au moyen d'une ombre triangulaire. Quant au bec Auer, sa fonction symbolique lui est assignée dès 1911, quand il se dresse à proximité du corps de profil d'une jeune fille nue, mais qui a conservé ses bas noirs. Le tableau a pour titre *À propos de jeune sœur*.

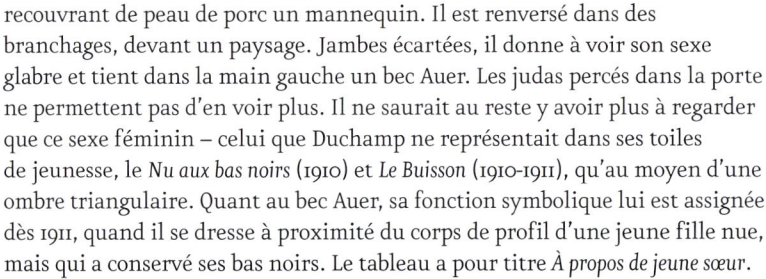

Ce serait réduire l'itinéraire de Duchamp à l'une de ses voies que de le décrire comme le cheminement qui irait de la non-représentation picturale pour cause d'impossibilité du *Passage de la vierge à la mariée* au triomphe de la révélation, *Étant donnés*. Ce raccourci suggère du moins la permanence du motif sexuel.

Duchamp le désigne. Picasso le représente de manière récurrente. Par *Figures au bord de la mer* (1931), il faut entendre un coït. Les membres de la femme et de l'homme se changent en organes sexuels hypertrophiés. Les études de *Baigneuses* de 1933 poussent la transformation à son terme et leurs corps ne sont plus qu'agrégats de phallus, de fesses et de seins traités en sphères et cylindres. Contemporains, les dessins des *Accouplements* (20 et 21 avril 1933) procèdent à des simplifications à la manière des graffitis obscènes. De ce moment à ses dernières années, Picasso ne cesse de reparler de la violence, du désir, de leur satisfaction, de corps sexués, de corps qui ne sont plus guère que leur sexe. Les versions « à l'antique » assimilent légende du Minotaure et corridas, introduisant la femme torero, la poitrine nue, renversée sous l'animal. Les versions néo-classicisantes profitent de la commande d'illustrations pour Aristophane (1934) et ne réapparaissent plus guère avant la fin des années soixante. Les métamorphoses organiques se retrouvent aussi bien

Marcel Duchamp,
Coin de chasteté, 1954.
Plâtre galvanisé
et plastique,
5,6 × 8,5 × 4,2 cm.
Collection
particulière.

Marcel Duchamp, *Étant donnés : 1° la chute d'eau, 2° le gaz d'éclairage*, 1946-1966.
Assemblage, technique mixte, 242,5 × 177,8 × 124,5 cm. Philadelphie, Museum of Art, don de la fondation Cassandra.

Pablo Picasso,
Raphaël et la Fornarina,
1968. Eau-forte,
25 × 32,5 cm. Paris,
galerie Louise Leiris.

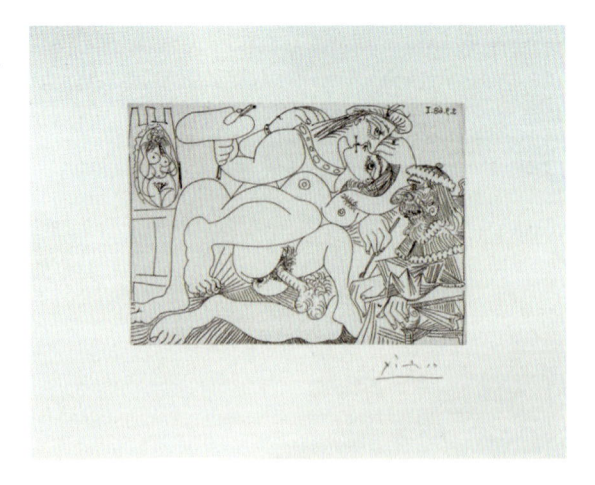

dans un dessin d'avril 1936, *Nu devant un miroir*, le bronze de la *Femme enceinte* (1950) ou l'une des variations d'après *Les Femmes d'Alger* (11 février 1955).

Celles-ci associent activité artistique et activité sexuelle en révélant que Delacroix n'a fait que peindre une version chaste des *Demoiselles* : même lieu clos, même promiscuité des femmes, même attente. La démonstration recommence à propos de David, dont *L'Enlèvement des Sabines*, tel que Picasso le résume en 1962, se réduit au crime d'un violeur solitaire, dans une étable, sous la menace d'un couteau de cuisine. Sur les relations de Raphaël et de la Fornarina, on sait à quoi s'en tenir après les eaux-fortes d'août 1968. Quant à celles de Degas et de ses modèles, elles sont détaillées, indécence après indécence, tout au long de la *Suite 347* (1970-1971).

Pour finir, Picasso peint « le » sujet, *Le Baiser* (24 octobre 1969) d'abord, *L'Étreinte* ensuite, en plusieurs versions naturellement, plus obscènes (19 novembre 1969), plus elliptiques (26 septembre 1970) ou plus cubistes

Pablo Picasso,
Le Baiser, 1969.
Huile sur toile,
97 × 130 cm.
Collection
particulière.

(1er juin 1972). Parallèlement, il exécute des suites de nus féminins où la place de la vulve est nettement marquée, au centre de la toile, soulignée par les couleurs et des grattages dans la matière – ainsi du *Nu couché sur fond vert* (24 janvier 1965) et du *Nu couché* (9 octobre 1967). Elles ont pour amants le *Mousquetaire à la pipe* (16 octobre 1968) ou *L'Homme à l'épée assis* (30 septembre 1969), rembranesques, parés des signes extérieurs de la virilité, moustaches, barbes, épées, bottes, pipes. À la question « qu'est ce que l'art ? », ces œuvres répondent sans équivoque : l'art est la manifestation de la vie et de la création par tous les moyens. Il n'est pas indifférent que Duchamp et Picasso le répètent avec quelque insistance dans leurs œuvres ultimes, en une période de leur existence où la mort devient plus proche.

Il en est de la figuration du sexe comme, plus généralement, de celle du corps : elle n'affronte plus guère, en France, à la fin du siècle, la censure de la morale publique. Le temps n'est plus où le *Tableau* de Van Dongen était décroché pour offense aux bonnes mœurs. Il est à la prolifération de l'imagerie pornographique, films et revues qui multiplient les gros plans. Il ne reste plus rien à photographier qui ne l'ait été en couleurs, d'aussi près que possible – à cette réserve près que les techniques d'exhibition produisent des suites de clichés plus médicaux que sensuels. Le commerce pornographique tourne au répertoire systématique des pratiques et des pathologies. Au reste, c'est à peine s'il montre des corps, fixant ses focales sur les ventres et perfectionnant l'éclairage jusqu'à ce qu'il ne laisse rien dans l'ombre. Il obtient l'inverse de ce que dessine Picasso, de ce que photographie Man Ray, de ce que Duchamp donne à découvrir.

La nécessité s'impose alors de rendre au désir ce que son imagerie lui dérobe : une vie. Photographie et installation sont les modes les plus fréquemment employés. Paul-Armand Gette rend au sexe féminin, celui des modèles qu'il découvre au gré de ses déplacements, un hommage appuyé, jusqu'aux limites du fétichisme. Qu'il s'agisse du *Pubis de la déesse* (1994) ou du *Bain de la nymphe* (1987-1995), l'allusion mythologique donne son titre à des collections de clichés indiscrets – attouchements, caresses, toilette – accompagnés de pétales de roses, de pierres volcaniques disposées en forme de cœur ou de pubis. Un coquillage, une fleur ou des graviers lisses recouvrent la toison, sur laquelle se pose une main qui ne peut être que celle de Gette. À l'aide d'un rouge à lèvres, il colorie de rouge sang l'aréole d'un sein sorti d'un chemisier noir déboutonné.

Collections encore – la séductrice, le séducteur sont par définition des collectionneurs, jusqu'au total de « mille e tre » –, celles d'Annette Messager. Elle présente *Les Hommes que je n'aime pas* et *Les Hommes que j'aime* (1972), des images de filles nues retouchées de dessins obscènes, une série de clichés,

Paul-Armand Gette, *Agneta, Joan, Susannah montrent…*, 1974-1981. Paris, Fonds national d'art contemporain.

Les Tortures volontaires (1972) et *Mes approches* (1971), qui raconte par épisodes l'histoire d'un désir qui ne se satisfait pas. *Mes Vœux* est constitué d'un ensemble de photographies reprises au crayon et à l'acrylique, sexes, bouches, yeux, langues, mains. Suspendu par des fils en forme de triangle, il pointe vers le sol. Ainsi se trouvent constituées des archives du corps. L'expression pourrait qualifier les travaux de Sophie Calle, qu'ils aient nom *Autobiographie* (1988) ou *Histoires vraies* (1993). Dans *Autobiographie*, photographies et textes racontent un strip-tease à Pigalle ou une séance de pose, durant laquelle l'artiste se propose comme modèle à des dessinateurs dont l'un lacère au rasoir le papier quand le dessin est achevé. En 1995, elle réalise, sur le thème de la frustration éternellement recommencée, le film *No Sex Last Night*.

Annette Messager, *Les Tortures volontaires*, Album-collection n° 18, 1972. 200 × 700 cm. Collection FRAC Rhône-Alpes.

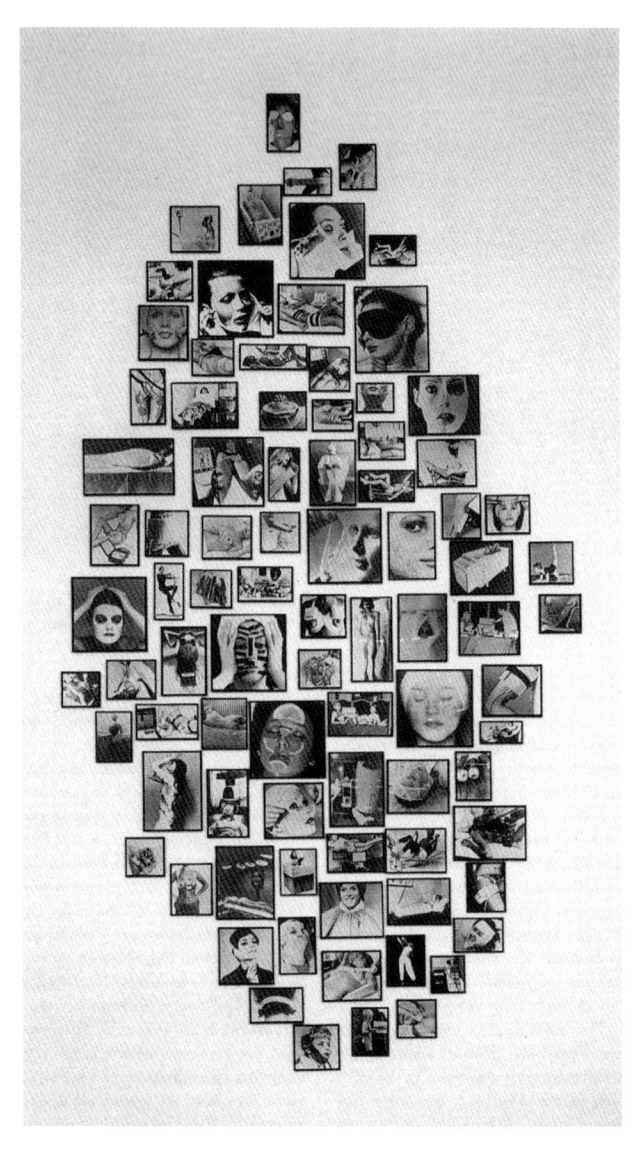

À la pratique documentaire ou narrative, Françoise Vergier préfère l'invention d'allégories, reliquaires, fétiches, sculptures. Le bois, les métaux, le verre, la peinture entrent tour à tour dans la fabrication de ses œuvres. Ce sont tantôt des détails, le ventre de *Sans titre* (1988-1989), les fesses du *Toucher du modèle* (1989), la poitrine de *Jamais deux sans trois* (1989) ; tantôt des figures de grande taille oscillant entre imitation anatomique et métamorphoses symboliques, tels *L'Insondable* (1990-1991), *L'Incarnée* (1993-1995), *Le Couple-tambour* (1994-1995) ; tantôt des objets à fonctionnement allégorique et allusif. *Le Jugement de Pâris* (1992-1994) réunit trois figurines évidées de femmes enceintes et un phallus sous une cloche de verre. *Dans la tête comme dans le ventre* (1992-1993) reprend la figurine, argentée cette fois, et la place sur une masse de métal lourde et sans apprêt. Les dessins sexualisent le paysage, où les reliefs se changent en corps de femme allongée ou repliée – c'est *La Rencontre des épaules et des collines* (1994-1995). Avec d'autres matériaux, plâtre, sel, granit ou terre, Anne Rochette invente une sculpture de l'organique, métaphores des corps et stèles des sexes, masses ovoïdes ou plissées des *Dix Peurs* (1987) ou de *Nue* (1993). Il lui arrive de les revêtir de tissu, nylon rose de *Double Progéniture* (1992). Toute solennité symboliste se trouve interdite. Ce travail se double d'une importante production de dessins et d'aquarelles, inventaire du vivant et laboratoire de formes pour la sculpture.

Françoise Vergier, *Dans la tête comme dans le ventre*, 1992-1993. Bronze argenté et métal, 29 × 16 × 15 cm. Collection de l'artiste.

Têtes

Pendant la Seconde Guerre mondiale, en Suisse, Giacometti commence à modeler des bustes de très petite taille sur des socles qui semblent disproportionnés par rapport aux têtes. Dès 1935, le sculpteur figure Ottilia, sa sœur, haute d'un peu plus de cinq centimètres. Par ces œuvres miniatures, il revient à la pratique du portrait, suspendue depuis une dizaine d'années, pendant lesquelles Giacometti désigne les têtes par des volumes abréviatifs et anonymes – sphère, hémisphère, cube, polyèdre de la *Tête cubiste* (1937).

Pendant la Seconde Guerre mondiale, aux États-Unis, Hélion commence à peindre des têtes d'hommes et des filles à leur fenêtre. Dès 1939, apparaissent les têtes d'Émile, de face, les yeux cachés par des chapeaux variés, puis les profils d'Édouard. En mai, Hélion cherche la composition d'*Au cycliste*, une femme à la fenêtre à droite, un homme franchissant un seuil au centre, le cycliste à droite.

Pendant la Seconde Guerre mondiale, Matisse et Picasso font ce qu'ils n'ont cessé de faire : peindre et dessiner corps et portraits. Pour Picasso, ce sont ceux de *Dora Maar* (9 octobre 1942), du *Garçon à la langouste* (21 juin 1941), du *Marin* (28 octobre 1943) – ce sont aussi les dessins de têtes dédoublées, de crânes aux yeux vivants et des sculptures. Pour Matisse, ce sont les *Thèmes et Variations* (1941) d'après le visage de Lydia ou de Michaela.

Henri Matisse,
Jeannette V,
1910-1913. Bronze,
58,5 × 21,3 × 27,1 cm.
Paris, galerie Maeght.

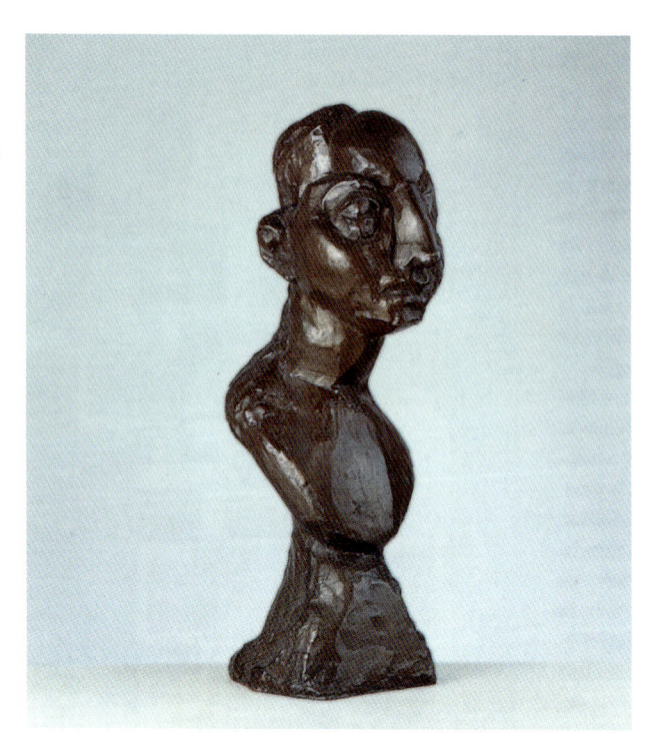

 Coïncidences ? Il se peut. Il se peut aussi que le portrait ne soit jamais plus urgent que quand la destruction accomplit ses ravages et qu'un système nie jusqu'à la possibilité d'une individualité humaine. Il se trouve que celle-ci se manifeste par les traits d'un visage, ses proportions, ses accidents, ses expressions. Il se trouve aussi que Matisse définit le portrait par le respect du modèle, autrement dit par l'attention portée à une personne. Il en est du portrait comme des corps et des sexes : en ces représentations se condense la présence, ce qui se nomme, d'une façon légèrement grandiloquente, la vie.
 Il serait assez vain de chercher à démontrer que le portrait demeure un genre essentiel au XXe siècle. Il suffit de citer Matisse, Picasso, Giacometti, Artaud, Man Ray, Freud, Cartier-Bresson, Brassaï. Chaque portrait de chaque artiste a ses lois internes, ses exigences propres, sa logique. Elle ne s'expliquerait qu'en analysant la confrontation du peintre et de son modèle, de l'entente à la déflagration selon les circonstances. Le portrait relevant, par définition, de la singularité, une histoire du genre tourne à l'énumération interminable des différences qui séparent deux œuvres, qu'elles soient du même auteur ou du même modèle. Aussi faut-il se borner à des exemples, qui ne sont que des cas particuliers.
 Soit plusieurs portraits d'une même main. L'œuvre de Picasso se déploie tel un répertoire de modèles et de manières, puisqu'il ne saurait être question de figurer Fernande comme Ève, Dora comme Olga, Breton comme Apollinaire, Stravinsky comme Vollard. La question du modèle se complique de celle de la date d'exécution, c'est-à-dire de la date de l'expérience, tout portrait relevant de la tentative aventurée sans assurance de réussite. L'œuvre de Matisse applique le même principe d'adaptation, qu'il formule en définissant le portrait comme

Henri Matisse, *Mademoiselle Yvonne Landsberg*, 1914. Huile sur toile, 147,3 × 97,5 cm.
Philadelphie, Museum of Art, collection Louise et Walter Arensberg.

« l'œuvre qui traduit la sensibilité humaine du personnage représenté[41] » et se distingue par « une invention qui lui est particulière et qui vient de la pénétration du sujet par l'artiste, qui va jusqu'à s'identifier parfaitement avec son sujet, de sorte que la vérité essentielle en question constitue le dessin[42] ».

Autre cas : un modèle pose pour plusieurs artistes. Ambroise Vollard, après les épisodes de son portrait par Cézanne, est le sujet de Vallotton (1901-1902), de Bonnard (v. 1906) et de Picasso (1910). Les trois toiles sont exécutées alors que le marchand a entre trente et quarante ans. Elles relèvent chacune d'un style. Vallotton préfère la netteté du contour et l'opposition de la lumière et de l'ombre, Bonnard des indications vibrantes, Picasso la division du visage en triangles et trapèzes. En dépit de tant de variété, il apparaît chaque fois que le nommé Ambroise Vollard est un homme solide, probablement autoritaire, mais aussi taciturne, sans doute laconique, et qu'il ne se livre pas. Bonnard et Picasso le peignent les yeux clos et Vallotton les yeux baissés. Tous trois donnent à son crâne une forme à peu près parallélépipédique. Exercices d'analyse d'un homme, elles se recoupent, alors que, du point de vue de la manière, elles s'opposent. D'autres rapprochements s'offrent, les Gertrude Stein de Picasso, Vallotton et Tal Coat. Quand le modèle est lui-même artiste, les versions se multiplient. Derain a ainsi posé pour Matisse, Picasso, Man Ray et Balthus.

Pour autant, la pratique du portrait n'est ni constante ni égale. Matisse croit le constater à la fin de sa vie : « L'étude du portrait paraît oubliée aujourd'hui[43]. » Il le déplore, mais il n'est pas certain que sa remarque soit absolument juste. Si le portrait lui semble un genre en désuétude, l'affirmation s'explique par sa date – 1954 – et le succès alors des abstractions lyriques, informelles et géométriques.

Il n'empêche : Hélion se détourne de l'abstraction afin de peindre des figures. Giacometti consacre désormais son œuvre au nu et au portrait. Ces conversions vont à rebours de l'époque. Elles ne sont pas les seules à affirmer, après 1945, la primauté du visage. D'autres artistes la consacrent par la brutalité et la simplicité, un primitivisme d'après-guerre qui a la figure humaine pour principal sujet. De Jean Dubuffet, obnubilée par ses propos polémiques, par l'invention de l'art brut, par son succès ultérieur, la critique ne dit pas assez que son œuvre se propose de renouveler les moyens graphiques et picturaux qui permettent la figuration des hommes et de la rue.

Les sujets se répartissent en deux catégories, entre célèbres et anonymes. Célèbres : Jean Paulhan, Paul Léautaud, Marcel Jouhandeau, Henri Michaux, Antonin Artaud, Joe Bousquet. Avec eux, Dubuffet se conduit en portraitiste et, s'il se débarrasse des afféteries, des élégances, des effets artistiques ; s'il raidit le trait, schématise, incise une matière picturale peu colorée, c'est pour obtenir des effigies irréfutables : un caractère s'inscrit dans la caricature, les grimaces. *Henri Michaux danseur*

Alberto Giacometti, *Portrait de Jean-Paul Sartre*, 1949. Crayon, 29 × 22 cm. Collection particulière.

Alberto Giacometti, *Tête de Diego*, 1961. Huile sur toile, 45 × 34,9 cm. Washington, The Hirshhorn Museum and Sculpture Garden, Smithsonian Institution, don de Joseph H. Hirshhorn.

japonais (1946) révèle l'essentiel du poète, inquiétude corrigée d'ironie et de mépris du sérieux. *Léautaud général d'Empire* (1946) combine frottages et graphismes afin de pousser l'analyse aussi loin que possible – aussi loin que Matisse, qui dessine Léautaud et suscite l'inquiétude de Dubuffet à tel point qu'il prie Pierre Matisse de lui faire tenir une photographie du portrait fait par son père.

Anonymes : les passants du *Métro* (1943), *Le Caviste* (1946), les Arabes d'El Goléa en 1948, les personnages dans la ville, les *Corps de dames* (1950), les bonshommes de *Paris Circus* (1961) et tous ceux qui errent dans les labyrinthes et psychosites que Dubuffet trace plus tard. Encore faudrait-il ajouter à la liste les *Barbes*, les figures trouvées dans les racines, les pierres, le charbon de bois, les feuilles mortes, les ailes de papillon ou le papier mâché. La critique des habiletés picturales et l'exaltation du fruste et du rudimentaire ne se bornent pas aux développements d'une anti-esthétique. Elles s'appliquent, elles entrent en action, une action qui impose des têtes, des corps. Ce qui retient Brassaï et Claude Simon dans les graffitis qu'ils photographient, la représentation réduite à l'essentiel, Dubuffet demande

Brassaï, *Un pendu,
graffiti*, 1932-1933.

Roger Bissière,
Vénus noire, 1945.
Huile sur toile
avec reliefs en stuc
peint, 355 × 259 cm.
Paris, Musée national
d'art moderne-Centre
Georges Pompidou.

Jean Dubuffet,
*Portrait d'Henri
Michaux*, 1947.
Huile sur toile,
130 × 97 cm.
New York,
The Museum
of Modern Art.

aux mêmes exemples les moyens de l'atteindre. Comme les auteurs inconnus des graffitis, il a pour principaux sujets l'homme et son anatomie – comme aussi Gaston Chaissac, autodidacte qu'il défend à partir de 1946, alors que Raymond Queneau et Jean Paulhan s'intéressent déjà à cet artiste qui se définit comme un « rustique moderne ».

Or Chaissac dessine et peint essentiellement des têtes et des « bonshommes », inventant des masques, traçant des faces et des silhouettes désarticulées d'un trait noir qui sépare les taches colorées. Les « totems » de bois ou de papier peint, les constructions de métal ou de paille s'achèvent par des yeux et un nez, comme si tout objet, tout fragment devait nécessairement contenir en puissance la figure humaine – comme si l'artiste n'avait qu'à la révéler, hors de toute convention, dans la simplicité d'un état premier.

En octobre 1947, Dubuffet expose chez René Drouin, pour la troisième fois. L'exposition s'intitule *Portraits à ressemblance extraite, à ressemblance cuite et confite dans la mémoire, à ressemblance éclatée dans la mémoire de M. Jean Dubuffet, peintre.*

En juillet 1947, dans la galerie Pierre Loeb, Artaud expose ses « Portraits et Dessins ». Par dessins, il faut entendre les compositions symboliques de Rodez, *Couti l'anatomie* (septembre 1945), *Les Illusions de l'âme* (janvier 1946), *Le Théâtre de la cruauté* (mars 1946). Les images de la souffrance et de la mort s'y agrègent à des constructions de formes et des écritures. Les crayons de couleur rehaussent l'image, avec une prédilection récurrente pour le rouge. Les portraits sont dessinés pour la plupart après le retour à Paris en mai 1946. Ils représentent les proches du poète, Paule Thévenin, Mania Oïfer, Minouche Pastier, Arthur Adamov, Pierre Loeb et Artaud lui-même. Ils ne relèvent d'aucune méthode apprise. On y voit la confrontation de l'autre et d'Artaud, jusqu'à la véhémence qui défigure.

Artaud écrit la préface de l'exposition. Dans les notes qui la précèdent, il se réclame de Dubuffet qui « proteste […] contre l'académisme oculaire de l'actuelle architecture du visage dit pictural[44] ». Le texte imprimé a la puissance d'un manifeste. Il affirme l'intention d'Artaud, qui tient les dessins pour « des coups de sonde ou de boutoir donnés dans tous les sens du hasard, de la possibilité, de la chance, ou de la destinée[45] ». Il cherche « à y manifester des sortes de vérités linéaires patentes qui vaillent aussi bien par les mots, les phrases écrites, que le graphisme et la perspective des traits ». Le sens de son œuvre tient en deux phrases : « Le visage humain porte en effet une espèce de mort perpétuelle sur son visage dont c'est au peintre justement à le sauver en lui rendant ses propres traits. Depuis mille et mille ans en effet que le visage humain parle et respire on a encore l'impression qu'il n'a pas encore commencé à dire ce qu'il est et ce qu'il sait[46]. »

Antonin Artaud, *Portrait de Paule Thévenin, dit Paule aux ferrets*, 1947. Crayon et craies de couleur sur papier, 64 × 52 cm. Paris, Musée national d'art moderne-Centre Georges Pompidou.

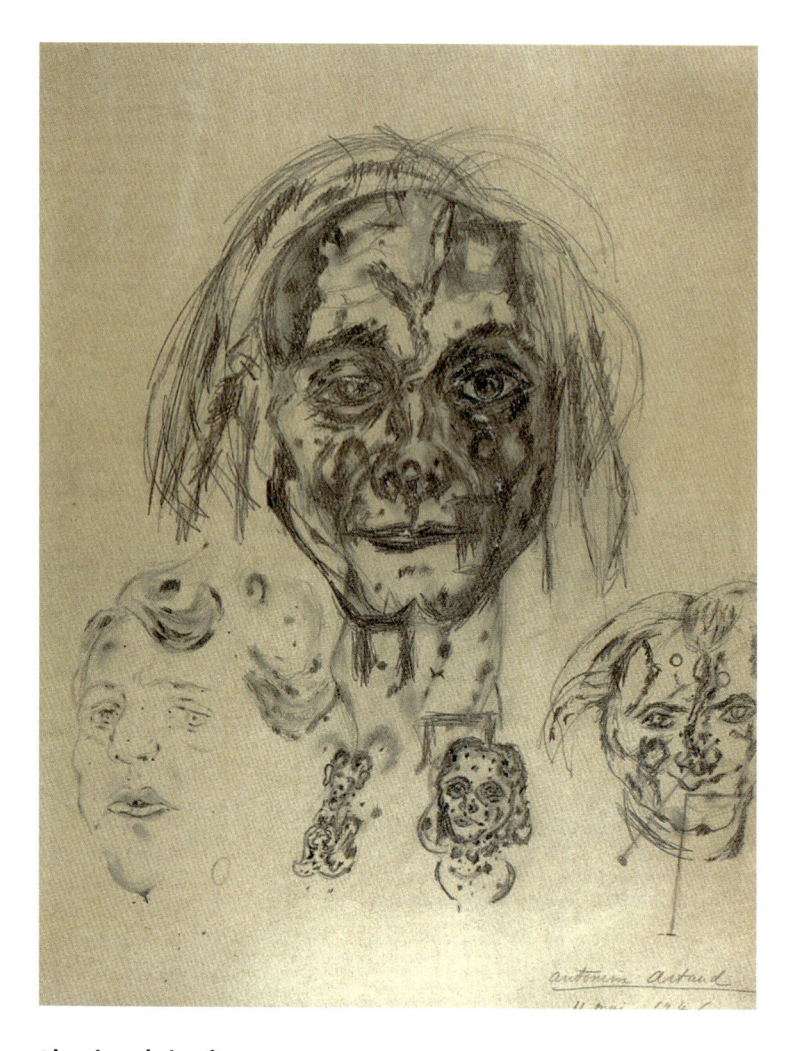

L'artiste lui-même

Antonin Artaud, *Autoportrait*, 1947. Crayon sur papier, 65 × 50 cm. Paris, Musée national d'art moderne-Centre Georges Pompidou.

Corps, sexes, visages des hommes et des femmes : la peinture, le cinéma, la photographie, la sculpture donnent acte de leur présence. Ils les sauvent de la confusion de l'anonymat, de la disparition dans le nombre. La société prétend penser et décider au pluriel collectif – l'œuvre maintient le singulier. Contre les systèmes totalitaires comme contre l'uniformité que produit la diffusion d'un spectacle en tout lieu le même, elle résiste, liberté et individualité indissociables, inlassablement défendues contre le semblable et le commun. « Volonté en armes contre la mort », selon l'expression de Breton, elle refuse les généralisations, elle ne connaît que des cas particuliers – celui du modèle qui pose, celui du geste qui s'accomplit, celui du désir qui s'accumule, celui du regard qui dévisage, celui du nom propre.

C'est celui de l'artiste, le nom dont il signe, celui qui le désigne et le distingue.

Autoportraits

L'autoportrait semble, de l'affirmation de soi, le mode le plus efficace. L'artiste est le modèle, aux traits peut-être identifiables. Il est l'homme qui se raconte et mesure les effets du temps. Il est celui dont l'œil et la main décident de la forme. L'artiste et son art ne font qu'un dans l'autoportrait. Ils s'expliquent, ils se répondent. L'exactitude de la représentation importe moins que ce qu'elle révèle – conceptions, idées, sentiments ; moins que ce qu'elle annonce de la fonction de l'artiste telle qu'il la définit lui-même. Matisse et Picasso pratiquent ainsi l'autoportrait, l'autocitation et les variations sur le thème du peintre et son modèle.

Première époque : les autoportraits. Matisse grave *Matisse gravant* entre 1900 et 1903, archétype de l'image spéculaire. Autour de 1900, il se peint plusieurs fois. À Collioure, à l'été 1906, il se représente « fauve », visage vert, les yeux écarquillés. Picasso se dessine dans les années 1890, celles de sa formation. Puis, sur la toile, il se déclare *Yo Picasso* (1901). Suivent, au gré des styles, la toile bleue et pathétique de 1901, l'*Autoportrait à la palette* (automne 1906) et celui du printemps de 1907, dont le graphisme annonce l'évolution dont les *Demoiselles d'Avignon* sont le laboratoire.

Après cette date, l'un et l'autre s'engagent dans des inventions qui modifient le fauvisme de l'un et le cubisme de l'autre. Ils privilégient les autocitations, les toiles qui renvoient à d'autres toiles et démontrent la logique de leur conception. Matisse fait la peinture de sa peinture, de son histoire, de ses hésitations comme de ses audaces – mémoire et autoanalyse à la fois. Il place dans une nature morte l'une de ses sculptures ou l'angle d'un de ses tableaux, comme dans *Le Bronze aux œillets* (1908), la *Nature morte au pot d'étain et statuette rose* (1910) où figure le plâtre d'un *Nu couché* (1906) ou la *Nature morte à la Danse* (1909) qui cite l'un des panneaux commandés par Chtchoukine. 1911 est l'année des deux versions des *Capucines à la Danse*, de *L'Atelier rose* et de *L'Atelier rouge*. Dans ces dernières, il procède à un inventaire où *Le Luxe* (1907) et le *Jeune Marin II* (1906) voisinent avec le bronze de *La Serpentine*, le plâtre de *Jeannette* et des toiles en cours d'exécution, des chevalets, des châssis, des cadres, des sellettes, des pots de pinceaux. Ces toiles monumentales résument l'évolution de leur auteur, rappellent qu'il se veut sculpteur autant que peintre et exaltent la couleur. Elles parachèvent la démonstration de cohérence.

De même, à partir de 1914, nombre de natures mortes de Picasso tiennent de la récapitulation. Le *Portrait de jeune fille* peint à l'été 1914 en Avignon rassemble cubisme, trompe-l'œil, pointillisme, papiers collés, plusieurs Picasso en un seul. Apparaissent des toiles qui dressent un état des lieux et des styles. Les changements se poursuivant, de temps à autre, Picasso peint l'histoire de Picasso peintre. De l'autobiographie esthétique relèvent des natures mortes, *Le Tapis rouge* (1924) et *L'Atelier* (été 1925).

Atelier : Matisse signe en 1916 *Le Peintre dans son atelier*, où un artiste qui semble nu observe et peint *Lorette sur fond noir, robe verte*, toile contemporaine. Dans *L'Atelier du quai Saint-Michel* (1916-1917), la toile en cours est *Lorette allongée*, que Matisse montre nue sur une étoffe rouge à fleurs grises, près d'elle la chaise vide de l'artiste et la feuille de papier qu'il a fixée sur un carton. En 1917 encore, Matisse exécute un *Nu assis*, *La Pose*, *Nu posant* et *Nu à l'atelier*, toutes toiles qui, post-impressionnistes, rompent avec les expériences antérieures. L'autoportrait revient à Nice, au début de 1918. La posture, le costume, la facture annoncent un art d'imitation rehaussé de quelques accords de rose et de gris sombre. La déclaration se fait explicite jusqu'à la redondance dans *La Séance de peinture* (1918-1919). Un peintre de dos commence le portrait d'une jeune fille lisant et l'esquisse promet un portrait attentif. Devant la liseuse, des fleurs roses baignent dans un vase. Elles se reflètent dans un miroir ovale, placé au centre de la toile, symbole. Quelques mois plus tard, Matisse substitue à la jeune fille un modèle nu et la toile – *Le Peintre et son modèle : intérieur d'atelier* – dit la soumission de l'artiste à l'observation. En 1924, *La Séance du matin* et *La Séance de trois heures* font l'éloge du travail sur le motif et d'après modèle.

Picasso affirme des convictions contraires. Trois toiles disent la liberté du peintre dans son atelier, les ressources de l'invention graphique, les audaces des pictogrammes qui désignent sans figurer : *Peintre et Modèle* (1926), exemple de dissociation du dessin et de la couleur, *L'Atelier* (hiver 1927-1928) et *Peintre et Modèle* (1928), démonstration de ce que peut une signalétique géométrique proche de l'abstraction. Ce qui revient à dire que l'histoire de la peinture n'est pas finie et qu'elle est recherche de nouvelles manières, de nouvelles formes face à la nature : autodéfinition de Picasso par lui-même. À partir de ce moment, il ne cesse de rappeler ces deux points essentiels : l'art est analyse visuelle de ce qui est et tous

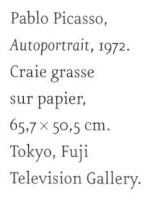

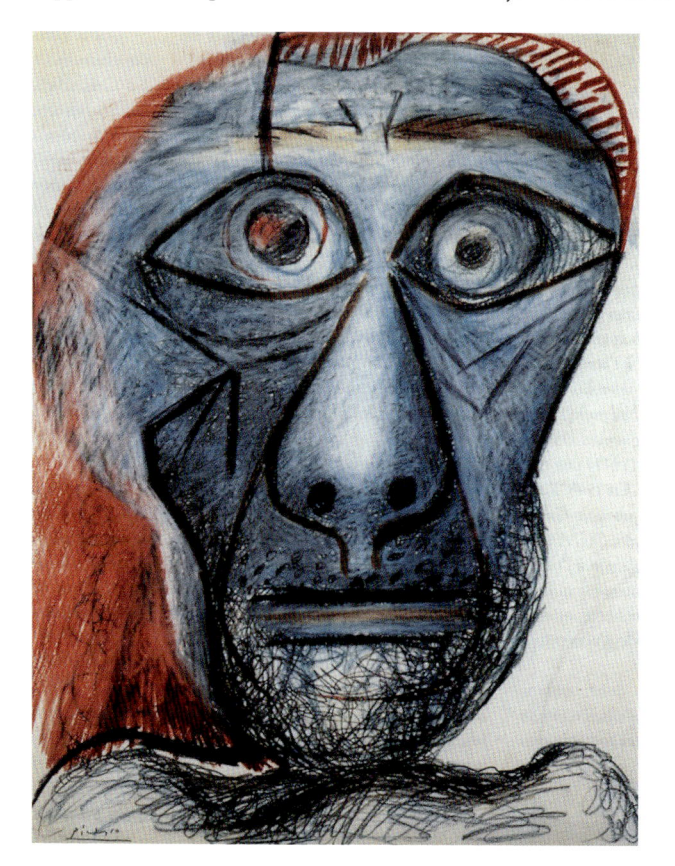

Pablo Picasso, *Autoportrait*, 1972. Craie grasse sur papier, 65,7 × 50,5 cm. Tokyo, Fuji Television Gallery.

les moyens sont bons pour pousser l'analyse aussi loin que possible. De la *Suite Vollard* (1933) aux variations d'après Delacroix, Velásquez, Poussin ou Manet, à la suite, *Le Peintre et son modèle* (1963-1964) et aux œuvres ultimes, il se fait de plus en plus péremptoire. Les dessins et gravures qui mettent en scène Raphaël et la Fornarina d'après Ingres, ceux où figurent Degas, Rembrandt, Picasso et des foules de nus, les planches de la *Suite 347* (1968) ne cessent de le rappeler : tout style peut servir, tous se mêlent et l'artiste garde le regard fixé sur le monde. Il ne lui reste plus qu'à tracer un *Autoportrait* funèbre le 30 juin 1972. Il s'y montre les yeux écarquillés.

Matisse, pour lui, revient à l'autocitation en 1937, date de l'émergence d'un second fauvisme. Il introduit ses dessins, stylisés, dans *La Tête ocre*, à l'arrière-plan de *La Grande Robe bleue et mimosas* (1936-1937) et de *La Liseuse sur fond noir* (1939), au premier plan des *Marguerites* (1939), puis dans *Lierre en fleurs* (1941) une tête de femme sur papier bleu. En 1948, l'une de ses dernières toiles se nomme *Grand Intérieur rouge* et, en mémoire de *L'Atelier rouge*, Matisse y place un dessin à l'encre de Chine de la série des natures mortes végétales et une toile contemporaine, *L'Ananas*. La peinture parle d'elle-même et de son auteur, à nouveau.

L'autoportrait revient donc. Absent depuis le début des années vingt, il retrouve droit de cité en 1939. Au crayon, à la sanguine, à la plume, Matisse se dessine. En 1945, dans l'*Autoportrait, masque*, il ne conserve que les signes qui l'identifient immédiatement. Une barbe, des lunettes et des yeux perçants : il ne reste que le regard du peintre, sa raison d'être.

La règle qui voudrait que l'autoportrait soit le genre des débuts et des fins reçoit de Bonnard confirmation complémentaire. Vers 1889, il se figure, les brosses et la palette au premier plan. Il revient à son image quatre décennies plus tard. *Le Boxeur* (1931), c'est lui dans sa glace, fragile, maigre, gesticulant. L'effacement l'emporte dans les œuvres ultérieures. Les traits se brouillent, le vieillissement s'accuse de l'*Autoportrait dans la glace* (1938) au *Portrait du peintre à la robe de chambre rouge* (1943) et à l'*Autoportrait dans la glace du cabinet de toilette* (1943-1946). Ces toiles se fondent sur le paradoxe de toute vanité : on y voit à nu la déchéance physique, le passage du temps, l'approche de la mort. Mais ce qui donne à voir ces maux, le dessin et la couleur, est aussi ce qui défend Bonnard contre l'effacement et contre le temps, ce qui le tient du côté de la vie et d'une création qu'il n'interrompt pas. Peindre sa mort prochaine, c'est la repousser.

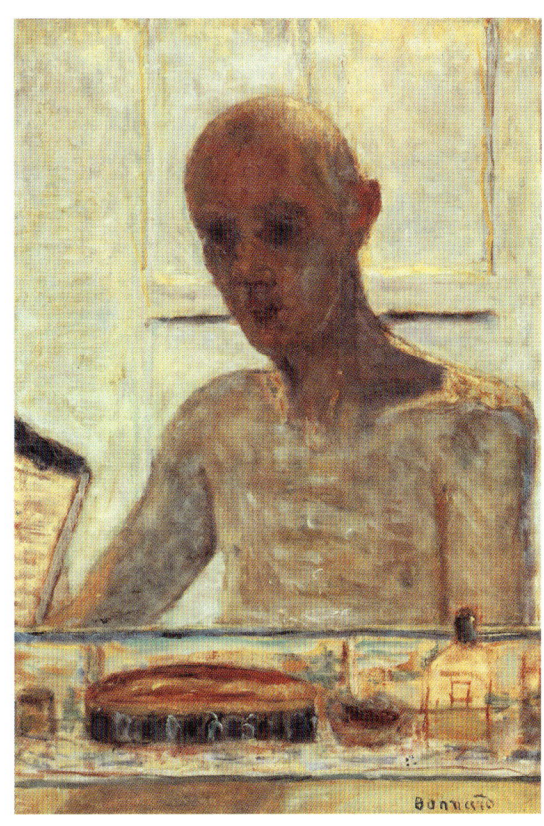

Pierre Bonnard, *Autoportrait*, 1945. Huile sur toile, 73 × 51 cm. Paris, Musée national d'art moderne-Centre Georges Pompidou.

Que le genre soit celui de la présence singulière, en témoignent encore Hélion et Tal Coat. Hélion pratique un art de la justification comparable à celui de Matisse. Dans *À rebours* (1947), il juxtapose un *Équilibre* dans la manière de 1932, une effigie allégorique du peintre et une femme nue renversée dont l'anatomie s'avère la version érotique d'une composition abstraite. Après plusieurs variations sur ce schéma, il déclare sa conversion au réalisme dans *L'Atelier* (1953). Il y cite *Le Goûter*, des natures mortes, *Le Dos aux pains* de 1952, ajoute deux portraits, un banc public et le poêle. Il ne peut échapper que l'œuvre aspire au naturalisme. Le retour à la couleur et à une géométrisation qui synthétise s'annonce dans le *Triptyque du Dragon* (1967), quand, au centre de la composition, dans une vitrine, entre un aveugle et un accordéoniste, apparaissent un *Équilibre* jaune et gris et une *Tête* dans le style de 1939. De ce moment à sa mort, Hélion introduit des références à son passé. *L'Exposition 34 ou « Le Songe et la dispute »* (1979) commémore Abstraction-Création. Dans *Le Réel et le Songe* (1981), deux peintres abstraits sont face à un modèle nu qu'ils changent en courbes. *Parodie grave* (1979) montre la procession de trois artistes accablés par le poids de leur chevalet qu'ils portent comme le Christ la croix. L'autoportrait intervient bientôt. Dans *Le Peintre et ses reflets* (1981),

Jean Hélion,
À rebours, 1947.
Huile sur toile,
114 × 145 cm. Paris,
Musée national
d'art moderne-Centre
Georges Pompidou.

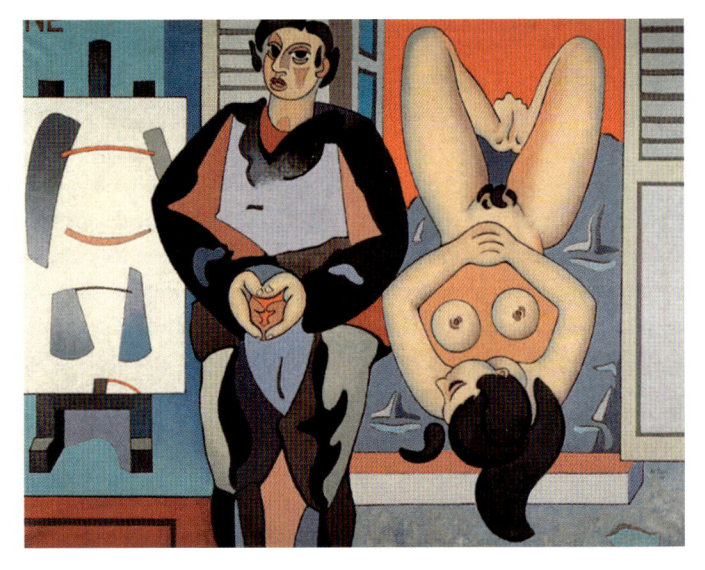

plusieurs Hélion, leurs modèles et leurs styles successifs se réunissent sous les signes conjugués d'une fleur, de la beauté féminine et de l'harmonie des plans colorés. L'auteur se présente avec, sur le front, la visière qui ceint la tête de Chardin. Hélion, Chardin du XXe siècle ? Le parallèle, suggéré dans le double *Portrait de l'artiste en vieil homme* (1980), revient dans la *Suite vaniteuse à l'atelier* (1982) alors qu'Hélion multiplie les scènes d'atelier, scabreuses tel *L'Instant d'après* (1982), ou comiques, tel *Trombone pour un peintre* (1983). La peinture est autobiographie et autojustification du peintre.

Les autoportraits les plus anciens de Pierre Tal Coat datent de 1927. Il a vingt-deux ans et son style oscille entre Picasso et Modigliani. Leur succèdent des scènes d'atelier puis, sous l'Occupation, des reprises picassiennes et satiriques. Après 1947, quand le peintre quitte la représentation de la nature, n'en conservant que des traces dans une peinture du geste fluide et de la tache où passe la référence cézannienne, les autoportraits disparaissent aussi. Ils se reforment vers 1980 quand, construisant l'œuvre par couches colorées superposées, Tal Coat place au centre une tache qui désigne une tête. Des précisions s'esquissent ou disparaissent, la matière s'épaissit ou s'évanouit. La question de la ressemblance ne se pose pas, seulement celle d'une présence insistante.

Le modèle intérieur

De l'artiste modèle de lui-même à la révélation plastique de ce qu'il faut nommer, faute de mieux, un monde subjectif individuel, Breton assure le passage : « L'œuvre plastique, pour répondre à la nécessité de révision absolue des valeurs réelles sur laquelle aujourd'hui tous les esprits s'accordent, se référera donc à un *modèle purement intérieur*, ou ne sera pas[47]. » Ainsi commence *Le Surréalisme et la peinture*. Il exige l'abandon de l'imitation. « L'erreur commise fut de penser que le modèle ne pouvait être pris que dans le monde extérieur, ou même seulement qu'il pouvait y être pris[48]. » Le surréalisme étant, depuis le *Manifeste*, « automatisme psychique pur par lequel on se propose d'exprimer soit verbalement, soit par écrit, soit de tout autre manière, le fonctionnement réel de la pensée[49] », le dessin, la peinture, la sculpture à l'occasion peuvent être cette « tout autre manière ».

Défini de la sorte, l'art surréaliste se donne pour la formulation, toujours différente, d'un inconscient, celui d'un créateur qui s'abandonne à sa « dictée », « en l'absence de tout contrôle par la raison, en dehors de toute préoccupation esthétique ou morale[50] ». Il ne peut, dans ce cas, qu'être absurde d'écrire une histoire de la peinture surréaliste, juxtaposition d'histoires singulières, violemment singulières comme le sont les rêves, les obsessions, les fantasmes de chacun. Elle ne peut naître que par addition d'épisodes, d'accidents, de hasards qui ne se laissent réduire par aucune analyse puisqu'ils relèvent des énigmes de chacun et de la liberté absolue du créateur, délivré du devoir d'imitation et de la vraisemblance. Ils ne sont pas assujettis à des critères variables de goût mais appellent une adhésion qui ne peut qu'être le fait de deux personnes, l'artiste et son spectateur.

Dans l'entre-deux-guerres, à Paris, prolifèrent travaux expérimentaux, inventions de formes, associations d'images. À en juger d'après Breton et *La Révolution surréaliste*, quatre artistes comptent essentiellement : Ernst, Miró, Masson et Tanguy. Chacun impose l'autonomie de sa création, autonomie par rapport à toute tradition et toute école, fût-elle surréaliste. Il n'est, pour le vérifier, que de comparer deux œuvres contemporaines de l'essai de Breton. En 1925, Miró peint *Ceci est la couleur de mes rêves*, une tache de bleu, le titre en lettres rondes et, en plus gros caractères, *Photo*. De la tache peuvent s'échapper on ne sait quel rêve, on ne sait quelle créature, par exemple l'insecte du *Paysage bleu à l'araignée* (1925). Cette année-là,

Ernst expérimente le frottage, qui lui offre les visions de son *Histoire naturelle*, végétations et paysages anormaux, hors échelle, hors réalité et cependant précis, pourvus d'ombres, de volumes, de détails. Autant Miró demeure évasif, autant Ernst accorde à ses inventions une matérialité dense, ce qui ne les rend en rien moins étranges, mais d'une étrangeté autre. Surréalisme, dans les deux cas ; surréalismes nécessairement différents.

L'expérience peut recommencer en 1938, date de l'Exposition internationale du surréalisme. Ernst achève une suite d'apparitions monstrueuses, entomologies effrayantes de *La Joie de vivre* (1936) et de *La Nature à l'aurore* (1938), chimères plus inquiétantes encore des *Scaphandriers somnambules* (1936-1937) et de *L'Ange du foyer* (1937). Il s'avance dans une direction où il a été précédé, jadis, par Grünewald et Bosch. *Oiseaux et insectes* (1938) de Miró sont d'une tout autre espèce, signes colorés sur un fond bleu, graphies proches du graffiti. Elles font suite aux caricatures humaines les plus grotesques, telle la *Femme nue montant l'escalier* (1937) accablée des pires et des plus tristement drôles difformités. Masson peint *Le Labyrinthe*, élaboration symbolique à partir du récit mythique, construction où la raison a sa part. Tanguy achève *L'Extinction des espèces*, désert, pétrification, fin du monde dans le silence. Si des parentés se révèlent entre Masson, Tanguy et Ernst, elles relèvent du spirituel et non du pictural. Sans doute inscrivent-ils dans leurs œuvres l'angoisse du moment, la conviction qu'un monde finit, que le péril augmente, mais ils n'en demeurent pas moins profondément distincts.

Peinture surréaliste ? Au pluriel seulement. Les allusions autobiographiques abondent, les dominantes diffèrent. Si schématiques soient ces approximations, la cruauté et la violence ont en Masson leur visionnaire horrifié et fasciné. L'imaginaire de Tanguy impose la vue d'un monde dépeuplé, monde d'avant ou d'après la vie, abandonné aux cataclysmes et à l'immobilité. Celui d'Ernst semble plus naturel, amplification de formes probables. De Miró on croirait plutôt que son œuvre célèbre la fertilité qui la fait croître et qui s'étend de l'infiniment petit de ses animalcules impossibles à l'infini de ses *Constellations*. À chaque nom se trouve ainsi associée une iconographie qui ne relève plus d'un « automatisme psychique », mais d'une individualité rétive aux influences et qui défend sa liberté jusqu'à l'incompréhension et l'indifférence – lesquelles accueillent leurs œuvres longuement, jusque après la Seconde Guerre mondiale.

Leurs manières diffèrent dans le rythme, l'étendue et la facture. Si Miró se montre susceptible d'improviser des pictogrammes sans se répéter, Tanguy, à Paris puis aux États-Unis, s'écarte peu d'une image obsessionnelle, grise, minérale qui exige trompe-l'œil et lenteur de l'exécution. Ernst rassemble les figures d'une iconographie dont il établit le répertoire dans des tableaux – *Peinture pour les jeunes* (1943), *Vox angelica* (1943) – où le fantastique se risque à exposer ses procédés. Masson élabore un graphisme qui s'exprime sur le papier avec une aisance et une inventivité dont la peinture ralentit l'exercice. Il n'empêche : leur art ne cesse de proclamer son indépendance et il ne reconnaît d'autre origine que leur « modèle intérieur ».

Joan Miró, *Femmes au bord du lac à la surface irisée par le passage d'un cygne*, 1941.
Gouache et peinture à l'essence sur papier, 46 × 38 cm. New York, collection particulière.

Yves Tanguy, *Maman, papa est blessé*, 1927. Huile sur toile, 92,1 × 73 cm. New York, The Museum of Modern Art.

La force de ce dernier s'affirme avant même que Breton ne le nomme. Elle se révèle quand Ernst, s'écartant des collages dadaïstes, donne forme à des imaginations qu'aucun symbolisme ne décrypte, *L'Éléphant des Célèbes* (1921), *L'An 55, tremblement de terre fort doux* (1922), *La Femme chancelante* (1923). Elle apparaît chez Miró dès *Terre labourée* (1923-1924) et le *Carnaval d'Arlequin* (1924-1925). En ce sens, *Le Surréalisme et la peinture* tire des conclusions bien plus qu'il ne définit un système. Les peintres dont Breton fait l'éloge se sont échappés de toute contrainte esthétique avant même que le mot surréalisme ne reçoive sa définition. Aussi bien, plus que d'adhésion au mouvement, leur attitude est de connivence, parfois rompue par les accusations, les excommunications et les crises qui en résultent.

Connivences, accointances avec le surréalisme : telle est aussi la position d'artistes qui appartiennent à la seconde moitié du siècle. Ils n'y maintiennent pas une « tradition » surréaliste – notion dépourvue de sens – mais l'exigence du « modèle intérieur ». On ne peut comprendre autrement le foisonnement littéraire et plastique de Pierre Bettencourt, qui tantôt transcrit et tantôt change en reliefs un imaginaire érotique et fantastique. À partir de 1954, avec des matériaux divers et de la peinture, il construit les bas-reliefs de ses rêves, *Le Sacrifice de minuit* (1954), *Dieu la mère* (1953), *La Grande femelle volante* (1967). Simultanément, il publie des récits de voyages oniriques, des fables, des poèmes, *La vie est sans pitié* (1948), *L'Intouchable* (1953) ou *Cruci-fictions* (1959).

La liaison de l'écrit et du dessin, de la vision et de la lecture caractérise encore Fred Deux. Autodidacte, il expose, en 1954, galerie de L'Étoile scellée, ayant rencontré Breton deux ans plus tôt. Les premières œuvres de Deux portent la marque de Klee, de Miró, d'Ernst, découverts en 1947 dans la librairie où il est employé. Leur révélation suscite des œuvres en taches, décalcomanies et impressions avant que Deux, en 1959, ne fasse du dessin – encre et crayon – le moyen d'une création inexplicable, souvent indescriptible. Des éléments organiques, d'autres végétaux, des fragments d'anatomie s'assemblent en créatures chimériques, à moins que, demeurant à un stade moins avancé, leur agrégat ne soit de l'ordre de la cellule ou de l'informe : *Offrande* (1964), *Pose* (1966), les planches de *L'O de l'Œil* (1981). La netteté du dessin leur confère une vraisemblance convaincante, d'autant plus troublante donc. Le « modèle intérieur » apparaît de la sorte, autobiographique, subjectif, retranché de toute histoire de l'art. Deux, sous le nom de Jean Douassot, accomplit une œuvre littéraire non moins autobiographique (*La Gana*, 1958), où la relation des rêves appelle le parallèle avec Michel Leiris. L'exploration de la réalité onirique et mentale, conduite avec une minutie quotidienne, fait proliférer l'image. Quelques toiles s'intitulent *Autoportrait* (1982), d'autres *Les Demeures de l'être* (1986-1988), *Les Choses de moi* (1995) ou *Le Médium* (1996). Tous se réfèrent à la vie de leur créateur, développant un langage plastique autonome.

Max Ernst, *La Femme chancelante*, 1923. Huile sur toile, 130,5 × 97,5 cm. Düsseldorf, Kunstsammlung Nordrhein-Westfalen.

Autographies

Si le surréalisme est, en peinture, un nom de la liberté, si ses œuvres relèvent de la matérialisation visible de ce que Breton nomme « pensée », il est logique que liberté et matérialisation ne soient, comme il l'écrit, astreintes au respect d'aucune « préoccupation esthétique ». Par conséquent, l'art peut aller jusqu'à ce qui serait l'équivalent visible de l'écriture automatique, un jaillissement de signes et de lignes qui ne serait plus commandé par l'habitude de figurer quoi que ce soit.

Quand il peint *Le Surréalisme et la peinture* (1942), Ernst donne à voir une créature entre oiseau et poulpe dont un tentacule tient un stylet. Il trace des écheveaux de lignes sur une surface tachée de couleurs vives. *La Planète affolée* (1942) suggère la même hypothèse : que la peinture, ce pourrait être des faisceaux de lignes sur des fonds colorés. Hypothèse familière à Miró : une *Peinture* (1925) se réduit à des lignes noires et une tache blanche. Une autre œuvre, au même titre vague, montre des nuées grises traversées par des traits noirs, percées de deux cercles rouges cabossés, parcourues par une forme blanche incomplète ou déchirée. L'invention est poussée à ses conséquences dernières, quand elle s'affranchit de la représentation la plus sommaire, quand elle se fait apparition de formes, dynamique des lignes, rapport des couleurs. De telles œuvres, qui sont la part capitale de Miró, autorisent des tentatives sans limite. Leur importance est d'autant plus grande qu'au même moment, dans les années vingt, il n'est que Paul Klee pour se montrer aussi libre. À l'abstraction codifiée par le néo-plasticisme et le Bauhaus, tous deux préfèrent une abstraction sans codes.

Masson suit Miró dans cette direction dès *La Famille en métamorphoses* (1929), invention de signes neufs. Durant son séjour américain, il expérimente la prolifération foisonnante des traces et des touches (*Enchevêtrement*, 1941). Plus tard, en projetant du sable et des couleurs sur une surface – procédé qui s'apparente au *dripping* pollockien – il inscrit sur le papier et la toile nœuds, courbes et explosions – *Conflit* (1951) ou *Le Feu sous la cendre* (1957).

Œuvre majeure, celle d'Henri Michaux explore les possibilités les plus diverses, la dissolution d'une goutte d'encre ou de gouache dans l'eau, l'extrême fluidité qui dissout les traits, le hasard de la projection et de l'éclaboussure – et les effets hallucinatoires de la mescaline. Poète, et des plus grands, *Ecuador* (1928), *La nuit remue* (1935), le *Voyage en Grande Garabagne* (1936) l'imposent, à proximité du surréalisme auquel il ne participe pas directement, préférant les voyages d'« un barbare en Asie » aux conversations et aux manifestations collectives. À la fin des années trente, il consacre plus de temps à des essais visuels sur fond noir d'une liberté à la Ernst, avec *Le Prince de la nuit* (1937). Après la guerre, il découvre les ressources de l'encre et du fusain, brouillant les limites, défaisant les contours pour que surgissent sur le papier des figures incertaines auxquelles il refuse tout titre, qui serait limitation.

Les repères qui autoriseraient l'identification d'un motif s'évanouissent. De la fin des années cinquante à sa mort, Michaux fait proliférer sur la surface les entrelacs inextricables de l'encre de Chine en filaments, points, averses et glissades. N'importent que le dynamisme, les différences de densité et la légèreté de ce que l'on ne peut plus nommer signe. Mieux qu'à la peinture, il se confie à l'encre et au crayon. Ce dernier est, de 1954 à 1959, l'instrument des dessins

Henri Michaux, *Sans titre*, 1945. Aquarelle et encre de Chine sur papier, 65 × 50 cm. Paris, Musée national d'art moderne-Centre Georges Pompidou.

mescaliniens, dans lesquels Michaux échappe au contrôle de la conscience et de la mémoire grâce à une drogue en usage chez les Indiens. Il accomplit absolument le projet de libération et d'automaticité qui sous-tend l'esthétique surréaliste. « Jamais, écrit Michaux, je n'ai pu faire une peinture à l'eau valable, sans absence, sans quelques minutes au moins de véritable aveuglement. Spontanée. Surspontanée. La spontanéité, qui dans l'écriture n'est plus, s'est totalement reportée là […]. Je ne délibère pas. Jamais de retouches, de correction. Je ne cherche pas à faire ceci ou cela ; je pars au hasard dans la feuille de papier, et ne sais ce qui viendra[51]. »

À quoi fait écho la déclaration de Camille Bryen : « Les structures imaginaires apparaissent, se développent selon des impératifs musculaires et psychiques (etc.) qui ressortissent à l'existence. Le mouton fabrique du cuivre dans la graisse de sa toison. Le cachalot l'ambre gris dans son ventre. Certains hommes dessinent[52]… » Bryen trace dès 1934 ce qu'il nomme des dessins automatiques, encres parfois rehaussées d'aquarelle. Les plus précoces regroupent des corps incomplets, des objets, des allusions mécaniques et végétales. Ses poèmes ne sont pas moins automatiques, démantèlement du langage ordinaire et recomposition. Il prolonge ce qu'il nomme « moyen irrationnel de connaissance » au-delà de la guerre jusqu'au moment où automatisme et abstraction gestuelle se confondent, sur le papier du dessinateur et sur la toile du peintre que Bryen devient alors. Sans atteindre à la puissance de conviction qu'atteignent ses dessins automatiques, ses peintures explorent les ressources de l'éclaboussure et du geste non figuratif, et elles sont tenues alors pour exemplaires de l'informel.

Comparable serait la trajectoire de Jean-Michel Atlan, qui peint, dessine et écrit à partir de 1941, dans la clandestinité à laquelle le condamne la proscription antisémite. Il publie *Le Sang profond* en 1944, alors que ses tableaux relèvent d'un primitivisme brutal, où transparaissent parfois des allusions aux religions et aux magies noires. La formation de signes s'y développe, fondée sur des contrastes chromatiques accentués et sur le foisonnement des graphismes noirs, épineux ou spirales.

En 1946, Bryen écrit un poème qui commence par : « Des photos aux dessins des circuits du cœur c'est la même aventure de sang étoilé. » Il figure dans le catalogue de l'exposition des œuvres de Wols chez Drouin. En 1948, il participe à l'organisation d'une exposition à la galerie Colette Allendy, HWPSMTB – pour Hartung, Wols, Picabia, Stahly, Mathieu, Tapié, Bryen. L'énumération vaut symbole. Il y a là un dadaïste ennemi de tout système, Picabia, et des peintres qui, à l'instar de Bryen, demandent à la vitesse, à la gestualité violente, à un graphisme et un chromatisme non figuratifs, les moyens d'un expressionnisme abstrait qu'ils n'appellent pas ainsi, la terminologie oscillant alors entre « informe », « lyrisme », « tachisme » ou « non-figuration psychique ».

Hans Hartung, T 1938-30, 1938. Huile sur toile, 100 × 100 cm. Antibes, fondation Hans Hartung-Anna Eva Bergman.

Si Mathieu apparaît rétrospectivement comme celui qui s'érige en défenseur d'un style qui se sclérose en rhétorique à force de répétitions, il n'en va pas de même de Wols et de Hartung. Tous deux allemands de naissance, tous deux antinazis, tous deux contraints par la misère de s'établir aux Baléares dans les années trente et contraints ensuite par la guerre civile espagnole de revenir en France, leur position, sous l'Occupation, est celle de clandestins menacés. Hartung, après s'être caché en compagnie de González dans le Lot, passe en Espagne et s'engage enfin dans la légion pour combattre le Reich. Wols, après avoir été interné comme étranger suspect au camp des Milles – où se trouvent alors Ernst et Bellmer – se dissimule à Cassis, puis à Dieulefit. Dernier point commun, celui qui les réunit chez Colette Allendy : leurs peintures sont des signes de présence réduits à l'essentiel, une manifestation exacerbée, véhémente, comme ultime. « Véhémences confrontées » est au reste le titre de l'exposition au cours de laquelle, chez Nina Dausset en 1951, ils se mesurent à De Kooning et à Pollock, au cours de la première et seule confrontation de New York et de Paris dans cette période.

Les références de Wols sont de tonalité surréaliste, autant que celles de Bryen – qu'il rencontre en 1936 – et de Michaux. En 1932 et 1933, à Paris, il noue des liens avec Giacometti, Calder, Arp et Ernst. Pour autant, entre 1935 et 1939, il subsiste grâce à ses travaux de photographe. Ses dessins et aquarelles des Milles font songer autant à Klee qu'à Ernst, légers édifices absurdes où le tragique ne se signale que par la dérision et l'absurde, celle de *Janus sous le parasol* (1939) et de *Popeye dans le camp* (1940). Tracés à l'encre, rehaussés de couleurs pâles, ils n'annoncent que fort peu les œuvres ultérieures, *Le Grand Orgasme* (1947), *Aile de papillon* (1947), *Manhattan* (1948-1949). Dans ces dernières, la peinture se confond avec une explosion d'énergie, un champ parcouru par des impulsions graphiques qui déposent des empreintes, des taches, des lignes, des traces. C'est là le paradoxe de cet art : s'il peut passer au premier regard pour purement pictural, il ne prend le parti de cette matérialité rudimentaire que pour la transcender et la charger d'une intensité psychique d'autant plus puissante que son inscription se réduit à presque rien – en apparence du moins. Décrites, les compositions de Wols ne sont que fort peu de chose, ce dont la critique conservatrice a abondamment tiré parti contre lui comme elle l'a fait contre la plupart des abstraits non géométriques. Mais ce dépouillement, ce refus de la figure et de l'effet est justement la condition nécessaire de la présence de l'artiste, moins physique que mentale – ce serait une différence entre Wols et Pollock, dont le *dripping* tient d'une gymnastique chorégraphique du corps triomphant. Les toiles de Wols sont ce qui reste, après les épreuves, après le deuil des illusions, après l'expérience de l'absurde.

La trajectoire de Hans Hartung passe par d'autres étapes : une éducation artistique marquée par l'expressionnisme à Dresde et à Leipzig ; puis l'influence du cubisme finissant à Paris entre 1927 et 1929. À partir de 1935, il s'engage dans une tentative où il se trouve seul et voué

Wols, *Aile de papillon*, 1947. Huile sur toile, 55 × 46 cm. Paris, Musée national d'art moderne-Centre Georges Pompidou.

à l'incompréhension, celle d'une peinture dépourvue de tout repère figuratif et qui n'obéit pas pour autant à l'une des doctrines issues du néo-plasticisme et du Bauhaus. Aux titres il substitue des matricules et oppose à des zones de couleur des lignes, des graphies tracées ou incisées. C'est faire de la tension le ressort principal de l'œuvre. C'est encore privilégier le dynamisme du geste, l'élan de la main et refuser toute idée de reprise comme d'étude préparatoire. Le dessin et la toile naissent dans l'urgence et d'elle, genèse mouvementée dont les traces font l'œuvre. Nullement symboliques, elles réinventent une narrativité, celle du parcours de l'instrument sur la surface, celle des balayages, des projections, des dispersions. Une dramaturgie se montre, étendue après la guerre à des formats de plus en plus vastes, amplifiée par la collision de couleurs ennemies – un bleu dur et un jaune éclatant souvent –, orchestrée par le noir qui scande, perce, découpe et brutalise. La répétition des procédés, une maîtrise trop visible sont les dangers qui menacent cet expressionnisme, dangers contre lesquels Hartung ne se prémunit pas également dans toutes ses toiles.

Expressionnisme nordique des débuts, traversée du cubisme ensuite : en ces termes se définit aussi l'itinéraire de Bram Van Velde, de son séjour à Worpswede de 1922 à 1924 à son installation à Paris ensuite. Autres points communs avec Hartung : la pauvreté, l'exil aux Baléares de 1932 à 1936, le retour forcé à Paris, la claustration durant l'Occupation. En 1937, après des

Bram Van Velde, *Sans titre*, Paris, boulevard Edgar-Quinet, 1963. Gouache sur papier, 199,5 × 250,5 cm. Paris, Musée national d'art moderne-Centre Georges Pompidou.

séries de natures mortes où l'objet s'érode et s'émiette, surgissent des *Peintures* – elles se bornent à cet énoncé – qui sont des édifices chromatiques retenus par des tracés noirs. Ils définissent des triangles et des cercles, ils strient, ils s'enroulent et se déroulent. Pas plus que celle de Wols et de Michaux la peinture de Bram van Velde ne se prête à la description, ne serait-ce que parce qu'elle n'offre rien à nommer, rien que des rapports de tons et des graphismes sans règle. Il reste à constater la variation des dominantes, d'une lumière noire à une plus bleutée, alternativement, jusqu'aux gouaches ultimes. Il reste à observer comment Bram s'efforce de déjouer l'expérience, le savoir retenu des toiles précédentes et qui pourrait décider de la toile à venir. En 1948, Samuel Beckett dit l'extrême écart de tels tableaux, l'isolement irréductible de leur auteur, solitude qui refuse compromissions et confusions :

« Le temps vous tracasse ? tuons-le tous ensemble.
La beauté ? L'homme réuni.
La bonté ? Étouffer.
La vérité ? Le pet du plus grand nombre.
Que deviendra, dans cette foire, cette peinture solitaire, solitaire
  de la solitude qui se couvre la tête, de la solitude qui tend les bras.
Cette peinture dont la moindre parcelle contient plus d'humanité vraie
  que toutes leurs processions vers un bonheur de mouton sacré.
Je suppose qu'elle sera lapidée[53]. »

Écart pourrait être le mot pour situer, dans cette période, l'œuvre de Soulages. D'elle, son auteur a parlé plus tard en des termes biographiques, citant les épisodes qui l'ont déterminé à expérimenter, au sortir de la guerre, une peinture où le noir et le brun du brou de noix sont seuls en cause. Il affirme non moins nettement ce qu'a d'unique et d'imprévisible le processus de l'exécution, que ne précèdent aucun projet, aucune idée de composition. L'œuvre, son accomplissement bref ou plus lent et celui qui s'y livre dans la solitude – défendue – de l'atelier ne font qu'un.

Parce qu'elle ne privilégie pas la vitesse et la trace, elle ne peut passer pour un expressionnisme abstrait. Parce qu'elle se construit hors de tout vocabulaire plastique préétabli, elle réfute l'emploi de mots tels que « signe » et « calligraphie », qui ont connu dans les années cinquante une large diffusion. Parce qu'elle ne propose aucune allusion à la nature et n'entretient aucune équivoque mystique, elle se refuse à de telles interprétations. C'est cependant la définir que dresser l'inventaire de ces refus et de ces non-définitions. Elle existe au terme de ces résolutions, dans l'épuration qu'elles exigent, par l'affirmation d'une présence, celle du corps de l'artiste qui détermine le format de la toile et l'ampleur des lignes qui la traversent, celle de l'artiste lui-même qui, chaque fois, déclare qu'il est, à cet instant, présent.

Soulages ne donne pas de titres. Plusieurs de ceux qu'emploie Barnett Newman conviendraient néanmoins, *Here*, *Be*, *Onement*. Le noir – non-couleur qui les contient toutes, non-lumière qui en irradie

Pierre Soulages, *Brou de noix et huile*, 73 × 47 cm, 1947. Collection particulière.

de très changeantes – apparaît alors non comme une privation mais comme une concentration et la toile comme, si l'on peut dire, le précipité cristallisé de son auteur. Une telle conception suppose le changement, un renouvellement qui interdit à l'œuvre de s'enfermer dans une pose et de se limiter désormais à des questions de peinture. À plusieurs reprises, Soulages secoue le système qui semble en train de s'établir : au début des années soixante en revenant à une simplicité de plus en plus marquée, dans les années soixante-dix en découvrant et explorant ce qu'est une peinture entièrement noire qui, pour autant, échappe aux usages du monochrome, bouge et vibre.

Au voisinage de Newman et de Soulages se situe la sculpture d'Alain Kirili, axes de fer martelé et plié qui dressent leurs verticales, lignes d'aluminium qui se brisent en esquilles et épines. Tout au long des années quatre-vingt, l'artiste, travaillant alternativement à New York et à Paris, développe un langage propre, fondé sur le dynamisme de l'élan et la netteté calligraphique de la forme. *Summation I* (1981), *Alliance* (1982), la série des *Hawkeye* (1984) et celles des fers polychromes *Belur* (1984) se distinguent par l'autorité avec laquelle une sculpture abstraite exprime l'individualité irréductible de celui qui dresse ces symboles, qu'il nomme plusieurs fois *Commandements* afin d'en souligner la puissance d'affirmation.

Révoltes en acte

Autoportraits, visions subjectives ; puis signes de plus en plus épurés, de plus en plus véhéments. Ceux-là apparaissent dans l'entre-deux-guerres dans l'œuvre d'exilés, d'émigrés, d'exclus. On dirait que, face à la menace du collectif, il ne reste plus que ces ultimes défenses à celui qui refuse les normes et veut faire de son art un peu plus qu'un exercice plastique réussi, un bon tableau, un bel objet, une belle image.

On connaît la difficulté : l'art tel que le conçoivent et le pratiquent Wols ou Michaux peut, à son tour, devenir habitude et règle, perdre son intensité à mesure qu'il gagne en habileté. Il faut alors rompre à nouveau, inventer d'autres moyens. Le Nouveau Réalisme fait l'inventaire, souvent inquiétant, des objets et des images de consommation courante. Peu après apparaissent des expressions et des attitudes qui ont pour principale nécessité de s'opposer à l'uniformité, à l'anonymat, à l'oubli de chacun dans une foule de semblables. Expressions et attitudes violentes, nécessairement. En 1960, à Venise, Jean-Jacques Lebel organise le premier happening européen, *L'Enterrement de la chose*, ainsi que le premier des *Anti-procès* contre la guerre d'Algérie. En 1962, dans la galerie de Daniel Cordier, il met en scène *Pour conjurer l'esprit de catastrophe*. En 1964, il fonde le festival de la Libre Expression et en 1966, les *120 minutes dédiées au divin marquis*, le 6 et le 27 avril, ce qui lui vaut d'être arrêté en raison de l'obscénité supposée de certaines scènes. « Le happening, affirme Lebel, est un peu le discours anal "vulgaire" d'une civilisation dont le discours culturel "noble" a été si nettoyé qu'il n'en reste presque plus rien sinon, sous le déodorant, une faible odeur de cadavre[54]. » Autrement dit, il ne resterait plus que le geste lui-même, sans la moindre médiation, sans aucune transposition, l'art-vie, sans œuvres, sans objets – un second dadaïsme, bien plus qu'un regain de surréalisme. Dans un mouvement qui reprend celui de Dada à ses début, l'artiste déclare sa présence, sa résistance, ses refus. Pour Dada, c'était face à la guerre et à son absurdité. Dans les années soixante, c'est face à d'autres périls, à un asservissement non plus mortel mais spirituel, celui de la consommation. Pour le repousser et troubler la quiétude publique, il ne reste que des attitudes extrêmes.

Ainsi celle de Gina Pane : par la violence de ses performances, elle s'applique à rendre sensible jusqu'au malaise la souffrance physique qu'elle s'inflige à elle-même, se blessant, se coupant, s'obligeant à absorber des nourritures corrompues. À Bruges, en 1972, elle accomplit une performance intitulée *Je* : rester deux heures et demie au-dessus du vide sur le rebord d'une fenêtre. On ne peut manifester plus évidemment que, de l'activité artistique, il ne reste plus que le ressort, épuré de toute considération matérielle : il y a là quelqu'un qui se dégage des règles, qui accepte le risque, qui, pour être, met en péril son existence. Plus grande est la menace, plus intense le sentiment de la survie. Les questions plastiques sont ici évincées, parce que tenues pour subsidiaires. Les gestes de Gina Pane s'accomplissent sur fond d'irrémédiable et d'angoisse et il lui faut faire couler son sang par des entailles. En 1969, Michel Journiac célèbre la *Messe pour un corps* et demande aux participants d'absorber, en guise d'hostie, du boudin qu'il a fabriqué avec son propre sang. Plus généralement, les manifestations de l'art corporel procèdent par le tourment et des formes atténuées de martyre, comme s'il fallait nécessairement en venir à ces extrémités afin de faire prendre conscience au spectateur de la gravité de la situation. Ces attitudes se veulent morales et politiques, ce que suggère alors le critique François Pluchard. Dans la revue *Artitudes*, qu'il fonde en 1971 afin de défendre cet art, il suggère que « dans cette mise en lumière de la souffrance, tout se passe comme si l'artiste s'était maintenant donné pour première mission de *racheter* la société de ses tares[55] » et avance le mot de rédemption.

Concession à perpétuité (1969) réunit Gina Pane, Jean Le Gac et Christian Boltanski. Dans la campagne, ce dernier enfouit un mannequin jusqu'à mi-corps et l'installation est partiellement recomposée dans les salles de la VIe Biennale de Paris. Cette année-là encore, il réalise plusieurs courts métrages, *Tout ce dont je me souviens* et *L'homme qui tousse*. Il demande un visa d'exploitation pour le second, qui lui est refusé en raison de la « manière particulièrement sordide et révoltante » dont il montre la souffrance physique. Toujours en 1969, en mai, Boltanski fait paraître son premier livre, *Recherche et présentation de tout ce qui reste de mon enfance*, 1944-1950. Sur la page de garde, il observe, non sans ironie : « Mais que l'effort qui reste à accomplir est grand et combien se passera-t-il d'années, occupé à chercher, à étudier, à classer, avant que ma vie soit en sécurité, soigneusement rangée et étiquetée dans un lieu sûr, à l'abri du vol, de l'incendie et de la guerre atomique, d'où il soit possible de la sortir et la reconstituer à tout moment, et que, étant alors assuré de ne pas mourir, je puisse, enfin, me reposer[56]. »

Son propos n'est ni si simple ni si déraisonnable, mais la phrase donne le ton de l'œuvre, entre dérision et angoisse, obsédée par le passage du temps, l'oubli, la disparition et les moyens de s'y opposer – toujours insuffisants. Ils empruntent à toutes les techniques, images, écrits, photographies, films, performances, documents. L'archivage organise en reliquaires intimes les *Vitrines de référence* (1970-1973). Les méthodes de la sociologie et de l'histoire déterminent le traitement de l'*Album de photos de la famille D., 1939-1964* (1971), qui fait l'objet d'un travail de classement dans l'ordre chronologique. Les photographies oscillent entre présence et absence, figure et oubli, de sorte que les regarder, les rassembler, c'est tout à la fois s'opposer à l'effacement et constater mélancoliquement l'inutilité de la tentative. Il ne demeure que des fantômes des *62 membres du Club Mickey en 1955* (1972) comme des *Images d'une année de faits divers* (1973). Autrement dit : l'œuvre se bâtit sur le principe de l'autobiographie, mais en sachant celle-ci impossible. À mesure qu'elle se développe, elle rend plus explicites ses fondements personnels et historiques – les souvenirs d'une famille juive et de la Seconde Guerre mondiale. L'artiste Christian Boltanski est l'homme dont la vie, telle qu'il la recrée en œuvres, porte la marque tragique du siècle. Elle n'a qu'un sujet, qui est aussi le crime du siècle : l'abolition de l'individu, que celui-ci devienne cliché illisible, vêtements usagés, nom oublié ou visage sans nom. Les installations que Boltanski dispose au Consortium à Dijon en 1985, dans la chapelle de la Salpêtrière en 1986, à la Biennale de Venise cette même année, à Cassel en 1987 ou dans l'exposition « Reconstitution » à Grenoble en 1991, reprennent les mêmes objets sans qualité, photographies d'identité éclairées par une petite lampe de bureau, boîtes en fer, rebuts, objets perdus. Ils envahissent l'espace, innombrables et cependant muets. Que les allusions à l'histoire du siècle et à la Shoah soient plus ou moins perceptibles,

Christian Boltanski, *Leçon de ténèbres*, 1987. Installation au Kunstmuseum de Berne. Courtesy galerie Yvon Lambert.

la pensée terrifiée de l'effacement n'en domine pas moins – de tout effacement, de toute catastrophe. « Ne pas mourir, empêcher chaque instant de disparaître, voilà la tâche que je me suis prescrite[57] », écrit Boltanski en 1971.

Pour y parvenir, ne serait-ce que fictivement, il est une autre solution, convertir l'œuvre en une autobiographie visuelle, ressource qui appartient au cinéaste et au vidéaste, pour peu qu'ils veuillent la mettre en œuvre plutôt que de succomber aux facilités du spectacle. *JLG/JLG* de Godard suggère ce que pourrait en être la forme, divisée, évitant la linéarité factice d'un récit, construite par collages, additions de mises en scène et de « reportages », de références et de souvenirs, allusions de toute sorte, tissage d'éléments disparates qui ne trouvent leur unité que dans le travail du regard et du montage. C'est aussi celle que pratique Ange Leccia dans *Île de beauté* (1996). Il ne s'y montre ni ne s'y raconte, mais compose, par pièces et morceaux, une suite de séquences, certaines récurrentes, dont l'ordre, le rythme et la nature rendent de plus en plus sensible celui qui les filme et les dispose, l'artiste irréductiblement singulier.

Épilogue

Il peut être temps, *in extremis*, de renoncer aux usages de
l'historien. Celui-ci affecte d'ignorer que ce qu'il a observé, ce qu'il a analysé,
les déductions auxquelles il s'est arrêté pourraient n'être pas sans
conséquences contemporaines. Ces apparences de discrétion s'accordent
au programme de neutralité qu'il conviendrait de respecter. On peut douter
de la justesse de telles attitudes et soupçonner l'historien, quel qu'il soit,
de se prononcer à son insu sur le présent où il écrit. On peut aussi déposer
un moment ces usages et s'exprimer de façon plus directe.

    Ce ne sera ni pour énoncer un système général, ni pour revenir sur
la méthode qui a été suivie afin de distinguer entre trois temporalités.
Ni davantage pour pronostiquer un devenir. Ni même pour redire la vanité
des systèmes et l'inutilité des pronostics. Mais pour affirmer ceci : ce livre est
fait des créations, des réflexions, des audaces et des échecs qui ont été ceux
des artistes dans le siècle. Il tente de les comprendre et, quelquefois, de les
ordonner logiquement. Il veut encore, plus simplement, célébrer la singularité
de ceux qui créent, leur obstination, leur mépris des aises, leur défense
acharnée de la liberté. Ces artistes, fort au-delà des désaccords et des
contradictions de théorie et de pratique qui les opposent, ont pris, dans la
société, une position isolée qui ne leur promet que difficultés et oppositions.
On pourrait énoncer l'idée de façon plus rudimentaire : il aurait été pour
chacun d'eux plus facile – et souvent plus profitable – de choisir le parti
de la règle contre celui de l'exception. Ils se seraient fondus dans le nombre.
Ils auraient été les professionnels d'une profession, peu importe laquelle. Ils
ne l'ont pas voulu, objectant qu'ils ne l'auraient pas pu parce que tels n'étaient
ni leurs désirs ni leur destin. Ces artistes – rappelons une dernière fois que
par ce mot il faut entendre au XXe siècle le cinéaste et le peintre, l'architecte
et le graveur, le sculpteur et le photographe – ont été les moins asservis,
les moins « normaux », les moins « convenables » des citoyens – donc les
plus intéressants.

    Il n'en est pas autrement aujourd'hui. Rien n'annonce que la situation soit
plus favorable aux artistes à l'extrême fin du XXe siècle qu'elle ne l'était quand
l'avant-garde était soupçonnée d'anarchisme ou contrainte à l'exil, comme elle
l'a été durant quatre années qui ne résonnèrent pas de protestations unanimes
contre la proscription. Sans doute la fortune récente des musées et la
consommation culturelle donnent-elles à croire que la curiosité artistique

gagne des consciences de plus en plus nombreuses. Mais c'est moins de curiosité que de conformisme qu'il s'agit. La commémoration muséale appelle à l'unanimité et l'assoupissement. Elle incite à la répétition ou à la nostalgie, manières de s'abriter. Admirer ce qui a été – à juste titre évidemment – finit par dispenser de considérer ce qui est ; ou pire : invite à des comparaisons dépourvues de tout relativisme critique qui, toutes, concluent à la supériorité d'un autrefois qu'il est plaisant de changer en mythe. À quoi bon alors des artistes contemporains, puisque leurs prédécesseurs furent si grands, si vénérables ?

Pour ce qu'on nomme par pudeur consommation culturelle, elle répond à un commerce du divertissement qui, à son tour, provoque, finit par exiger l'unanimité et la paresse et les obtient avec une autorité grandissante, celle des moyens de communication et de diffusion universels. Cette industrie produit des images identiques et innombrables. Elle invente les événements qui favorisent leur circulation et leur succès auprès de publics conditionnés. Dans cet état – mondialisation de la distraction préprogrammée et uniforme – il n'est nul besoin d'individus singuliers. Leurs différences détonnent. Leurs créations déconcertent. Le marché peine à les absorber. À quoi bon, encore une fois, des artistes pour troubler un monde si prospère, si plaisant ?

Aussi, selon la logique du cynisme économique, se trouve-t-il des penseurs pour annoncer et justifier la mort de l'art, activité obsolète, vaguement ridicule, assurément dérisoire. L'ordre social n'en serait que mieux assuré, la paix civile que mieux défendue, les profits que plus florissants. Il suffirait de se délivrer des contradicteurs importuns et de ces objets qui ne sont pas des marchandises standardisées – les objets d'art.

À cette vision unificatrice et aliénante, ce livre s'oppose sans réserve, violemment, comme une apologie de la vie s'oppose à une doctrine de l'effacement. Chacune des œuvres qui composent cet ouvrage est un « je » qui se défend contre l'ensevelissement dans un « nous », que ce « nous » soit celui d'une tradition, d'une terre natale, d'une conduite collective, d'une idéologie ou celui de la société quand elle prétend se considérer comme un corps heureusement cohérent. Chacune de ces œuvres appelle à la première et la plus nécessaire des résistances, qui est de se poser en sujet autonome et unique. Chacune affirme et défend sa liberté et la liberté. Elle n'a pas de plus importante leçon à transmettre.

Notes

Avant-propos

1. Charles Baudelaire, « Le peintre de la vie moderne », in *Critique d'art*, Gallimard, 1992, pp. 354-355.
2. Guillaume Apollinaire, *Méditations esthétiques. Les Peintres cubistes*, in *Œuvres complètes*, Gallimard, Pléiade, t. 2, 1991, pp. 12-13.
3. André Breton, « Distances », *Les Pas perdus*, in *Œuvres complètes*, Gallimard, Pléiade, t. 1, 1988, p. 287.
4. Theodor W. Adorno, *Critique de la culture et de la société*, traduction G. et R. Rochlitz, Payot, 1986, p. 23.
5. Samuel Beckett, *Le Monde et le pantalon*, suivi de *Peintres de l'empêchement*, Minuit, 1990, pp. 51-52.
6. A. Breton, *Œuvres complètes*, op. cit., p. 245.
7. Henri Cartier-Bresson, *L'Imaginaire d'après nature*, repris in Pierre-Jean Amar, *La Photographie, histoire d'un art*, Edisud, 1993, p. 171.
8. Jacques-Émile Blanche, *Cahiers d'un artiste*, t. 3, Émile-Paul Frères, 1917, pp. 19-23.
9. Walter Benjamin, *L'Œuvre d'art à l'ère de sa reproductibilité technique*, in *Œuvres*, traduction M. de Gandillac, Denoël, 1971, t. 2, p. 205.
10. *Ibid.*, pp. 207-208.
11. S. Beckett, *Le Monde et le pantalon*, op. cit., pp. 21-22.
12. André Chastel, *Introduction à l'histoire de l'art français*, Flammarion, 1993, p. 63.

Partie 1

1. Guillaume Apollinaire, *L'Esprit nouveau et les poètes*, in *Œuvres complètes*, op. cit., p. 952.
2. Cité par Bernard Ceysson, *Soulages*, Flammarion, 1996, p. 95.
3. Albert Gleizes, « Autobiographie », 1938, cité in *L'Art sacré d'Albert Gleizes*, Caen, musée des Beaux-Arts, 1985, non paginé.
4. G. Apollinaire, *Œuvres complètes*, op. cit., p. 96.
5. Daniel-Henry Kahnweiler, *Mes galeries et mes peintres. Entretiens avec Francis Crémieux*, Gallimard, 1998, p. 111.
6. Henri Matisse, *Écrits et propos sur l'art*, Hermann, 1972, p. 59.
7. Jean Hélion, *À perte de vue*, IMEC Editions, 1996, p. 245.
8. D.-H. Kahnweiler, *Mes galeries et mes peintres*, op. cit., pp. 62-63.
9. G. Apollinaire, *Œuvres complètes*, op. cit., p. 697.
10. A. Breton, *Œuvres complètes*, op. cit., p. 262.
11. Louis Vauxcelles, *Gil Blas*, 17 octobre 1905 ; repris in *Pour ou contre le fauvisme*, Somogy, 1994, p. 28.
12. Camille Mauclair, *ibid.*, p. 42.
13. Étienne Charles, *ibid.*, p. 44.
14. *Ibid.*, p. 45.
15. *Ibid.*, p. 62.
16. Paul-Jean Toulet, *ibid.*, p. 50.
17. G. Apollinaire, *Œuvres complètes*, op. cit., p. 485.
18. A. Breton, « Le surréalisme et la peinture », *La Révolution surréaliste*, n° 6, 1er mars 1926, pp. 30-31.
19. Pierre Restany, *À 40° au-dessus de Dada*, galerie J, 1961 ; repris in 1960. *Les Nouveaux Réalistes*, musée d'Art moderne de la Ville de Paris, 1986, p. 266.
20. Cité par Pierre Daix, *Dictionnaire Picasso*, Robert Laffont, 1995, p. 251.
21. D.-H. Kahnweiler, *Mes galeries*, op. cit., pp. 51-52.
22. H. Matisse, *Écrits et propos*, op. cit., p. 46.
23. *Ibid.*, p. 51.
24. *Ibid.*, p. 96.
25. *Ibid.*, p. 71.
26. *Ibid.*, p. 206.
27. André Derain, *Lettres à Vlaminck*, Flammarion, 1994, p. 161.
28. *Ibid.*, p. 169.
29. H. Matisse, *Écrits et propos*, op. cit., p. 199.
30. *Ibid.*, p. 321.
31. Fernand Léger, « Les réalisations picturales actuelles », *Les Soirées de Paris*, 1914 ; repris in *Fonctions de la peinture*, Gonthier, 1965, pp. 25-26.
32. H. Matisse, *Écrits et propos*, op. cit., p. 67.
33. F. Léger, *Fonctions de la peinture*, op. cit., p. 47.
34. *Ibid.*, p. 51.
35. André Lhote, « De la nécessité des théories », NRF, 1919 ; repris in *Les Invariants plastiques*, Hermann, 1967, p. 37.
36. *Ibid.*, p. 87.
37. *Ibid.*, p. 91.
38. Entretien de Raoul Dufy et Pierre Courthion, 1948 ; repris in *Raoul Dufy. Séries et séries noires*, fondation Pierre Gianadda, 1997, p. 156.
39. *Claude Viallat*, musée national d'Art moderne, 1982, p. 110.
40. « Marc Devade », *Art press*, n° 9.
41. Entretien avec Catherine Millet, *Art press*, n° 96, 1985.
42. Émile Zola, *Mon Salon, Manet. Écrits sur l'art*, Garnier-Flammarion, 1970, p. 373.
43. G. Apollinaire, *Œuvres complètes*, op. cit., p. 111.
44. *Ibid.*, p. 487.
45. W. Benjamin, *Œuvres*, op. cit., p. 204.
46. *Ibid.*
47. Georges Charbonnier, *Entretiens avec Marcel Duchamp*, André Dimanche Éditeur, 1994, pp. 14-15.

Partie 2

1. F. Léger, *Fonctions de la peinture*, op. cit., pp. 186-187.
2. G. Apollinaire, *Œuvres complètes*, op. cit., p. 538.
3. Nicolas de Staël, lettre à René Char, 10 avril 1952 ; citée in *Nicolas de Staël*, fondation Pierre Gianadda, 1995, p. 66.
4. F. Léger, « Note sur l'élément mécanique », in *Fonctions de la peinture*, op. cit., p. 51.
5. Id., « L'esthétique de la machine : l'objet fabriqué, l'artisan et l'artiste », *Bulletin de l'effort moderne*, 1924 ; *ibid*, pp. 61-62.
6. Id., « L'esthétique de la machine : l'ordre géométrique et le vrai », *Propos d'artistes*, 1925 ; *ibid.*, p. 65.
7. Lettre à Simone Herman, 16 septembre 1933 ; reprise in *Lettres à Simone*, Skira/musée national d'Art moderne, 1987, pp. 90-91.
8. A. Derain, *Lettres à Vlaminck*, op. cit., p. 199.
9. Le Corbusier, « Aircraft », *The Studio*, 1935 ; éd. française, Adam Biro, 1987, p. 5.
10. Albert Gleizes et Jean Metzinger, *Du cubisme*, Eugène Figuière, 1912 ; rééd. Présence, 1980, p. 49.
11. G. Apollinaire, *Œuvres complètes*, op. cit., p. 11.
12. Robert Delaunay, *Du cubisme à l'art abstrait*, SEVPEN, 1957, p. 117.
13. *Ibid.*, pp. 155-156.
14. Frantisek Kupka, *La Création dans les arts plastiques*, Cercle d'art, 1989, p. 148.
15. *Ibid.*, p. 160.
16. *Ibid.*, p. 168.
17. *Ibid.*, p. 169.
18. Piet Mondrian, « Réalité naturelle et réalité abstraite », *De Stijl*, 1919-1920 ; repris in Michel Seuphor, *Mondrian*, Séguier, 1987, p. 285.
19. *Ibid.*, p. 114.
20. *Ibid.*, p. 278.
21. Cité in Pontus Hulten, Natalia Dumitresco et Alexandre Istrati, *Brancusi*, Flammarion, 1995, p. 124.
22. F. Léger, *Fonctions de la peinture*, op. cit., pp. 40-41.
23. Cité par Dominique Viéville, « Vous avez dit géométrique ? », *Paris-Paris, 1937-1957*, musée national d'Art moderne, 1981, p. 270.
24. *Ibid.*, pp. 276-278.
25. *Ibid.*
26. Yves Klein, *L'Aventure monochrome* ; repris in *Yves Klein*, musée national d'Art moderne, 1983, p. 174.
27. *Ibid.*
28. *Ibid.*, p. 173.
29. *Ibid.*, p. 176.
30. *Ibid.*, p. 194.
31. *Ibid.*, pp. 176-177.

32. Yves Klein, « Le vrai devient réalité », *Zéro* 3, 1961 ; repris in 1960. *Les Nouveaux Réalistes*, musée d'Art moderne de la Ville de Paris, 1986, p. 264.
33. F. Léger, *Fonctions de la peinture*, op. cit., p. 187.
34. Le Corbusier, « Les maisons Voisin », *L'Esprit nouveau*, n° 2, 1920, p. 215.
35. F. Léger, *Fonctions de la peinture*, op. cit., p. 190.
36. Jean Zay, *Rapport général de l'Exposition*, t. IV, p. 190 ; cité in *Le Front populaire et l'art moderne*, musée des Beaux-Arts d'Orléans, 1995, p. 54.
37. Reginald Schoelin, 10 juin 1936 ; *ibid.*, p. 57.
38. Albert Gleizes, « Individualisme », *Les Cahiers idéalistes*, 1921 ; repris in *Tradition et Cubisme*, La Cible, 1927, pp. 101-102.
39. « L'Art moderne et la Société nouvelle », *Moniteur de l'Académie socialiste*, Moscou, 1923 ; *ibid.*, pp. 158-159.
40. Amédée Ozenfant, « L'Art mural », *Cahiers d'art*, n° 9-10, 1935, p. 274 ; cité par Pascal Rousseau, « L'Art mural, le monumental au service du collectif », in *Le Front populaire*, op. cit., p. 59.
41. Robert Delaunay, *Commune*, 1935 ; *ibid.*, p. 61.
42. F. Léger, in *Fonctions de la peinture*, op. cit., p. 176.
43. *Ibid.*, p. 108.
44. *Ibid.*, pp. 107-108.
45. *Ibid.*, p. 121.
46. H. Matisse, *Écrits et propos*, op. cit., p. 266.
47. *Ibid.*, p. 267.
48. *Ibid.*, p. 258.
49. G. Apollinaire, *Œuvres complètes*, op. cit., p. 865.
50. F. Léger, *Fonctions de la peinture*, op. cit., p. 16.
51. *Ibid.*, p. 144.
52. *Ibid.*, p. 131.
53. *Ibid.*, p. 137.
54. G. Apollinaire, *Œuvres complètes*, op. cit., p. 949.
55. Louis Aragon et André Breton, « Protestation », *La Révolution surréaliste*, 15 juin 1926, p. 31.
56. G. Apollinaire, *Œuvres complètes*, op. cit., p. 986.
57. *Ibid.*, p. 989.
58. F. Léger, *Fonctions de la peinture*, op. cit., p. 161.
59. *Ibid.*, p. 162.
60. *Ibid.*, pp. 166-167.
61. Marcel Duchamp, *Duchamp du signe. Écrits*, Flammarion, 1975, p. 62.
62. *Id.*, *Entretiens avec Pierre Cabanne*, Somogy, 1995, p. 51.
63. *Ibid.*, p. 53.
64. *Ibid.*, p. 73.
65. Dora Vallier, *L'Intérieur de l'art*, Seuil, 1982, p. 63.
66. Francis Picabia, *L'Ère nouvelle*, 20 août 1922, pp. 1-2.
67. *Id.*, *Comœdia*, 21 décembre 1921, p. 1.

Partie 3

1. Fernand Léger, *Une correspondance de guerre à Louis Poughon, 1914-1918*, Cahiers du musée national d'Art moderne, Centre George Pompidou, 1990, p. 36.
2. *Ibid*, p. 72.
3. Lettre de Léger à Jeanne Lohy, 28 mars 1915, citée in Georges Bauquier, *Fernand Léger, vivre dans le vrai*, Maeght, 1987, p. 74.
4. F. Léger, *Une correspondance*, op. cit., p. 66.
5. Robert de la Sizeranne, *L'Art pendant la guerre, 1914-1918*, Hachette, 1919, p. 259.
6. *Ibid.*, p. 248.
7. Félix Vallotton, « Art et guerre », *Les Écrits nouveaux*, décembre 1917, p. 32.
8. *Id.*, *Journal*, 12 juin 1917 ; cité in *Vallotton*, Flammarion, 1992, p. 304.
9. A. Breton, *Œuvres complètes*, op. cit., p. 621.
10. A. Derain, *Correspondance*, op. cit., p. 243.
11. F. Léger, *Une correspondance*, op. cit., p. 68.
12. A. Derain, *Correspondance*, op. cit., p. 265.
13. *Ibid.*, p. 269.
14. Cité in Pierre Lévy, *Des artistes et un collectionneur*, Flammarion, 1976, p. 81.
15. Jacques Vaché, *Soixante-Dix-Neuf lettres de guerre*, Jean-Michel Place, 1989, non paginé.
16. Jacques-Émile Blanche, *Propos de peintre*, t. 3, *De Gauguin à la Revue Nègre*, 1928, Émile Paul Frères, pp. 201-202.
17. Jean Cocteau, « Déformation professionnelle », *Paris-Midi*, 12 mai 1919 ; repris in *Entre Picasso et Radiguet*, Hermann, 1967, pp. 89-90.
18. A. Breton, *Œuvres complètes*, op. cit., p. 263.
19. *Ibid.*, p. 265.
20. *Ibid.*, p. 288.
21. Th. W. Adorno, *Critique de la culture*, op. cit., p. 23.
22. Marguerite Duras, *Hiroshima mon amour*, Gallimard, 1960, p. 10.
23. *Ibid.*, p. 124.
24. André Malraux, *Les Otages*, 1945 ; repris in *Jean Fautrier*, musée d'Art moderne de la Ville de Paris, 1989, p. 222.
25. Jean Dubuffet, lettre à Jean Paulhan, fin octobre 1945, *ibid*.
26. André Derain, « Sur Raphaël », *L'Esprit Nouveau*, n° 3, décembre 1920 ; repris in *André Derain*, musée d'Art moderne de la Ville de Paris, 1994, p. 399.
27. A. Breton, *Œuvres complètes*, op. cit., p. 288.
28. André Gide, « Promenade au Salon d'Automne », *Gazette des Beaux-Arts*, 1ᵉʳ décembre 1905 ; repris in *Pour ou contre le fauvisme*, op. cit., p. 65.
29. *Ibid.*, p. 68.
30. Maurice Denis, « De Gauguin, de Whistler et de l'excès des théories », *L'Ermitage*, 15 novembre 1905 ; repris in *Théories*, Rouart et Watelin, 1920, p. 210.
31. *Ibid.*, p. 208.
32. *Ibid.*, p. 204.
33. « La réaction nationaliste », *L'Ermitage*, 15 mai 1905 ; *ibid.*, p. 192.
34. « De Gauguin et de Van Gogh au classicisme », *L'Occident*, mai 1909 ; *ibid.*, p. 273.

35. *Ibid.*, p. 267.
36. *Ibid.*
37. *Ibid.*, p. 139.
38. *Ibid.*, p. VIII.
39. Maurice Denis, *Nouvelles théories sur l'art moderne, sur l'art sacré 1914-1921*, Rouart et Watelin, 1922, p. 91.
40. *Ibid.*, p. 32.
41. *Ibid.*, p. 39.
42. *Ibid.*, p. 57.
43. Paul Valéry, *Eupalinos ou l'architecte*, NRF, 1921 ; repris in *Écrits sur l'art*, Gallimard, 1962, p. 111.
44. *Ibid.*, p. 126.
45. *Ibid.*, p. 67.
46. *Ibid.*, p. 126.
47. Jacques Gréber, « L'architecture à l'Exposition », *L'Illustration*, 29 mai 1937 ; cité in Jean-Claude Vigato, « Le centre régional, le centre artisanal et le centre rural », *Paris 1937*, musée d'Art moderne de la Ville de Paris, 1987, pp. 271-272.
48. Marcel Carné, « Quand le cinéma descendra-t-il dans la rue ? », *Cinémagazine*, n° 11, novembre 1933 ; repris in *Cités-Cinés*, Ramsay, 1987, p. 309.
49. René Huyghe, *Les Contemporains*, Tisné, 1939, p. 56.
50. « À l'Exposition des Arts décoratifs », *L'Illustration*, n° 4293, 13 juin 1925, p. 608.
51. *Le Matin*, 2 mai 1937, p. 1 ; cité par Pascal Ory, « L'affaire Lipchitz, ou Prométhée fracassé », *Face à l'histoire*, Centre Georges Pompidou, 1997, p. 153.
52. R. Huyghe, op. cit., p. 61.
53. *Ibid.*, p. 43.
54. *Ibid.*, p. 45.
55. *Ibid.*, p. 55.
56. *Ibid.*, p. 53.
57. *Ibid.*, p. 59.
58. J. Cocteau, in *Entre Picasso et Radiguet*, op. cit., pp. 88-89.
59. A. Breton, *Œuvres complètes*, op. cit., p. 248.
60. *Ibid.*, p. 249.
61. Entretien avec René Crevel, *Commune*, n° 21, mai 1935 ; repris in *Derain*, op. cit., p. 400.
62. André Derain, « Notes d'un peintre », *Cahiers du musée national d'Art moderne*, n° 5, 1980, p. 353.
63. A. Breton, *Œuvres complètes*, op. cit., p. 249.
64. André Salmon, « André Derain », *L'Amour de l'art*, n° 6, octobre 1920 ; repris in *Derain*, op. cit., p. 422.
65. Adolphe Basler, *Derain*, Crès et Cⁱᵉ, 1931 ; repris in *Les Réalismes*, musée national d'Art moderne, 1980, p. 218.
66. André Lhote, « De la nécessité des théories », *NRF*, 1919 ; repris in *La Peinture, le Cœur et l'Esprit*, Denoël et Steele, 1933, p. 46.
67. *Ibid.*, p. 50.
68. *Ibid.*, p. 7.
69. J. Cocteau, in *Entre Picasso et Radiguet*, op. cit., p. 56.
70. A. Lhote, in *La Peinture, le Cœur et l'Esprit*, op. cit., p. 89.
71. *Ibid.*, p. 25.
72. J. Cocteau, in *Entre Picasso et Radiguet*, op. cit., p. 56.

73. A. Lhote, in *La Peinture, le Cœur et l'Esprit*, op. cit., p. 191.
74. Waldemar George, « Picasso et la crise actuelle de la conscience artistique », *Les Chroniques du Jour*, n° 2, juin 1929 ; repris in *Les Réalismes*, op. cit., p. 212.
75. A. Lhote, in *La Peinture, le Cœur et l'Esprit*, op. cit., p. 42.
76. Roger Bissière, « L'exposition Picasso », *L'Amour de l'art*, n° 7, juillet 1921 ; repris in *Les Réalismes*, op. cit., p. 208.
77. J. Cocteau, in *Entre Picasso et Radiguet*, op. cit., p. 118.
78. *Ibid.*, p. 126.
79. *Ibid.*
80. R. Huyghe, *Les Contemporains*, op. cit., p. 43.
81. W. George, « Le néo-humanisme », *L'Amour de l'art*, n° 12, 1934 ; repris in *Les Réalismes*, op. cit., p. 224.
82. Cité par Claude Roy in *Balthus*, Gallimard, 1996, p. 130.
83. Camille Mauclair, *La Farce de l'art vivant*, éditions de la Nouvelle Revue critique, 1929, p. 49.
84. *Ibid.*, p. 14.
85. Cité par Laurence Bertrand-Dorléac, *L'Art de la défaite*, Seuil, 1993, p. 178.
86. Cité par Laurence Bertrand-Dorléac, *Paris 1940-1944, Ordre national, traditions et modernités*, Publications de la Sorbonne, 1986, p. 103.
87. L. Bertrand-Dorléac, *L'Art de la défaite*, op. cit., p. 62.
88. C. Mauclair, *La Farce de l'art vivant*, op. cit., p. 107.
89. Cité in *L'Art de la défaite*, op. cit., p. 184.
90. André Lhote, « De Fouquet à Picasso », *NRF*, novembre 1942, p. 595.
91. Cité par Sarah Wilson, « Les jeunes peintres de la tradition française », *Paris-Paris*, op. cit., p. 106.
92. *Ibid.*, p. 110. Roger Lesbats est le pseudonyme de Frank Elgar.
93. L. Bertrand-Dorléac, *L'Art de la défaite*, op. cit., p. 224.
94. Léon Gischia in *Les Problèmes de la peinture*, Confluences, 1945 ; cité par Sarah Wilson, *Paris-Paris*, op. cit., p. 113.
95. Louis Aragon, « Réalisme socialiste et réalisme français », *Europe*, n° 46, 15 mars 1938 ; repris in *Écrits sur l'art moderne*, Flammarion, 1981, p. 57.
96. *Ibid.*, p. 63.
97. *Ibid.*, p. 62.
98. *Ibid.*, p. 67.
99. *Ibid.*, p. 72.
100. *Ibid.*, p. 133.
101. Jean Marcenac, « Quatre ans d'une bataille », *Les Lettres françaises*, 7 novembre 1951, p. 15 ; cité in Dominique Berthet, *Le PCF, la culture et l'art*, La Table ronde, 1990, p. 151.
102. F. Léger, notes de février 1950 ; citées in D. Berthet, op. cit., p. 211.
103. L. Aragon, *Écrits sur l'art moderne*, op. cit., p. 113.
104. Lettre de Fougeron, *Les Lettres françaises*, 26 mars 1953 ; citée in D. Berthet, op. cit., p. 236.
105. L. Aragon, *Écrits sur l'art moderne*, op. cit., p. 97.
106. Robert Rey, *Les Nouvelles littéraires*, 8 octobre 1959 ; cité in 1960. *Les Nouveaux Réalistes*, op. cit., p. 65.
107. Cité par Gérard Monnier, *L'Art et ses institutions en France*, Gallimard, 1995, p. 333.
108. *Ibid.*, p. 364.

Partie 4

1. G. Apollinaire, *Œuvres complètes*, op. cit., p. 945.
2. *Ibid.*, p. 866.
3. M. Duchamp, *Duchamp du signe*, op. cit., p. 227.
4. Jean-Michel Alberola, *Les Casseurs de pierre – Une histoire d'Allemagne*, carton d'invitation de la galerie Raab, Berlin, 1er octobre 1996.
5. F. Léger, in *Fonctions de la peinture*, op. cit., p. 86.
6. *Ibid.*, p. 21.
7. G. Charbonnier, *Entretiens avec Marcel Duchamp*, op. cit., p. 87.
8. Jules Laforgue, « Dimanches », *Poésies complètes*, t. 2, Gallimard, 1979, p. 191.
9. *Ibid.*, p. 190.
10. M. Duchamp, *Entretiens avec Pierre Cabanne*, op. cit., p. 36.
11. G. Charbonnier, *Entretiens avec Marcel Duchamp*, op. cit., p. 15.
12. *Ibid.*, p. 16.
13. *Ibid.*, p. 93.
14. M. Duchamp, *Duchamp du signe*, op. cit., p. 228.
15. Pierre Restany, *40° au-dessus de Dada*, 1961 ; repris in 1960. *Les Nouveaux Réalistes*, op. cit., pp. 266-267.
16. *Entretiens avec Pierre Cabanne*, op. cit., p. 116.
17. Arman, « Réalisme des accumulations », *Zéro 3*, juillet 1961 ; repris in 1960. *Les Nouveaux Réalistes*, op. cit., p. 265.
18. Daniel Spoerri, « Tableaux-pièges », *Zéro 3*, juillet 1961 ; *ibid.*, p. 266.
19. Ben Vautier, in *Happenings & Fluxus*, Paris, 1989, p. 185.
20. Erwin Panofsky, « Style et matière du septième art », *Trois essais sur le style*, trad. B. Turle, Le Promeneur, 1997, p. 111.
21. F. Léger, *Fonctions de la peinture*, op. cit., p. 178.
22. *Ibid.*, p. 166.
23. *Ibid.*, p. 170.
24. Cité par Jean-Michel Frodon, *La Projection nationale*, Odile Jacob, 1998, p. 220.
25. *Ibid.*, p. 155.
26. Cité par Jean-Michel Frodon, *L'Âge moderne du cinéma français*, Flammarion, 1995, p. 52.
27. *Ibid.*, p. 25.
28. *Ibid.*, p. 208.
29. *Ibid.*, p. 209.
30. *Ibid.*, p. 151.
31. Cité par Laurent Gervereau, « Des bruits et des silences », *La France en guerre d'Algérie*, musée d'Histoire contemporaine-BDIC, 1992, p. 197.
32. Henri Cartier-Bresson, *L'Imaginaire d'après nature*, Paris, 1977.
33. Raymond Depardon, *En Afrique*, Seuil, 1996, p 75.
34. H. Matisse, *Écrits et propos*, op. cit., p. 321.
35. Pablo Picasso, *Propos sur l'art*, Gallimard, 1998, p. 19.
36. H. Matisse, *Écrits et propos*, op. cit., p. 162.
37. *Ibid.*, p. 177.
38. *Ibid.*, p. 162.
39. *Ibid.*, p. 187.
40. Jean Genet, *L'Atelier d'Alberto Giacometti*, L'Arbalète, 1958 ; repris in *Œuvres complètes*, t. 5, Gallimard, 1979, p. 62.
41. H. Matisse, *Écrits et propos*, op. cit., p. 174.
42. *Ibid.*, p. 175.
43. *Ibid.*
44. Antonin Artaud, version manuscrite pour *Portraits et dessins par Antonin Artaud*, galerie Pierre, juillet 1947 ; repris in *Antonin Artaud*, Marseille, 1995, p. 188.
45. Version définitive ; *ibid.*, p. 207.
46. *Ibid.*, p. 206.
47. André Breton, « Le surréalisme et la peinture », *La révolution surréaliste*, 15 juillet 1925, n° 4, p. 28.
48. *Ibid.*, p. 27.
49. A. Breton, *Œuvres complètes*, op. cit., p. 328.
50. *Ibid.*
51. Henri Michaux, *Émergences-Résurgences*, Skira, 1993, pp. 46-47.
52. Camille Bryen, *Structures imaginaires*, 1947 ; repris in *Camille Bryen à revers*, Nantes, musée des Beaux-Arts, 1997, p. 86.
53. S. Beckett, *Le Monde et le pantalon*, op. cit., pp. 45-46.
54. Jean-Jacques Lebel, in *Paris-New York*, musée national d'Art moderne, 1977, p. 256.
55. François Pluchard, « Body as art », *Artitudes*, n° 1, octobre 1971 ; cité par Catherine Millet, *L'Art contemporain en France*, Flammarion, 1994, p. 201.
56. Cité in Lynn Gumpert, *Christian Boltanski*, Flammarion, 1992, p. 25.
57. Ch. Boltanski, lettre à Paul-Armand Gette, 1971, *ibid.*, p. 180.

Bibliographie

Les arts et les artistes du xxᵉ siècle français suscitent, depuis plusieurs décennies, une production éditoriale pléthorique. Composée pour l'essentiel de catalogues, elle a plus souvent valeur de témoignage que force d'analyse. À mesure que les œuvres se développent, que les archives se dévoilent, que les réputations se font et se défont, elle change de face. Devant une quantité si abondante d'imprimés, il convenait de choisir. N'ont été retenus ici que les écrits d'artistes et de critiques essentiels, les catalogues et les études où se marque la volonté de synthèse et de distance, les livres qui ont nourri la réflexion – aux confins de la réflexion esthétique et philosophique. À l'inverse, il n'a pas paru nécessaire de retenir les productions monographiques de circonstance, ni celles qui relèvent d'une stratégie de la communication si impérieuse que lui sont sacrifiées les exigences de la connaissance.

Sources

Acéphale, Religion. Sociologie. Philosophie, 1936-1939, rééd. Paris, Jean-Michel Place, 1995.
APOLLINAIRE G., *Œuvres en prose complètes*, t. II et III, Paris, Gallimard, Bibliothèque de la Pléiade, 1991.
ARAGON L., *Écrits sur l'art moderne*, Paris, Flammarion, 1981.
BAZAINE J., *Le Temps de la peinture*, Paris, Aubier, 1990.
BIOULÈS V., *Peindre entre les lignes*, Paris, ENSBA, 1995.
BONNARD P. et MATISSE H., *Correspondance*, Paris, Gallimard, 1991.
BRETON A., *Œuvres complètes*, t. I, Paris, Gallimard, Bibliothèque de la Pléiade, 1988.
BURAGLIO P., *Écrit entre 1962 et 1990*, Paris, ENSBA, 1991.
COCTEAU J., *Le Rappel à l'ordre*, Paris, Stock, 1926.
COCTEAU J., *Entre Picasso et Radiguet*, présentation par A. Fermigier, Paris, Hermann, 1967.
DELAUNAY R., *Du cubisme à l'art abstrait*, éd. P. Francastel, Paris, Sevpen, 1957.
DENIS M., *Théories 1890-1910*, Paris, Rouart et Watelin, 1920.
DENIS M., *Nouvelles Théories 1914-1921*, Paris, Rouart et Watelin, 1922.
DERAIN A., *Lettres à Vlaminck, suivies de la correspondance de guerre*, Paris, Flammarion, 1994.
Documents, Doctrines, Archéologie, Beaux-Arts, Ethnographie, 1929-1930, préface de D. Hollier, rééd. Paris, Jean-Michel Place, 1991.
DUBUFFET J., *L'Homme du commun à l'ouvrage*, Paris, Gallimard, 1973.
DUBUFFET J., *Prospectus et tous écrits suivants*, 4 vol., Paris, Gallimard, 1967-1995.
DUCHAMP M., *Duchamp du signe*, Paris, Flammarion, 1994.
DUCHAMP M., *Entretiens avec Pierre Cabanne*, Paris, Somogy, 1995.
EINSTEIN C, *Ethnologie de l'art moderne*, Paris, André Dimanche, 1993.
EINSTEIN C. et KAHNWEILER D.H., *Correspondance, 1919-1939*, Paris, André Dimanche, 1993.
GARNIER T., *Une cité industrielle. Étude pour la construction des villes*, 1917, rééd. Paris, Philippe Sers, 1988.
GIACOMETTI A., *Écrits*, Paris, Hermann, 1990.
GLEIZES A. et METZINGER J., *Du cubisme*, 1912 ; rééd. Paris, éditions Présence, 1980.
GLEIZES A., *Tradition et cubisme. Vers une conscience plastique*, éditions La Cible, 1927.
HÉLION J., *Journal d'un peintre*, Paris, Maeght, 1992.
HÉLION J., *Mémoire de la chambre jaune*, Paris, ENSBA, 1994.
HÉLION J., *À perte de vue*, suivi de *Choses revues*, Paris, IMEC Éditions, 1996.
HUGO J., *Le Regard de la mémoire*, Arles, Actes Sud, 1994.
JULIET Ch., *Rencontres avec Bram van Velde*, Paris, Fata Morgana, 1978.
KAHNWEILER D.H. et CRÉMIEUX F., *Mes galeries et mes peintres*, Paris, Gallimard, 1961, rééd. 1998.
KUPKA F., *La Création dans les arts plastiques*, Paris, Cercle d'Art, 1989.
LE CORBUSIER, *Vers une architecture*, 1923, rééd. Paris, Arthaud, 1977.
LE CORBUSIER, *Urbanisme des CIAM*, 1943, rééd. Paris, Minuit, 1957.
LÉGER F., *Fonctions de la peinture*, Paris, Gonthier, 1965.
LÉGER F., *Une correspondance de guerre*, Paris, éditions du Centre Georges Pompidou, 1990.
LÉGER F., *Une correspondance poste restante. Lettres à Simone, 1931-1941*, Paris, éditions du Centre Georges Pompidou, 1997.
LÉGER F., *Une correspondance d'affaires, 1917-1937*, Paris, éditions du Centre Georges Pompidou, 1997.
LHOTE A., *Les Invariants plastiques*, présentation de J. Cassou, Paris, Hermann, 1967.
LHOTE A, *La Peinture, le Cœur et l'Esprit*, Paris, Denoël et Steele, 1933.
MASSON A., *Le Rebelle du surréalisme. Écrits*, Paris, Hermann, 1976.
MASSON A., *Les Années surréalistes : correspondance 1916-1942*, Lyon, La Manufacture, 1990.
MATHIEU G., *Au-delà du tachisme : de la révolte à la renaissance*, Paris, Gallimard, 1973.
MATISSE H., *Écrits et propos sur l'art*, Paris, Hermann, 1972.
MICHAUX H., *Émergences-Résurgences*, Genève, Skira, 1972.
PAULHAN J., *La Peinture cubiste*, Paris, Denoël-Gonthier, 1971.
PICABIA F., *Écrits*, Paris, Belfond, 1975-1978.
MIRÓ J., *Écrits et entretiens*, Paris, Daniel Lelong Éditeur, 1995.
PICASSO P., *Propos sur l'art*, Paris, Gallimard, 1998.
PICASSO P. et APOLLINAIRE G., *Correspondance*, Paris, Gallimard, 1992.
La Révolution Surréaliste, 1924-1929, rééd. Paris, Jean-Michel Place, 1975.
SALMON A., *Souvenirs sans fin*, 3 vol., Paris, Gallimard, 1955.
391, rééd. Paris, Éric Losfeld, 1966.
VACHÉ J., *Soixante-dix-neuf lettres de guerre*, Paris, Hermann, 1976.
VALLIER D., *L'Intérieur de l'art. Entretiens avec Braque, Léger, Villon, Miró, Brancusi*, Paris, Seuil, 1982.

Catalogues

Catalogues généraux

Abstractions. France 1940-1965, Colmar, musée d'Unterlinden, 1997.
Les Années 20. L'âge des métropoles, Montréal, musée des Beaux-Arts, 1991.
Les Années 30 en Europe. Le temps menaçant, Paris, musée d'Art moderne de la Ville de Paris, 1997.
Les Années 50, Paris, Centre Georges Pompidou, 1988.
Les Années 60, Meymac, Centre d'Art contemporain, 1986.
Les Années 70, Meymac, Centre d'Art contemporain, 1987.
Les Années UAM, Paris, musée des Arts décoratifs, 1989.
L'Art conceptuel : une perspective, Paris, musée d'Art moderne de la Ville de Paris, 1990.
L'Art en Europe, Les années décisives 1945-1953, Saint-Étienne, musée d'Art moderne, 1987.
Canto d'amore. Modernité et classicisme dans la musique et les beaux-arts entre 1914 et 1935, Bâle, musée des Beaux-Arts, 1997.
Cités-Cinés, Paris, éditions Ramsay et Grande Halle de la Villette, 1987.
La Couleur seule. L'expérience monochrome, Lyon, musée des Beaux-Arts, 1988.
L'Écriture griffée, Saint-Étienne, musée d'Art moderne, 1993.
L'Empreinte, sous la direction de Georges Didi-Huberman, Paris, Centre Georges Pompidou, 1997.
L'Époque, la mode, la morale, la passion, Paris, Centre Georges Pompidou, 1987.
L'Estaque, naissance du paysage moderne, 1870-1910, Marseille, musée Cantini, 1994.
Face à l'histoire, 1933-1996, Paris, Centre Georges Pompidou, 1996.
Féminimasculin, Le sexe de l'art, Paris, Centre Georges Pompidou, 1995.
La France en guerre d'Algérie, Paris, musée d'Histoire contemporaine-BDIC, 1992.
Le Front populaire et l'art moderne, Orléans, musée des Beaux-Arts, 1995.
Hors limites, l'art et la vie 1952-1994, Paris, Centre Georges Pompidou, 1994.
Les Immatériaux, Paris, Centre Georges Pompidou, 1985.
L'Ivresse du réel : l'objet dans l'art du xxᵉ siècle, Nîmes, Carré d'art, 1993.
Les Magiciens de la Terre, Paris, Centre Georges Pompidou, 1989.
1960, Les Nouveaux Réalistes, Paris, musée d'Art moderne de la Ville de Paris, 1986.

On classic ground. Picasso, Léger, de Chirico and the new classicism 1919-1930, Londres, Tate Gallery, 1990.
Paris-Berlin, Paris, Centre Georges Pompidou, 1978.
Paris-Moscou, Paris, Centre Georges Pompidou, 1979.
Paris-Paris, Paris, Centre Georges Pompidou, 1981.
Paris 1937, Cinquantenaire de l'Exposition Internationale des arts et des techniques, Paris, Institut français d'architecture, 1987.
Paris 1937. L'art indépendant, Paris, musée d'Art moderne de la Ville de Paris, 1987.
Passions privées. Collections particulières d'art moderne et contemporain en France, Paris, musée d'Art moderne de la Ville de Paris, 1995.
Le Paysage fauve, sous la direction de Judi Freeman, Paris, Abbeville Press, 1993.
Peinture/cinéma : peinture, Musées de la ville de Marseille, 1989.
Des peintres au camp des Milles, 1939-1941, Espace 13, 1997.
Francis Picabia, l'œuvre tardif, 1933-1953, Hambourg/Rotterdam, 1997.
La Planète affolée. Surréalisme, dispersion et influences, 1938-1947, Marseille, Vieille Charité, 1986.
Poésure et peintrie, Musées de la Ville de Marseille, 1993.
Le Primitivisme dans l'art du XXe siècle, sous la direction de William Rubin, trad. Paris, Flammarion, 1987.
Qu'est-ce que la sculpture moderne ?, Paris, Centre Georges Pompidou, 1986.
Les Réalismes, Paris, Centre Georges Pompidou, 1980.
Regards sur Minotaure, Paris, musée d'Art moderne de la Ville de Paris, 1988.
Supports/Surfaces, Saint-Étienne, musée d'Art moderne, 1991.
Um 1968, Kunsthalle, Düsseldorf, 1990.

Catalogues monographiques

Apollinaire critique d'art, Paris, Paris-Musées/Gallimard, 1993.
Assia sublime modèle, Mont-de-Marsan/Calais/Poitiers, 1994.
Balthus, Paris, Centre Georges Pompidou, 1983.
Bazaine, Paris, Galeries nationales du Grand Palais, 1990.
Vincent Bioulès, parcours 1965-1995, Toulon, musée des Beaux-Arts, 1995.
Bissière 1886-1964, Paris, musée d'Art moderne de la Ville de Paris, 1986.
Jacques-Émile Blanche peintre (1861-1942), Rouen, musée des Beaux-Arts, 1997.
Boltanski, Paris, Centre Georges Pompidou, 1984.
Bonnard, Paris, Centre Georges Pompidou, 1984.
Bonnard, Londres, Tate Gallery, 1998.
Brancusi, Paris, Centre Georges Pompidou, 1995.
Braque, les papiers collés, Paris, Centre Georges Pompidou, 1984.
Braque, Martigny, fondation Pierre Gianadda, 1992.
Georges Braque. Rétrospective, Vence, fondation Maeght, 1994.
André Breton, Paris, Centre Georges Pompidou, 1991.
Camille Bryen à revers, Nantes, musée des Beaux-Arts, 1998.
Pierre Buraglio, 1965-1998, Altkirsch/Mulhouse, 1998.
Gaston Chaissac, Nantes, musée des Beaux-Arts, 1998.
Alfred Courmes, Musée de Roubaix, 1989.
Olivier Debré, rétrospective 1943-1993, Montbéliard/Valence/Ajaccio, 1993.
Olivier Debré, Paris, Galerie nationale du Jeu de Paume, 1995.
Robert et Sonia Delaunay, Paris, musée d'Art moderne de la Ville de Paris, 1985.
Les Demoiselles d'Avignon, Paris, Musée Picasso, 1988.
Maurice Denis, Lyon, musée des Beaux-Arts, 1994.
André Derain, Paris, musée d'Art moderne de la Ville de Paris, 1994.
Cesar Domela, 65 ans d'abstraction, Paris, musée d'Art Moderne de la Ville de Paris et Musée de Grenoble, 1987.
Kees van Dongen, Paris, musée d'Art moderne de la Ville de Paris, 1990.
Jean Dubuffet, Paris, Galeries nationales du Grand-Palais, 1973.
Dubuffet, les dernières années, Paris, Galerie nationale du Jeu de Paume, 1991.
Jean Dubuffet, Martigny, fondation Pierre Gianadda, 1993.
Marcel Duchamp, Paris, Centre Georges Pompidou, 1977.
Raoul Dufy, Séries et séries noires, Martigny, fondation Pierre Gianadda, 1997.
Max Ernst, Paris, Centre Georges Pompidou, 1990.
Max Ernst, Collagen, Inventar und Widerspruch, Tübingen/Berne/Düsseldorf, 1988.
Estève, Paris, Galeries nationales du Grand Palais, 1986.
Charles Estienne & l'art à Paris 1945-1966, Paris, Centre national des arts plastiques, 1984.
Jean Fautrier, Paris, musée d'Art moderne de la Ville de Paris, 1989.
Filliou, Paris, Centre Georges Pompidou, 1991.
Gérard Gasiorowski, le secret de la peinture, Villeneuve-d'Ascq, musée d'Art moderne, 1988.
Gérard Gasiorowski, Paris, Centre Georges Pompidou, 1995.
Henri Gaudier-Brezska, Orléans, musée des Beaux-Arts, 1994.
Alberto Giacometti, Paris, musée d'Art moderne de la Ville de Paris, 1991.
Simon Hantaï, 1960-1976, Bordeaux, CAPC, 1981.
Hélion, peintures et dessins, 1925-1983, Paris, musée d'Art moderne de la Ville de Paris, 1984.
Daniel-Henry Kahnweiler, marchand, éditeur, écrivain, Paris, Centre Georges Pompidou, 1984.
Alain Kirili, Lyon, musée d'Art contemporain, 1984.
Alain Kirili, Saint-Étienne, musée d'Art moderne, 1992.
Yves Klein, Paris, Centre Georges Pompidou, 1983.
Frantisek Kupka ; Paris, musée d'Art moderne de la Ville de Paris, 1989.
Henri Laurens, Villeneuve-d'Ascq, musée d'Art moderne, 1992.
Bertrand Lavier, Paris, Centre Georges Pompidou, 1991.
Fernand Léger, Saint-Paul-de-Vence, fondation Maeght, 1988.
Fernand Léger, le rythme de la vie moderne, Bâle, Kunstmuseum, trad. fr. Paris, Flammarion, 1994.
Fernand Léger, Paris, Centre Georges Pompidou, 1997.
Alfred Manessier, Paris, Galeries nationales du Grand-Palais, 1992.
Man Ray, la photographie à l'envers, Paris, Galeries Nationales du Grand Palais, 1998.
André Masson, Nîmes, musée des Beaux-Arts, 1985.
Henri Matisse, the early years in Nice 1916-1930, Washington, National Gallery of Art, 1986.
Matisse in Morocco, Washington, National Gallery of Art, 1990.
Henri Matisse : a retrospective, New York, The Museum of Modern Art, 1992.
Matisse 1904-1917, Paris, Centre Georges Pompidou, 1993.
Matisse, Visages découverts, 1945-1954, Paris, fondation Mona Bismarck, 1992.
Annette Messager, Paris, ARC/musée d'Art moderne de la Ville de Paris, 1995.
Miró, Martigny, fondation Pierre Gianadda, 1997.
Pablo Picasso, a retrospective, New York, The Museum of Modern Art, 1980.
The Sketchbooks of Picasso, Londres, Royal Academy of Arts, 1986.
Le Dernier Picasso, 1953-1973, Paris, Centre Georges Pompidou, 1988.
Picasso et les choses, Paris, Grand Palais, 1992.
Picasso, Die Zeit nach Guernica, 1937-1973, sous la direction de Werner Spies, Berlin, 1992.
Picasso, Toros y toreros, Paris, musée Picasso, 1993.
Picasso, Welt der Kinder, sous la direction de Werner Spies, Düsseldorf, 1995.
Picasso et le portrait, sous la direction de William Rubin, New York, The Museum of Modern Art et Paris, trad? fr. RMN/Flammarion, 1996.
Picasso et Braque, l'invention du cubisme, sous la direction de William Rubin, trad. fr. Paris, Flammarion, 1994.
Martial Raysse, Paris, Galerie Nationale du Jeu de Paume, 1992.
Rebeyrolle, Peintures 1968-1978, Paris, Galeries nationales du Grand-Palais, 1979.
Germaine Richier, rétrospective, Saint-Paul-de-Vence, fondation Maeght, 1996.
François Rouan, Paris, Centre Georges Pompidou, 1985.
Rouault, Première période, 1903-1920, Paris, Centre Georges Pompidou, 1992.
Soulages, Noir Lumière, Paris, musée d'Art moderne de la Ville de Paris, 1996.
Tal-Coat devant l'image, Genève/Colmar/Antibes/Winterthur, 1997.
Nicolas de Staël, Martigny, fondation Pierre Gianadda, 1995.
Félix Vallotton, sous la direction de Sasha Newman, éd. fr. Paris, Flammarion, 1992.
Tinguely, Paris, Centre Georges Pompidou, Paris, 1988.
Bram van Velde, Paris, Centre Georges Pompidou, 1989.
Bram van Velde, 1895-1981, Genève, musée Rath, 1995.
Jacques Villon, Rouen, musée des Beaux-Arts, 1975.
Viallat, Paris, Centre Georges Pompidou, 1982.
Vlaminck, le peintre et la critique, Chartres, musée des Beaux-Arts, 1987.

Études

Adorno Th., *Critique de la culture et de la société*, trad. G. et R. Rochlitz, Paris, Payot, 1986.
Adorno Th., *Minima Moralia*, trad. E. Kaufholz et J.R. Ladmiral, Paris, Payot, 1980.
Amar P.-J., *La Photographie, histoire d'un art*, Edisud, 1993.
Barthes R., *La Chambre claire*, Paris, Gallimard/Seuil, 1983.
Benjamin W., *Œuvres*, trad. M. de Gandillac, Paris, Denoël, 1971.
Berthet, D., *Le P.C.F., la culture et l'art*, Paris, La Table Ronde, 1990.
Bertrand-Dorléac L., *Paris 1940-1944. Ordre national, traditions et modernités*, Paris, Publications de la Sorbonne, 1986.
Bertrand-Dorléac L. *L'Art de la défaite 1940-1944*, Paris, Seuil, 1993.
Billard P., *L'Âge classique du cinéma français*, Paris, Flammarion, 1995.
Bourdieu P. et Darbel A., *L'Amour de l'art. Les musées d'art européens et leur public*, Paris, Minuit, 1969.
Canto Chr. et Faliu O., *Le Futur antérieur*, Paris, Flammarion, 1993.
Chastel A., *Introduction à l'histoire de l'art français*, Paris, Flammarion, 1995.
Chevrefils-Desbiolles Y., *Les Revues d'art à Paris, 1905-1940*, Paris, Ent'revues, 1993.
Clébert J.-P., *Dictionnaire du surréalisme*, Paris, Seuil, 1996.
Cohen J.-L., *Scènes de la vie future*, Paris, Flammarion, 1995.
Cohen J.-L. et Damisch H., *Américanisme et modernité. L'idéal américain dans l'architecture*, Paris, EHESS/Flammarion, 1993.
Cork R., *A bitter truth, Avant-garde art and the Great War*, Yale University Press, 1994.
Dachy M., *Journal du mouvement Dada*, Genève, Skira, 1989.
Dachy M., *Dada et les dadaïsmes*, Paris, Gallimard, 1994.
Dagen Ph., *Le Silence des peintres. Les artistes face à la Grande Guerre*, Paris, Fayard, 1996.
Dagen Ph., *Le Peintre, le poète, le sauvage*, Paris, Flammarion, 1998.
Daix P., *Journal du cubisme*, Genève, Skira, 1982.
Damisch H., *Ruptures cultures*, Paris, Minuit, 1976.
Damisch H., *Fenêtre jaune cadmium ou les dessous de la peinture*, Paris, Seuil, 1984.
Debray R., *Vie et mort de l'image : une histoire du regard en Occident*, Paris, Gallimard, 1982.
Deslandres Y. et Müller Fl., *Histoire de la mode au XXᵉ siècle*, Paris, Somogy, 1986.
Dorival B., *Les Étapes de la peinture française contemporaine*, 3 vol., Paris, Gallimard, 1943-1946.
Durand R., *Essai sur les conditions d'une histoire des formes photographiques*, Paris, La Différence, 1995.
Elderfield J., *The Wild beasts – Fauvism and its affinities*, New York, The Museum of Modern Art, 1976.
Estienne Ch., *L'art abstrait est-il un académisme ?*, éditions de Beaune, 1950.
Frizot M., *Nouvelle Histoire de la photographie*, Paris, Bordas et Adam Biro, 1994.
Frodon, J.-M., *L'Âge moderne du cinéma français*, Paris, Flammarion, 1995.
Frodon, J.-M., *La Projection nationale. Cinéma et nation*, Paris, Odile Jacob, 1998.
Golan R., *Modernity and nostalgia. Art and politics in France between the wars*, Yale University Press, 1995.
Grinfeder M.-H., *Les années Supports/Surfaces*, Paris, Herscher, 1991.
Jouffroy A., *De l'individualisme révolutionnaire*, Paris, Gallimard, 1997.
Jouffroy A., *Le monde est un tableau*, Nîmes, Jacqueline Chambon, 1998.
Kopp A., *Ville et révolution. Architecture et urbanisme des années 20*, Anthropos, 1967.
Lamarche-Vadel B., *Qu'est ce que l'art français ?*, Paris, La Différence, 1986.
Lucan J., *France, architecture 1965-1988*, Paris, Electa-Moniteur, 1989.
Mérédieu Fl. de, *Histoire matérielle et immatérielle de l'art moderne*, Paris, Bordas, 1994.
Meschonnic H., *Modernité modernité*, Paris, Verdier, 1988.
Millet C., *L'Art contemporain en France*, Paris, Flammarion, 1994.
Monnier G., *L'Art et ses institutions en France, de la Révolution à nos jours*, Paris, Gallimard, 1995.
Moulin R., *Le Marché de la peinture en France*, Paris, Minuit, 1967, rééd. 1989.
Moulin R., *L'Artiste, l'Institution et le Marché*, Paris, Flammarion, 1982.
Picon G., *Journal du surréalisme*, Genève, Skira, 1976.
Pleynet M., *L'Enseignement de la peinture*, Paris, Seuil, 1971.
Pleynet M., *Système de la peinture*, Paris, Seuil, 1977.
Pradel J.-L., *L'Art contemporain en France depuis 1945*, Paris, Bordas, 1992.
Puiseux H., *Les Figures de la guerre, 1839-1996*, Paris, Gallimard, 1997.
Pultz J. et Mondenard A. de, *Le Corps photographié*, Paris, Flammarion, 1995.
Ragon M., *Journal de l'art abstrait*, Genève, Skira, 1992.
Rochlitz R., *Subversion et subvention, art contemporain et argumentation esthétique*, Paris, Gallimard, 1994.
Roselle Br. du, *La Mode*, Paris, Imprimerie nationale, 1986.
Rosenblum N., *Une histoire mondiale de la photographie*, Paris, Abbeville Press, 1995.
Sanouillet M., *Dada à Paris*, Paris, Flammarion, 1993.
Schaeffer J.-M., *L'Art de l'âge moderne. L'esthétique et la philosophie de l'art du XVIIIᵉ siècle à nos jours*, Paris, Gallimard, 1992.
Schaeffer J.-M., *Les Célibataires de l'art. Pour une esthétique sans mythes*, Paris, Gallimard, 1996.
Silver K., *Vers le retour à l'ordre. L'avant-garde parisienne et la première guerre mondiale*, trad. D. Collins, Paris, Flammarion, 1991.

Monographies

Abadie J., *Bissière*, Ides et Calendes, 1988.
Assouline P., *L'Homme de l'art. D.H. Kahnweiler, 1884-1979*, Balland, 1988.
Augé M., *Erró, peintre mythique*, Le Lit du Vent, 1994.
Bauquier G., *Fernand Léger*, Maeght, 1987.
Besset M., *Le Corbusier*, Skira, 1987.
Bois Y.-A., *Martin Barré*, Flammarion, 1993.
Bouillon J.-P., *Maurice Denis*, Skira, 1993.
Bouqueret Chr., *Laure Albin-Guillot ou la volonté d'art*, Marval, 1996.
Bréon E., *Juan Gris à Boulogne*, Herscher, 1992.
Cabanne P., *Gérard Garouste*, La Différence, 1988.
Cabanne P., *Olivier Debré*, Cercle d'Art, 1991.
Cabanne P., *Arman*, La Différence, 1993.
Clayssen D., *Jean Prouvé, l'idée constructive*, Dunod, 1992.
Cousseau H.-Cl., *Hélion*, éditions du Regard, 1992.
Daix P., *Dictionnaire Picasso*, Robert Laffont, 1995.
Daix P., *La Vie de peintre de Pablo Picasso*, Seuil, 1977.
Daix P., *Hans Hartung*, Bordas et Gervis, 1991.
Daix P. et Sweeney J. J., *Pierre Soulages*, Ides et Calendes, 1991.
Derouet Chr., *Léger, aquarelles & gouaches*, Flammarion, 1997.
Dufrêne Th., *Alberto Giacometti : les dimensions de la réalité*, Skira, 1994.
Dupin J., *Miró*, Flammarion, 1992.
Encrevé P., *Soulages, catalogue raisonné*, Seuil, 1994-1996.
Étienne-Martin, Adam Biro, 1991.
Francblin C., *Daniel Buren*, Art press, 1987.
Frémon J., *Degottex*, éditions du Regard, 1986.
Gargiani R., *Auguste Perret 1874-1954*, Electa, 1993.
Gibson M., *Duchamp Dada*, Casterman, 1991.
Gumpert L., *Christian Boltanski*, trad. A. Rochette, Flammarion, 1992.
Hahn O., *Daniel Spoerri*, Flammarion, 1990.
Hindry A., *Sophie Ristelhueber*, Hazan, 1998.
Hulten P. et al., *Brancusi*, Flammarion, 1986.
Lee J., *Derain*, Phaidon, 1992.
Lemoine S., *François Morellet*, Flammarion, 1986.
Marcade B., *Eugène Leroy*, Flammarion, 1994.
Man Ray, collectif, Gallimard, 1989.
Millet C., *Yves Klein*, Art press/Flammarion, 1983.
Montier J.-P., *L'art sans art d'Henri Cartier-Bresson*, Flammarion, 1995.
Pacquement A., *Henri Michaux, peintures*, Gallimard, 1993.
Perez-Tibi D., *Dufy*, Flammarion, 1989.
Peyre Y., *Fautrier ou les outrages de l'impossible*, éditions du Regard, 1990.
Pinchon, J.-Fr. (dir.), *Robert Mallet-Stevens : architecture, mobilier, décoration*, Paris, Action artistique de la Ville/Philippe Sers, 1986.
Raynaud M., Laroque D. et Rémy S., *Michel Roux-Spitz architecte, 1888-1957*, Mardaga, 1984.
Restany P., *César*, La Différence, 1988.
Saint-Jacques C., *Marc Devade peintre théoricien*, Minard, 1986.
Schneider P., *Matisse*, Paris, Flammarion, 1984.
Seuphor M., *Mondrian*, Séguier, 1987.
Smith D., *Alain Jacquet*, trad. B. Matthieussent, Art Press, 1990.
Tilman P., *Monory*, Frédéric Loeb éditeur, 1992.
Varia R., *Brancusi*, Gallimard, 1986.
Zurcher B., *Braque, vie et œuvre*, Nathan, 1988.

Index

Abbott, Berenice, 17
Abstraction géométrique, 108, 125, 131, 134-135, 143, 320
Abstraction, 24, 42, 125, 131, 137, 140, 327, 335, 360, 366, 374
Abstraction-Création, 133-135, 368
Acéphale, 46, **46**, 53
Adamov, Arthur, 363
Adnet, Jacques, 164
Adorno, Theodor Wiesengrund, 12
Agam, Yaacov, 138, 163, 260
Agutte, Georgette, 225
Aillaud, Émile, 164, **164**
Aillaud, Gilles, 323
Alberola, Jean-Michel, 17, 86, 283-285, **284**
Albert-Birot, Pierre, 44, 178
Albin-Guillot, Laure, 213-214, **214**, 341
Alix, Yves, 229
Allard, Roger, 125
Alleg, Henri, 320, 322
Allégret, Marc, 221
Allendy, Colette, 85, 140, 376-377
Amour de l'art, L', 45, 84
Andrault, Michel, **13**, 266, **266**
Andry-Farcy, Pierre, 224-225, 260
Anquetin, Louis, 209
Antheil, Georges, **179**
Apollinaire, Guillaume, 12, 14, 18, 22, 30, 34, 41-44, 50, 57, 83, 88-89, 107, 112-113, 121, 126, 172, 173, 177-179, 182, 198-199, 239, 273, 275, 303, 358
Appel, Karel, 78
Aragon, Louis, 34-35, 41-42, 44, 50-53, 178-180, 255-258, 306, 341, 346
ARC (Animation, Recherche, Confrontation), 261
Arden Quin, Carmelo, 137
Arletty, 221, 282
Arman, 16, 33, 35, 41-42, 85, 92, 141, 293-295, **293**
Armory Show, 89
Arp, Jean, 45, 50, **50**, 53, 93, 133-134, **170**, 348, **348**, 377
Arroyo, Eduardo, 323
Art brut, 15
Art concret, 45
Art mural, L', 169, 170-172
Art Press, 42, 46
Artaud, Antonin, 16, 20, 41, 43, 243, 358, 360, 363-364, **363**
Arts primitifs, 15
Asselin, Maurice, 228
Assiette au beurre, L', 52
Atget, Eugène, 15, 17, **21**, 41, 223, **338**, 346, **347**
Atlan, Jean-Michel, 376
Aubert, Jean, 217, **218**
Aublet, Félix, 167
Aubry, Émile, 227
Audoul, Alfred, 167
Aujame, Roger, 229
Aurenche, Marie-Berthe, 36
Auric, Georges, 174
Autant-Lara, Claude, 181
Azéma, Léon, 217, **217**

Baader, Johannes, 276
Bacon, Francis, 36, 42, 342-343
Badovici, Jean, 162
Baj, Enrico, 320
Balla, Giacomo, 182
Ballets russes, 173-175
Ballets suédois, 175, 181
Baltermants, Dmitri, 202
Balthus, Balthazar Klossowsky dit, 36, 243-244, **244**, 360
Baquié, Richard, 296
Barbie, Klaus, 319
Barbusse, Henri, 211
Bardon, Renaud, 242
Bardot, Brigitte, **317**
Barnes, Albert C., 326
Barrault, Jean-Louis, 36
Barré, Martin, 75-76, **76**, 96
Basler, Adolphe, 234, 236
Bataille, Georges, 35-36, 42, 45, 47-48, 284, 342
Bâte, Louis, 226
Baudelaire, Charles, 11-12, 42, 44, 59, 86
Baudrillard, Jean, 264
Bauhaus, 65, 78, 112, 129, 131, 133, 154, 162, 170, 266, 374, 378
Bazaine, Tean, 65, 171, 251-253, **251**
Bazin, André, 163
Beaudouin, Eugène, 145, 156, 158-159, 161, 163
Beaumont, Étienne de, 173-175, 178
Beauvoir, Simone de, 249
Beckett, Samuel, 14, 20, 379
Beckmann, Max, 65, 103, 196
Belin, Édouard, 272
Bellmer, Hans, 47, 248, 342, 377
Belmondo, Jean-Paul, 316
Belmondo, Paul, 247
Ben, Ben Vautier, dit, 261, 297-299, **298**
Benjamin, Walter, 12, 19, 20, 93, 99, 248
Bérard, Christian, 242
Berenson, Bernard, 81
Bergamin, José, 204
Berman, Eugène, 242
Bernard, Émile, 209
Bernard, Joseph, 216, 251
Bernard, Raymond, 307
Bernheim (famille), 249
Bertrand, Jean-Pierre, 33, 86, 97
Besset, Maurice, 260
Besson, Georges, 257
Bettencourt, Pierre, 372
Bibesco, princesse Antoine, 324
Biennale de Paris, 51, 138, 260, 261, 294, 322, 382
Bijvoet, Bernard, 144, **144**
Billotey, Louis, 227
Bing, Ilse, 112
Bioulès, Vincent, 17, 33, 41, 329, 344, **344**
Bissière, Roger, 21, 167, 241, **362**
Blake, Peter, 261, 276
Blanchard, Maria, 84
Blanche, Jacques-Émile, 29, 64-65, 113, 117, 125, 199
Blanchot, Maurice, 253
Blériot, Louis, 106, 120, 123
Blin, Roger, 36
BMPT, 46, 96-97, **96**, 261
Boccioni, Umberto, 43, 182
Bodiansky, Vladimir, 145, 156
Bofill, Ricardo, 265
Boiffard, Jacques-André, 45, 342
Boileau, Louis, 217, **217**
Boldini, Giovanni, 187
Boltanski, Christian, 16-17, 21, 33, 382-384, **383**
Bompard, Maurice, 229
Bonnard, Abel, 232, 297
Bonnard, Pierre, 36-37, **37**, 48-49, 65, 78, 80, 84, 103, 171, 195, 208, 224-225, **226**, 228, 234, 243, 249, 253, 311, 324, 340, **340**, 360, 367, **367**

Bonnat, Léon, 31
Bonnier, Louis, 153
Börlin, Jean, 181
Botta, Mario, 150
Bouchard, Henri, 212, 224, 246-247
Boudin, Eugène, 258
Bouguereau, William, 38
Boupacha, Djamila, 320
Bourdelle, Antoine, 210-212, **211**
Bourgeois, Djo, 159
Bourke-White, Margaret, 112
Bousquet, Joe, 360
Boussingault, Jean-Louis, 224, 228-229, 241
Boutet de Monvel, Bernard, 157, **157**
Bovis, Marcel, **110**, 315
Boyer, Jean, 308
Brancusi, Constantin, 22, 130, 132, 185, 188, 301, 340, **348**
Braque, Georges, 13, 18, 24, **25**, 32-33, **33**, 38, **39**, 42, 44, 54, 57, 63, 65, 66, 68-69, **69**, 78, 82, 84, 88-92, **88**, 104-105, 121-122, 135, 169, 171, 174, 194-195, 198, 200, 208, 224, 230, 25, 237-238, 246, 249, 251, 253, **271**, 273, 275, 304
Braque, Marcelle, 249
Brasillach, Robert, 247
Brassaï, Gyula Halasz dit, 13, 18, 94, **222**, 249, 288-289, **288**, 315, 346, 348-349, **349**, 358, 361-362
Brauner, Victor, 21, 36, 93, 276, 320, 349
Brayer, Yves, 259
Breker, Arno, 247, 250, 256
Breton, André, 12, 17, 22, 36, 38, 41-42, 44-45, 47-48, 50, 52-54, 78, 82, 88, 93, 174, 178-180, 190, 196, 198-199, 201, 204, 228, 232, 234, 239, 248, 250, 276, 306, 358, 364, 369, 372-374
Bronzino, Angiolo, 226
Brooks, Louise, 310
Brun, Jean-François, 302
Bryen Camille, 42, 375-377
Buffet, Bernard, 358
Buffet, Gabrielle, 182
Bulletin de l'Effort moderne, 44
Bulletin de la Section d'or, 50
Buñuel, Luis, 20, 306, **306**
Buraglio, Pierre, 16, 329, **329**
Buren, Daniel, 65, 86, **96**, 97
Bury, Pol, 138
Bustamante, Jean-Marc, 86, 336

Cage, John, 297
Cahiers d'art, 45-46, 132, 170
Cahun, Claude, 348, **348**
Caillebotte, Gustave, 103, 224, 262
Calder, Alexandre, 296, 377
Calle, Sophie, 18, 356
Calmettes, Gaston, 304
Camara, don Helder, 320
Camoin, Charles, 48-49, **49**, 80, 91, 194, 224, 347
Campagne, Jean-Marc, 245
Camus, Albert, 249
Canal, 46
Cane, Louis, 33, 41-42, 47, 73, **74**, 268
Cannibale, 44
Canudo, Ricciotto, 44, 175
Capa, Robert, 202-203, 333
Cappiello, 103
Cardin, Pierre, 139
Carlsund, Otto, 65, 133
Carlu, Jacques, 158, 217
Carné, Marcel, 221, 242, 308
Caro, Anthony, 260

Carolus-Duran, Charles-Émile Auguste Durand dit, 38
Caron, Gilles, 333
Carrà, Carlo, 182
Carrière, Eugène, 62, 80, 89
Cartier-Bresson, Henri, 16-17, 94, 202-203, 289, 330, **330**, **331**, 332, 341, **341**, 349, 358
Casanova, Danielle, 257
Cassan, Urbain, 159
Cassandre, 289-290, **289**
Cassou, Jean, 169, 224, 255, 260
Cazal, Philippe, 302
Céline, 79
Cendrars, Blaise, 18, 41-42, **47**, 48, 175, 180, 187
Centre Georges Pompidou, 86, 97, 146-147, 262
Cercle et Carré, 45, 131, 133, 137
César, César Baldaccini dit, 33, 96, 297, 320
Cézanne, Paul, 13, 24, 26, 63, 65, 67, 84, 88, 209, 211, 230, 235, 237-238, 241, 243-245, 252, 254, 262, 282, 315, 329, 338, 360
Chabaud, Auguste, 194
Chabrier, Emmanuel, 174
Chabrol, Claude, 316-317
Chagall, Bella, 132
Chagall, Marc, 21, 23, 38, 47-48, 50, 225
Chaissac, Gaston, 15, 363
Chanel, Coco, 174, 310
Chapelain-Midy, Roger, 169, 224, 229
Chaplin, Charlie, 305
Char, René, 47, 115
Charbonnier, Georges, 99, 332
Chardin, Jean-Baptiste Siméon, 234, 256
Chardonne, Jacques, 223, 247
Chareau, Pierre, 144, **144**, 161, 181, 216, **216**
Charles, Étienne, 49
Chassériau, Théodore, 235
Chastel, André, 22-23, 259
Chemetov, Paul, **265**, 266
Chevreul, Eugène, 59, 126
Chia, Sandro, 266
Chim, David Seymour dit, 203
Christo, 260
Chroniques de l'art vivant, 45, 51
Chtchoukine, Serguei, 89, 365
Ciriani, Henri, **100**, 265
Citroën, André, 155
Clair, Jean, 264
Clair, René, 20, 181, 188, 221, 307
Clarté, 53, 169
Claudel, Paul, 53
Clemente, Francisco, 266
Clert, Iris, 85, 140, 142
Clouzot, Henri Georges, 94, 308, **308**
Cocteau, Jean, 47, 173-174, 198-199, 230, 235, 237, 239, 241-242, 247, 316
Colle, Pierre, 50, 82
Combas, Robert, **11**, 41, 86
Comœdia, 181, 186, 246-247, 251-252
Constructivisme, 114, 131, 154, 258
Convert, Pascal, 336
Coquiot, Gustave, 104
Cordier, Daniel, 85, 381
Corot, Camille, 209, 230, 233, 234-235, 238, 242, 244, 258
Corpet, Vincent, 17, 41, 285, 344, **344**, 346
Courbet, Gustave, 52, 80, 230, 232, 234, 244, 248, 256, 258, 284-285, 327, 346-348, 250
Courmes, Alfred, 277, 326
Courrèges, André, 139
Cranach, Lucas, 231, 236, 281, 326
Crémieux, Benjamin, 57
Crevel, René, 47, 232, 242, 306
Crippa, Roberto, 320
Critique, 45

Crotti, Jean, 186
Cubisme, 15, 20-21, 24, 38, 42, 44, 49, 52, 58, 67-68, 81-82, 84, 88-91, 121-122, 125, 29, 174, 179, 193, 194, 208, 224, 227-230, 233-236, 239-241, 253, 258, 288-289, 316, 327, 365, 377, 378
Cucchi, Enzo, 266
Cueco, Henri, 260, 323
Cunard, Nancy, 34-35
Curtiss, Glenn, 120

Dabit, Eugène, 222
Dada, 45
Dada, dadaïsme, 15, 24, 34, 36, 41-42, 44, 47, 49, 52-53, 82, 88, 91-93, 178, 188, 199, 228-229, 239, 257, 276, 280, 284, 293, 298, 300, 372, 376, 382
Daix, Pierre, 205
Dalí, Salvador, 34, 47, 93, 306
Darricarrère, Henriette, 340
Dastugue, 340
Daudet, Léon, 93
Dausset, Nina, 85, 377
David, Fernand, 227
David, Jacques Louis, 235, 242, 248, 252, 256-257, 354
David-Weill (famille), 249
David-Weill, André, 228, 325
Day, Josette, 311
De Chirico, Giorgio, 32, 50, 78, 84, 219, 225, 242, 266-267
D'Espagnat, Georges, 168
De Stijl, 126, 128, 130, 137, 165
Debré, Olivier, 85, 93, 190, 194, 195, 230, 292, 354
Degas, Edgar, 49, 54, 61, 92, 97, 105, 113, 243, 297, 316, 323, 331, 344
Degottex, Jean, 49, 83, 84, 100
Del Marle, Félix, 137
Delacroix, Eugène, 44, 63, 68, 235, 237, 267, 344, 354, 367
Delarbre, Léon, 205
Delaunay, Robert, 15, 22, **33**, 34, 42, 49, 58, 65, 69, 71, 84, 88, 105-107, **106**, **107**, 110-113, 122-123, **123**, 124, 126-127, 130, 132-133, 135, 137, 153, 165, 167, 168, 170, 171, 187, 188, 191, 223, 227, 251, 287
Delaunay, Sonia, 34, **47**, 48, 98, 113, **163**, 237
Delectorskaya, Lydia, 340
Delluc, Louis, 302
Delon, Alain, 314
Demuth, Charles, 157
Denis, Maurice, 32, 52, 65, 80, 84, 144, 169, 187, 194, 209, 210-213, 224, 244, 246
Depardon, Raymond, 18, 332-334, **333**, 336
Derain, Alice, 125
Derain, André, 33-38, 44, 46-48, **48**, 50, 56-58, **56**, 62, 66, 80, 82, 84, 89-91, **103**, 104-105, 116, 120, 169, 174, 194-195, 198, 200, 208, 224, 225, 230-231, **230**, **231**, 232-233, **233**, 234, 239-240, 242-243, 247, 287, 346, 360
Desgrandchamps, Marc, 344, **346**
Desiderio, Monsu, 232
Desnos, Robert, 180, 248, 305
Desnoyer, François, 251
Despiau, Charles, 16, 84, 212-213, 224, 225, 247, 251
Desvallières, George, 246
Detaille, Édouard, 194
Deux, Fred, 16, 373
Devade, Marc, 33, 42, 73, 75, 268
Dewasne, Jean, 135, 137
Deyrolle, Jean, 137
Dezeuze, Daniel, 41, **74**, 75
Di Rosa, Hervé, 41
Diaghilev, Serge de, 173-175, 178, 239
Dietrich, Marlène, 288
Dix, Otto, 194, 196, 236, 282, 326
Documents, 42, 44, 84, 342

Doisneau, Robert, 202, 223, **223**, 332
Dolla, Noël, 41
Domela, Cesar, 36, 133, 135, 137
Domela, Ruth, 36
Domergue, Jean-Gabriel, 227, 311
Dominguez, Oscar, 248
Dondel, J.-C, 217, **218**
Dorgelès, Roland, 241
Dorival, Bernard, 251, 260
Doucet, Jacques, 54, 91, 98, 224-225, 228
Dova, Gianni, 320
Drieu La Rochelle, Pierre, 159, 247, 346
Drouin, René, 43, 135, 206, 363, 376
Druet, Alfred, 81
Dubuffet Jean, 15-16, 32, 41, 65, 71, 78, 86, **94**, 206, 360-361, **362**, 363
Duchamp, Marcel, 9, **9**, 13-14, 16, 24, 32, 36, 45, 50, 53, 58, 84, 89-91, 99, 118, 166, 181-188, **183**, **185**, **186-187**, 192, 197-198, 201, 248, 275, 280, 289-293, **291**, 299, 335, 346, 350, **351**, 352, **352**, **353**, 355
Duchamp, Teeny, 352
Duchamp-Villon, Raymond, 32, 58, 126, 135, 166
Dufet, Michel, 181
Dufrêne, François, 296
Dufresne, Charles, 84, 224, 228-229
Dufy, Raoul, 31, 38, 69-70, **70**, 84, 98, 105, **105**, 167, 168, 171, 287, 310-311, 324, **337**
Duhamel, Georges, 19, 38
Duhem, Henri, 88
Dulac, Germaine, 20
Dunand, Jean, 216, **216**
Dunoyer de Segonzac, André, 32, 84, 89, 194, 196, 200, 224, 228-229, 234, 241, 247, 251
Dupas, Jean, 226-227, 246
Durance, Guillaume, 252
Duras, Marguerite, 203
Dürer, Albrecht, 326
Duveen, lord, 81
Duvivier, Julien, 221, 308

Eiffel, Gustave, 107, 144, 150
Einstein, Carl, 45
Eisenstein, Serge Mikhaïlovitch, 307
Élan, L', 44
Éluard, Gala, 35
Éluard, Nush, 35
Éluard, Paul, 22, 35, 45, 47, 53, 205-206, 248, 248, 276, 306, 219, 348
Epstein, Jacob, 36
Ernst, Max, 17, 21-23, 32, 35-36, 42, **46**, 47, 50, 53, 78, 82, 84, 93, 175, **177**, 178, 248, **249**, 251, 275-276, 306, 368, 370, 372-374, **373**, 377
Erró (Gudmundur Gudmunson, dit), 278, **279**, 282, 320
Escholier, Raymond, 224
Esprit nouveau, 154, 155, **159**, 161, 166, 216, 227
Esprit nouveau, L', 30, 44, 124, 153, 237, 273
Estève, Maurice, 167, 246, 254
Estienne, Charles, 42, 92, 136, 258
Étienne-Martin, 246, 254-255, **255**
Everling, Germaine, 35
Exposition des arts décoratifs et industriels modernes de 1925, **159**, 215, **216**
Exposition internationale du surréalisme, 82, 370
Exposition universelle de Paris, 1937, 84-85, 107, 124, 133, 162, 167, 168-169, **168**, 171, 205, 212, 217, 220, 226
Expressionnisme abstrait, 43, 76, 88, 376, 379
Expressionnisme, 14

Falla, Manuel de, 173
Fallières, Armand, 120

Farman, Maurice, 119
Faucon, Bernard, 314
Fauré, Gabriel, 87
Fautrier, Jean, 43, 47, 51, 206-207, **206**, 244, 251, 267, 319, 326, 346, **350**
Fauvisme, 15, 21, 26, 49, 62, 69, 81-82, 88, 91, 105-106, 194, 208, 224, 228, 249, 245, 253, 365, 367
Favory, André, 84, 224
Félibien, André, 209
Fels, Florent, 50, 111
Fénéon, Félix, 52, 82, 87
Fenton, Roger, 196
Férat, Serge, 90
Ferrer, Francisco, 62
Ferrier, Gabriel, 52
Feuillade, Louis, 18, 179
FIAC (Foire internationale d'art contemporain), 86
Fierens, Paul, 243
Figuration libre, 41, 96
Figuration narrative, 96, 290, 293, 299
Filliou, Robert, 16-17, 297-299
Flameng, François, 226
Flaubert, Gustave, 315
Flechtheim, Albert, 224
Fleischer, Alain, 17
Fleury, Lucien, 193, 196, 323
Fluxus, 297, 299
Flynt, Henry, 297
Foch, maréchal, 199, 212
Follot, Paul, **215**
Fonck, René, 124
Fondation Cartier, 147, 265
Fondation Maeght, 263, **263**
Forain, Jean-Louis, 104, 194, 196, 314, 325, **347**
Forces nouvelles, 242
Ford, Henry, 155
Formes, 45, 84
Foster, Norman, 146, **146**, 263, 265
Fougeron, André, 53, 256-258, **256**
Fouquet, Jean, 235, 237, 241, 244, 250, 252, 255, 257
Fournier, Jean, 85
Fraenkel, Théodor, 36
Francastel, Pierre, 251
Frank, Robert, 332
Freud, Lucian, 358
Freundlich, Otto, 248
Freyssinet, Eugène, **143**, 144, 150
Friesz, Othon, 31, 84, 104, 224-225, 247
Frize, Bernard, 300, **300**
Front des artistes plasticiens, 261
Frugès, Henri, 148
Fry, Varian, 248
Frydman, Monique, 88
Fumaroli, Marc, 264

Gabin, Jean, 221
Galerie Colette Allendy, 85, 140, 377, 376
Galerie Jeanne Bucher, 254
Galerie Louis Carré, 254
Galerie Iris Clert, 85, 140
Galerie Daniel Cordier, 85, 381
Galerie Nina Dausset, 85, 377
Galerie René Drouin, 363
Galerie Durand-Ruel (Paris), 81, 87, 104
Galerie de l'Étoile scellée, 76, 373
Galerie Jean Fournier, 85
Galerie J, 51, 85, 295, 321
Galerie Georges Petit, 87
Galerie Charles Ratton, **51**, 82
Galerie Léonce Rosenberg, 44, 82, 131, 136
Galerie Clovis Sagot, 81
Galerie L'Effort moderne, 236

Galerie surréaliste, 50, 82
Gallatin, Albert, 131
Gance, Abel, 20, 180
Garbo, Greta, 311-312, **312**
Garcia-Rossi, Horacio, 138
Gargallo, Pablo, 22, 84, 312, **312**
Garnier, Tony, 115, **115**, 152, **152**, 191
Garros, Roland, 119
Garouste, Gérard, 86, 266-267, **268**
Gasiorowski, Gérard, 299, **299**
Gasnier, Louis, 18
Gaudibert, Pierre, 261
Gaudier-Brzeska, Henri, 43, **43**, 196
Gaudin, Bruno, **114**
Gaudin, Henri, **114**
Gauguin, Paul, 26, 44, 54, 63, 84, 109, 212, 262, 338
Gaultier, Jean-Jacques, 98
Gaumont, Léon, 302
Gauthier, Maximilien, 239
Gazette des Beaux-Arts, 80
Gehry, Frank, 266, **267**
Genet, Jean, 42, 343-344
George, Waldemar, 238, 242-243
Géricault, Théodore, 183, 242
Gerodias, Jack, **167**
Gérôme, Jean-Léon, 31
Gershwin, George, 315
Gervex, Henri, 226
Gette, Paul-Armand, 17-18, 355, **355**
Giacometti, Alberto, **19**, 22, 36, 42-43, 47-48, 78, 86, 93, 299, 342-343, **342-343**, 344, 357, 358, 360-361, **360-361**, 377
Gide, André, 43, 49, 80, 199, 208-210
Gil Blas, 44, 121
Gillet, Guillaume, 171, **171**
Gilot, Françoise, 35
Gimond, Marcel, 212, 224
Gimpel, René, 81
Ginsberg, Jean, 138
Giono, Jean, 242
Giotto, 245, 299
Giraudoux, Jean, 246
Girieud, Pierre, 168
Gischia, Léon, 252-254
Gleizes, Albert, 33, 42, 49-50, 89-90, 113, 125-126, 132-133, 135, 168-171, 187
Godard, Jean-Luc, 13, 16, **16**, 79, 315, **316**, 316-319, 384
Goebbels, Joseph, 307
Goerg, Édouard, 84, 229
Goering, Hermann, 250
González, Julio, 16, 22, 205, **205**, 248, **342**, 376
Gorin, Jean, 133, 135, 137, **137**
Gorky, Arshile, 250
Goujon, Jean, 216
Goya, Francisco, 243
Grand Jeu, 41
Grand, Toni, 86
Grandjouan, 314
Grange, 152
Grappe, Georges, 247
GRAV (Groupe de Recherche d'Art Visuel), 138, 261
Gray, Eileen, 162, **162**
Gréber, Jacques, 153
Griaule, Marcel, 45
Gris, Juan, 21, 23, 38, 42, 52, **89**, 89-90, 91, **92**, 135, 174, 236-238, 275, **275**
Gromaire, Marcel, 168, 227, 229, 237, 246, 255
Gropius, Walter, 131, 154, 162, 219
Grosz, George, 196
Groult, André, 216
Gruber, Francis, 259
Grünewald, Matthias, 67, 339, 370

Guggenheim, Peggy, 326
Guillaume, Paul, 82, 225
Guimard, Paul, 220
Guitry, Sacha, 306
Guvan, Aydin, 266, **266**
Guy, Michel, 97
Guynemer, Georges Marie, 124, 247
Guys, Constantin, 44, 103, 196

Hains, Raymond, 33, 92, 260, **261**, 320-322, **322**
Hamilton, Richard, 276
Hantaï, Simon, 23, 36, 65, **72**, 75-76, 86
Hartung, Hans, 21-22, 36, 42, 71, 86, 96, 248, **376**, 376-378
Hartwig, René, **167**
Hausmann, Raoul, 276
Haussmann, Eugène, 41, 151
Hautecœur, Louis, 245-247, 253
Havemeyer, Louisine, 87
Hawks, Howard, 316
Hawley, Katherine, 181
Heartfield, John, 276, 278
Hébrard, Ernest, 153
Heim, Mme, 34, 132
Hélion, Jean, 33, 35-36, 45, 65, **131**, 133-134, **134**, 135, 248, 251, 327, **327**, 357, 360, 368, **368**
Hemingway, Ernest, 97
Hénard, Eugène, 152, 153
Hennebique, François, 144
Henri, Florence, 119
Henry, Hélène, 161
Herbin, Auguste, 133, 135-136, **136**, 137, 167-168, 236, **237**, 251, 296, 320
Herbst, René, 161-162
Hermant, Abel, 274
Hérold, Jacques, 248
Hilaire, Georges, 246
Hitler, Adolf, 218, 246-247, 250, 322
Höch, Hannah, 276
Hockney, David, 260
Hofmannsthal, Hugo von, 210
Honegger, Arthur, 175
Hopper, Edward, 78, 157
Houillier, André, 256-257
Hoym de Marien, (Le Hoyme) Louis, 159
Hubbuch, Karl, 290, 326
Hugnet, Georges, 276
Hugo, Valentine, 210
Huidobro, Borja, **265**, 266
Huisman, Georges, 224
Humblot, Robert, 243
Huyghe, René, 227-229
Huysmans, Joris-Karl, 12, 44
HWPSMTB (Hartung, Wols, Picabia, Stahly, Mathieu, Tapié, Bryen), 376

IFP (Information, Fiction, Publicité), 302
Impressionnisme, 19, 26, 31, 33, 49, 52, 59, 80, 87-88, 91, 104-105, 224, 227, 262
Ingres, Jean Auguste Dominique, 17, 31, 48, 209, 211, 232, 234-237, 239-240, 242, 279, 281, 367
Iribe, Paul, 216
Isabey, Jean-Baptiste, 17
Itten, Johannes, 170
Ivens, Joris, 318
Izis, 332

Jaccard, Christian, 75
Jacob, Max, 36, 42, 46-47, 198, 239, 248
Jacquet, Alain, 282, **283**
Janco, Marcel, 45
Jannot, Henri, 242
Jdanov, Andreï Alexandrovitch, 257
Jeanneret, Charles-Édouard, voir Le Corbusier

Jeanneret, Pierre, 161, **161**
Jeanniot, Georges, 216
Johns, Jasper, 51, 295
Jouffroy, Alain, 320-321
Jouhandeau, Marcel, 360
Jourdain, Francis, 161
Jourdain, Mme Franz, 324
Journiac, Michel, 382
Jouve, Valérie, 17, 41
Jouvet, Louis, 306
Judd, Donald, 65

Kahnweiler, Daniel Henry, 34, 36, 38, 44, 46-47, 54, 57, 63, 82, **83**, 89, 91, **92**, 121, 225, 234, 238
Kahnweiler, Lucie, 231
Kanapa, Jean, 257
Kandinsky, Vassili, 43, 58, 65, 78, 131, 133, 135, 179, 251, 296
Kann, Alphonse, 91, 228, 249
Keaton, Buster, 305
Kertész, André, 18, 23, 110, 287, **287**, 342, 346
Kessel, Joseph, 316
Kessler, comte, 210
Kettelhut, Erich, 157
Khaldey, Yevgeny, 202
Kiki de Montparnasse, Lucie Badoul dite, 35, 181, 341
Kirchner, Ernst Ludwig, 103
Kirili, Alain, 381
Kisling, Moïse, 38, 248, 259, 326
Klee, Paul, 43, 50, 65, 78, 84, 131, 135, 225, 373-374, 377
Klein, William, 317-318, 332
Klein, Yves, 33, 35, 42, 85, 141-142, **142**, 258, 260, 295, 317-318
Klimt, Gustav, 347
Kochno, Boris, 174
Kokhlova, Olga, 35, 91, 239, 358
Kooning, Willem de, 43, 65, 78, 92, 262, 268, 343, 377
Kosice, Gyula, 137
Krull, Germaine, 111-112, 166, 212, 214, 223
Kupka, Frantisek, 21, 23, 52, 58, 64, 105, 118, 127-128, **128**, 129, 130, **130**, 131-133, 136, 140, 166, 179, 182, 191

L'Herbier, Marcel, 20, 180, **180**
La Fresnaye, Roger de, 32, 84, 88, 90, 121, **121**, 122, 166, 225, **236**, 236-237, 326
La Patellière, Denis de, 194, 229, 242, 267
La Villeglé, Jacques de, 92, 321
Laboureur, Jean-Émile, 237
Lacan, Jacques, 36, 249, 350
Lacan, Sylvia, 350
Lacoste, René, 114
Lacroix, Christian, 98
Laffite, Pierre, 272
Laforgue, Jules, 291-292
Lalique, René, 181
Lam, Wifredo, 47, 248, 320
Lambert, Yvon, 236
Landau, Ergy, 213
Landowski, Paul, 212, 224, 246-247
Lang, Fritz, 152, 157
Lang, Jack, 97, 262
Lansiaux, Marie-Anne, 257
Lanvin, Jeanne, 215, 324
Lanzmann, Claude, 319
Lapicque, Charles-René, 168, 251, 253-254
Lapoujade, Robert, 43, 320
Laprade, Albert, 163, **220**
Laprade, Pierre, 84
Lartigue, Jacques-Henri, 16, 18, **20**, 114, 116, 119, **119**, 122, 124, 159, **160**, 161

Lasne, Jean, 242-243
Latil, Jean-Claude, 323
Laurencin, Marie, 175, **197**, 216
Laurens, Henri, 13, 16, 38, 174, 224
Laurens, Jean-Paul, 84
Laval, Pierre, 250, 252
Lavier, Bertrand, 16, 86, 300-301, **301**
Le Bargy, Charles, 304
Le Corbusier, Charles-Édouard Jeanneret dit, 44, 91, 115, 124, 133, 144, 147-148, **148**, 149-150, **150**, 153, **153**, 154-156, 158, **159-161**, 161, 163-164, 166, 171, 191, 215, 217-218, 220, 227, 255, 260
Le Fauconnier, Henri, 49, 88, 90
Le Gac, Jean, 86, 382
Le Moal, Jean, 253-254
Le Nain (les frères), 234, 239, 242-243, 252, 255-256, 284
Le Parc, Julio, 138
Le Sidaner, Henri, 80, 227
Léautaud, Paul, 360-361
Lebasque, Henri, 224
Lebel, Jean-Jacques, 320-322, 381
Lebel, Robert, 36, 293
Leccia, Ange, 21, 300-301, **301**, 336, 384
Leclerc, Ginette, 308
Lefebvre, Jules, 32, 53
Lefèvre, André, 91
Léger, Fernand, 18, 20, 23, 30, 38, **40**, 42, 49, 53, 58, 63-64, **63-64**, 69, 78, 82, 84, 89-90, 104, 108, **109**, 112, 114, 116-118, 124, 132-133, 135, 144, 157, 161, 166, 168, 170-172, 175-178, **179**, 180-182, 185, 188, 191-196, **198**, 200, 202, 212, 223-225, 227, 248, 251, 253, 255, 258-259, **259**, 282, 288-289, 305-306
Legueult, Raymond, 229, 247
Leiris, Louise, 354
Leiris, Michel, 36, 41-42, 45, 47, 68, 249, 284, 373
Lelouch, Claude, 318
Lemonnier, Meg, 288
Lenglen, Suzanne, 114
Lénine, Vladimir, 219, 320
Léon, Paul, 227
Léonard de Vinci, 125, 208, 280
Leroy, H., 168, 219
Lesbats, Roger, 252
Letrosne, Charles, 220
Lettres françaises, Les, 45, 110, 258-259, 320
Lévi-Strauss, Claude, 264
Lévy-Dhurmer, Lucien, 224
Lewis, Wyndham, 195
Lhote, André, 21, 66, 84, 112-113, 168, 199, 227-228, 233, 235, **236**, 237, 239-240, 245-246, 250, 255
Lichtenstein, Roy, 282
Limbour, Georges, 41
Lindbergh, Charles, 124
Lipchitz, Jacques, 171, 227-228, 248
Littérature, 32, 36, 40, 42, 44, 52, 66, 78, 199-200, 209
Lods, Marcel, 145, 156, 158, 163
Loeb, Pierre, 82, 363
Loiseau, Gustave, 88
Lorjou, Bernard, 320
Lorrain, Claude Gellée dit le, 31, 234
Lotiron, Robert, 228
Loubet, Émile, 48
Loupot, Charles, 289
Luce, Maximilien, 52
Lumière (les frères), 304
Lurçat, André, **155**, 156, 161, 168, 171
Luter, Claude, 33
Lyotard, Jean-François, 264

Maar, Dora, 35, 67, **213**, 213-214, 249, 357
Mabille, Pierre, 45
Mac Orlan, Pierre Dumarchey dit, 180, 222

MacChesney, Clara, 35
Maciunas, George, 297
Maeght, Aimé, 85
Magritte, René, 53, 225
Maillol, Aristide, 16, 32, 48, 80-81, **81**, 84, 208-210, **210**, 211-212, 224, 247, 250
Maklès (les sœurs), 36
Malevitch, Kasimir, 42, 65, 124, 135, 296
Mallarmé, Stéphane, 42, 44, 46, 87
Mallet-Stevens, Robert, 20, **149**, 149, 158, 161-162, **162**, 166-168, 181, 216, 227
Malraux, André, 31, 43, 206-207, 260, 281, 316, 322
Man Ray, voir Ray, Man
Manessier, Alfred, 167, 251, 253-254, 319, 321
Manet, Édouard, 19, 37, 42, 44, 46, 48, 63, 68, 80, 103, 112-113, 224, 256, 262, 284, 299, 324, 327, 367
Manguin, Henri, 48-49, 91, 105, 224
Mantegna, Andrea, 242, 326
Marc, Franz, 22, 58
Marcenac, Jean, 257
Marchand, André, 228, 243, 251
Marcoussis, Louis Markus dit, 21, 89-90, 194
Mare, André, 89, 194, 214, 216
Maré, Rolf de, 175, 178
Marey, Étienne-Jules, 182, 304
Margueritte, Victor, 310, 348
Marinetti, Filippo Tommaso, 43, 200
Marker, Chris, 318
Martel, Jan et Joël, 163
Martin, Henri, 227, 257
Massine, Léonide, 173-174
Masson, André, 22, 36, 40, 42, 45-46, **46**, 47, 50, 53, 58, 204, 248, 254, 276, 320, 349, 350, **350**, 369-370, 374
Masson, Charles, 224
Massot, Pierre de, 199
Mathey, François, 261
Mathieu, Georges, 65, 92, 94, 141, 376
Matisse, Henri, 13, 22, 31, 35, 41, 43-44, **45**, 46, 48-50, 52, 56, **57**, 60, 61, 62-63, 65, 68, 73, 78, 82, 84, 91, 105, 116, 135, 143, 171-172, **172**, 174, **174**, 186-188, 199-200, 208-210, 224-225, **225**, 228, 234, 246, 249, 251-253, 268, 282, 311, 324, 337-338, 340, **340**, 357-358, **358-359**, 360-361, 365-368
Matisse, Pierre, 360-361
Matta, Roberto Sebastian, 248, 320
Mauclair, Camille, 49, 209, 245-246, 253, 257
Maufra, Maxime, 88
Mazenod, Lucien, 252, 280
Meerson, Lazare, 221, 307
Meier, Richard, 265
Méliès, Georges, 29, 304
Melnikov, Constantin, 154
Melville, Jean-Pierre, 315
Mercure de France, 79, 302
Mermoz, Jean, 308
Merson, Luc-Olivier, 239
Messager, Annette, 17, 355, **356**
Metzinger, Jean, 33, 42, 49-50, 89-90, 113, 125-126, 166-167, 226, 239
Miailhe, Mireille, 257
Michaud, Marcel, 254
Michaud, Yves, 263
Michaux, Henri, 16, 320, 360, 362, **362**, 374-375, **375**, 377, 379, 381
Milhau, Jean, 257
Milhau, Darius, 20, 174-175, 180-181
Miller, Lee, 35-36, 202, 205, 305
Millet, Catherine, 42, 240, 259
Minotaure, 45-46, 84, 342, 352
Miró, Joan, 21, 23, 36, 41, **41**, 42, 45, 47-48, 50, 53, 58, 78, **79**, 82, 84, 86, 135, 175, **176**, 178, **225**, 244, 250, 276, 282, 306, 349, 369-370, **371**, 372-374

Mitchell, Joan, 88
Mitterrand, François, 164, 262
Modigliani, Amedeo, 38, 84, 369
Mohler, Olga, 35
Moholy-Nagy, László, 112, 118, 162
Mondrian, Piet, 24, 78, 110, 129, 130-131, 133-135, 137, 139-140, 143, 191, 287, 296
Monet, Claude, 9, 26, 52, 59, 63, 78, 87-88, 92, 103-104, 116, 235, 258, 262, 268
Monory, Jacques, 315, **315**
Monroe, Marylin, 312
Montéclair, Michel Pignolet de, 174
Montherlant, Henry de, 214
Montjoie !, 44
Morand, Paul, 157, 200, 310, 346
Moréas, Jean, 211
Moreau, Gustave, 31, 36
Moreau, Luc-Albert, 32, 224, 228-229, 241,
Morellet, François, 86, 96-97, 138-139, **139**,
Moret, Henri, 88
Morice, Charles, 79-80, 86, 88, 92, 96, 99
Morosov, Ivan, 89, 210-211
Mosset, Olivier, **96**
Motherwell, Robert, 43, 250, 320
Mounier, Emmanuel, 252
Moussinac, Léon, 302
Murnau, Friedrich Wilhelm Plumpe dit, 180
Murphy, Dudley, 179, 181
Music, Zoran, 204
Musidora, 179
Muybridge, Eadweard, 182, 304

Nabis, 194, 210, 224, 324
Nash, Paul, 195
Néo-plasticisme, 14, 78, 131-134, 136, 139, 142, 154, 162, 170, 378
Neue Sachlichkeit, voir Nouvelle Objectivité
Neuville, Alphonse, 194
Nevinson, Christopher, 194
Newman, Barnett, 24, 268, 379, 381
Nicholson, Ben, 134
Niepce, Nicéphore, 282
Niermans, Édouard, 218
Niermans, Jean, 218
Nietzsche, Friedrich, 284
Nijinski, Vatslav, 174-175
Nixon, Richard, 279
Noailles, Anna, vicomtesse de, 149, 243, 324
Noailles, Charles de, 306
Nord-Sud, 44, 66, 91, 116, 179
Nouveau Réalisme (Nouveaux Réalistes), 33, 35, 42, 51, 85, 96, 141, 260-261, 293-294, 328, 381
Nouvel, Jean, 147, 158, **158**, 265
Nouvelle Objectivité, 326
Nouvelle Figuration, 322, 324
Nouvelle Vague, 20, 96, 316-318,
NRF, 66

O'Keeffe, Georgia, 157
Oïfer, Mania, 362
Olivier, Fernande, 56, 358
Ono, Yoko, 297
Ophuls, Marcel, 308, 318-319
Oppenheim, Meret, 35
Opus, 45
Orphisme, 107, 126
Oudot, Roland, 169, 225, 229, 247
Ozenfant, Amédée, 44, 91, 133, 153, 161, 170, 199

Pabst, Georg Wilhelm, 310
Pagès, Bernard, 41
Pagnol, Marcel, 221, 306
Païk, Nam June, 297
Pane, Gina, 382

Panofsky, Erwin, 303, 305
Parat, Pierre, **13**, 266, **266**
Parent, Claude, **150**, 151
Parmentier, Michel, **96**
Parré, Michel, 323
Parry, Roger, 214
Pascal, Claude, 141
Pascin, Jules, 38, 326
Pasqualini, Dominique, 302
Pastier, Minouche, 363
Pathé, Charles, 302
Patout, Pierre, 149, 215, **216**, 226
Paulhan, Jean, 206, 360, 362
Pei, Ieoh Ming, 147
Peinture Cahiers théoriques, 42, 46, 51, 268
Penrose, Roland, 36
Peress, Gilles, 18, 319, **334**, 334-335
Péret, Benjamin, 248, 348
Permeke, Constant, 225
Perrault, Dominique, 164, **165**
Perret, Auguste, 144, 147, 150, **156**, 157, 161, **163**, 166, **166**, 210, 215, 246-247, 253
Perriand, Charlotte, 161, **161**, 163
Perrin, Jean, 168
Pétain, Philippe, 245, 248
Petit, Georges, 87
Petridès, Paul, 242
Pevsner, Antoine, 133, 135
Philippe, Charles-Louis, 236, 241
Philosophes, 152
Piano, Renzo, 146, 261
Picabia, Francis, **8**, 9, 34-36, 42, 44, 47, 84, 88-90, 116, 118, 181, **181**, 182, 185, 186-188, 192, 197, **197**, 199-200, 200, 225, 239, **246**, **311**, 312, 376
Picabia, Gabrielle, 35
Picasso, Pablo, 15-16, 18, 21, 23-24, **28**, 34-38, 41-47, 50, 52-55, **55**, 56-59, 63, 65, 67, **67**, 68, 78, 82-83, **83**, 84-85, 88-94, 96, 104-105, **120**, 121-122, 135, 132, 135, 173-175, 177, 187-188, **190**, 195, 199-200, **204**, 204-205, 206-207, **207**, 224-225, 228, 230-231, 234-235, 237-239, **239-240**, 240-241, 244, 247-249, 251, 253-254, 256-260, 268, 272, **274**, 275-276, **276**, 279, 282, 284, **286**, 287, 296, 311, 314, 316, 319-321, 338-339, **339**, 342, 346-348, 350, 352, **354**, 354-355, 357-358, 360, 365, **366**, 366-367, 369
Piel, Jean, 36
Pierre et Gilles, 314
Pignon, Édouard, 253
Pillet, Edgard, 137
Pincemin, Jean-Pierre, 32, **33**, **74**, 75, **95**
Pingusson, Georges-Henri, 162, 168
Planson, Joseph-Alphonse, 229
Pleynet, Marcelin, 42-43, 259
Pluchard, François, 382
Poincaré, Henri, 125-126
Poiret, Paul, 98, 181, 231, 324
Polignac, Marie-Blanche, comtesse de, 324
Pollaiuolo, Antonio del, 281
Pollock, Jackson, 24, 43, 76, 78, 88, 262, 282, 377
Pomereulle, Daniel, 320
Pompidou, Georges, 86, 97, 138, 162, 261, 262
Poncelet, Maurice, 229
Ponge, Francis, 206
Poniatowski, Michel, 261
Portzamparc, Christian de, 152, 266, **267**
Poughéon, Eugène, 224, 227
Pound, Ezra, 43
Poussin, Nicolas, 31, 209, 211, 234, 237, 241-242, 244, 252, 284, 329, 367
Prévert, Jacques, 38, 221, 276, 308
Princet, Maurice, 125
Prinet, René-François-Xavier, 80
Prost, Henri, 153

Proust, Marcel, 79
Prouvé, Henri, 145
Prouvé, Jean, 145, 162, **162**, 266, **266**
Puiforcat, Jean, 181
Puteaux, groupe de, 21
Puvis de Chavannes, Pierre, 16, 81
Puy, Jean, 224

Queneau, Raymond, 249, 362
Quetelard, Louis, 221

Rabanne, Paco, 139
Raimu, Jules Muraire dit, 306
Rancillac, Bernard, 278
Raphaël, 208-209, 230, 242, 354, 367
Rateau, Armand-Albert, **215**
Ratton, Charles, **51**, 82
Rauschenberg, Robert, 51, 92, 260, 276, 295, 320
Rawsthorne, Isabel, 36
Ray, Man, **15**, 16, 18, 20, 23, 34-36, 42, 47, 50, 53, 82, 93, 98, 112, 118, **118**, 166, 181, 186, 188, 290, 305-306, 310, 335, 341, 346, 348, 355, 358, 360
Raymond, Marie, 140
Raynal, Maurice, 50, 124, 132
Raynaud, Jean-Pierre, 33, 86, 97
Raysse, Martial, 33, 35, 41-42, 65, 141, 263, 281, **281**, 293-294, **294**, 313, **313**, 317, **328**, 328-329
Réalisme socialiste, 53, 255, 257-258
Réalités nouvelles, 85
Réalités nouvelles / Nouvelles Réalités, 85, 133, 135, 137, 140
Rebatet, Lucien, 245
Rebeyrolle, Paul, 43, 260, 324
Recalcati, Antonio, 320, 323
Reclus (les frères), 52
Reclus, Élisée, 129
Redon, Odilon, 87
Régnier, Henri de, 211
Rembrandt, Harmenszoon van Rijn, 43, 68, 299, 326, 367
René, Denise, 85-86, 138, 254
René-Jacques, 315
Renoir, Jean, 16, 262, 307, **307**, 308,
Renoir, Pierre Auguste, 37, 52, 87-88, 209, 232-235, 250, 308, 311, 316
Renouart, Jane, 324
Resnais, Alain, **203**, 316, 318-319
Restany, Pierre, 42, 51, 141, 259, 282, 293, 300
Reverdy, Pierre, 18, 44, 47, 91, 179, 198, 239, 249
Révolution surréaliste, La, 17, 42, 45, 50, 84, 369
Rey, Robert, 224, 245, 259
Reynolds, Mary, 36
Ribemont-Dessaignes, Georges, 44, 187, 199
Riboud, Marc, 334
Richier, Germaine, 171
Rietveld, Gerrit, 154, 162
Rivera, Diego, 239
Rivette, Jacques, 316-318
Rivière, Claude, 259
Rivière, Jacques, 125
Robert, Hubert, 51
Roche, Kevin, 264
Rochette, Anne, 357
Rodger, George, 202-203, 205
Rodin, Auguste, 9, 63, 80, 208, 210, 212, 214, 247, 268, 347-348
Rogers, Richard, 146, 261
Rohmer, Éric, 316-317
Rohner, Georges, 242
Rolland, Romain, 224
Romains, Jules, 222
Rondeau, Gérard, 318
Ronis, Willy, 332, **332**
Rood, Ogden Nicholas, 59, 126

Roosevelt, Eleanore, 248
Rosenberg, Léonce, 43-44, 82, 131, 236, 239, 241, 249
Rosenberg, Paul, 82
Rosenquist, James, 278
Rossellini, Roberto, 316
Rostand, Edmond, 221
Rothko, Mark, 24
Rothschild (famille), 228
Rouan, François, 86
Rouault, Georges, 31, 80, 84, 171, 314, **338**, 346
Rousseau, Henri dit le Douanier, 14, 106, 230
Roussel, Ker-Xavier, 52, 84, 211-212, 224
Roux-Spitz, Michel, 163, 220, 216-217, 246
Roy, Pierre, 50
Ruhlman, groupe, 215-216
Russier, Gabrielle, 322
Russolo, Luigi, 182

Sadoul, Georges, 41, 53, 276
Sagot, Clovis, 81
Saint Laurent, Yves, 139
Saint-Jacques, Camille, 16, 46
Saint-Phalle, Niki de, 51, 293, 295, 322, **323**
Salmon, André, 34, 38, 42, 44, 47, 54, 89, 125, 233, 239
Salon d'Automne, 34, 43, 48-49, 64, 80-82, 85, 89, 117, 127, 153, 166, 187, 194, 199, 208, 209, 257, 258-259, 347
Salon de la Section d'or, 50, 89
Salon de Mai, 85, 258, 277
Salon des Artistes français, 80, 153, 227
Salon des Indépendants, 31, 49, 63, 80, 89, 113, 184, 201, 224, 290
Salon des Réalités nouvelles, 133, 135, 137, 140
Sankova, Galina, 202
Sarraut, Albert, 248
Sartre, Jean-Paul, 36, 43, 249, 316, **360**
Satie, Éric, 173, **173**, 181, 239
Saubot, Jean, 159, **267**
Sauguet, Henri, 175
Sauvage, Henri, 158
Savinio, Andrea, 266
Sborowski, Léopold, 38
Schall, Roger, 213
Schiele, Egon, 347
Schlemmer, Oskar, 78, 170
Schnegg, Lucien, 212
Schneider, Romy, 314
Schoedelin, Reginald, 169
Schwartz, Arturo, 294
Schwitters, Kurt, 275, 297
Section d'or, 125-126, 132-133, 188, 236
Seeberger, Albert, 202
Seeberger, Jean, 202
Seligmann, Jacques, 54
Sembat, Marcel, 225
Sert, José Luis, **263**
Sérusier, Paul, 32, 80
Servranckx, Victor, 225
Seuphor, Michel, 45, 133
Seurat, Georges-Pierre, 87, 103, 126, 235, 256, 262
Severini, Gino, 38, 116, 196
Shakespeare, William, 68
Sheeler, Charles, 112, 157
Signac, Paul, 52, 63, 87, 103, 224, **226**
Simon, Claude, 79, 249, 361
Simon, Michel, 308
Sisley, Alfred, 88, 240
Six, groupe des, 175
Sizeranne, Robert de la, 194
Smirnoff, Alexandre, 287
Smith, Eugène, 202
Sobrino, Francisco, 138

Soirées de Paris, Les, 42, 44, 64, 126, 173
Solidor, Suzy, 311
Sollers, Philippe, 42
Soto, Jésus Rafael, **85**, 138
Sougez, Emmanuel, 119, 213-214, **214**, 341
Soulages, Pierre, 16, 32, 36, 42, 71, **71**, 86, 96, 379, **380**, 381
Soupault, Philippe, 42, 44, 47, 132, 179-180, 303
Soutine, Chaïm, 21, 36, 38, 249, 259, **325**, 326, 346
Speer, Albert, 218
Spoerri, Daniel, 33, 42, 293, 295, **295**, 297
Spreckelsen, Johann Otto von, 164-165
Staël, Nicolas de, 23, **114**, 115
Stahly, François, 254, 376
Staline, Joseph, 53, 218, 258, 320
Stein, Gertrude, 36, 40, 89, 243, 360
Stein, Joël, 138
Stein, Sarah, 65
Stella, Frank, 195
Stella, Joseph, 65
Stieglitz, Alfred, **9**, 166
Stravinski, Igor, 173-175
Suarès, André, 112
Süe, Louis, 215
Supports/Surfaces, 33, 42, 46, 51-53, 72-73, 75, 85, 96-97, 268, 329
Surréalisme au service de la révolution, Le, 45, 53, 93
Surréalisme, 15, 21, 23, 38, 41-42, 45, 49-50, 52-53, 76, 82, 84, 88, 92-93, 133, 228, 247, 250, 254, 307, 346, 349, 369-370, 372, 374, 382
Survage, Léopold, 168, 174, **174**
Swanson, Gloria, 311

Taillibert, Roger, 150
Tal Coat, Pierre, **204**, 205, 242-243, 251, 360, 368-369
Talbot, Suzanne, **162**
Tanguy, Yves, 22, 32, 38, 41-42, 53, 93, 248, 276, 306, 369-370, **372**
Tapié de Celeyran, Michel, 42
Taslitsky, Boris, 53, 257-258
Tatah, Djamel, 40, 344, **346**
Tati, Jacques, 317
Tauber-Arp, Sophie, 133
Tchelitchev, Paul, 242
Tel quel, 45
Télémaque, Hervé, 36, 277, **277**, 278
Témoignage, groupe, 254
Templon, Daniel, 85, 263
Tériade, 45
Thévenain, Paule, 363, **363**
Thirion, Yvonne, 40, 306
Thomas, Gabriel, 211
Thomas, Philippe, 302
Thorez, Maurice, 257
Tinguely, Jean, 85, 260, **292**, 293, 295-296, 320
Tisserand, Gérard, 323
Toroni, Niele, **96**
Torres-Garcia, Joaquim, 133, 135
Tosani, Patrick, 17
Toulet, Paul-Jean, 43, 49
Toulouse-Lautrec, Henri de, 103-104, 112, 262, 314, 346
Tourneur, Maurice, 221
Traquandi, Gérard, 41
Trauner, Alexandre, 221
Triolet, Elsa, 41
Troche, Michel, 262
Troost, Paul, 218
Truffaut, François, **316**, 316-318
Tutundjian, Léon Arthur, 133
Twombly, Cy, 320
Tzara, Tristan, 21, **33**, 34, 36, 44, 47, 50, 93, 132, 248

UAM (Union des artistes modernes), 161-162, 168
Utrillo, Maurice, 50, 222, 228, 241-242, 258

Vaché, Jacques, 36, 179, 198-199, 201
Valéry, Paul, 47, 200, 214, 218-219
Vallotton, Félix, 22, 49, 52, 195-196, 360
Valmier, Georges, 90, 133
Van de Velde, Henri, 144, 149, 166
Van Doesburg, Theo, 131, 133, 135, 169-170, **170**
Van Dongen, Kees, 21, 35, 37-38, 52, 80-81, 91, 105, 184, 187, 224, 225, 227, 229, 247, 310, **310**, **345**, 346-348, 355
Van Eyck, Hubert et Jan, 326
Van Gogh, Vincent, 43, 63, 209, 262, 282
Van Velde (les frères), 20, 23
Van Velde, Bram, 262, **378**, 378-379
Vandenbeusch, M., **168**, 219
Vandenhoeve, Charles, 265
Vanderpyl, 245
Vantongerloo, Georges, 133, 170
Varda, Agnès, 316, 318
Vasarely, Victor, 85, 137-138, **138**, 139, 163
Vautier, Ben, voir Ben
Vauxcelles, Louis, 44, 48-50, 82, 91, 121, 200, 234
Vazeille, R., **168**, 219
Velásquez, Diego, 68, 268, 367
Verdet, André, 94
Vergier, Françoise, 357, **357**
Verve, 45
Viallat, Claude, 17, 33, 41, 72-73, **73**
Viard, Paul, 217, **218**
Vigo, Jean, 307, **307**
Villon, Jacques, 38, 52, 58, 90, **99**, 125-126, 132-133, 135, 182, 194, 254
Virilio, Paul, **150**, 151
Vlaminck, Maurice de, 33-34, 48-49, **49**, 52, 62, 80, 84, 104, 120, 198, 222, 224, 228-229, 241, 247, 249-250, 346
Voisin, Gabriel, 153, **153**, 154-155, 158, 164, 166
Voisin, Charles, 119
Vollard, Ambroise, 81, 104, 239, 358, 360, 367
Vorticisme, 43
Vostell, Wolf, 297, 320
Vouloir, groupe, 132
Vuillard, Édouard, 37, 48-49, 52, 84, 103, 144, 184, 195, 208, 224, 324

Walden, Herwarth, 22
Walter, Marie-Thérèse, 35, 67, 339
Waroquier, Henry de, 84, 169, 224, 228-229
Watteau, Antoine, 235, 284
Weill, Berthe, 81
Welles, Jacques d', 226
Wells, Herbert George, 29
West, Mae, 311
White, Pearl, 18, 180
Wlérick, Robert, 212, 224
Wols, Alfred Otto Wolfgang, 21, 23, 42-43, 248, **248**, 376-377, **377**, 379, 381
Wright (les frères), 119, 122
Wright, Orville, 121
Wright, Wilbur, 119, 121

Yvaral, Vasarely, Jean-Pierre dit, 138

Zadkine, Ossip, 84, 198, 224, 248
Zay, Jean, 168-169, 224, 227
Zayas, Marius de, 186
Zervos, Christian, 45
Zola, Émile, 12, 44, 87-88
Zurbarán, Francisco de, 234, 243, 368

CRÉDITS PHOTOGRAPHIQUES

Antibes, fondation Hans Hartung-Anna Eva Bergman, p. 376 ; Aurillac, musée d'Art et d'Archéologie, p. 157 ; Avignon, musée Calvet, p. 325 ; Bâle, Oeffenliche Kunstsammlung, Kunstmuseum, p. 39, 40 ; Berne, Kunstmuseum, p. 88 ; Boston, Museum of Fine Arts, p. 190 ; BPK, Berlin, Dist. RMN/Alfredo Dagli Orti : p.204h ; Chicago, Art Institute, p. 83 ; Clamart, fondation Jean Arp, p. 348d ; Collection Centre Pompidou, Dist. RMN/image Centre Pompidou : p. 61 /Jean-Claude Planchet : p. 45 ; Colombus, The Colombus Museum of Art, p. 275 ; Dijon, FRAC Bourgogne, p. 301b ; D. R., p. 220-221 ; Genève, galerie Benador, p. 204 ; Petit-Palais/Musée d'Art moderne, p. 311 ; Grenoble, musée de Grenoble, p. 37, 200, 315 ; Hambourg, Kunsthalle, p. 131 ; Hartford, Wadsworth Atheneum, p. 176, 177 ; Houston, Museum of Fine Arts, p. 48h ; Hövikodden, Henie-Onstad Art Centre, p. 259 ; Limoges, FRAC Limousin (Frédéric Magnoux), p. 74bg ; Londres, The Tate Gallery, p. 43, 134; Christie's Images, p. 339 ; Eileen Gray Archives, p. 162bg ; Lyon, FRAC Rhône-Alpes, p. 356 ; musée des Beaux-Arts/Studio Basset, p. 115b, 152 ; Marseille, musée Cantini, p. 111 ; Martigny, fondation Pierre Gianadda, p. 114 ; Merion, Barnes Foundation, p. 57 ; New Haven, Yale University Art Gallery, p. 186-187 ; New York, The Museum of Modern Art, p. 28, 55, 56, 64, 109h, 121, 207, 291, 362b, 372 ; The Metropolitan Museum of Art, p. 49 ; Nice : musée des Beaux-Arts (Michel de Lorenzo), p. 310 ; musée d'Art moderne et Contemporain, p. 142, 295 ; Osaka, The National Museum of Art, p. 286 ; Otterlo : Kröller-Müller Museum, p. 63, 198 ; Paris, Archipress, p. 11, 146, 150, 158, 164 ; archives Jean-Michel Alberola, p. 284 ; archives Vincent Bioulès, p. 344h ; Gilberte Brassaï, p. 222, 288, 349, 362hd ; archives Daniel Buren, p. 96b ; archives Henri Ciriani, p. 100 ; archives Vincent Corpet, p. 344b ; archives Michel Delluc, p. 96h ; archives Marc Desgrandchamps, p. 346h ; archives Flammarion, p. 85, 113, 141, 143, 149, 163, 166, 170, 173, 168d, 174, 216, 217-218, 337 ; archives Bernard Frize, p. 300 ; archives Bertrand Lavier, p. 301h ; archives François Morellet, p. 139 ; archives Martial Raysse, p. 328 ; archives Pierre Soulages, p. 380 ; archives Djamel Tatah, p. 346h ; archives Françoise Vergier, p. 355 ; Association française pour la diffusion du patrimoine photographique, p. 110 ; Bibliothèque nationale de France/Production audiovisuel (Alain Goustard), p. 165 ; BIFI, p. 287, 306, 316 ; fondation Dina Vierny, p. 81, 210 ; fondation Le Corbusier, p. 148, 150b, 153, 159, 161 ; FNAC (François Poiret) 357 ; galerie Marwan Hoss, p. 312 ; galerie Yvon Lambert, p. 383 ; galerie Louise Leiris, p. 354 ; galerie Maeght, p. 299, 340h, 358 ; galerie Charles Ratton, p. 51b ; galerie Patrice Trigano, p. 327 ; IFA 171 ; Magnum/Henri Cartier-Bresson, p. 330, 331h et b, 341 ; /Raymond Depardon, p. 333 ; /Gilles Peress, p. 334 ; ministère de la Culture-France/A.A.J.H.L., p. 20, 119, 160 ; Philippe Moulu, p. 165, 265-267 ; musée des Arts décoratifs 162hg, 164 ; musée national d'Art moderne/Centre Georges Pompidou, p. 8, 19, 32, 47, 69, 71, 72, 73, 74bd, 77, 92, 94, 105, 128, 138, 162hd, 197, 205h, 206, 233, 236b, 237, 255, 283, 293b, 297, 298, 322-323, 332, 335, 342g et d, 348b, 350h et b, 362h, 363, 364, 367, 368, 375, 377, 378 ; Photothèque des musées de la Ville de Paris, p. 49h, 106, 123, 338g, 340b ; Rapho, p. 223 ; Réunion des musées nationaux, 120, 211, 240, 338d, 347b /Béatrice Hatala : p. 67h /Gérard Blot : p. 172 /René-Gabriel Ojéda : p. 67b, 276 ; Roger-Viollet, p. 167, 219b ; Télimage/Man Ray Trust, p. 179 ; Pau, musée des Beaux-Arts (Jean-Christophe Poumeyrol), p. 236h ; Philadelphia, Museum of Art, p. 9, 183, 184, 351, 353, 359 ; Phoenix, Art Museum, p. 70 ; Prague, Narodni galerie, p. 130 ; Saint-Étienne, musée d'Art moderne-La Terrasse, p. 277, 313 ; Saint-Louis, Art Museum, p. 274 ; Saint-Paul-de-Vence, fondation Maeght, p. 263 ; Saint-Quentin-en-Yvelines, Société Bouygues, p. 264 ; Stockholm, Dance Museum, p. 181 ; Moderna Museet, p. 89 ; Vanves, Explorer, p. 115h ; Washington, The National Gallery, p. 102, 225 ; Winterthur, Kunstmuseum, p. 41 ; Zurich, Kunsthaus, p. 136, 226, 343.

Cet ouvrage a été achevé d'imprimer en Slovénie sur les presses de Gorenjski tisk.